KB266216

Dave Pelz's

Short Game Bible

숏 게임 바이블

데이브 펠츠 지음

원형중 옮김

스코어를 낮추는 비법이 숨어 있는 책이다

나는 이 책을 숏 게임 바이블이라고 부르지 않는다. 이 책은 '나의' 숏 게임 바이블이다. 데이브 펠츠의 숏 게임 바이블. 내가 이러한 구분을 하는 이유는 이 책은 내 연구에 있어서 진행하는 과정과 나의 게임에 대한 이해 그리고 나의 골프를 가르치는 방법이 기록되어 있기 때문이다.

나는 이 책을 통해 숏 게임에 대한 모든 분야나 모든 종류의 샷에 대해 언급하려는 의도는 없으며 골퍼들로 하여금 어떠한 경기 이론이나 방법론으로 전향하도록 의도하는 것도 아니다. 나의 숏 게임 바이블은 게임이 어떻게 플레이되는가에 대한 나의 연구와, 어떻게 하면 보다 나은 플레이를 할 수 있는가에 대한 나의 생각을 포함하고 있을 뿐이다. 말하자면 그것은 골퍼들이 어떻게 더 낮은 스코어를 얻을 수 있는가에 대한 것이다.

나의 의도는 골퍼들로 하여금 스코어링 게임을 향상시키고 더 나은 골퍼가 되며 게임을 보다 많이 즐길 수 있도록 돕는 데에 있다.

나는 점수 관리와 자기 개선이 게임을 결정짓는 관건이라고 믿는다. 득점을 하기 위해 각각의 골퍼들의 능력에 도전하는 것이야말로 게임의 정수라고 하겠다. 이런 면에서 나는 오랜 기간 동안 골퍼들이 득점하는 방법과 이유에 대해서 연구해 오고 있다.

얼마 전 나는 펠츠 골프 연구소를 설립하여 게임과 관련한 테스트와 결과, 생각들, 그리고 의문들을 위한 수단을 창조해 내었다. 이 연구소는 골프게임 연구를 수행하기 위해 설립되었다. 연구소의 목적은 좀더 멀리 드라이브를 하기 위한 클럽을 디자인하는 일이나 어떤 면에서 더 나은 장비들을 개발하는 것에 있는 것이 아니라 골퍼들로 하여금 게임을 즐기며 게임을 풀어나가는 더 좋은 방법들을 고안하고 이해하며 개발하는 데 있다.

이 책은 연구소에서 직접 개발되었다. 나의 스코어링 스쿨에서 가르치는 것처럼 숏 게임이 설명되어 있다. 그래서 다른 골프 강습 책들과는 다르게 보일 지도 모른다. 그것은 이 책이 다르기 때문이다. 이 책은 기술 습득만큼 원리의 이해에 많은 초점을 맞추었다. 왜냐하면 연구를 통해 골퍼들이 샷의 원인과 방법을 동시에 알 때 더 빠르고 더 완전하게 학습한다는 사실을 알아냈기 때문이다. 여러분이 생각하는 전통적인 골프 강습에 대한 내용은 모두 여기에 있지만, 독자가 기대했던 것과는 다르거나 약간 다른 용어가 사용될지도 모르겠다. 독자들은 손에 잡히고 책장이 열리는 대로 이 책을 읽고 소개된 개념들을 자신의 것으로 만든 후 숏 게임이 개선되는지의 여부를 판단해 보았으면 한다.

잠시 다음의 내용을 생각해 보자.

다음과 같은 일이 일어난 적이 있는가.

✻ 오늘따라 공이 확실히 더 멀리 더 똑바른 방향으로 날아가며 이전보다 스핀이 잘 먹는다.

✻ 이전보다 드라이버 샷이 훨씬 가볍고 힘이 있으며 아이언 샷은 균형 있고 샤프트가 가볍고 유연성이 있다.

✻ 이전보다 퍼팅 스트로크가 훨씬 부드럽고 빠르며 스피드 제어도 아주 잘 되고 공이 더 부드럽게 흐른다.

✻ 투어 프로들은 이전보다 확연히 더 길게, 더 곧게, 더 나은 플레이를 하고 퍼팅 성공률이 높고 더 낮은 점수를 낸다. 선수들의 기량이 너무나 훌륭해서 모든 경기 코스들이 선수들이 50대 타수를 기록하는 것을 막기 위해 코스 세팅을 아주 어렵게 해야 할 정도이다.

✻ 아직까지 지난 30년간 일반적인 미국 골퍼들의 평균 득점이 전혀 향상되지 않았다.

이것은 사실이다. 일반적인 골퍼들이 그들 지역의 코스에서 그들의 가장 긴 드라이버 샷을 치고 있지만 (그렇다. 빅 버서/티타늄 현상은 실제로 존재한다), 그들은 여전히 점수를 낮추지 못하고 있다.

이 책을 출판하는 목적 중 하나가 그것을 바꾸는 데에 있다.

'나의 숏 게임 바이블'은 여러분에게 퍼팅을 하는 장소가 퍼팅 실력보다 중요한 이유와 웨지 샷, 퍼팅, 드라이버 샷만 할 수 있으면 책에서 말하는 게임이 가능한 이유뿐 아니라 점수를 낮추는 것이 '왜 그리고 어떻게' 전적으로 가능한가에 대해서 알려주려 한다.

이 책은 투어 프로들로부터 초급자에 이르기까지 모든 골퍼들에게 스코어링 게임에 대한 도움을 줄 수 있을 것이다. 나는 여러분이 이 책을 쉽게 활용하고 계속해서 참고하며 그것으로부터 최대한의 효과를 얻을 수 있기를 진심으로 희망한다. 여러분들이 이 책을 읽은 후에는 의문사항이나 의견 제시를 자유롭게 해 주었으면 한다.

나는 여러분들이 편지나 전자메일 혹은 전화를 걸어주기 바란다. 왜냐하면 나는 피이드백을 원하기 때문이다. 나는 많은 사람들을 계속해서 가르칠 것이며 스코어링 게임 시리즈인 데이브 펠츠의 퍼팅 바이블(2001년 학원사 발행, 판매 중)을 출판했다. 여러분들의 연습 결과, 의견 혹은 경험에 대한 이야기들은 앞으로 내가 오랜 시간동안 요점을 이해할 수 있게 해 줄 것이며 나로 하여금 위대한 게임을 더 즐길 수 있도록 할 것이다. 그러므로 이 책을 비판하고 즐겨주었으면 한다.

나의 소중한 아내 조안과 사랑하는 아들 에디

이 책은 내 아내 조안의 헌신적 지원이 없었더라면 출간이 불가능했을 것이다. 그녀는 펠츠 골프 연구소를 경영할 뿐만 아니라 나의 인생도 운영하고 있다. 나는 그녀의 그러한 점을 사랑하며 누구든지 나를 아는 사람이라면 이것이 과장이 아님을 알 것이다.

나의 사랑하는 아들 에디

너는 나에게 테스트에 대한 아이디어를 주었고 직접 테스트를 수행하기도 하면서 '골프 매거진'의 기사가 될 내용들을 쓸 수 있도록 도와주었다. 그밖에도 골프 채널의 쇼 프로그램을 위한 연출까지 해주었다. 너는 시청자를 사로잡았고 나 자신보다도 더 많은 사진을 찍었다. 처음 두 번의 세계 퍼팅 챔피언십 대회에서는 기술 감독으로써 너의 활약 또한 놀라울 만큼 훌륭했다. 나는 네가 하는 일과 더불어 주위 사람들이 너를 두고 이야기하는 것을 보면서 너에게 진정한 찬사를 보내고 싶다.

나는 지금도 우리의 플랙스 제트기를 타고 또 다른 테스트를 위해 함께 여행을 하고 같이 골프를 치는 일만큼 신나는 일은 없다고 생각한다. 네가 없었더라면, 이러한 모든 것들, 그 중에서도 특히 이 책을 쓰는 일은 절대 불가능했을 것이다. 나는 세계의 많은 골퍼들이 이 책을 통해서 느끼게 될 모든 즐거움들을 너에게 바치고자 한다. 아들아 나는 네가 자랑스럽고 우리가 영원히 함께 할 수 있기를 희망한다. 에디, 사랑한다.

이 책이 있어 us오픈대회에서 우승할 수 있었다

- 리 젠슨 -

세계 최고의 선수들은 점수를 낮추는 열쇠가 바로 숏 게임을 개선하는데 있다고 말한다. 우리는 모두 연습장에서 공을 치며 순수하게 샷만을 칠 수 있는 완벽한 장소를 찾으며 시간을 보낸다. 그렇지만 우리의 가장 귀중한 시간은 그린으로부터 100야드 떨어진 곳에서의 샷을 칠 때이다.

여러분들이 숏 게임을 연습하면 점수를 낮출 수 있을 것이며 실수의 가능성을 줄이려는 연습 테크닉은 매우 효과적으로 여러분들의 점수를 개선해 줄 것이다.

데이브 펠츠는 장거리 웨지 샷, 피칭 샷, 치핑 샷으로부터 샌드 플레이와 트러블 샷까지 생각할 수 있는 모든 샷에 대한 데이터를 편집하며 수년간 시간을 보냈다. 연구를 통해 데이브는 점수를 확실히 줄일 수 있는 기본 원리를 개발해 내었다.

이 책을 읽고 배운 샷을 연습해 보자. 여러분은 파트너를 놀라게 하고 점수를 낮추는 새로운 기술을 즐기게 될 것이다.

나는 데이브와 한께 일할 때 매번 숏 게임이 향상되는 것을 경험했다. 나는 이 책에서 얻은 정보를 가지고 연습하는 모든 사람이 그들의 점수 관리능력을 향상시킬 것이라고 생각한다.

나는 데이브 펠츠가 없었더라면 U.S. 오픈에서 두 번째로 우승하지 못했을 것이다. 그는 나의 스코어링 게임을 개선해 주었고 여러분들에게도 도움을 줄 것이라 믿는다.

데이브 펠츠가 다년간의 교습과 연구결과를
집대성한 성서같은 책

역자는 학교와 동료 교수들의 배려로 2001년을 워싱턴 D.C. 근교에 위치한 멕클린에서 자기 충전과 연구의 시간인 안식년을 가졌다. 자연스럽게 연구와 가정 내의 일에서 해방되었고 많은 시간을 메릴랜드 대학 부설 골프장에서 보내게 되었다.

지난 여름 역자는 본서를 번역하다 책을 접어두고 늦은 오후에 골프장으로 나섰던 적이 있다. 굳이 라운드를 할 생각은 아니었고 단지 책에 나와있는 내용을 검증해 보고 나름대로의 연습을 위해서였는데, 이날의 해프닝이 아직도 생생하다.

역자가 방문하고 있는 메릴랜드 대학에는 남녀 골프팀이 있고 이들은 공부도 열심히 하고 짬을 내서 운동에도 정열을 쏟는다. 역자가 많이 목격한 바에 의하면 그렇다. 그날은 기온과 습도가 높지 않은 그야말로 골프를 하기에는 최적의 상태인 늦은 오후 시간대였다. 구면인 스타터가 "라운드나 하지 무슨 연습"이란 말로 역자의 마음을 흔들었다. 잠시 후 10번 홀부터 연습 라운드를 하는 대학팀 여자 선수들 조를 쫓아가며 라운드를 시작했다. 티샷 후 3명이 일렬로 대학 문양이 들어간 백을 메고 걸어가는 모습은 정말 너무 아름답게 보였다. 참 건강하고 자신감에 찬 삶을 살고 있는 것 같이 보여 참 대견하다는 생각이 들었다.

그런데 이런 역자의 생각은 잠시 후 바뀌었다. 기다리는 빈도가 많아지고 시간도 길어졌기 때문이다. 앞으로 나서겠냐고 하는 한 선수의 제안을 괜찮다고 받아넘기고 나름대로 연습과 함께 이들의 행동을 예의 주시했다. 너무 못하는 것처럼 보였다. 매번 그린을 놓치고, 그린 주변에서도 공을 한 번 이상 치는 것은 예사였다. '해도 너무 한다' 라는 생각이 들었다.

　그런데, 이런 역자의 생각이 잘못되었다는 것이 금방 드러났다. 나중에 안 것이지만 이들은, 저자인 펠츠가 제안한 연습방법 중의 하나인 미쓰올 (missemall : miss them all)을 하고 있었던 것이다.

　해가 지면서 역자는 9홀도 마치지 못했지만, 이날 얻은 교훈은 매우 컸다. 의도적으로 그린을 공략하지 않고 일부러 그린을 지키는 벙커를 공략하고 그린 뒤로 공략해서, 내리막 경사의 칩핑은 물론 파 5에서 2온 시도를 하지 않고 3온 1 퍼팅 확률을 높이는 게임을 실전과 같이 하는 방법을 처음부터 끝까지 지켜보고 100야드 내의 숏 게임의 중요성을 다시 한 번 실감할 수 있었다.

　스코어링에서 퍼팅이 차지하는 비중은 43%이다. 그러나 이 퍼팅 스코어링을 더 높여줄 수 있는 것은 100야드 내의 숏 게임이다. 숏 게임의 중요성은 아무리 강조해도 지나치지 않다. 독자들도 체력과 스윙의 열세에도 불구하고 점수는 잘 내는 플레이어를 많이 보았으리라 본다.

　본서는 데이브 펠츠가 다년간의 교습과 연구결과를 집대성한 그야말로 성서 (聖書)와 같은 책이다. 역자의 골프학습과 교습에 가장 빈번하게 활용되 자료임은 두말할 나위가 없다. 정말 많은 도움이 되었고 이러한 귀중한 자료를 혼자만 간직하고 있는 것은 잘못이라는 생각을 늘 하고 있었다. 역자의 이러한 의도와 맞아떨어져 출간 결정을 해준 학원사 김영수 사장님, 엄희자 국장님, 장선아 팀장님께 심심한 사의를 표한다. 학교 내에 역자가 비워놓은 공간을 분담해서 처리해 주시는 이화학당의 여러 선생님께도 감사의 말씀을 전한다. 그리고 끝으로 절대 시간을 노트북과 씨름해야 하는 역자 때문에 하고 싶은 라운드를 많이 하지 못한 아들 종석에게 이 책을 헌정하고 싶다.

Chapter 1 골프에서의 스코어 관리

Chapter 2 게임에 대한 이해와 본질

Chapter 5 어떻게 득점할 것인가

Chapter 6 숏 게임 샷의 종류

Chapter 7   **피치샷**

Chapter 8 칩핑과 범프 앤 런

Chapter 9 샌드 샷

Chapter 10 숏 게임의 장비

Chapter 11 골퍼라면 누구나 숏 게임 핸디캡을 가지고 있다

슛 게임 바이블

골프에서의 스코어 관리

누가 스코어를 걱정하는가?

1.1 스코어링 게임의 정의

골프에서 100야드(91.44m) 이내에서의 플레이는 스코어를 결정하는 가장 중요한 요소이다. 물론 이것이 골프 스코어를 완전히 결정하는 것은 아니지만 스코어보드에 숫자를 쓸 때 이것이 가장 핵심적인 요소가 되는 것은 확실하다. 나는 23년 이상 이러한 사실에 기초하여 골프를 연구했고 여러 가지 관련 기록과 자료를 조사해 왔는데 그 결과 60~65%의 샷이 홀로부터 100야드 이내에서 일어난다는 사실을 알 수 있었다. 더 중요한 것은 파를 놓치게 되는 샷 중 약 80%가 바로 이 100야드 안에서 일어난다는 것이다. 이러한 결과들은 나 스스로 '스코어링 게임'이라고 부른 100야드 안에서의 골프게임을 보다 집중적으로 연구하게끔 했다. 나는 바로 그 부분을 보다 집중적으로 가르치기 위해 데이브 펠츠의 스코어링 게임 스쿨을 설립했다.

모든 골퍼들의 스코어링 게임은 수많은 샷과 수많은 판단들의 조화로 이루어지는데, 나는 선수들에게 득점 방법을 가르치기 위해 골프 게임을 단순화시켰다. 그림 1.1.1에서 볼 수 있듯이 나는 골프를 다섯 가지 범주로 나누어 이들을 '골프에서의 다섯 가지 게임'이라고 부른다. 즉 그린의 가장자리(에지)로부터 100야드 안에서의 게임은 '숏 게임', 그린에서 플레이되는 게임은 '퍼팅 게임', 그리고 게임의 운영에 대해 행해진 판단과 결정 그리고 샷의 선택은 '매니지먼

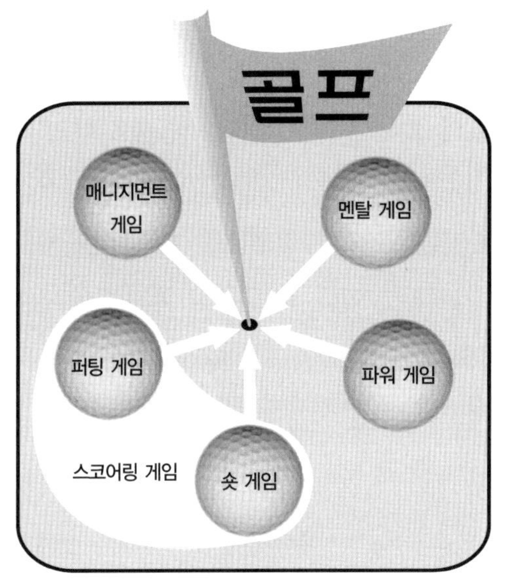

1야드	0.9144m
1피트	0.3048m

그림 1.1.1 골프에서의 다섯 가지 게임(우측 상단으로부터 시계 방향으로 멘탈 게임, 파워 게임, 숏 게임, 퍼팅 게임, 매니지먼트 게임, 이중 퍼팅과 숏 게임은 스코어링 게임)

트 게임'이라고 했다. 이 밖에 '멘탈 게임'(두려움, 걱정, 자신감) 및 100야드 밖에서의 '파워 게임'이 있다.

이 다섯 가지 게임들을 제대로 습득하면 누구든 훌륭한 골퍼가 될 수 있을 것이며, 또한 이들 게임에서 성과를 거둘 수 있다면 골프를 더욱 더 즐길 수 있을 것이다.

1.2 왜 이 책이 필요한가

이 책(나는 이 책을 나의 '숏 게임 바이블'이라 부른다)은 그린 에지로부터 100야드 이내에서의 플레이에 모든 초점이 맞추어져 있다. 골퍼에게 있어 스코어는 게임의 궁극적인 목적이며, 숏 게임은 스코어를 결정하는 데에 필수적인 역할을 한다. 모든 골퍼가 똑같은 재능을 가지고 있지 않으며 타이거 우즈처럼 350야드(320.04m)의 드라이버를 칠 수도 없다. 그리고 결코 똑같은 스윙을 계속할 수도 없다. 그렇지만 누구든 건강하고 잔디 위를 걸으면서 구름을 볼 수 있고 풀 내음을 맡으며 새들의 노래를 들을 수 있다면, 또 산들바람을 맞으며 하얀 작은 공과 함께 할 수 있다면 이 책은 분명 도움이 될 것이다.

이 책은 드라이버를 가지고 클럽헤드의 스피드를 향상시키거나 공을 더 멀리 칠 수 있도록 하는 방법에 대한 책이 아니다. 이 책에서 나는 내가 알아낸 사실들과 장거리 웨지를 비롯, 피치, 칩, 샌드, 로브, 그리고 범프 앤드 런 샷들을 포함하는 숏 게임 방법에 대해 세부적으로 설명하고 있다. 따라서 이 책을 통해 독자들이 숏 게임을 배우는 데에 조그마한 도움이라도 되었으면 하는 바램이다.

제일 먼저 나는 퍼팅에 대해 이야기하고자 한다.

1.3 '황금의 8피트'

골프에서 가장 결정적인 거리는 얼마일까? 250야드(228.6m)의 티 샷? 150야드(137.16m)의 퍼펙트 어프로치? 20야드(18.288m)의 칩 샷? 혹은 3피트(0.9144m) 안에서의 퍼팅? 이들 중 그 어느 것도 답이 아니다. 골프의 가장 결정적인 거리는 2피트 퍼팅과 10피트 퍼팅을 구분 짓는 '황금의 8피트'로, 대부분의 퍼팅이 성공하느냐 실패하느냐의 차이는 여기에서 결정된다.

나는 다양한 수준에 있는 수천 명의 골퍼들을 연구해 왔고 거의 모든 골퍼들이 2피트 내에서의 퍼팅은 성공하지만 3피트에서는 실수를 하기 시작한다는 사실을 발견했다(투어 프로들조차 3피트에서는 85~95%의 성공률을 보였다). 5피트로 가면 프로들은 65%, 아마추어들은 운이 좋아야 5% 오차 범위에서 대략 50%를 성공했고, 6피트에서는 세계에서 가장 뛰어나다는 PGA 투어 프로 선수들도 약 50%로 성공률이 낮아졌다. 10피트에서는 아무도 홀에 25% 이상의 공을 계속 넣지는 못했고, 15피트 이상에서는 프로들이라고 해도 제일 잘해야 10%였다.

결국 퍼팅을 성공시키는 가장 좋은 찬스는 10피트 이내의 거리인데, 그곳에 도달하는 방법은 무엇일까?

정답은 바로 웨지, 피치, 칩, 벙커샷 즉, 숏 게임인 것이다.

왜 숏 게임이어야만 할까?

1.4 숏 게임의 당위성

미국에는 15,000명 이상의 프로 골퍼들이 있는데 그들 중 대부분은 게임을 가르친다. 그리고 약 7,000명 이상의 준 프로들(assistant pros) 또한 골프를 가르치며(또 다른 5,000명 이상 정도가 골프를 가르치기를 원한다), 25개쯤 되는 유명한 골프 스쿨도 있다. 그런데 대부분의 강사들과 스쿨의 공통점은 내가 '파워 스윙'이라 일컫는 풀 스윙을 강조한다는 점이다. 골퍼들이 풀 스윙을 배우고 싶어하고 그것만을 익히려 들기 때문에 결과적으로 숏 게임을 가르치는 일은 뒷전이 된다.

나는 숏 게임이 파워 스윙보다 더 중요하다고 믿기에 이 책에서 바로 그것에 대해 이야기하고자 한다. 숏 게임은 골프의 다른 게임들과 다르기 때문에 몇몇 프로들이 가르치는 것처럼 마치 파워 게임의 축소판인 양 플레이해서는 곤란하다. 근육을 제어하고 늦추어서 파워 스윙을 숏 샷으로 만드는 골퍼들은 결국 좌절을 맛보게 마련인데, 이는 숏 게임이 점수를 낮추기 위한 가장 중요한 기술이기 때문이다.

위에서 말한 바와 같이. 숏 게임은 '황금의 8피트'를 좌우하는데 만약 통계 자료에서처럼 귀하가 10피트에서는 퍼팅에 실패하지만, 2피트에서는 거의 100%에 가까운 적중률을 보인다면 10피트보다는 2피트에서 퍼팅을 해야 한다. 그렇다면 어떻게 2피트에 도달할 수 있을까? 대부분의 사람들에게 있어 첫 번째 퍼팅의 거리는 숏 게임과 결정적인 상관관계를 맺고 있다.

나의 연구에 따르면 숏 게임은 PGA 투어에서 뛰고 있는 선수들의 성공과 실패에 가장 중대한 영향을 미친다. 이 부분에 대해서는 이후에 세부적인 데이터를 가지고 더 설명을 하겠다. 나는 프로들이 큰 경기에서 우승해 상금을 타면서 여러 해 동안 많은 PGA 투어에서 플레이할 수 있게 해주는 것이 바로 숏 게임이라고 믿고 있으며 이를 증명할 수도 있다(프로라는 말에 너무 얽매일 필요는 없다. 필자가 이 책에서 반복해서 언급할 데이터는 투어를 뛰는 선수들뿐만 아니라 중급자와 초보자 심지어는 골프를 바로 시작한 초심자들에 이르는 모든 기술 수준의 골퍼들로부터 수집한 것이다).

그리고 독자들이 평균적 골퍼 혹은 초보자들이라면 놀랄 만한 또 다른 정보가 있다. 골프를 못 칠수록 더욱 숏 게임이 필요하다는 것이다. 초보자들이나 핸디캡이 높은 사람은 잘하는 사람보다 정규타석에 온그린해서 플레이할 수 있는 기회가 더 적게 마련인데 이것은 라운드를 매번 돌면서 더 많은 숏 게임에 직면하게 된다는 것을 의미한다. 훌륭한 플레이어가 되고 싶다면 더 많은 숏 게임 기술이 필요하고, 숏 게임을 잘한다면 낮은 점수를 칠 수 있게 될 것이다. 그러므로 숏 게임은 프로들에게는 생계를 유지하는 기술이 되며 '평범한 아마추어' 골퍼들에게도 매우 중요하다.

1.5 학습하는 방법을 익히자

이 책 즉, 나의 숏 게임 바이블은 여러분들에게 단순히 숏 게임 플레이어들의 멋이나 스윙에 대하여 말하려는 것이 아니라 그린에 가까워졌을 때 보다 나은 웨지 샷, 샌드 샷, 칩 샷 그리고 피칭 샷을 하는 방법을 익히도록 도움을 준다.

나는 국내의 여러 숏 게임 스쿨에서 골퍼들이 자신이 성취하려고 하는 것이 무엇인지에 대한 진지한 이해도 없이 숏 게임을 마스터하기 위해 고군분투하는 모습을 자주 목격해 왔는데, 대부분의 경우 그들은 자신의 노력 정도나 연습량, 근면성 혹은 관심만큼 큰 성과를 거두지 못한다. 골퍼들이 훌륭한 샷을 만들기 위해 요구되는 기술들을 모르거나 그것들을 습득하는 방법을 모른다면 그들은 결코 훌륭한 샷을 익힐 수 없다. 그런데 사실 PGA 투어에서 플레이하는 골퍼들 중에도 숏 게임에 관한 세부적인 내용이나 본질을 이해하는 사람은 거의 없다.

그러므로 내가 이 책을 통해 여러분에게 알려 주고자 하는 사항은 다음과 같다.

1. 어떤 것을 배울 필요가 있는가
2. 어떻게 그것을 익힐 것인가
3. 습득한 것을 어떻게 자신의 것으로 만들어 골프 코스에서 보여줄 것
   인가

이 책을 읽음으로써 독자들은 더 능숙한 숏 게임 플레이어가 되는 방법을 배울 뿐만 아니라 실제로도 그렇게 될 것이다. 독자들은 더 낮은 점수를 칠 수 있을 뿐만 아니라 그러한 능력을 개발하는 방법 역시 알 수 있으므로 만족하게 될 것이다. 그래서 수년 후, 이러한 방법이 습관처럼 몸에 배게 되면 스스로 숏 게임을 미세하게 조정하고 개선할 수 있을 것이다.

나의 궁극적인 목표는 이처럼 독자들 자신이 가장 훌륭한 스승이 되도록 돕는 한편, 숏 게임을 향상시킬 수 있는 기술을 익히도록 도움을 주는 것이다.

1.6 스코어링에 대한 개요

독자들이 이 책의 내용을 이해하고 따라온다면 숏 게임 바이블은 대단한 도움이 될 것이다. 그리고 스코어 줄이기 과정 중 이 책의 정보가 어느 곳에 적용되는지를 이해하는 것 또한 도움이 될 것이다. 그림 1.6.1은 이 책이 스코어링 게임 향상과 관련하여 어떻게 도움을 줄 수 있는가에 대해 보여 주고 있다.

숏 게임을 구성하고 있는 샷이나 연습영역의 수에 대해서 긴장하거나 낙심하지 말자. 모든 기술 수준의 퍼팅과 숏 게임 기술들은 파워 게임보다 배우기 쉽고 재미있다(매니지먼트 게임은 가장 배우기 쉽다. 그렇지만 일단 독자들은 먼저 파워, 숏, 퍼팅 게임을 반복해서 습득해야 한다). 숏 게임을 익히는 것은 학습내용과 방법 그리고 충분한 연습 여부의 문제이므로, 숏 게임의 어떠한 개념이나 동작들도 시간을 두고 이해하고 적절히 연습한다면 그리 어렵지 않을 것이다.

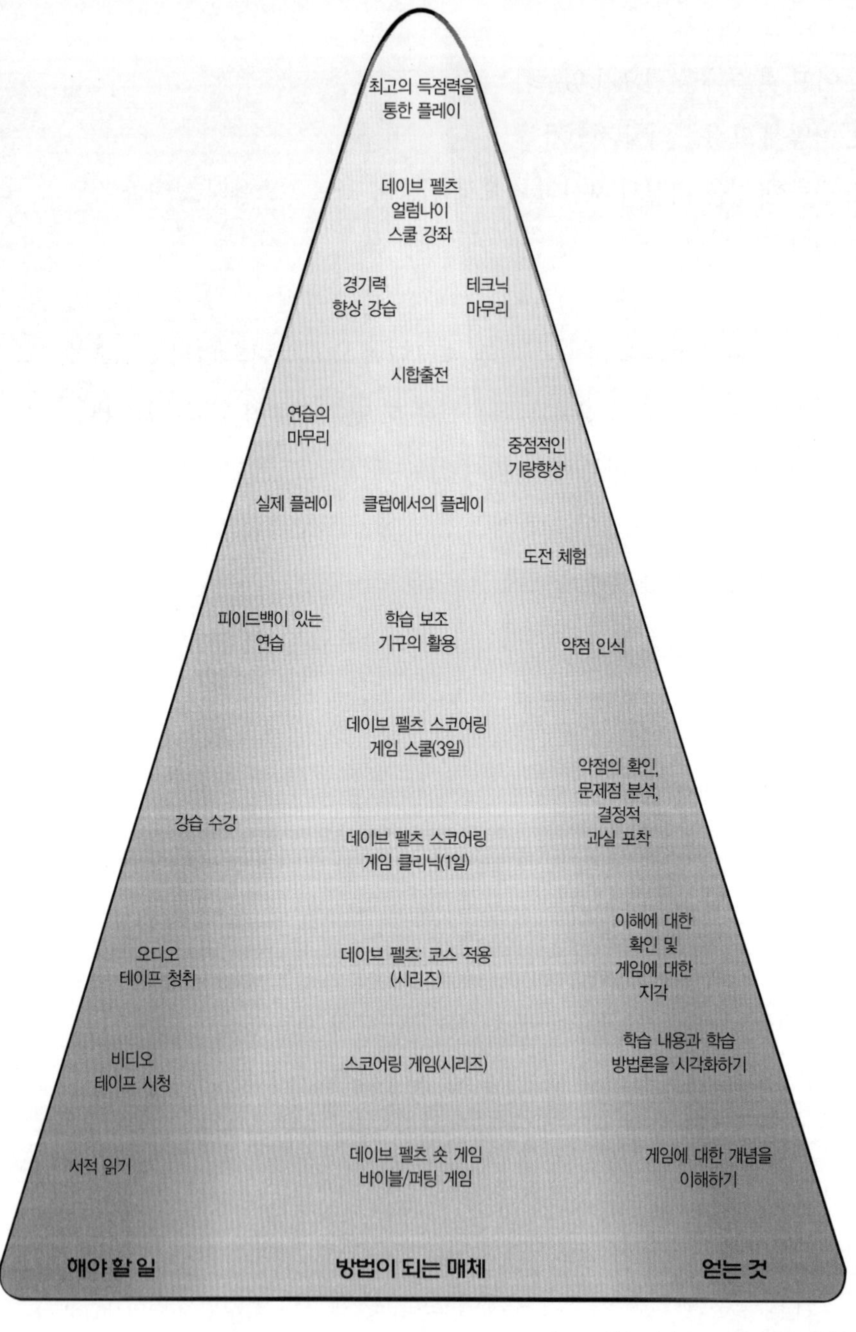

그림 1.6.1 학습 피라미드 : 펠츠 강습과 학습 내용과의 조화

그림 1.6.1에 나온 학습 보조 기구와 책 그리고 비디오 및 오디오 테이프들은 이 책을 먼저 읽는다면 사용하지 않아도 좋지만 학습 과정에서는 충분한 효과가 있다.

나의 골프 인생

1.7 지금에 이르기까지

나는 인생 전체에 걸쳐 골프를 해 왔다. 나는 일곱 살 때 첫 번째 토너먼트에 출전했는데, 신문에 77세의 노인과 내가 경기를 하는 사진이 실렸기 때문에 아직도 그때 일을 기억하고 있다. 우리는 두 사람 모두 150타 정도를 치는 대단한 게임을 했고, 누가 우승했는지 기억은 못 하지만 나는 그 사진만은 기억하고 있다. 그렇게 일찌감치 나는 골프에 빠져들게 되었다.

열두 살에 나는 오하이오 주 영스타운에서 열린 피-위 토너먼트에 출전하여 결승전에서 아깝게 패하고 말았다. 그때 토니 조이는 행운의 바운스로 나를 이겼는데 그것은 후에 내가 살아가고 성공하기 위해 꼭 필요한 경험이었고 그 후 나는 오하이오주의 보드맨 고교와 윌러비 고교에서 처음으로 골프 팀의 일원으로 뛰게 되었다.

열여섯 살 이전에는 나의 골프 실력은 여동생(당시 여동생은 팀 내의 남학생들을 모두 이겼고, 남학생들은 매우 당황하여 그녀가 팀에서 활동하는 것을 거부했을 정도였다)에게 패할 정도였지만, 팀에서는 상당히 우수했기 때문에 몇몇 대학 코치들이 나에게 관심을 가져 주었다.

나는 4년간 골프 특기생 장학금을 받고 인디애나 주립대학을 다녔는데, 대학을 들어간 주된 이유는 PGA 투어를 준비하기 위해서였지만 대학에서 전공한 물리학은 지금도 나에게 많은 도움을 주고 있다. 대학을 졸업할 때 나는 PGA 투어를 뛰는 것보다는 연구소에서 일하는 편이 더 성공하기 쉽다는 사실을 깨달았다. 나 스스로는 상당히 골프를 잘한다고 생각했지만 존 콘식이나 아이오와주의 잭 룰, 그리고 특별히 오하이오주에서 온 거물 니클러스와 같은 선수들에게 계속해서 패배하면서 나는 진로에 대하여 불길한 조짐을 느꼈다.

나는 곧 메릴랜드 주립대학의 대학원에 등록했지만 중퇴하고 워싱턴 D.C. 외곽의 NASA 고다드 우주 비행 센터 내에 위치한 우주 연구소에서 일을 하게 되면서 몇 년간은 골프를 포기했었다. 그 이유는 골프 클럽의 회원이 될 만한 경제적 여유가 없었기 때문인데, 대신에 나는 자동차 경주를 취미로 삼았다. 나는 골프 클럽 대신 재규어와 미국 스포츠카 클럽의 경기 면허증 그리고 헬멧을 들었다. 레이싱을 시작하고 2년이 지나면서 세 번째 충돌 사고가 있었다. 나는 그제서야 만약 골프 게임은 운이 좋지 않을 경우 기분이 상하고 화는 날지언정 다른 날 또다시 경기를 할 수 있지만, 자동차 레이스에서라면 목숨을 잃을 수도 있다는 것을 깨달았다.

나는 NASA에서의 일에 만족했지만 어쩔 수 없는 골프광으로서 다시 플레이를 시작했다. 연구소 일을 쉬는 날에는 토너먼트(대회)를 뛰었고, 퇴근 후 보통 때에도 저녁에는 나의 연구 기술들을 게임에 적용해 보기도 했다. 나는 국내에서 경기하기에 충분한 실력을 가지고 있었다. 1974년 리지우드 컨트리클럽에서 있었던 미국 아마추어 선수 자격 평가전에 참가했지만 두 번째 라운드에서 패했는데 그것은 내가 더 우수한 선수와 시합을 해서가 아니라 내가 사용한 퍼터 때문이었다. 내가 직접 고안한 그 클럽이 미 골프 협회로부터 인정받지 못한 것이다.

1.8 사업가라구요? 아닙니다

그 일이 있은 후 내가 고안한 퍼터가 뛰어난 효과가 있다는 것을 알게 된 지역 사업가들이 나에게 접근해 왔고 그들은 내가 NASA를 떠나면 높은 지위에 앉혀 주겠다고 했다. 그들은 돈을 많이 벌 수 있을 것이라고 했지만 결과적으로 그다지 신통하지는 못했다.

아내와 세 아이들은 나의 새로운 직업에 대해서 걱정했고 부모님들은 아연실색했지만 나는 모든 일이 잘될 것이라며 그들을 안심시켰다. 그 후 나는 내가 이루어 놓은 모든 것들을 잃었는데 첫해에는 투자 자금 중 7만 5,000달러를 손해 보았고, 이듬해에는 집과 두 대의 차를 저당잡혔을 뿐만 아니라, NASA 퇴직금을 모두 써 버려 모두 4만달러의 손실을 보았다. 세 번째 해에는 PGA 선수들과 많이 사귀게 되었는데 나의 연구가 그들에게 도움이 된다고 생각한 선수들이 돈을 투자해 주어 나의 손실액은 2만 5,000달러로 줄었다. 네 번째 해에는 전년도보다 더 적게 적자를 봐서 나는 성공했다고 생각했지만 나의 회계사는 내가 2년간 파산 상태였다고 말해 주었다. 하지만 나는 여전히 잘하고 있으며 계속 견디면 '곧' 성공할 수 있을 것이라 생각했다.

그렇지만 '곧'이란 것은 매우 더디었고, 그림 1.8.1.에서 보여주는 것처럼 나는 그 후 18년 동안 그다지 흑자를 내지 못했다. 그렇지만 나는 지금도 골프에 종사하고 있으며 여전히 골프를 사랑한다. 나는 진실로 골프와 함께 먹고 자고

그림 1.8.1 펠츠의 손익 곡선

꿈꾼다. 이것은 내 아내나 가족, 클럽 친구들, 그리고 투어 프로들이 입증해준 사실이다.

골프가 여전히 나를 흥분하게 만드는 이유는 정해진 기초를 토대로 마치 학생처럼 새로운 것을 계속해서 배운다는 점 때문이다.

물론 나 자신을 '배우는 학생'이라고 생각한 것은 이번이 처음이 아니다. 나는 대학생 시절에도 똑같은 생각을 했는데 그때로 되돌아가 보면, 나는 페어웨이에서의 타수와 그린에서의 타수 그리고 쓰리 퍼팅 등 여러 가지에 대한 수를 계산했으며 내가 골프를 이해한다고 생각했었다.

그렇지만 그것은 아주 잘못된 생각이었다.

어떻게 이런 일이

1.9 나의 인생을 바꾸어 놓은 그날

골프 사업을 시작한 이래로 나는 골프에 대한 견해를 완전히 바꾸었다. 그러한 변화는 워싱턴 시 외곽에 위치한 콘그레셔날 컨트리클럽에서 열렸던 캠퍼 오픈 경기 도중에 일어났는데 당시 나는 골프 사업을 계속할 것인지에 대해 결단을 내려야 하는 기로에 서 있었다. 나는 이미 많은 손해를 보고 있었고(그것은 빙산의 일각에 불과했지만 그때는 그것을 몰랐다) 사업에 대한 확신도 없었다. 그런데 그때 나는 게이 브르워라는 프로 선수가 연습 티잉 그라운드에서 몸을 풀고 있는 것을 보았다.

게이 브르워에 대해서 조금만 말하자면 그는 1967년 메이저 대회인 마스터즈에서 우승했고 PGA 투어에서도 20회 정도 우승한 경력이 있다. 그리고 그는 여전히 시니어 PGA 투어에서 활동하면서 꾸준하게 상금을 받고 있는 진정한 선수이다.

그렇지만 스윙에 있어서는 그는 결코 잘하는 편이 아니다. 아마도 내가 본 선수들 중에서 최악의 스윙을 가지고 있지 않을까 싶을 만큼. 원피스 테이크어웨이 대신에 그는 클럽헤드를 땅을 향하여 낮게 그리고 그의 몸 뒤쪽으로 놓은 다음 클럽을 공중으로 곧바로 들어올려 백스윙의 가장 윗 부분에서는 캐디의 바로 앞쪽을 가리켰다. 그러고는 클럽을 세 번에서 네 번 흔들어 지켜보는 사람들로 하여금 도대체 그가 뭘 하려고 하는지 알 수가 없게 만든 다음에 상당히 견고한 다운스윙을 하여 강하게 공을 쳐서 낮은 훅 샷을 구사했다. 그 광경은 결코 인상적이지 않았다(지금도 그렇다. 그렇지만 그는 아직도 그런 스윙을 구사한다).

나는 그곳에서 브르워가 혹 샷을 계속해서 치는 것을 지켜보았고 속으로 '이 사람은 마스터즈에서 우승한 위대한 선수이고 PGA 투어 상금 랭킹 10위 내에 든다. 그리고 수차례 잭 니클러스나 탐 와이즈코프 같이 상당히 좋은 스윙을 갖고 있는 선수들을 이긴 적이 있다. 어떻게 저런 스윙을 가지고 그것을 해냈단 말인가' 라고 생각했다.

더 혼란스러운 것은 브르워 바로 옆 자리에 내가 본 중에서 가장 훌륭한 스윙을 구사하는 젊은 친구가 있었다는 것이다. 그의 백스윙과 다운 스윙 그리고 팔로우스루는 마치 벤 호간이 처방해준 것 같이 유명한 한 장의 유리와도 같은 스윙 플레인에 머물렀다. 그의 샷은 길고 높게, 그리고 날카로운 궤도를 그리며 날아갔고 드라이버 샷은 20에서 40야드 어떤 때는 50야드나 브르워보다 멀리 날아갔다. 그는 그의 백 속에 있는 모든 클럽에 익숙한 것처럼 보였고 굉장한 선수 같았지만 나는 그에 대해서 알아내지 못했다. 나는 그의 백에 적혀 있는 이름을 확인해 보았지만 여전히 생소했다. 결국 보도자료까지 찾아보았는데 그곳에 이 친구가 나와 있었다. 그는 4년간 PGA 투어에서 활동했지만 상금 랭킹 100위 안에는 결코 들지 못하는 말하자면 결코 '훌륭한 선수' 가 아니었다.

브르워와 이 젊은 친구를 관찰하면서 머릿속에 하나의 의문이 생겼다. '왜 이렇게 훌륭한 스윙이 게이 브르워의 상식 밖의 동작을 능가하지 못하는 것일까?' 그 때 나는 그 이유가 퍼팅에 있다고 추측했다.

바로 그때 그들은 함께 드라이빙 레인지를 떠나서 연습 그린으로 갔고 퍼팅을 하기 시작했다. 나는 따라가서 그 젊은 선수가 내가 본 것 중 가장 훌륭하며 가장 리드미컬하게 보이는 퍼팅 스트로크를 구사하는 장면을 목격했다. 그는 계속해서 퍼팅을 해 공을 홀 컵에 넣고 있었다. 그리고 나는 브르워를 보았는데 정말로 그는 스윙을 할 때보다도 더 형편없는 퍼팅을 하고 있었다. 그는 퍼터를 테이크 어웨이의 안쪽에 놓고 그의 몸으로부터 곧바로 밀어붙였는데 그 결과 공은 타깃 라인으로부터 3내지 4인치 벗어난 곳으로 흘러갔다. 그는 퍼터 페이스를 내려 공의 뒤쪽에 붙은 벌레라도 잡으려는 것처럼 직진하는 스트로크를 쳤고 퍼터를 그린에 내동댕이치려는 것처럼 보였다. 어떠한 팔로우스루도 없었으며 내가 아는 한 오늘날 그러한 스트로크는 없었다. 놀라운 일이었다.

나는 다시 한 번 생각했다. '마스터즈 우승자? 상금 랭킹 10위? 위대한 선수?' 그 당시 게이 브르워가 4피트 퍼팅을 여러 번 실패하는 모습을 보고 나는 갑자기 내가 이 게임을 이해하지 못하고 있는 것이 아닌가 하고 생각하게 되었다.

1.10 계속 따라가 관찰하고 경악하다

그날 두 사람을 우연히 비교하며 나는 한 라운드를 통틀어 그들을 관찰하여 브르워가 정말 더 나은 선수인가를 알아내야겠다고 생각했다(그 젊은 사람의 이름을 밝히지 않는다. 왜냐하면 그는 PGA 투어에서 성공하지 못했으며 1년에서 2년 동안 노력해 보다가 투어 출전권을 잃고 다시는 다시 출전하지 못했을 것이라고 생각하기 때문이다).

그래서 나는 그들 두 사람이 18홀을 치는 동안 구사한 모든 샷을 관찰했는데 그때 나의 인생을 바꾸어 놓은 순간이 찾아왔다.

그들은 라운드를 끝내고 18번째 그린을 떠났다. 젊은 친구의 경기 내용은 매우 인상 깊었다. 그는 공을 잘 쳤으며 훌륭한 샷을 많이 구사했고 퍼팅도 잘했다. '저 친구 오늘은 잘해냈군 지금까지는 그다지 돈을 많이 벌지 못했지만 많은 부분을 향상시킨다면 언젠가는 정말 훌륭한 선수가 될 거야'라고 나는 혼잣말을 했다.

브르워에 관하여 나는 라운드 내내 어떠한 장점도 기억할 수가 없었고 어떤 것도 인상적인 것이 없었기 때문에 나는 그의 게임에 관심을 두지 않았다.

나는 나가서 다른 선수들을 좀 더 둘러보고 게임에서 무언가 중요한 것들을 배우려고 준비하고 있었는데, 바로 그때 나의 인생의 전환점을 맞이했다. 나는 스코어보드 옆에 앉아 있었는데 오전 라운드의 스코어가 붙어 있었다. 브르워는 69타였고 그 젊은 친구는 73타였다.

게이 브르워, 그에게 나는 어떠한 관심도 두지 않았으며 인상적인 것도 없었지만 훌륭하게 공을 친 젊은 친구보다 4타가 앞서 있었다. 그 순간 나는 내가 지금까지 골프를 제대로 이해하지 못하고 있었다고 결론지었다. 나는 속으로 '펠츠! 자네는 골프를 이해하지 못하기 때문에 이 비지니스에서 도태될 거야. 젊은이가 게이 브르워보다 더 우수하다고 생각한다면 골프의 원리를 이해하지 못하는 것이 틀림없어'라고 중얼거렸다.

1.11 이 책에서 가르치려는 스코어링 게임

그날 다른 선수들을 더 보려는 생각을 뒤로 하고 나는 집으로 와서 혼자 깊은 생각에 빠졌다. 어찌하여 나는 수많은 토너먼트(대회)를 경험했고 어릴 적부터 지금까지 계속 골프를 해 왔음에도 불구하고 위대한 선수와 별볼일 없는 선수를 구별하지 못하는가?

그날 밤이 새도록 나는 대답을 얻지 못했지만, 결국 수년이 지난 후에야 그 대답을 얻었다. 내가 골프를 더 많이 연구할수록, 선수들을 더 많이 연구할수록, 골퍼들이 플레이하고 스윙하는 방법을 더 많이 조사할수록 나는 그들이 득점하는 능력을 어떻게 향상시키는지 더 잘 이해할 수 있었다. 나의 목표는 골프를 이해하는 것이 되었으며 결과적으로 골퍼들이 자신의 스코어를 향상시키고 게임을 더욱 즐길 수 있도록 하는 방법을 간단하게 만들었다.

만약 내가 숏 게임에 대하여 파악하게 된 것을 알고 싶다면, 이 책을 계속해서 읽어 보기 바란다. 나는 제 2장에서는 골프의 본질에 대해서, 그리고 골프의 스코어에 숏 게임이 왜 필수적인지는 제 3장에서, 그리고 제 4장에서 13장까지는 여러분 스스로 자신만의 훌륭한 숏 게임을 어떻게 개발할 것인지에 대하여 이야기 하고자 한다.

Chapter 2

게임에 대한 이해와 본질

골프에서 무엇이 중요한가?

2.1 훌륭한 스윙이란?

게이 브르워를 봤던 그 운명의 날 전까지만 해도 나는 내가 골프란 것을 잘 안다고 자부하고 있었다. 나는 클럽헤드가 스윙플레인을 따라 어떻게 움직이는가만 봐도 스윙을 알 수 있었다. 나는 골퍼들의 이와 같은 '플레인 지키기'를 기준으로 내가 관찰하거나 같이 플레이한 골퍼들의 실력을 판단했다.

나는 스윙의 부드러움이나 리듬에 의한 나의 판단 또한 믿었는데, 예를 들어 내가 탐 와이즈코프, 진 리틀, 알 가이버거 혹은 탐 퍼저를 관찰했을 때 그들이 훌륭한 스윙을 구사한다고 생각했다(사실 그들은 훌륭했다). 그들의 스윙은 멋지고 부드럽고 균형이 잡혀 있있으며 내 기준에 의하면 완벽 그 자체였다. 나는 그들처럼 하면 우수한 선수가 될 수 있을 것이라고 상상하며 연습 시간과 게임 시간에 늘 그들처럼 스윙하려고 노력하며 연구했다.

플레인을 벗어나는 돌발적인 스윙을 구사하는 등 어떤 면에서는 이단이라 할 수 있는 아놀드 파머, 리 트레비노, 치치 로드리게즈, 모 노만, 그리고 게이 브르워 들과 같은 선수를 대할 때면 나는 '이상하다'고 생각하곤 했다. 나는 그들의 동작을 이해하지 못했으며 그들처럼 스윙을 하고 싶지도 않았다.

내가 게이 브르워를 따라다녔던 날까지 나는 '이상하다'는 의문을 그대로 내버려두었다. 나는 그와 같은 '이상한' 스윙으로 어떻게 메이저 토너먼트(대회)에서 우승할 수 있는지 이해하지 못했고 그런 사람들이 어떻게 위대한 선수들 중에 속하는지도 이해할 수 없었다. 그렇지만 나는 과학적인 이해와 문제 해결 방법을 모른 채로 물리학을 4년이나 공부한 것은 아니었기 때문에, 적어도 이러한 선수들의 기록이 내가 갖고 있었던 스윙에 대한 평가 기준과는 맞아떨어지지 않는다는 사실은 간파했다. 나는 내가 골프를 이해하는 방법에 무언가 문제가 있어서 많은 것을 놓치고 있다는 것을 깨달았다.

게이 브르워를 관찰한 지 네 시간이 지났을 즈음 나는 그의 성공이 혹시 그의 심장 크기 같은 것에 기인하는 것은 아닌가 싶기까지 했다. 그의 점수를 결정한 것은 결코 스윙의 훌륭함이나 완만함 혹은 리듬이 아니었기 때문에 골프게임을 평가하는 데는 분명 무언가 다른 방법들이 있다는 생각이 확실해진 것이다.

수개월 동안 더 많은 관찰을 했고 결국 새로운 평가 체계가 나의 마음속에 윤곽을 드러내기 시작했다. 나는 효율성과 성공률 그리고 정확도를 측정하는 것이 과학적으로 골프 스윙의 질을 판단하는 설득력 있는 방법이라고 생각했다. 선수가 사상 최악인 것처럼 보이는 스윙을 구사한다고 해도 정확히 홀을 목표로 삼았고 공만 홀 인 시킨다면 그의 샷은 완벽한 것이라고 결론을 내렸다. 그리고 만약 이 '이상한' 선수가 연속해서 1,000개의 샷을 성공한다면 그의 동작이 아무리 나쁘게 보일지라도 스윙에 있어서는 최고인 것이다. 나는 골퍼들을 평가할 때 그들이 홀에 공을 어떻게 집어 넣는가보다는 그들이 공을 집어 넣을 때까지 몇 타를 쳤는가로써 평가하는 것과 마찬가지로 결과로써 선수들을 판단할 수 있다는 것을 깨달았다. 결국 중요한 것은 '어떻게' 가 아니라 '몇 타' 인가, 즉 스코어인 것이다.

이러한 깨달음으로 나의 게임 분석 개념은 스윙의 역학, 리듬 그리고 다른 물리적인 것에서부터 결과를 가지고 실패 확률을 측정하는 쪽으로 바뀌었다. 간단히 말해서 공을 목표물까지 얼마나 가깝게 접근시키느냐가 판단의 기준이 된 것이다. '얼마나 가까이' 만이 중요했다. 이러한 평가 방법은 어떠한 편견이나 가치

판단도 개입되지 않는 것이며, 인상이나 경험에 의한 추측이 아니라 실제로 측정할 수 있는 것이다. 그리고 선수들의 성과나 스코어 혹은 우승 횟수가 이러한 스윙의 평가 방법과 더 밀접하게 연관되어 있다는 사실을 증명한다면 아마도 나는 골프와 골퍼를 평가하는 새롭고 더 나은 방법을 발견할 수 있을 것 같았다.

2.2 조금은 느슨하게

다른 이야기를 하기 전에 독자들은 내가 형편없어 보이는 스윙들이 훌륭하게 보이는 스윙들보다 항상 우수하다고 말하는 것이 아님을 알아두었으면 한다. 그런 사실은 형편없어 보이는 스윙들로 더 나은 성과를 내고 공을 쳐서 대부분 핀에 가까이 붙일 수 있을 때에만 맞는 얘기이다. 나는 여기서 '대부분' 이란 말을 강조하고 싶다.

즉, 스윙의 역학이 중요하지 않다는 말이 아니라는 뜻이다. 당연히 그것도 중요하다. 세계에서 가장 우수한 골프 강사들은 더 단순하면서도 더욱 효과적인 기술로 스윙을 향상시키기 위해 훌륭하게 지도하고 있다. 데이비드 리드베터, 피터 코스티스, 행크 하니, 개리 스미스, 짐 플릭, 릭 스미스, 로버트 베이커, 게리 와이런, 부치·딕 하몬 부자, 마이클 헤브론, 게리 맥코드, 딘 라인머스 그리고 이들을 비롯한 다른 최고의 강사들도 훌륭하게 골퍼들을 지도하고 있는데, 그들은 대부분 나의 친구이며 '실력 향상의 전문가' 들이다.

하지만 이 책에서 나는 스윙 역학이 골프의 모든 것은 아니라는 점을 말하려고 한다. 중요한 것은 성과이며 클럽을 불문하고 공이 가는 위치를 객관적으로 판별함에 있어서는 냉정하고 엄밀한 분석적 방법이 필요하다.

2.3 샷의 평가

스윙의 질을 평가하는 가장 좋은 척도는 골퍼가 A지점으로부터 B지점까지 공을 움직일 때의 정확도를 측정하는 것이다.

그림 2.3.1 A 지점으로부터 100야드 떨어진 B지점을 목표로 친 샷이 C지점에서 정지.

　예를 들어 그림 2.3.1에서 보듯이 홀로부터 100야드가 되는 지점에 골퍼가 있다고 가정해 보자. 즉 A지점(현재 공의 위치)으로부터 B지점(홀의 위치)까지가 100야드이고, 홀이 원하는 목표라고 하면 이것은 샷을 치려고 의도한 최초의 거리가 된다. 만약 선수가 피칭 웨지를 쳐서 공이 홀로부터 21피트를 남겨 놓고(C지점) 멈춘다면 그는 B에서 C까지-목표까지 공이 남은 거리-만큼 거리를 잘못 측정하거나 실수한 것이 된다. 이 에러가 난 거리(B~C)를 최초 거리(A~B)로 나눈다면 이 샷의 에러 비율을 구할 수 있는데, 이 경우에 7야드를 100야드로 나누면 7%의 에러가 되는 것이다.

　그러면 이 스윙은 얼마나 잘 친 것일까? 공은 홀까지 거리의 93%를 이동하여 7%의 에러가 발생했으므로 나는 이것을 '7%의 에러 스윙'이라고 부르겠다. 나의 분석에 따르면 선수가 완벽한 샷을 구사한 경우는 에러가 0%일 때이므로 공은 홀 안으로 들어갔어야 한다. 선수가 수많은 샷을 쳐서 홀 인 시킨다면 그것이 아무리 형편없이 보일지라도 그것은 완벽한(0% 에러) 스윙이며, 이것은 단순한 평가 체계이다. 에러가 적으면 적을수록 스윙은 더 우수하다고 평가할 수 있다.

　나는 선수의 캐디 백에 있는 특정한 클럽을 가지고 적어도 100타 이상의 에러율을 측정하여, 그것을 선수들이 그 클럽을 가지고 플레이할 경우 데이터에 따른 평균 에러 인덱스 PEI(Percentage Error Index : 에러율)라고 불렀다. 1,000회 이상으로부터 평균값을 계산하여 구한 이 PEI는 그 클럽에 대한 선수의 기술 능력을 평가하는 절대적인 지표가 되는 수치이다.

클럽 수행 능력은 내가 골프 스윙을 평가하는 방법 중 하나로서, 나는 투어 플레이어들을 따라 다니며 그들이 캐디 백 안의 모든 클럽을 얼마나 잘 다루고 있는지를 조사하며 실험해 보았다. 아마도 이상한 스윙을 가진 게이 브르워는 클럽을 더 잘 다루기 때문에(즉 더 우수한 PEI) 다른 선수들 보다 점수를 잘 내는데, 나는 그의 클럽 수행 능력의 기초가 무엇인지를 알아내고 싶었다. 나는 그가 15%의 에러율을 가지고 웨지를 치는지, 퍼팅을 할 때는 25%의 에러를 내는지 혹은 드라이버 샷을 칠 때 5%의 에러가 발생하는지 하는 식으로 선수들의 게임 수행 내용을 파악해 내는 방법을 알 수 있었다.

골프에 대한 분석적 관점

2.4 데이터, 데이터, 더 많은 데이터

처음에 나는 충분한 데이터를 기록한 결과 PGA 투어 선수들의 평균 PEI가 그의 모든 스윙에 대해서(드라이버, 4번 아이언, 9번 아이언 등) 7이라는 것 즉, 평균적으로 7%의 에러율을 가지고 있다는 사실을 알아냈으며 또한 선수들이 그린으로부터 100야드 밖으로부터 공을 쳐서 핀에서 20피트 떨어진 곳까지 붙여 PEI 수치 7을 얻는다면 그다지 나쁘지 않게 생각한다는 사실도 알아냈다. 웨지로 풀 스윙하여 버디를 하기 위한 20피트 퍼팅을 남겨 놓는다면 대부분의 프로들은 그 정도 결과에는 만족하는 것처럼 보였다.

선수들에게 있어 달갑지 않은 상황은 3번 아이언을 쳤을 때 벙커 안에 박히는 200야드의 샷이었다. 언젠가 한 선수가 공이 박힌 라이로부터 공을 쳐내어 핀 가까이 보내기가 어려워, 4피트를 남겨두고 파 퍼팅을 시도했지만 실패하고 두 번째도 실패하여 결국 더블 보기를 범한 경우가 있었다.

그 선수는 라운드가 끝나고 "3번 아이언 때문에 망했다. 나는 롱 아이언은 잘 다루지 못하는데 좌측으로 40피트나 빗나가는 샷을 했기 때문에 결국 더블 보기가 되었다. 그것 때문에 이번 라운드를 망쳤다. 나의 아이언 샷이 이번에도 내 발목을 잡았다"고 말하고는 연습장으로 무거운 발걸음을 옮기면서 그날 남은 시간 동안 3번 아이언을 계속해서 연습했다.

우스운 것은 200야드에서 3번 아이언으로 쳤을 때 측정한 그의 에러는 14야드로써, 그것은 7%의 에러율이었다. 웨지로 풀 스윙을 했을 때와 똑같이 3번 아이언 샷을 구사한 것이었다. 그런데도 그는 웨지 때문에 기뻐하더니 3번 아이언에 대해서는 화를 내었다. 왜냐하면 그는 자신이 3번 아이언 샷을 얼마나 잘 구사했는지 알 수 없었기 때문이다. 3번 아이언으로 친 그의 스윙이 웨지로 스윙할 때와 마찬가지의 가치를 가지고 있음은 수치를 통해 증명될 수 있다.

스윙의 질에 대해서 말할 때 결정적인 요인이 되는 것은 짧은 임팩트의 순간 동안 클럽 페이스의 위치인데, 이 움직임은 공이 어디로 갈 것인가를 결정해 준다. 샷의 결과를 측정함으로써 운동 선수적인 수행 능력을 측정할 수 있게 된다. 즉 임팩트 순간 선수가 얼마나 클럽의 위치를 정확하게 잡았는가를 알 수 있다. 그렇다면 그 선수는 얼마나 잘한 것일까?

앞서 말한 예에서 그는 두 곳에서 모두 탁월한 플레이를 했지만 에러율이 일정하기 때문에 그린에서 멀어질수록 미스하는 거리는 늘어나게 될 것이고 가끔은 심각하게 늘어날 것이다. 이것은 대부분의 골퍼들이 이해하지 못하는 중요한 개념이다.

2.5 비옷을 입은 사람

스윙을 평가하는 PEI(에러율)의 개념은 이 책에서 밝히고자 하는 개념의 토대이며 나의 연구 중 많은 부분을 차지한다. 23년이 넘는 기간 동안 나는 걸으면서 코스를 측정하고 실제로 모든 티와 핀, 벙커 그리고 나무 사이의 거리를 차트에 기록하여 PGA 와 LPGA 투어 선수들로부터 그들의 장점과 약점을 의미하는 PEI 데이터를 수집했다. 또한 매 토너먼트 라운드마다 이 데이터를 가지고 다녔는데, 그것은 내가 처음 그 개념을 생각해 내었을 무렵에는 입장료가 적게 드는 연습 라운드에서만 그 일을 했기 때문이었다(나는 그 당시 돈이 없었으며 돈을 아껴야 했다). 그러나 연구 과정에서 나는 프로 선수들이 연습 라운드에서는 제대로 플레이하지 않는다는 것을 알게 되었다. 그들은 경쟁을 하지 않았으며 따라서 모든 샷을 구사하지도 않았고 퍼팅을 해서 홀 아웃을 하지도 않았다. 그들은 사실 경기 내용에 대해서는 그리 신경 쓰지 않았고 그저 공을 치고 가끔은 거리를 재거나 바람의 효과를 알아내기 위해 기괴한 샷을 구사하는 등 표적에 공을 넣는 것보다 거리를 더 걱정했다(이것은 투어 선수들의 재미있는 단면이다. 그들은 연습 라운드에서는 심각하게 플레이하지 않고, 골프 코스에 대해서 연구한다. 그들은 그린이나 페어웨이 그리고 벙커로부터 어떤 효과를 얻을 수 있는지 알아보기 위해 샷을 구사한다. 그리고는 각기 다른 코스에 어떤 식으로 맞추어 나갈지를 배운다. 그것은 멋진 일이다. 연습 라운드에서의 프로 선수들을 보라. 돈만 걸려 있지 않으면-가끔씩 걸려 있지만-그들은 경기를 하는 것이 아니다. 그들은 무언가를 배우고 있다).

 PEI 데이터를 모으기 위해서 나는 토너먼트 라운드 동안의 샷의 결과들을 측정해야만 했다. 나는 목요일 아침 7시 30분 비가 내리는 가운데, 첫 번째로 티잉 그라운드에 온 사람들과 함께 있었는데, 그들은 무명의 신인 선수들-짐 시몬스, 앤디 노스 그리고 탐 카이트-이었고, 이들이 내가 따라가기로 한 그룹이었다.

 나는 그들과 함께 걷기 시작했는데 당시 내 모습은 볼만했다. 나는 아주 커다란 연구 노트(그림 2.5.1)를 들고 있었으며 비옷을 입고 우산을 쓰고 있었다(이때 한 손으로는 노트를 들고 다른 손으로는 기록을 한다는 것은 쉽지 않았다). 나는 키가 195cm였고 몸무게는 130kg나 나갔다. 나는 갤러리였다. 그곳에 다른 사람은 아무도 없었다.

이 세 선수에 대해 잘 아는 사람은 거의 없었지만 나는 그들이 매번 샷을 구사할 때마다 비가 오는 가운데에서도 항상 함께 있었다.

그들이 티 샷을 쳤다. 나는 세 사람이 공을 치는 모습을 관찰했다. 공이 공중에서 어디로 날아가는지 살피고 경계선인 로프 바깥쪽으로부터 로프 밑을 통해 뛰어들어와 공이 멈춘 곳을 확인했다. 나는 그들이 어느 지점-페어웨이의 중앙인지 가장자리인지-을 목표로 했는지 알아내려 했다. 그렇게 해서 나는 드라이버 샷에 대한 그들의 PEI를 계산해 냈다. 나는 세 사람 모두에게 이것을 되풀이했다. 그들은 두 번째 샷을 쳤고 나는 그린으로 달려가서 벙커에 빠진 공을 확인하고 노트에 휘갈겨 쓰고는 두 번째 공이 그린의 어디쯤 있는지 확인하기 위해 돌아다녔다. 그리고는 무언가를 쓰고는 세 번째 공을 찾아 뛰어다녔고 노트를 다시 열었다. 나는 정신없이 왔다 갔다 했다.

그림 2.5.1 데이터 수집 자세로 노트를 들고 있는 필자

잠시 후 세 번째 홀 옆에서 나는 그들이 서로 이야기하는 것을 들었다. '저 뚱뚱하고 덩치 큰 사람 좀 봐. 도대체 뭘 하고 있는 거지?'

내가 기록을 처음 시작한 라운드의 여섯 번째 홀에서 그들은 짐 시몬스를 나에게 보내기로 결정했다. 그는 자신을 소개하고는 "저, 지금 무엇을 하고 계시죠?"라고 물었다. 이날 나는 짐에게 처음으로 내 자신을 소개했다. 그는 이후로 나와 좋은 친구가 되었고 PGA 투어에서 세 번 우승했으며 지금은 주식 브로커로 활동하고 있다. 그는 언제나 훌륭한 신사였다.

그렇지만 당시 그는 나를 놀라게 했다. 나는 비를 맞으며 무방비 상태였고, 무슨 말을 해야 할지 잘 떠오르지 않았다. 그래서 나는 더듬거리면서 내가 그의 게임을 연구하고 있으며 그의 강점과 약점의 원인을 찾아내려 한다고 말했다. 그는 당황하며 말했다. "오 저의 게임을 평가한다구요? 어떤 방법으로?"

나는 "당신 샷의 에러율을 측정하고 있어요. 매번 샷을 구사할 때마다 미스하는 거리를 측정하는 것이지요."라고 말하며 빠르게 스케치(그림 2.3.1과 유사함)를 그려 PEI의 개념을 그에게 설명해 주었다.

그는 집중했다. 그는 "그거 흥미롭군요."라고 말하고는 내가 알아낸 것이 무엇인지 물었다. "당신은 6홀을 치는 동안 7개 클럽만을 사용했기 때문에 아직 뭐라고 말할 수 없군요. 하지만 정확한 통계 자료들을 확보한다면 확신히 무언가를 발견할 수 있을 겁니다."

"인상적이군요."라고 그는 말했다. 그는 명함을 꺼내며 "짐 시몬스, PGA 투어 프로 선수입니다."라고 말하며 "펠츠씨, 저의 약점을 발견하면 언제든 집에 전화를 해서 알려 주십시오."라고 덧붙였다. 그런 다음 짐은 앤디와 탐을 나에게 소개해 주었다. 그 후 나는 기회가 닿는 대로 그들 셋을 따라다녔다. 나는 그런 식으로 수많은 선수들을 만났다. 내가 한 달의 마지막 주말마다 PGA투어에 나가기 시작한 후에 나는 래니 와킨스를 만났다. 나는 그가 속한 그룹을 따라다녔는데 그 그룹은 내가 요란하게 코스의 외곽을 돌아다니는 모습을 목격했다. 래니가 나를 보기 위해 가까이 와서 "뭐하고 계십니까?"라고 물었다.

그때 나는 준비가 되어 있었다. 나는 몇 주 동안 많은 선수들에게 말했다. 일부 와는 친하게 되었다. 지금까지도 나는 내 생각을 그들에게 설명하던 장면을 기억하고 있다. 나는 래니에게 그의 샷을 측정한다고 말했고, 의도했던 목표물보다 얼마나 먼 곳에서 공이 멈추는가 즉, PEI에 대해서 설명하고 있었는데 내가 고개를 들어 보니 그는 이미 나에게서 멀어져 가고 있었다. 마치 꼬리에 불이 붙은 것 같았다. 그는 불행히도 어떠한 사실이나 과학적인 데이터 같은 것들을 들으려 하지 않았다. 그는 자신에 대해서는 아무것도 들으려 하지 않았다.

짐 시몬스와 래니 와킨스는 매우 다른 종류의 사람이다. 시몬스는 분석적이고 사실 지향적이며 숫자를 중요시하는 그런 종류의 사람이었다. 래니는 전적으로 '본능적인' 선수이다. 사실들을 가지고 그를 혼란시켜서는 안 된다. 분석? 그것에 대해서는 잊어버리는 편이 낫다. 래니는 훌륭한 선수이다(덧붙여 말하자면 아주 우수하다). 다만 그는 다른 사람의 생각에는 전혀 관심이 없다.

이것은 내가 초기에 투어 선수들과 관계를 형성한 내용이다. 카이트나 노오스, 시몬스, 탐 젠킨스, 조 인먼 같은 친구들은 나의 노트에 있는 숫자들을 가리키며 "맞아요, 무언가 있는 거 같군요. 무언가를 배울 수 있을 것 같습니다."라고 말했고 그들은 나와 함께 일하러 온 선수들이었다.

나는 독자들에게 이 책으로부터 무언가를 얻기 위해 과학적인 타입의 인간이 되라고 말하는 것은 아니다. 여러분들은 숏 게임을 향상시키기 위해 수치들을 연구하고 퍼센트에 대해서 고민할 필요가 없다. 다만 여러분들에게 필요한 것은 이런 수치들이 자신에게 가르쳐 주는 것이 무엇이며, 어떻게 내가 여러분을 도울 수 있는가 하는 점이다. 나는 이제 여러분의 문제점을 정확하게 발견하고 무엇을 해야 할지 말해 줄 수 있으므로 나와 함께 하면 여러분은 자신의 약점이 무엇인지 알게 되고 어떻게 그것들을 고칠 수 있는가를 배우게 될 것이다.

2.6 캐디가 된 까닭

지금은 나의 이론이 설득력이 있고 선수들도 나를 믿지만 그 당시로 되돌아가 보면 흥미를 보이는 사람에게조차도 내 이론의 신빙성에 대해 확신을 시켜야만 했다. 내가 사람들에게 말할 수 있을 만큼 충분한 데이터를 모으지 못하면 그들은 믿으려고 하지 않았기 때문에 나는 그들에게 냉정하고 전혀 가치가 개입되지 않은 사실, 즉 정직한 데이터를 보여 주었으며, 거기에 나의 의견은 하나도 들어가 있지 않았다. 그러나 그들은 그것을 믿으려 하지 않았다. 나는 그때 대부분의 사람들이 자신만의 사고의 틀을 통해서 세상을 바라본다는 사실을 알았다. 그들은 원하는 것만 보고 강점에 대해서는 이야기하고 싶어할지언정 약점을 인정하기는 싫어했다(그들은 자신의 약점을 극복하기 위해 연습하는 것도 원하지 않았으며 잘하고 있는 것에만 애착을 가지고 더 많이 연습했다).

그들은 나에게 "이봐요 펠츠씨. 나는 저 클럽으로는 신통치 않게 샷을 날린다는 것 압니다. 그렇지만 그렇게 나쁘지만은 않아요. 라이가 몇 번 좋지 않았는데 펠츠씨는 로프 바깥쪽에 있었기 때문에 잘 몰랐을 겁니다."라고 말하곤 했다.

이런 사람들과 이야기가 통하려면 캐디를 해야 했고, 캐디역을 맡음으로 해서 나는 로프 안쪽으로 걸어 들어가서 라이를 볼 수 있었으며 그 이후 디보트나 그린 위에서 강하게 부는 바람 때문에 내가 곤란을 겪는 일은 없었다. 그들은 샷을 치기 전에 나에게 그들이 목표로 하는 지점을 정확하게 말해줄 수도 있었고 그밖에도 여러 가지 장점이 있었다.

지금 나는 큰 기록 노트 대신 휴대용 녹음기를 가지고 다니며 선수가 어떤 곳을 표적으로 삼았고 샷이 얼마나 멀리 날아갔으며 떨어진 지점이 어디이고 어느 정도의 거리를 미스했는가에 대해 그 녹음기에 대고 속삭이고 라운드가 끝나면 그 데이터를 컴퓨터에 입력하여 계산했다. 정말로 할 일이 많았지만 나는 모두 해 내었고 그 결과 또한 정확했다.

누가 무엇을 얼마나 잘할까?

2.7 투어 선수들은 얼마나 잘할까?

나는 수년간이나 이런 방식으로 삶을 꾸려갔다. 갤러리로써 로프 바깥쪽에서 선수들을 보며 걷는 것으로부터 시작하여 알게 된 친구들의 캐디가 됨으로써 나는 개인적이 아니라도 게임을 통해서 많은 선수들 그리고 그들의 클럽과 모든 샷에 대해 알게 되었다.

한 라운드에 한 그룹을 따르면서 나는 세 사람으로부터 세 개의 라운드에 해당하는 약 210타를 조사했다. 아침에 어떤 사람의 캐디를 하면 오후에는 세 명의 다른 사람들을 뒤따랐고 그렇게 하면서 그들이 캐디 백 속의 모든 클럽으로 친 모든 라운드의 모든 샷에 대한 PEI(에러율)를 측정했었다.

더 많은 데이터를 축적하고 그 퍼센트를 살펴보면서 나는 어떤 패턴을 발견하기 시작했다. 최초의 10라운드까지는 선수들을 전혀 모르다가 10 라운드 이후부터는 무언가 알아낼 수가 있었고, 20라운드에 이르러서는 그 선수에 대해 진정 잘 알게 되었다. 그리고 40번째 라운드에서는 더 이상 비밀이라고는 할 수 없을 정도로 나는 그의 강점과 약점을 모두 간파할 수 있었고 골프장 전체를 통틀어 그가 어떻게 플레이하는지를 알 수 있었다.

먼저 나는 모든 클럽이나 샷의 종류가 공통점을 가지고 있을 것이라고 예상했고 그때 매우 큰 유사점이 확실히 발견되었다. 예를 들어 우드는 다른 클럽들과 정말로 그다지 다르지 않았다. 만약에 어떤 사람이 드라이버 샷을 탁월하게 구사한다면 그는 3번 우드로 칠 때도 역시 훌륭했다(이것은 투어의 프로 선수들에 관한 이야기이다. 이후 아마추어들에 대하여 세부적으로 연구해 본 결과 항상 이와 같은 것은 아니라는 것을 증명할 수 있었다). 마찬가지로 1번과 2번의 롱 아이언을 치는 사람은 3번 아이언을 칠 때와 유사했다. 미디움 아이언인 4번과 5번 그리고 6번의 경우에도 거의 같은 PEI를 나타내었고 숏 아이언에서도 마찬가지였다.

나는 클럽의 종류에 따른 꾸준한 패턴을 발견하기 시작했으며 더 많은 수치를 수집하고 더 철저하게 컴퓨터를 이용한 분석을 실시한 결과, 드라이버와 페어웨이 우드는 롱, 미디움, 숏 아이언들과 그다지 다르지 않다는 사실을 알아내었다. 각 선수들의 PEI들도 각각의 클럽에 대해서는 1% 정도의 오차만을 가지고 있었다.

여기에 내 생각을 뒷받침해 줄 예를 제시하겠다. 40라운드를 마친 뒤 나는 짐 시몬스의 모든 클럽에 대한 수치를 계산했다. 8.1, 7.9, 7.6, 7.7, 8.0, 7.4, 7.8, 7.5…. 드라이버로부터 시작해서 9번 아이언에 이르기까지 이런 식이었다. 모든 클럽은 본질적으로 이와 같이 공통된 수치를 가지고 있었다. 내가 알 수 있었던 것은 풀 스윙을 해도 많이 달라지지 않는다는 사실이었다. 그렇다. 프로 선수들조차도 그들이 다른 클럽을 칠 때보다 드라이브를 칠 때 더 많은 비거리를 구사하지만 PEI에 의하면 9번 아이언으로 칠 때와 거의 비슷하거나 혹은 더 나았다.

수백 혹은 수천 번의 샷을 조사한 결과 시몬스는 풀 스윙을 할 때 평균적으로 에러율 8% 이하의 선수였다. 앤디 노스는 7.3으로써 탐 카이트의 7.5에 비하면 조금 나았다. 지나치게 다른 것은 아무것도 없었다. 나는 3년이 넘는 기간 동안 수차례 선수들을 관찰했고 상금을 받는 150명의 선수 중 100명 이상에게서 충분하다 못해 조금 과도한 데이터를 수집했다.

평균적으로 투어 선수들은 지금도 그렇지만 풀 스윙에서 약 7%의 에러율을 가지고 있었고 가장 좋은 경우 5%, 나쁜 경우는 10%였다. 1%에서 2%의 실수는 드물었으며, 15%에서 20%에 이르는 끔찍한 비율도 매우 드물었다.

2.8 같은 사람이 아무도 없다

나는 이렇게 약 3년간 연구를 했고 PGA 투어에서 많은 친구들을 사귈 수 있었다. 그들에게 나의 수치들이 설명하는 바를 납득시켰고 그들의 장점과 약점을 설명해 주었으며 데이터에 따른 결과들을 어디에 효과적으로 적용할 수 있는지를 설명했다. 그리고 바로 이때쯤부터 몇몇 선수들은 필자가 투어에 따라 나와 연구자료를 수집할 수 있게끔 자금 지원을 해주었다. 아직 이렇다 할 성과는 거두지 못하고 있었지만 무엇인가를 이루어가고 있다는 확신을 할 수 있었다.

그렇다면 나는 무엇을 놓치고 있었을까? 풀 스윙은 게임의 일부분일 뿐이다. 내가 제 1장에서 언급한 바와 같이 골프는 5개의 게임으로 구성되어 있다. 풀 스윙에 의한 파워 게임은 그들 중 일부에 불과하다. 나머지 퍼팅 게임과, 숏 게임, 매니지먼트 게임, 그리고 멘탈 게임이 남아 있다는 사실을 기억해 주기 바란다. 멘탈 게임에 대해서는 수치들로써 설명할 수 없다. 그렇지만 숏 게임과 퍼팅 게임에 관한 모든 것은 수치들이 말해 주고 있다.

예외 없이 모든 선수들은 웨지를 칠 때와는 다른 풀 스윙 PEI를 가지고 있었다. 보통 두 배의 차이가 나며 어떤 선수들은 세 배 정도 높다. 시몬스는 풀 스윙을 칠 때 8%였으나 웨지를 칠 때에는 17%였는데 이것은 두 배의 차이이다. 노오스는 풀 스윙을 칠 때 7.3%였는데 웨지로는 16%였고, 카이트도 각각 7%와 13%였다. 그리고 이 세 가지 수치는 모두 비교적 우수한 결과들이었다.

CLUB	D	3W	1i	2i	3i	4i	5i	6i	7i	8i	9i	PW	SW	P
PGA TOUR PRO														
A	9.2	8.6	7.2	7.8	6.9	7.7	7.9	7.6	7.0	7.7	7.4	16.1	18.1	23.0
B	7.9	7.9	7.4	7.7	7.1	7.0	7.6	8.1	7.4	7.3	7.8	13.8	17.2	25.5
C	8.3	6.8	6.7	7.2	7.0	7.4	6.8	6.8	6.9	7.7	7.1	15.5	19.0	27.6
D	9.5	8.2	8.6	8.0	8.1	8.5	8.0	7.7	8.5	7.2	8.0	14.9	14.6	31.1
E	5.4	5.7	5.3	6.0	5.2	5.1	5.7	5.5	5.2	5.3	5.6	13.9	21.0	24.4

그림 2.8.1 PGA 투어의 다섯 선수에 대한 PEI(Percent Error Index) 수치

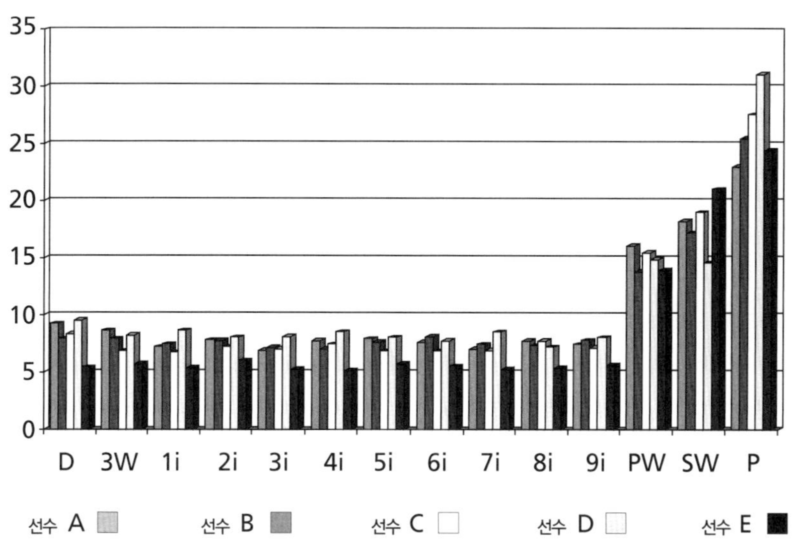

그림 2.8.2 PGA 투어의 다섯 선수에 대한 PEI(Percent Error Index) 그래프

모든 선수의 수치는 웨지를 칠 때 변화했고 나는 그 점에 놀랐다. 그림 2.8.1은 5명의 PGA 투어 선수들의 PEI 데이터이며 그림 2.8.2는 이것을 그래프로 표현한 것이다.

무엇인가 필자가 이해하지 못한 부분이 있었다. 6번 아이언으로 친 선수들의 PEI가 3번 아이언으로 친 것과 같았고, 드라이버로 쳤을 때의 PEI와 9번 아이언으로 쳤을 때의 PEI(1% 이내의 오차로) 역시 마찬가지 경우였다. 그렇다면 그 사실은 핀이나 목표지점까지의 거리가 PEI 수치를 결정하는 요소가 아니라는 것을 의미한다. 그렇다면 왜 웨지의 PEI는 매우 다른 것이며 모든 선수들이 신통하지 못한 것일까? 특히 대담한 드라이버 풀 스윙보다 웨지 스윙이 더 단순하게 보이는데 왜 프로 선수들은 그토록 잘 구사하지 못하는가?

설상가상으로 나의 초기 퍼팅 PEI는 더욱 좋지 않았다. 이들 세 명의 퍼팅 PEI는 40, 31, 그리고 26이었다. 40%의 에러라니! 이들은 왜 이렇게 퍼터를 서투르

퍼팅 PEI는 다르게 측정해야 한다

내가 처음으로 퍼팅 PEI를 계산했을 때에는 풀 스윙을 계산할 때와 마찬가지 공식으로 계산을 했다. 만약 여러분이 3피트의 퍼트를 해야 할 상황이라면 간발의 미스를 해도 2피트를 빗나갈 것이며 그것은 67%의 에러를 의미하게 된다. 그리고 이 에러 비율을 퍼팅하기 전의 거리로 나누어 보면 여러분은 결국 퍼팅에 대단히 큰 에러를 가지고 있다고 생각할 것이다. 이것은 내가 퍼팅에 있어서 (홀 안으로 공을 집어넣는 확률과 그것이 홀 안 영역에 머물러 있을 확률을 최적화시키는) 최적 회전 속도로 쳤을 경우 미스하면 공이 홀을 지나 17인치나 더 간다는 사실을 미처 알지 못했을 때의 일이었다. 이와 같은 사실을 근거로 PEI를 다시 산출한 결과 퍼팅에서의 PEI는 5%~10%로 내려갔다.

게 구사하는 것일까? 내가 그 점을 이해하는 데에는 많은 시간이 걸렸지만 대답은 간단했다. 나는 퍼팅의 에러율을 잘못 측정하고 있었던 것이다.

이때 나는 PEI가 세 가지 영역으로 분류된다는 사실을 깨달았으며, 이것을 세 명의 선수들에게 적용했다. 풀 스윙에서의 PEI 영역은 PGA 투어 선수들의 경우에는 최고의 경우에는 5%, 그리고 최악의 경우에는 9%를 넘지 않았다. 웨지도 역시 선수마다 달랐지만 13%에서 26% 정도였다. 그리고 퍼팅 PEI는 5%에서 10% 사이에 분포했다. 어느 누구도 이들 세 가지 영역에서 모두 낮은 PEI를 기록하지는 않았다. 그리고 훌륭한 풀 스윙을 구사한(풀 스윙의 PEI가 낮은) 선수들도 퍼팅에서는 PEI가 좋지 않았다(PEI가 높았다). 그 순간 나는 골프가 한 가지 게임이 아니라는 사실을 깨달았다. 이제까지 항상 단 한 가지 게임이라고 생각하던 골프 게임은 적어도 세 가지의 게임, 그것도 세 가지의 각기 다른 기술을 요구하는 게임이었던 것이다.

2.9 PEI는 중요한가

다음 단계는 어떤 게임의 종류가 가장 중요한가를 알아내는 것이었다. 나는 순서대로 선수들을 나열했다. 최고로 낮은 풀 스윙 PEI를 가지고 있는 선수들로부터 시작해서 가장 높은 사람들까지 모두 나열했다. 풀 스윙 PEI가 가장 우수한 사람은 리 트레비노였는데 그는 모든 스윙에 대해서 5.02%의 에러율을 가지고 있었다. 탐 와이즈코프도 매우 탁월했지만 밀러를 따라갈 수는 없었다. 자니 밀러가 아니라 알레 밀러라는 선수였다. 그런데 아마도 여러분은 그에 대해서 들어 본 적이 없을 것이다. 왜냐하면 그는 PGA 투어에서 뛰지 않았기 때문이다. 이 놀라운 아마추어 선수는 지금 뉴욕의 버팔로에서 프로 선수들을 가르치고 있다. 그의 풀 스윙 PEI는 5.06%였다.

그의 기록은 현재까지 내가 측정한 기록 중 두 번째로 훌륭한 기록이다 (그는 풀 스윙을 가르칠 수 있었을 뿐 아니라 실제로 구사할 수도 있다).

그리고 나는 공식 상금 내역에 의해서 선수들을 열거해 보았으며 앞서 말한 리스트와 연관시켜 보았다. 3년 이상의 기간 동안 풀 스윙 랭킹 1위인 선수의 상금 랭킹은 15위였다. 2위는 200위였고 3위는 85위, 4위는 35위, 5위가 129였으며 바로 65위의 선수가 상금을 가장 많이 탄 선수였다. 선수가 풀 스윙을 가장 잘 구사하는 정도와 상금을 받는 정도와는 눈에 띄는 상관 관계가 없었다. 분석에 의하면 골프 공을 얼마나 잘 쳐내는가는 PGA 투어에서 상금을 얼마나 벌어들이는가에 있어 중요한 문제가 아니었다. 나는 이 사실을 믿을 수 없었다.

당시 유행하던 말을 빌리자면 일격을 당한 셈이었다. 나는 인생에서 거의 20년이라는 시간을 스윙을 개선하는 데에 투자했고 결국 PGA 투어를 뛸 수 있을 만큼 잘 치게 되었다. 그리고 또 3년이라는 시간을 데이터를 수집하기 위해 프로 선수들을 뒤따라 다녔다. 그런데 여전히 골프에 대해 이해하지 못하는 부분을 발견한 것이다. 그때의 심정은 내가 골프에 대해서 아무것도 몰랐을 당시 캠퍼 오픈에서 게이 브르워의 스코어를 목격했을 때를 떠올리게 했다. 그렇지만 나는 포기하지 않고 무엇이 잘못되었는가를 알아낼 때까지 이리저리 돌아다니며 고심했다.

PEI 데이터도 정확했고 PGA 투어의 상금 순위도 틀리지 않다. 그렇다면 내가 데이터를 해석하는 방법에 문제가 있는 것임이 틀림없다고 결론지었다.

정말로 그랬다. 데이터는 스코어가 공을 잘 치는 정도와 무관하다는 것을 의미하는 것은 아니었다. 그것은 선수가(모든 PGA 투어 선수들처럼) 5%에서 9%의 정확도를 가지고 스윙하는지의 여부를 판가름하는 것이 아니었다. 즉 정확한 수치는 상금을 벌어들이는 정도에 영향을 미치지 않는다.

다시 말해서 페어웨이의 중앙에 떨어진 드라이브 샷이 오른쪽이나 왼쪽 가장자리에 떨어진 드라이브 샷보다 나은 점수를 얻는 데에 훨씬 유리하지는 않다는 것이다. 또한 이것은 아이언 샷을 쳐서 5~6%의 에러율을 가지는 선수가 7~8%의 다른 선수들보다 더 많은 상금을 벌어들이는 것이 아니라는 점을 의미한다.

이러한 충격을 극복한 후, 나는 또 다른 상관 관계를 찾아보아야 할 때라고 느꼈다. 그때 나는 퍼터를 디자인하며 생계를 유지하고 있었기 때문에 퍼팅 PEI와 상금이 어떤 연관이 있을까를 살펴봤다. 그 결과 둘 사이의 상관관계를 발견했는데 그것은 사실, 너무나 미미해서 처음에는 확실하게 알아채지 못했다. 퍼팅이 가장 우수한 선수가 가장 많은 상금을 받는 것은 아니었다. 실제로 그런 선수는 상금 랭킹의 최고 부분에 가까이 가지도 못했다. 퍼팅 PEI로부터 내가 알게된 것은 단지 '다른 모든 조건이 동등할 때' 퍼팅을 잘하는 선수가 더 많은 상금을 획득한다는 것이었다.

결국 남은 것은 그린으로부터 100야드 이내에서의 숏 게임이었다. 실제로 숏 게임의 PEI를 상금을 벌어들이는 정도와 비교해 봤더니 그것은 꼭 들어맞았다. 거기에는 높은 상관 관계가 있었다. 3년 동안 정보를 수집한 결과 가장 좋은 숏 게임 PEI를 가지고 있는 사람이 헤일 어윈이라는 것을 알아냈다. 그는 바로 그 기간 동안 가장 많은 상금을 거머쥔 선수이기도 했다.

탐 카이트는 숏 게임 PEI가 15위였는데 상금 랭킹은 18위였다. 앨런 밀러, 그 또한 상금 랭킹과 숏 게임 PEI가 거의 일치했다. 상금 랭킹순위를 통틀어 보아도 그것과 숏 게임에서의 성적 순위는 거의 완벽하게 일치했다. 웨지를 잘 다루는 선수들이 역시 돈벌이에 능숙했다.

이해하면 도움이 된다

2.10 숏 게임이 중요한 이유

그것은 매우 중대한 발견이었다. 숏 게임에서의 플레이는 퍼팅 게임이나 파워 게임에서의 플레이보다 선수들의 스코어 및 선수들이 PGA 투어에서 획득하는 상금을 결정하는 데에 있어 더 중요한 요소였다. 그 후 나는 아마추어 선수들에게서도 이런 사실이 여지없이 맞아떨어지는 것을 확인했다(물론 상금 획득을 제외한 득점 능력에 대해서이다).

그렇지만 나는 여전히 왜 그런 결과가 생기는 것인지 그 이유를 생각해 내지 못하고 있었기 때문에 데이터를 다시 조사했다. 노트에 기록한 수천 개의 샷을 확인하면서 숏 게임의 중요성을 생각했으며, 선수들 한 사람 한 사람 각각의 샷에 대하여 PEI, 공의 비거리, 그리고 착지점을 기록했다.

그런 연후에 새로운 차트를 만들기 시작했다. 종이의 중간에 십자를 그려 타깃을 만들었다. 그런 다음 공이 얼마나 목표점과 가까이 그리고 정확히 도달했는지 점을 찍어 표시했다. 나는 이것을 롱, 미디움, 숏 아이언으로 나누어 만들었다. 그리고 마치 토포그래프 맵(정밀 지형도)처럼 빈도가 높은 점들을 이어 윤곽을 그렸다. 그것은 공이 어느 지점으로 가장 자주 미스하는가를 지적해 주었다.

제일 먼저 1, 2, 3번 아이언으로 치는 점들을 모두 표시하고 그것을 묶어서 관찰해본 결과 선수들의 롱 아이언 플레이가 주로 타깃의 좌우 방향으로 미스하는 경향이 있다는 사실을 발견했다. 그들은 거리에 있어서는 놀랍도록 정확했다. 그들의 평균 거리 에러는 몇 야드에 지나지 않았는데 그것은 불과 1%에서 2%에 해당한다. 그렇지만 좌우의 방향과 관련한 에러는 거의 평균 7%에 달했다. 그것은 롱 아이언으로 180야드에서 200야드를 칠 경우 타깃에서 좌우로 12에서 14야드(약 35에서 40피트)나 미스한다는 것을 의미했다. 그림 2.10.1에서 보듯이 롱 아이언 클럽의 문제는 거리가 아니라 방향에 있다는 점은 의심의 여지가 없었다.

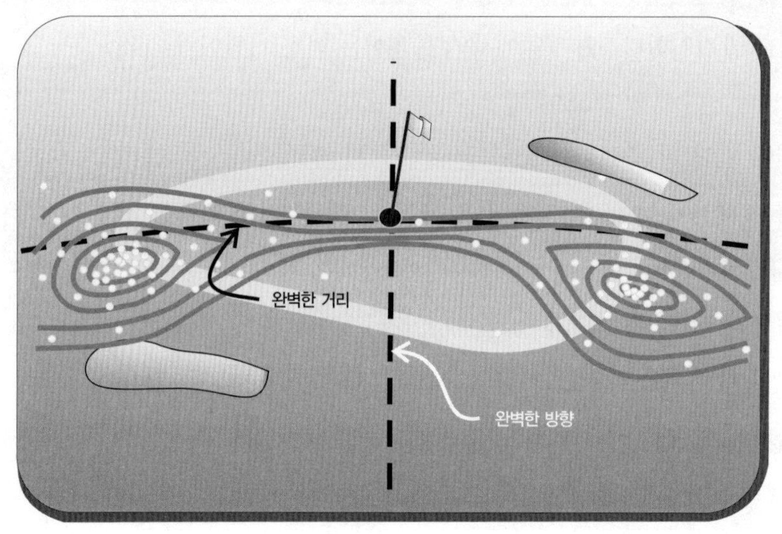

그림 2.10.1 롱 아이언(1번, 2번, 3번 아이언)으로 칠 때의 샷 분포 〈검은 화살표:완벽한 거리/흰 화살표:완벽한 방향〉

나는 선수들이 공을 쳐서 올바른 거리로는 3야드 이내에 적중시키면서 방향은 왜 13야드나 차이가 나는지 궁금했다.

미디움 아이언(4번, 5번, 6번 아이언)에 대해서도 동일하게 분석한 결과, 그림 2.10.2 처럼 실로 똑같은 패턴을 발견했다. 거리상의 에러는 매우 작았다. 즉 2야드 이내였는데 방향상의 에러는 11야드 이내였다. 이것은 롱 아이언으로 쳤을 때보다는 핀에 가까웠지만(PEI도 같았다) 역시 주로 좌, 우측의 방향으로 미스가 나고 있었다.

숏 아이언, 즉 7번, 8번, 9번 아이언으로 쳤을 때도 이러한 패턴은 마찬가지였다(그림 2.10.3). 거리상의 에러는 1 내지 2야드 안팎으로 줄었지만 방향상으로는 좌우로 8야드나 떨어져 있었다. 역시 에러율은 7%였으며, 롱 아이언 및 미디

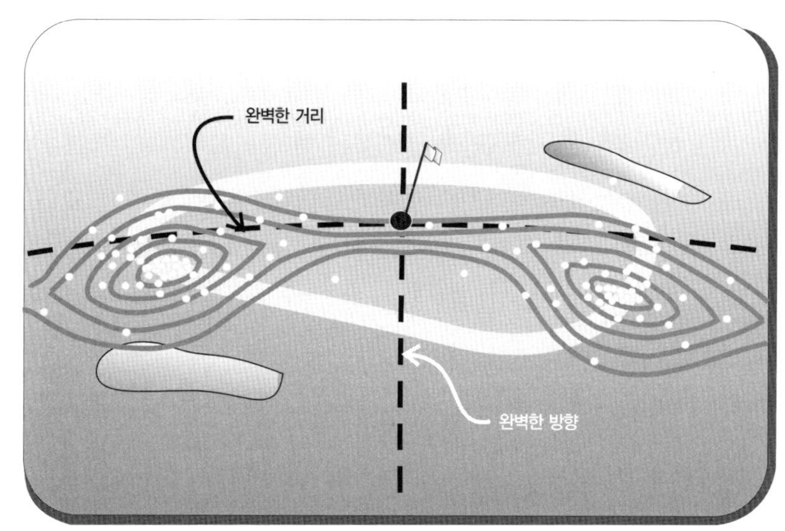

그림 2.10.2 미디움 아이언(4번, 5번, 6번 아이언)으로 칠 때의 샷 분포 〈검은 화살표:완벽한 거리/흰 화살표:완벽한 방향〉

움 아이언과 마찬가지의 수치였다. 그리고 역시 거리상의 오차보다는 방향상의 오차가 훨씬 심했다.

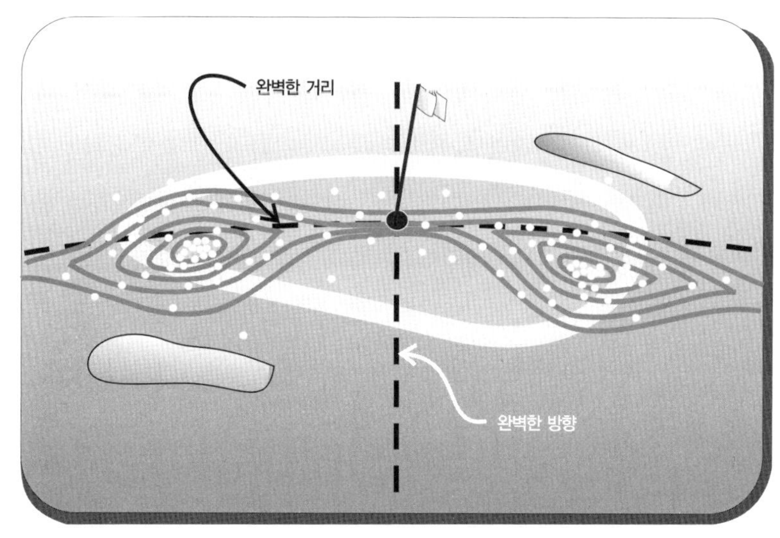

그림 2.10.3 숏 아이언(7번, 8번, 9번 아이언)으로 칠 때의 샷 분포 〈검은 화살표:완벽한 거리/흰 화살표:완벽한 방향〉

내가 말했듯이 모든 종류의 아이언 샷은 주로 타깃의 양쪽에 두 개의 그룹으로 나누어졌다. 빈도가 높은 점들의 윤곽을 그리자, 하나의 형태가 나타나기 시작했는데(나는 데이터와 출력물에 대해 골몰하는 일을 모두 혼자서 했다) 그것은 마치 여성의 브래지어 모양과 같았다. 왼쪽으로 친(드로와 훅) 샷이 오른쪽으로 친(페이드와 슬라이스) 샷보다 더 멀리 날아갔기 때문에 그림에는 오른쪽보다 왼쪽이 항상 더 높게 나타나지만 어찌 되었든 전체적으로는 모두 브래지어처럼 보인다.

나는 꾸준하게 이런 패턴이 나타나는 것을 관찰하고 좌우로 그룹을 형성하는 이러한 현상을 '브라 효과'라고 명명했다. 이 데이터를 보기 전까지 나는 언제나 대부분의 선수들이 타깃의 주위에 랜덤한(원형의) 패턴으로 샷을 구사한다고 생각하고 있었다. 그렇지만 실제로는 그렇지 않았다. 어떤 사람들은 왼쪽으로 우세하게 미스를 했고 또 어떤 사람들은 오른쪽으로 미스했다. 그러나 파워 스윙을 하여 거리를 맞춘 사람은 거의 없었다.

2.11 데이터는 말한다

풀 스윙에 대해서도 나는 같은 모양의 패턴을 관찰할 수 있었다. 선수들은 거리를 조절하는 데에는 매우 탁월했지만 방향에 대해서는 그렇지 못했다. 거리에 있어서 샷은 2피트 이내로 들어왔지만 방향에 있어서는 훨씬 멀어지곤 했다. 이유가 무엇일까? 어떻게 해서 정확한 거리를 칠 수 있는 선수가 방향에 있어서는 그렇지 못한가? 어떻게 풀 스윙을 하면서도 거리상으로는 1%에서 2%의 오차를 보이는 선수들이 방향상으로는 7%에서 8%의 오차를 줄이지 못하는 것일까?

이 점에 대해서 깊이 생각한 결과 대답은 명백해졌다. 선수들이 방향을 연습하지 않아서가 아니다. 그들은 언제나 방향 타깃을 맞추면서 타깃의 좌우로 미스한 정도를 확인한다. 그렇지만 샷의 방향은 임팩트 순간 클럽 페이스의 회전에 의해 제어된다. 그것은 선수의 운동 선수적 기질, 신체의 조절, 리듬, 타이밍, 그리고 임팩트 순간 신체의 움직임에 의한 결과이다.

세계에서 가장 우수한 선수라고 해도 인생에서 10년, 15년, 20년 혹은 그 이상을 날마다 연습해 봐도 단지 5%에서 9%의 오차를 가지고 공을 칠 수 있을 뿐이다. 그래서 방향은 컨트럴하기 어려운 것임에 틀림없고 실로 그러하다. 강력한 풀 스윙 샷을 구사하는 동안 클럽 페이스는 임팩트 존을 통과하면서 180도(공의 오른쪽으로 90도, 왼쪽으로 90도)회전을 하며 매우 평탄한 평면을 그리며 움직인다. 임팩트 순간에 클럽 페이스를 완벽한 각도로 대는 일은 가장 어려운 일 중에 하나일 것이다.

그러나 그들은 거리에 있어서는 어떻게 그토록 정확한 것일까? 답은 간단하다. 이는 거리가 선수의 스윙에 의한 것이기보다는 클럽 선택에 의한 작용이기 때문이다.

PGA 투어 선수들은 보통 200야드의 샷을 구사하기 위해 7개의 아이언 중 하나를 선택한다. 그리고 보통 3번 아이언을 가지고 친다. 그들은 3번 아이언을 가지고 150야드를 치지는 않는다. 그들은 그때 7번이나 8번 아이언을 사용한다. 그러므로 방향이 임팩트 때 선수의 클럽 페이스 각도에 의해 컨트럴되는 반면 거리는 주로 선수의 클럽 선택이나 캐디의 조언 혹은 야디지 북(대부분 매우 정확하다)에 의해 컨트럴된다고 할 수 있다.

아마추어들에게도 마찬가지이다. 만약 150야드의 거리가 남았다면 샌드 웨지를 선택하면 안 된다. 독자들이 150야드 클럽 즉, 6번이나 7번 아이언과 같은 올바른 클럽을 선택하여 가능한 한 힘껏 스윙을 할 때만이 적절한 비거리로 날아갈 것이다. 그렇지만 매우 훌륭한 스윙 즉, 임팩트 순간 정확한 클럽 페이스 각도를 가지고 타이밍을 잘 맞추어 치지 않으면 공은 올바른 방향으로 날아가지 않을 것이다.

이것은 여러분이 풀 스윙을 구사할 때 주로 문제가 되는 것은 방향이라는 사실을 의미한다. 그러나 대부분의 골퍼들은 그것을 깨닫지 못한다. 그들은 얼마나 똑바로 치느냐 보다는 어떤 클럽을 선택할 것인지에 대하여 더 많은 관심을 갖는다. 그렇지만 올바른 클럽을 선택하는 것은 정확성만큼 중요한 것이 아니라는 것을 밝히고 싶다.

2.12 무언가 알 것 같다

만약 여러분이 앞서 설명한 데이터를 이해하고 내가 말한 모든 것을 이해한다면 정반대의 경우를 생각해 보라. 왜냐하면 숏 게임에서 그러한 경우가 일어나기 때문이다.

필자가 풀 스윙에 대한 프로 선수들의 대략적 자료를 완성한 후, 40에서 60야드 거리의 샷에 대해서도 똑같이 해 보았다. 이것은 웨지를 가지고 치는 부분적 스윙이다(필자는 이것을 '피네스 스윙'이라고 부른다). 그리고 이것은 풀 스윙만큼의 거리도 내지 못한다. 이때의 낙하 분포점들도 파워 스윙에서와 마찬가지로 브라 효과의 분포를 그린다. 그렇지만 이 브라는 90도가 돌아간 꼴을 하고 있다(그림 2.12.1을 참고).

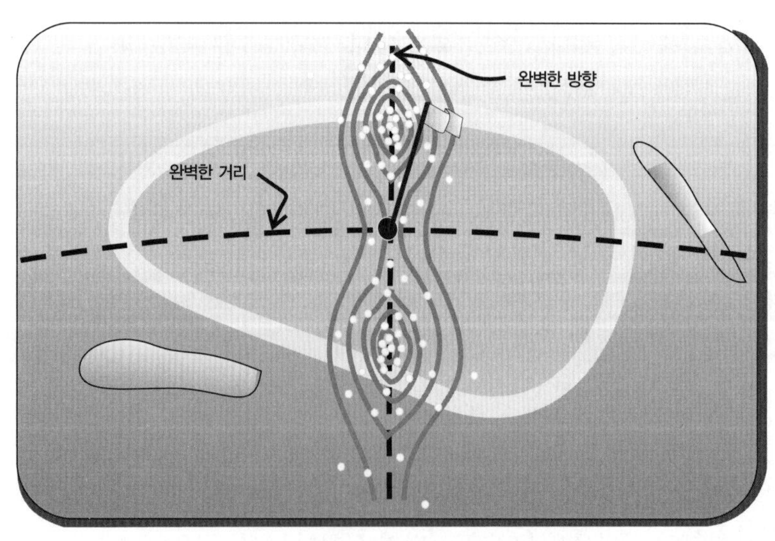

그림 2.12.1 숏 게임 샷 분포(40야드~600야드) 〈상단 화살표 : 완벽한 방향/ 중단 화살표 : 완벽한 거리〉

숏 게임에서 패턴의 본질은 반대가 되었다. 갑자기 프로 선수들이 2%의 오차를 가지고 똑바른 샷을 구사하기 시작했고 그것은 좌우로 2야드에 불과했다. 그렇지만 그들은 비거리에서 6에서 12야드의 오차(13%~26%)를 가진 샷을 구사했다. 그들은 대부분 심각한 에러가 있었다. 갑자기 화두가 방향에서 거리로 바뀌었다. 이 같은 사실에 처음으로 놀라고 또다시 나는 심각하게 생각한 끝에 결국 이해하게 되었다.

다시 한 번 생각해 보자. 선수들은 어떻게 풀 스윙 샷에서 거리를 정확히 맞출 수 있었을까. 그들은 거리에 맞는 적절한 클럽을 잡고 평범한 스윙을 구사했다. 그렇지만 숏 게임 샷을 칠 때는 어떻게 무슨 생각을 가지고 거리를 결정짓는가? 50야드 샷을 칠 때 선수는 그의 캐디 백 속에 50야드를 칠 클럽을 가지고 있지 않다. 그러므로 50야드 클럽을 꺼내어서 풀 스윙을 구사할 수 없다. 그러므로 선수는 그가 할 수 있는 최선의 방법을 택한다. 90야드 클럽을 잡고 힘을 낮추는 것이다.

그때 내가 함께 했던 모든 투어 선수들의 캐디 백 안에 있던 가장 짧은 클럽은 샌드 웨지였다. 그것으로 풀 스윙을 한다면 약 90야드의 비거리를 낸다. 선수들 중 아무나 40야드의 거리로 데려와 그에게 90야드 클럽을 주고 치라고 하면 그는 어떻게 할 것인가? 그는 적어도 평균 6에서 8야드의 미스를 낼 것이다. 왜냐하면 그는 90야드 클럽을 가지고 40야드를 구사하는 데에 요구되는 지식을 알고 있지 못하기 때문이다.

성공하느냐 혹은 실패하느냐

2.13 변화 곡선

비거리 조절이 숏 게임에 있어서 정말로 중요한가? 퍼팅을 생각해 보자. 2피트 거리에서 치는 퍼팅만큼 10피트의 거리에서 퍼팅을 성공시킬 수 있는가? 그림 2.13.1의 퍼팅 변화 곡선을 살펴보자.

　득점 능력은 매 라운드 당 퍼팅의 수를 줄이는 능력에 의해서 강하게 영향을 받는다. 만약에 1피트의 퍼트를 해야 한다면 100%를 적중시킬 것이다. 그러나 10피트의 퍼트라면? 그 비율은 변화 곡선에 따라 20%로 낮아질 것이다. 20피트보다 긴 퍼트라면? 아마도 대부분 2~3번의 퍼팅을 해야 할 것이다.

　숏 게임에서 홀 인을 성공하는 열쇠가 되는 거리는 6피트(1.8288m= 약 2m)이다. 6피트에서 프로 선수들의 변화율은 50%이다. 나의 데이터에 의하면 프로 선수들은 6피트의 거리에서 웨지 샷을 구사할 경우 방향은 맞출 수 있었지만 거리는 그렇지 못했다. 그들의 풀 스윙 샷은 거리 상으로 6피트 안에 들었지만 그들의 비거리는 6피트를 훨씬 벗어났다. 그러므로 그들이 롱 아이언, 숏 아이언, 혹은 웨지 중 어느 것으로 쳐서 온 그린 시키든 간에 원 퍼팅의 경우는 드물었다.

　이 문제를 어떻게 설명할 수 있을까? 대답은 간단하다. 더 나은 스코어를 얻기 위해서 귀하의 롱 아이언은 똑바로 그리고 숏 게임 웨지는 적당한 거리에 가까

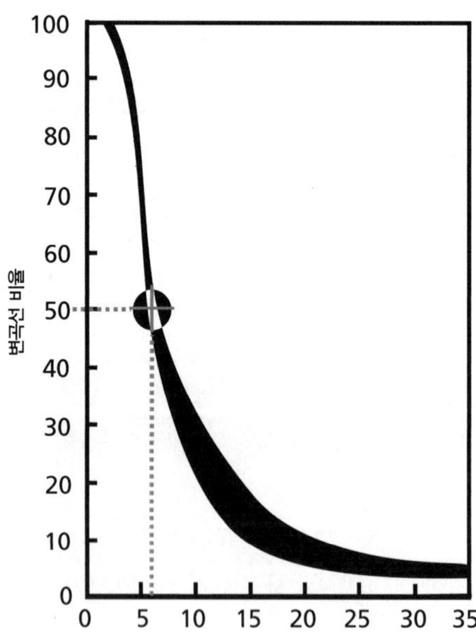

그림 2.13.1 퍼팅 변곡선 [Y축 : 변화율, X축 : 퍼트의 길이(피트)]

워지도록 치면 된다.

어떻게 롱 샷을 똑바로 칠 것인가? 필자도 잘 모르겠다. 그렇지만 골프의 세계에서 대부분의 골퍼들은 그것을 알아내기 위해 노력하며 대부분의 시간을 연습에 임한다. 그렇지만 그것은 결코 좋은 결심이 아니다. 파워 게임에서 현격한 향상을 이루기 위해서는 훌륭한 레슨을 받아야할 뿐만 아니라 운동 선수적 능력, 타이밍, 리듬, 재능, 그리고 많은 연습이 필요하다. 그리고 공을 강타하는 능력을 개선하면 그 다음으로는 득점 능력도 향상시켜야 한다. 왜냐하면 여러분이 롱 아이언 샷을 충분히 잘 구사해도 그린에서의 퍼팅이 남아 있기 때문이다.

연구에 기초해서 필자는 과거의 파워 스윙에 대해서는 잊어버리기로 결심했다. 그리고 나는 사람들에게 정확한 거리의 숏 게임 샷을 구사하는 법을 가르치기로 결심했다. 그것이 더 수월한 일이었기 때문이다. 그리고 일단 독자들도 방법을 알게 되면 더 낮은 스코어를 낼 수 있을 것이다(많은 골퍼들은 숏 게임에 매우 서투르다. 그들이 숏 게임에 대해서 딱히 연습할 방법이나 장소를 가지고 있지 않았기 때문이었다. 대부분의 연습장에는 친 공이 목표한 지점보다 얼마나 길게 혹은 짧게 갔는지 알 수 있도록 해주는 숏 게임의 샷을 연습하기 위한 타깃 그린이 없다. 타깃 그린이 있는 곳에서조차 골퍼들은 그들의 숏게임이 어느 정도 수준인지를 평가받지 못한다. 즉 스윙은 하지만 적절한 답을 얻지 못하는 것이다. 나는 대부분의 골퍼들이 연습하는 방법이나 그들의 숏 게임 스윙에서 무엇에 역점을 두어야 하는지 모른다는 사실에 역시 유감이다. 그래서 그들이 하는 어떠한 연습도 그다지 좋은 성과를 내지 못한다(나는 그런 문제를 나중에 이 책에서 다루려고 한다).

2.14 똑바로 치면 좋은 것

경기중이건 연습중이건 상관없이 대부분의 골퍼들은 그들이 올바른 방향으로 공을 보내면 자신이 매우 훌륭한 웨지 샷을 구사했다고 생각한다. 내가 투어에서 캐디를 할 때에도 이 문제에 대해 생각하게 만드는 일을 경험했었다.

나는 탐 젠킨스(이하 T.J.)의 캐디를 맡고 있었다. 그는 핀으로부터 51야드의 거리를 남겨두고 있었고 그 홀에서 파를 하려면 2타가 남아 있었다. 같이 플레이하던 동료는 바로 그 앞에 있었다. 라이도 같았고 모든 조건이 같았다. 단 거리에서만 50.5야드로 차이가 있었다.

T.J가 먼저 쳤다. 멋지게 웨글을 한 후 훌륭한 샷을 구사했다. 그리고 공은 깃대를 향해 곧바로 날아갔다. 공이 떨어질 때 T.J는 피니시 한 상태로 "오 제발 거리만 맞아라. 완벽하게 들어가는 거야."라고 말했다. 공은 핀의 바로 뒤로 떨어져서(거의 깃대를 맞출 뻔했다.) 핀으로부터 6야드를 지나 곧바로 멈추었다. 그것은 깃대를 살짝 넘어 조금 길게 착지했다. T.J는 캐디 백쪽으로 걸어오더니 그의 웨지를 건 내주며 "완벽이야. 홀에 들어가는 줄 알았는데. 조금 길었어. 그렇지만 기분은 정말 좋아. 완벽한 스윙이었어"라고 기뻐하며 말했다.

우리가 거기에 서 있는 동안 그의 동료가 샷을 쳤다. 역시 멋진 웨글을 하여 50야드의 웨지 스윙을 구사했다. 임팩트가 있은 직후 그는 화가 났는지 등을 돌려 얼굴을 찡그리고 몸을 비틀었다. 그는 바닥에 클럽을 내동댕이치고는 여기에서 묘사할 수 없는 말을 했다.

그는 기분이 매우 언짢았다. 나는 그가 손목을 비틀어 버리거나 골프 백이라도 던지려는 줄 알았다. 그는 홀의 왼쪽으로 6야드나 벗어나는 지점에 50야드 웨지 샷을 갖다 놓았다. 그것은 투어 프로 선수들에게는 말도 안 되는 샷을 의미한다. 라인을 그렇게 멀리 벗어나게 치는 일은 엄청난 실수다. 그는 자신의 능력을 경멸했으며 완전히 정신이 나가 있었고 스스로를 불명예스럽게 생각했다. 그렇지만 엄밀하게 말해서 그는 정확히 50야드를 쳤고 6야드가 남아 있었다.

나는 이 두 선수들이 그린을 향해 걸어가면서 하는 이야기를 들었다. T.J는 18피트의 버디 퍼팅을 앞두고 있었고 방금 있었던 훌륭한 스윙에 대해서 매우 행복해 하고 있었다. 그의 동료는 영영 골프를 그만둘 준비를 하고 있는 것처럼 보였으며 그것은 바로 웨지 샷을 형편없이 쳤기 때문이었다. 그리고 다른 방향에서 18피트의 버디 퍼트를 역시 남겨두고 있었다.

물리학을 전공한 나는 머릿속에 같은 PEI를 생각하고 있었기에 매우 흥미로웠다. 두 선수의 공은 다른 점이 없었다. 퍼터도 다르지 않았다. 골프 코스도 같았으며 스코어 또한 두 선수가 18피트 퍼팅을 놓쳤기에 5타로 같았다. 그렇지만 한 선수는 그가 훌륭한 어프로치 샷을 구사했다고 생각했으며 반면 다른 사람은 터무니없는 샷을 구사했다고 생각했다. 그것은 골퍼의 시각에 따른 차이였다.

2.15 스코어링 게임

제 1장에서 나는 스코어링 게임이 숏 게임과 퍼팅 게임으로 구성된다고 언급했다. 이 장의 앞부분에서는 골프 스윙을 어떻게 평가하는지에 대한 방법론과 골프 게임이 어떤 식으로 각기 다른 기술과 성과의 범주로 나누어지는지에 대해서 설명했다. 또한 풀 스윙에 있어서 비거리를 결정하는 클럽의 선택보다 방향이 더 관심을 두어야 할 사항이라는 것을 강조했다(방향 컨트럴에 대해서 정확히 인식하라. 코스를 설계한 사람은 바보가 아니므로 대부분의 벙커를 타깃 영역의 좌우에 설정해 놓았다).

그런 다음 나는 숏 게임에서는 정확히 그 반대 현상이 나타난다는 점을 보여 주었다. 클럽의 로프트 각도가 더 크기 때문에 스윙 플레인은 더욱 직각이(임팩트 시 클럽페이스의 회전을 덜 일으키며)되며 샷은 더 짧아지고 방향은 저절로 맞추어진다. 웨지를 잡고 있을 때 걱정해야 하는 것은 거리이다. 왜냐하면 거리를 정확히 맞추지 못하면 버디 퍼팅을 성공하는 높은 확률을 잊어버려야 하기 때문이다.

마지막으로 이 장의 요점을 다시 한 번 강조하겠다. 득점을 위해 향상시켜야 할 가장 중요한 '게임'은 숏 게임이다. 두 번째로 중요한 것은 퍼팅 게임이며, 가장 중요하지 않은 게임은 많은 골퍼들이 지난 오랜 세월 동안 연습해 온 파워 스윙 즉, 공을 강타하는 게임이다.

Chapter 3

골프에서의 다섯 가지 게임

잘못 알고 있는 사실들

3.1 '골프 스윙'에 대한 그릇된 통념

'숏 게임을 지배하는 자가 돈을 벌어들인다'는 '황금률'을 믿는가? 그리고 앞서 말한 골프에서의 다섯 가지 각기 다른 게임을 믿는가? 이것을 믿고 믿지 않고는 테니스와 볼링의 차이만큼이나 다르다. 설사 아직도 필자를 믿지 못한다 하더라도 이 장의 마지막에 가서는 믿게 될 것이다.

3장은 우수한 골퍼에게 요구되는 꾸준한 능력 향상에 대한 필수적인 내용을 다루고 있다. 대부분의 사람들이 나의 가르침에 대한 기본적인 토대를 이해하지 못하거나 믿지 않는다. 나의 바람은 독자들이 내가 연구를 통해 얻은 성과를 이해하고 믿게 될 때까지 주의 깊게 이 글을 읽어 주었으면 하는 것이다.

내가 골프에 대해서 연구하던 당시, 모든 골프 레슨에서 전문가들은 골프에는 오직 한 가지 스윙밖에 없다고 가르쳤다. 그 당시 프로 선수들이라면 누구나 '5번 아이언의 스윙은 드라이브 스윙의 축소판이고, 칩 샷은 5번 아이언 스윙의 축소판이며 퍼팅은 치핑 샷의 축소판이다. 왜냐하면 골프에는 오직 한 가지 동작과 한 가지 그립만 있기 때문이다. 만일 스윙을 올바르게 시작해서 훌륭하게 구사할 수 있다면, 여러분은 골프에서의 거의 모든 샷에 대한 스윙을 할 수 있다.'라고 말했을 것이다. 프로 선수들은 이것을 '통합 스윙 이론(unified swing theory)'라고 불렀다. 그리고 이것은 지난 50년간 많은 전문가들이 가르쳐 온 내용이다.

이 말은 확실히 납득이 가며 맞는 말처럼 들린다. 그대로 따른다면 골프는 간단해질 것이다. 그렇지만 문제는 그것이 틀렸다는 점이다.

아무도 어떤 실험이나 증명도 거치지 않은 채 이 말이 진실이라고 받아들였지만, 그 사실에 대한 근거는 아무 것도 없다. 아마도 어떤 위대한 선수가 기자회견에서 그런 말을 한 것이 신문에 인용됨으로써, 이것은 하나의 '게임의 법칙'처럼 되어 버렸고, 지금까지는 그 누구도 이 이론에 대해 토를 달지 않았다. 그러나 이제 나는 그러한 사실을 더 이상 믿지 않으므로 반론을 제기하려 한다. 그리고 득점하는 법을 더 잘 배우고 싶다면 여러분도 믿어서는 안 된다.

3.2 위대한 사람들

앞서 말한 잘못된 개념을 독자의 머리에서 지워 버리기 위해서 골프 게임이 탄생시킨 위대한 선수들 중 일부를 살펴보도록 하자. 많은 선수들은 다섯 가지의 게임 중 한 부분에서는 월등했지만 나머지 부분에서는 상대적으로 평범했다. 먼저 파워 스윙이 탁월한 사람들로 나의 개인 리스트에 포함되는 사람은 벤 호건, 리 트레비노, 맥그러디, 탐 퍼저, 탐 와이즈코프 그리고 두 명의 캐나다인 모노먼과 고(故) 조지 넛슨이 있다. 그들 모두는 티에서 그린까지 대단히 좋은 플레이를 보여 주었으며 꾸준한 샷 패턴과 변하지 않는 결과를 가지고 있었다. 그리고 그들의 샷은 항상 그들이 목표한 지점에서 가까운 곳으로 착지했다.

그러나 그들은 모두 퍼팅에는 비교적 능숙하지 못했다. 내가 '비교적 능숙하지 못한'이라고 말하면 그것은 PGA 투어에서 활동하기에는 충분한 정도를 의미한다. 그러므로 그들은 독자들이 생각하는 '형편없는' 퍼팅 플레이어가 아니다. 그렇지만 그들의 풀 스윙 능력과 비교했을 때 그들의 퍼팅은 잘 쳐봐야 평범했다.

한편으로 다른 재능을 가지고 있는 사람들은 세계적인 퍼팅 플레이어들이다.

그들은 조지 아처, 밥 찰스, 벤 크렌쇼, 데이브 스탁톤, 돈 풀리, 로렌 로버츠, 그리고 브레드 팩슨인데 이들은 모두 공을 굴려 컵에 넣는 데에는 매우 훌륭한 재능을 가지고 있었다. 그렇지만 풀 스윙에 있어서는 상대적으로 저조했다. 그들이 탁월한 샷을 구사하지 못한다는 것을 말하려는 것은 아니지만, 티에서 그린까지의 샷은 그리 잘 해내지 못했으며, 풀 스윙은 일관성이 없었고, 정해진 기초를 가지고 확실히 공을 쳐 내지 못했다.

앞서 말한 예처럼 골프가 한 가지의 스윙으로만 이루어져 있고 어떤 사람이 아주 능숙하게 그 스윙을 구사한다면 논리적으로 봤을 때 그는 골프의 모든 면에서 우수해야 한다. 하지만 그런 일은 결코 일어나지 않았다. 한 가지 부분에서 확실한 재능을 보여준 모든 훌륭한 강타자와 퍼팅 플레이어는 다른 부분에서도 똑같이 월등한 재능을 보여 주지는 못했다. 이는 '골프의 다섯 가지 게임은 기본적으로 다르다' 는 나의 믿음과 골프에는 한 가지 스윙만 있는 것이 아니라는 나의 믿음을 증명해 준다.

세 가지 육체적 게임

3.3 세 종류의 스윙과 다섯 종류의 게임

전 장에서 논의한 PEI 데이터를 연구해 보면 독자들은 모든 선수들의 파워 게임, 숏 게임, 그리고 퍼팅 게임 사이의 다양함을 확실히 볼 수 있을 것이다. 나는 아직까지 세 가지 게임에서는 말할 것도 없고 두 가지 게임에서 같은 정확도(같은 PEI)를 가진 선수를 보지 못했다. 선수들이 이 게임들을 배우는 데에는 무언가 다른 점이 존재한다는 것이 확실했다. 이들 세 가지 스윙은 각기 달라 보이며, 이들을 개별적으로 분류하면 스윙들은 가르치고 배우기가 쉬워진다.

만약 여러분이 각각의 게임이 독특할지도 모른다는 가능성을 받아들이고 그 다른 스윙들에 대해서 알고 싶다면 나는 그 차이점에 대해 상세하게 설명해줄 수는 있지만 여러분이 이것을 배우기에 앞서 먼저 이해할 것이 있다. 우선 골프에는 한 가지 스윙이 아니라 세 가지 스윙이 있고, 또한 한 가지 게임이 아니라 다섯 가지 게임으로 이루어진다는 사실을 다시 한 번 생각해 보자. 나는 이것이 큰 비약이라고 생각한다. 나는 파워 게임과 퍼팅 게임 그리고 숏 게임의 특징에 대한 설명은 보류하고, 먼저 두 가지 '마인드' 게임에 대해서 다루려고 한다.

네 번째와 다섯 번째 게임 — 멘탈 게임과 매니지먼트 게임 — 은 서로 다르다. 나는 여기에서 이러한 차이를 세부적으로 말하지는 않겠지만 독자들은 이 두 게임이 어떤 것과 관련된 것인가를 이해할 수 있게 될 것이다.

- **멘탈 게임** : 공포, 자신감, 걱정, 적극성, 목표에 대한 집중, 정신 집중, 감정 조절 등.
- **매니지먼트 게임** : 샷의 선택, 기술 평가, 전략, 통계적 분석, 모험 대 위험의 밸런스, 경쟁적 상황 등.

이 두 게임은 매우 다르면서도 한편으론 유사하다. 두 개의 게임들은 두뇌가 신체를 컨트럴하는 동안 뇌에서 일어나는 일에 대한 내용을 포함한다. 두 가지 모두 마인드 컨트럴과 그것의 지배를 받는 신체적 운동과 관련이 있다. 그리고 근육의 컨트럴에 의한 동작과 마찬가지로 이 두 가지 게임은 모두 배우고 가르치고 연습하고 향상시키는 것이 가능하며, 때로는 퇴보할 수도 있다.

그렇다면 세 가지의 육체적 게임으로 돌아가 보자. 만약 골프가 단 한 가지의 스윙에 바탕을 두고 있다면 동작이 조화롭고, 스윙에 능숙한 재능을 갖추고 있는 사람은 골프의 모든 부문에서 탁월해야 한다. 그렇지만 나는 독자들에게 세 가지 게임에 모두 능숙한 사람의 이름을 하나만이라도 말해 보라고 하고 싶다.

어떤 선수들은 세 가지 육체적 게임의 기본이 다른데도 불구하고 이것들을 똑같은 내용(더 중요한 것은 알게 되는 내용이다)으로 배워왔기 때문에 어느 한 종류의 게임을 다른 게임보다 더 잘했다. 오랜 기간 동안 이 세 가지 게임의 교습에는 같은 원칙만이 존재해 왔다. 그렇지만 나는 선수가 같은 이론을 배우고 활용했을 때에는 풀 스윙에는 효과가 있지만 퍼팅에는 효과가 없다는 점을 강력하게 주장한다. 세 가지 게임의 원칙은 매우 달라서 설명하는 데에 사용하는 단어나 개념도 크게 다를 수밖에 없다.

잭 니클러스

역사상 가장 위대한 선수 잭 니클러스조차도 상대적인 약점을 지니고 있었다. 니클러스는 풀 스윙을 잘하는 편이었지만 그에게 있어서 진면목은 아니었다(내가 측정한 바로 그의 파워 게임 PEI는 42위였다. 이 사실은 동시에 플레이했을 때 A지점에서 B지점까지 잭 니클러스보다 공을 더 정확하게 보내는 사람이 41명이 있었음을 의미한다). 잭은 퍼팅 PEI가 상위 25위 내에 들었으며 그의 숏 게임은 30위 대로 중간 정도였다.—그의 샌드 플레이는 예외였다. 그것은 그에게 틀림없이 유일한 약점이었다(나의 데이터에 따르면 128위이다). 그의 훌륭한 래그 퍼팅(lag putting)이 열등한 샌드 플레이를 커버할 수 있었다. 그로 인해 벙커를 피해가며 플레이할 수 있었기 때문이었다. 그리고 그것은 그가 '간신히' 해낸 것이었다. 그러므로 그는 세 가지 게임 중 어떤 부분에서도 가장 훌륭한 선수는 아니었다. 의심의 여지없이 그의 위대함은 멘탈 게임과 매니지먼트 게임을 완벽하게 소화해 내었다는 점에 있었다. 그의 코스 매니지먼트와 침착함, 그리고 신체적 특징을 최대한 활용하는 전략에 비견할 만한 역량을 가진 사람은 아무도 없었다. 잭은 내가 연구한 선수들, 아마도 아니 그 이상의 사람들보다 매니지먼트 게임을 가장 잘 활용한 사람일 것이다.

3.4 파워 스윙

나는 풀 스윙에는 그다지 관심도 없으며 가르치지도 않는다. 그렇지만 독자들이 다른 두 가지 스윙과의 차이점들을 알아낼 수 있도록 몇 가지 풀 스윙의 역학에 대해 설명하겠다.

현대의 파워 스윙은 원 피스 테이크어웨이(one-piece takeaway)로부터 시작한다. 즉 클럽 헤드, 샤프트, 손, 팔, 팔꿈치, 어깨, 가슴, 그리고 힙은 공으로부터 동시에 떨어져 돌아간다. 동시에 같은 각도로 움직여 하체와 힙의 움직임이 한계에 도달하여 더 이상 돌아가지 않을 때까지 계속해서 움직인다. 힙이 움직임을 멈추면 상체(팔, 어깨, 가슴)와 샤프트 및 클럽 헤드가 하체와 반대로 꼬이며 계속해서 움직인다. 이러한 꼬임은 장력을 형성하여 이후 다운 스윙과 스루 스윙에 대비하여 발산할 에너지를 비축시킨다.

백스윙을 구사하는 대부분의 시간 동안 손과 팔은 가슴 앞에 남게 되며 이때 손목을 코킹하게 된다. 백스윙이 계속되면 하체의 저항이 심해져서 상체는 더 이상 꼬일 수 없게 되며, 마지막 백스윙 동작에서 팔과 팔꿈치 그리고 손은 사실 가슴의 반대 방향으로 쭉 뻗거나 돌려져 있고 클럽 헤드는 최고 지점에 도달한다.

다운 스윙과 스루 스윙은 하체가 다시 되돌아오면서 시작되어야 한다. 이러한 하체의 회전이 임팩트 존을 향해서 가고 통과하는 모든 동작을 이끈다. 따라서 하체는 상체를 잡아당기고 상체는 팔을, 팔은 손을, 손은 샤프트를, 그리고 샤프트는 클럽 헤드를 끌어당긴다. 이 연속적인 일들은 스윙의 각 요소들이 임팩트 순간 고유의 힘을 부가하며 릴리즈를 위한 원심력과 최대의 에너지를 만들어 내는 과정을 설명해 준다.

그림 3.4.1은 내가 파워 게임의 스윙 개념과 기본 원리를 설명할 때 사용하는

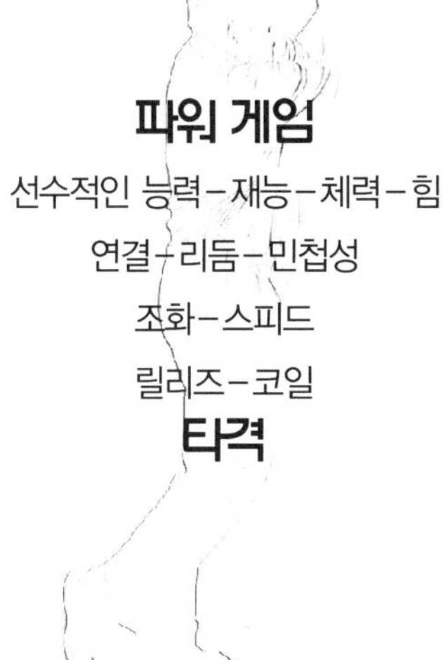

그림 3.4.1 파워 게임의 어휘

어휘들이다. 이러한 기본 원리들은 스코어링 게임의 그것과 매우 다르기 때문에 나는 어떤 선수에게도 풀 스윙에 대해서는 가르치지 않으려고 한다. 나는 그들에게 우수한 풀 스윙 강사를 찾으라고 권유하는데 가장 중요한 것은 게임의 종류를 바꾸어 연습할 때는 마음가짐도 바꿔야 한다는 것이다.

3.5 퍼팅 게임

퍼팅 스트로크의 기본적인 역학은 파워 스윙과 정반대이다. 퍼팅은 하체의 회전이 없으며 하체에 대한 상체의 꼬임도 없고 손목을 코킹하지도 않는다. 팔은 어깨가 약간 회전하며 스윙하는 반면에 머리와 몸통은 정지해 있다. 다른 모든 스윙에서는 중요한 요소였던 전완(前腕)의 회전이 없어야 한다. 이 전완의 회전은 일정한 방향으로 퍼팅하기 어렵게 만드는 퍼팅의 천적이다. 그렇지만 다른 스윙을 할 때는 언제나 전완이 회전하기 때문에 대부분의 골퍼들은 퍼팅을 하면서 이 점을 생각하지 못하여 전완을 돌리게 되고 이것 때문에 엄청난 손해를 본다. 그림 3.5.1은 몇 가지 대표적인 퍼팅 게임의 어휘를 나열한 것인데, 보는 바와 같이 파워 게임의 어휘와 전혀 다름을 알 수 있다.

그림 3.5.1 퍼팅 게임의 어휘

풀 스윙이 훌륭한 사람은 퍼팅을 잘 못하는 경향이 있다. 퍼팅 스트로크 동작을 할 때 파워 스윙의 기본원리가 자기도 모르는 사이에 적용되기 때문이다. 만약 모 노먼이나 맥그러디가 퍼팅과 숏 게임 선수 순위에서 중간만 했어도 그들은 수년간 정상을 지켰을 것이다. 조지 넛슨이나 이나 벤 호건도 마찬가지이다 (어떤 사람들은 호건이 1940년대와 1950년대에 실제로 최고였다고 반박할 것이다. 그렇지만 아마도 그는 더 잘할 수 있었을 것이다. 퍼팅에 대한 그의 문제점은 잘 알려졌었다. 나는 넛슨과 호건에 대해 데이터를 수집한 적은 없지만 비디오를 통해 실제로 그들이 퍼팅 스트로크를 구사하는 장면을 관찰했는데 그 둘은 모두 기본 원리에 심각한 결함을 가지고 있었다).

그렇다면 리 트레비노는 어떠했을까? 호건과 마찬가지로 많은 메이저 챔피언십과 그 밖의 많은 경기에서 우승을 기록했다. 이전에도 말했듯이 그의 풀 스윙 PEI는 내가 측정한 것 중 최고였다. 내가 그를 관찰한 시간 동안 꾸준하게 5% 내외를 유지했었다. 그렇지만 경기중 그가 몇몇 중요한 퍼팅을 성공했음에도 불구하고 트레비노의 퍼팅은 탁월하지 못했다. 그의 퍼팅 PEI는 평균에 불과했으며 나는 그의 퍼팅을 단지 적절한 퍼팅으로 구분하고자 한다. 그는 퍼팅 때문이 아니라, 그런 퍼팅에도 불구하고 여러 차례 우승했다. 만약 기회가 닿는다면 그에게 한 번 물어보라. 나는 그가 자신에 대해서 잘 알고 있다고 확신한다. 필자의 졸저에 근거해서 트레비노가 벤 크렌쇼만큼 퍼팅을 구사했다면 독자들은 니클러스라는 이름을 들어 보지도 못했을 것이다.

3.6 숏 게임

이제 숏 게임, 스윙과 퍼팅과는 종류가 다른 피네스(finesse) 스윙에 대한 얘기를 해 보자.

이것은 상체가 하체와 연결되지 않기 때문에 풀 스윙과는 다르다(상체와 똑같은 비율과 똑같은 각으로 회전하지만 연결된 것은 아니다).

피네스 스윙의 테이크어웨이는 파워 스윙과 동일하게 보이지만, 힙이 회전을 멈추었을 때 상체—어깨, 팔, 손, 그리고 클럽—도 회전을 멈춘다. 그러므로 파워 스윙을 할 때 발생되는 것과 같은 상체와 하체 사이의 에너지 축적이 존재하지 않는다. 그리고 다운 스윙 시에는 모든 것이 임팩트와 함께 이루어진다. 이때 하체는 움직임을 주도하지 않으므로 발생되는 파워는 거의 없다. 모든 부분이 함께 후퇴했다가 함께 내려오는 동시화(synchronized) 된 턴이 이루어진다. 결과적으로 모든 피네스 스윙은 길이에 관계없이 똑같은 동력과 리듬을 가지는 것처럼 보인다.

피네스 스윙은 샷을 구사할 때 전완이 회전하며 무게가 옮겨지고 무릎이 움직이며 힙도 앞뒤로 이동하기 때문에 퍼팅 스트로크와 다르다. 퍼팅을 할 때는 이와 같은 현상은 볼 수 없을 것이다(그리고 퍼팅을 할 때는 이런 현상이 일어나서는 안 된다). 그림 3.6.1은 피네스 스윙에 대한 어휘의 리스트인데 파워 게임과 퍼팅 게임의 어휘들과는 거의 완전히 다르다.

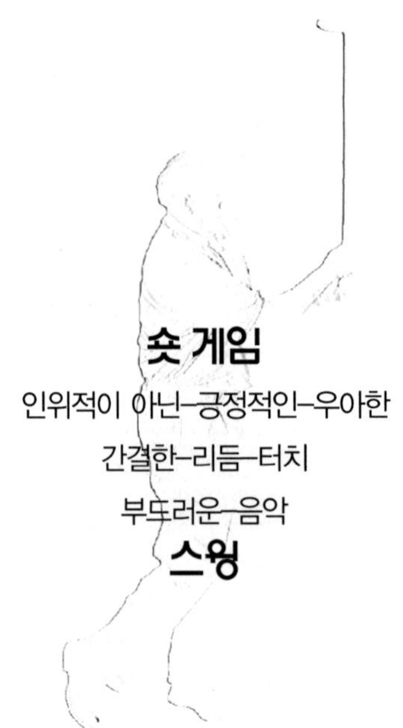

그림 3.6.1 : 숏 게임의 어휘

3.7 차이점

나는 PEI 데이터의 분석을 통해 처음으로 골프에는 다른 종류의 게임이 있을지도 모른다는 생각을 하게 되었다. 그리고 내가 세 가지 종류의 게임에서의 스윙들을 조사했을 때 상당한 차이점들을 발견했으며 매우 중요한 사실을 알아냈다고 생각했다. 각각의 게임에서의 스윙에 대한 기본 원리들과 그것을 설명하는 어휘들을 비교하고 나서 나는 게임들이 서로 각기 독립적이라는 엄연한 사실을 다시금 확인했다. 나는 최종적으로 이 세 가지의 게임은 기본적인 의도나 목적 그리고 목표조차도 다르다는 사실을 이해했다.

앞 페이지에서 각각의 게임들을 묘사하기 위해 일반적으로 사용하는 어휘들의 묶음들을 다시 한 번 보기 바란다. 세 게임에서 유일한 공통점은 리듬이다. 세 가지 게임은 모두 성공적인 리듬을 가지고 수행되어야 한다.

훌륭한 퍼트를 구사하는 사람이 백 스트로크에서 몸을 크게 꼬는 모습을 본 적이 있는가? 혹은 임팩트 순간에 전완을 릴리즈 하는 모습을 본 적이 있는가? 또는 상 하체가 연결되어 그의 몸을 회전하는 모습을 본 적이 있는가? 그럴 리가 없다. 세 가지의 게임들은 본질적으로 다르며 이러한 사실은 우리가 그에 따르는 세 가지 각기 다른 기본원리를 배워야 한다는 점을 의미한다. 이와 같은 차이점에 대한 증거를 더 설명하자면 각각의 어휘 마지막 부분을 보기 바란다. 훌륭한 강타자는 드라이버를 '타격(hit)' 하며 피네스 스윙은 피칭 샷과 칩 샷을 구사할 때 '스윙'을 하고, 세계에서 가장 훌륭한 퍼팅 플레이어는 퍼팅 시 '스트로크'를 한다. 이것은 또한 각 게임의 목표가 다르다는 점도 일깨워 준다. 각각의 게임에서 샷을 구사할 때 의도가 무엇이었는지 생각해 보자.

1. 파워 스윙의 목표는 적절한 정확도를 유지하며 공을 가능한 한 멀리 치는 것이다. 9번 아이언부터 드라이버까지 가능한 한 멀리 치기를 원하며, 방향에 있어서는 어느 정도 오차가 발생하게 된다. 우리는 파워스윙을 통해 적절한 정확도와 최대의 파워를 원한다

2. 퍼팅 스트로크의 목적은 모든 힘의 원천을 배제하고 능숙하고 간단한 동작을 몸에 익혀 적절한 스피드와 함께 주어진 방향으로 최대의 정확도를 구사하는 것이다. 이것은 풀 스윙에서의 의도와는 거의 정반대이다. 정확도가 가장 중요하며 최대의 파워는 쓸모가 없다

3. 숏 게임에서 피네스 스윙의 목적은 위의 두 가지를 절충하는 것이다. 우리는 적절한 파워와 동시에 가능한 만큼의 정확도 또한 원한다. 우리는 공이 정확한 경로를 그려 착지 지점이 최적화 되기를 원한다. 이때 어느 정도의 파워가 필요하기 때문에 약간의 정확도는 포기해야 한다. 그렇지만 타격(hit)이 아닌 리드미컬한 스윙으로써 이를 구사한다

세 가지의 게임들은 세 종류의 스윙과 기본 원리들로 구성되어 있다. 각각은 단순하고 쉬우며 배우기도 용이하지만 아직까지는 어느 누구도 세 가지 모두를 정복하지 못했다. 왜냐하면 사람들이 세 가지를 배우기 위해서는 독립적으로 강습을 해야 한다는 사실을 깨닫지 못했기 때문이다.

숏 게임이 모든 것을 지배한다

3.8 황금률

필자는 제 2장에서 풀 스윙 능력과 상금과의 상관 관계에 대해 설명하면서 프로 선수들이 풀 스윙을 얼마나 잘 구사하는가는 통계적으로 그가 벌어들이는 상금과 관계가 없다는 사실을 언급한 것이 있다. 내가 처음으로 그 연구 결과를 봤을 때는 놀라지 않을 수 없었다. 왜냐하면 나는 풀 스윙을 잘하면 득점도 향상되고 따라서 골프를 호구지책으로 할 수 있을 것이라는 생각 하에 수년 동안 프로 선수가 되려고 노력했기 때문이다. 그러나 상관관계에 대한 연구를 하면서 나는 프로의 꿈을 포기해야만 했다. 그렇지만 나는 여전히 풀 스윙에 대한 나의 오랜

관념들과 내가 수집한 데이터가 반대된다는 사실에 놀라움을 금치 못하고 있었다. 공을 훌륭하게 치는 것이 돈에는 전혀 영향을 주지 못한다는 사실을 이해할수 없었다. 데이터를 세부적으로 조사한 후에 나는 풀 스윙이 중요하기는 하지만 풀 스윙 PEI가 5에서 9사이(PGA 투어 선수들의 수치) 정도의 선수라면 풀 스윙이 상금을 획득하는 데에는 그다지 영향을 주지 못한다는 사실을 알았다.

그 이유는 60페이지의 '변곡선'에 나타나 있다. 이 '변곡선'은 이 책 안에 실린 그림 중 가장 중요하며 골프의 게임에 있어서 가장 중요한 개념 중 하나일지도 모른다. 그림은 주어진 거리의 따른 평균 퍼팅 성공 확률에 대해서 매우 쉽게 설명하고 있다.

이 그래프는 나의 모든 데이터를 토대로 한 것으로서, 수천 회의 퍼팅에 대한 기록을 통해 나는 PGA 투어 프로들의 거리에 따른 퍼팅 성공률을 정확히 알고 있었다. 이 곡선을 주의 깊게 보면, 아무도 10피트 밖에서는 높은 성공률을 가지지 못한다는 사실과 프로 수준의 거의 모든 사람들은 2피트 안에서는 거의 모든 퍼팅을 성공시킨다는 사실을 알아낼 수 있을 것이다(그렇지 않다면 그들은 PGA 투어에서 오랫동안 활동하지 못 할 것이다). 그러므로 2피트와 10피트 사이에서 성공률의 차이가 가장 급격하게 나타나며 이것이 바로 앞서 말한 '황금의 8피트'이다.

이 이론을 실제로 적용해 보자. 리 트레비노(풀 스윙 PEI 5%)가 180야드에서 5번 아이언을 가지고 5%의 정확도를 가지고 치면 그는 여전히 27피트(9야드)가 남게 된다. 이런 기록은 PGA 프로 선수들의 평균 수치보다 조금 나은 5번 아이언 플레이이다. 그렇지만 대부분의 프로 선수들은 40피트, 30피트, 20피트, 심지어는 10피트에서도 두 번의 퍼팅을 한다. 그러므로 트레비노가 평소 깃대에 더 가까이 붙인다는 사실은 그에게 전혀 이점을 제공해주지 못한다. 그가 주로 한 개의 퍼팅을 더 해야 하기 때문이다. 그는 이 같은 작은 이익을 그린으로 파워 스윙을 구사할 때마다 정기적으로 얻게 되며 이러한 경우는 한 라운드 당 10회 정도 일어난다. 그러므로 통계상 평균적으로 훌륭한 강타자인 트레비노는 그의 퍼팅 기술이 매번 같은 수준을 유지할 경우 남은 필드를 통틀어 한 라운드에 약 10회 정도의 이익을 얻게 된다.

반면 탐 카이트(숏 게임 PEI를 13%에서 5%로 향상시켰다)가 40야드로부터 6피트 지점까지 웨지 샷을 구사하고 14% PEI의 웨지를 구사하는 트레비노가 역시 40야드에서 샷을 날린다면, 트레비노는 홀까지 세 배의 거리 즉 18피트의 거리가 남게 되며 이로써 카이트는 통계적으로 0.5타의 이익을 얻게 된다(역시 퍼팅 기술 수준이 매번 같을 경우이다). 그리고 카이트가 트레비노의 18피트보다 가까운 6피트에서 퍼팅을 성공할 확률이 더 높다는 사실은 자명하다.

숏 게임을 잘하게 됨으로써 얻는 이익은 한 라운드에 7회에서 10회 정도 일어난다(투어 프로 선수들은 통상 5번 그린을 놓치고 4개의 파 5 홀에서는 높은 성공률을 보인다). 여러분들은 이제 모든 투어 선수들의 숏 게임이 그들의 상금과 강한 상관 관계가 있는 이유를 알 수 있을 것이다. 피네스 스윙을 가장 훌륭하게 구사하는 사람들이 가장 많은 돈을 벌어들이며, 가장 낮은 평균 타수를 가지게 되고, 투어에서도 가장 꾸준하게 우승한다는 사실은 완전히 이치에 맞으며 타당하다.

나는 LPGA투어에 관한 데이터도 가지고 있으며 여성들에게도 이 같은 결론은 일치했다. 이제 여러분들은 '황금률'을 이해할 수 있을 것이다. 60%에서 65%의 샷이 그린으로부터 100야드 내에서 일어난다는 사실과 곡선 그래프를 이해한다면 '숏 게임을 지배하는 자가 돈을 벌어들인다' 라는 황금률은 더욱 명확해진다.

3.9 함께 일해온 프로 선수들

긴 세월 동안 내가 세계의 아마추어들을 포함한 미국, 유럽, 캐나다, 아시안 투어의 많은 여자와 남자 프로 선수들과 함께 일한 것은 행운이었다. 나는 독일과 이탈리아로부터 온 국가 대표팀들을 지도했으며 국내의 미 PGA 투어 선수들을

PGA/Senior 선수

마이클 엘런	제이 델싱	스티브 라우어리	캄 시커만
빌리 안드레이드	밥 딕슨	데이비드 런든스톰	짐 시몬스
폴 에이징어	밥 듀발	로코 미디에이트	팀 심프손
유 바이오치	데니 에드워드	앨런 밀러	비제이 싱
칩 백	스티브 엘킹턴	월터 모건	마이크 스텐들리
빌 브리턴	로빈 프리맨	밥 머피	페인 스튜어트
마크 브룩스	랜 구치	앤디 노스	마이크 설리번
올린 브라운	게리 헬버그	데이비드 오그린	피터 타우센드
짐 카터	마크 헤이즈	조 오자키	하워드 트위티
브렌들 챔블리	라이언 호위선	탐 페르니스	그랜트 웨이트
마이클 크리스티	조 인먼	마크 파이엘	드윗 위버
키스 클리어워터	피터 제이콥슨	돈 폴	디 에이 위브링
레니 클레먼	탐 카이트	돈 리스	밥 올코트

International Tour 선수

랄프 버호스트	토마스 궤글	예스퍼 파르네빅	피터 스미스
티 시 첸	폴 호드	클립 포츠	하인즈–피터 썰
스캇 던랜	로버트 칼슨	테리 프라이스	이안 우스남
피터 파울러	콜린 몽고메리	콘스탄티노 로카	
토스텐 지돈	브라이언 노튼	루이 스카르피오티	

LPGA Tour 선수

크리스티 엘버스	말린 플로이드	디디 레스커	에니카 소렌스탐
미시 베르티오티	제인 게디스	셀리 리틀	머핀 스펜서–데블린
질 브릴–힌톤	수지 그린	멜리사 멕나마라	셰리 스테인하우어
킴 케서린	케롤라인 힐	바브라 미즈라	얀 스테판손
노엘 데그	베키 아이버슨	리셀롯 노이만	크리스 체터
베스 데니얼	캐시 존스턴–포비스	샌드라 팔머	데보라 비달
헤더 드류	케롤라인 게기	신디 레릭	콜린 워커
미셸 에스틸	에밀리 클라인	수지 레드만	케런 와이스
알리손 피니	히로미 코바야시	파티 리조	메기 월

그림 3.9.1 데이브 펠츠 및 데이브 펠츠의 스코어링 게임 스쿨과 함께 일해온 프로 선수들

위한 발표회도 가졌다. 30년 전 나는 스코어링 게임 스쿨 기관을 열고 그곳에서 PGA와 LPGA 투어로부터 온 프로 선수들을(그림 3.9.1 그들의 리스트) 가르쳤고, 약 15,000명의 아마추어들도 가르쳤다. 이 아마추어 선수들의 대부분은 핸디캡이 낮지 않은 사람들이었지만 진지했고 프로들을 포함한 모든 사람들은 득점력을 향상시키기를 원했다.

이 골퍼들은 전부 같은 문제점을 가지고 있었는데, 어떤 사람은 치핑 샷이 서투른 반면 또 다른 사람들은 벙커에서 나오지 못했고, 다수는 15야드에서 30야드의 범위에서 피칭 샷을 정확하게 구사하지 못했다.

내 강좌의 모든 사람들은 최대의 실력 향상을 이끌어 내기 위해 그들의 약점을 확인하는 테스트로부터 시작한다. 나는 연구를 통해 선수들의 핸디캡 중 80%가 그린으로부터 100야드 이내의 플레이에 의해서 결정된다는 사실을 알아냈다. 그렇지만 내가 학생들에게 연습 시간에 대한 내용을 물어 보면 그들은 대부분 풀 스윙에 80%를 투자했다고 대답한다. 대부분의 학생들은 퍼팅에 15%에서 15% 미만의 시간을 투자했으며 숏 게임은 거의 연습하지 않았다고 이야기한다.

이 점에서 가장 괄목할 만한 성과를 올린 학생들은 오랜 기간이 지난 후에도 나를 가장 자주 찾아오는 사람이라는 사실은 매우 흥미롭다. 탐 카이트는 18년 후인 지금도 종종 찾아온다. 돌아오는 졸업생들도 역시 가장 많은 연습을 하고 가장 좋은 성과를 올린 사람들이다. 이것을 숏 게임이 스코어를 낮추는 데에 가장 중요한 요소라는 증거로 삼아 주기 바란다. 왜냐하면 숏 게임은 아무리 능숙해도 지나침이 없기 때문이다. 숏 게임을 잘하면 할수록 스코어는 낮아진다.

숏 게임의 역학

스윙을 하기에 앞서

숏 게임 스윙을 쉽게 익히는 방법을 이야기하기 전에 숏 게임과 관련된 몇 가지 개념을 설명해야겠다. 이 개념들 중 일부는 아드레날린 효과, 안정된 자세의 필요성, 그리고 피드백의 중요성 등과 같이 골프 게임과는 전혀 관련이 없는 것같이 느껴질 수도 있는 것들이다. 물론 나는 '우리모두가 잘 알고 있는' 골프 개념들, 예를 들어 그립, 공의 위치, 정렬, 스윙 플레인 등에 대해서도 다룰 것이다. 하지만 먼저 언급한 내용에 대한 이해가 없으면 학습에 있어서 최상의 효과를 거둘 수 없다. 숏 게임의 역학과 신뢰가 가는 정교한 스윙을 배우려면 이들 개념을 반드시 숙지해야 한다. 이 개념들은 실력 향상과 골프 게임의 성공에 반드시 필요한 것이므로 우선 이 개념들을 자기 것으로 만들면 엄청난 실력 향상 효과를 얻을 수 있을 것이다.

4.1 근육과 아드레날린

나는 프로든 아마추어든 골퍼들이 '나는 연습장에서는 정말 잘 치는데 코스에서는 그렇지 못하다' 라고 하는 말을 들을 때마다 동정심이 앞선다. 이들은 중압감 때문에 자신이 처한 상황을 슬기롭게 제어하지 못했다거나 연습을 충분히 하지 않았다거나 혹은 단순히 자신이 무능하다며 스스로를 책망한다. 그렇지만 내가 보기에는 아무리 특별한 재능을 가진 사람일지라도 연습장에서 잘하던 스윙을 그대로 코스로 옮겨놓을 수 없다. 그럼에도 불구하고 대부분의 골퍼들이 그토록 고생하면서 스윙을 연습한다는 것은 일종의 아이러니가 아닐까. 결국 연습과 코스에서의 스윙이 일치하기를 바라는 사람은 세계에서 가장 두둑한 뱃심을 가진 정상급의 프로 선수들도 해내지 못할 일을 바라고 있다. 그렇지만 그는 이 사실을 깨닫지 못하고 조금만 더 땀을 흘리면 좋아질 것이라고 생각하면서 연습을 계속한다.

그러나 아드레날린이 신체와 근육에 미치는 영향 때문에 이러한 연습은 무모한 것이다. 아드레날린은 사람이 흥분하거나 두려움을 느낄 때면 신체에서 자연스럽게 분비되기 때문에 우리가 할 수 있는 일은 아무것도 없다. 아드레날린은 근육을 더 강력하게 만들며 가끔은 심한 변화를 유발하기도 한다. 이렇게 증강된 파워는 두터운 러프나 좋지 않은 라이를 빠져 나올 때는 도움이 될 수 있다. 그리고 일반적인 스윙에서도 이것을 잘 감지하면 성공적으로 활용할 수 있다. 단순히 클럽선택을 신중하게 하면 된다. 그렇지만 근육을 잘 컨트럴해서 숏 게임을 구사해야 한다면, 이때의 아드레날린 효과는 치명적이다.

아드레날린은 골퍼가 중압감을 느낄 때마다 분비된다. 만약 어렵거나 아주 중요한 샷을 눈앞에 두고 있고, '때리는' 유형의 근육 컨트럴에 의존해 숏 게임 샷을 하고 있다면, 바로 몇 분전이라고 해도 연습장에서 잡은 '터치감'은 사라져버릴 가능성은 충분하다. 연습할 때는 아드레날린이 분비되지 않으므로, 정말 좋은 스윙인 것처럼 느껴지지만 실제 코스에서는 중압감 때문에 연습 때의 터치감은 사라지기 마련이다.

4.2 데드 핸드 (dead hands)

그러면 아드레날린을 길들이는 방법은 무엇인가. 그것은 바로 숏 게임 동작의 원천이 되는 근육을 사용하지 않는 것이다. 대신에 정교한 스윙 모션에 의해서 만들어지는 에너지로부터 파워가 생성되게 하는 것이다.

숏 게임에서 터치감을 사라지게 만드는 근육은 손가락, 손, 손목, 그리고 팔뚝의 작은 근육같이 작지만 큰 힘을 내는 것들이다. 숏 게임에서는 의식적이라도 이러한 근육들을 사용하지 않아야 하며 우리 골프학교에서 말하는 '데드 핸드'의 원칙을 활용해야 할 것이다. 만약 데드 핸드의 원칙으로 스윙을 하면 방금 언급한 근육들은 단지 두 가지 역할만 하게 되는데 그 중 첫 번째는 백스윙을 하는 동안 손목의 코킹 동작을 하는 것이고 두 번째는 클럽을 잡아줘서 나머지 스윙을 하는 동안 클럽이 도망가는 것을 막아 주는 것이다. 이 동작이 잘 된다면 아드레날린의 효과는 쉽게 극복될 수 있다.

만약 연습장에서 훈련했던 것과 똑같은 샷을 중압감을 느끼기 마련인 코스에서도 구사하기를 원한다면, 연습 때도 힘으로 하는 스윙을 그만하고 스윙의 크기와 리듬에 따라 구사되는 정교한 샷 스윙을 연습을 해야 한다. 연습을 통해 자신이 원하는 샷을 구사하기 위해서는 어느 정도 길이로 스윙을 해야 하는지를 알게 된다(이 책의 후반부에서는 각기 다른 스윙 크기에 따른 스윙을 구사하는 방법을 다루고 있다). 그리고 손과 팔의 근육으로 '때리는(hit)' 것이 아닌 원심력과 스윙 동작 자체가 자연스럽게 만들어 내는 스윙감을 익히게 된다. 또한 공이 떨어질 때까지 피니시 자세를 하면서 스윙 동작을 느낄 것이고 얼마나 공이 멀리 날아갔는지도 확인하게 된다.

스윙을 연습하는 동안에 여러분은 자신이 원하는 결과를 가져다 줄 수 있는 부드럽고도 항상 되풀이될 수 있는 스윙 리듬을 발견하는 데에 초점을 맞추어야 한다. 연습 스윙을 하면서 적절한 모션을 보고 느끼고 판단할 수 있게 되면 실제 스윙에서도 그것을 반복할 수 있을 것이다.

그러면 그때부터 심장이 뛰고 근육이 아드레날린으로 가득 찬 상태로 경기를 하면서도 항상 일관성 있는 샷을 구사할 수 있게 되는 경지에 첫 걸음을 디뎠다 할 것이다. 보기에도 좋고 느낌도 좋은 스윙을 구사할 때까지 몇 번씩이고 연습 스윙을 해보자. 그러면 자신이 원하는 샷이 만들어질 것이며 그 전날, 전주에 연습장에서 느껴봤던 그 좋은 스윙감을 코스에서도 재현해 낼 수 있을 것이다. 이것을 '프리뷰 스�ing(preview swing) 만들기'라고 부른다. 일단 리듬을 보고 느끼면서 완벽한 죽은 손 동작에 의한 프리뷰 스윙을 구사할 수 있게 되면, 셋업도 쉽게 되고 항상 반복할 수 있고 코스에서도 원하는 샷을 만들어 내기가 쉬워진다.

4.3 정렬은 결정적이다

필자가 쓰는 골프 어휘들 중에 셋업, 정렬, 조준, 신체 정렬, 그리고 어드레스 자세란 용어 모두는 동일한 특성 하나와 관련이 있다. 그 어휘들은 앞으로의 골프 스윙에 있어서 타깃 방향과 공에서 타깃까지 연결되는 직선에 대하여 신체가 어떤 자세를 취하고 있으며 어느 쪽으로 향하는가와 관계가 있는 것이다. 그리고 한 가지 더 말하자면 그것을 어떻게 부르던 간에 셋업과 정렬은 숏 게임의 가장 중요한 기본 원리다.

골프의 모든 샷에서 신체가 부적절하게 정렬되면 사람들은 본능적으로 원하는 방향으로의 샷을 만들기 위하여 스윙을 수정하는 자세를 취한다. 당신의 본능은 손을 써서 이와 같은 보완동작을 하려할 것이고 마음속의 생각은 목표를 정확하게 맞추고 있기 때문에 죽은 손 자세를 활용한 올바른 스윙을 기본적으로 잘 배우려면 올바른 정렬은 필수적이다. 바르게 목표를 조준하면 올바른 스윙을 하기가 쉽다. 왜냐하면 좋은 자세로부터 좋은 스윙이 나오며 또 좋은 결과를 만들어 내기 때문이다. 그러므로 부적절하게 목표를 조준하면 좋은 스윙이라 해도 형편없는 샷을 구사하게 될 것이다.

4.4 좌측선 정렬

대부분의 숏 게임 샷을 구사할 때 나는 소위 '좌측선 정렬'을 할 것을 권한다 (커트 로브 (cut-lob)볼을 쳐야 하는 위치나 불규칙한 라이 상태에서는 좌측선 정렬을 따를 필요가 없다. 그러나 100야드 이내의 샷 중 95% 이상이 이 정렬을 해야 한다). 이제 신체를 어떻게 올바르게 좌측 정렬 셋업할 것인지 그 방법을 설명하겠다.

연습을 할 때마다 클럽을 의도하는 목표의 방향으로 조심스럽게 놓는다(그림 4.4.1). 공부터 목표 방향으로 정확히 놓인 클럽의 뒤로 가서 선을 다시 한 번 확인한다. 그런 다음 2번 아이언을 방금 놓은 클럽의 안쪽으로 1피트 되는 지점에, 충분한 공간을 할애하면서, 평행하게 놓는다. 이제 2번 아이언은 그림 4.4.2에서 보여주듯 귀하의 '조준 클럽(aim club)'이다.

두 클럽의 뒤로 걸어가서 조준 클럽의 선을 살펴 보라. 조준 클럽은 정확한 목표보다 약간(1피트 정도) 왼쪽으로 조준되어 있어야 한다. 이것이 올바른 '좌측 평행' 정렬 방법이고, 이는 신체에도 맞고 쉽게 스윙을 할 수 있는 완벽한 정렬이다.

이제 바닥에 놓여진 사용할 클럽을 들고 발, 무릎, 힙, 그리고 어깨를 가지고의 왼쪽 조준 클럽과 평행하게(그림 4.4.3) 공을 치기 위한 어드레스를 만들어 보자. 양 신발의 앞은 조준 클럽으로부터 같은 거리에 위치해야 하며 이때 발과 샤프트는 수직이어야 한다. 만약에 좌측선 정렬을 올바르게 하면서 데드 핸드 모션을 사용한다면 클럽은 저절로 어깨와 평행하게 스윙되면서 임팩트 순간 정확한 경로를 통과할 것이다.

몸은 움직이지 않고 왼쪽 발뒤꿈치를 제자리에 둔 상태에서 왼발 앞을 타깃 쪽으로 30에서 45도 가량 틀어준다(그림 4.4.4). 이렇게 하면 약간 열린 자세가 되며 이것은 하체의 저항 없이 임팩트 순간 힙이 회전할 수 있도록 해줄 것이다.

조준 클럽을 코스에서 사용하면 경기 규칙 위반이다(USGA는 그렇게 하면 게임이 너무 쉬워진다고 생각한다. 이 사실 자체로도 이것이 좋은 방법이라는 점을 증명해준다). 그렇지만 이런 식으로 연습하면 훨씬 나아진 숏 게임 스윙을 즐기게 될 것이며 코스에서도 셋업이 정확하다는 것을 느끼고 이해할 수 있을 것이다.

그림 4.4.1
사용할 클럽이
타깃을 정면으로
향하도록 조준

그림 4.4.2
사용할 클럽과
좌측과
완벽하게
평행을
이루면서
정렬된 조준
클럽

그림 4.4.3
좌측 평행 조준
클럽과 직각을
이루는 발, 무릎,
힙, 어깨의 셋업

그림 4.4.4
완벽한 좌측선
정렬 : 좌측발의
앞쪽이 타깃을
향해 45도
벌어짐

숏 게임을 위한 주요 개념

4.5 모든 스윙에는 최저점(bottom)이 있다

30야드 웨지 샷을 뒤땅치는 귀하의 모습을 마음속에 그려 보자. 골퍼라면 그 기분을 안다. 이제 그 미치고 환장할 것 같은 느낌을 마음속 뒤편에 붙잡아두기 바란다. 이점에 대해서는 나중에 대답하겠다.

원심력으로 인해 어깨로부터 손, 손목, 그리고 클럽헤드가 최대로 뻗게 되는 지점, 측 최하점 근처에서의 클럽헤드는 거의 완벽한 원의 경로를 그리며 이동한다. 그리고 스윙은 지면을 향해 내려가고 있기 때문에 최저 지점을 갖기 마련이다. 모든 골퍼들은 자기만의 유일하고 한치도 틀림없는 최저점을 가지고 있다.

이론적으로 보면, 리드미컬하고 조화된 신체의 회전을 통해 항상 같은 스윙을 구사한다면 최저점은 계속해서 같은 지점에 나타나게 되므로 스탠스의 같은 지점에 매번 나타나게 될 것이다.

그 최저점을 찾으려고 어떤 꼼수를 부릴 필요가 없다. 스윙을 하고 난 후 디보트가 어디서 시작해서 어디서 끝나는지 보면 두 지점 사이에 디보트의 최저점이 있는데 이것이 바로 최저 지점이다. 만약 PGA나 LPGA 투어 선수들처럼 신체의 밀림이나 손목과 손의 접힘 없이 시종일관 훌륭한 스윙을 구사한다면 스윙에서의 최저점은 스탠스의 중앙 앞 약 2인치 지점에서 매번 발생할 것이다(그림 4.5.1).

완벽한 스윙을 하면 스탠스의 정 중앙에서 최저점이 발생하지 않는다는 사실은 많은 골퍼들을 놀라게 한다. 그렇지만 잘 생각해보면 최저점이 중앙보다는 앞쪽에 나타나는 것이 이해가 된다. 왜냐하면 다운 스윙을 하는 동안 체중 이동이 되어서 무게 중심이 임팩트 순간 살짝 앞으로 이동하기 때문이다. 그러므로 디보트는 스탠스의 정 중앙에서 발생하는 것이 아니라 2에서 3인치 앞부분에서 발생하게 된다.

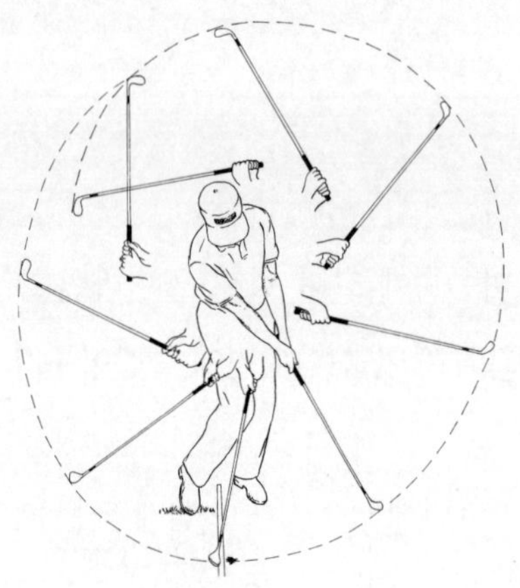

그림 4.5.1 스윙에서의 최저점(bottom)은 디보트가 발생하는 지점에 있다.

그렇다면 왜 나는 디보트 위치를 중요하게 여기고 있는가? 그 이유는 필자가 운영하는 스코어링 게임 스쿨에 온 학생 대다수가 웨지 샷을 두껍게 하는 것을 보았기 때문이다. 그들은 평소 스윙 디보트가 시작하는 곳보다 앞부분에 공을 위치시키며 앞서 언급했던 엄청난 뒤땅을 친다.

혹자는 디보트 위치를 컨트럴할 수 있다고 생각할지도 모르지만 스윙할 때의 회전, 원심력, 체중 이동에 대한 물리적 법칙을 의도적으로 바꾸려고 하면 안 된다. 신체동작, 원심력 등이 스윙의 최저점을 결정짓는 요인들이고 손과 손목에 있는 작은 근육들이 파워를 내는 데 실질적인 변화를 주지 못한다는 점을 전제한다면, 자연스러운 신체동작이 스윙의 최저점을 만드는 결정요인이라고 할 것이다.

물론 스윙에서의 물리적 과정을 바꿀 수는 있다. 오른팔로 스윙을 하면 디보트는 스탠스의 뒤쪽으로 이동하여 거의 오른쪽 어깨 부분에서 디보트가 발생할 것이다(그림 4.5.2). 왼팔만 가지고 스윙을 하면 그림 4.5.3에서 보여주고 있는 것처럼 스탠스보다 앞쪽으로 디보트가 발생할 것이다. 그렇지만 평범하게 두 손과 두 팔로 스윙을 하고 정상적으로 앞뒤로 회전시키면 디보트는 스탠스 중앙 앞쪽으로 2~3인치 부분에 발생할 것이다(그림 4.5.4).

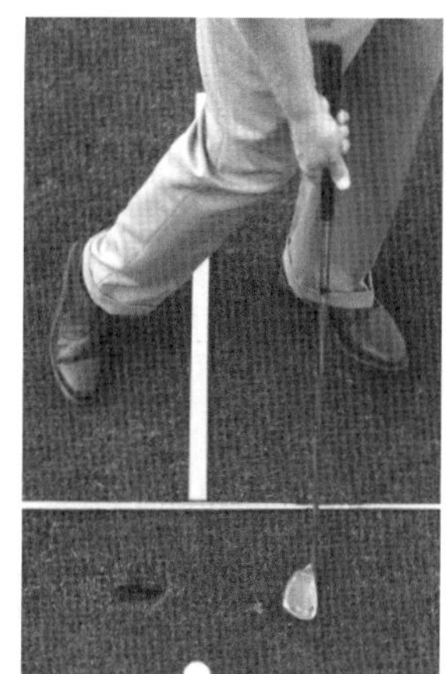

오른팔만 사용

그림 4.5.2 오른팔만으로 스윙을 하면 디보트는 뒷발의 안쪽에 즉 중앙보다 뒤쪽에 발생

왼팔만 사용

그림 4.5.3 왼팔만으로 스윙을 하면 디보트는 뒷발의 안쪽, 즉 중앙보다 앞쪽에 발생

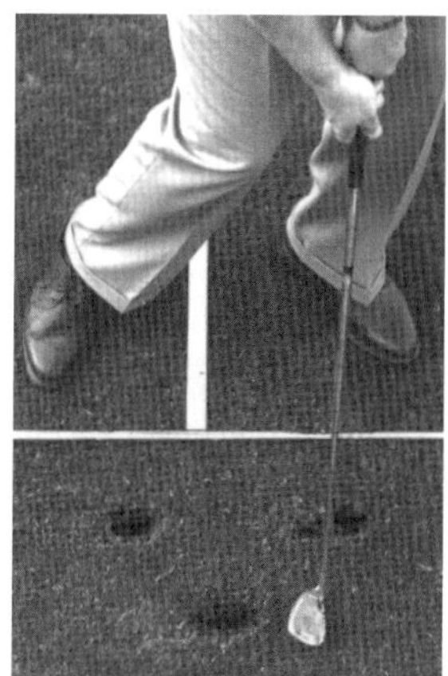

정상적인 스윙 – 양손 사용

그림 4.5.4 완벽하게 스윙을 하면 디보트는 스탠스 중앙 앞 2~3인치 부분에 발생

디보트는 손과 팔의 근육을 움직이지 않는 한 이전보다 더 일관되게 그리고 더 정확히 매 스윙 때마다 같은 지점에 나타날 것이다.

일단 데드 핸드 스윙을 익히고 스탠스의 중앙과 대응하여 디보트가 발생하는 위치를 알게 되면 까다롭거나 단단한 비닥의 라이에서도 공의 뒷부분을 치는 두려움 없이 웨지를 스윙하게 해줄 정확한 공 위치를 배울 수 있다. 이렇게 되면 숏 게임에서 뒤땅치기란 영원히 사라질 것이다.

4.6 공의 위치는 기본

공의 위치 잡기는 얼마나 중요한가? 다음과 같은 실험을 뒷마당 또는 연습장에서 해보기 바란다. 20야드의 피치 샷을 칠 때 평소에 하던 것처럼 공을 스탠스의 중앙에 놓는다. 그리고 본인은 움직이지 말고 친구로 하여금 공을 집어서 타깃 방향으로 12인치 움직여 공이 앞쪽에 가도록 한다. 발을 움직이지 않은 체

스탠스의 중앙 찾기

스탠스의 중앙이 실제로 어디에 위치하는지 이해하는 것은 중요하다. 그것은 신발 앞의 절반이 아니다. 왜냐하면 발은 어느 정도 안 혹은 바깥쪽으로 각을 이루며 골퍼들은 지면 위에 지지 기반을 갖고 있는 발목을 기준으로 균형을 맞추는 경향이 있기 때문이다. 나는 스탠스의 중심점은 발목 사이 중앙선이라고 정의한다. 그 지점을 보고서 측정할 수 있으며 그것은 다음에서 설명하는 내용처럼 공을 정확하게 위치시키려고 할 때 중요하다.

이제 스탠스의 중앙을 찾는 방법을 구체적으로 알아보자. 그림 4.5.5의 왼쪽 그림에서처럼 양발을 타깃 라인과 조준 클럽과 수직이 되도록 위치시키고 발목이 드러날 정도로 바지를 걷어올리고 선다(반바지를 입으면 편하다). 발목 중앙으로부터 타깃 라인과 수직을 이루며 뻗어나가는 직선을 상상한다. 웨지 샤프트를 정확하게 사진 속에 공이 있는 이들 직선 사이에 위치시킨다. 그 지점이 스탠스의 정 중앙이다.

이제 왼 발을 뒤꿈치는 고정시킨 채 타깃을 향하여 30에서 45도 가량 틀어준다(그림 4.5.5의 오른쪽 그림). 그래도 공은 여전히 스탠스의 중앙에 남아 있게 된다. 왜 이것이 중요한가? 그림 4.5.6의 왼쪽 사진을 보자. 이것은 전형적인 골프 스탠스를 보여준다. 왼발은 바깥쪽으로 약 40도 가량 타깃을 향하여 틀어져 있다. 이때 오른발은 확실히 타깃 라인과 수직을 이루고 있어야 한다. 신발 앞을 기준으로 판단하면 공이 스탠스의 중앙에 있는 것처럼 보인다. 그렇지만 오른쪽 사진에서와 같이 정확한 발목 선을 추가하면 귀하는 공이 실제로 스탠스 중앙보다 앞쪽에 있다는 것을 알 수 있다.

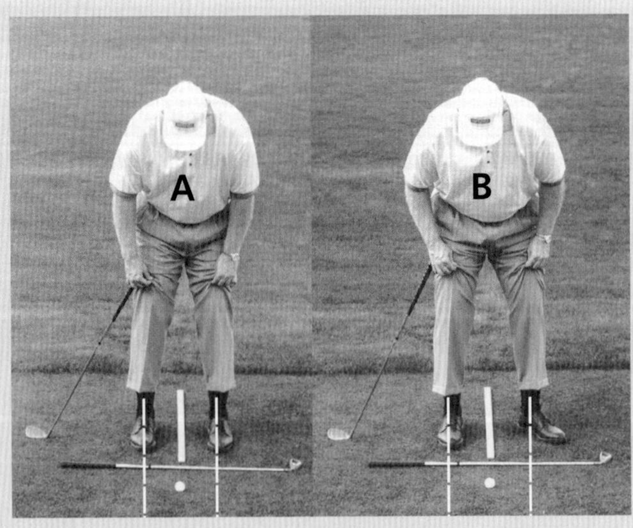

그림 **4.5.5** 두 사진에서 스탠스 중앙(양 발목 사이)에 위치한 공

만약 타깃 라인과 발이 직각을 이루고 있을 때 스탠스 중앙에 공을 처음으로 놓고 앞쪽 즉 왼발의 앞을 타깃 쪽으로 틀어주는 과정을 마스터한다면 언제든지 공을 정 중앙에 놓을 수 있게 된다.

그림 4.5.6 스탠스 중앙에 공을 위치시키려고 시도하지만(왼쪽) 공은 중앙보다 앞에 위치(오른쪽)

타깃을 향하여 공을 쳐보자. 다음에는 정상적으로 공을 스탠스 중앙에 놓고 친구에게 스탠스보다 1피트 뒤쪽에 공을 놓게 한다. 다시 공을 쳐보자. 두 가지 공을 모두 바르게 칠 수 있는가? 손과 손목이 어떻게 사용되어야 하는지 알 수 있는가? 이것이 정상적인 데드 핸드 스윙과 비교할 때 어떤 점이 다른지 알 수 있는가?

물론 12인치는 과장된 표현이다. 그렇지만 골퍼들은 아무 생각 없이 스탠스보다 앞뒤로 수 인치씩 그리고 타깃 라인에서 들락날락하듯 공을 놓는다. 눈에 보이기에는 큰 차이가 없는 것처럼 보이므로(그림 4.6.1) 공이 스탠스에 대하여 어떤 위치에 있든지 공을 확실하게—스윙 아크의 최저점을 자기 뜻대로 컨트럴하며— 칠 수 있다고 생각한다. 사실 이것은 손과 손목의 근육을 사용하지 않으면 불가능하다. 요점은 만약 공이 데드 핸드 스윙으로 타격할 정확한 위치가 아닌

다른 위치에 존재한다면 손의 근육을 사용하게 되며 아드레날린 효과에 자신을 노출시키게 된다는 것이다

수많은 골퍼들은 스탠스보다 앞쪽에 공을 위치시키면 더 높고 소프트한 샷을 구사할 수 있다고 들어왔다. 더 낮은 샷을 위해서는 공을 뒤로 위치시키라고 배웠다. 데드 핸드 스윙을 잘 구사하면 여전히 정확하게-정상보다 약간 낮게-샷을 할 수 있기 때문에 약간 뒤로 공을 위치시킬 수도 있다. 그렇지만 공을 앞으로 위치시키는 것은 좋지 않다. 이것은 두꺼운 샷을 치고자 하는 것이다. 만약 공을 더 높게 보내려면 로프트 각도가 더 큰 웨지를 사용하여 스탠스 중앙에 있는 공을 정확히 타격해야 한다.

골프학교에서 교습을 하면서 나는 학생들이 공을 잘못치는 것을 수없이 관찰한 바 있는데, 공을 맞기 전 지면을 때리는 대부분의 뒤땅치기가 잘못된 스윙에 의해서가 아니라 보통 8분의 1인치 가량 앞으로 나아가 있는 잘못된 공의 위치 때문에 발생한다는 사실을 알아내었다. 공의 위치는 중요하며 특히 공이 앞으로 놓인 경우에는 조금의 오차도 허용하지 않는다.

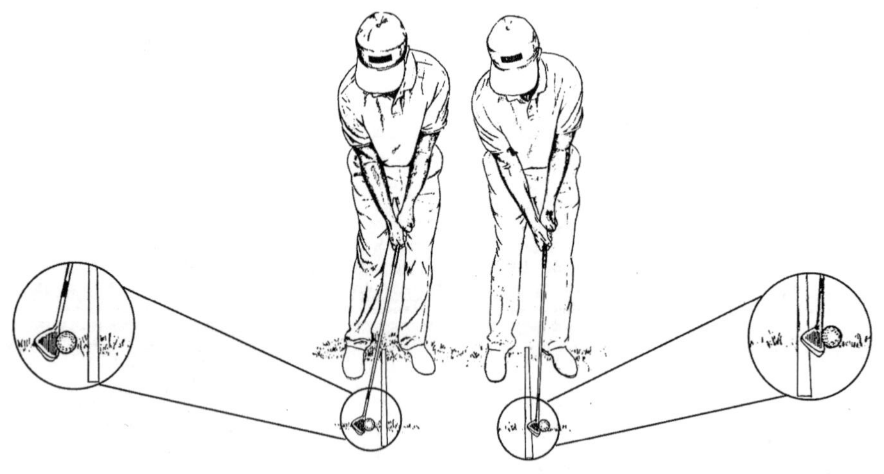

그림 4.6.1 공 위치의 변동은 잘 모르고 지나치는 경우가 많다.

그림 4.6.2 완벽한 스윙은 클럽과 공 사이의 접촉이 완벽할 때 완벽한 샷을 만들어 낸다.

나는 독자 여러분도 큰 공(지면)보다 골프공이 먼저 맞아야 한다는 사실을 잘 알고 있다고 생각하지만, 우선 패인 스튜어트가 웨지 샷을 구사할 때 완벽하게 공을 쳐내는 모습을 주의 깊게 살펴보자. 그림 4.6.2는 고속 카메라로 찍은 연속 사진이다.

4.7 뒤땅치지 않기

뒤땅을 친 후 대부분의 골퍼들은 너무 걱정한 나머지 공이 가는 곳을 보기 위하여 '올려다 본다'고 말한다. 그들은 이렇게 말할 뿐 아니라 그것을 믿는다. 그렇지만 필자가 그들의 스윙과 공 위치를 측정했을 때 나는 보통 공이 너무 앞에 위치해 있었고 그들은 바르지 못한 지점으로부터 공을 정확히 쳐내기 위해서 손을 이용하여 보완동작을 만들고 있음을 발견했다.

사실대로 말해서 뒤땅을 치는 골퍼들도 연습장에서 몇 번씩 연습샷을 하면서 보완동작과 타이밍을 맞추고 난 후에는 별 문제없이 샷을 해냈다. 그렇지만 바르지 못한 공 위치에서의 스윙들(그림 4.7.1)에서 포스트 임팩트의 공 위치를 보자.

지면보다 공을 먼저 치기 위해서 무릎이 내려가고 손목이 접히는 것을 볼 수 있는가? 바르지 못한 스윙 습관이 무의식중에 발생한다는 것을 알겠는가? 이들 골퍼들은 공을 올바른 위치에서 2~3인치 앞에 놓고 있다. 그리고 그들은 모두 같은 문제점 즉 중압감을 느낄 때에는 웨지 샷이 서투르다는 문제를 가지고 있었다.

공 위치의 물리학적 원리를 정확히 이해하자.

1. 정교한 스윙은 공 위치가 바르게 되었을 때에만 훌륭하게 구사될 수 있다.

2. 공을 너무 앞쪽에 위치시키면 뒤땅을 치게 되거나 일반적으로 일관성 없는 플레이를 유발하고 특히 중압감을 느낄 때면 '손의 힘을 사용하는' 잘못된 스윙의 보완동작을 유발하게 될 것이다.

3. 공을 2인치 정도 뒤쪽으로 위치시키면 공이 원하는 것보다 약간 낮게 날아갈지는 모르지만 여전히 데드 핸드 스윙을 구사할 수 있다.

독자는 올바른 공 위치를 배우지 않으면 절대로 데드 핸드의 정교한 스윙을 자신의 것으로 만들 수 없다. 왜냐하면 오직 올바른 위치만이 데드 핸드 스윙으로 하여금 확실한 타구와 훌륭한 샷을 구사할 수 있도록 하기 때문이다.

공 위치에 대한 설명은 특수 샷을 논의할 때 다시 설명된다. 그때까지는 공 위치에 대한 펠츠의 법칙은(그림 4.7.2) 다음과 같다.

1. 칩 샷에서는 스탠스에서 발목보다 뒷부분에 공을 위치시킨다. 내려치는 타법으로 공을 날려 클럽헤드와 공 사이에 최소한의 잔디가 잡아채지면서 낮게 나아가는 궤도가 나와야 한다.

2. 정상적인 라이에서의 모든 장거리 웨지와 피지 샷에서 평범한 궤도를 원한다면 공의 위치는 정확히 스탠스 중앙(발 앞의 중앙이 아닌 양 발목의 중앙이다)이 되어야 한다. 이때 앞쪽 발은 타깃 쪽으로 30에서 40도 가량 돌려져야 한다.

3. 벙커 샷의 경우는 공 뒤의 모래를 클럽이 파고 들어가 강하게 공의 아래쪽 뒷부분을 타격하여 모래로 하여금 공을 퍼내도록 해야 한다. 좋은 벙커 라

그림 4.7.1 바르지 못한 공 위치는 골퍼로 하여금 보완동작이 섞인 스윙을 구사하게 만든다.

이에서 공의 뒤를 치려면 먼저 왼쪽을 겨냥한 다음 왼발 뒤꿈치의 안쪽에 공을 위치시켜야 한다(세부사항은 제 9장에서). 공을 중앙에 위치시키거나 뒤쪽에 위치시키면 정상적인 스윙 최저지점(디보트)이 뒤로 움직여져서 손목을 접거나 몸을 뒤로 기울이게 되고 무게가 반대로 전도될 것이다(둘 다 비효율적인 경우이다).

대부분의 골퍼들은 정교한 샷을 구사할 때, 그리고 특별히 칩 샷과 피치 샷을 구사할 때 공을 너무 앞으로 위치시키고 벙커에서는 너무 뒤쪽에 위치시키면서 골프를 시작한다. 거의 80%의 학생들, 그리고 투어 프로들조차도 처음에는 30야드 피치나 칩 샷에서 공을 앞으로 위치한다. 이것이 바로 많은 사람들이 뒤땅을 치는 이유이다. 결과는 샷이 중요할수록 가중된다. 그래서 중압감을 느끼는 상황에서 손과 손목의 근육이 더 강력해지고 긴장하게 되어서 플레이어 자신이 디보트 지점을 컨트럴할 수 없게 만든다.

공 위치는 결정적이라는 사실을 기억하라. 물리학이 그것을 증명한다.

그림 4.7.2 완벽한 공 위치는 발목 뒤(칩 샷)로부터 스탠스 중앙(피치 샷), 왼발 뒤꿈치(샌드 샷)로 이동한다.

4.8 안정성의 개념

골프의 득점 방법에 대한 것을 다루고 있는 책에서 왜 안정성이 논의되는 것일까? 여기에는 세 가지 이유가 있다. 첫째로 훌륭한 숏 게임 플레이어들은 안정적인 동작으로 스윙하기 때문이며 둘째로 대부분의 골퍼들이 그렇게 하는 것이 무엇을 의미하며 왜 유익한가 이해하지 못하기 때문이며 셋째로는 그것이 대부분

공 위치를 정확하게 보려면

공 위치가 바르지 않을 때 신체는 큰 공(지면)을 치기 전에 작은 공을 정확히 치기 위해 무의식적인 보완동작을 통하여 자세를 고치려고 한다. 이것은 일관성을 해치고 숏 게임에서 다양한 실수를 만들어낸다. 스탠스보다 너무 앞쪽에 공을 놓으면(그림 4.7.3) 다운스윙을 시작할 때 지면을 치지 않기 위하여 골퍼들은 타깃을 향하여 힙을 앞쪽으로 움직이게 된다. 힙이 많이 움직일수록 회전하기가 더 어려워지는데 이것은 키가 큰 골퍼들에게 특별히 문제가 된다. 키 큰 플레이어들은 무릎을 굽히고 힙을 올바르게 회전시키는 것이 사실상 불가능하다고 생각한다. 너무 뒤쪽에 놓은 공은 또 다른 문제점을 만들어 낸다(그림 4.7.4). 골퍼는 본능적으로 무게를 역전환시켜 높이 칠 필요가 있다고 생각한다. 왜냐하면 '올바른 컨택트'의 샷은 너무 낮아지게 되기 때문이다. 이러한 유형으로 샷을 하는 골퍼는 공의 중앙을 때려 낮게 날아가는 샷을 칠 경우가 다분히 많다.

그림 4.7.3 힙을 앞으로 움직여야만 뒤땅치기를 예방할 수 있다(골퍼의 왼쪽 무릎 라인을 주목).

그림 4.7.4 너무 뒤쪽에 공이 놓여 있을 때 골퍼들은 이것을 보완하기 위하여 체중을 뒤에 실으려고 한다.

공 위치를 정확하게 발목 중앙에 오도록 만드는 가장 좋은 방법은 그림 4.7.5에서 보는 것과 같이 발을 타깃 라인에 수직으로 놓은 상태에서 공을 놓아두고 그런 다음 조심스럽게 중앙으로부터 같은 거리로 발을 벌린다. 그리고 뒤꿈치는 움직이지 않으면서 왼쪽 발 앞을 바깥쪽으로 돌려 완벽한 공의 위치와 스탠스를 만든다(그림 4.7.7).

그림 4.7.5-7 완벽한 공 위치 1단계 : 스탠스의 정확한 중앙에 발과 공을 함께 위치. 완벽한 공 위치 2단계 : 발을 공의 양 쪽으로 스윙 라인과 직각을 유지하며 벌린다. 완벽한 공 위치 3단계 : 왼쪽 발 앞을 타깃 방향으로 45° 틀어준다.

의 골퍼들이 실수를 계속 하게 되는 중요한 이유이기 때문이다.

독자는 안정성을 이해할 필요가 있으므로 계속해서 읽어나가기 바란다.

아래에 있는 내 골프학교의 학생 한 명이 30야드 웨지 샷을 치고 있는 연속사진을 참고하자. 우리는 모든 학생들이 스윙하는 모습을 녹화하여 그들로부터 무언가를 알아내고 무언가를 배운다. 우리가 롱–숏 (long to short) 스윙이라고 부르는 이 동작(긴 백스윙과 짧은 팔로우스루)을 관찰해보자. 이는 숏 게임에서 흔하게 나타나는 현상이지만 결코 올바른 것은 아니다. 이 이미지를 보고 타산지석으로 삼자. 불행하게도 이 정지 사진에서는 결함을 모두 관찰할 수 없다. 그러므로 나는 이것이 임팩트 존에서 어떤 식으로 감속이 나타나며 불안정한 클럽 위치를 유발하는지 설명하려고 한다. 누구든 고등학교 물리 시간을 설사 졸고만 보냈다 해도 이것을 이해할 수 있을 거라고 생각한다.

골퍼들은 30야드 거리의 피치 샷을 할 때 대개의 경우 평상시의 풀 스윙을 할 때와 똑 같은 크기의 테이크 백을 한다. 하지만 백스윙의 최고점으로부터 내려오면서 클럽헤드는(백스윙이 너무 길었기 때문에) 필요한 샷의 길이에 비해 너무 빠르게 이동한다. 임팩트 약 2피트 앞에서 골퍼들은 무의식적으로 너무 속도

그림 4.8.1 긴 백 스윙과 짧은 팔로우스루는 임팩트 순간 불안정한 웨지 샷을 만들어 낸다.

가 빠르다는 점을 인식하고 두뇌가 '오 마이 갓' 이라는 메시지를 보내 손과 클럽 헤드를 늦추어서 30야드 샷이 50, 60, 혹은 더 긴 야드의 샷이 되는 일을 미연에 방지한다.

일단 이런 샷이 나올 것 같으면 손은 클럽을 당기는 것을 멈추고 대신에 클럽이 손과 샤프트를 밀기 시작한다. 가속이 붙던 스윙이 갑자기 불안해지면서 감속되는 스윙 동작을 만들어낸다.

결과적으로 봐서 이런 '오 마이 갓' 형 동작 자체가 나쁘다고 할 수는 없다. 왜냐하면 이것이 없었다면 공은 타깃을 지나쳐 한참 날아갈 것이기 때문이다. 문제는 클럽이 손과 샤프트를 늦추게 하는 물리적인 반응이다. 일단 클럽헤드가 힘을 가하기 시작하면 동작은 불안해지고 불안정한 클럽헤드는 형편없는 샷을 만들어 낸다.

나는 많은 학생들의 웨지 샷에서 이 '오 마이 갓' 현상을 관찰한다. 그럴 때면 나는 학생들의 손에서 클럽을 놓게 하고 그들을 안으로 데리고 와서 잠시 물리학 강의를 한다.

4.9 클럽이 담긴 풀 카트가 안정적인 이유

안정성을 설명하는 간단한 예를 풀 카트(pull cart, 영국에서는 '트롤리'라고 부름)에서 찾아보자. 풀 카트는 퍼블릭 코스에서 매우 인기가 있었지만 지금은 전동 카트에 그 명성을 내주었다. 그림 4.9.1에서 백을 실은 풀 카트가 코스 안에서 끌려가는 것을 볼 수 있다. 그림 4.9.2는 똑같은 풀 카트를 위에서 본 모습인데 다른 점은 밀어지고 있다는 점이다. 골퍼가 미는 방향은 화살표로 표시되어 있다. 카트의 예상 이동 방향은 점선으로 표시되어 있다.

만약에 미는 힘이 정확하게 카트의 무게 중심(캐디 백의 무게가 집중된 곳)을 향한다면 카트는 정확하게 힘의 방향으로 나아갈 것이다. 그렇지만 미는 힘이 무게 중심의 한쪽 방향으로 치우쳐서 작용되면 카트는 무게 중심을 찾아 이리

그림 4.9.1 풀 카트(트롤리)는 당기면 안정적
이지만 밀면 불안정하다.

저리 흔들릴 것이다.

이것은 물리학적으로도 설명이 가능하다. 만약에 물체의 뒤로부터 힘이 가해
지고 정확히 질량의 중심으로 향해지지 않는다면 그 물체는 회전한다. 그림
4.9.3은 그것을 극단적으로 표현하고 있다. 힘은 카트를 페어웨이를 직선으로
밀지만 계속해서 처음엔 왼쪽, 다시 오른쪽, 다시 왼쪽으로 왔다갔다하면서 방
향을 바꾸고 있다.

이제 그림 4.9.4를 보면 똑같은 카트와 똑같은 힘으로 아주 다른 물리적 현상
이 나타나는 것을 볼 수 있다. 당기는 힘이 작용할 경우 실량(물제)은 끌리게 되
고 간단하지만 미는 것과는 완전히 다른 반대의 물리 현상이 나타나는 것을 볼
수 있다. 질량을 앞에서 끌면 끌리는 방향으로 물체가 정렬되고 끄는 힘을 따른
다. 질량은 회전될 수 없고 자연스럽게 힘의 방향을 따르게 된다. 끌려질 때 카트
는 매우 안정적이며 어디든지 따라가고 특별한 방향 제시 또한 필요도 없다.

웨지 스윙과 풀 카트는 어떤 점에서 비슷한가? 클럽헤드의 질량은 풀 카트 안
의 질량처럼 매우 무겁다. 샤프트는 카트의 핸들과 같으며 힘의 방향도 앞과 뒤
(미는 힘과 당기는 힘)로 같다.

백스윙의 최고점으로부터 골퍼는 물체를 당겨 최초의 안정적인 스윙을 구사

내려다본 모습

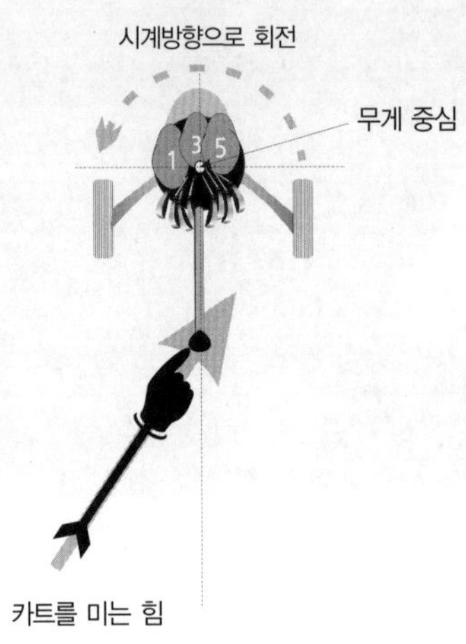

그림 4.9.2 풀 카트를 밀면 풀 카트는 회전한다.

해 낸다. 무거운 클럽헤드는 가벼운 샤프트를 골퍼의 손이 이끄는 방향으로 따라간다. 이것은 물리적 법칙이다. 만약 골퍼가 가속을 계속하고 꾸준하게 클럽헤드를 임팩트 순간까지 당긴다면 클럽은 안정적으로 이동하여 올바른 경로를 만들어낼 것이다. 물론 어떤 지점에서 모든 클럽헤드와 모든 스윙은 느려져서

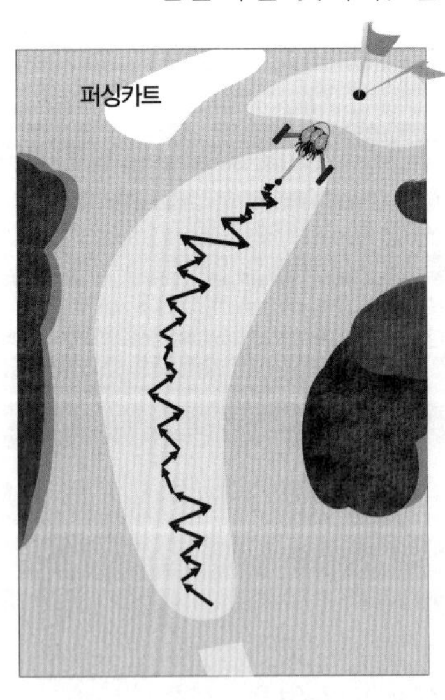

그림 4.9.3 풀 카트를 밀면 페어웨이에 불안전한 경로를 만들어낸다 〈카트를 밀기〉

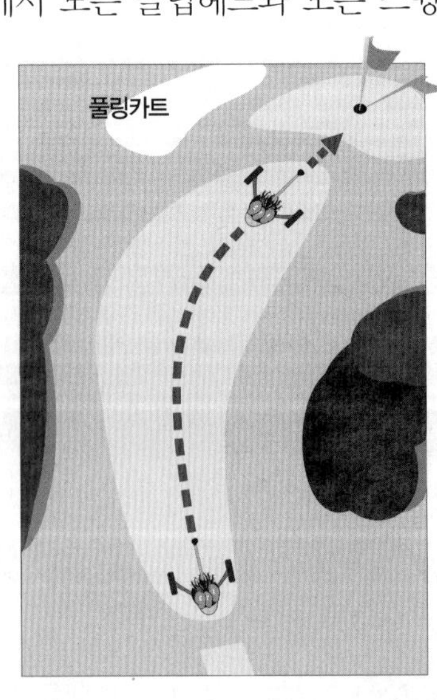

그림 4.9.4 풀 카트를 당기면 안정적인 동작을 만들어진다 〈카트 당기기〉

멈추게 된다. 그래서 어떤 면에서는 모든 스윙이 불안정한 것일 수 있다. 그렇지만 클럽헤드가 공을 치기 전에 불안정하게 되어서는 안 된다는 점을 기억해 주기 바란다. 손의 움직임을 늦추고 물리적 현상을 바꾸면 클럽헤드는 샤프트를 누르게 되고 '오 마이 갓' 현상으로 동작은 즉시 불안정해진다.

숏 게임 도중 해야 할 매우 중요한 일 중의 하나는 임팩트 순간까지 안정된 동작으로 웨지를 스윙하는 일이다. 안정된 스윙은 불안정한 스윙보다 더 훌륭하고 더 일관된 결과를 만들어준다.

결론적으로 이야기 해보자. 클럽헤드가 지나가는 궤도가 안정적이든 불안정하든 만약 공이 스윗 스팟에 직각으로 맞기만 하면 결과는 항상 동일할 것이다. 즉 클럽헤드의 속도는 떨어지고 공은 가속되어 튕겨나가고 임팩트 순간 클럽헤드는 돌아가지 않는다. 그렇지만 스윗 스팟 점검 테이프을 통해서도 알 수 있듯이(그림 4.9.5) 골퍼들은 매번 스윗 스팟에 공을 완벽하게 맞추지는 못한다.

대부분의 숏 게임 샷에서(대부분의 드라이버 샷, 5번 아이언 샷, 퍼팅 샷도 마찬가지) 0.5나 0.75인치 정도나 스윗 스팟을 놓치는 경우는 비일비재하다. 근래에 새롭게 선보이는 오버사이즈 클럽에서도 이 정도의 미스히트는 심각한 실수

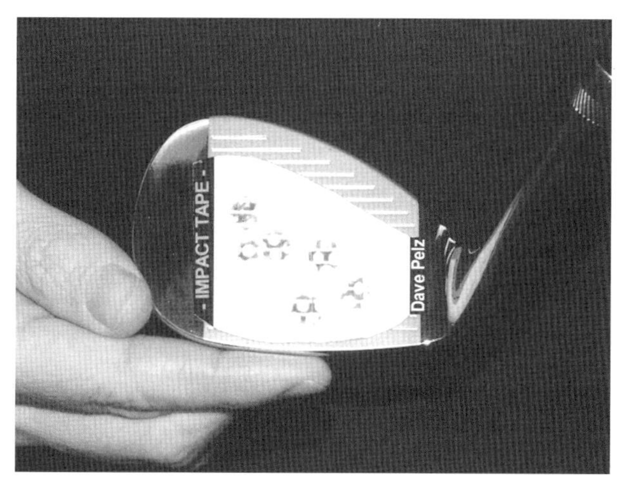

그림 4.9.5 스윗 스팟 점검 테이프로 웨지의 클럽 페이스의 임팩트 위치를 측정

이다.

임팩트 순간의 스윙 안정도는 미스히트의 결과를 가늠하는 가장 큰 요인이다. 불안정하면 클럽헤드는 스윗 스팟을 놓친 정도에 따라 심각하게 멋대로 돌아간다. 예를 들어 접촉지점이 발의 앞쪽 방향이라면 뒤꿈치가 앞으로 들려지고-스윗 스팟으로부터의 접촉이 더 멀어진다-임팩트로 전달되어야 할 힘이 손실된다.

그렇지만 안정된 스윙을 하면 클럽헤드가 임팩트 순간 당겨질 때 동작이 훨씬 낫다. 가속 중인 클럽헤드는 미스히트를 할 때만큼 많이 회전하지 않는다. 왜냐하면 클럽헤드를 당기고 있는 샤프트의 방향을 따르려고 하기 때문이다. 그리고 손실되는 에너지도 더 적다. 결과적으로 샷도 더 향상되며 가끔은 아주 극적으로 향상된다.

나는 안정적인 스윙과 불안정한 스윙 모두의 미스히트를 조사해 중대한 차이점을 발견했다. 예를 들어서 30야드의 웨지 스윙을 두 번 할 때 두 번 모두 0.75인치만큼 스윗 스팟을 놓쳤을 경우라도 불안정한 스윙의 경우에는 공이 22야드 날아간 반면 안정적인 샷은 28야드를 날아갔다. 그것이 역학적으로 같은 실수라고 해도-스윗 스팟을 같은 정도로 놓친-안정적인 스윙으로 친 샷은 파를 세이브하기가 가능한 반면 불안정한 스윙으로 친 타구는 원하는 거리에 비해 모자라 벙커나 워터해저드 혹은 다른 트러블 지점에서 샷을 재차 해야 하는 것이다.

정교한 스윙을 위한 전략

4.10 '숏-롱'

이제는 임팩트 순간 미는(불안정한) 스윙보다 당기는(안정적인) 스윙이 더 나은 이유를 이해했을 것이다. 간단히 말해서 클럽헤드가 공과 만나는 순간은 가속상태여야 한다. 그렇지만 나는 내가 알고 있는 물리학적 식견이 옳다고 생각하면서도, 임팩트 순간 의도적으로 가속시키라고 가르치지 않는다. 나 스스로 그것을 해봤지만 효과가 없었기 때문이다. 사람들은 흠이 없는 당기는 형의 스윙을 구사하기보다는 가속이라는 개념을 손과 근육의 파워로 만드는 것으로 생각한다. 따라서 이것을 의식적으로 해내려고 하면 그들은 손의 근육을 사용하게 되고 그러면 이 장의 앞부분에서 언급했던 아드레날린 역효과가 나타나고 특히 중압갑을 느낄 때에는 더 큰 실수를 맛보기 쉽다.

가속하는 스윙을 구사하는 더 나은 방법이 있는데 그것은 바로 짧은 백스윙과 긴 팔로우스루를 구사하는 것이다. 이렇게 하면 확실히 근육을 이용하지 않고

그림 4.10.1 패인 스튜어트의 안정된 150야드 웨지 샷 시범

그림 4.10.2 리 젠슨의 30야드 스윙

가속하는 일이 가능해지며 데드 핸드의 정교한 스윙을 구사할 때 요구되는 안정성 또한 유지할 수 있다.

두 개의 연속사진(그림 4.10.1과 4.10.2)을 주의 깊게 살펴보고 그들의 동작을 연상해보자. 이것은 페인 스튜어트와 리 젠슨이 스윙하는 방법이므로 그들이 부드럽고 리드미컬하며 힘을 하나도 들이지 않고 스윙을 구사하는 모습을 상상하자. 그들은 손과 손목의 근육을 전혀 이용하지 않고 매번 웨지 스윙을 구사한다. 공이 공중에 뜨기 전까지는(샷을 불안정하게 만드는) 손의 감속 동작을 전혀 하지 않는다. 이들이 구사하는 스윙은 임팩트 순간의 에러를 최소화시키고 있기 때문에 정교한 웨지 샷이 나오는 것이다.

4.11 갑자기 알게 되다

골퍼라면 백스윙이 길 경우 임팩트에 다가가면서 클럽을 더 빠르게 가속하지 못하여 여전히 짧은 샷이 나온다는 사실을 잘 알고 있다. 클럽헤드가 빠르게 움직인 샷이 장타를 만든다. 짧은 백스윙을 하더라도 임팩트 후 약 2~3피트 지나갈 때까지(그림 4.11.1) 스윙이 가속되면 롱–숏 스윙의 역효과를 최소화하면서 스윙 에러와 미스히트를 막을 수 있다. 왜냐하면 이 경우의 스윙은 공이 임팩트되는 순간 안정적이 되기 때문이다. 골프볼은 자신의 앞에 서 있는 사람이 얼마나 똑똑한지 또 얼마나 스윙을 많이 이해하고 있는지를 가리지 않는 무생물이다. 나의 연구에 따르면 대부분의 골퍼들이 '짧은 백스윙, 긴 팔로우스루' 라는 생각을 하고 있는 것으로 나타났지만, 그것이 뜻대로 코스에서 되기란 매우 어렵다는 것을 보여준다.

짧은 백스윙의 최고점에서 골퍼를 불안하게 만드는 것 중에는 정신적인 요인도 있는 것 같다. 필자의 경험으로 봐도 골퍼들이 짧은 백스윙의 끝 부분에 도달해서는 '여기서 저기까지는 이 폭으로는 안 되지. 또 짧을 거야' 라고 생각하는 것 같다. 이러한 불안 심리와 의심은 필자가 수강생에게 방금 한 20개 샷이 목표 지점을 훨씬 지나갔다고 매번 알려주어야 한다는 사실로도 증명된다. 골퍼는 정교한 샷을 여전히 근육으로 만들려고 한다. 이것은 본능적이라고 할 수 있으며 극복하기도 매우 어렵다.

그러나 당장 안정성을 달성하지 못한다고 해서 낙심할 필요는 없다. 짧은 백스윙 시 불안함을 가지는 것은 매우 정상적이다. 스스로 짧은 백스윙과 긴 팔로스로우가 완벽한 웨지 스윙의 적격이라는 사실을 확신하기까지에는 꽤 시간이 걸린다(우리는 이 개념을 스코어링 게임 스쿨에서 가르치고 있는데 새로운 습관이 만들어지기까지는 상당한 연습이 요구된다.).

그렇지만 여러분이 다른 문제를 알아내지 못한다 해도 정교한 웨지 스윙의 분명한 천적은 지나치게 긴 백스윙이라는 점을 명심했으면 한다. 독자가 클럽을 너무 뒤로 올리는 그 순간, 가속과 안정된 동작으로 임팩트가 만들어지는 기회는 사라지는 것이다.

그림 4.11.1 임팩트 후 2피트 지난 거리에서 최고 속도에 도달하게 만드는 것은 임팩트 순간 클럽헤드의 안정성을 보장한다.

피네스(기교) 스윙의 역학

4.12 동시적 회전 (The Synchronized Turn)

필자가 제 2장에서 언급했던 것처럼 숏 게임에는 고유한 스윙이 있다. 그것은 파워 게임의 타격(손의 근육을 사용하는 히팅 동작)과 다르며 퍼팅 게임의 스트로크(신체의 회전이나 손목의 코킹이 전혀 없음)와도 다르다. 필자는 이런 스윙을 피네스(기교) 스윙이라고 부르고자 한다.

하지만 필자는 여러분이 내가 앞서 언급한 내용을 완전히 숙지했다고 느끼기 전 까지는 기교 스윙을 익히지 말라고 말하고 싶다. 데드 핸드 스윙으로 아드레날린 효과를 제거하는 방법을 이해하는가? 좌측 정렬 셋업이 손에 의한 보완동작을 예방하는 내용을 알고 있는가? 공 위치와 스윙 아크의 최저점, 그리고 디보트 지점에 대한 이해는 하고 있는가? 이러한 사실 모두를 숙지하고 있다면 여러분은 이제 동시적 회전과 진정한 피네스 스윙을 배울 준비가 되었다고 본다.

시작부터 끝까지 상체를 하체와 같은 스피드로 회전시켜보자. 상체와 하체가 스윙을 하면서 동시에 돌아가도록 해보자. 이것은 상체와 하체가 연결되어 있음을 의미하는 것이 아니라 동시적 동작으로 함께 돈다는 점을 의미한다.

그림 4.12.1 피네스 스윙 시에는 상체(어깨와 가슴)와 하체(힙)가 완전히 동시에 회전한다.

이러한 동시화를 느끼는 가장 쉬운 방법을 설명하면 다음과 같다. 먼저 30야드 웨지 샷의 위치의 자세를 잡고 클럽을 놓은 후 양손을 힙에 올리고 엄지손가락이 정면을 향하게 한다. 팔꿈치를 모아주어서 상체와 하체가 함께 고정되는 감을 잡는다. 이제 백스윙을 할 때처럼 뒤로 돌아본다. 그리고 풀 피니시 순간까지 앞으로 회전한다. 마치 30야드 샷을 실제로 하는 것처럼 해본다(그림 4.12.1). 동시적 동작을 느낄 수 있을 때까지 반복해본다.

파워 스윙에서 하는 것과 같이 상체와 하체가 꼬이는 일이 없도록 해야 한다. 어깨는 힙에 대하여 절대로 꼬이지 않는다(그림 4.12.2). 팔도 가슴에 대하여 꼬이지 않는다. 모든 코일동작을 제거함으로써 귀하는 하체에서 파워가 발생하는 것을 막을 수 있다. 다리로써 나머지의 신체를 이끌어 움직이거나 가속하여 임팩트에 도달해서는 안 된다.

만약 그러한 꼬임이나 하체가 신체를 주도하는 일이 없고 어떠한 손, 손목, 혹은 팔의 힘도 더해지지 않는다면(데드 핸드를 유지한다면) 귀하는 힘이 실리지 않는(low power) 스윙을 구사해낼 수 있을 것이다. 그리고 바로 이 로우 파워가 피네스 스윙과 숏 게임의 모든 것이다.

그림 4.12.2 꼬임을 방지하기 위하여 어깨와 힙은 함께 회전해야 한다(절대로 따로 회전해서는 안 된다).

4.13 파워의 근원, 리듬과 타이밍

필자는 골프로 마음을 완전히 돌리기 전까지 NASA에서 15년간 근무했다. 그곳에 있는 동안 많은 PGA 투어 프로 선수들이 그들의 숏 게임을 향상시키도록 도와줄 수 있는 무언가를 알게 되었다. 그 후 필자가 익히고 전달한 금언은 '큰 근육은 파워를, 작은 근육은 터치감과 정교함을' 이었다.

NASA에서 우리가 관측 기기를 달로 보내는 일을 시작했을 때 우리는 단순히 조준을 할 수도 없을 뿐 아니라 주 로켓 엔진을 점화할 수도 없었고 목표점을 정확히 맞추는 일도 불가능하다고 생각했다. 우리는 그 거대한 로켓들을 이용하거나 통제해서 성공적으로 일을 수행할 수가 없다는 사실을 깨달았다. 이 커다란 엔진이 할 수 있었던 일은 우주선을 지구로부터 쏘아 올려 그저 적당한 지구의 궤도로 던져놓는 것뿐이었다. 그 후 우리가 궤도의 어느 지점에 위치하는지를 측정한 다음 매우 작은 엔진을 통제하여 타이밍을 맞춘 후에서야 캡슐은 지구의 궤도를 벗어나 달을 향해 출발할 수 있었다. 지구의 궤도를 떠난 후 우리는 달 착륙기를 달의 표면에 안착시키기 위해 엔진의 이동 거리와 방향을 조절해서 달

궤도 진입의 최종 궤도를 찾아 순항시키는 것을 결정해야만 했다.

미세한 제어로 완벽에 이르도록 만드는 그 엔진의 크기는 거의 사람 손과 비슷했다. 엔진은 매우 작고 힘도 약했지만 최종 궤도를 정교하게 조절하여 우주 비행사가 완벽하게 착륙을 이루어 내도록 하기에는 충분했다.

이 우주공학의 예는 숏 게임과 비유될 수 있다. 동시화된 신체를 주 엔진이라고 상상하는 것이다. 그것은 공을 타깃의 근처에 이르게 만들기 위한 주된 파워를 공급하며 데드 핸드는 작은 엔진과 마찬가지로 지면을 떠난 샷이 멋지게 홀인시키도록 미세 조정을 한다.

그리고 필자는 숏 게임 샷에서 손을 사용하지 않을 것을 주장했었다. 귀하는 의식적으로 손을 사용하여 기교 스윙의 샷에 파워를 더하여서는 안 되며 미세한 조정 또한 시도해서는 안 된다. 만약 손과 손목의 근육이 파워 스윙을 구사하는 데 사용되었다면 더 이상 무의식적인 미세한 조정을 위해서는 사용될 수 없게 된다. 근육이 힘을 내려면 단단하고 강해지며 수축성이 생기고 탄탄해진다. 이러한 근육사용에 훈련된 근육들을 미세한 터치를 구사하는 데 동시에 사용할 수는 없는 것이다.

10, 30 그리고 50야드에서의 피네스 샷을 위한 파워로는 동시적 신체회전에 따른 리듬을 이용해야 한다. 무의식적으로 데드 핸드를 사용하고 이로 하여금 미세 조정을 가하여 터치감을 느껴야 한다.

이 모든 것을 가능하게 해주는 유일한 방법은 손을 편안하게 유지하고 팔을 느슨하게 한 채로 똑바로 뻗는 것이다. 이 방법을 이용하면 스윙에 의해 생겨난 힘으로 자연스럽게 신체를 움직일 수 있다. 일부러 근육을 쓰려고 하지 말고 피네스 스윙에서 나오는 힘을 이용하도록 한다.

피네스 스윙의 비책 : 데드 핸드 스윙과 동시적 회전을 사용한다. 그러면 최상의 터치감을 느낄 수 있는 기교 스윙이 완성된다.

4.14 월드 클래스 피니시

나는 피네스 스윙을 두 가지 유형으로 구분한다. 한 가지는 30야드 이상을 위한 것이고 또 한 가지는 30야드 이하의 거리를 위한 것이다. 이러한 구분은 각각의 스윙이 어떤 피니시를 필요로 하는가에 기반을 두고 있다.

약간 거리가 긴 피네스 샷-30야드 이내이며 같은 클럽으로 파워 스윙을 구사할 때의 거리보다는 약간 못 미침-을 하려면 풀 피니시를 하면서 체중을 앞쪽 발에 싣는다(그림 4.14.1).

스윙을 할 때 손에는 힘이 들어가지 않기 때문에 피니시를 짧게 끝낼 이유는 없다. 클럽헤드가 임팩트 순간 가속되어야 안정성을 얻을 수 있다. 그리고 풀 피니시를 계속함으로써 클럽이 공을 가격하는 순간에도 가속되고 있을 가능성을 높여준다.

필자는 학생에게 풀 피니시에 집중할 것을 요구했을 때 그들이 본능적으로 힘을 주어 타격하는 일이 줄어든다는 것을 발견했다. 나는 언제나 학생 개개인에

그림 4.14.1 30야드 이상을 위한 월드 클래스 피니시: 왼쪽 발에 체중을 싣고 밸런스를 위해 오른쪽 발 앞은 단지 균형을 유지하기 위하여 살짝 땅에 대어준다.

게 비디오를 통하여 정확한 자세로 피니시 하면서 완벽한 피네스 스윙을 구사하는 모습을 확인시켜준다. 우리는 이러한 자세를 월드 클래스 피니시라고 부른다. 왜냐하면 세계 최고의 선수들만큼이나 훌륭해 보이기 때문이다.

마지막으로 다운 스윙과 팔로우스루 동작을 할 때 신체가 전방으로 밀리거나 왼쪽 무릎이 측면으로 굽지 않도록 해야 한다(그림 4.14.2). 귀하가 임팩트 순간 동시적 회전을 구사하면 왼쪽 무릎은 거의 곧게 펴져 있어야 한다. 그렇지만 완전히 굳어 있는 상태는 아니다. 이렇게 하면 팔로우스루와 피니시를 할 때 왼쪽 발에 체중을 실은 채로 왼쪽 발을 중심으로 회전을 할 수 있게 해준다. 왼쪽 무릎을 세우면 뒤쪽 발이 앞으로 당겨져서 발의 앞만 지면에 닿게 된다(뒤에서 보면 오른쪽 신발 바닥의 모든 스파이크를 볼 수 있어야 한다).

30야드 미만의 샷의 경우에는 풀 피니시를 할 수 없다. 그렇게 하면 공이 너무 멀리 날아가기 때문이다. 그러므로 10야드와 30야드 사이의 샷은 백스윙과 팔로우스루 스윙의 길이를 줄여야 한다. 짧은 스윙을 하면 더 짧은 샷을 구사할

그림 4.14.2 왼쪽 무릎이 앞으로 밀리면 올바른 회전을 할 수 없다.(혹은 왼쪽 발에 체중을 실을 수 없게 된다.)

수 있다. 안정성을 위하여 팔로우스루는 언제든지 백스윙보다는 적어도 50%이상 길게 해야 한다.

15야드의 피치 스윙을 참고로 하면 이해하기 쉽다. 15야드 피치 스윙은 그림 4.14.3에서 보는 바와 같이 보통 샤프트가 수평에 이르는 백스윙의 폭과 샤프트가 거의 수직이 되는 팔로우스루를 요구한다.

이러한 짧은 스윙을 할 때에도 손을 사용해서는 안 된다는 점을 명심해야 한다. 필자는 많은 학생들이 손과 클럽을 뒤에서 채찍질하는 것 처럼 세차게 잡아당겨 '스타일러 피니시'(그림 4.14.4)라고 부르는 피니시를 구사하는 모습을 자주 목격한 바 있다. 다시 한 번 말하는데 만약 손을 사용하여 '멋을 부리거나(style)' 힘을 가하거나 혹은 디보트가 나타나는 지점을 조절하거나 그밖에 어떤 것을 하려고 한다면, 중압감을 느끼는 상황에서 더더욱 그 기술을 잘해낼 수 없을 것이다.

4.15 손목의 코킹

아마도 골프 스윙에서 가장 이해하기 힘든 요소가 손목의 코킹일 것이다. 오른쪽 손을 앞쪽으로 곧게 펴고 엄지손가락을 펴서 하늘을 가리키도록 한다. 이 자

그림 4.14.3 샤프트를 수평에서 수직의 위치로 놓는 자연스러운 스윙은 150야드의 캐리를 만들어준다.

세에서 손은 두 방향으로 운동할 수 있다. 하나는 양쪽으로 또 다른 하나는 위아래로 이다. 많은 골퍼들은 손목 코킹을 양 방향으로 움직이는 동작이라고 생각하지만 결코 그렇지 않다. 그것은 손목이 접히는 것이다. 이것은 골프에서 달갑지 않은 동작이며 숏 게임에서는 아주 특별한 상황에서만 요구될 뿐(이 점에 대해서는 후에 설명하겠다) 거의 쓰이지 않는다.

올바른 손목의 코킹에 대한 느낌을 얻기 위해서 웨지를 바른 그립으로 잡고 자세를 잡아본다. 손목을 제외한 어느 것도 움직이지 말고 클럽을 위쪽 방향으로 곧바로 들어올려 마치 클럽헤드로 코를 맞추려는 것처럼 보이도록 한다(장난은 하지 말고 전완을 들어올리는 일도 없도록 하자). 이러한 동작이 손목의 코킹이며 더 이상 들어올릴 수 없을 때까지 하면 완전한 코킹이 된다(그림 4.15.1).

손목을 코킹하는 현상은 백스윙 동작을 하는 동안 점차적으로 나타나는데 원피스 테이크어웨이를 시작한 후 바로 나타난다(예외의 경우는 다음에 설명하겠다). 그리고 이것은 백스윙이 짧거나 길거나에 상관없이 백스윙이 최고점에 도

그림 4.14.4 '스타일러' 피니시(피니시 순간 뒤쪽에서 손이 낮게 위치함)는 손과 팔의 근육을 사용하게 된다.

그림 4.15.1 손목은 접히는 것이 아니라 위쪽으로 코킹되는 것이다.

달하기 바로 전에 끝난다.

많은 골퍼들이 다음과 같이 묻는다. 손목을 코킹하면 손목의 힘이 세어지지 않습니까? 저를 가르치는 프로가 저에게 손목을 고정한 채 스윙하라고 말했는데, 그 점에 동의하십니까?

두 가지 질문에 대한 대답은 절대적으로 '아니다' 이다.

손의 힘이 들어간 스윙은 손목의 경첩작용에 의한 결과이며(골퍼들은 코킹과 접힘을 같은 의미로 사용한다), 어느 쪽으로 접히는가에 따라서 방향이 바뀔 뿐이다. 올바른 손목 코킹은 근육의 힘을 사용하지 않는 일관성 있는 파워를 제공하여 피네스 스윙을 할 수 있도록 도와준다. 몸의 회전에 의해 만들어진 원심력은 언제나 임팩트 순간 손목이 원위치 되게(언코킹) 만들 것이며 어떠한 동작도 이보다 더 일관성 있는 샷을 만들어 주는 것은 없다.

물론 숏 게임에는 손목이 코킹되지 않기를 원하는 경우들이 있지만 '손목 코킹을 안 하는' 스윙은 치핑 샷을 구사할 때 아주 소프트한 샷을 가장 느린 클럽 헤드의 스피드로 이루어 내고자 할 때 사용하는 특수한 경우뿐이다. 이 내용에 대하여 제 7장에서 다시 설명하겠다.

4.16 피네스 그립

대부분의 티칭 프로들은 그립이 골프에 있어서 가장 기본이 된다고 생각한다. 그러나 나는 여기에 동의하지 않는다. 적어도 숏 게임에 대해서는 그렇다. 정렬과 공의 위치 그리고 안정성 다음으로 중요한 것이 그립이다. 이러한 우선 순위를 정한 근거는 이상한 그립을 가진 수많은 훌륭한 숏 게임 플레이어들 때문이다(폴 에이징어가 생각난다). 그러나 필자는 숏게임에 적합한 그립이 있고 또 이 그립을 사용하면 플레이가 훨씬 쉬워질 것이라고 생각한다.

손과 팔의 힘을 빼는 것은 새로운 그립을 통해서 가능하며 그것은 우드나 아이언 같은 풀 스윙 클럽을 사용할 때와는 다르다. 풀 스윙의 자세를 취할 때 대부분의 골퍼들은 스트롱 그립을 선택한다.─손이 타깃으로부터 약간 돌아간다. 그리고 오른손잡이들은 엄지와 검지손가락이 이루는 V자 홈이 턱과 오른쪽 어깨의 사이를 가리킨다(그림 4.16.1). 이 자세로부터 손과 전완은 임팩트 순간 느슨해지고 임팩트 존에서 직각의 사세(손등이 타깃 라인과 직각을 이루는 형태로서 정의)가 되며 클럽 페이스의 방향이 바뀌어 드로우(draw)가 발생하며 그러면 약간의 부가적 힘과 거리가 발생한다.

피네스 게임에서는 이러한 것들이 필요하지 않다. 우리는 파워를 원하지 않으며 드로우(draw) 스핀도 필요로 하지 않는다. 손과 전완의 작은 근육을 이용하는 것도 원하지 않는다. 우리는 터치와 정확도만 필요로 하는 것이다.

필자가 피네스 샷, 칩 샷, 피칭 샷, 장거리 웨지 샷, 샌드 샷에 대하여 권하는 그립은 직각의 자세(그림 4.16.2)로 시작해서 임팩트 순간까지 그 그립을 유지하는 것이다. 안정적일수록 더 좋다. 그러므로 클럽 페이스는 매번 같은 자세로 임

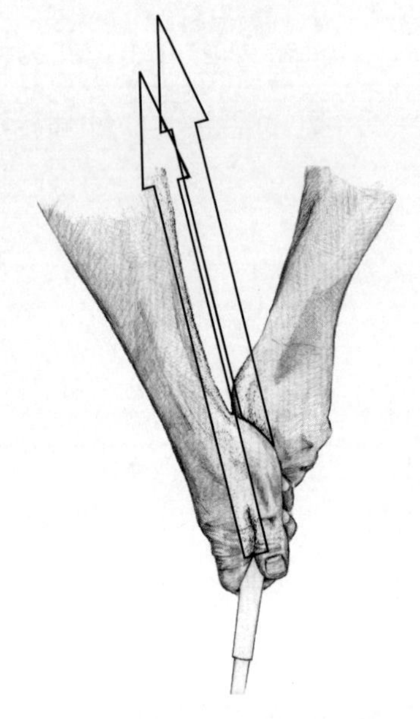

그림 4.16.1 파워 스윙 그립

팩트까지 연결되어야 한다. 엄지와 검지로 이루는 V자는 턱의 중앙이나 왼쪽을 (타깃에 더 가깝게 그림 4.16.3) 가리켜야 하며 손바닥은 서로 평행하게 그리고 타깃 라인과 수직을 이루어야 한다.

(기술적 설명: 많은 골퍼들과 프로 선수들은 엄지손가락과 검지손가락으로 이루어진 V자 홈에 대해서 이야기한다. 그들이 실제로 말하고 있는 것은 그림 4.16.3에서 보는 것처럼 검지손가락 라인에 의해서 가리켜지는 손의 자세이다. 어떤 선수가 사진과 같은 자세를 취하고 있지만 엄지손가락이 샤프트의 윗 부분이 아닌 샤프트의 옆에 위치하고 있고 V자 홈이 오른쪽 어깨를 가리키고 있다면 (그림 4.16.4) 그것은 올바른 그립이 아니다. 그립에서 손의 위치와 엄지손가락이나 V자 홈이 가리키는 곳이 아닌 검지손가락이 가리키는 곳에 더 신경을 써야 한다는 사실을 기억하기 바란다.)

최적이 플레이를 위해서라면 세 가지 그립들을 각각 파워 게임과 피네스 게임 그리고 퍼팅 게임에 대하여 사용할 수 있어야 한다. 제 2장에서 설명했던 것처럼

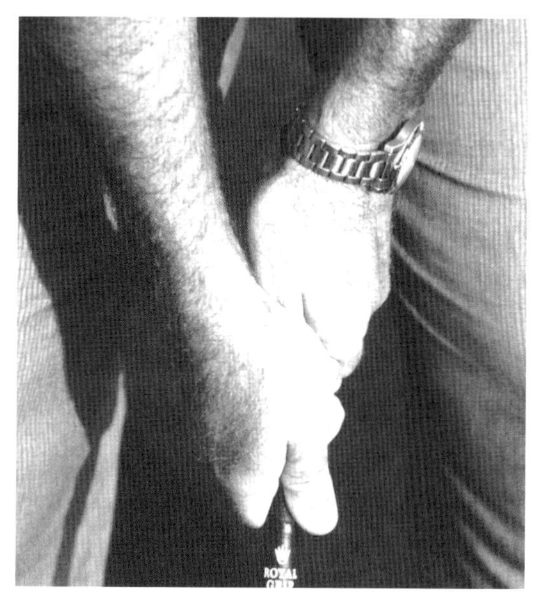

그림 4.16.2 피네스 스윙 그립

각각의 게임은 독특하고 여기에 맞는 그립을 사용해야 한다. 만약 여러분이 오랜 기간 동안 골프를 즐겨왔다면 세 가지 구분되는 그립들에 익숙해지는 데에 어려움을 겪을 것이다. 그리고 많은 시간을 연습하여 피네스 그립과 친숙해지지 않는다면 역시 어려움을 겪을 것이다. 그렇지만 변화를 추구하기로 결정하면 수많은 연습 시간과 수많은 샷을 자신감을 잃을 때까지 연습해서 중압감 속에서도 잘해낼 수 있게 해야 한다.

스트롱 그립은 안 된다

필자는 풀스윙을 잘하는 플레이어들이 피네스 게임에서 고전하는 주된 이유가 너무 강한 그립을 하고 있기 때문이라고 생각한다. 그들은 강한 풀 스윙 그립을 사용하여 롱 게임에서는 필요하지만 숏 게임에서는 불필요한 파워를 만들어 내는 경향이 있다.

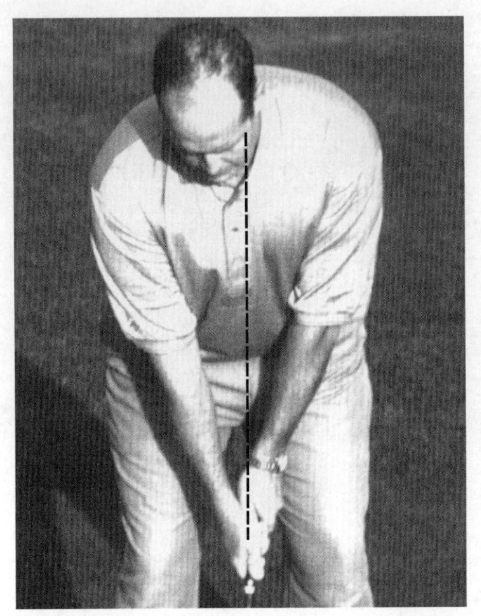

그림 4.16.3 엄지손가락이 샤프트 위에 있는 피네스 그립

그림 4.16.4 엄지손가락이 샤프트 옆에 있는 피네스 그립

4.17 피네스 스윙 플레인

피네스 스윙의 또 다른 기본은 스윙 동작의 전과 스윙 동작 동안의 신체가 연출하는 자세이다. 이 자세가 중요하지 않다고 생각한다면 등을 대고 누워서 공을 치려고 해 보라. 상체와 하체 사이의 각은 신체의 회전과 스윙에 강한 영향을 끼친다. 척추와 지면 사이의 각도는 수평 상태 혹은 스윙 플레인의 각도를 결정한다. 그러므로 샷을 잘해내려면 스윙 플레인과 신체의 각은 각각의 클럽의 길이와 지면의 경사에 따라 변화되어야 한다.

골프는 우리에게 항상 도전할 거리를 제공한다. 문제가 되는 것은 우리가 최상의 피네스 스윙 자세를 위하여 척추의 각도를 어느 정도로 굽힐 것인가를 어떻게 결정할 것인가에 대한 것이다. 이 부분에 대한 대답을 알아내려고 하기 전에 여러분은 모든 골퍼들의 자세를 절충하도록 만드는 대립적인 요인을 이해해야 한다. 그 대립적인 요소들은 다음과 같다.

그림 4.17.1 수직으로 서서 야구 스윙을 하면 어깨와 힙이 본능적으로 같이 움직인다.

1. 몸을 수직으로 세우면 척추를 중심으로 신체를 회전하기가 더 용이해진다. 직접 해 보라. 똑바로 서면 모든 것을 회전하는 데에 전혀 지장이 없을 것이다. 앞과 뒤로(그림 4.17.1) 완벽하게 동시적인 동작이 만들어진다. 그렇지만 그러한 자세로는 골프 공을 칠 수 없다.

그림 4.17.2 너무 허리를 숙이면 힙이 회전하지 못하며 상하체의 동시 동작이 거의 불가능하다.

2. 허리를 더 굽힐수록, 즉 척추와 힙 사이의 각도를 증가시킬수록 힙을 회전하기가 더 어려워진다. 다음을 해 보기 바란다. 완전히 허리를 굽히고 그림 4.17.2에서처럼 힙을 회전시키려고 해 보라. 이 자세로는 어깨와 동시에 완전한 하체를 회전시키는 것이 거의 불가능하다.

3. 어깨로부터 공에 이르는 라인과 수직이 되도록 허리를 숙이면 원심력을 이용하여 스윙을 반복적으로 구사하기가 용이해진다.

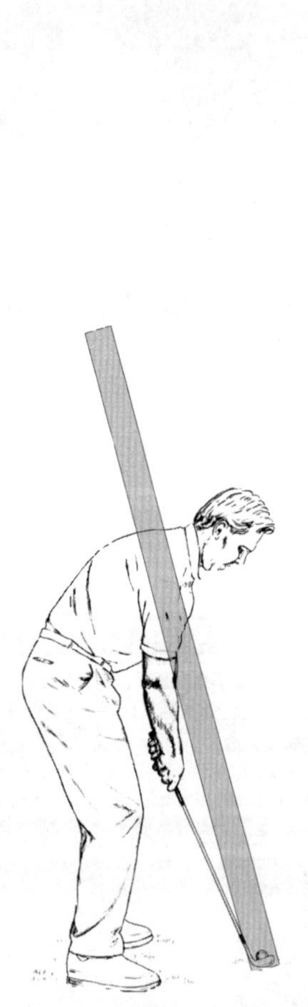

그림 4.17.3 피네스 스윙 플레인, 관측하는 사람의 눈 (혹은 카메라 렌즈)이 평면 '상'에 있을 때

그림 4.17.4 피네스 스윙 플레인, 관측하는 사람의 눈을 위로 하고 공 타겟 라인에 서 있을 때

그러므로 우리는 절충안을 택한다. '꼭 맞는' 허리 굽힘의 정도를 알아내는 동시에 피네스 샷을 구사할 때 부드러움과 동시화된 전, 후 회전도 가능하게 하는

스윙 플레인을 측정하기 위해서는 카메라 위치를 정확하게 잡아야 한다

만약 비디오나 사진기를 이용하여 클럽헤드와 스윙 평면을 검증하려고 생각하고 있다면 비디오 캠코더나 스틸 카메라의 렌즈가 정확히 플레인 상에 확실히 위치하도록 해야 한다. 카메라는 렌즈가 플레이 상에 있지 않으면 클럽헤드가 올바른 위치에 있는지 스스로 판단할 수 없다. 이것은 공과 카메라의 높이가 맞지 않으면 공의 타깃 라인에 카메라를 위치할 수 없음을 뜻하는 것이다. 회전의 축으로부터 떨어져서 관찰해보면(그림 4.17.5) 피네스 스윙 플레인은 공을 지나 선수의 어깨 관절의 중앙을 통과한다. 필자가 가장 선호하는 카메라 위치는 수평으로는 타깃-공 라인의 안쪽 약 24인치 부분이며 수직으로는 지면으로부터 36인치 떨어진 부분이다. 이 위치에서 귀하는 타깃과 비구선을 대부분 카메라로 관찰하며 동시에 스윙 플레인도 관찰할 수 있다. 단점이 있다면 동작의 관찰을 위해서 허리를 굽히거나 쭈그리고 앉아야 한다는 점이다.

그림 4.17.5 캠코더 렌즈로 스윙 평면을 관찰하기 위해서 (클럽의 궤도가 플레인을 유지하는가를 보기 위하여) 삼각대는 공–타깃 라인의 안쪽에 두어야 한다.

것이다. 허리를 너무 굽히면(척추의 각을 너무 작게 하면) 신체는 잘 회전하지 않는다는 것을 느낄 것이다. 너무 똑바로 서면(척추의 각을 너무 수직으로 만들면) 정확한 샷을 구사하기 어려울 것이다. 그것은 자연스러운 스윙 평면을 유지할 경우 클럽헤드가 공을 맞추지 못하기 때문이다.

'피네스 스윙 플레인'이라는 용어를 전혀 들어보지 못한 분들을 위해 설명하자면 그것은 가상의 표면–보통 두꺼운 한 장의 유리로 표현되는–이며 스윙의 준비(어드레스)를 할 때 어깨와 공을 통과하는 평면이다(그림 4.17.3). 클럽헤드는 스윙을 하는 동안 그 평면에 머물러야 한다(그림 4.17.4). 스윙 플레인에 대한 개념이 파워 게임에서는 복잡하지만 숏 게임에서는 매우 단순하다. 자세를 결정하고 데드 핸드와 상하체 동시회전의 피네스 스윙을 구사하면 피네스 스윙 플레인은 공과 어깨를 포함하여 지면과 매우 가파른 각을 이루게 된다. 여러분은 피네스 스윙을 통하여 클럽헤드가 확실히 그 평면 안에 들어 있게 해야 된다.

훌륭한 피네스 스윙은 실 끝에 달린 돌을 스윙하는 것과 같다. 어깨를 척추 주위로 회전시키면 돌(클럽헤드)이 스윙하기 시작하며 임팩트 순간까지 실을 곧게 잡아당긴다. 만약 귀하가 데드 핸드 스윙을 구사하고 클럽헤드가 백스윙의 최고 정점에서 올바른 위치에 있도록 하며(백스윙의 길이가 얼마나 짧든 간에) 정확한 자세로 시작하여 임팩트 순간까지 동기화된 상 하체의 회전을 유지한다면 언제나 완벽한 샷이 가능할 것이다. 어느 것도 그리고 어떠한 인간의 근육도 임팩트 순간의 원심력을 능가하지 못할 것이다.

좋은 정렬과 자세, 플레인을 유지하는 스윙, 그리고 임팩트 시 훌륭한 회전만이 필요하다.

학습의 기본원리

4.18 잡고 관찰하며 느껴라 : 피드백에 의한 학습

풀 피니시의 또 다른 이점은 고개를 들어 샷이 끝나는 순간까지(공이 충분히 멀리 날아갈 경우) 관찰하면서 백스윙을 끝내는 것이다. 공이 착지하여 결과를 볼 수 있을 때까지 피니시 동작을 유지하는 것은 매우 중요하다. 스윙과 그에 따른 공의 궤도의 상관 관계는 마음속에서 지워지지 않을 것이다. 그것이 바로 잠재 의식 속에 미래의 훌륭한 플레이를 다짐하도록 만드는 피드백이다.

피니시 동작을 유지하면서 방금 구사한 스윙을 느끼고 공이 어떻게 날아가는지 그리고 어느 지점에 착지하는지를 관찰하자. 훌륭한 플레이어가 되려면 공의 비행 궤도와 비거리 그리고 공이 그린에서 어떻게 반응하는지를 관찰하여야 하며 그러한 인상들을 운동 감각—길이, 리듬 등—으로 저장하면 뇌는 앞으로 있을 운동수행에서 상호간의 연관 관계를 파악할 것이다. 그렇다고 너무 심각하게 생각할 필요는 없으며 단지 결과를 관찰하기만 하면 된다. 즉 스윙을 느끼고 샷을 관찰하면 나머지는 독자의 잠재의식이 알아서 해결할 것이다.

이것이 학습의 전부이다. 두뇌 속에서 정보를 수집하고 이해하여 스윙의 형태나 느낌 그리고 공의 반응에 대한 학습을 하는 것이다. 그리고 이 방법에서 더 중요한 사실은 의식적인 사고를 필요로 하지 않는다는 점이다. 자신이 해내는 샷을 보고 그것들을 운동 감각으로 인식하여 저장하면 두뇌는 미래에 이끌어낼 수 있는 더 훌륭한 정보를 만들어 낼 것이다.

그렇지만 이러한 작용은 아무것도 관찰을 하지 않거나 두뇌에서 필요한 정보를 획득하지 않으면 결코 일어나지 않는다. 본인 스스로 이것을 실제로 해야 한다. 바이오피드백(biofeedback)에 대한 연구에 따르면 인간의 단기-감각-기억력은 매우 짧다. 그래서 사람들은 매 8초마다 감각이나 느낌 중 30%에 해당하는 부분을 잃는다. 그리고 새로운 것으로 대체된다. 만약 여러분이 새로운 감각을 얻게 되면 과거의 정보는 숨겨진다.

여러분이 피니시 동작을 계속하며 공을 보는 동안 감각들을 유지하는 습관을 들일 수 있다면 처음 8초 동안에 관찰하며 느꼈던 사실은 여러분의 마음과 작용하여 거리에 대한 감각적 학습을 최적화시킬 것이다.

샷을 치고 느낌이 좋지 않으면 돌아버리거나 몸을 구부리거나 어떤 식으로든 움직이는 골퍼들은 스윙에 대한 느낌을 잃게 된다. 그러면 그들은 그들의 동작과 결과의 상관 관계를 파악할 수 없다.

그런 식으로는 아무리 연습해도 향상은 없을 것이다. 그렇지만 만약 여러분이 팔로우스루의 끝 부분에서 그 자세를 유지하며 샷이 착지하는 것을 관찰하면(보통 4초에서 6초가 걸린다) 아마도 스윙을 하면서 형성된 느낌의 80%를 유지할 수 있다. 그것은 여전히 몸과 마음에 남아서 두뇌가 알아서 나머지 일을 해 줄 것이다.

몇 분 전에 스윙을 한 후, 몇 차례 스윙을 더 했다면 처음의 느낌을 기억할 수 없다. 그렇지만 8초라는 기간 동안 43야드 밖의 타깃보다 5야드를 지나서 공이 착지하는 모습을 유심히 관찰하면 마음속에서는 48야드 샷을 구사했던 기억이 그때의 관찰한 광경과 함께 연상작용을 만들어낸다.

정상급의 선수들을 살펴보면 그들이 연습을 할 때와 경기를 할 때 모두 스윙에 대한 결과를 완전히 관찰할 때까지 피니시 자세를 유지하는 것을 볼 수 있다. 퍼팅을 할 때 피니시 순간 팔의 스윙을 느껴야 한다. 숏 게임에서는 그것이 피네스 스윙의 회전, 조화로운 신체동작이다. 이것은 샷이 가는 방향을 결정하게 되므로 피니시 동작은 계속 유지해야 한다.

웨지 샷에서는 팔이 샷을 컨트럴하지 않기 때문에 팔을 내려도 되지만 마지막 자세에 대해서는 느껴야 한다. 그래서 두뇌로 하여금 결과와 감각을 연상시킬 수 있도록 해야 한다.

4.19 올바른 피네스 스윙과 바르지 못한 피네스 스윙

제 5장으로 넘어가서 비거리를 컨트럴하는 세부 사항을 설명하기 전에 피네스 스윙에 대하여 다시 한 번 살펴보고자 한다.

완벽한 피네스 스윙은 타깃에 대하여 좌측 정렬하고 공의 위치를 발목 중앙선 상에 놓는 정확한 자세로부터 시작한다. 왼쪽 손등이 타깃을 향하게 하고 검지 손가락 라인이 코를 향하도록 하여 가벼운 피네스 그립을 한다. 원 피스 테이크 어웨이로 시작하여 짧은 백스윙 자세에서 모든 것이 함께 움직이고 함께 멈추도록 한다. 상체가 꼬이는 일은 없으며 과도한 에너지의 비축도 없다. 그리고 완전히 코킹된 손목을 이용하여 클럽헤드가 완벽한 스윙 플레인을 그리도록 한다. 그리고 스윙 평면은 위로 높게 뻗고 어깨보다는 약간 뒤쪽에서 발생한다.

다운 스윙을 할 때에도 모든 것이 함께 완전히 '동시화' 되어서 내려와야 하며 임팩트를 전후하여 데드 핸드로 가속이 된다. 클럽헤드는 안정적이며 공을 지난 후 2~3피트 되는 부분에서 최고의 속도가 발생한다. 팔로우스루 스윙은 풀 피니시로 연결되어서 오른쪽 손이 거의 왼쪽 귀에 닿도록 한다. 피니시 순간에는 거의 모든 체중이 왼쪽(앞쪽) 발에 실리며 오른쪽 발은 밸런스를 위해 지면에 살짝 댄다. 귀하는 몸이 앞으로 밀리거나 왼쪽 무릎이 타깃을 향하여 측면으로 이동하는 경우가 없이 부드러운 신체의 회전을 구사한다. 인쪽 다리는 피니시를 유지하는 동안 왼쪽 다리는 펴져 있으며 스윙을 느끼고 결과를 관찰한다.

이러한 스윙을 구사할 줄 알면 누구든 과거 어느 때보다 훨씬 나은 플레이를 할 수 있게 될 것이다. 그리고 드디어 차분하고도 꾸준하게 숏 게임을 향상시킬 준비가 되었다고 할 수 있다.

Chapter 5

어떻게 득점(score)할 것인가

문제는 거리의 컨트럴

5.1 효율성에 대한 연구

필자가 골프에 관련된 일을 시작한 이래로 가장 자랑스럽게 생각하는 것 중 한 가지는 나의 강의 방식과 스코어링 게임 스쿨 프로그램 그리고 사실에 입각한 스탭들의 훈련, 연구, 실험적 데이터 그리고 게임의 본질과 관련한 모든 것들에 대한 자료를 기록해 왔다는 사실이다. 우리는 옛날 이론들을 가르치거나 위대한 선수들의 듣기 좋은 소리로 일관하지 않는다. 우리는 연구를 통하여 연습과 향상을 이룬 실제 골퍼들의 결과를 가르친다. 숏 게임 바이블도 마찬가지이다.

필자가 이 말을 하는 것은 웨지 샷의 거리를 컨트럴하기 위한 '3×4 시스템' 이 개발된 과정과 득점을 향상시키는 데에 이 시스템이 어떤 식으로 도움을 줄 수 있는지를 이해시키기 위해서이다. 또한 이러한 시스템이 어두운 방에 앉아서 골프에 대한 이론만 생각하면서 만들어낸 것이 아니라는 점을 알아주었으면 한다. 이 시스템은 필자가 정밀한 관찰을 할 수 있도록 도움을 준 PGA와 LPGA 투어 선수들과 함께 일하면서 발견한 것이다. 필자는 이것을 창조해낸 것이 아니라 단지 인식하고 이름을 붙였을 뿐이며 그 이후로 선수들에게 득점을 향상시키도록 도우면서 가르쳐 왔을 뿐이다. 만약 3×4 시스템이 어떠한 효과가 있는지를 이해한다면, 여러분은 이 시스템을 완전히 익히면서 스코어가 내려가는 모습을 지켜보며 한층 더 골프의 즐거움을 느낄 것이다. '더 이상 효과가 있을까? 라든가 '또 다른 시스템을 시도해봐야만 하는가?' 라는 걱정은 할 필요가 없다. 이 시스템을 습득한 사람들은 항상 그 효과를 보았다.

5.2 거리를 고려하는가?

제 4장의 끝 부분에 필자는 완벽한 피네스 스윙의 재료들을 열거해 놓았다. 그 예로써 43야드의 웨지 샷을 치려고 하는 경우를 들었다. 여러분은 그 점에 대하여 정확하게 생각해 본 적이 있는가? 혹은 전혀 고려하지 않고 간단하게 '이것은 샌드 웨지다' 라고 생각하고 웨지 샷을 할 뿐인가? 이 두 가지의 상이한 태도 사이에는 큰 차이점이 있다. 숏 게임에서 정확한 거리의 샷을 구사하는 능력-말하자면 핀이 24야드 떨어져 있을 때 21야드를 구사하거나 12야드 지점에 공을 착지시켜 핀으로 굴러가게 하는 것-은 나의 스코어링 게임 시스템의 요점이다. 스코어링이 모든 샷을 완벽하게 구사하는 것을 의미하지는 않는다. 스코어링이란 훌륭한 샷을 활용하여 미스의 확률을 줄이고 벌점을 피하며 '온 그린' 시키지 못해서 안타까워하는 일을 막는 것을 의미한다. 스코어링은 능력만큼 플레이하고 약점을 극복함으로써 골퍼가 지닌 재능을 최대한 이끌어내어 스코어보드에 기록되는 점수를 낮추는 일이다.

일단 여러분이 피네스 그립과 완벽한 공 포지션, 임팩트 순간 클럽 헤드의 안정도, 숏-롱 스윙 그리고 상하체의 동시화를 마스터하게 되면 짧은 거리의 숏 게임 플레이에서 보다 높은 정확성을 갖게 될 것이다. 여러분의 정확한 목표는 무엇인가? 그것은 '황금의 8피트' 지역으로 공을 붙이는 것이다. 즉 꾸준하게 퍼트를 10피트 이내에서 할 수 있도록 하는 것이다. 퍼팅 변화 곡선에서 보여주듯 일단 10피트보다 멀어지면 볼의 위치는 그다지 큰 비중을 차지하지 않는다. 그러므로 퍼팅을 성공시킬 확률은 급속히 감소하며 득점은 20, 30, 40피트 어느 지점에서 퍼팅을 하든지 별로 달라지지 않을 것이다. 그리고 대개의 경우 두 번의 퍼팅으로 홀을 마감하게 될 것이다.

오늘날의 많은 코스들이 그린 중앙으로부터 300에서 100야드 되는 구간에만 거리를 표시해 놓은 것은 아이러니다. 실제로 거리를 아는 일이 가장 중요한 100야드 이내에는 어떠한 스프링쿨러도 설치해 놓지 않았다. 거리가 165야드라는 사실을 아는 것도 중요하다고는 생각하지만 이것이 1야드나 2야드 단위로 그 거리가 정확한지의 여부에 대해서는 관심이 없다. 아무도 그 먼 거리에서 공을 쳐서 다음의 퍼팅을 성공시킬 수 있을 만큼 똑바로 정확하게 공을 치지는 못한다. 우리가 정확한 거리를 알아야 할 필요가 있는 거리는 1야드나 2야드 단위의 정확도를 컨트럴할 수 있는 30야드나 60 혹은 47야드 같은 거리에서이다. 왜냐하면 우리는 그 지점에서부터 '황금의 8피트' 안으로의 샷을 구사할 수 있기 때문이다.

5.3 초창기

항상 일정하게 거리를 구사하는 숏 게임 샷의 감각을 익히는 나의 학습 방법론은 필자가 투어 프로선수들의 샷을 측정하고 차트에 기록했던 시점부터 시작되었다. 선수들의 샷을 기록하며 돌아다닌 수년이 지난 후 필자는 짐 시몬스, 탐 카이트, 탐 젠킨스, 얀 스테판슨 등 관심을 가진 몇몇 선수들을 불러모아서 그들에게 필자가 알아낸 그들 개개인의 장점과 단점을 말해주었다. 산처럼 쌓인 데이터를 앞에 두고 그들과 앉아 필자가 기록한 수천 개의 샷과 각각의 클럽에 대해서 PEI(Performance Error Index: PEI; 운동수행실패 인덱스— 이하 PEI)를 설정한 방법에 대하여 이야기를 나누었다. 필자는 또한 평균 득점 및 상금 획득이 숏 게임의 PEI와 어떻게 연관이 되는지 그리고 스코어링을 향상시키는 나의 생각과 이 부문을 향상시킴으로써 더 많은 우승을 가능토록 하는 방법에 대한 이야기를 나누었다.

이와 동시에 세계 정상급의 몇몇 골프 선수들에게도 필자의 이야기를 들려주고 학습 이론에 대한 책을 읽어주었다. 그 책에는 효과적인 학습의 비밀은 피드백-뒤따르는 결과와 동작의 느낌을 상호 연관시키는 즉각적이고 정확하며 신뢰할 만한 피드백, 다시 말해서 기억이란 매 8초마다 30% 가량씩 사라지기 때문에 계속적으로 일관된 학습 패턴을 제공하는 경우에만 정확하고 믿을 수 있으며, 감각과 동작을 연결 지어 생각할 수 있을 만큼 즉각적인 피드백-이라고 쓰여 있었다.

인간은 행동의 결과에 따른 피드백을 받지 못하면 행동에 대해서 많은 것을 배우지 못한다. 예를 들어 뜨거운 난로에 손을 대지 않아야 한다는 사실을 배우는 것은 한 번의 경험으로 족하다. 우리가 열로 인해 데이고 고통을 느끼면 그 고통은 바로 즉각적이며 믿을 만하고 매우 정확한 피드백이 된다. 우리는 이러한 피드백을 통해 뜨거운 난로에 다시 손을 대면 또다시 데일 것이라는 사실을 알게 된다. 만약 우리가 연습장에 가서 웨지 샷을 연습한다면 우리는 보통 먼 거리 또는 100야드나 150야드 밖의 목표물이나 깃발을 겨냥한다. 만약 웨지를 똑바로 치면 우리는 훌륭한 샷이라고 생각하지만 과연 이 공이 얼마나 날아가고 또 그린에서는 얼마나 구르다 멈출 것인가에 대해서는 아무것도 알지 못한다. 이것이 대부분의 골퍼들이 웨지를 연습할 때 생각하는 것이다.

필자는 앞서 언급한 선수들에게 숏 게임을 향상시켜야 한다고 이야기했다. 그렇다고 단순히 연습하는 데에 더 많은 시간을 투자하라고는 하지 않았다. PEI 데이터는 선수들이 상금을 더 획득하기를 원한다면 웨지 플레이의 정확성을 향상시키는 일이 얼마나 중요한지를 증명해 주었다. 특히 샷의 분포를 점찍어 놓은 데이터는 그들이 거리가 아닌 방향에 더욱 신경을 써야 한다는 사실을 보여 주었다. 필자는 정확한 거리로 스윙에 대한 감각을 느껴서 필요한 상황이 되었을 때 이것을 구사할 수 있어야 한다고 설명했다. 선수들은 모든 연습 샷에서 거리에 대한 피드백을 받으면서 웨지 게임을 연습해야 했다. 따라서 그들은 투어를 뛰지 않을 때에는 나와 함께 100야드 이내의 거리 컨트럴을 위한 피칭, 샌드웨지 게임들을 연습했다.

피드백 학습

5.4 재빠른 에디

투어 프로 선수들에게 정확한 거리 컨트럴을 가르치는 데에 있어서 생각할 수 있는 유일한 방법은 그들을 연습장으로 데려가서 거리를 알리는 눈에 띄는 타깃을 부여하고 그들이 제대로 학습할 때까지 각각의 스윙에 대하여 즉각적이고 정확하며 믿음직한 피드백을 주는 일이었다.

그 당시 우리는 세 군데의 연습장을 번갈아가면서 이용했는데 그것은 메릴랜드 주 체비 체이스에 위치한 컬럼비아 컨트리 클럽, 아나폴리스에 있는 해군 대학, 그리고 로렐에 있는 올드 건파우더 골프클럽이었다. 우리는 8개의 플라스틱 세탁물 바구니를 10야드 간격으로 20야드에서 90야드 지점에 각각 배열한 뒤 바구니 사이의 매 야드마다 공을 배치했다. 필자는 당시 열 살박이 야구 선수였던 아들 에디로 하여금 타깃이 되어 바구니를 따라 서게 하여 정확한 타깃이 되도록 했다.

연습을 하는 동안 프로 선수들이 지정된 스타트 라인에서 샷을 구사하면 나는 그것을 1야드 단위로 정확하게 측정하려고 했다. 필자는 선수들 가까이 앉아서 워키토키를 든 채 고개들 들고 있었으므로 그들은 특정한 거리에 서서 한 손에는 야구 글러브를 들고 다른 한 손에는 워키토키를 든 에디로부터 거리의 결과를 들을 수 있었다. 필자는 에디로 하여금 공을 머리 위 지점에서 잡도록 훈련시켰다. 그렇지만 옆으로 이동하는 공에 대해서는 더 이상 이동하지 못하도록 지면과 가까이 잡아서 글러브가 예상 착지 지점을 가리킬 수 있도록 가르쳤다. 에디는 공을 잡는 데에 선수가 되었다. 예상되는 착지 지점을 정확히 가리켰으며 정확한 거리를 판단하기 위하여 관찰했고 그런 다음에는 워키토키로 그것을 불러주었다. 미숙하지만 즉각적이고 정확했으며 믿을 만한 피드백 시스템이었다.

이 시스템을 이용하면서 선수들은 샷을 구사하고 날아가는 것을 관찰하며 착지하는 즉시 에디가 거리를 불러주는 것을 들을 수 있었다. 이것이 우리의 시작이었다. 이것은 거리에 대한 피드백을 얻을 때까지 움직임 없는 상태를 유지하여 최대한의 감각을 유지하는 방법이었다.

5.5 반복을 통한 학습

50야드에 밖에 있는 바구니를 조준하면서 짐 시몬스는 그의 웨지를 스윙한 뒤 몇 초 뒤에는 거리를 듣곤 했다. 처음에는 58야드였고 다음에는 57 그리고는 60, 그리고 59. 몇 번 스윙을 하고 나서 그는 화가 났다. 그리고 자기 자신에게 더 잘하자고 말하며 스윙을 조절했다. 그리고 다시 쳤더니 거리는 42, 41, 56, 44, 55, 45, 53, 48야드였다. 그리고 보통 열 번에서 스무 번을 쳐야 마술과 같은 '50' 이라는 숫자를 듣곤 했다.

몇 번 더 그 샷을 구사하여 시몬스에게 정확한 50야드 거리(시몬스가 감을 잡고 난 다음에는 굉장히 잘했던 거리)에 익숙해질 기회를 준 다음 필자는 에디에게 70야드와 같은 새로운 거리 지점으로 옮기라고 했다. 그리고 같은 과정을 되풀이했다. 또 다시 스무 번에서 서른 번의 샷을 연습한 후 에디는 다시 자리를 이동했고 이후에도 30야드, 90야드, 그 뒤엔 60, 25, 40야드로 계속 돌아다니게 했다. 시몬스, 카이트, 스테판슨, 그리고 젠킨슨은 각각 수천 번의 웨지 샷을 치며 각각의 샷의 결과에 대하여 즉각적이면서 정확한 피드백을 수렴했다. 그런데 매우 중요한 점은 그들이 팔로우스루 자세를 유지하면서 그 피드백을 들었다는 것이다.

우리는 그 순간 선수들이 충분히 연습하면 첫 번째 시도에서 정확한 거리를 구사할 수 있을 것이라고 믿었다. 즉각적인 결과가 나타나지는 않았지만 그것은 실제로 효과가 있었다. 우리는 연습하는 동안에는 선수가 아무리 잘한다 해도 다음 날 또 시작하면 다시 퇴보한다는 것을 발견하기도 했지만 연습을 할 때마다 적응하는 시간과 실력이 점차 향상되었다. 그러므로 우리는 피드백에 의한 연습을 계속하였고 그 결과 코스와 토너먼트 플레이에서 상당한 향상이 나타나기 시작했다. 피네스 샷이 홀에 가까워지는 빈도가 증가되고 불규칙한 샷이 바뀌었으며 그들의 은행 계좌 잔고도 늘어나기 시작했다.

5.6 다음은 리듬

투어 일정 중에 잠시라도 쉴 수 있는 시간이 나면, 우리들은 언제나 거리별 웨지 연습을 계속했다. 시간이 흘러감에 따라 필자는 이들의 웨지 스윙들이 변화되고 있다는 특징들을 목격했다.

필자가 목격한 첫 번째 변화는 몇 번의 연습 후에 선수들의 스윙이 크게 다르게 보이기 시작했다는 것이었다. 이들의 스윙은 더욱 리드미컬해졌다. 각각의 선수들은 힘을 덜 들이고 치는 것처럼 보였으며 웨지 스윙이 초기보다 어느 정도 부드러워졌다. 필자가 후에 깨달은 것은 그들의 잠재 의식이 스윙의 '감각' 과 샷이 날아가는 거리와의 상관관계를 인식하기 시작했다는 사실이다. 스윙이 더 부드러울수록 그것을 느끼고 깨닫고 반복하기가 더 쉬워졌다. 불규칙한 스윙으로는 '감각' 을 느끼고 기억하는 일이 어려웠지만 부드러운 스윙으로는 그것이 용이했다. 선수들은 무의식적으로 동시화된 피네스 스윙을 구사하기 시작했으며 그것은 나 자신조차도 동시화된 피네스 스윙의 기본원리를 알기도 전의 일이었다.

이상과 같은 변화에 대한 연구를 했을 때 필자는 (1) 그들이 백스윙을 할 때 더 이상 몸을 꼬지 않는다는 것과 (2) 동작의 리듬이 그들의 성품과 흡사해지고 있다는 점을 알 수 있었다. 탐 젠킨스는 탐 카이트 보다 계속해서 더 빠른 리듬으로 스윙을 했고 카이트는 시몬스 보다 빨랐다. 필자는 스피드에 대한 이러한 결과가 그들이 걷는 방법 및 성격과 매우 유사하다는 점을 발견했다. 젠킨슨는 매사에 재빠르고 빠르게 말하고 빠르게 걷는 사람인데 반해 카이트는 여러 모로 중간정도였으며 시몬스는 모든 면에 있어서 이들 둘보다 느렸다. 그들의 웨지 리듬은 성격을 반영했다. 납득이 갈 만했다. 그래서 필자는 다른 변화를 목격하기 전까지 이러한 관찰에 대해서 그다지 많이 생각하지 않았다.

수천 개의 샷들을 관찰한 후에 필자는 스윙 시 그들의 '때리는 동작'이 제거되는 모습을 볼 수 있었다. 필자는 그들의 상체와 하체가 함께 앞뒤로 부드럽고 리드미컬하고 힘이 들어가지 않는 동작을 통해서 움직이는 것을 보고 그들이 손과 전완 근육으로부터 힘을 뺐다는 사실을 알 수 있었다. 항상 피드백과 함께 연습에 연습을 거듭하며 땀 흘리고 집중하고 서로 경쟁한 후에 그들은 근육을 사용하지 않고 순수하게 리드미컬한 스윙만을 사용하게 되었다. 필자는 이것이 나의 이론을 따랐기 때문이 아니라 잠재 의식적인 컨트럴 시스템에 의해 본능적으로 일어났다는 사실을 지적하고 싶다. 스윙할 때 손의 힘을 제거하고 '때리는 것'을 없앰으로써 그들의 샷은 더욱 정확해지고 더욱 신뢰를 갖게 되었으며 매번 더 쉽게 구사할 수 있었다.

5.7 임팩트 순간 알게 되다

그리고 또 다른 일이 일어났다. 거리에 따른 웨지 피드백 연습을 시작한 지 약 6개월이 되던 시점에서 필자는 늦은 밤 시몬스로부터 전화를 받았다. 그는 그때 경기에 출전 중이었다. 그가 말하기를 "펠츠씨, 오늘 무슨 일이 일이났는지 알이요? 내가 캐디를 레인지에 세워 놓고 그쪽으로 샷을 하면 그가 거리를 불러주기로 했거든요. 그런데 캐디가 그걸 불러 주기도 전에 거리를 알 수 있겠더라구요. 스윙을 하고 피니시 자세를 유지하면서 거리를 말하면 거의 1야드의 오차로 매번 알아 맞출 수가 있는 거예요. 그리고 내가 원하는 거리의 느낌이 정확한 것인지의 여부도 알게 됐구요. 내가 60야드를 치려고 했는데 64야드를 치면 스윙을 하자마자 실수했다는 걸 느낄 수 있었어요." 하는 것이었다. 필자는 매우 흥분해서 젠킨스에게 전화를 걸어 시몬스에게 일어난 일을 말해주었다.

젠킨스는 "겨우 그런 일을 가지고 그러세요? 나도 몇 주 동안 그런 일이 일어나고 있어요. 스윙을 구사할 때마다 피니시 자세에 이르면 곧바로 거리를 정확히 알 수가 있지요."라고 말했다.

이렇게 거리별 웨지 연습은 계속되었다. 선수들은 자신들이 하는 연습에 대해서 좋은 느낌을 가지고 있었고 그들의 득점이 계속해서 향상되었다. 그리고 또 다른 현상이 나타났다. 어느 날 필자는 의자에 앉아서 젠킨스가 스윙하는 모습을 바라보며 에디가 거리를 불러주는 것을 듣고 있었다. 이때까지 젠킨스는 에디가 거리를 불러주기 전에 조용하게 자신의 거리를 중얼거리는 것을 즐기고 있는 것처럼 보였다. 갑자기 필자는 탐이 거리를 말로 표현하기도 전에 필자가 거리를 알고 있다는 사실을 깨달았다. 단순히 그를 대면하고 있는 곳에서 젠킨스가 스윙하는 것을 바라보면 나는 그가 샷을 하기 거의 직전에 거리를 말할 수 있었다. 처음에는 어떻게 이것이 가능한지 이해할 수 없었고, 나 자신조차도 그 현상을 확실하게 믿을 수 없었다. 나는 아무 말도 하지 않고 계속 바라보며 관찰하고 들으면서 정확한 거리를 속으로 생각했다.

5.8 임팩트 순간에 나도 알게 되다

결국 필자는 더 이상 참을 수 없어서 젠킨스가 공을 칠 때 임팩트 순간 바로 다음에 숫자를 불렀다. 그런데 그 말이 꼭 맞아 떨어졌다. 내가 놀란 것만큼이나 그도 놀랐다. 그는 연습을 멈추고 어떻게 한 거냐고 물었다. 나는 확실히는 모르겠지만 그가 컨택트를 만들기 전에 공이 얼마나 날아갈 수 있는지 알 수 있다는 확신을 하게 되었다고 말했다.

나는 그에게 팔로우스루를 볼 필요가 없었다고 말했다. 그것은 언제나 같았기 때문이었다. 40야드를 치던 80야드를 치던 간에 풀 피니시까지 연장하는 것은 언제나 같았다. 필자는 단순히 그의 백스윙만 관찰하고 그가 스윙하는 클럽만 알면 되었다. 필자는 그에게 그의 스윙을 관찰하면 공이 날아가는 것은 전혀 보지 않아도 거리를 말할 수 있다는 데에 내기를 해도 좋다고 말했다.

나는 우리가 연습을 멈추고 이것에 대하여 한참 동안이나 논의했던 것을 기억한다. 왜냐하면 둘 중 어느 누구도 내가 그의 거리를 어떻게 알 수 있는지를 깨닫지 못했기 때문이었다. 특히 필자가 젠킨스에게서 눈을 떼지 않고 공의 궤도를 관찰하지 않았기 때문에 더욱 알 수 없었다. 필자는 그저 그를 관찰할 뿐이었다.

물론 그 시점까지 젠킨스의 스윙은 매우 리드미컬하고 일관성을 지니게 되었다는 사실과 내가 그의 스윙을 수천 번이나 관찰했다는 점이 중요한 사실이긴 하다. 그렇지만 우리는 여전히 어떻게 내가 정확하게 거리를 알아내는가에 대해서는 알 수가 없었다. 시간이 지나면서 똑같은 일이 다른 선수들에게도 일어났으며 곧 이어 필자는 이 현상을 이해할 수 있었다. 나는 선수들의 웨지 스윙을 관찰하는 도중에 무의식적으로 백스윙의 길이를 재고 있었던 것이다. 그리고 이들 모든 선수들에게 아주 좋은 일이 일어났다. 먼저 웨지 스윙에서 근육의 컨트럴과 '때리는 것'이 없어졌다. 그리고 선수 개개인도 자신의 스윙 리듬을 찾았다. 그 다음 그들이 매일, 매주, 심지어는 달이 거듭되어도 리듬에 변화가 없게 된 후에는 백스윙의 길이에 변화를 줌으로써 피네스 스윙의 거리를 컨트럴할 수 있다는 사실을 발견했다.

독자가 백스윙의 길이를 컨트럴하는 이 체계를 이해하는 것은 매우 중요한데 이것은 귀하가 언제나 같은 리듬(자신만의 리듬)을 가지고 스윙하여 풀 피니시에 이를 때에만 가능하다. 그렇게 될 수만 있다면 임팩트 시 클럽 헤드의 스피드는 단순히 백스윙과의 함수관계에 지나지 않게 된다. 백스윙을 더 길게 하면 클럽 헤드는 공과 만나는 순간 더 빠르게 움직이는 것이다. 그리고 클럽 헤드가 더 빠르게 움직이면 샷은 더 길어진다. 이것은 친구들의 샷을 관찰함으로써 알아낸 간단한 물리적 관계이다. 짧은 백스윙은 짧은 샷을 위해서, 긴 백스윙은 긴 샷을 위해서. 이것은 매우 간단한 개념이지만 효과는 확실하다.

필자가 스윙을 지켜보면서 거리를 예시하는 능력을 계발하면서 필자는 각기 다른 스윙에 대하여 이름을 붙이기 시작했다. 거기에는 풀 스윙이 있었고, 풀 스윙 거리의 4분의 3(75%)에 해당하는 3/4스윙, 그리고 풀 스윙의 절반(50%)에 해당하는 1/2스윙이 있었다.

타이밍에 대한 이해

5.9 웨지 스윙의 타이밍

필자는 더 많은 선수들을 알게 되고 더 많은 스윙을 관찰하게 되면서 풀 스윙 거리의 4분의 3에 해당하는 특징적인 거리가 있다는 사실뿐 아니라 그것이 같은 길이의 백스윙에 의한 결과라는 사실을 알게 되었다.—왼쪽 팔이 지면과 평행을 이루며 왼손은 어깨 높이일 때(오른손잡이 기준) 탐 젠킨스의 3/4백스윙 자세를 볼 수 있다. 그림 5.9.1과 같은 스윙은 같은 클럽을 사용했을 때 풀 스윙 거리의 4분의 3에 해당하는 거리를 구사했다.

필자가 다양한 투어 선수들과 계속 일하면서 우리는 1/2백스윙과 3/4백스윙에 대해서 언급해야 할 필요성을 느꼈지만 마땅히 부를 만한 이름이 없었다. 그러

그림 5.9.1 3/4백 스윙 자세의 탐 젠킨스

그림 5.9.2 1/2 백 스윙 자세의 탐 젠킨스

그림 5.9.3 풀(10:30) 피네스 백 스윙 자세의 탐 젠킨스. 선수의 왼쪽 팔은 시계의 시침으로 생각할 수 있다.

던 중 필자는 문득 정면에서 볼 때(그림 5.9.3) 백스윙의 길이가 정확히 시계의 시침과 연관된다는 사실을 깨달았다.

왼쪽 어깨가 시계의 중앙이라고 생각하면 그의 왼팔은 시침이다(클럽은 신경 쓰지 말자). 이와 같은 용어를 사용하면 풀 스윙은 몸을 전혀 꼬지 않은 상태에서 최대로 동시화된 회전에 의한 결과이며, 왼쪽 팔은 시계의 10시 30분 방향을 가리키게 된다.

같은 체계로 앞서 언급한 ¾길이의 샷은 9시 정각의 스윙으로 묘사할 수 있는데 이것은 왼쪽 팔이 백스윙의 정점에서 수평이기 때문이다(그림 5.9.1). 그리고 세 번째로 자주 구사하게 되는 스윙은 ½이다. 이것도 역시 정확하게 7시 30분 스윙이라고 묘사할 수 있다(그림 5.9.2).

세 가지 각기 다른 백스윙 길이에 대하여 이러한 시간적 묘사를 함으로써 우리는 세 가지의 가장 평범하게 구사되는 피네스 스윙들(그리고 샷)을 7:30, 9:00, 10:30 스윙으로 명명할 수 있었다. 이러한 세 가지 기본적인 스윙들은 해야 할 경우가 많고, 구사하기도 쉽고, 컨트럴하기 쉬운 세 종류의 거리를 만들어 내기 때문에 좋은 점수를 내기 위해서는 반드시 이것을 습득해야 한다. 이것은 일정한 거리를 내는 각기 다른 클럽들을 백 속에 넣어 가지고 다니는 것과 비슷한 이치이다. 웨지 스윙의 '타이밍'을 이용하여 우리는 상당한 종류의 스윙들을 개발할 수 있었고 이 세 가지 기준에 따른 스윙 거리를 개발할 수 있었다.

연습을 통해 이 세 가지 스윙 길이를 익힘으로써 선수들은 백 안에 있는 각각의 웨지를 사용하여 항상 일정한 거리를 내는 샷을 구사하는 능력을 갖게 되었다. 그들은 10:30 방향에 이르는 동시화된 백스윙으로 풀 피네스 스윙(샌드 웨지로 약 90에서 95야드)을 구사할 수 있었다(주의: 10:30의 피네스 스윙은 보통 같은 클럽으로 완전히 꼬인 파워 스윙을 구사할 때보다 공이 10야드 정도 덜 날아간다). 그들은 또한 9:00의 자세로 백스윙을 하여 약 68에서 73야드(90야드의 75%)의 거리를 내었으며, 7:30의 백스윙으로는 45야드(90야드의 50%)의 샷을 구사했다.

선수마다 정확한 거리에는 차이가 있었지만 50%와 70% 그리고 100%의 비율은 거의 일정했다. 백스윙의 길이를 시침의 방향으로 비유한 이후로 선수들은

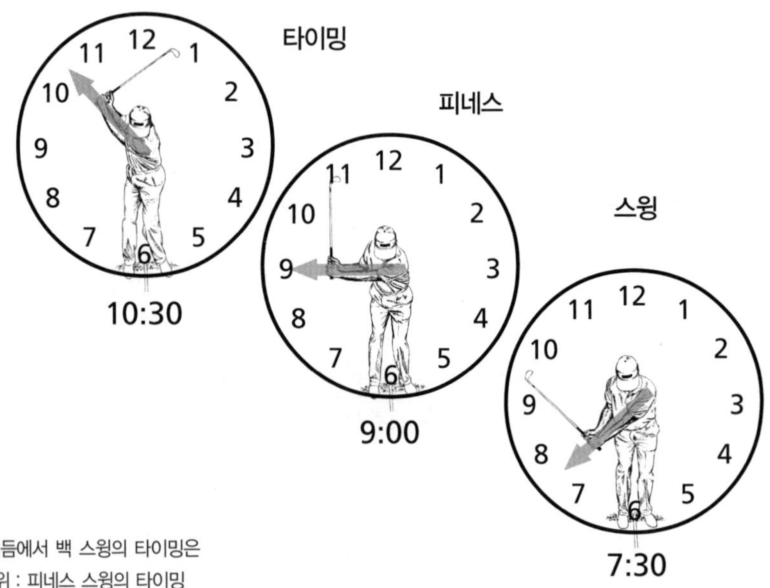

그림 5.9.4 일정한 스윙 리듬에서 백 스윙의 타이밍은 샷의 거리를 결정한다. 그림 위 : 피네스 스윙의 타이밍

이제 단순히 백스윙의 '시간'을 생각하는 것만으로도 거리의 완벽한 구간을 구사하는 능력을 소유하게 되었다. 만약에 선수들이 9:00 거리보다 약간 더 멀리 치기를 원한다면 그들은 백스윙을 9:15나 9:30 방향으로 가져갔다. 그리고 조금 짧게 치려면 8:30의 백스윙을 하면 되었다. 이러한 개념을 마음속에 확립하기 위해서 그림 5.9.4를 주의 깊게 관찰해보자. 그리고 이러한 세 가지의 스윙이 모두 같은 리듬으로 구사되는 모습을 상상해 보라. 매우 간단하다. 꾸준한 리듬으로 피네스 스윙을 하면 거리는 백스윙의 길이로 조정할 수 있다.

5.10 9:00 방향이 가장 적중

거리에 따른 웨지 컨트롤 시스템을 발견하고 개발한 이 시기에 선수들은 매우 흥분했다. 그들은 코스에서 거리를 반복해서 구사할 수 있고, 파 5의 홀에서의 어프로치 샷을 깃대에 더 가까이 붙일 수 있으며, 더 많은 버디를 성공시키고, 정규타수로 그린에 공을 올려놓진 못해도 파를 세이브해서 점수관리가 잘 되고 있다는 사실에 기뻐했다. 그들은 더 많은 예선통과를 할 수 있었고 더 나은 점수를 내고 결과적으로 더 많은 상금을 벌어들일 수 있었다. 탐 젠킨스는 다음 해 투어에서 공식 상금이 네 배로 늘어났으며, 탐 카이트는 이듬해에 공식 상금이 두 배가 됐을 뿐만 아니라 PGA 투어 상금 랭킹 1위를 차지했고 그해의 최저타상인 바든 트로피(Vardon Trophy)를 수상했다.

이 시스템은 남자 선수들에게만 효과가 있었던 것은 아니다. 거리에 따른 웨지 컨트롤을 연습한 후에 얀 스테판손과 카이트 둘 다 '올해의 실력향상상(MIP:Most Improved Player)' 수상자로 선정되는 영광을 안았다. 얀은 LPGA 투어에서 동료들에 의해 '베스트 숏 게이머'로 선정되었으며 그녀는 충분히 그럴 만한 자격이 있었다. 얀은 100야드 안에서는 귀신 같은 정확도를 자랑했다.

더 많은 선수들이 이 시스템을 받아들이고 익숙해짐에 따라 우리는 시스템의 효용성에 대한 보다 많은 정보를 발견을 할 수 있었다. 그리고 대부분의 선수들이 유사한 현상을 경험하고 있다는 사실을 알아내었다. 즉 웨지 게임이 향상되고 있는 동안 선수들에게 '선호하는' 거리와 '선호하지 않는' 거리가 만들어지고 있다는 사실을 깨달았다. 그들에게는 회피하려고 하는 거리뿐만 아니라 애착을 갖게 만드는 거리가 있었다(더 많은 부담을 느끼는 거리가 있긴 했지만 이전보다는 확실히 더 나은 플레이를 보여주었다). 짐 시몬스는 45와 71야드에서 발군의 실력을 보여줘서 그 거리의 샷을 구사할 때면 언제나 홀에 집어넣을 것처럼 생각했다. 탐 카이트도 탐 젠킨스와 마찬가지로 75야드에서 똑같은 느낌을 가지고 있었다. 흥미로운 점은 모든 선수들이 말하는 선호 거리가 9:00 방향의 백스윙에서 비롯된 것이라는 점이었다. 나와 함께 이 프로젝트를 시작한 선수들 이후로 상당히 많은 수의 투어 프로 선수들이 필자의 스코어링 게임 스쿨로 와서 이 시스템을 익혀갔는데, 그들 대부분의 결과도 일치했다. 즉 9:00 방향의 스윙이 가장 믿을 만하고, 구사하기 가장 용이하며, 가장 일관된 거리를 나타냈다.

한 가지 거리를 선호하게 되면 그것은 피네스 게임 향상에 있어서 매우 바람직한 일이라고 말하고 싶다. 부드럽고 리드미컬한 9:00의 피네스 스윙을 구사할 수 있게 되면(혹은 선호하는 어떤 스윙이든 간에) 엄청난 중압감을 느끼는 상황에서도 가장 믿을 만하고 반복적인 스윙을 구사하게 될 것이다. 이러한 감각이 발생하면 귀하는 자신이 공 앞에 서서 스윙하기 전에 자신의 정확한 거리를 알 수 있다는 사실이 매우 즐거울 것이다.

한 가지 덧붙일 말이 있다. 일단 세 가지 주요 거리에 대한 감각을 얻기 시작하면 그러한 거리의 미세한 장단(長短)을 어렵지 않게 조절할 수 있을 것이다. 즉 피네스 스윙 시계의 시각을 조금만 가감(加減)하면 된다. 그저 바라보기에 9:15 방향으로 백스윙을 하는 것은 실제로 해 보아도 너무 쉽다.

5.11 시스템의 응용

웨지의 거리별 타이밍을 학습하는 데에 있어서 실용적인 몇 가지 방안을 제시

다. 스윙 리듬은 항상 일관되어야 하며 걸음걸이와 마찬가지로 자신의 것이 되어야 한다. 항상 같은 리듬을 유지하고 데드 핸드를 사용하면 귀하의 피네스 스윙은 중압감을 느끼는 상황에서도 이전보다는 훨씬 쉽게 이루어 질 수 있을 것이다.

스윙을 시작할 때에는 '느릿느릿한' 원 피스 테이크어웨이로 백스윙의 정점에 이른다(자신의 기준에서 느린 것이지 다른 사람과 비교해서가 아니다). 임팩트 존까지는 적극적으로 내려오며(강하게가 아니라 적극적이란 의미이다. 백스윙과 팔로우스루 스윙을 할 때에는 '휘이익' 하는 리듬을 상상하자) 균형 잡힌 풀 스윙이 되어야 한다. 왼발에 체중을 싣고 오른발은 땅에 살짝 갖다 댄 상태로 피니시 자세를 계속 유지할 수 있어야 한다. 제 4장에서 강조한 피네스 스윙의 기본원리를 알고서 이것을 충분히 연습하여 잠재의식상으로도 그것을 반복할 수 있도록 만들어야지만 이들 세 가지의 스윙을 할 수 있게 된다.

다시 한 번 더 강조하면, 모든 스윙의 리듬은 같아야 하고 세 가지 스윙의 백스윙의 길이를 반복해서 구사할 수 있어야 한다. 이 조건을 충족하지 못하면 코스나 연습장에서 일정한 거리를 내지 못한다. 9:00 방향의 백스윙을 집에 있는 전신 거울 앞에서 연습할 수도 있다(매일 밤 10회에서 20회 가량 스윙을 연습하면 이러한 동작을 반복하는 데에 도움을 줄 것이다). 혹은 7:30과 9:00의 백스윙의 자세를 배울 수 있는 학습 보조물을 구하는 것도 좋다(제 12장의 '스윙스탑' 을 참고).

마지막으로 조언하건대 손목코킹은 백스윙을 하면서 점진적으로 연속적 기분으로 되어야 하며 백스윙의 '전체 소요 시간' 도달 전에 완전히 이루어져야 한다(제 6장에서는 예외를 논하고 있다). 백스윙이 끝나는 지점까지도 손목 코킹이 되고 있다면 좀더 거리를 낼 수 있다. 또한 스윙을 구사할 때 피니시에 도달하여 팔이 굽혀지기 전까지 팔을 계속 펴고 있으면 스윙의 반경을 일정하게 유지해줄 뿐 아니라 백스윙의 타이밍과 길이를 쉽게 판단하도록 해줄 것이다.

5.12 턴 어웨이와 턴 스루

여러 종류의 스윙을 익히고 그것을 자기의 것으로 만들기 위해서는 스윙을 인식하는 단순한 방법이 도움이 된다. 클럽을 지면 위에 '조준 클럽'의 포지션으로 타깃을 향하여 놓고(조준 클럽에 대한 사용법은 제 4장을 참고) 좌측 평행 정렬 어드레스 자세로 30야드 웨지 샷을 준비한다고 가정하자. 그런 다음 양손을 힙

스윙이 짧아질수록 더 어렵다

프로 선수들처럼 여러분도 아마 9:00 방향의 스윙이 가장 쉬우며 7:30 방향의 스윙이 훨씬 어렵다고 생각할 것이다. 필자는 이 같은 현상을 수천 명의 학생들로부터 반복해서 관찰해왔다. 그 이유를 정확히 알 수는 없지만 그것이 사실이라는 점은 절대적으로 확신하고 있다. 필자는 또한 남성들이 여성들에 비해서 짧은 백스윙을 구사하는 데에 더 많은 어려움을 겪는 모습을 목격했다. 남성들은 7:30 방향의 스윙과 같은 짧은 백스윙을 만들 때에 불안해 보였으며 그들의 손은 거의 허벅지 위까지 도달하지 못했다. 이러한 불안함은 남성들이 평범한 스윙으로 원하는 거리보다 더 긴 거리를 구사한다는 사실을 알았을 때조차도 짧은 백스윙을 구사함으로써 공을 충분히 멀리 쳐내지 못할 것이라고 두려워하기 때문인 것처럼 보였다. 남성들은 클럽을 잡으면 흔들리는 것을 방지하기 위해 클럽을 손으로 컨트럴하며 '때리고자' 한다. 이것은 고치기 힘든 습관처럼 보였다. 7:30 방향의 스윙을 구사할 때 발생하는 또 다른 문제점은 신체를 동시화하는 데에 충분한 시간적 여유가 없다는 사실이다. 이 점에 대해서는 매우 짧은 퍼팅을 할 때마다 느끼게 될 것이다. 즉 스트로크의 흐름 및 리듬을 얻을 시간이 없다고 느끼기 때문에 손을 찌르듯이 움직이게 되는 것이다. 웨지를 가지고 치면 부드러운 7:30 방향의 스윙이 지나가기를 기다리는 것보다는 공을 '때리는' 편이 더 쉬워 보일지도 모른다. 그렇지만 필자는 가장 본능적인 방법으로 플레이하라고 가르치지는 않았다. 단지 가장 우수하고 가장 단순하며 가장 효과적인 방법을 사용하라고 했을 뿐이다. 그러므로 7:30 방향의 스윙을 구사할 때에는 힙과 상체가 동시화된 상태에서 앞뒤로의 리듬을 고려하는 것이 매우 중요하다. 우리의 강좌에서는 스윙을 '휘이익'의 리듬으로 생각하는 것에 대하여 자주 언급한다. 즉 '휘-이'는 백스윙이며 '익'은 다운 스윙을 의미한다.(백 스윙은 정지된 상태에서 출발하기 때문에 조금 더 긴 시간이 걸린다.

에 대고-이때 엄지손가락은 앞을 향하게 한다-가능한 한 몸의 뒤쪽으로 팔꿈치를 올린다. 그러면 어깨와 힙은 함께 고정된다(그림 5.12.1).

어드레스 자세로부터 피네스 백스윙을 구사한다고 상상하면서 힙과 어깨를 가능한 한 많이 회전시킨다. 이때 머리는 고정되고 어깨는 힙과 함께 회전하도록 한다. 몸의 당기는 느낌이나 긴장감 없이(편안하게 회전할 수 있는 한 많이) 할 수 있는 만큼 회전했을 때 귀하는 소위 4단계 백 턴 자세를 취하게 된다(그림 5.12.2). 우리는 피네스 스윙의 회전 동작을 네 가지로 구분했다. 즉 몸의 꼬임

그림 5.12.1 하체와 상체를 조준 클럽의 좌측에 평행하게 정렬한 자세

없이 최대한 회전했을 때가 4단계이며 1단계는 4단계의 $\frac{1}{4}$, 2단계는 절반 그리고 3단계는 풀 회전의 $\frac{3}{4}$이다. 모든 골퍼들은 유연성을 기초로 자신만의 독특한 백스윙 턴 자세를 가지게 될 것이다.

이제 그림 5.12.3을 살펴보자. 백스윙 턴 자세의 4단계가 상체와 팔의 위치에 따라 10:30, 9:00 그리고 7:30 방향에 따른 웨지의 백스윙 정도 및 15야드의 피칭 백스윙으로 나누어져 있다. 이 사진에서는 특별히 클럽을 제외한 '신체만의' 움직임을 보여 줌으로써 손의 위치를 보다 집중적으로 살필 수 있게끔 했다. 필자가 웨지 스윙의 타이밍을 논할 때 팔의 위치에 대해 많은 이야기를 했지만 가장 강조할 점은 '동시화된 웨지 스윙' 이다. 귀하의 신체는 함께 회전해야 한다는

점을 잊지 말았으면 한다. 이 피네스 스윙 시스템은 손과 팔만을 사용하여 웨지 샷을 구사한다면 전혀 효과가 없다.

이제 어드레스 자세로 돌아가면 손은 여전히 힙에 위치하며 어깨는 뒤쪽으로 돌려져 있다. 그리고 왼쪽 발 앞은 확실히 타깃 라인의 방향에서 적어도 30도 가량 틀어져 있어야 한다. 체중의 99%를 왼쪽 발에 실은 채 오른 발은 앞부분만 남아있도록 하면서 풀 피니시 자세로 회전을 한다. 이것은 '턴 스루' 즉, 5단계 피네스 턴 자세이다(그림 5.12.4). 거울 앞에 서서 앞뒤로 천천히 전체적인 동작을 구사해보자. 이때 어깨와 힙이 동시적 작용이 되도록 하면 귀하는 팔로우스루를 하는 동안 다섯 가지 피네스 턴의 자세를 보고 느낄 수 있다. 이것은 후에 다른 피네스 스윙과 샷에서의 피니시 자세와 연관되어 설명할 것이다. 필자는 신체의 자세(팔의 위치가 아니다)에 대해서 다시 한번 강조하고 싶다. 왜냐하면 많은 골퍼들이 웨지 스윙 시 하체를 올바르게 회전시키지 못하거나 완전하게 회전하지 못하기 때문이다.

필자는 7:30 방향을 마스터하는 데에 많은 학생들이 어려움을 겪는다고 설명했다. 자신의 턴 자세를 잘 알고 있는 것은 큰 도움이 된다. 손을 힙 위에 올려놓

그림 5.12.2 피네스(동시화 된) 백 스윙 턴의 1, 2, 3, 4단계 자세

그림 5.12.3 15야드 피치에서의 팔의 위치 및 7:30, 9:00, 그리고 10:30방향의 회전 자세

고 어깨를 뒤로 돌린 상태에서 어드레스를 시작하여 천천히 2단계 백 턴 자세로 회전시켜 본다. 그런 다음 5단계 자세까지 회전을 시키면 7:30 방향 스윙의 핵심은 완전히 끝난 것이나 다름없다. 비록 실제로는 클럽과 자연스러운 리듬을 사용하지 않았고 공이 날아가는 모습을 보지도 못했지만 피네스 턴은 피네스 스윙

그림 5.12.4 1단계에서 5단계까지의 피네스 스루 스윙 자세

의 핵심이기 때문이다. 만약 신체를 올바르게 회전시키지 못한다면 클럽과 공이 있어도 훌륭한 피네스 샷을 구사할 가능성은 매우 작다. 그렇지만 전신 거울 앞에 서서 이러한 동작을 구사하면서 때때로 자세와 느낌에 대하여 관찰한다면 즉시 원하는 단계에 도달할 수 있을 것이다.

기술적으로 완벽해질 때까지(몸의 꼬임이나 압박감이 없고 밸런스를 유지할 때까지) 수차례에 걸쳐서 7:30 방향의 피네스 턴을 연습해 보자. 그런 다음 '휘-이익'의 리듬이 자연스러워질 때까지 계속한다. 다섯 번도 채 안 되어서 이러한 턴 동작에 대하여 좋은 느낌을 가지게 될 것이며 클럽을 가지고 연습할 준비가 될 것이다. 그렇지만 공은 아직 안 된다! 아직은 충분한 피드백을 얻기 위해 거울 앞에 머무르면서 연습하자.

피네스 그립으로 웨지를 쥐었다고 상상하며 2단계 백스윙 턴을 구사해보자.

그림 5.12.5 7:30 방향의 백 스윙 자세. 이때 손목은 코킹되어진 상태이다.

그림 5.12.5에서 볼 수 있듯이 손목이 코킹된 채로 7:30 방향의 백스윙 자세를 만들어보자. 그 자세를 수초간 그대로 유지하면서 관찰하고 느끼면서 자신의 것으로 만든다. 다음에는 5단계 피니시 회전을 하는데 손목은 다시 코크되게 하고 체중은 왼쪽(앞쪽) 발에 실려 모든 것이 그림 5.12.6과 같이 동시화되도록 한다. 몸이 이러한 감각을 완전히 소화할 수 있도록 하면서 이 자세를 유심히 관찰하고 느껴보자. 편안하게 느껴지면 동작을 계속해서 하는데 처음에는 천천히 하다가 리듬을 조절하면서 점점 더 빠른 동작을 구사하고 결국에는 자연스러운 스피드와 자연스러운 '휘–이익'의 리듬이 나타날 때까지 계속해서 연습하자. 완성이 되면 그것이 바로 완벽한 7:30 방향의 피네스 스윙 동작이다. 동작이 마음에 들 때까지 공 없이 거울 앞에서 충분히 연습한다. 그러면 코스에서는 더 쉽게 그것을 해낼 수 있을 것이다.

그림 5.12.6 7:30 방향의 피네스 스윙 동작

그림 5.12.7(맨 위) 필자의 7:30 방향 피네스 스윙 **그림 5.12.8(중간)** : 필자의 9:00 방향 피네스 스윙
그림 5.12.9(맨 아래) : 필자의 10:30 방향 피네스 스윙

백스윙 길이	백스윙 턴 단계(번호)	스루 스윙에서 피니시까지의 턴 단계(번호)
7:30	2	5
9:00	3	5
10:30	4	5

표 5.12.1 거리에 따른 웨지 스윙과 신체 회전

이제는 독자들도 백스윙의 회전 자세(표 5.12.1)와 백스윙의 길이에 따른 타이밍을 알았고 상체와 하체의 동시화가 피네스 스윙에서 필수적인 사실을 이해하게 되었다고 본다. 여기에서 피네스 스윙 연습이 필자에게는 어떠한 효과가 있었는지를 보여주려 하는데, 앞 페이지의 연속 스윙 사진을 보면 독자는 필자의 7:30, 9:00 그리고 10:30 방향의 웨지 스윙이 단순히 기본적인 피네스 스윙의 거리 조절임을 알 수 있을 것이다. 그리고 필자는 항상 같은 리듬으로 스윙을 하여 같은 지점에서 피니시하도록 노력한다(그림 5.12.7에서 5.12.9까지).

3×4 시스템의 효과

5.13 나의 3×4 시스템

7:30, 9:00, 10:30 방향의 피네스 스윙에 익숙해졌다면 여기에 또 다른 웨지 하나를 백에 추가하기만 하면 앞의 두 가지 웨지로 낼 수 있는 거리에 더해서 세 가지의 서로 다른 거리를 내게 된다. 많은 제조업체들은 로프트가 큰 'L' 웨지나 제3웨지들을 출시하고 있으며 이것은 표준 샌드 웨지보다 5도 정도 로프트가 더 크다. 어떤 업체는 로프트가 굉장히 큰 'X 웨지'(extra wedge)를 생산하기도 하는데 이것은 로프트가 64도이다(L 웨지보다 4에서 5도 정도 크다).

주의 사항 : 얼마나 많은 종류의 웨지를 가지고 다니며 얼마나 로프트가 큰 웨지를 사용하느냐 하는 사실은 피네스 스윙 능력을 향상시키려는 노력만큼 중요하지는 않다. 중요한 것은 거리를 컨트럴할 줄 아는 능력과 '황금의 8피트' 안으로 얼마나 공을 잘 갖다 놓을 수 있느냐이다. 얼마나 많은 종류의 웨지를 갖고 있든지 간에 중요한 것은 얼마나 정확한 백스윙 타이밍으로 올바른 피네스 동작을 구사하는가의 여부이다. 그러므로 피네스 스윙을 먼저 익힌 다음 필자의 3×4 웨지 시스템을 배울 준비를 했으면 한다.

사실 귀하는 이 시스템의 기본원리를 이미 알고 있다. 이 시스템은 네 가지의 각기 다른 웨지로 세 가지의 피네스 스윙, 즉 7:30, 9:00, 그리고 10:30 방향의 백스윙을 구사하여 100야드 안에서 반복적으로 12 종류의 거리를 만들어 내는

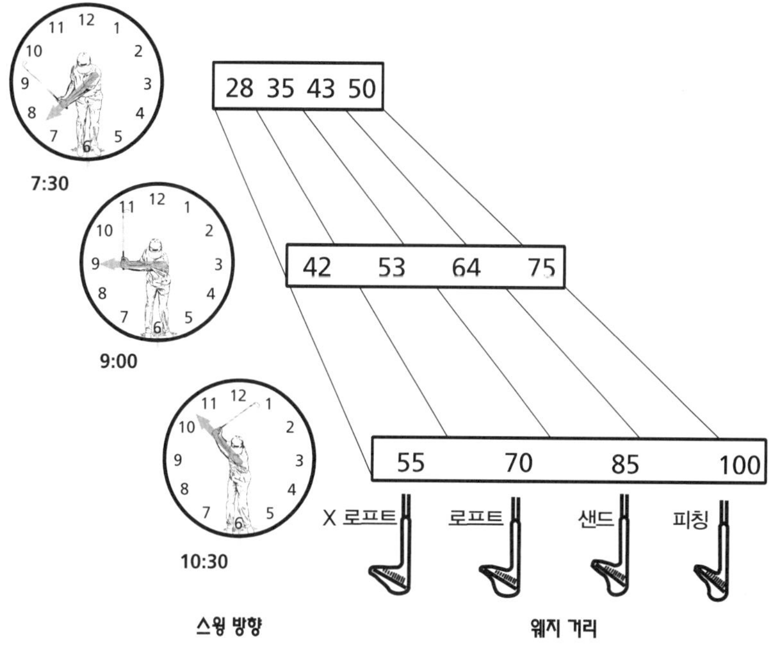

그림 5.13.1 3×4 웨지 시스템 : 4가지의 웨지로 3가지의 스윙 타이밍을 구사하면 12가지의 반복적인 거리를 얻을 수 있다.

피네스 스윙에 대한 학습으로 구성되어있다.

계산은 간단하다. 3가지 스윙 곱하기 4가지의 웨지는 12가지의 거리가 된다. 그렇지만 귀하는 12가지의 샷을 소유하려고 하기 때문에 실제로는 간단한 문제가 아닐 수도 있다.

> **샷의 거리를 정확하게 컨트럴하여 다음 샷(퍼팅)을 즉시 홀 인 시킬 수 있도록 하라**

숏 게임에서는 이 '과제'를 항상 고려하라. 그리고 이것이 내포하고 있는 의미에 대해서도 생각해 보라. 이것은 마치 100야드 안에서 거리를 컨트럴하는 법을 모른 채 오직 한 가지 클럽만 가지고 있는 비슷한 수준의 플레이어와 경쟁할 때 11개의 클럽을 더 가지고 있는 상황과 같다. 누가 이길 것이라고 생각하는가?

그리고 이것을 기억하자. 12가지의 거리에 대해서 똑같은 스윙이 적용되므로 한 가지를 마스터하면 12가지 피네스 샷을 모두 소유할 수 있다. 차이점은 오직 샷의 거리에 따라 정해지는 백스윙의 길이(타이밍)이다.

5.14 좋은 소식과 나쁜 소식

먼저 좋은 소식은 3×4 시스템은 간단하고 이해하기 용이하며 연습하기도 쉽고 구사하기도 쉽다는 것이다. 필자가 보았던 모든 골퍼들은 숏 게임과 득점 능력을 향상시켰다.

이에 반해 두 가지의 나쁜 소식은 익숙한 8개의 아이언(2번에서 9번까지) 중 한 가지 혹은 두 가지의 아이언을 포기해야 하며, 이제까지는 전혀 구사해 본 적이 없는 12가지의 새로운 옵션에 대해서 항상 감각을 유지해야 한다는 것이다.

다음 페이지부터 필자는 3×4 시스템의 좋은 점이 왜 나쁜 점을 능가할 수 있는가를 설명하겠다. 그러므로 주의 깊게 읽어 보기 바란다. 모든 상황을 갑자기 마스터할 수 있다고는 생각하지 말자. 얼마나 많은 웨지를 가지고 다니든 혹은 얼마나 많이 피네스 스윙을 연습하든 간에 숏 게임에서 공을 '황금의 8피트' 안으로 몰고 가서 다음 퍼트를 성공시키지 않는 한 점수는 내려가지 않을 것이다.

5.15 이 과제는 불가능한가?

골프 클럽 세트를 처음 보고서 각각의 클럽에 대한 거리를 한꺼번에 듣고서 이 숫자들을 모두 기억하는 사람은 아마도 거의 없을 것이다. 그렇지만 한동안 플레이하다 보면 7번 아이언이 140야드 정도의 거리를 낸다는 사실을 자연스럽게 기억하게 될 것이다. 이러한 지식은 게임의 일부분이다. 이제 어떻게 숫자들을 기억하지 않고도 100야드 안에서의 게임을 향상시키는가에 대해서 설명하겠다.

연습장으로 가서 피칭 웨지를 들고 9:00 방향의 피네스 스윙으로 10에서 20회의(25회에서 30회 정도가 필요할지도 모른다) 정확한 샷을 구사해 보라. 그리고 걸어가서(레이저 거리 측정기를 '쏘는' 것이 훨씬 편하다) 이 정확한 샷에 대한 거리를 기록하면서 그날의 9:00 방향 피칭 웨지 샷의 평균을 기록하라. 그 클럽과 스윙에 대하여 예상할 수 있는 가장 정확한 평균 거리를 찾아낼 때까지 이것을 계속하라.

10:30과 7:30 방향의 스윙들에 대해서도 똑같이 해보자. 이렇게 하면 세 가지의 숫자를 얻어낼 수 있을 것이다. 즉 피칭 웨지에 대한 7:30과 9:00 그리고 10:30 방향 스윙의 평균 거리이다. 이것을 작은 종이나 접착 스티커에 적어서(그림 5.15.1) 피칭 웨지의 샤프트에 붙이자. 샤프트의 뒷면에 위아래로 붙이면 읽는 데에 많은 시간이 걸리지 않는다. 그리고 투명 테이프로 샤프트를 감아 붙임으로써 종이가 닳거나 찢어지고 변색하는 것을 막을 수 있다(이것은 USGA의 규칙에 위반되지 않으므로 걱정할 필요는 없다).

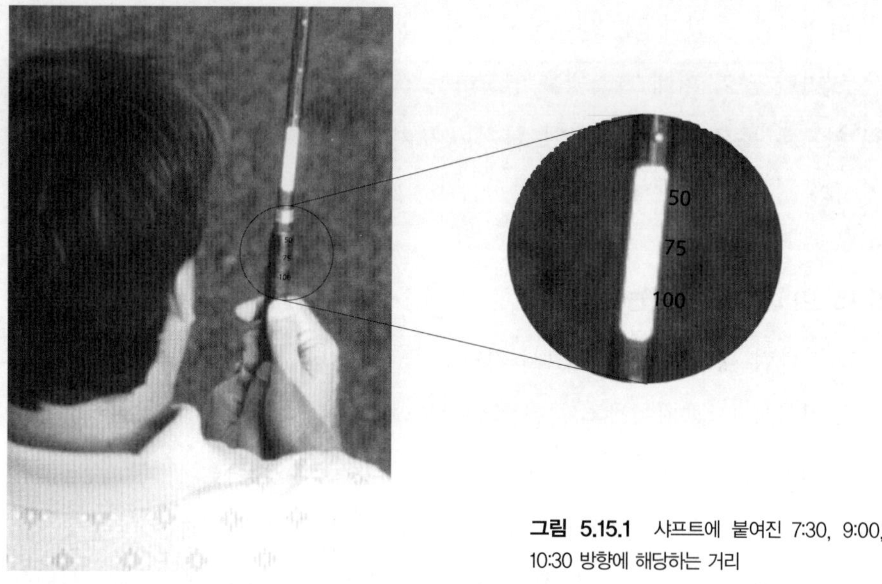

그림 5.15.1　샤프트에 붙여진 7:30, 9:00, 10:30 방향에 해당하는 거리

　다른 웨지들에 대해서도 마찬가지로 10회에서 20회의 샷을 구사하고 매일 매일의 거리를 평균 내며 세 가지 방향의 스윙이 일정한 수치에 도달할 때까지 며칠간 반복하라. 그리고 이것을 샤프트에 붙이면 2초도 안 되어서 원하는 스윙을 구사할 수 있다는 사실로 인해 거리와 클럽에 대한 자신감을 갖게 될 것이다. 물론 이 거리를 암기할 필요는 없다. 필요하면 언제나 가까운 곳이 있기 때문이다.

　100야드 이내의 샷을 구사할 때마다 어떠한 클럽이 필요한 거리에 가장 가까운지를 생각하며 백에서 클럽을 꺼내라. 올바른 클럽을 선택했는지 재빨리 확인하고 실제와 같은 올바른 타이밍의 연습 스윙을 시도한 후 느낌이 좋으면 핀을 향해서 직접 공략한다.

잠재의식이 언제나 중요

5.16 생각하지 말라

마음속에서 거리를 정확히 알고 스윙하는 자신의 이미지를 명확히 그려볼 수 있다면, 근거리의 샷 구사도 재미있게 된다. 여기에는 어떠한 사고도 필요하지 않다. 이미 거리를 측정하고 클럽을 선택한 후 거리에 따른 스윙을 연습했으므로 그저 치기만 하면 된다. 곧 백 안의 다른 클럽들을 생각하는 방식으로 각각의 웨지에 대한 거리를 생각하게 될 것이다. 그때가 되면 테이프는 닳아 떨어지겠지만 아마도 그 숫자들을 다시 붙여야 할 필요는 없을 것이다(새 클럽을 구입하여 새로운 거리를 측정하기 전까지는 필요가 없을 것이다).

골퍼라면 누구나 7번 아이언을 쳤을 때 예상되는 거리를 가지고 있다. 만약 7번으로 140야드를 보낸다면, 7번 아이언을 손에 쥐고 '140, 140, 나는 정확한 140 야드의 스윙을 해야 한다' 라고 생각하면서 서 있지는 않을 것이다. 대신에 '7번으로는 140야드가 딱 맞는다.' 라고 생각한다. 그러면 그것이 7번 아이언을 쥐고 할 수 있는 완벽한 스윙이다.

3×4 시스템을 기초로 하여 충분히 연습한다면 웨지 게임에서도 똑같은 일이 일어날 것이다. 72야드의 목표 지점을 바라보면서 생가한다. '이 72야드를 무엇으로 친다? 그래 샌드 웨지를 가지고 9:00 방향 스윙을 하면 된다. 그저 부드럽고 리드미컬하게 완벽한 9:00 방향 스윙을 날리면 되는 거야.' 그러고는 정확하게 그것을 구사하면 실제로 72야드를 날아갈 것이다!

거리가 붙어있는 알맞는 웨지와 3×4 시스템을 이용하여 몇 번의 라운드를 하고 나면 자신이 샤프트를 보지 않고도 각각의 거리를 기억하게 되었다는 사실을 알게 될 것이다. 그렇지만 붙여 놓는 것이 더 안전하다. 매번 샷을 구사할 때마다 이것을 통해 시간 낭비 없이 거리를 체크할 수 있다. 샤프트에 붙여진 거리가 명확하고 쉽게 읽혀지도록 하는 일에만 주의를 기울이면 된다. 그리고 만약 샷에 대한 확신이 생기지 않으면 클럽을 돌려서 숫자를 확인하고 올바른 클럽을 선택했다는 사실에 대해서 자신감을 가지면 된다. 올바른 클럽과 올바른 스윙이 가까이 있다는 사실은 매우 만족감을 줄 것이다. 그렇게 하면 스윙하기가 더 쉬워진다.

웨지를 적용할 수 없을 때도 있다

이러한 피네스 시스템에 능숙해지면 12가지의 샷이 100야드 이상에서도 성공적인 결과를 낳기를 원하게 될 것이다. 그렇지만 표준 피칭 웨지와 샌드 웨지는 100야드 이상에 적합하지 않다는 점을 발견하게 될 것이다. 그 이유 중의 하나가 샤프트의 길이일 것이다. 샌드 웨지는 피칭 웨지보다 0.5인치 정도 짧으며 L(lofted) 웨지는 샌드 웨지보다 0.5인치가 짧다. 만약 여러분이 필자의 강력한 권고를 받아들여 네 번째(X) 웨지를 추가하면 그것은 0.5인치가 더 짧게 된다. 게다가 클럽이 짧아지고 로프트 각도가 클수록 클럽의 무게는 매우 커지며 공에 점점 다가갈수록 라이는 약간 업라이트로 변화한다.

5.17 프리샷 루틴

필자는 평생 동안 골프를 연구해 왔지만 아직도 증명하지 못한 것들이 많다. 이제 어떠한 데이터나 테스트 결과 혹은 연구도 없었던 두 가지의 아이디어에 대해서 언급하려고 한다. 그렇다고 이것이 사실이 아니라는 것은 아니다. 필자는 사실이라고 강하게 믿고 있다. 그렇지 않았다면 이 부분을 생략했을지도 모른다. 정상급 선수들을 주의 깊게 관찰하는 동안 필자는 골퍼가 골프를 통해서 진정한 자신의 잠재능력을 확인하기를 희망한다면 다음의 두 가지 사실을 알아야 한다는 것을 깨달았다.

1. 스윙을 하기 전의 준비동작이 스윙에 영향을 끼친다.
2. 연습 시 스윙을 하기 전 프리샷 단계가 더 꾸준하고 더 반복적이며 조금은 더 지루할수록 코스에서는 무의식적인 스윙 컨트럴을 더욱 효과적으로 할

수 있다.

이제 필자가 말하는 '프리샷 루틴'에 대해서 정의를 내려야겠다. 동시에 연습 및 실제 경기에서는 어떤 식으로 준비동작을 할 것인가에 대한 생각들도 함께 나누려고 한다.

프리샷 루틴은 샷을 구사하기에 앞서 행하는 매우 반복적인 연속동작이다. 만약 반복적으로 행하지 않는다면 그것은 '루틴'이 될 수 없다. 그러나 모든 샷에 대해서 똑같은 루틴을 행할 필요는 없으므로 파워 스윙과 피네스 게임 혹은 퍼팅에 대해서는 각기 다른 동작을 취해도 좋다. 그렇지만 동일한 샷에 대한 프리샷 루틴은 항상 똑같은 방식으로 행해져야 한다.

바람직한 모든 프리샷 루틴은 프리샷의 준비단계와 프리샷 의식(儀式)의 단계, 이 두 가지 과정으로 이루어진다. 먼저 준비가 되면 그 다음에 의식이 뒤따른다. 그 후 골퍼는 샷을 구사하게 된다.

이것은 선수가 항상 같은 횟수의 연습 스윙을 함으로써 샷을 할 준비를 하라는 뜻이 아니라 어떤 샷을 구사하기 전에는 똑같은 연속동작에서 똑같은 준비동작을 하라는 의미이다. 다음의 몇 가지 예를 살펴보자.

5.18 프리샷의 준비

구사할 샷의 종류를 결정하기 전에 여러분은 몇 가지, 때로는 여러 가지 변수를 생각해본 연후에 평범한 사항들을 고려해야 한다.

공이 놓여진 곳에 도착하면 먼저 라이를 관찰한다. 라이가 정상인가? 그렇지 않다면 공을 정확하게 타격하기 위해서 어떠한 보완동작이 필요한가? 클럽을 약간 밑으로 잡을 것인가? 혹은 스탠스의 약간 뒷부분에 공을 놓고 칠 것인가? 왼쪽에서 오른쪽으로 공을 컷하여 칠 것인가? 혹은 정확한 가격을 위해서 얼마나 예리하게 내려쳐야 할 것인가?

핀까지의 거리는 어떠한가? (혹은 그린 밖의 어떤 지점을 목표로 삼고 있다면)

샷 거리는 어느 정도로 하면 좋은가? 바람의 양과 방향은 어떠한가? 어떠한 궤도가 가장 효과적일 것인가? 어떠한 클럽이 필요한가? 이 스윙의 성공의 비결은 무엇이라고 생각하는가?

이런 물음들에 대한 답을 생각하면서 마음속으로 클럽의 선택에 영향을 미치는 요소들을 계산하고 평가한다. 어떤 때에는 이것이 쉽지만 그렇지 않을 때도 있다. 모든 샷은 각기 다른 사고 과정을 필요로 한다. 그렇지만 이러한 질문들을 심사숙고하면서 샷과 스윙에 대한 결정을 내리고-이것이 제일 중요하다-그 결정에 의지하게 된다. 여러분을 기다리고 있는 공 앞에 서서는 어떠한 의심도 가져서는 안 된다.

첫 번째 결정을-샷과 클럽의 종류-내린 후 다음 단계는 샷을 머릿속에 명확하게 그려보는 일이다. 그런 다음 샷에 따른 스윙을 생각하고 실제로 완벽한 스윙을 내면화시키는 연습 스윙을 구사해본다. 이때는 공이 위치한 곳과 유사한 잔디 및 슬로프에서 연습해야 한다(그렇지만 공을 건드리지 않도록 주의하라. 벌타가 부여된다).

준비 과정의 목표는 앞으로 실제 행할 스윙을 정확히 파악하고 느끼는 것이다. 한두 번의 스윙은 충분하지 않을 수도 있다. 느낌이 좋으면 준비가 된 것이지만 만족스럽지 못하면 한 번이나 두 번 ,세 번, 네 번 혹은 필요한 경우에는 완전하게 안정감을 느낄 때까지 연습해야 한다(이것 때문에 플레이의 페이스를 늦출 필요는 없다. 칠 차례가 오기 전에 연습을 시작하라).

마음속에서 '그래, 이것이 내가 원하는 스윙이야. 이것이 나의 '프리뷰(preview, 미리 보기) 스윙이야' 라는 말이 떠오르면 그 이미지를 고정시킨다. 완벽한 스윙에 대한 모습과 느낌을 마음과 근육에 간직하게 되면 프리샷 의식 수행을 하고 샷을 날릴 준비가 된 것이다.

5.19 프리샷 의식

먼저 필자와 처음으로 같이 일했던 투어 선수들을 다시 떠올려 그들이 리드미컬하고 반복적인 스윙을 발전시키기 시작했던 때를 생각해보려고 한다. 필자는 그들이 피네스 게임들에 대한 진보를 이룩했을 때 그들이 모두 변함없는 프리샷 의식을 가지고 있다는 점을 발견했다.

필자는 프리샷 의식을 '스윙을 시작하기 5초 전 골퍼들이 행하는 항상 정확하고도 반복적인 동작'이라고 정의한다. 처음으로 일했던 선수들뿐 아니라 필자가 보아온 모든 위대한 선수들도 꾸준한 프리샷 의식 단계를 가지고 있었다.

프리샷 의식을 하는 이유는 간단하다. 즉 스윙을 하기 직전에 느꼈던 리듬은 실제 스윙의 리듬에도 영향을 끼친다. 프리샷 의식을 훌륭히 수행하면 스윙을 시작할 때를 느낄 수 있게 된다. 또한 정신적으로나 육체적으로 스윙 모션과 리듬을 반복해 샷을 수행하는 데에 있어서 성공할 수 있도록 도와준다. 또한 무의식적인 준비가 이루어짐으로써 신체의 각 부위가 다가올 일들을 정확히 알 수 있도록 해준다.

프리샷 의식은 스윙에 이르기 전에 항상 행하는 단순하고 리드미컬하며 반복적인 동작의 모음이다. 이러한 동작은 모든 샷에 대해서 똑같은 시간이 소요되이야 하고 똑같은 리듬으로 움직여저아 한다(파워 게임에는 그에 따른 의식이 있으며 퍼팅 게임 등 다른 게임들도 마찬가지이다. 리듬은 각기 다르지만 동일한 게임에 대해서는 리듬이 일관되어야 한다). 이러한 반복은 여러분의 잠재의식으로 하여금 실제의 스윙이 시작 될 시간이라는 점을 말해주며 그 스윙은 연습 티잉 그라운드에서도 마찬가지일 것이라는 점과 미리 보기 스윙과도 똑같을 것이라는 사실을 말해준다. 프리샷 의식에서는 어떠한 사고도 필요하지 않으며 단지 완벽한 미리 보기 스윙을 반복하는 데에만 초점을 맞추어야 한다. 프리샷 의식은 여러분의 무의식적인 컨트럴 시스템에게 '하나, 둘, 셋, 시작!'이라고 말하는 것과 같다.

확인 사항

프리샷 준비

(샷에 따라 시간은 다를 수 있다 그러나 25초
에서 30초를 넘어서는 안 된다 :그림 5.19.1)

1. 라이, 거리, 바람, 착지점을 확인
2. 실수에 따른 위험성과 성공 확률을 고려
3. 클럽을 선택하고 샷을 상상하며 그 샷을
   신뢰할 것
4. 스윙과 스윙의 요점을 상상하고 그 스윙
   을 신뢰할 것
5. 연습 스윙으로 감각을 내면화
6. 완벽한 미리 보기 스윙을 감지, 완벽하다
   고 느낄 때 스윙 시작

그림 5.19.1 프리샷 루틴은 준비하는 일이
다. 타이밍과 연습 스윙의 횟수는 달라질 수
있다.

그림 5.19.2 마지막 5초간의 프리샷 의
식. 타이밍은 항상 같다.

프리샷 의식

(의식에 걸리는 시간은 항상 똑같아야 한다 :그
림 5.19.2)

1. 항상 연습 때와 같은 리듬으로 동작
2. 앞으로 일어날 일이나 샷의 결과에 대해서
   생각하지 말 것. 의식에만 집중
3. 미리 보기 스윙과 똑같이 스윙할 것
4. 스윙과 공이 지면을 떠난 뒤에도 이것을 느
   끼고 관찰할 것

필자가 피네스 스윙을 할 때의 프리샷 의식은 다음과 같다. 처음에는 가볍게 두 번 무릎을 굽혀 주면서 마음속으로 '됐어'라고 말한다. 이것은 필자가 방금 머릿속에서 완벽한 미리 보기 스윙을 보고 느꼈으며 나의 의식을 시작한다는 것을 의미한다. 마지막으로 타깃을 보고 웨글을 한 뒤 공을 보고서 한 번 더 웨글을 한다. 그런 다음 백스윙을 시작한다. 나의 프리샷 의식 동작은 피네스 게임에 있어서 항상 같다. 그리고 똑같은 리듬이 뒤따르는 피네스 스윙에도 적용된다.

나의 의식은 특별한 것이 아니다. 그것은 단지 필자가 수많은 웨지 샷을 연습하면서 생긴 버릇에 불과하다. 탐 카이트는 매우 독특하면서도 더 리드미컬한 의식을 행한다.–클럽헤드를 튀기는 것도 포함한다. 그 의식은 그의 리듬과 템포를 정렬할 수 있도록 도와준다. 그 후 그는 긴장을 했다가 다시 완화한 다음 몸을 굽혔다가 스윙을 시작한다. 이처럼 모든 골퍼들의 프리샷 의식은 각기 다르다. 왜냐하면 신체와 신진대사, 그리고 템포가 다르기 때문이다. 그러므로 훌륭한 선수의 의식을 그대로 따라 하기보다는 자신에게 맞는 의식을 개발해야 한다.

여러분은 각기 나름의 바람직한 프리샷 의식을 가지고 있어야 한다. 그렇지만 이것이 문제 해결의 방법이라고는 생각하지는 말아야 한다. 훌륭한 의식을 갖추었다고 해서 샷도 그렇게 되는 것은 아니다. 여전히 거리와 동작에 대한 연습뿐만 아니라 피네스 스윙의 역학에 대해서도 연습을 해야 한다.

그렇지만 모든 연습 시간을 프리샷 의식을 개발하는 데에 투자하는 것은 어리석은 짓이다. 연습을 통해서 이를 내면화하고 습관화하는 것이 가장 효과적이며 필요하다고 느낄 때 그러한 습관들을 코스에 적용할 수 있는 것이다.

5.20 종교적으로 행하라

단순히 프리샷 의식을 결정하는 것으로는 충분하지 않다. 연습을 포함한 모든 샷을 할 때 똑같은 방식으로 자신만의 프리 샷 의식을 수행해야 한다. 상황이 크게 변하지 않는 한 레인지에서 모든 준비 과정을 되풀이할 필요는 없다(만약 귀하가 특수한 샷에 대해서 연습하고 있는 경우가 아니라면 모든 샷을 분석하는 데에 익숙해지는 것은 바람직한 생각이다). 그렇지만 풀 스윙이나 웨지 샷 혹은 퍼트를 할 때 프리샷 의식을 종교적으로 행하라. 그렇게 해야만 무의식적으로 그것을 받아들이고 습관으로 만들 수 있다.

항상 올바르게 연습하고 항상 의식을 사용하며 다른 방법으로 하지 않는다면 그 의식에 대한 최대의 신뢰를 갖게 될 것이다. 이 신뢰감이야말로 중압감을 느끼는 상황에서도 가장 좋은 확률을 얻을 수 있는 기초가 된다. 절대로 스스로를 속이지 말아야 하며, 절대로 너무 빠르게 해서는 안 되고, 확신을 가지기 위해서 시간을 지체해서도 안 된다. 그리고 연습할 때 가졌던 리듬과 템포를 코스에서도 적용하라. 이렇게 하면 무의식적으로 스윙을 컨트럴할 수 있을 것이다. 그렇게 수천 번이 지나면 자신이 미처 깨닫기도 전에 의식을 사용하고 있을 것이다. 그 때가 바로 성공에 대해서 확신하는 순간이 될 것이다.

필자와 함께 일하는 프로 선수가 나에게 수차례에 걸쳐서 그들이 중압감 하에서 스윙을, 그 중에서도 중요한 스윙을 했다는 사실을 기억하지 못한다고 말했다. 그들은 프리샷 준비 단계에서의 생각과 미리 보기 스윙의 느낌 그리고 성공에 대한 확신을 기억한다. 이러한 느낌은 '어떠한 경지에 이르렀다' 는 것을 말한다. 필자는 그것이 여러분과 여러분의 잠재의식이 완벽하게 소통되고 있다는 사실이라고 생각한다. 잠재의식을 올바르게 훈련한다면 잠재의식은 완벽한 의식을 수행할 수 있게 될 것이다. 즉 의식의 준비 단계를 수행하면 잠재의식이 샷을 해내는 것이다.

이것은 마술이나 미스테리가 아니며, 단지 프로들만이 할 수 있는 일도 아니다. 이것은 시간이 걸리며 반복과 책임 그리고 꾸준함이 필요하다. 이것은 연습과 실전의 모든 샷을 종교적 신념과 같은 마음가짐으로 행할 때 개발할 수 있는 습관이다. 그리고 이것은 분명히 효과가 있다.

Chapter 6

숏 게임 샷의 종류

6.1 어떠한 샷을 구사할 것인가?

필자가 골프를 사랑하는 이유 중의 하나는 얽매이게 하지 않는다는 점이다. 그리고 누구에게나 동등한 기회를 제공하고 운에 따라 일희일비(一喜一悲)하게 만드는 것도 골프의 매력이다.

골프 게임에서는 동일한 상황이란 있을 수 없다. 티의 위치는 핀만큼이나 매번 다르게 설정되고 그린도 항상 다르다. 왜냐하면 날씨와 잔디의 높이가 다르기 때문이다. 또한 러프의 길이와 바람이나 비의 영향 그리고 잔디의 세기도 매일 변화한다.

이러한 모든 것은 계속해서 자신에게 '여기에서는 어떤 샷을 쳐야 하나?' 라고 질문하고 있음을 의미한다. 예를 들어 완벽하게 페어웨이의 안쪽에 안착한 공으로부터 53야드 떨어진 곳에 핀이 있다고 하자. 공중으로 50야드를 쳐 보내기로 결정하고 'L-웨지'를 사용하여 9:00 방향보다 약간 짧은 8:00 방향 백스윙을 구사한다. 그것은 아무런 문제가 없다.

'휘-이 익', 미리보기(프리뷰) 스윙의 느낌은 완벽하다. 이제 샷을 할 준비가 되었다. 대기는 투명하며 선선하고 바람은 가볍다. 나의 리듬도 훌륭하다. 완벽한 자세를 취하고 '휘-이 익'의 리듬으로 완벽한 8:30 방향 피네스 스윙을 한다. 컨택트는 완벽했으며 공의 궤도도 완벽하다. 아마도 홀을 향해 공이 날아 갈 것이다. 얼마나 완벽한가!

그 후 공은 깃대로부터 오른쪽으로 6인치 떨어진 지점에 착지하여 그린의 뒤쪽으로 크게 튀고 언덕의 뒤편으로 재빠르게 내려간다. 그리고 작은 실개천 안으로 굴러 떨어진다. 결과는 더블 보기이다. 이것이 훌륭한 게임인가?

6.2 점수를 낸다는 것은 샷을 하는 것 이상이다

숏 게임은 올바른 샷을 선택하는 것 이상이다. 그린에서 벌어질 상황도 짐작해보아야 한다. 가끔 인간의 실수에 대한 가능성을 점치는 것도 현명한 일이다. 샷을 세부적으로 다시 검토하라. 여러분은 핀이 53야드 떨어져 있다고 생각했지만 그것은 51야드였다. 계산에 있어서 약간의 실수가 있었다. 사실 거의 완벽하게 공을 쳤다. 50야드 대신에 51야드 날아간 것을 제외하면 완벽했다. 그린이 예상했던 것보다 약간 더 단단해서 첫 번째 바운드가 더 심했다. 따라서 예상했던 것보다 공이 더 멀리 갔다. 그린의 뒤쪽으로 3야드가 아닌 4야드를 이동한 뒤에도 공은 멈추지 않고 계속 앞으로 굴러갔다. 여러분은 그린 뒤의 언덕이 낭떠러지라는 것을 몰랐으며 공은 결국 물에 빠졌다.

이것은 단지 작은 실수와 오판으로 인해 일어난 경우이지만 결과는 버디 대신 더블 보기였다. 이런 일은 항상 일어난다. 이것이 골프이다.

파워 게임과는 다르게 숏 게임에서는 공이 지면에 닿은 후 일어나는 일이 공을 타격하는 방법만큼이나 득점에 있어서 중요하다. 바꾸어 말하면 종종 올바른 샷을 판단하는 일은 공을 치는 일만큼이나 중요하다는 것이다.

모든 숏 게임 샷 퍼포먼스의 성패 여부는 어떠한 샷을 구사할 것인가를 선택하는 일뿐 아니라 얼마나 더 실질적인 스윙을 잘 구사하는가에 달려 있을 것이다. 또한 숏 게임의 결과는 클럽을 떠난 공이 만들어 내는 결과이기도 하다(필자가 이야기하는 퍼포먼스란 바라는 결과를 달성하는 데에 얼마나 근접했는가를 말하는 것이며 이것은 제 2장에서 설명한 PEI와 같은 의미이다). 훌륭한 스윙과 깨끗한 컨택트를 만들어내는 것만으로는 부족하다. 즉 샷을 한 후 이루어지는 공의 움직임에 대한 판단을 정확히 해야 한다.

지면에서 샷 결과의 중요성을 굳이 강조하는 이유는 숏 게임에서는 관용이란 있을 수 없기 때문이다. 드라이버 샷이나 롱 아이언 샷이 형편없다 하더라도 숏 게임에서 이것을 만회할 수 있다. 그렇지만 그린 주변에서 형편없는 플레이를 하면 스코어는 언제나 올라가기 마련이다. 나의 연구 결과가 그것을 증명해준다.

6.3 네 가지 기본 샷

숏 게임을 연구하는 동안 투어 프로 및 아마추어들이 타를 놓치거나 점수를 높이는 모습을 보면서 필자는 숏 게임 샷을 네 가지 기본 영역으로 구분했다. 물론 이러한 영역 안에는 컨디션에 따른 엄청난 변수와 변화가 존재한다. 이 영역을 살펴보면 다음과 같다.

1. 장거리 웨지(그린에서부터 30야드~100야드)–제 6장
2. 그린 주위에서의 피치 샷(30야드 이내)–제 7장

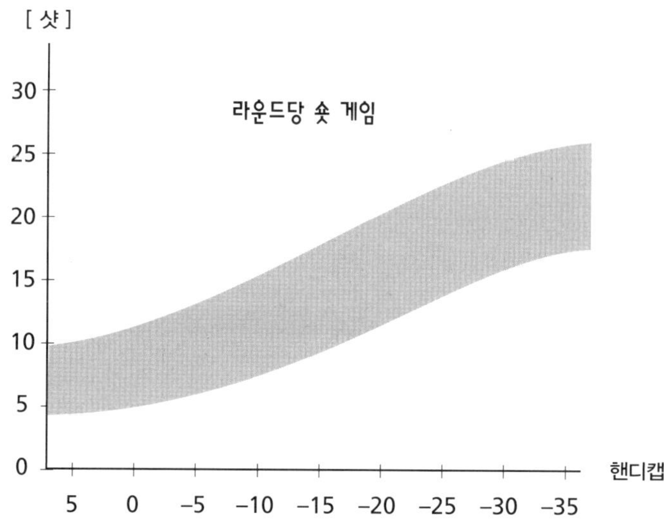

차트 6.3.1 라운드당 숏 게임 샷 대 핸디캡

3. 치핑 샷(그린으로부터 수 피트 안쪽)과 펌프 앤드 런(100야드 이내)-제 8장

4. 샌드 샷(100야드 이내)- 제 9장

이것들은 아마추어든 프로든 간에 플레이할 때마다 직면하게 되는 샷들이기 때문에 모두 중요하다. 그 빈도는 차트 6.3.1을 통해 결정된다. x축을 따라 여러분의 토탈 게임 핸디캡을 찾아보자. 그런 다음 곡선을 향해 수직으로 올라가서 교차하는 곳으로부터 y축과 수직을 이루면서 y축으로 이동하면 라운드당 평균 숏 게임 샷의 횟수를 알 수 있다(이 수치는 귀하가 일반적으로 그린을 놓치는 숫자보다 약간 높다). 이 샷들을 어떻게 해내는가는 스코어에 큰 영향을 준다.

운 좋게도 네 가지 영역에 있는 모든 '일반적인' 샷(치기 용이한 라이이며 특별한 어려움이 없는 샷)은 같은 스윙 동작, 즉 내가 앞서 계속 언급했던 피네스 스윙으로 대처할 수 있다. 다시 설명하면, 피네스 스윙은 신체의 모든 부분이 부드럽고 동시적으로 함께 움직이면서 리듬이 살아 있는 회전동작이다(피네스 스윙을 배우기 전에는 숏 게임을 배울 수 없으므로 마지막 문장을 이해할 수 없다면 제 3, 4, 5장을 다시 읽기 바란다).

장거리 웨지

6.4 30야드 이상으로부터

공이 그린으로부터 30야드와 100야드(여성들은 대략 20에서 75야드) 사이의 상당히 괜찮은 페어웨이나 러프 라이에 위치한다면 대개의 경우엔 장거리 웨지가 최상의 선택이다. 왜냐하면 장거리 웨지는 정확하게 거리를 조정할 수 있는 확률을 높여주기 때문이다. 백스윙은 적어도 7:30의 길이로부터 시작하여 풀 피니시를 해야 한다. 신체는 동시화된 회전과(자연스러운 리듬으로 신체를 움직이면서) 풀 피니시를 해야 하며 만약 그렇지 않을 경우 3×4 거리 컨트럴 시

해 보겠다.

지금까지 피네스 스윙이 브랜드 네임이나 로프트 각도 혹은 샤프트 길이에 관계없이(라이가 적절하다는 사실을 전제로 할 때) 모든 웨지로 수행 가능하다는 사실을 이해하였다. 그렇지만 대부분의 사람들에게 있어 모든 웨지란 피칭 웨지와 샌드 웨지만을 의미한다.

페어 웨이에서 샌드 웨지를 가지고 스윙하는 것을 두려워하지 말자. 샌드 웨지는 피칭 웨지보다 4도에서 5도 가량 로프트 각이 더 크고 0.5인치만큼 길이가 짧다(그렇지 않다면 이에 해당하는 샌드 웨지를 구해야 한다. 제 10장을 참고). 이러한 차이점 때문에 똑같은 10:30 방향 피네스 스윙을 두 가지 클럽으로 구사하면 15야드 정도의 거리 차이가 난다. 예를 들어서 피칭 웨지의 거리가 90야드(10:30 스윙), 67야드(9:00 스윙), 그리고 45야드(7:30 스윙)이라면 샌드 웨지는 똑같은 세 가지의 스윙에 대하여 대략 75(10:30), 56(9:00), 그리고37(7:30)야드의 거리를 가질 것이다. 이것은 정확한 거리가 아니라 예를 들면 그렇다는 얘기다.

새 클럽을 장만하는 것에 신경을 쓰기보다는 일단 9:00와 7:30 스윙을 연습해야 한다. 귀하는 이미 웨지를 가지고 풀 스윙을 만들 수 있으므로 10:30 방향의 피네스 스윙은 어떻게 구사해야 하는지 알 수가 있다. 이전의 웨지 스윙에서 꼬임과 '때리기'를 제기하고 상체와 하체를 동시회시기자. 그리고 10:30 방향의 피네스 백스윙은 몸의 꼬임 없이 풀 스윙을 해야 하며 이 스윙에서 절대로 샤프트가 수평에 이르는 지점 이상으로까지 백스윙을 해서는 안 된다. 숏 게임에서는 클럽의 샤프트도 짧고 스윙 플레인도 더 가파르기 때문에 반드시 데드 핸드와 동시화가 필요하므로 클럽을 가지고 10:30의 각도 이상 백스윙을 해서는 안 되는 것이다.

동일한 리듬으로 일종의 기준이 되는 세 종류의 피네스 스윙을 연습할 때에는 즉각적이고 믿음이 가는 피드백을 매 샷마다 받는 것이 중요하다. 웨지 샷을 매일, 매주, 매년 꾸준히 연습하면 스윙의 길이에 따른 거리 구사가 쉬워질 것이

스텝은 효과가 없을 것이다.

거리는 클럽의 선택과 백스윙의 길이에 의해 컨트럴된다.

그렇다면 10야드나 15야드의 샷은 어떠한가? 그것은 풀 피니시보다 더 짧은 피니시를 필요로 하기 때문에 피치 샷의 영역이다(제 7장에서 논의). 이제는 장거리 웨지 샷을 어떻게 구사하는지 알아보기로 하자.

6.5 장거리 웨지 구사

스탠스는 어깨 너비만큼 14에서 18인치 가량 벌려야 한다. 더 긴 샷을 위해서는(더 긴 백스윙이 요구되는 샷) 밸런스를 위해서 조금 넓게 서 있어야 하고 더 짧은 샷을 위해서는 약간 좁게 서야 할 것이다. 전신은 양발과 무릎, 힙, 그리고 어깨까지 포함해서 모두 좌측 정렬이 되어야 한다.

무릎을 약간 굽히며 상체를 힙보다는 조금 앞으로 향하게 하고 공 쪽으로 체중을 몰아준 자세로 선다. 너무 많이 웅크리거나 발을 너무 넓게 벌릴 필요가 없다. 이러한 동작은 하체의 동작을 제한하며 손과 팔을 사용하여 스윙을 컨트럴하게

그림 6.5.1 올바른 장거리 웨지 자세

만든다. 왜냐하면 선 자세에서 짧은 클럽을 잡을 경우 공과 매우 가까워지기 때문이다. 팔을 느슨하게 하며 거의 어깨로부터 수직이 되도록 한다. 그리고 손과 다리 사이에 4에서 6인치 가량의 거리를 유지한다(그림 6.5.1). 웅크려서는 안된다. 웅크리면 팔이 몸으로부터 멀어져서 스윙 플레인을 편평하게 만든다. 혹

그림 6.5.2 너무 굽히거나 너무 곧바르게 선 장거리 웨지 자세

그림 6.5.3(좌) 완벽하게 중앙에 위치한 장거리 웨지 공 포지션(발이 타깃 라인과 수직인 상태)

그림 6.5.4(우) 완벽하게 중앙에 위치한 장거리 웨지 공 포지션(왼발이 타깃을 향하여 벌어져 스윙이 준비된 상태)

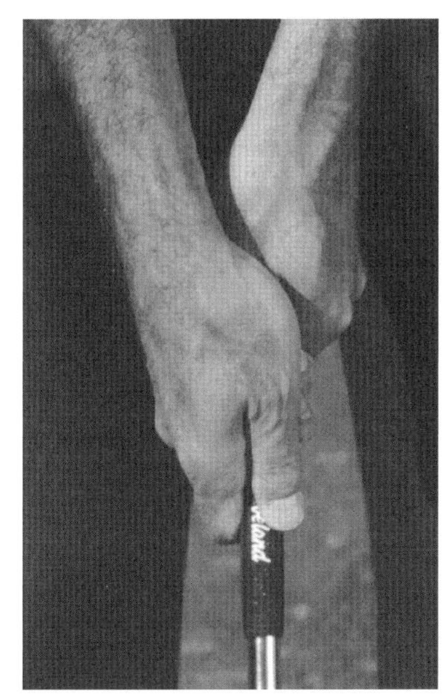

그림 6.5.5 양손의 마지막 세 손가락을(손바닥이 아니다) 이용한 완벽한 피네스 그립과 컨트럴

은 너무 등을 수직으로 세워서도 안 된다. 수직으로 서면 팔이 들어올려지면서 올바른 자세로부터 멀어지므로 스윙 동작의 동시화를 막는다(그림 6.5.2).

공은 스윙아크 최저점 뒤로 2에서 3인치 떨어진 스탠스의 정 중앙에 위치하는 것이 좋다. 발을 타깃 라인과 수직이 되게 서서 이것을 확인해보자(그림6.5.3). 공이 발목의 중앙에 있는 것을 확인한 후 왼쪽 뒤꿈치를 30에서 45도 가량 타깃을 향해 튼다. 공은 두 발 앞의 중앙보다는 약간 뒤쪽에 위치한 것처럼 보이지만 (그림 6.5.4) 완벽한 중심에 위치한 것이다.

피네스 그립(V자 홈이 턱을 가리키고 약하게 쥐는 그립)을 사용하면서 적절하게 약한 압력을 가한다(그림 6.5.5).

위쪽 손은 손잡이의 끝 부분보다 4분의 1인치 정도 떨어진 곳에 놓아야 한다. 웨글과 스윙을 할 때 클럽 헤드를 느낄 수 있어야 한다. 클럽 헤드가 앞뒤로 움직이는 무게를 느낄 수 없다면 눈을 감고 감각에 집중을 해 보라. 만일 그래도 클럽의 무게를 느낄 수 없다면 아마도 너무 타이트한 그립을 하고 있거나 손에 무리가 갈 정도로 긴장을 한 경우일 것이다. 더 가볍게 잡아야 한다. 스윙 플레인은 체구와 자세에 의해서 결정된다. 스윙 플레인은 그림 6.5.6에서와 같이 볼과 어깨를 연장하는 선상으로 생각하면 된다. 웨지와 같이 짧은 클럽은 공과 몸 사이의 공간이 좁아지기 때문에 상당히 가파른 스윙 플레인이 만들어진다. 아마 스윙이 자신의 몸을 둘레로 되는 것보다 위로 만들어지는 듯한 느낌이 들면서 백스윙의 탑에서 샤프트가 어깨보다 한참 높이 올라간 느낌이 든다(그림. 6.5.7).

클럽이 몸 위에 올라가 있을 때에도 클럽은 가볍게 느껴져야 한다. 임팩트까지 원심력으로 클럽이 떨어질 때도 스윙 플레인 안에 클럽이 있어야 한다. 이렇게 하는 것이 손, 가슴, 엉덩이 모두가 동시적으로 움직이는 데드 핸드 형식의 스윙을 만드는 것이다. 그림 6.5.8과 6.5.9의 연속동작 사진을 보면 U.S. 오픈 대회 2회 우승자 리 젠슨이 40~50야드 샌드 로프트웨지 샷을 구사하면서 깃대 바로

그림 6.5.6 피네스 스윙의 플레인은 공과 어깨를 포함시킨다.
그림 6.5.7 클럽 헤드는 스윙을 마치고 일어설 때까지도 스윙 플레인 안에 있는다.

한 궤적을 그리면서 백스윙 탑에서 클럽이 몸 뒤로 많이 가 있고, 클럽의 무게를

그림 6.5.8 뒤에서 본 리 젠슨의 7:30 스윙

그림 6.5.9 리 젠슨의 9:00 스윙

옆에 볼을 떨어뜨리는 것이 보인다. 이러한 종류의 스윙은, 몸을 중심으로 편평
한 궤적을 그리면서 백스윙 탑에서 클럽이 몸 뒤로 많이 가 있고, 클럽의 무게를

느낄 수 있으면서 손과 팔의 근육에 어느 정도 힘이 실리는 드라이버 스윙과는 전혀 색다른 감의 스윙인 것이다.

6.6 장거리 웨지 샷 요약

1. 다리, 힙, 상체(어깨, 팔, 손, 클럽) 등을 모두 함께 동시적으로 그리고 리듬 감 있게 움직이기 시작한다.

2. 팔은 신체의 다른 부위와 함께 움직인다: 팔은 어떤 동작도 시작해서는 안 되고 힘을 실어서도 안 된다. 손가락과 손은 클럽을 잡고 코킹을 하는 것 이 외에는 아무것도 하지 않는 죽은 손과 같아야 한다.

3. 코킹을 일찍할 필요가 없다. 코킹은 백스윙이 되면서 서서히 그리고 천천히 할 것이고 백스윙의 탑에 이르기 전에 마치면 된다.

4. 팔로우 스윙에 들어갈 때면 공으로 클럽이 떨어질 때도 온몸이 동시적인 동 작을 해내야 한다. 몸통의 회전과 클럽은 임팩트를 지나 클럽 헤드가 지나 갈 때까지 가속되어야 한다. 이렇게 자연스럽고 근육에 힘이 들어가지 않는 스윙은 백스윙보다 큰 팔로우스루 때문에 만들어지는 것이다.

5. 백스윙의 크기와 관계없이 높게 풀 피니시 자세가 나오는 스윙을 하고 99% 의 체중이 왼쪽 발에 쏠리게 해놓은 피니시 자세를(균형을 잡기 위해서 뒤 꿈치에 체중을 놓는다) 유지하면서 결과를 바라본다.

동시적으로 완벽한 장거리 웨지 샷이 만들어지는 것을 참고하려면 탐 젠킨스의 연속스윙 그림(그림 6.6.1)을 살펴보자. 이 정도의 동시적 자세로 스윙을 할 수 있다면, 숏게임 샷은 분명히 좋아질 것이다.

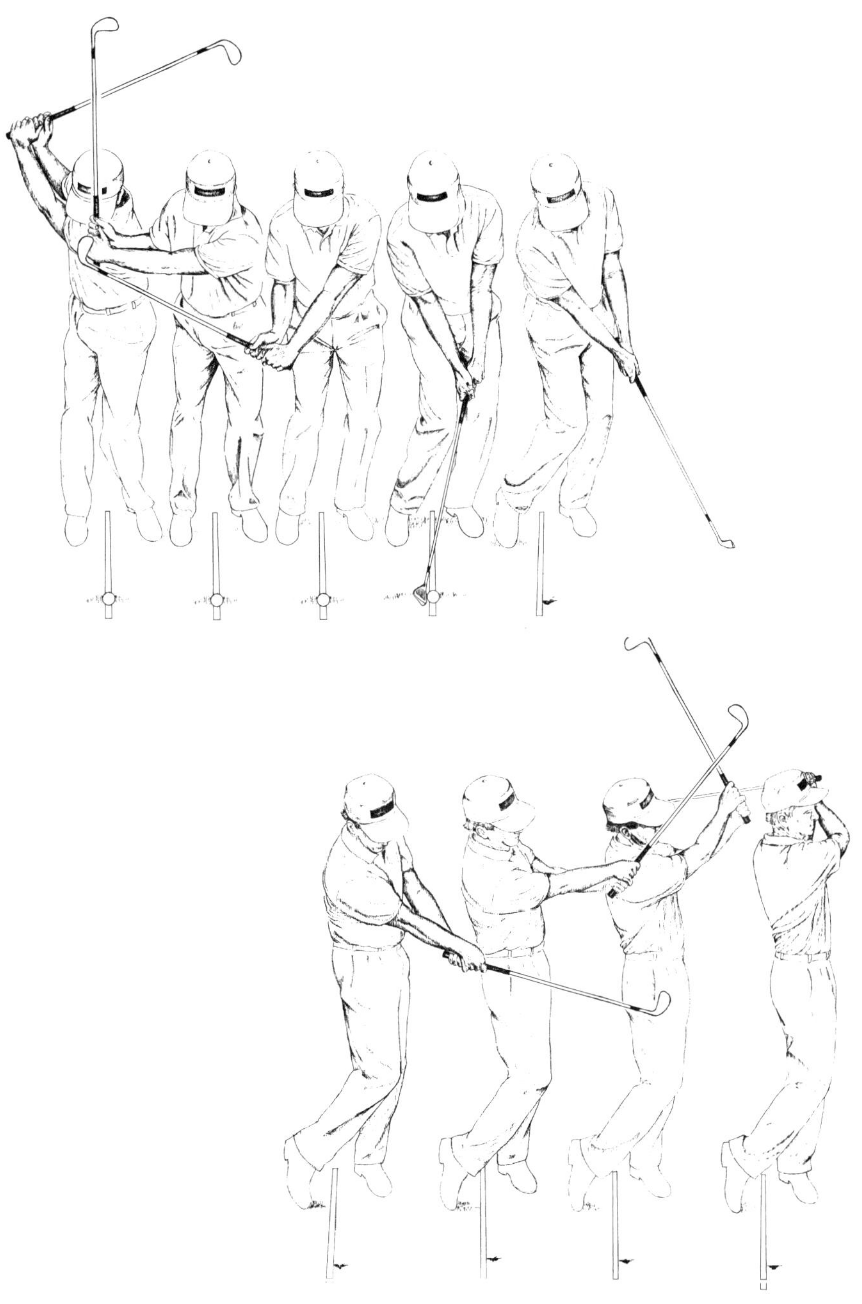

그림 6.6.1 T.J.의 완벽한 싱크로 피네스 스윙

샷의 유형

6.7 임팩트 후의 현상

장거리 웨지 샷의 반은 공이 그린 주변 혹은 그린에 떨어지고 나서 일어나는 현상이다. 지면을 통해서는 정확한 샷 유형을 충분히 설명할 수는 없지만 여러분의 숏 게임 연습에 도움이 될 수 있도록, 일반적으로 나타날 수 있는 현상을 수치화 된 자료에 근거하여 개괄적으로 설명하려 한다. 대개의 경우 네 종류의 웨지 샷을 했을 때 다음과 같은 결과가 나올 수 있다.

피칭웨지 샷은 낮은 탄도의 샷으로서 중간 정도의 백스핀을 갖고 있기 때문에 그린 표면에 얇은 피치 마크를 내고 상당히 많이 굴러간다. 이 샷은 그린이 다단(多段)으로 형성되어 있어서 볼이 튀어 오른 후 깃대를 향해 굴러가야 하는 경우에 아주 적합한 샷이라고 볼 수 있다. 이 샷은 바람 부는 날 특히 앞바람에 제격이다. 피칭웨지 샷은 라이가 타이트한 경우 적합하지만 탄도가 낮고 많이 구를 것을 예상해야 한다.

샌드웨지 샷은 백스핀이 많이 걸리고 높고도 분명한 탄도를 그리면서 그린에 중간 정도의 피치 마크를 만들어낸다. 샌드웨지 샷은 피치 마크가 생긴 지점에서 한 번 튀어 올라 약간 앞으로 공이 나갔다가 떨어졌던 지점으로 다시 돌아온다. 바람이 많은 날에는 이 샷을 하지 않는 것이 좋다. 백스핀이 걸리기 때문에 공이 하늘에 솟아 있을 때 바람의 영향을 받으면 공이 어디로 갈지 모르기 때문이다. 샌드웨지는 바닥에 바운스가 많이 들어 있어서 타이트 라이에서 사용하기가 좋지는 않지만 러프 또는 부드러운 샌드에서는 최적의 선택이 될 것이다.

로프트웨지 샷은 높고도 소프트한 탄도를 갖는데 백스핀은(먼 거리에서 세게 때리기 전에는) 중간 정도이며, 그린에 사뿐히 떨어지고 피치 마크도 중간 정도로 만들어진다. 로프트웨지 샷은 거의 수직으로 떨어지기 때문에 그린 면에 닿은 후 앞으로 나가는 것보다는 아래위로의 움직임이 커서 바로 정지한다. 타이

트한 라이에서 아주 깨끗하게 힘이 가해졌다면, 과도한 양의 백스핀 때문에 그
린 밖에서도 공이 처음에 떨어진 곳으로 돌아오는 백스핀 현상이 나타나기가 쉽
다. 로프트웨지는 그린사이드 벙커, 그린 주변의 페어웨이나 짧은 러프 지역에

그림 6.7.1 각기 다른 로프트를 가
진 웨지들의 탄도

서 요긴하게 사용될 수 있다. 아주 깊은 러프나 길이가 긴 잔디의 경우에는 좋은 선택이라고 할 수 없다.

엑스트라 로프트웨지 샷은 그린 위에 하늘로부터 바로 떨어지는 듯한 샷이 요구될 때 사용될 수 있게끔 탄도가 아주 높고 소프트한 샷을 만들어 준다. 백스핀이 걸리기는 하나 이 샷은 원래가 세게 치는 것이 아니기 때문에 그 정도는 미미하다(엑스웨지를 세게 때리는 것은 공만 높이 떠오르게 하기 때문에 별 소용이 없을 것이다). 엑스웨지 샷은 일반적으로 아주 빠르고 표면이 단단한 그린에서 요구되기 때문에 아주 높고 어려운 핀 포지션에(하기에도 어려운) 커팅 샷을 하는 것보다는 훨씬 적합할 것이다. 이상과 같은 샷들은 짧은 거리에서 부드럽게 착지하기 때문에 아주 얇은 피치 마크를 그린 위에 남겨 놓는다. 엑스웨지는 10야드 정도의 캐리가 요구되는 벙커 샷 특히 턱이 높은 벙커에서 샷을 할 때 아주 요긴하게 쓰일 수 있다.

그림 6.7.1에 나온 사진자료의 일부분을 보면 이 네 가지 샷의 탄도가 확연히 다른 것을 알 수 있다. 다음에는 이 샷들이 그린에 떨어졌을 때 어떤 결과를 갖는지 보기로 하자.

6.8 일반적인 예상

표 6.8.1에는 먼저 설명했던 네 가지 클럽을 사용한 장거리 웨지로부터 예상할 수 있는 일반적인 특징들을 열거하고 있다. 그러나 이러한 설명을 맹신해서는 안 된다. 샷의 결과는 잔디의 종류나 그린의 스피드, 단단함, 습도, 바람, 공의 라이, 그리고 플레이어의 피네스 스윙 동작에 따라 언제나 다양하게 나타나기 때문이다.

클럽	PW	SW	LW	XW
궤도의 고도	낮음	중간	높음	매우 높음
스핀	중중	최상	중상	중중
캐리에 따른 롤의 비	50% – 20%	30% – 0%	15% – 15%	10% – 20%
적절한 라이	페어웨이 러프	플러시페어웨이 헤비 러프	페어웨이 라이트 러프	타이트 페어웨이 라이트 러프
부적절한 라이	헤비 러프	타이트한 라이	부드러운 라이	부드러운 라이
성공 확률	일반적으로 우수	우수 (850야드 이하) 저조 (950야드 이상)	우수 (600야드 이하) 보통 (600야드 이상)	우수 (400야드 이하) 저조 (450야드 이상)

표 6.8.1 장거리 웨지의 일반적인 특징들

6.9 공의 피치 마크가 구름을 결정한다

샷을 구사하기 전, 여러분은 그린에서 공이 멈추는 빠르기가 백스핀에 달려 있다고 생각하는가? 대부분의 골퍼들은 그렇게 생각한다.

샷을 구사하기 전, 여러분은 공이 그린 위에 만들어 낼 지면의 자국이나 피치 마크가 얼마나 깊을 것인가 생각하는가? 대부분의 골퍼들은 이것에 대해선 생각하지 않는다.

사실 샷의 피치 마크의 깊이는 샷의 연속적인 동작에 있어서 백스핀보다 더 큰 영향을 미칠 수 있다. 그림 6.9.1에서 묘사한 것처럼 동일한 샷에 의해 만들어진 자국의 깊이는 그린의 단단함에 따라 다양하게 나타나며 이것은 공의 바운드 길이에 영향을 미친다.

모든 숏 게임 샷에서 전방으로 움직이는 원동력은 샷에 의해 발생한 피치 마크의 깊이 혹은 샷과는 무관한 그린의 단단함에 의해 영향을 받는다.

대부분의 골퍼들은 무의식적으로 이것을 이해한다. 특히 습기가 있고 부드러

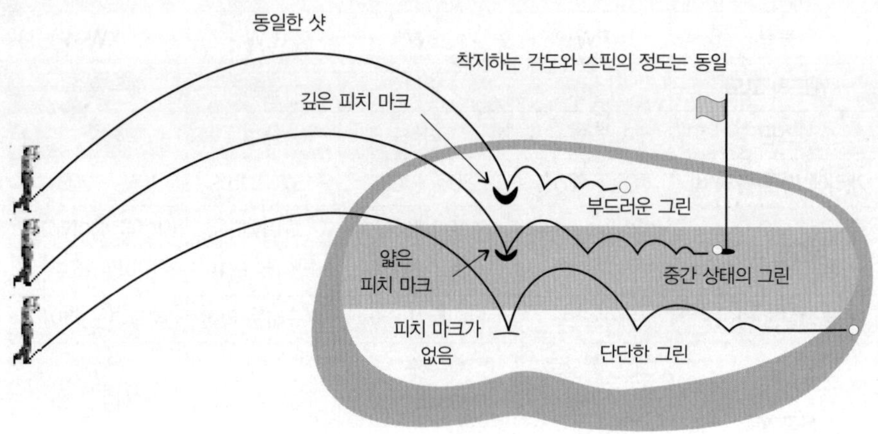

그림 6.9.1 피치 마크의 깊이가 공의 움직임에 영향을 끼친다.

운 그린의 상황에서 이것을 더 잘 이해한다. 프로 골퍼들을 뒤따라 다니는 골퍼라면 누구나 그린이 부드러울 때 프로들이 더 나은 점수를 내기 위해 노심초사한다는 사실을 알고 있다. 그 이유는 무엇인가? 그것은 공을 높고 부드럽게 쳐서 그린 위 착지한 지점에서 정확히 멈추게 하려고 하기 때문이다(부드럽고 젖은 그린에서 샷은 깊은 피치 마크를 만들어내며 따라서 공은 앞으로 잘 나아가지 않는다). 프로 선수들은 이것을 '다트 던지기'라고 부른다. 그 이유는 공이 그린에 처음 착지한 곳에 고정되어 그린에서 공의 움직임이 '무동작'일것 이라고 예상하기 때문이다.

그림 6.9.2는 피치 마크의 깊이가 착지 시 샷의 각도에 의해서도 영향을 받는다는 것을 보여준다. 즉 똑같은 경도(硬度)의 표면 위 세 가지의 다른 접근 각도에 따라 피치 마크의 깊이가 급격하게 변화하는 것을 보여주고 있다(표면이 콘크리트처럼 단단하지 않을 경우에 한해서 이다). 이 경우에도 역시 피치 마크의 깊이는 첫 번째 전방으로의 바운드에 영향을 끼친다. 위에서 다룬 어떠한 예에서도 공의 스핀 정도와는 관계가 없다는 사실을 주목할 필요가 있다. 즉 스핀은

별개의 요소이며 고유한 효과를 가지고 있다. 그리고 종종 피치 마크 자국의 깊이에 의해서 큰 영향을 받는다.

필자는 이 장거리 웨지나 피치 샷을 이용하여 더 높은 지대나 더 낮은 지대에 위치한 그린으로 공을 칠 때에 피치 마크의 깊이가 공이 멈추는 시기를 결정한다는 사실 때문에 다시 한 번 피치 마크의 깊이에 대하여 강조하고 싶다. 다음 페이지에서 그린이 완전히 평평하며 경도가 일정할 때 그린의 고도와 공의 움직임에 대한 효과를 살펴보도록 하자. 여러분이 알게 될 사실은 31피트 길이의 장거리 웨지를 30피트나 더 높은 부드러운 그린 위로 올려놓는 일은 콘크리트로 된 단단한 그린을 향해 치는 것이나 마찬가지라는 점이다. 피치 마크를 전혀 남기지 않았음에도 불구하고 믿을 수 없을 만큼 공이 많이 구를 것이다.

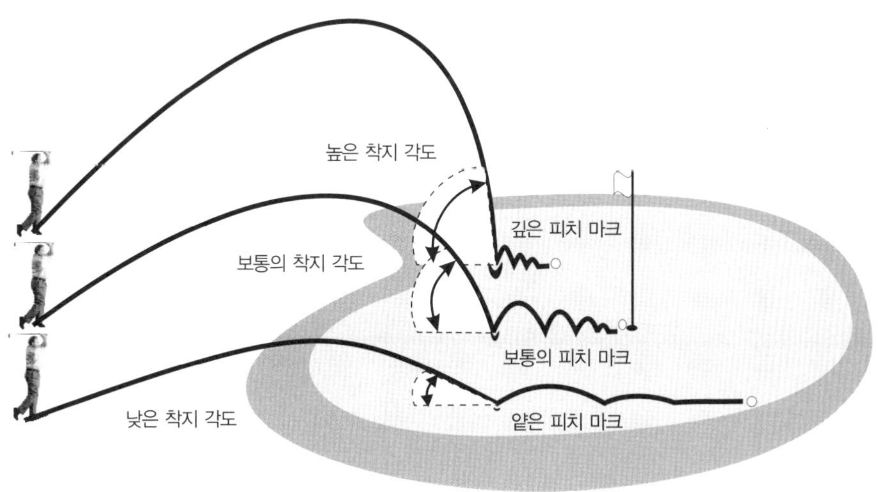

그림 6.9.2 착지 각도가 피치 마크의 깊이에 영향을 미친다.

피치 마크의 깊이에 따른 효과

공의 자국이 착지하는 각도에 의해서 영향을 받는다는 사실은 이해하기 쉽다. 그렇지만 골퍼가 샷을 구사하는 지면의 경사에 대한 그린의 고도가 착지 각도에 영향을 미친다는 사실을 이해하기란 쉽지 않다. 그림 6.9.3에서 똑같은 웨지 샷을 구사했을 경우 세 가지 착지 각도가 완전히 그린의 고도에 따라 변화하는 모습을 살펴보자. 착지의 각도가 피치 마크의 깊이와 첫 번째 바운드에 영향을 주기 때문에 그린에서의 샷의 움직임은 그린의 고도에 매우 큰 영향을 받는다. 이 효과의 예로 그림 6.9.4에서 볼 수 있는 것처럼 두 명의 골퍼가 똑같은 거리로 똑같은 높이와 스핀으로 똑같이 평평한 그린을 향해 샷을 구사할 때 유일한 차이점은 그린의 고도에 대하여 한 사람은 더 높은 곳에서 다른 한 사람은 더 낮은 곳에서 친다는 점이다. 그렇게 하면 착지 각도에 차이가 나기 때문에 두 개의 샷은 각각 다른 피치 마크의 깊이를 만들며 착지 후에 완전히 다른 움직임을 보여준다. 이제 그림 6.9.5를 보자. 두 명의 골퍼들에게 똑같은 일이 벌어지고 있다. 역시 그린을 향해 같은 샷을 구사하고 있지만 이번에는 골퍼들이 공을 쳐내는 경사가 다르다. 이러한 경사의 차이는 코스를 도는 도중 항상 일어나며 골퍼들은 스핀이 충분하지 않았다며(혹은 너무 많았다며) 자신을 책망하곤 하는데 이는 많은 사람들이 착지의 각도와 피치 마크의 깊이에 따른 효과를 이해하지 못하고 있기 때문이다.

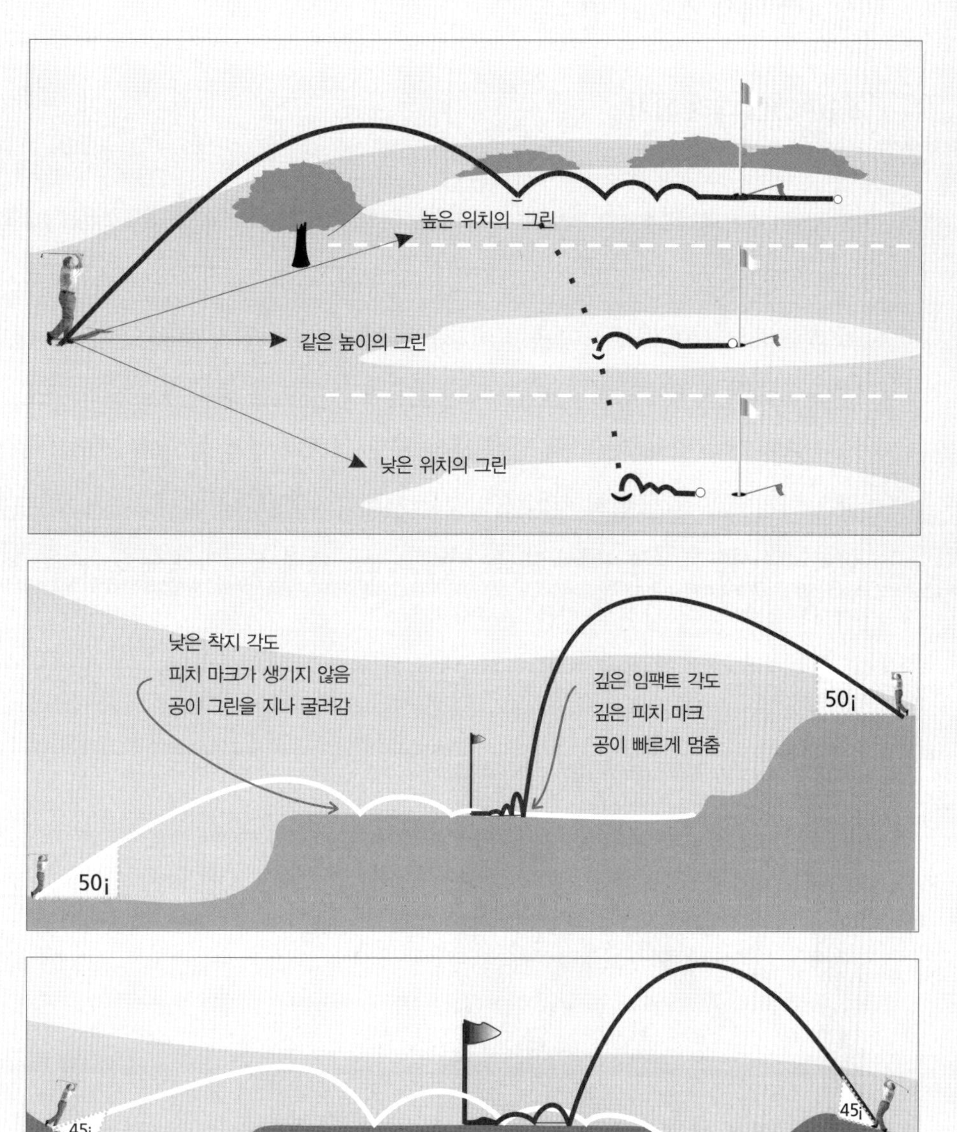

그림 6.9.3(맨 위) 그린의 고도가 피치 마크의 깊이와 샷의 움직임에 영향을 준다. **그림 6.9.4(중간)** 동일한 샷(동일한 스윙에 의한 샷)도 그린의 고도에 따라 다르게 움직인다. **그림 6.9.5(맨 아래)** 샷을 구사하는 지점의 경사가 그린에서의 결과에 영향을 준다.

장거리 웨지 스윙의 변수들

6.10 그립 내려 잡기

3×4 시스템에서 주된 거리의 컨트럴은 백스윙의 길이와 클럽의 선택이, 하지만 샷의 거리를 결정하는 데에는 3×4 시스템의 일부에 위반되거나 상충되는 또 다른 방법이 있다. 여러분은 샷을 조금 더 '힘을 주어' 타격하거나 '힘을 빼서' 스윙을 하고 싶어하지는 않을 것이다. 왜냐하면 그렇게 하면 리드미컬한 데드 핸드 피네스 스윙에 방해가 되기 때문이다. 또한 거리를 줄이기 위해 임팩트 순간 감속하거나 팔로우스루를 짧게 하는 것도 원하지 않을 것이다. 거리를 조절하는 다른 방법은 클럽의 길이를 바꾸는 것이다. 샷의 거리에서 4내지 5야드를 줄이려면 샤프트에서 4에서 5인치 가량 그립을 내려 잡아서 손이 공과 더 가까워지도록 한 다음 같은 스윙을 구사하면 된다.

그러나 아마도 독자가 스윙을 하면 5인치 정도의 내려 잡기는 4에서 5야드의

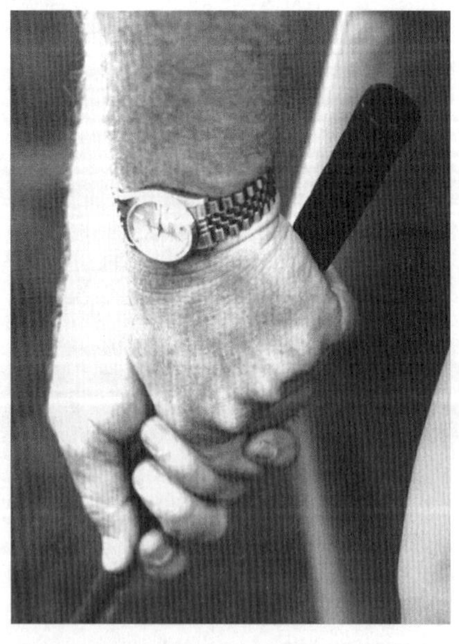

그림 6.10.1 그립 내려 잡기를 통해 거리를 줄일 수 있다.

그립 내려 잡기에 따른 거리 감소 측정

3×4 시스템은 12가지의 거리를 구사할 수 있도록 한다. 이 측정 테스트를 12가지의 거리에 대해 각각 실시하도록 하자. 연습 레인지에서 정확한 거리를 알 수 있도록 타깃 영역을 만들어 놓자. 타깃 영역은 테스트를 위해 요구되는 대략적인 측정 거리에 위치하며 눈에 잘 띄는 약간 오르막의 경사가 적절할 것이다.—예를 들어 9:00의 스윙 시 LW의 거리가 42야드라면 수건 두 장을 가지고 한 장은 42야드의 위치에 그리고 다른 하나는 5야드 모자라는 지점(37야드 지점)에 놓는다. 각기 다른 타깃을 향하여 워밍 업 스윙을 한 다음 테스트를 위하여 10개의 공을 준비하자. 그런 다음 10개의 동일하고 완벽한 9:00의 스윙을 구사하는데 매번 4인치 그립을 내려 잡아 10개의 공을 타깃을 향하여 보내 보자. 그림 6.10.2는 샤프트의 길이를 변화하면서 동일한 스윙을 하는 모습이다. 독자는 그립 내려 잡기 샷이 평균적으로 얼마나 더 짧게 날아가는지를 주목해야 하며 그렇게 하면 처음으로 그립 내려 잡기의 거리에 대한 효과를 측정한 것이 된다. 만약 이 같은 테스트를 수차례 반복하면 실제 거리의 효과에 대한 정확하고 반복되는 결과를 얻을 수 있을 것이다. 그리고 이 테스트를 며칠간 반복하면 상당히 정확하게 이 효과를 측정하여 코스에서도 매우 유리하게 사용할 수 있을 것이다.

그림 6.10.2 동일한 스윙에서 클럽의 길이가 달라지면 거리도 변화한다.

거리감소 수치와 정확히 일치하지는 않을 것이다. 183쪽에는 그립 내려 잡기와 더 짧은 비거리와의 상관관계 증명을 위한 테스트가 나와 있다. 실제로 이 테스트를 수행할 때 정해진 야드의 숫자만큼 거리를 줄이려고 노력해서는 안 된다. 그보다는 그립 내려 잡기의 자세가 편안하다고 느끼면서 그러한 그립을 통해 몇 야드의 거리를 줄일 수 있는지 관찰하는 것이 중요하다.

궁극적인 목표는 원래 가지고 있던 12가지의 거리에 정확한 그립 내려 잡기 거리를 습득하여 100야드 이내의 거리에서 총 24가지의 정확한 샷을 체득하는 것이다.

믿을 수 없는 일처럼 들리는가? 얀 스테판손은 LPGA 투어에서 이것을 해냈다. 그녀는 웨지 샤프트에 각각 6가지의 숫자들을 붙였으며 결과적으로 숏 게임 그린 공략에선 아무도 그녀를 능가하지 못했다.

6.11 낮은 궤도

평범한 라이에서 샷의 궤도를 변화하는 가장 쉬운 방법은 사용하는 클럽의 로프트 각도를 변화시키는 것이다. 만약 더 높고 더 부드러운 샷을 구사하기를 원한다면 로프트 각도가 더 큰 웨지를 사용하면 된다. 이것은 다른 스윙을 구사하거나 스윙 역학을 변화하는 것보다 훨씬 쉬운 방법이다.

그렇지만 가끔은 샷의 특성을 바꿔야 할 상황을 접하게 되는데, 이것은 약간의 기술적인 변화를 줌으로써 만들 수 있다. 웨지 샷의 궤도를 낮추기 위해서는–앞바람이 강하게 불어올 때–공을 스탠스에서 2에서 3인치 가량 뒤에 놓거나 팔로우스루와 피니시 동작을 낮게–높아 봐야 어깨 높이가 되도록–하면 된다. 각각의 변화는 바람의 효과를 약간 감소시킬 것이며 이는 장거리 웨지에서는 매우 중요한 사항이 된다.

만약 좀 더 확실한 효과를 원한다면 두 가지의 변화를 모두 적용하면 된다. 이렇게 하면 '넉 다운' 웨지 샷을 구사할 수 있다(그림 6.11.1). 이 샷은 궤도가 훨씬

그림 6.11.1 넉-다운 웨지 스윙

낮으며 많은 백스핀으로 인해 그린에서 샷을 멈출 수 있는 상당한 능력을 유지하게 된다.

(주의 : 넉-다운 샷을 구사할 때는 손을 사용해서는 안 된다. 임팩트 순간까지 동시화된 신체의 회전을 확인해야 한다. 그렇지만 보통의 장거리 웨지 샷에서처럼 피니시를 할 때 높이 접어 올리는 것이 아니라 팔로우스루를 할 때 손은 타깃을 향하여 바깥쪽으로 뻗어야 한다. 그림 6.11.2)

샷의 궤도를 더 낮추기 위해서는 공을 스탠스에서 4인치 정도 뒤에 갖다 놓고 또다시 손을 높이 올리지 않는 팔로우스루를 구사하면 된다. 이렇게 하면 샷에 대한 바람의 효과를 최소화할 수 있을 것이다.

다른 길이의 피니시를 연습할 때 공이 클럽 페이스와 만나는 시간은 매우 짧지만 팔로우스루가 공의 비행에 실제적인 영향을 준다는 사실을 알게 될 것이다.

게 날아간다. PGA 투어의 폴 에이징어를 보면 그의 팔로우스루가 평상시보다 낮

그림 6.11.2 9:00의 장거리 웨지 스윙

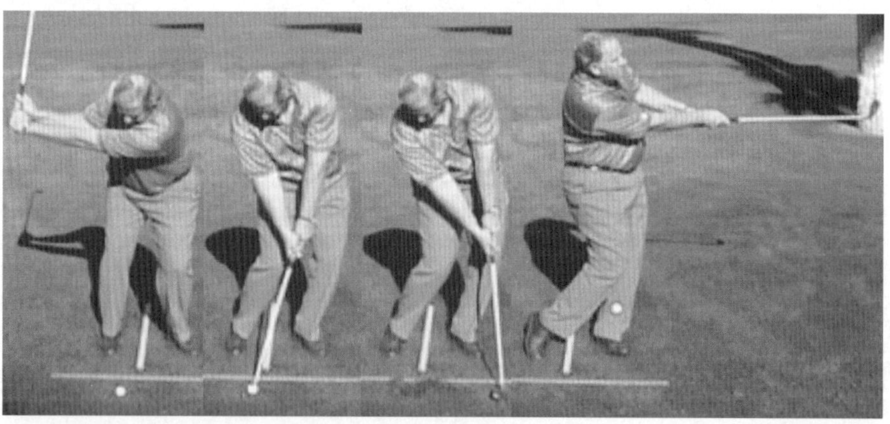

그림 6.11.3 약간 넉 다운된(궤도가 낮은) 9:10의 장거리 웨지 스윙

피니시를 더 높게 할수록 궤도는 더 높아지고 팔로우스루가 낮을수록 샷은 더 낮
게 날아간다. PGA 투어의 폴 에이징어를 보면 그의 팔로우스루가 평상시보다 낮

으며 매우 단조로운 샷을 구사한다는 사실을 알게 될 것이다(그림 6.11.3 참고).

폴의 낮은 샷은 매우 반복적이며 신뢰할 수 있고 또한 그는 위대한 선수이다. 그렇지만 이러한 샷을 임팩트 순간 힘이 들어가지 않게 구사하는 기술을 연마하는 데에는 많은 연습이 필요하다. 설사 '징어' 만큼 그런 기술에 능숙하다 하더라도 그린이 단단하고 빠른 경우, 핀의 위치가 어려운 곳에 있다면 공을 그린 위에 머무르게 하는 일조차 어려울 것이다. 짧은 팔로우스루를 위해 노력하는 대부분의 골퍼들은 임팩트 순간 손과 근육의 힘을 사용하게 되며 컨트럴이 형편없어지는데 이것은 특히 중압감을 받는 상황에서 나타나는 현상이다. 그러므로 낮은 피니시는 낮게 비행하는 샷이 절대적으로 필요하며 로프트 각도가 더 작은 클럽이 그것을 수행할 수 없을 경우에만 행해야 한다.

6.12 컷 로브 샷

경우에 따라서 낮은 궤도의 샷을 구사하기 위해서 스탠스의 뒤쪽에 공을 위치시키는 것은 괜찮지만 높은 궤도의 샷을 구사하기 위한 수단으로 공을 스탠스의 앞쪽에 위치시켜서는 안 된다. 앞쪽에 공을 놓고 치면 세 가지의 결과를 초래할 수 있는데 그 중 두 가지는 좋지 않은 것들이다. 즉 앞쪽에 놓인 공은 골퍼로 하여금 정확하게 치거나(그렇지만 거리의 결과는 좋지 않다), 얇게 맞거나 혹은 매우 두꺼운 샷을 구사하게 한다.

공을 스탠스의 중앙 앞쪽에 놓으면 공은 자연스러운 스윙 아크의 최저점보다 앞선 곳에 오게 된다. 어떤 조치를 취하지 않는다면 샷은 두껍게 될 것이고 골퍼들은 손이나 몸을 움직여 스윙을 변화시키려고 하게 되기 쉽다(몇몇 샷은 정확하고 몇몇 샷은 공의 윗부분을 때릴 것이다).

이전에 배웠던 것처럼 물리학적 법칙에 의해 올바른 피네스 스윙 아크의 최저점은 디보트가 발생하는 지점에 있어야 한다. 이러한 법칙을 바꾸는 일은 진정한 피네스 스윙을 포기할 때만이 가능하다. 그리고 이 스윙을 변화시키지 않으면 공보다 뒤쪽을 치게 될 것이며 몇 개의 뒤땅치기를 한 후에는 '뒤땅에 대한 공포'가 생겨서 무의식중에 다운 스윙 도중 '무릎을 굽히거나'(그림 6.12.1), '임

그림 6.12.1 공을 앞쪽으로 위치시키면 무릎을 굽히게 된다.

그림 6.12.2 공을 앞쪽으로 위치시키면 손목에 힘이 들어가거나 뒤땅치기에 대한 공포가 생긴다.

팩트 순간 손의 힘을 가하거나'(그림 6.12.2) 혹은 둘 다를 범하게 될 것이다.

이 두 가지에 대한 보완작용은 클럽이 땅에 닿기 전에 공을 먼저 치려는 시도이다. 두 가지 작용은 올바르지 못한 컨택트와 비정상적인 궤도 그리고 부정확한 거리의 컨트럴을 만들어 내며 이는 중압감 하에서 연습 할 때만큼 손이 말을 듣지 않을 때 주로 일어난다.

더 높은 샷을 치기 위해 처음으로 해야 할 일은 로프트 각도가 더 큰 클럽을 선택하고 표준의 데드 핸드 피네스 스윙을 구사하는 것이며, 두 번째로는 클럽 페이스를 바깥 방향으로 돌리고 스윙 라인이 타깃의 왼쪽을 조준하도록 하며 공을 새로운 스윙 라인에 따라 스탠스의 중앙에 공을 유지시켜야 한다(그림 6.12.3). 공을 스탠스의 중앙에 놓음으로써 정확한 컨택트가 보장되며, 클럽 페이스를 충분히 바깥으로 돌리면서 여유 있게 왼쪽을 조준하면 원하는 만큼 높게 날아가는 샷을 구사할 수 있다. 기억해야 할 것은 샷의 고도가 높을수록 거리는 더 짧아진다는 것이다. 그러므로 확실하게 더 긴 백스윙을 만들어 내야 한다(그리고 매번 마찬가지로 풀 피니시를 해야 한다).

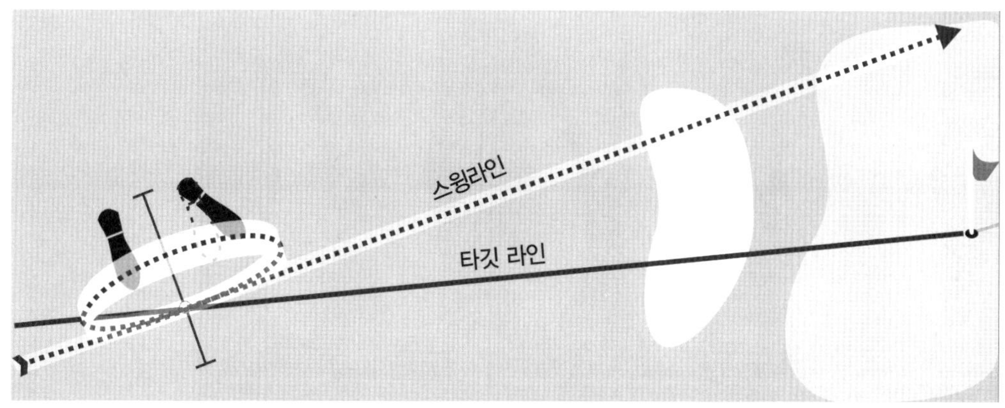

그림 6.12.3 컷 로브 샷을 위해서 공 포지션은 양쪽 발목의 정 중앙이 되어야 한다.

6.13 컷 로브 테크닉의 측정

어떠한 컷 샷에 대해서도 웨지의 클럽 페이스는 바깥쪽으로 향해야 하며 이것은 여러 방식으로 할 수 있다. 그렇지만 필자는 표준 오픈 페이스(클럽 페이스가 바깥쪽으로 향하는 상태) 자세 중 그림 6.13.1의 연속 사진과 같은 '45도 오픈'을 택함으로써 선택사항을 단순화했으면 한다. 정상적인 피네스 그립과 클럽에 대하여 수직이 되는(좌측 정렬) 어드레스 자세로부터 시작하여 왼손의 위치는 움직이지 않은 채로 그립을 느슨하게 하고 클럽 페이스가 조준하고 있는 클럽의 45도에 이를 때까지 오픈한다(중앙 그림). 왼손의 그립을 다시 조이고 여전히 왼손은 움직이지 않은 채로 원래의 피네스 그립 자세를 잡고 왼쪽 발을 타깃 방향으로 틀어준다(오른쪽 그림). 이것은 클럽 페이스가 바깥쪽으로 45도 회전되어 있다는 사실을 제외하고는 '조준 클럽'에 대한 보통의 피네스 그립으로 이루어진 정상적인 어드레스 자세와 같다.

그림 6.13.1 적절한 방법: 피네스 그립을 그대로 유지하면서 클럽페이스를 열어준다.

그림 6.13.2 타깃에 대하여 오른쪽으로 약간 못 미친 컷 로브 샷의 각도와 거리를 측정

　이제 페이스가 오픈된 자세를 확실히 하는 법을 배웠으면 수건과 세탁물 바구니를 가지고 연습장으로 가자. 그곳에서 틀어진 클럽 페이스가 어떻게 작용하는지 측정할 수 있을 것이다. 공이 있는 곳으로부터 30발자국 걸어가서 타깃으로 바구니를 고정한다. 그곳으로부터 오른쪽으로 7발자국 걸어가서 수건을 놓는데 이 수건이 측정 수건이다. 공이 있는 곳으로 되돌아와서 적절한 진디 위에 사용할 클럽과 조준할 클럽을 타깃에 대하여 좌측 정렬시킨다(조준 클럽을 위치시키는 방법은 4.4섹션을 참고).

　정상적인 직각의 클럽페이스를 유지하면서 타깃 바구니를 향해 5개의 평범한 장거리 웨지 스윙을 한다. 그런 다음 다른 동작은 그대로인 채 클럽 페이스를 바깥쪽으로 45도 회전시키고 그립을 타깃에 수직으로 유지한 상태로 5개의 샷을 더 쳐 본다. 만약 이전에 했던 것과 똑같이 스윙했다면 즉 스윙이 내려와서 조준 클럽의 라인을 지나 임팩트에 이르고 바구니 쪽으로 향했다면 이 다섯 개의 샷은 오른쪽으로 날아가서 측정 수건에 못 미쳐야 한다(클럽 페이스의 오픈 때문이다).

　계속 같은 자세로(바구니의 평행한 왼쪽을 조준하고 클럽 페이스는 45도 오픈) 다섯 개의 샷을 더 날려보자. 역시 공들은 바구니에 못 미치는 거리에 오른쪽으로 착지해야 한다. 공이 오른쪽으로 그리고 짧게 날아간 정도가 컷 로브 샷(클럽페이스를 열어놓고 깎아치는 듯 높이 올려치는 샷)의 각도와 거리에 대한 측정 결과이다. 이제 걸어가서 10개의 공이 분산되어 있는 중심에 수건을 옮겨 거리를 측정한다(그림 6.13.2). 타깃 바구니와 비교하여 얼마나 더 오른쪽으로 못 미치는 거리에 도달했는지 보이는 대로 측정을 한다. 수건을 들고 바구니를 지나 왼쪽의 대응되는 지점으로 가서 그곳에 수건을 놓는다. 이제 측정 수건은 귀하의 새로운 스윙 라인이 되며 새로운 스윙 거리 측정 타깃이 되어 실제 상황에서도 정확한 샷을 구사할 수 있을 것이다(그림 6.13.3).

　새로운 측정 수건을 향해 스윙을 하고 자세를 정렬한 후 45도 오픈된 클럽 페이스를 유지하며 타깃 바구니를 향한 컷 로브 샷을 연습하자. 이런 식으로 조준 클럽을 좌측에 정렬하고 인식할 수 있는 측정 수건을 레인지에 놓은 채로 연습

그림 6.13.3 완벽한 컷 로브 샷을 쳐서 타깃 바구니로 보내기 위해 왼쪽으로 길게 조준

을 많이 하면 왼쪽으로 자세를 잡고 스윙하는 방법에 보다 익숙해져서 결과적으로는 코스에서도 컷 로브 샷을 정확하게 구사할 수 있게 될 것이다.

난이도가 높은 라이에서의 장거리 웨지

어려운 라이에 직면하게 되면 자세를 바꾸어야 하는데 거기에는 간단한 규칙이 있다. 즉, 라이가 좋지 않을수록 좋은 결과를 내기 위해서는 가장 중요한 요소 즉, 클럽 페이스와 공의 정확한 컨택트를 위해 더 많은 희생을(캐리, 높이, 멈추는 거리, 일반적인 샷의 컨트럴과 정확도) 할 각오가 되어 있어야 한다는 것이다. 그리고 항상 어려운 라이를 탈출하더라도 더 어려운 라이나, 벌타, 더블 보기, 혹은 그보다도 더 안 좋은 결과로 치닫는 일이 종종 일어난다는 사실을 명심해야 한다. 어려운 라이에서 귀하가 만들어 낼 수 있는 최상의 결과는 안전한 위치로 다시 옮기는 것이다.

6.14 깊은 잔디

잔디에서 플레이할 때 유념할 두 가지 사항이 있다. (1) 잔디의 키가 크면 클수록 샤프트는 너 짧아야 하며 너 긴 스윙을 사용해야 한나는 것과 (2) 클럽페이스와 공 사이의 정확한 컨택트를 구사할 수 없다면 절대로 휘는 샷을 치려고 노력해서는 안 된다는 점이다.

공 주변에 잔디가 많을 때, 타격 시 클럽 페이스와 공 사이에 잔디가 잡히면 좋지 못한 결과를 얻거나 컨트럴을 유지하기도 힘들 것이다. 잔디와 그에 따라 생기는 클럽 페이스의 수분은 '플라이어' 샷이 나오게 만들며 이런 샷은 정상적인 정확한 컨택트의 샷보다 약간 더 긴 캐리와 매우 적은 백스핀을 가지게 된다. 따라서 공은 보통 그린 뒤에서 장애물까지 멈추지 않고 구르게 된다.

깊은 잔디밭으로부터 탈출하기 위해서는 클럽이 효과적으로 작용할 수 있도록 클럽을 짧게 잡아야 하며 공은 평상시의 스탠스보다 더 뒤에 놓아야 한다. 이러한 조절은 높은 출발 각도를 만들어 내서 클럽 페이스와 공 사이에서 잔디의 작용을 최소화시킨다. 이러한 샷들이 절대로 쉽지는 않지만 습득하면 더 좋은 컨택트를 만들어낼 확률이 높아진다.

6.15 역방향 그레인에서의 샷

항상 타격을 하는 잔디의 그래인을 고려해야 한다. 만약 잔디가 타깃 방향과 반대로 자라고 있다면 측정한 것보다 25%~50% 가량 더 먼 거리를 치는 것처럼 스윙해야 한다(그림 6.15.1). 잔디는 웨지를 잡고 팔로우스루를 멈추게 하기 때문에 항상 더 긴 백스윙이 필요하며 풀 피니시를 계속하려는 노력이 필요하다. 즉 클럽이 잔디에서 빠져 나오지 않는다면 공 또한 빠져 나오지 못할 것이다.

잔디가 타깃을 향해서 자라고 있을 때는 이 잔디 때문에 샷은 높이 떠서 더 많이 구르게 될 것이다. 이러한 일은 많은 양의 잔디가 클럽 페이스와 공 사이에 잡혀서 샷의 모든 백스핀이 제거되기 때문에 일어난다. 이때는 공이 낮은 궤도를

그림 6.15.1 비제이 싱이 그린 주변의 역그래인 러프로부터의 샷을 구사하고 있다.

그리며 더 많은 거리를 만들어 내는 것도 도움이 되지 않는다.

독자가 이러한 종류의 연습을 하려면 연습그린 30야드에서 100야드 바깥에 위치한 몇 개의 헤비 러프를 찾아보라. 잔디의 그래인에 대해서는 걱정하지 말고 어떤 방향으로 자라고 있는지를 알아낸 다음 그곳으로 가서 앞서 설명한 샷을 연습한다. 어떠한 방향으로든 훌륭한 연습이 될 것이다. 익숙하지 않은 상황에서 더 많은 샷을 연습할수록 보다 훌륭하게 샷에 대한 계획을 세우는 방법에 대해 알게 될 것이다.

6.16 하드팬 라이

대부분의 골퍼들은 하드팬 라이(잔디가 아닌 단단한 라이)를 두려워한다. 필자는 그런 라이를 좋아하는데 하드팬 라이를 대단한 장애물이라고 생각하는 대신에 대처하는 방법만 배우면 좋은 득점과 완벽한 컨트럴을 기대할 수 있다.

단단한 지면이 드러난 하드팬 라이에서 공의 위치는 정상적인 위치로부터 3인치 가량 뒤에(즉, 스탠스의 중앙으로부터 3인치 뒤) 와야 한다. 그런 다음 그림 6.16.1에서 보는 것처럼 약간 왼쪽을(오른손잡이 기준) 조준하라. 그리고 평범한 데드 핸드 피네스 스윙을 구사한다. 이러한 조절은 공 뒤의 땅을 때리거나 땅에 맞은 다음 튀겨서 공 중앙을 치는 일을 예방할 수 있도록 해 줄 것이다. 또한 평범한 라이에서 나올 수 있는 것보다 약간 더 낮은 궤도와 더 많은 백스핀을 얻게 되는데 이러한 두 가지 차이점은 골퍼 자신이 감수해야 한다.

굳이 하드팬 라이에서 탄도가 낮고 스핀이 많이 걸리는 샷이 나올 필요는 없다. 공을 높게 치기 위해서는 웨지의 클럽 페이스를 더 오픈시켜야 한다. 솔(sole)의 바운스가 많지 않을 경우에 한해서 64도 X웨지를 가지고도 이와 같이 할 수 있다.

하드팬 라이에서 공을 높이 보내는 방법을 설명하기에 앞서, 연습의 내용과 클럽의 작용에 대하여 이해해야 한다. 모든 웨지를 진열장에 세워 보자(그림 6.16.2

그림 6.16.1 하드팬 라이

에서 보는 것처럼 세워 놓는다). 골프 공을 클럽의 리딩 에지에 각각 놓은 후에 눈 높이를 진열장에 맞춘다. 공을 각각의 클럽에 밀착시키면 샷의 성공률, 즉 리딩 에지보다는 클럽 페이스에 컨택트를 만들어 낼 확률을 확인할 수 있다. 각각의 웨지는 스퀘어 페이스 포지션에서 각기 다른 솔(sole)의 설정(바운스라고 불리운다)을 가지고 있기 때문에 성공률이 다르다. 그리고 하드팬 샷을 얇게 치든 두껍게 치든 결과는 똑같다는 사실을 이해해야 한다. 왜냐하면 두꺼운 샷을 치면 클럽이 튀어서 공을 얇게 치게 되기 때문이다.

이제 탄도가 높은 샷을 치는 데 있어서 성공률을 최대화하는 방법을 배워보자. 각각의 웨지를 차례대로 들고 공의 높이를 비교 관찰하면서 클럽 페이스를 천천

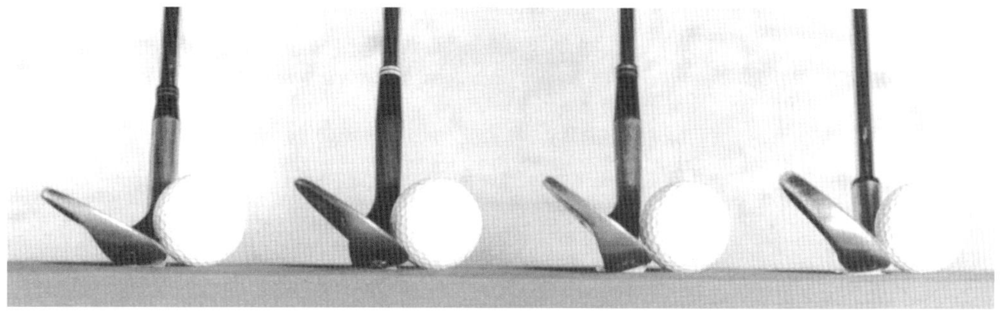

그림 6.16.2 웨지의 바운스는 하드팬 위에서 리딩 에지의 높이를 결정한다(공에 대한 높이).

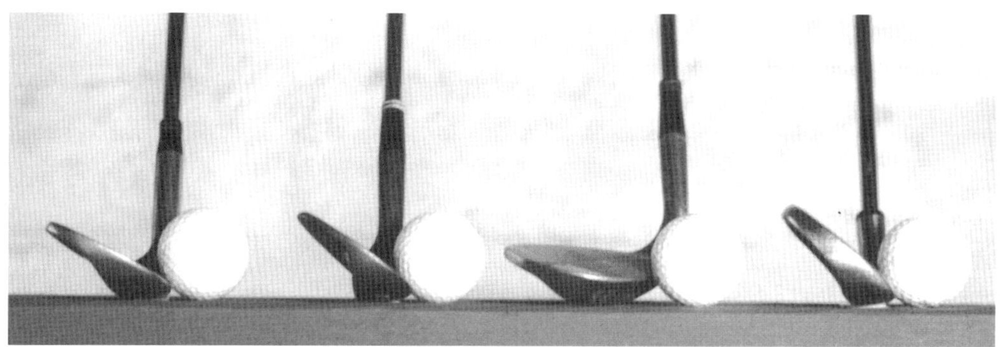

그림 6.16.3 어떤 웨지는 오픈시켰을 때 리딩 에지의 위치가 너무 높아진다.

히 오픈시켜 보자. 어떤 웨지는 오픈된 상태에서 상당히 훌륭한 성공률을 보이지만 어떤 것은(그림 6.16.3 오른쪽으로부터 두 번째 클럽) 그렇지 못하다(가지고 있는 웨지 중 어떤 것도 오픈된 상태에서 공의 중심보다 밑 부분에 닿지 못하면 새로운 웨지를 구해야 한다).

적어도 한 가지 이상의 웨지를 백에 휴대해야 성공적으로 하드팬 라이를 벗어날 수 있다.

어떠한 웨지가 오픈된 상태에서 가장 성공률이 높은지 알게 되면 그것을 가지

그림 6.16.4 하드팬 라이의 연습에는 단단한 판자(2"x12")가 적절하다.

고 얼마나 높이 칠 수 있는지를 알아보자. 몇 개의 공과 웨지 그리고 판자(그림 6.16.4에서와 같이 2인치의 두께와 12인치의 너비 그리고 2피트의 길이의 판자 정도가 좋다)를 가지고 뒤뜰로 가자. 판자를 타깃의 왼쪽을 향해 놓고 그 위에 공을 올려놓는다(그림 6.16.5). 어드레스를 판자와 평행하게 한 다음 공을 확실히 양 발목 사이 스탠스의 중앙에 위치시킨다. 웨지 샤프트를 2인치 가량 내려 잡으면(판자의 두께만큼) 이제 준비가 된 것이다. 클럽 페이스를 더 많이 오픈시킬수록 샷은 더 높이 날아갈 것이다.

경우에 따라서 몇 개의 샷은 얇게 맞을 수 있으므로(컨택트 성공률이 적을 것이므로) 공이 무언가를 망가뜨리지 않도록 주의해야 한다. 목재 위에서 일단 능

숙하게 되면 흙에서도 능숙하게 될 것이다. 수많은 연습을 통해 진정으로 자신 감을 가지게 되면 콘크리트에서도 쳐 보자. 아마도 샷이 많은 백스핀과 함께 높 게 그리고 상당히 부드럽게 날아가는 모습에 놀랄 것이다. 그렇지만 콘크리트에 서 너무 많은 시간을 소비하면 안 된다. 클럽의 솔이 망가질 우려가 있다.

그림 6.16.5 하드팬 라이를 연습할 때는 타깃 바구니를 창 문이 위치한 곳에 놓으면 안 된다.

6.17 발 위와 발 아래의 공 포지션

공이 발보다 높은 곳에 위치할 때 대부분의 골퍼들은 스윙 평면이 좀더 평평해지기 때문에 샷이 왼쪽으로 날아가는 것에 주의하라는 말을 들었을 것이다. 그렇지만 숏 게임 중 이러한 라이에서 공이 왼쪽으로 날아가는 것에는 보다 더 중요한 이유가 있다. 즉 공이 발보다 위쪽에 위치할 때에는 클럽의 로프트 각도가 더 커질수록 클럽은 더 왼쪽으로 치우쳐서 조준하게 된다. 그리고 웨지의 로프트 각도가 크기 때문에 그린 주변에서 이런 샷을 구사하면 더 효과적이다. 아래의 그림(그림6.17.1)에서 보는 것처럼 플레이어가 로프트웨지의 리딩 에지를 똑바로 조준할 때에도 클럽 페이스의 로프트 앵글은 왼쪽을 향하게 된다. 그래서 샷을 왼쪽으로 쳐내면 플레이어는 자신이 형편없는 스윙을 구사했다고 생각한다.

이런 경우에는 3번 아이언으로 샷을 해보는 것도 나쁘지 않은데 그 이유는 3번 아이언의 로프트 각도가 웨지보다는 크지 않기 때문이다. 즉 로프트 각도가 클수록 왼쪽으로 조준하는 효과는 더 커진다.

그림 6.17.1 공이 발보다 위에 위치한 경우 : 리딩 에지가 전방을 조준하고 있을 때 웨지의 로프트가 있는 클럽 페이스는 여전히 왼쪽을 조준하게 된다.

라이가 발 아래쪽에 위치한 경우 그립을 내려 잡으면 왼쪽으로 조준하는 효과를 최소화시킬 수 있다. 그런 다음 더 긴 백스윙이나 로프트 각도가 더 작은 웨지를 가지고 거리의 손실을 보상해 주면 된다. 이렇게 하면 샤프트의 라이 각도가 정상에 가까워진다. 그렇지만 이때의 목표지점은 오른쪽이어야 한다.

공이 발 아래쪽에 위치할 때의 자세 문제는 그다지 심각하지 않다. 골퍼들은 신체를 수직으로 유지하려는 경향이 있기 때문에 몸을 구부리고 더 긴 샤프트의 클럽을 사용하면 라이 각도의 변화는 평상시보다 공과 가까워졌을 때에만 발생한다. 공이 발보다 아래에 위치한 상태에서는 임팩트 전에 클럽의 힐을 잡아당겨서는 안 된다. 그리고 슬로프가 반대 방향으로 형성되어 있는 경우에는 이전에(공이 발보다 위쪽에 위치한 경우) 오른쪽으로 조준하려고 했던 것만큼 왼쪽으로 조준해서는 안 된다. 더 자세한 내용은 244~250페이지를 참고하라.

이 부분에서의 요지는 이 샷을 구사하는 지면의 고도 및 셋업과 조준이 주는 영향에 대하여 항상 인식해야 한다는 사실이다.

6.18 다운힐과 업힐 라이

다운힐 웨지 샷은 난이도가 높으며 대부분의 다운힐 슬로프에서 문제가 발생한다. 이 현상을 이해하기 위해서 그림 6.18.1을 보라. 그림에서는 평범한 지면의 높이가 지평선으로 표시되어 있으며 다운 스윙 시 정상적인 클럽 헤드의 아크가 곡선으로 표현되어 있다. 두 개의 선은 지면 아래에서 만나는 것을 표현하고 있다. 확실히 이 위치에서는 원심력을 이용한 스윙을 해서 지면보다 공을 먼저 쳐 낼 방법이 없다.

이러한 문제는 골퍼들이 지구의 중력 하에서 수직으로 서려는 의지 때문에 일어난다. 자세가 기울어지면 밸런스가 깨지는 것처럼 느끼며 종종 형편없는 스윙을 구사한다. 그러므로 지면에 대한 방향을 변화시키는 것이 다운힐 샷을 치기 위한 최상의 방법이다. 단 경사가 너무 심하지 않은 경우에 한해서이다.

　그림 6.18.2에서 존은 공이 위치한 다운힐 표면에 수직으로 서 있다. 만약 그가 이 방법으로 스윙을 할 수 있다면(그리고 밸런스를 유지할 수 있다면) 이러한 샷은 문제가 되지 않을 것이다. 공은 힐의 경사 때문에 낮게 날아갈 수도 있다. 그렇지만 로프트 각도가 더 큰 클럽을 사용하거나 임팩트 후에 더 많은 롤을 예상해야 한다. 여기서 중요한 것은 지면을 치기 전에 공을 정확하게 치는 일이 의외로 쉽다는 것이다.

　이것이 다운힐 라이에 대한 첫 번째 해결방법이다. 양 어깨를 지면과 평행하게 하고 백스윙을 할 때 밸런스를 유지한 다음 올바른 스루 스윙을 하면 된다. 팔로우스루를 할 때에는 넘어지는 일을 방지하기 위해서 앞쪽으로 걸어나가도 좋다 (그림 6.18.3).

　이 샷을 칠 때는 공을 중앙에 놓고(혹은 두꺼운 샷을 피하기 위해서 오차를 조

그림 6.18.1 다운힐 라이에서는 공의 뒤쪽 지면을 타격하기가 쉽다.

그림 6.18.2 뒤땅치기 샷을 피하기 위해서 경사와 평행하게 어깨를 기울여라.

그림 6.18.3 슬로프와 평행하게 자세를 기울인 다음 올바른 샷을 구사하고(임팩트까지 자세를 유지한다) 피니시 순간 밸런스를 유지할 수 없다면 걸어 내려가라.

금 허용하려면 공을 약간 더 뒤에 놓는다) 평면에서보다 낮고 더 길게 구른다는 생각을 하라. 어깨를 경사와 평행하도록 하거나 걸어나가는 피니시를 구사할 수 없을 정도로 경사가 가파른 경우에는 플랜 B를 시행한다. 이는 비스듬하게 서는 것 대신에 수직으로 서서 조준 방향을 왼쪽으로 정하고 클럽 페이스를 오픈시키는 것이다(그림 6.18.4). 그리고 공이 발보다 아래에 위치한 상태에서 컷 샷을 구사한다(왼손잡이는 반대로 한다). 이것 또한 쉬운 샷은 아니지만 임팩트 전에 웨지의 힐을 당기지만 않는다면 타깃 주위로 컷 슬라이스를 칠 수 있으며 대개의 경우는 결과가 좋다.

더 가파른 다운힐 경사면에서(그림 6.18.5의 맨 왼쪽) 최후의 방편인 플랜 P(기도하는 사람 Prayer의 약자)는 '머슬 챱'(근육을 이용한 깎아치기), 즉 왼쪽을 조준한 셋업으로부터 공을 힘껏 내리쳐(그림 6.18.5) 최상의 결과를 바라는 일이다. 이것은 마지막 선택이 되어야 한다. 왜냐하면 연습을 많이 해도 중압감 하에서 이 샷을 올바르게 구사하기는 힘들기 때문이다.

그림 **6.18.4** 사이드힐 컷 샷(오른쪽)은 심한 다운힐 샷(왼쪽)보다 쉽다.

그림 **6.18.5** 다운힐 컷 샷은 최후의 방편이다(하체의 회전은 일어나지 않는다).

6.19 샌드로부터

30야드에서 100야드 사이의 거리가 요구되는 모래 위에서의 장거리 웨지 샷을 해야 할 상황이 되면 공을 스탠스 중앙에서 1인치 내지 2인치 뒤에 놓은 다음 정상적인 장거리 웨지 스윙을 하면 된다(그림 6.19.1). 클럽 페이스를 타깃에 대하여

그림 6.19.1 공을 약간 뒤에 놓은 상태에서 평범한 장거리 웨지 스윙을 구사하면 거리가 긴 샌드 샷에서 정확한 공의 컨택트를 만들어 낼 수 있다.

직각으로 고정하고 정상적으로 동시화된 피네스 웨지 샷을 구사하는 것이다.

셋업의 조절은 임팩트 순간 모래의 저항으로 인해 명확한 컨택트를 보장해준다. 그렇지만 이러한 약간 더 내리치는 타격은 잔디 위 평범한 라이에서의 동일한 샷과 비교해 볼 때 더 많은 백스핀과 거리의 감소(약 10야드)를 만들어 낸다. 이러한 거리의 손실을 보완하기 위해서는 조금 더 긴 백스윙이니 디 긴 클럽을 사용해야 한다.

대부분의 골퍼들은 샌드에서 어떠한 일이 일어나는지 알지 못한다. 따라서 훌륭한 스윙과 정확한 컨택트를 구사할 때조차도 샷은 짧아진다. 만약 그들이 운이 좋다면 그린 앞에서 멈추겠지만 별로 운이 없다면 공은 그린에 못 미쳐 또 다른 벙커에 빠질 것이다.

Chapter 7

피치 샷

30야드 이하의 거리에서

7.1 공을 토스한다(위로 던져 올린다)

이제 그린으로 조금 더 가까이 이동해보자.

아마도 피치 샷은 누군가가 그린 위로 언더 핸드의 던지기나 피칭을 하는 것처럼 날아간다고 해서 이름이 붙여졌을 것이다(그림 7.1.1). 장거리 웨지를 제외하고 칩 샷보다 더 길고 더 높이 날아가는 피치 샷은 3에서 30야드의 비거리를 내며 착지한 후에는 공중을 날아간 거리만큼 혹은 조금 더 짧게 구른다. 여러분은 피치 샷을 위해서 모든 웨지를 사용할 수 있다. 그리고 빠르게 습득하면 어느 웨

그림 7.1.1 '피치' 샷의 검증

지가 최고의 효과를 내는지 알게 될 것이다.

그린으로 더 가까이 갈수록 샷의 후반부에 대한 중요성은 더 커진다. 다시 말하면 5번 아이언을 가지고 170야드의 비거리를 구사해서 3에서 4야드의 오차로 착지한 다음에 그린 위에서 일어나는 일은 그다지 중요하게 생각하지 않는다는 것이다. 좋은 스윙으로 공을 타격하여 그린 위에 올려놓는 것이 제일 중요하다. 만약 올바른 스윙으로 탁월한 샷을 구사했다면 공은 그린 위에 멈추기 마련이다 (그 날 그린의 경도를 아는 한 각각의 샷에 대하여 그다지 많은 고민은 하지 않을 것이다).

그렇지만 그린에 가까워지고 장거리 웨지를 사용하기 시작하면 어떻게, 그리고 어느 지점에서 공이 멈추는가에 대해서 걱정해야 한다. 즉 공이 왼쪽 혹은 오른쪽으로 튈 것인가? 착지 지점이 업힐인가? 하는 걱정을 하게 된다. 그때까지 여러분은 피치 샷을 칠 수 있을 만큼 충분히 가까워지며, 이제 그린 위에서의 공의 움직임은 성공에 절대적인 영향을 미친다. 그러므로 피치 스윙이 풀 스윙 동작보다 구사하기 쉬운 반면 피칭 샷의 결과는 풀 스윙보다 더 확실한 차이를 가져온다. 즉 다음의 첫 번째 퍼팅을 할 수 있을 것인지 그 여부가 판가름나며 결과적으로 매우 중압감을 느끼게 하는 샷이 된다.

골퍼들이 피치 샷을 두려워하는 또 다른 요인이 몇 가지가 있다. (1) 피치 샷은 역학적으로 잘 이해가 되지 않는다. (2) 클럽 프로 선수들에게 거의 배우지 못한다. (3) 피치 샷은 간단해 보이므로 (4) 골퍼들은 그런 간단한 샷에 실패하여 놀림거리가 되고 싶어하지 않는다. 이러한 요소들은 피치 샷을 구사해야 하는 경우, 즉 벙커나 두터운 러프에서 공을 높이 올려 쳐야할 때에 극대화된다. 짧은 샷이지만 실패할 경우 엄청난 손해를 가져온다.

그렇지만 피치 샷은 상당히 단순하다. 더 짧은 백스윙과 팔로우스루를 제외하고는 장거리 웨지를 구사하는 방법과 흡사하다. 팔로우스루는 백스윙보다 더 길지만(안정성을 보장하기 위해서) 절대로 풀 피니시는 하지 않는다. 만약 풀 피니시를 하면 그것은 장거리 웨지 샷이 되어 너무 멀리 날아갈 것이다.

7.2 피치 샷의 동작

피치 샷의 역학은 여러 면에서 장거리 웨지 샷과 유사하다. 양발을 상당히 가까이 붙여야 한다. 약 14에서 15인치만 떨어져 있어야 한다(단 체구가 작은 여성들은 적어도 10인치 이상 벌려야 한다). 그렇다고 해서 너무 가까이 붙이면 안 된다. 왜냐하면 밸런스를 유지해야 할 뿐 아니라 리듬을 가지고 하체를 회전시키기 위해서이다.

좌측 평행으로 정렬된 조준 클럽과(실제로 조준 클럽이 없으면 상상을 하여) 직각으로 발을 놓고서 셋업을 시작한다. 공을 정확히 발목의 중앙에 놓고 앞쪽 발의 뒤꿈치는 고정한 채 타깃을 향하여 30도에서 45도 가량 틀어준다. 이렇게 함으로써 공을 스탠스의 정 중앙에 놓을 수 있다(그림 7.2.1).

공은 클럽이 최저점 혹은 디보트에 도달하기 전에 공과 컨택트가 일어나도록

그림 **7.2.1** 피치 샷 셋업 자세

양 발목 사이 중앙에 놓여져야 한다(장거리 웨지 샷과 마찬가지이다). 피칭 아크의 최저점은 장거리 웨지의 아크와 마찬가지로 스탠스의 중앙으로부터 약 2에서 3인치 가량 앞쪽에 디보트를 만들어 낼 것이다.

스탠스는 무릎을 약간 굽힌 채로 강하게 유지해야 한다. 웨지를 피네스 그립으로 가볍게 잡고 곧바로 선 자세에서 양팔의 근육을 이완시켜주면서 어깨의 아래쪽으로 매달리는 형태가 되도록 한다.

많은 프로 선수들은 피치 샷 도중 하체가 완전히 정지되어 있어야 한다고 가르친다. 이유는 하체의 파워가 필요하지 않기 때문이라고 하며 프로 선수들은 움직이는 부분을 제거함으로써 스윙을 단순화하려고 한다. 그렇지만 나는 이런 방식에 동의하지 않는다.

피치 샷 도중 다리를 이용하여 신체를 주도하는 일은 바람직하지 않다. 그렇지만 스윙을 하는 동안 신체의 부분들이 동시화되도록 하기 위해서는 충분한 하체의 움직임이 필요하다. 상체와 하체는 똑같은 비율로 움직여야 한다. 그러므로 파워를 만들어 낼 필요는 없지만 리듬은 유지해야 한다. 하체를 움직이지 않는다면 올바른 리듬을 만들어 내기가 어렵다. 힙 아래쪽의 하체가 경직된 사람들은 팔과 손을 사용하게 된다. 결국 스윙을 하기보다는 클럽을 휘두르게 되며 결과적으로 일관성 있는 플레이를 하기가 어려워지는데 특히 이런 일은 중압감을 느끼는 상황에서 잘 발생한다.

예를 들어 15야드의 로프트웨지 피치 샷에서는 2단계 턴어웨이가 필요하다. 그리고 나서 3단계 턴 스루(턴의 교정에 대해서 잊어버렸다면 섹션 5.12를 참고), 그리고 웨지의 샤프트는 백스윙에서는 수평이었다가 팔로우스루에 와서는 수직이 되어야 한다(그림 7.2.2).

그리고 장거리 웨지 샷과 마찬가지로 스윙 플레인은 공에서 어깨로 이어지는 직선을 유지해야 한다(그림 7.2.3). 동시화된 피네스 턴과 함께 클럽을 이 플레인에 유지시키면(클럽헤드가 피니시에 다다를 때까지) 손과 손목을 이용하여 보완작용을 해야 하는 일은 없을 것이다.

연습 티잉 그라운드에서 모든 샷을 프리샷 의식과 함께 시작한다. 단 프리샷 의식에 이러한 감각이 배어들지 않는다면 중압감을 느끼는 상태에서는 절대로 효과가 없을 것이다.

그림 7.2.2 수평–수직의 샤프트 스윙으로 약 150야드의 피치 샷을 구사

그림 7.2.3 피니시에 이를 때까지 클럽 헤드는 스윙 플레인에 머무른다.

7.3 표준 피치 샷 요약

1. 프리샷 의식을 통해 완벽한 상태에 이르렀을 때 신체의 모든 부분을—다리, 힙, 상체(어깨, 팔, 손, 클럽) 함께 움직이면서 리듬에 맞추어 백스윙을 시작한다.

2 팔은 신체의 나머지 부분과 함께 움직인다. 동작을 주도하지도 않으며 어떠한 파워도 더해서는 안 된다. 손가락과 손은 힘을 뺀 상태로 오직 클럽을 잡고 손목을 코킹하는 데에만 사용되어야 한다.

3. 테이크어웨이를 시작하자마자 손목을 점차적으로 코킹하여 백스윙이 최고점에 달하기 전까지 끝낸다.

4. 스루 스윙을 하는 동안에 모든 것이 동시화되도록 유지한다. 신체의 회전과 숏–롱 스윙은 효과적이며 반복적인 피칭을 위해서 꼭 필요한, 자연스러우면서도 힘이 들어가지 않은 안정성을 만들어낼 것이다.

만약 훌륭한 15야드의 피치 샷을 보려면 그림 7.3.1의 연속사진을 보기 바란

그림 7.3.1 페인 스튜어트 스타일의 150야드 피치 샷

다. 페인 스튜어트가 이런 샷에 탁월하다. 내가 기억하기에 그는 거의 매번 성공했다.

다른 종류의 피치 샷

7.4 샌드 웨지, 로프트웨지, 엑스 웨지를 이용한 샷

많은 골퍼들은 피치 샷은 피칭 웨지로만 하는 것이라고 생각한다. 그러나 이 책에서는 그렇지 않다.

앞서의 네 가지 웨지들을 가지고서도 피칭 샷을 구사할 수 있다. 왜냐하면 모든 샷은 각기 다른 특성을 필요로 하기 때문이다. 만약 다른 클럽을 이용하여 더 좋고 일정한 결과를 만들어낼 수 있으며 치기에 용이하다고 느끼면 그 클럽을 사용하면 된다.

필자는 독자 여러분들이 모든 웨지들을 사용해야 한다고 강하게 믿고 있으므

그림 7.4.1 피칭 웨지의 출발 각도

로 이 네 가지 웨지들에 고유한 이름을 다시 만들어 붙였다. 그것은 제 10장에서 설명할 퍼펙트(perfect), 센세이셔널(sensational), 러브리(lovely) 그리고 엑설런트(excellent) (즉 피칭 웨지, 샌드 웨지, 로프트웨지, X 웨지)이다. 새로운 이름을 붙임으로써 각각의 웨지가 갖고 있는 고정관념을 없앨 수 있다. 즉 샌드 웨지는 샌드에서만 사용하는 것이 아니며 나머지도 마찬가지이다.

그렇지만 100야드 이내에서 네 가지의 웨지들을 성공적으로 사용하려면 각각의 웨지에 대한 정보와 활용 방법, 그리고 올바르지 못한 활용 방법에 대해서도 알고 있어야 한다. 그림 7.4.1에서 7.4.4까지를 보면 각각의 웨지를 사용하여 그린 위에서의 움직임에 영향을 주는 각기 다른 출발 각도를 볼 수 있다. 게다가 클럽들은 샤프트의 길이나 클럽헤드의 무게, 솔 설정, 라이 각도에 있어서 차이점을 가지고 있다(장비에 대한 구체적인 내용은 제 10장 참고).

이러한 차이점들을 조합하여 각각의 샷을 사용할 때 특수한 목적을 이룰 수 있게 해준다.

이들 클럽들을 사용하면 하드팬 라이에서뿐 아니라 잔디 속에서도 컷 로브 샷을 구사할 수 있다. 그리고 러프나 타이트한 라이에서도 적용할 수 있다. 이것은 골프 코스의 문제이다. 더 많은 변수들을 처리할 수 있게 되면 여러분이 필요로 하는 샷을 더 잘 구사할 수 있게 될 것이다.

7.5 컷 샷

지난 장에서 언급했던 것과 마찬가지로 높이 떠서 부드럽게 떨어지는 샷을 필요로 한다면 가장 확실한 방법은 로프트가 큰 웨지로 직각의 컨택트를 만들어 내는 일이다. 마찬가지로 컷 샷을 구사하기를 원한다면 표준 웨지 샷보다 로프트를 더 많이 만들어 내야 하며 공을 스탠스보다 앞쪽에 놓아서는 안 된다. 공을 스탠스의 중앙보다 앞쪽에 놓게 되면 공을 정확하게 치기 위해서는 스윙 아크가 앞쪽으로 이동해야 하며 이러한 자세에서 골퍼들은 그림 7.5.1에서 보여지듯 뒤

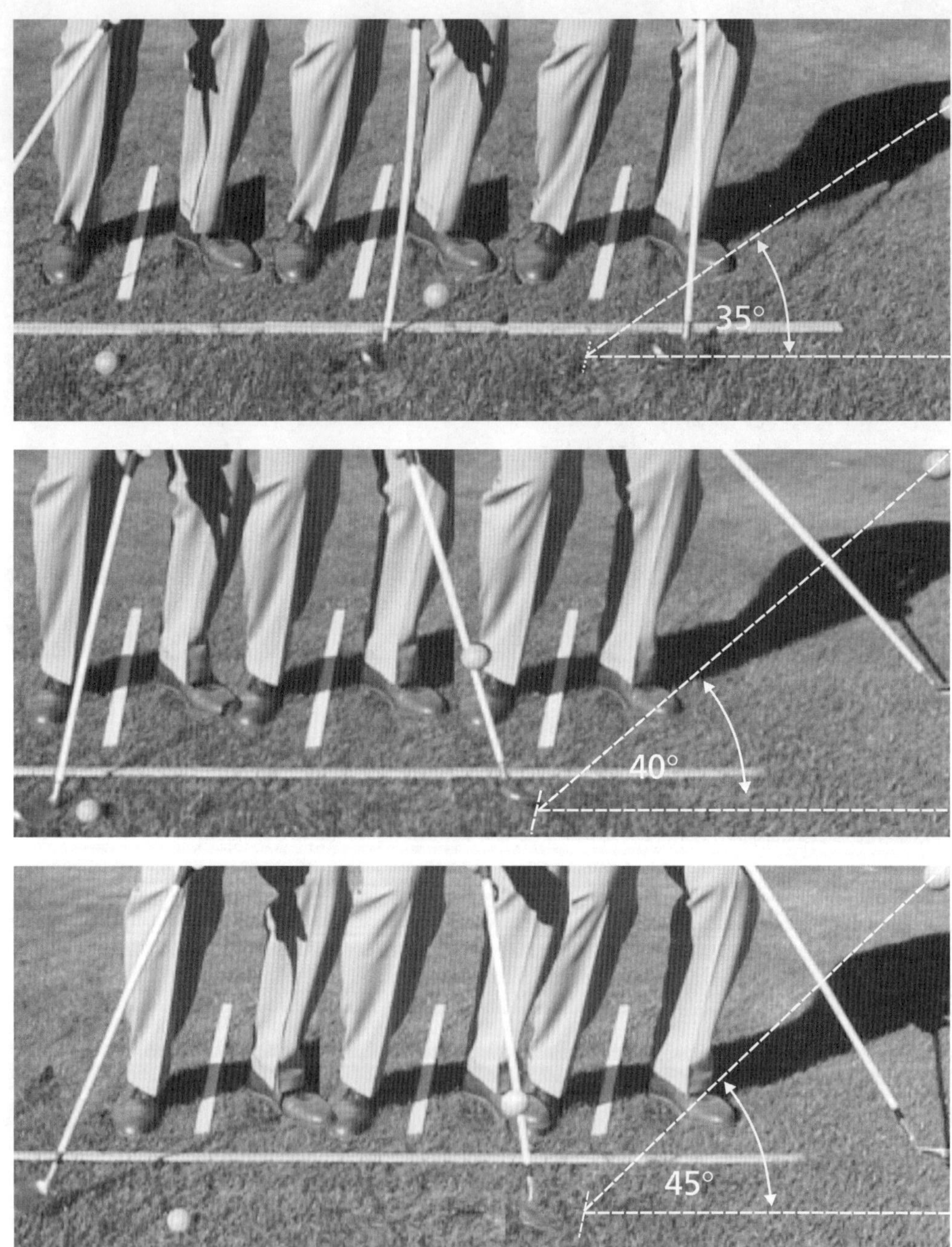

그림 7.4.2 샌드 웨지의 출발 각도 (맨 위) 로프트웨지의 출발 각도 (중앙) X 웨지의 출발 각도 (맨 아래)

땅을 치는 샷을 하거나 혹은 공을 '따라' 무릎을 굽히게 되고 이때 손의 근육은 스윙의 질을 변화시킨다. 동시에 무의식적으로 보완작용도 하게 된다. 이런 샷을 그림 7.5.2에 나온 페인 스튜어트의 훌륭한 컷 피치 스윙과 비교해 보라.

하이 컷 로브 피치 샷을 구사하기 위해서는 컷 로브 장거리 웨지 샷의 지침을 (섹션 6.12) 피네스 피치 스윙에 알맞게 적용하여 따라야 한다. 스탠스를 좁히고 클럽페이스를 오픈시키며 타깃의 왼쪽을 조준한 상태로 새로운 스윙 라인에 대하여 공을 스탠스의 중앙에 정확히 놓는다(그림 7.5.3). 그리고 잠시동안 타깃까지 얼마만큼의 거리가 남았는지 판단한다(섹션 6.13에 설명된 일반적인 과정을 사용한다).

컷 로브 테크닉을 사용하여 타이트한 하드팬 라이를 벗어나는 실험을 해보자. 이것이 지겹게 느껴질지도 모르지만 일단 하드팬 라이에서 컷 로브 샷을 편안하게 구사할 수 있게 되면 평범한 라이에서도 전혀 문제가 없을 것이다. 손과 팔은 힘을 뺀 상태로 피네스 스윙이 되고 클럽이 제대로 효과를 발휘할 수 있어야 한다. 보통의 피치 샷과 매우 다른 점은 컷 로브 샷을 치는 데에 필요한 스윙의 길이이다. 즉 클럽페이스가 크게 오픈되어 있을 때 단지 15야드의 비거리를 구사하기 위해 거의 9:00 방향의 백스윙이 필요하다.

그림 7.5.1 공을 앞쪽에 놓으면 두꺼운 샷을 피하기 위해서 손과 무릎이 불필요하게 사용된다.

그림 7.5.2 페인 스튜어트가 120야드의 컷 샷을 구사하고 있다.

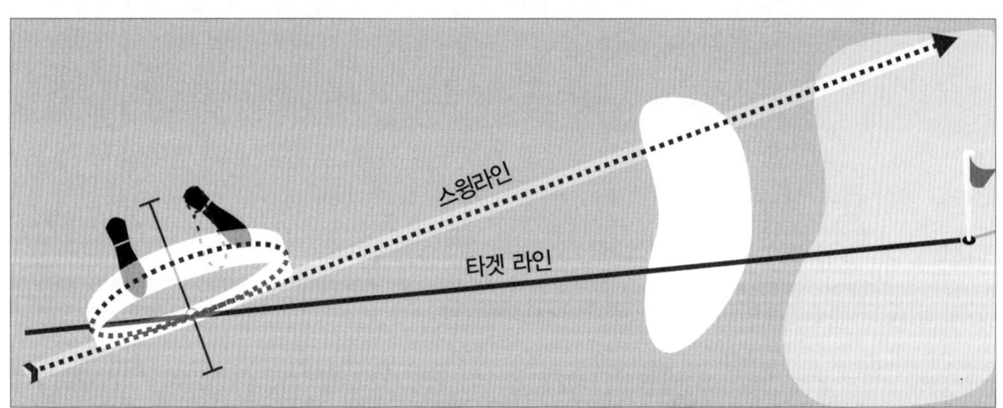

그림 7.5.3 컷 로브 피치 샷을 위한 셋업 〈그림 위쪽부터:스윙 라인, 타깃 라인〉

7.6 핀치 샷

여러분은 스핀이 만들어지는 원리를 이해하는가? 백스핀을 주기 위해서 클럽 페이스와 그곳에 실린 힘은 공의 무게 중심보다 아래쪽에 작용되어야 한다. 그림 7.6.1은 이 과정에 대한 간단한 스케치이다.

같은 원리로 오버 스핀 (혹은 탑 스핀이라고도 함)은 클럽이 공의 무게 중심보

보완작용이 일어나고 있지는 않은가?

짧은 컷 로브 샷이 잘되면 다음의 연습을 해보기 바란다. 그것은 드라이빙 레인지의 가장자리나 비어 있는 필드에 가서(형편없는 샷을 치더라도 당황하지 않도록 공개되지 않은 곳으로 가서) 눈을 감고 컷 로브 샷을 치는 것이다. 눈을 뜬 상태로 셋업을 하고 공을 스탠스의 중앙에 위치시킨 다음 프리 샷 의식을 취한다. 그렇지만 테이크어웨이를 시작할 때에는(그림 7.5.4에서 묘사하고 있는 것처럼) 눈을 감고 스윙이 피니시에 이를 때까지 눈을 뜨지 않는다. 피니시에 이르면 눈을 뜨고 공의 움직임을 관찰한다. 눈을 감으면 바르지 않은 공 포지션에 대해서 보완작용이 일어나는지의 여부를 판단할 수 있다. 만약 공이 너무 앞쪽에 위치하면 올바른 샷을 구사하기 힘들 것이다. 왜냐하면 손과 신체의 움직임을 관찰하지 못하기 때문에 보완작용이 일어날 수 없기 때문이다. 만약 눈을 감고서도 공을 올바르게 쳐낸다면 공 포지션이 바르다는 얘기이다. 그렇지만 만약 공의 뒷부분을 치는 습관이 있다면 스탠스보다 약간 뒤쪽에 공이 오도록 해야 한다. 필자는 함께 일하는 프로 선수들에게 항상 눈을 감고 샷을 연습하도록 요구하는데 그들은 평상시에 눈을 뜨고 치는 것만큼이나 이것을 훌륭하게 해낸다. 이것이 시사하는 바를 잘 생각해 보기 바란다.

그림 7.5.4 눈을 감은 채로 치는 5야드의 컷 로브 피치 샷

다 위쪽에 작용했을 때 만들어진다(그림 7.6.2). 그렇지만 샷을 얇게 치지 않고서는 오버 스핀을 만들어 내기 힘들며 이것이 바로 공의 윗 부분을 때리는 얇은 샷

이 백스핀 없이 주로 낮고 멀리 날아가는 이유이다. 사실 오버 스핀이란 말은 '보통보다는 적은' 백스핀 상태를 이야기하고 있는 것이다. 백스핀이 적은 이유는 플레이어들이 공의 무게 중심 아래쪽에 컨택트를 했다고 해도 백스핀을 만들어 내기 위한 다른 필요 조건들이 충족되지 않았기 때문이다.

그렇다면 필요조건이란 무엇인가? 주로 로프트나 클럽헤드의 컨택트 각도, 그리고 공이 위치한 표면의 상태이다. 지표면이 단단하면서 저항력을 많이 가지고 있으면 공은 실제적으로 지면에 '꼭 끼인(pinched)' 상태가 된다(그림 7.6.3). 공의 아래쪽이 클럽에 의해 밀려지고 지표면을 따라 끌려가면 '핀치 상태'의 공 표면은 늘어났다가 재빨리 원상태로 복귀되면서 추가적인 백스핀이 만들어진다(나중에 보면 공의 커버가 손상되어 있는 경우가 종종 있다).

클럽헤드가 공을 타격하는 각도는 정확히 임팩트 순간 클럽헤드의 이동 방향과 일치한다(수평이거나 위아래쪽을 향한다). 핀치 상태가 아니더라도 날카롭

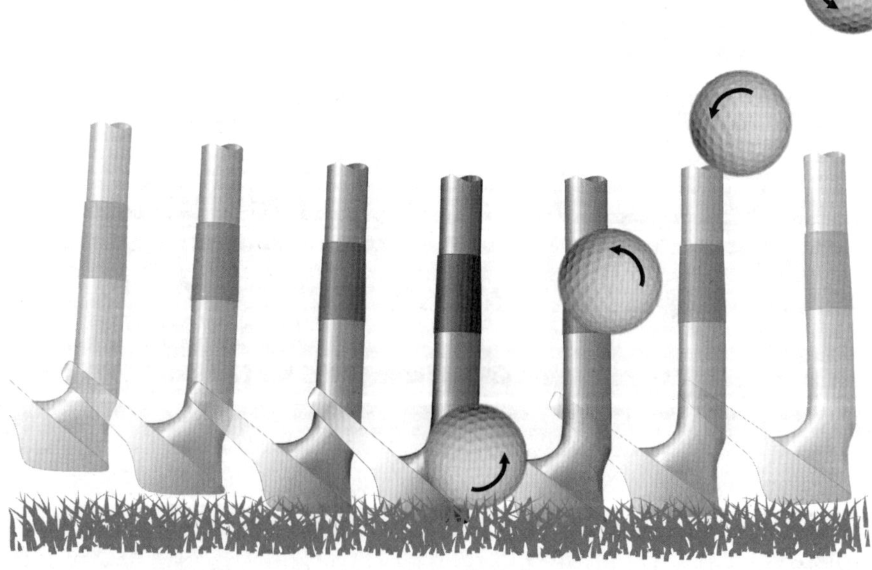

그림 7.6.1 로프트 웨지로 공의 무게 중심보다 아래쪽에 컨택트하면 백 스핀이 만들어진다.

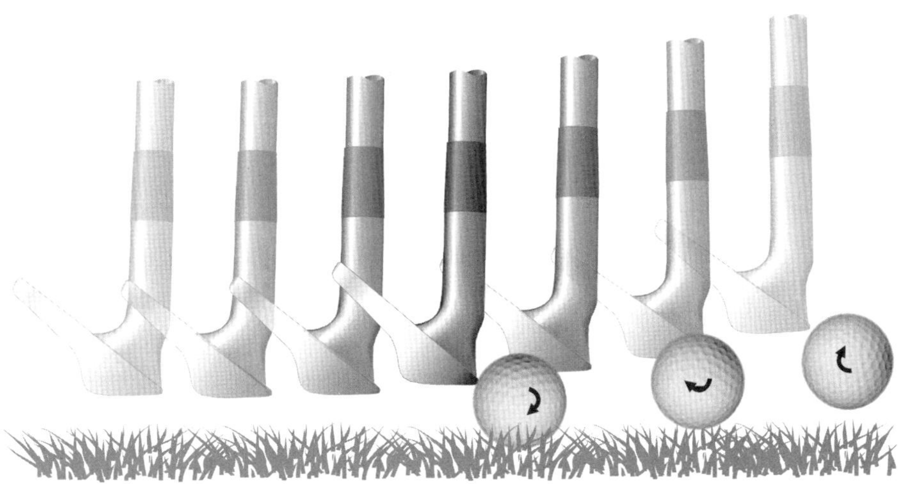

그림 7.6.2 얇게 치는 웨지 샷은 공의 중심보다 위쪽을 컨택트하여 오버 스핀을 유발한다.

그림 7.6.3 내려치는 타격은 공을 하드팬 라이에서 '핀치' 시키면서 최대의 백 스핀을 만들어 낸다.

게 내리치는 스윙은 아래쪽 그림 7.6.1과 같이 수평으로 스윙할 때보다 더 많은 백스핀을 만들어 낸다. 이러한 스핀은 공이 얼마나 홀 가까이 서는지를 결정짓는다.

7.7 최소와 최대의 백스핀

피치 샷을 계속적으로 깃대 주변 '황금의 8피트' 영역 안으로 들여보내기 위해서는 각기 다른 라이로부터 얼마나 많게 혹은 얼마나 적게 백스핀을 만들어 내는가에 대해서 알고 있어야 한다(그림 7.7.1). 즉 그 내용은 다음과 같다.

1. 공이 잔디 위로 높이 얹혀 있어서 핀치 상태를 유발시키는 요소가 없는 경우
2. 공 아래가 적당히 단단하여 핀치 상태가 발생하는 경우. 예를 들어 페어웨이의 잔디 위 라이

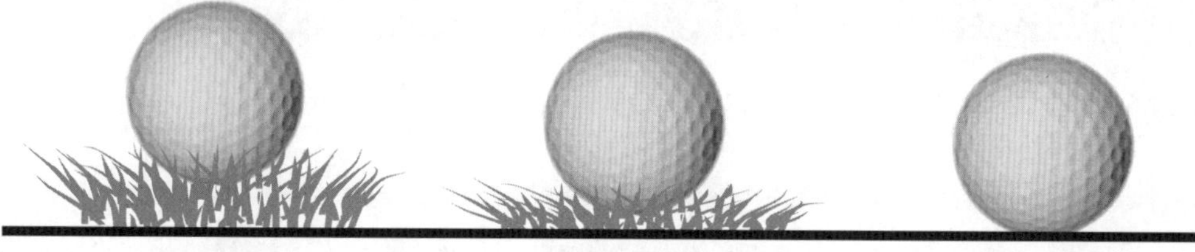

그림 7.7.1 지면과 공이 얼마나 밀착되었는가는 스핀의 정도에 영향을 준다.

3. 공이 진흙이나 모래로 된 하드팬과 같이 단단한 무언가와 직접 접촉하고 있는 경우

내려치는 다운스윙이라면 공을 핀치시켜 모래 또는 흙 위로 잡고 끌고 가는 것은 쉽게 일어난다(수평의 스윙을 구사하면 핀치 상태를 유발하지 않거나 얇은 샷이 된다).

골프 코스 내에서는 이상과 같은 백스핀의 본질, 공 아래 위치한 표면이 제공하는 샷의 질, 백스핀의 정도, 그리고 착지하는 지점 등을 고려해서 플레이를 하는 것이다.

필자는 피치 샷의 백스핀을 컨트럴하기 위해 두 가지의 스윙을 추천한다. 그 중 하나는 최대의 백스핀을 위한 것이고 또 한 가지는 최소의 백스핀을 위한 것

이다. 둘 다 믿을 만하며 계속해서 사용할 수 있다. 일단 어떠한 스윙을 구사할 것인지 결정하면 여러분은 그린을 '읽어야 한다.' 이 과정을 탁월하게 수행하면 공은 홀 가까이에 멈추게 될 것이다.

모든 라이에서 백스핀을 최소화하기 위해서는 클럽헤드가 임팩트 순간 수평으로 이동하도록 해야 한다. 그러기 위해서는 손목을 코킹하지 않고 스윙해야 한다. 이렇게 하면 그림 7.7.2와 같이 공에 대한 접근 각도가 낮아지고 임팩트 후에도 낮게 유지된다. 그리고 가능한 한 로프트가 작은 클럽을 사용하여 공의 중앙에 가깝게 컨택트를 유도하는 것도 도움이 된다. 백스핀을 최대화시키기 위해서는 내려치는 타격을 구사해서 공을 지면과 가능한 한 강력한 핀치 상태로 만들어야 한다(그림 7.7.3). 만일 공 밑에 아무것도 없는 조건이라면, 다운블로우 동작으로 샷을 해도 탄도는 낮을 수밖에 없고 백스핀 또한 줄어들 것이다. 클럽을 오픈하여 임팩트 순간 로프트를 증가시켜도 공의 무게 중심보다 아래쪽에 임팩트가 일어나므로 스핀을 조금 더 증가시킬 수 있다. 그러나 이 방법으로는 앞서 언급한 핀치 상태의 발생보다 많은 백스핀을 만들어 낼 수 없다.

그림 7.7.2 손목을 코킹하지 않으면 백 스핀이 최소화된다.

그림 7.7.3 내려치는 타격으로 핀치시키면 백 스핀이 최대화된다.

샷의 특성

7.8 경사면으로 쳐서는 안 된다

해마다 U.S. 오픈에서는 코스를 셋팅한 사람들이 악의에 차 있거나 불공정하기 때문에 자신들이 파에도 훨씬 못 미치는 성적을 낸다고 불평하는 몇몇 선수들의 모습을 볼 수 있다. 선수들은 U.S. 오픈 코스의 몇몇 그린에서 공의 움직임이 이상하다고 느낀다.

선수들은 이 공을 그린 안으로 넣더라도 표면이 매우 단단해서 샷이 멈추지 않고 굴러가 트러블 샷을 하게 된다. 만약 샷이 절대적으로 완벽하지 않게 된다면-최대의 백스핀으로 그린 앞쪽 최적의 지점에 공이 안착되지 않는다면-퍼팅을 하게 될 가능성은 없어진다.

그렇지만 타깃에 못 미치도록 공을 짧게 쳐서 그린 위로 튀어 올라가는 샷을 하려한다면 공은 한참 앞에 서버리게 된다. 그린의 앞쪽은 그린의 표면보다 아주 물렁거려서 경기 운영위원들은 그린에는 물을 주지 않고 그린의 앞쪽에만 물을 준다고 비난을 받는다.

어느 해인가 코스관리자와의 대화를 통해서 그린 앞쪽에는 물을 주지 않는다는 사실을 알고 난 후에도 여전히 선수들이 불평하는 것을 듣고서 나는 진상을 조사해 보기로 결심했다. 그리고 이와 같은 일은 골퍼들이 슬로프와 공의 바운스와 관련된 물리적 작용을 이해하지 못하기 때문에 일어나는 것임을 알게 되었다.

먼저 공이 단단한 표면 위에서(피치 마크를 거의 남기지 않는 표면) 마치 광선이 반사면을 반사하는 것같이 바운스되는 과정을 이해해야 한다(그림 7.8.1). 물리학에 의하면 이것은 입사각과 반사각에 해당되는데, 그것은 단단한 페어웨이에서 대부분의 드라이브 샷이 바운스되는 과정과도 같다(그림 7.8.2). 즉 공은 입사하는 각도가 낮을수록 앞쪽으로 튀어나가는 정도도 낮으며 입사하는 각도가 높을수록 앞쪽으로 더 높고 짧게 튀겨나간다. 그렇기 때문에 우리는 여기서 페어웨이 우드나 드라이버 샷이 스핀이 거의 없이 굴러가는 샷 패턴을 쉽게 상상해 볼 수 있다.

그렇지만 골퍼들은 그린을 향해 치는 아이언 샷에 대해서는 이러한 이해를 적용하지 못한다. 아이언 샷을 칠 때 우리는 두 가지 실수를 범한다. (1)아이언 샷의 백스핀이 공이 착지한 지점에 멈출 것이라고 예상한다. (2)착지 지점의 경사면이 공이 튀겨나가는 각도에 어떠한 영향을 주는지 전혀 모른다.

첫 번째 실수는 섹션 6.9에 설명되어 있다. 공의 피치 마크를 결정하는 것은 주로 첫 번째 바운스이지 백스핀이 아니다. 공이 단단한 페어웨이의 잔디 위에 칙지하여 피치 마크가 거의 없을 때, 바운스는 물리적 법칙을 따르게 되어 있다(입사각과 반사각이 같아야 한다).

골퍼들이 범하는 두 번째 실수는 착지하는 곳의 슬로프 각도가 10도 변할 때 무슨 일이 일어나는지를 보여 주고 있는 그림 7.8.3을 통해 쉽게 이해할 수 있을 것이다.

슬로프의 각도가 변화하면 튀어나가는 각도도 두 배로, 즉 20도로 커진다(입사각 10도에다가 튀겨나가는 각도 10도를 더하여 모두 20도이다). 이것으로 U.S. 오픈의 그린을 설명할 수 있다. 착지점의 슬로프에 작은 변화가 생기면 그곳에서 튀어나가는 공의 각도는 두 배로 영향을 받는다.

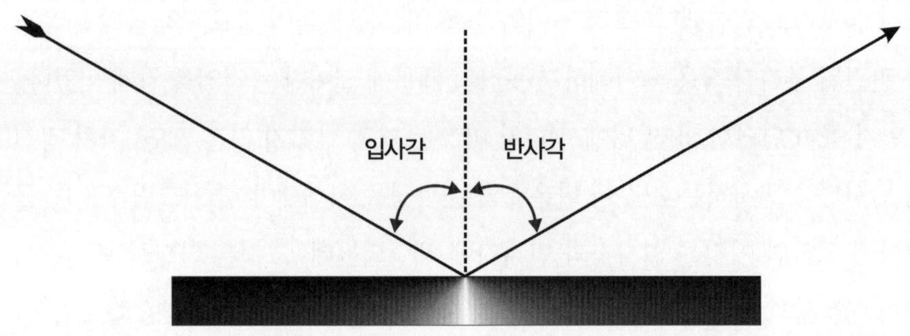

그림 7.8.1 광선이 반사면을 반사하는 모습. 입사각과 반사각이 같다.

이 효과에 대한 더 극단적인 예를 소개하겠다(그림 7.8.4). 여러분이 뒤쪽에 많은 트러블이 도사리고 있는 그린을 향해 피칭 웨지 샷을 친다고 상상을 해 보라. 그린의 앞쪽은 22도의 슬로프이다. 샷은 완벽하기 때문에 그린보다 약간 앞쪽에

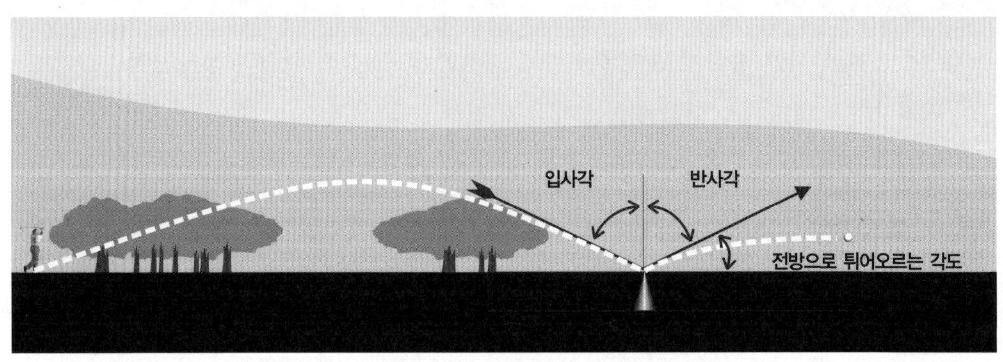

그림 7.8.2 낮은 드라이브 샷은 낮게 튀겨나간다.

착지할 것이라고 예상하면서 평범한 45도의 어프로치 각도를 구사하고 45도 각도로 앞으로 튀어나갈 것을 예상한다. 그렇지만 22도 각도의 슬로프에 착지하면 튀어나가는 각도는 거의 45도 가량 변화한다(22도의 두 배이다). 앞쪽으로 45도 튀어나가는 대신 공은 90도로, 즉 수직으로 튀어나간다. 앞쪽으로는 조금도 튀지 않으며 설사 콘크리트의 표면이라 해도 이러한 현상은 똑같이 일어났을 것이

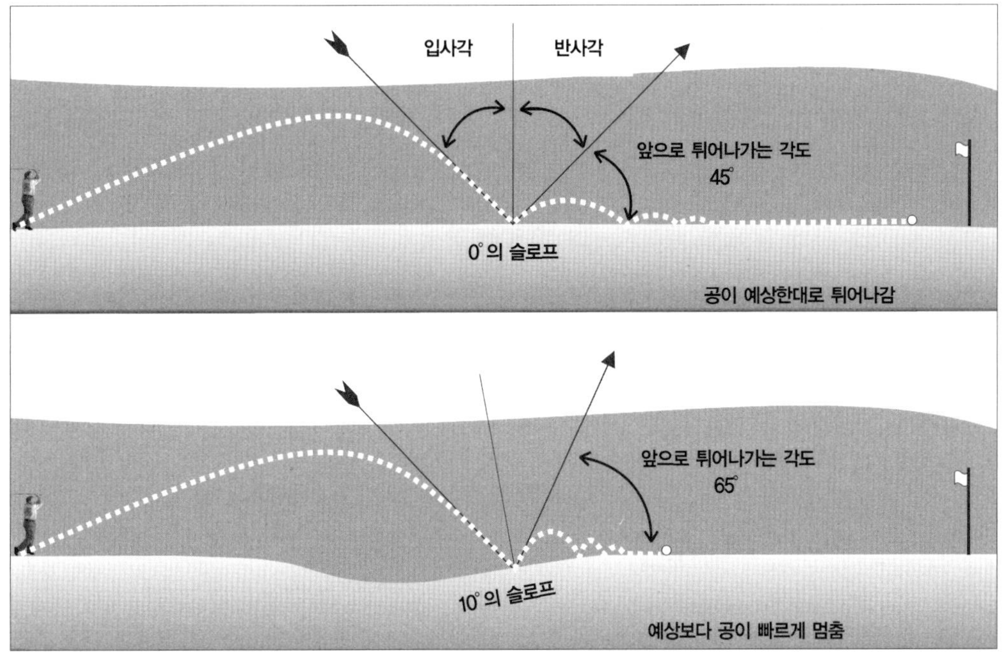

그림 7.8.3 피칭 웨지의 피치 샷은 평탄한 표면(위 그림)에서보다 10도의 슬로프(아래 그림)에서 20도 가량 더 높이 튀어 오른다.

다. 이것은 U.S 오픈 코스 관리인이 주는 물 때문이 아니라 물리적인 법칙 때문이다.

여기서 얻을 수 있는 교훈은 슬로프를 향해서 피치 샷을 해서는 안 된다는 사실이다. 만약 오르막의 슬로프로 피치 샷을 구사하면 핀에 못 미쳐서 공이 멈출 것이다. 또한 내리막의 슬로프를 향하여 피치 샷을 구사했을 때에는 반대의 효과가 나타난다. 때문에 다운 슬로프의 각도보다 두 배로 더 낮게 앞쪽으로 튀어나가서 가끔은 그린 밖으로 벗어날지도 모른다. 그러므로 가능하면 공의 움직임을 예상할 수 있는 평평한 지면을 향해 치는 것이 좋다.

바로 이런 이유 때문에 나는 어프로치 각도를 과장해서라도 여러분의 주목을 끌고자 한 것이다. 사람들은 6번 아이언을 가지고 칠 때는 이처럼 슬로프를 향해 치는 일이 드물며, 설사 공이 20도에서 25도에 이르는 오르막 슬로프에 착지해

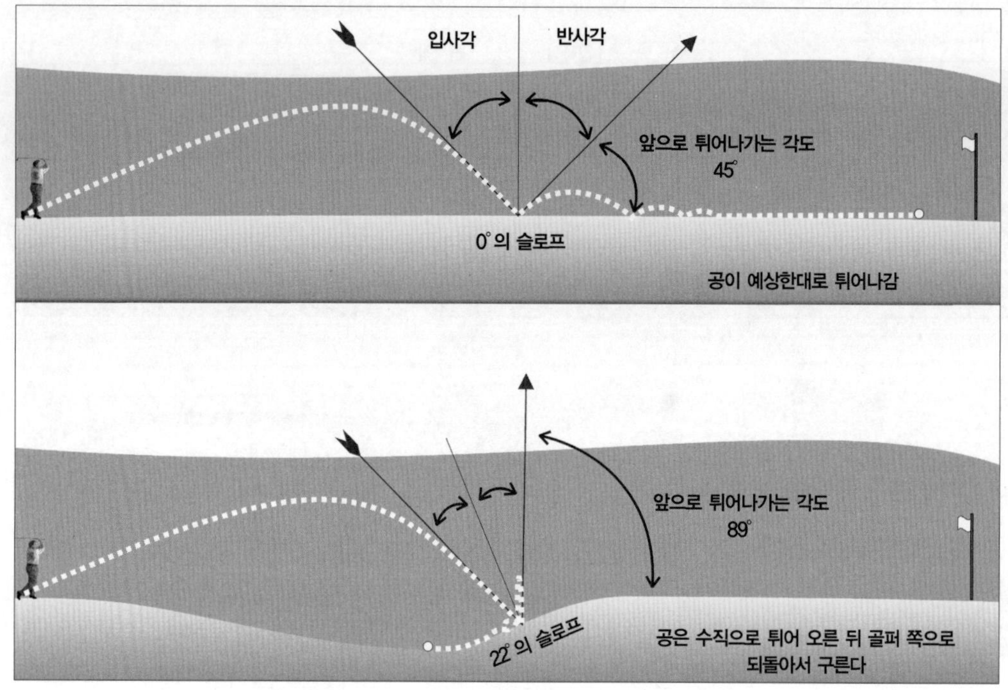

그림 7.8.4 피칭웨지의 피치 샷이 22도의 슬로프를 맞고 앞쪽이 아닌 수직으로 튀어 나간다.

도 조금이나마 앞으로 움직이기 때문에 이 효과를 쉽게 무시한다.

7.9 그린에 착지한 후

앞서 언급했던 것과 마찬가지로 모든 숏 게임 샷은 두 개의 부분으로 이루어져 있는데 첫 번째 부분은 물리적 측면에서의 샷 구사, 즉 스윙이다. 스윙은 궤도와 속도 그리고 스핀을 만들어 내어 의도하는 범위에 샷이 착지하도록 해준다. 두 번째 부분은 착지한 후 그린에서의 공의 반응이다. 여러분은 이 반응을 예상할 수 있어야 한다. 즉, '샷을 읽는 것'이 가능해야 한다. 이것은 퍼팅에서도 마찬가지이다. 여러분은 퍼팅의 역학적인 부분뿐만 아니라 공이 어떻게 반응하는지를 알기 위해 그린을 읽을 수 있어야 한다. 따라서 훌륭한 숏 게임 플레이어가 되기 위해서는 공을 타격하는 일뿐 아니라 그린에서의 공의 반응을 아는 것도 중요하다. 둘 중 하나만 소홀히 해도 운이 따르지 않으면 결과는 망치게 된다. 물론 훌륭한 플레이어는 운에 의존하지 않는다.

샷을 원하는 위치에 안착시키지 못할 경우에는 결코 피칭 게임을 완수할 수 없을 것이다. 골퍼라면 백 안에 있는 모든 웨지를 가지고 피치 샷을 잘 해낼 수 있어야만 한다. 필자가 앞서 조금 설명했고 앞으로 제 12장에서 다시 설명할 것이 바로 첫 번째 부분, 즉 샷의 구사에 관한 내용이다. 그리고 여기에서는 그린 위에서 각각의 클럽을 가지고 치는 피치 샷의 예상 가능한 각기 다른 반응에 대하여 세부적으로 설명하려고 한다.

피치 샷을 성공시키는 열쇠는 모든 웨지를 가지고 연습하는 것이다. 각각의 클럽은 각기 다른 궤도와 높이, 백스핀의 특징들, 그리고 그린 위에서의 바운스와 구르는 정도의 차이를 나타낼 것이다. 다소 당혹스럽게 들릴는지는 모르지만 반드시 당혹스러운 일은 아니다. 물론 모든 피치 샷의 상황에 대해서 연습하고 마스터하며 암기해야 한다는 것은 아니다. 그렇지만 어떠한 조합이 자신에게 가장 유용하며 쉬운가를 알아내기 위해, 그리고 선호하는 샷과 피해야 할 샷이 무엇인지를 알아내기 위해서 충분히 연습해야만 한다. 선호하는 샷은 자신감과 신뢰를 가지고 구사할 수 있기 때문에 중압감을 느끼는 상황에서 가장 자주 구사하는 샷이 될 것이다.

뒤에 나오는 몇 개의 섹션에서는 피치 샷에 대한 일반적 특성과 공의 움직임에 대한 특성들을 다루고 있다. 여러분이 이것을 읽어 나가는 과정에서 몇 가지 사실은 마음에 와 닿고 기억에 남겠지만 다른 것들은 아무런 의미가 없을는지도 모른다. 이 내용들을 게임에 적용하는 유일한 방법은 어떤 것이 효과가 있는지 혹은 어느 것이 효과가 없는지를 스스로 알아내는 것이다. 나의 소견은 연구에 바탕을 두고 있으며 나는 100퍼센트 그것을 신뢰한다. 그렇지만 속담도 있듯이 백문이 불여일견이다. 결국 여러분은 스스로 연습해 보아야 한다.

모든 피치 샷은 적어도 그린의 표면으로부터 3피트 정도 이상의 거리에 착지되어야 할 것이다. 그린 주변에 착지되어서는 안 된다. 필자는 낮은 로프트의 클럽을 가지고 그린의 주위를 맞고 공이 튀어가도록 하기보다는 64도의 X웨지를 가지고 높고 부드러운 샷을 구사하여 그린에 안전하게 착지시키는 것을 선호한다. 그린의 주변은 퍼팅을 구사하는 표면보다 더 좋지 않은 바운스가 발생하기 쉽다. 그린의 주변은 그린보다 고르거나 부드럽도록 고안되어 있지 않다. 그린의 주변 토양은 아래에 자갈이 깔려 있지 않아 빈 공간이 없으며 단단하게 눌려 있고 부드럽지 않기 때문에 선수들이 원하는 규칙적인 결과가 나오기 힘들다. 공은 그린의 가장자리를 넘어 그린 안에 착지해야 한다(단 Augusta National 골프장에서는 다르다. 이 경우에는 그린의 주변 쪽이 부드럽고 매우 단단한 그린보다 더 안전할 지도 모른다).

그렇다면 그린에 착지한 후 샷의 움직임을 어떻게 컨트럴할 것인가? 몇몇 선수들은 낮은 탄도의 고스핀 공을 치고 또 다른 선수들은 높고 부드럽게 쳐낸다. 두 가지 기술 모두가 올바르게 수행되고 만약 그린이 예상한 대로 샷 패턴에 응한다면(핀 위치가 공을 절대 세울 수 있는 곳이 아닌 경우) 이 두 가지 방법 모두 효과를 발휘할 것이다. 그렇지만 필자는 최상의 피네스 스윙 플레이어들이 그린에서 공을 튀게 해서 구르기보다 띄우는 경우를 많이 목격했다. 탐 카이트나 탐 왓슨 그리고 세베 바에스테로스를 보면 높고 부드러운 샷을 해서 공을 홀 가까이 멈추게 하는 장면을 목격할 수 있을 것이다. 물론 그들은 필요한 경우엔 낮게 구르는 샷을 구사할 능력도 충분히 갖추고 있으며 실제로 그렇게 한다. 그렇지만 공중에서 수직으로 떨어지는 부드러운 샷은 대부분 그린의 상태와는 관계없이 너무 구르거나 튀는 일이 없다. 부드럽고 높은 샷은 예상하기가 쉽다. 낮고 구르는 샷을 잘 쳤을 경우에는 공이 접촉하는 그린의 조건과 스핀의 양에 완전히 의존해야 한다(예를 들어 구르는 공은 젖고 습기가 많은 그린에서 잘 멈추지 않는다). 그리고 아마도 가장 중요한 것은 상황에 꼭 알맞게 먹히는 스핀과 정확한 타구를 만들어

내야 한다는 점이다. 따라서 일관성 있게 반복해서 샷을 구사하기에는 공을 부드럽고 높게 치는 것이 더 쉽다.

샷과 클럽을 선택할 때는 샷을 구사하는 플레이어의 기술수준과 샷의 성공률을 기준으로 삼아야 하고 잠재의식 또한 고려해야 한다. 만약 샷에 대해 확신을 갖지 못하는 경우라면 잠재의식을 선택하도록 한다. 샷을 상상하고 연상 스윙을 하며 스윙감을 느낀다. 그러면 잠재의식으로 감각을 알게 될 것이다. 물론 이러한 과정은 샷의 준비과정에도 적용할 수 있다. 숏 게임의 주문이 "보아라. 느껴라. 느낌이 좋으면 시작하라."인 것도 바로 이러한 이유 때문이다.

간단히 말해서 범프 앤드 런보다 플롭 샷이 더 잘될 것 같은 느낌이 들면 플롭 샷을 구사하면 된다. 그리고 그 반대의 경우도 가능하다. 골퍼의 목표는 가능한 한 가까운 퍼팅을 하는 것임을 잊어버려서는 안 된다.

7.10 피칭 웨지의 비구선 대 구르기

피칭 웨지와 관련된 데이터를 검토해 보면 피칭 PGA 투어 선수들의 샷이 어떤 유형인 가를 알 수 있다. 샷이 제대로 구사됐을 때 어떤 결과가 나올 것인가에 대한 확신을 갖고 있다면 자신 있는 샷을 구사하는 데에 아무런 문제가 없을 것이다.

필자는 이러한 테스트를 다섯 명의 선수를 대상으로 해 보았다. 나는 이들에게 각각 50개의 샷을 서로 다른 조건의 그린을 향해 치도록 했다. 그레인과 같은 방향, 반대 방향, 혹은 그레인을 가로지르게 한다거나 그린의 상태가 건조하거나 습기 찬 곳 또는 벤트 그래스 혹은 버뮤다 그래스 위에서 샷을 구사하게 했다. 모든 샷은 플레이어의 평범한 피네스 피칭 웨지 스윙을 하도록 해서 과도한 스핀이나 높은 비행고도를 만들어 내지 않도록 했다. 이들이 한 샷은 평균적인 속도로 그린의 평탄한 면을 구르는 단순한 피치 샷이었다(스팀프미터로 측정해 본 결과 7.5와 9.0사이의 속도였다). 이 연구의 결과들을 표로 만들었는데, 여러분에게도 유용한 자료가 될 수 있을 것으로 본다.

도표 7.10.1은 피칭 웨지 샷으로 (49~50도 로프트 각도) 그레인 역방향으로 구르게 한 샷은 벤트 그래스의 경우 비거리와 구른 거리가 거의 같은 거리를 가지고 있음을 보여준다.

이러한 샷은 버뮤다 그린에서는 덜 구르는데 이 결과는 기억하기도 쉽고 하나의 기준의 될 수 있다. 즉 평균적인 조건 하에서는 피칭 웨지를 가지고 피치 샷을 구사할 경우 비거리와 구르는 거리가 50 대 50의 비율을 갖는다.

그러나 그레인의 역방향으로 평탄한 핀의 위치를 향해 구사하는 샷이 전부 이렇지는 않다. 도표 7.10.2와 7.10.3에서 프로 선수들이 그레인의 결을 따라서 혹은 반대로–구르는 동작을 도와주는 방향 혹은 방해하는 방향으로–피치 샷을 구사했을 때 버뮤다 그린에서는 큰 차이점을 나타냈지만, 벤트 그래스의 그린에서는 그 효과가 크지 않음을 알 수 있다. 그러므로 피치 샷을 이용하여 버뮤다 그래스 그린으로 넣을 때에는 비거리를 생각하기 이전에 그레인의 방향으로 칠 것인

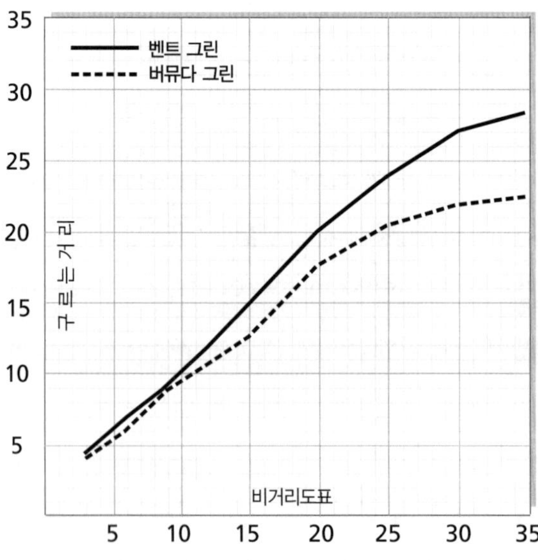

도표 7.10.1 피칭 웨지 샷에 대한 비거리 대 구르는 거리

지 아닌지 그 여부를 체크해야 한다. 그렇지만 벤트 그린에서는 이러한 것이 그다지 문제가 되지 않는다.

그렇다면 젖은 그린에서는 어떠한가? 나는 먼저 샷을 건조한 그린으로 그레인과 반대 방향으로 쳐서 결과를 측정하였다. 그리고 나서 그린에 전부 물을 적신 다음 똑같은 샷을 쳤다. 선수들이 버뮤다 그린에서보다 벤트 그린에서 플레이할 때 비에 의한 영향을 더 많이 받는다는 사실을 확실히 알 수 있었다(도표 7.10.4).

그러나 독자들은 이러한 데이터나 도표들을 너무 심각하게 받아들여서는 안 된다. 그것은 샷이, 구사하는 사람마다 각기 다른 스윙 역학으로 인하여 약간씩 다르게 반응하기 때문이다. 이러한 정보는 연습 시 일종의 지침으로 새겨 두고 있어야 한다.

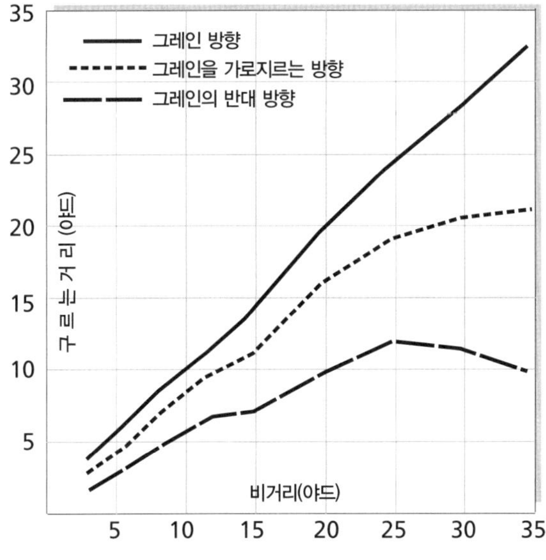

조건 : 피칭 웨지(로프트:49° 혹은 50°)
표준 궤도 평균적 백 스핀
그린 : 건조 스피드 : 7.5~9.0

도표 7.10.2 버뮤다 그린에서 그레인의 효과

7.11 로프트가 구르는 정도에 영향을 준다

필자는 투어 선수들의 데이터를 수집하는 과정에서 그들에게 피칭 웨지 외에 다른 웨지를 가지고 똑같은 그린에서 샷을 구사하도록 요구했다. 이를 통해 알

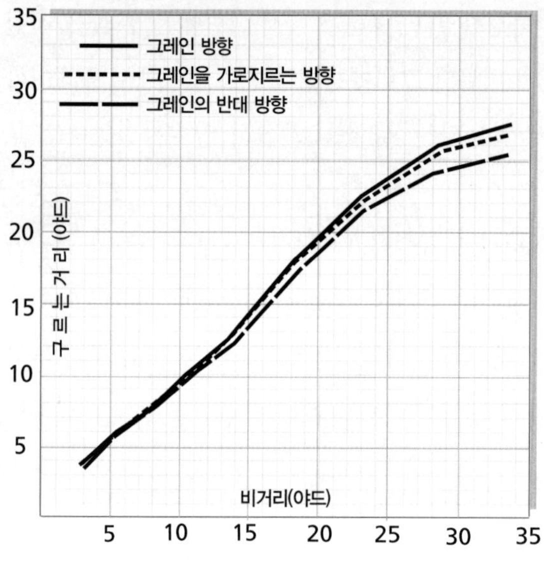

도표 7.10.3 벤트 그린에서 그레인의 효과

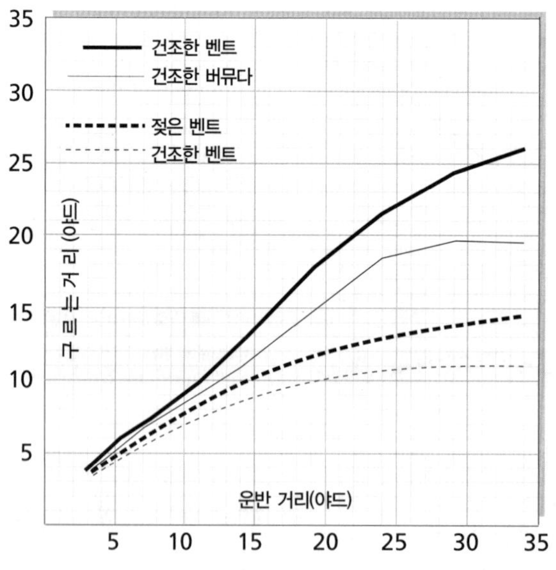

도표 7.10.4 버뮤다 그린과 벤트 그린에서 습기의 효과

게 된 사실은 여러분의 플레이를 더욱 정교하게 만드는 데 도움이 되리라고 본다. 그렇지만 다시 한 번 강조하는데, 이것은 복음이 아니다. 단지 일반적인 지침일 뿐이다.

샷을 관찰할 때는 일단 피칭 웨지로 쳐서 비거리와 구르는 거리가 얼마나 같은가를 알아본 뒤에 그 결과를 앞서 언급한 그린의 조건에 적용해 본다. 또 샷을 더 높이 구사할수록 피치 마크는 깊어지고 공도 더 빨리 멈춘다는 사실을 기억해 두자.

프로 선수들의 평균 결과를—평평하고 건조한 벤트 및 버뮤다 그린에서의 결과—샌드 웨지와 로프트웨지와 비교하여 관찰해 본 결과 (그림 7.11.1, 7.11.2), 피

조건 : 피칭 웨지(로프트:49°–50°)
샌드 웨지(로프트:54°–55°)
로프트 웨지(로프트:59°–60°),
표준 궤도, 평균적 스핀,
그린 : 벤트, 스피드 : 8.0–9.0

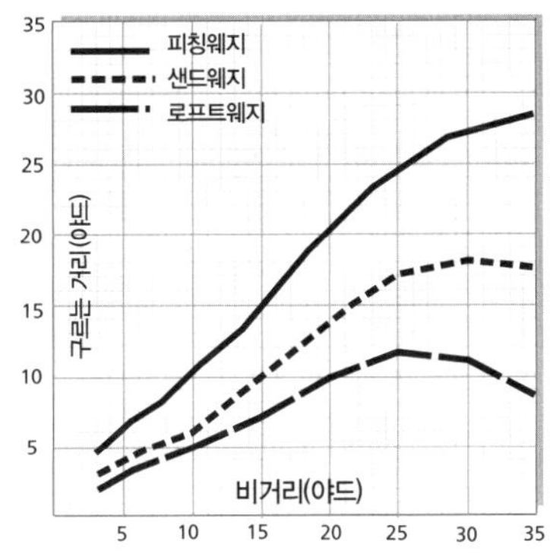

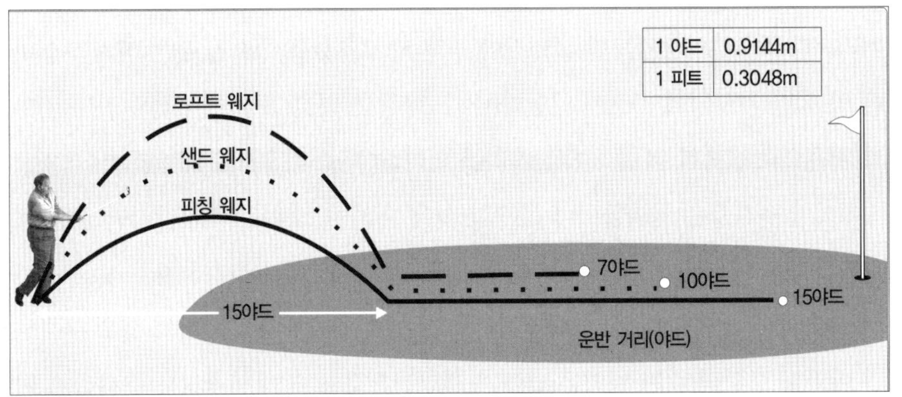

그림 7.11.1 각기 다른 웨지에 대한 비거리 대 구르는 거리(벤트 그래스)

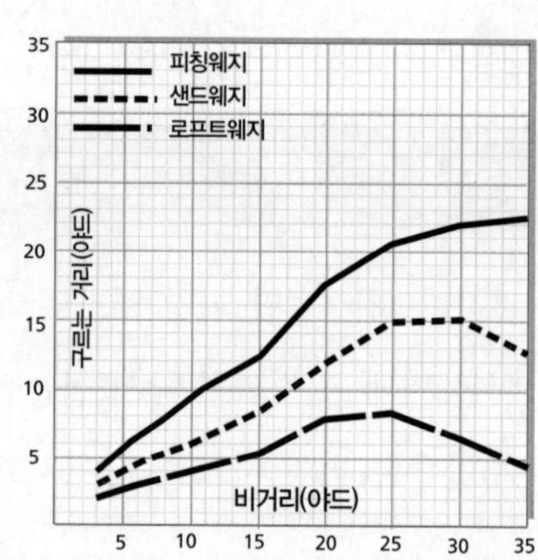

조건 : 피칭 웨지(로프트:49도~50도)
　　　샌드 웨지(로프트:54도~55도)
　　　로프트 웨지(로프트:59도~60도),
　　　표준 궤도, 평균적 스핀,
　　　그린 : 벤트, 스피드: 7.5~9.0

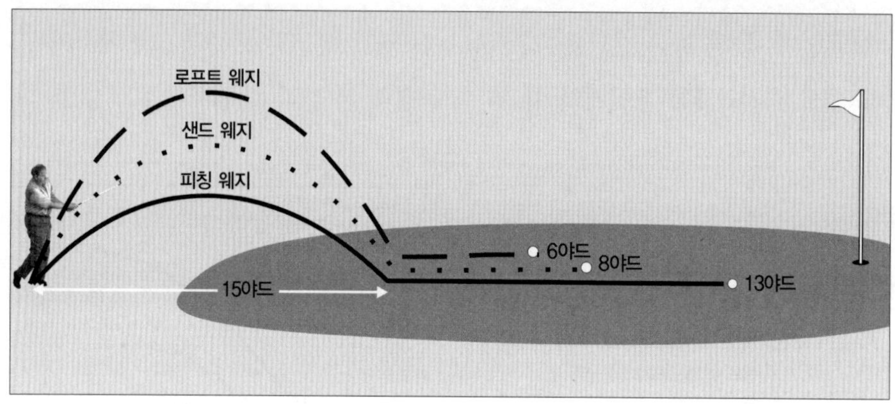

그림 7.11.2 각기 다른 웨지에 대한 비거리 대 구르는 거리(버뮤다 그래스)

칭 웨지는 대략 비거리와 대등한 거리를 굴러가는 반면, 샌드 웨지로 친 샷은 비거리보다 약 3분의 2 정도만 굴러갔다. 그리고 로프트웨지로 친 샷은 비거리에 비해 약 절반 가량밖에 구르지 않았다(내가 '구른다' 라고 표현하는 것은 공이 지면과 처음으로 접촉한 뒤 움직이는 거리를 의미한다. 즉 바운스도 포함된 것이다).

　이러한 숫자들은 골퍼들이나 특정한 샷에 대하여, 정확하지는 않지만 샷을 예상하는 훌륭한 지표가 될 수 있다. 평탄하고 단단한 그린에서의 피치 샷은 홀까지 거리 중 약 절반 정도를 날아간다. 만약 샌드 웨지를 가지고 피치 샷을 구사하면 아마도 그린의 주변 지역은 넘어가 결과적으로 60%의 비거리를 구사하게 될 것이다. 그리고 로프트웨지를 가지고 치면 그린의 조건에 따라 약간의 오차는 있겠지만 홀까지의 거리 중 3분의 2 정도의 비거리를 구사할 것이다.

7.12 스핀 효과

필자는 그린에서 스핀이 공의 움직임에 영향을 주는 원리에 대해서도 설명하고자 한다. 일반적으로 사람들은 손목 코킹을 이용하고 다운 블로우 타법을 이용함으로써 스핀을 증가시키려고 한다. 공을 약간 뒤쪽에 놓고 공을 지표면에 핀치시키면 스핀은 극대화된다. 스핀을 최소화하기 위해서는 손목을 코킹하지 않고 임팩트 순간 로프트가 제일 낮아지도록 휘두르면 된다. 만약 스핀을 최대화하기도 혹은 최소화하기도 원치 않는다면 보통의 피치 스윙을 이용하여 내가 말하는 '보통(중간)'의 스핀을 만들어 냄으로써 변함없는 결과를 얻을 수도 있을 것이다.

나는 투어 프로들에게 세 가지의 스핀 테크닉을(최대, 최소, 중간) 이용하여 똑같은 샷을 구사하게 했다. 도표 7.12.1은 그들의 피칭 웨지 샷에 대한 결과를 보여 준다. 이 도표를 통하여 여러분은 스핀을 최소화시킨 샷에 대하여 중간의 스핀을 가지는 샷은 약 절반 가량의 거리만큼 구른다는 사실을 알 수 있다.

샷을 샌드 웨지로 하면 도표 7.12.2와 같은 결과가 나온다. 이때 공은 최대의 스핀 때문에 더 빠르게 멈춘다. 그리고 로프트 웨지를 사용하면(도표 7.12.3) 샷은 더 짧게, 즉 가장 짧게 멈춘다.

이 데이터에서 알 수 있는 또 다른 흥미 있는 결과들은 다음과 같다.

1. 공의 스피드와 지면의 단단함이 비슷할 때 공은 벤트 그린에서보다 버뮤다 그린에서 더 빠르게 멈춘다.

2. 공을 더 높이 칠수록 스핀의 영향은 줄어든다. 이를 통해 샷이 더 높이 구사될수록 스핀의 중요성은 적어진다는 사실을 증명할 수 있다.

이러한 정보를 모든 사람들이 숏 샷에 대해서 듣는 조언, 즉 '공이 가능한 한

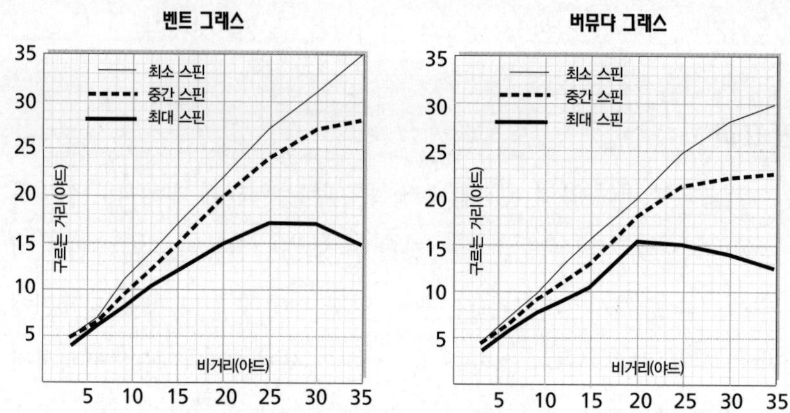

조건 : 피칭 웨지(로프트 49°-50°), 스피드 : 벤트에서 8.0-9.0, 버뮤다에서 7.5-9.0.
그레인 : 벤트에서 최소, 버뮤다에서는 가로질러서

도표 7.12.1 각기 다른 스핀 비율에 대한 비거리 대 구르는 거리의 효과(피칭 웨지 샷)

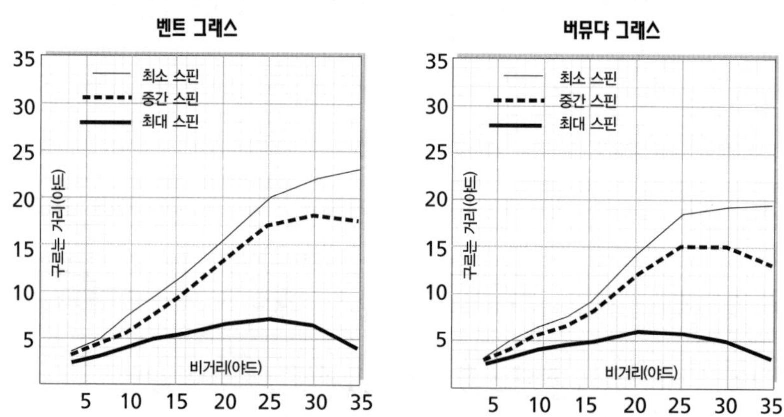

조건 : 피칭 웨지(로프트 49°-50°), 스피드 : 벤트에서 8.0-9.0, 버뮤다에서 7.5-9.0,
그레인 : 벤트에서 최소, 버뮤다에서는 가로질러서

도표 7.12.2 각기 다른 스핀 비율에 대한 비거리 대 구르는 거리의 효과(샌드 웨지 샷)

빠르게 구르도록 하라' 라는 말과 연관지어 보자. 이것은 웨지 샷의 비거리를 조

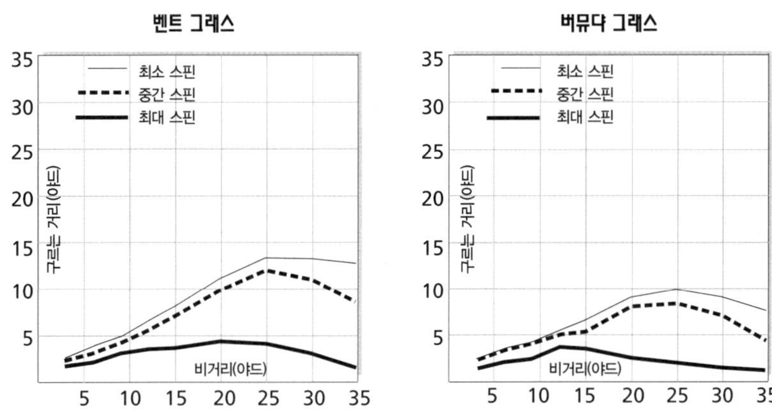

조건 : 피칭웨지(로프트 49°–50°), 스피드 : 벤트에서 8.0–9.0, 버뮤다에서 7.5–9.0,
그레인 : 벤트에서 최소, 버뮤다에서는 가로질러서

도표 7.12.3 각기 다른 스핀 비율에 대한 비거리 대 구르는 거리의 효과(로브 웨지 샷)

절할 수 없는 아마추어들에게는 적절한 말이겠지만 프로들은 주로 샷을 높게 쳐서 그린의 가장자리보다는 핀 가까이 안착시킴으로써 종종 좋은 결과를 얻는다. 이때 프로들은 굴러가는 거리에 대해서는 걱정하지 않는다. 피치 샷을 향상시키면 여러분도 이와 같이 플레이할 수 있을 것이다.

7.13 잔디의 다양한 종류

완전한 플레이어가 되기 위해서는 자주 접하는 잔디의 종류에 따라 만들어질 수 있는 각기 다른 결과들에 대해서 알고 있어야 한다. 미국에는 보통 잔디가 벤트이거나 라이 그래스, 블루 그래스 혹은 키쿠야 그래스이다.

벤트와 라이 그리고 블루 그래스에서의 샷의 특징은 상대적으로 예측하기가 쉽다. 왜냐하면 잔디가(너무 길지만 않다면) 임팩트 순간 클럽헤드를 잡아채는 일이 없기 때문이다. 그런 잔디들은 얇고 연약한 잎사귀를 가지고 있기 때문에 클럽은 별다른 영향을 받지 않은 채 미끄러진다. 그러므로 염두에 둘 외부적 영향은 수분 함량과 지표면의 단단함 정도이다.

버뮤다 그래스는 피칭을 하기가 훨씬 더 어려우며 특히 그레인이(잔디가 자라는 방향이) 한 쪽으로 치우치는 남쪽 해안 지역의 기후에서는 많은 곤란을 겪는다. 공이 짧고 두꺼우며 딱딱한 풀 잎 위에 놓이게 되므로 버뮤다 그래스에서 치핑을 하는 것은 아마 벤트에서 보다 쉬울지 모른다. 그렇지만 피칭은 애기가 다르다. 특히 그레인의 반대 방향으로 칠 때 그렇다. 버뮤다 그래스에서 임팩트 순간 그레인의 영향을 판단하기 위해서는 신중하게 몇 번의 연습 스윙을 해야 한다. 공을 움직이지 않은 채 공이 위치한 곳과 동일한 잔디를 찾은 다음 몇 번의 연습 스윙을 하며 클럽헤드의 움직임을 관찰하고 느끼면서 실제 스윙에서 일어날 일들을 상상해 본다. 버뮤다 그래스의 그레인 반대쪽으로 피칭을 할 때에는 언제나 공을 약간 뒤쪽에 놓고 내려칠 때 공이 정확히 맞도록 해야 한다. 공을 가능한 한 재빠르게 쳐서 클럽이 잔디에 붙잡혀서 느려지기 시작할 때에는 이미 공은 날아가 있어야 한다.

키쿠야 그래스는 다행히도 가장 드물다. 다행인 이유는 이 잔디에서 장거리 웨지나 피치 및 칩 샷을 구사할 때는 언제나 엄청난 문제가 생기기 때문이다. 이 잔디는 일본에서 주로 채택하고 있지만 나는 캘리포니아주 로스앤젤레스에 위치한 리베라 컨트리 클럽에서 이 잔디를 보았고 실제로 플레이도 해 보았다. 키쿠야 그래스는 버뮤다 그래스와 유사한 효과를 가지면서 세 배로 높이 자란다. 그리고 피칭이나 치핑을 할 때에 너무나도 강한 영향을 준다. 키쿠야 그래스에 대처하기 위해서는 매우 짧은 클럽으로 정확한 컨택트를 연습해야 한다. 키가 큰 사람이라면 아래쪽 손이 완전히 그립의 아래쪽 샤프트를 잡도록 그립을 내려 잡아야 하며 키가 작은 플레이어들은 그립을 내려 잡되 샤프트에는 손가락 몇 개만 닿도록 잡으면 된다.

그린에서 각기 다른 잔디의 종류에는 어떻게 대처해야 하는가? 미국에서는 그린이 거의 버뮤다이거나 벤트 혹은 라이 그래스일 것이다. 그리고 각각의 잔디는 지난 섹션에서 설명한 바와 같이 착지한 후 공의 움직임에 매우 다른 차이점을 나타낸다. 그렇지만 완전히 새로운 잔디뿐만 아니라 다른 종류나 변종의 버뮤다 그래스도 많이 있다. 그런데 잔디에는 몇 가지 일반적인 규칙이 있다.

1. 잔디의 높이가 고른 그린에서 벤트 그래스라면 조금 더 많이 구르는 공을, 더 두껍고 강한 잎을 가진 버뮤다에서는 더 적게 구르는 공을 예상할 수 있다.
2. 잔디가 육안으로 확인할 수 있을 만큼 한쪽으로 치우친 경우만 아니라면 벤트 그래스의 그레인은 아무런 영향을 주지 않는다고 예상해볼 수 있다.
3. 버뮤다 그래스의 그레인은 칩 샷과 피치 샷의 구르기에 대하여 강한 영향력을 끼친다. 그레인 방향으로 공을 치면 공은 매우 빠른 시간 안에 멈출 것이며, 그레인에서 공을 쳐내면 평상시보다 더 멀리 굴러갈 것이다.

피치 샷을 구사할 때에는 그린까지의 거리가 얼마 되지 않으므로 시간을 좀 더 투자해서 착지 지점으로 걸어가, 그레인의 방향을 확인해 보는 것이 좋다. 라운드 전이라면 일원 중 누군가에게 혹은 골프장 소속 프로에게 페어웨이와 러프 그리고 그린의 잔디 종류를 물어보자. 결과는 확실히 달라질 것이다.

피치 샷 변형

7.14 언덕을 피하고 골을 찾아라

나는 항상 업슬로프나 다운슬로프가 아닌 그린의 평탄한 영역을 향해 피치 샷을 구사하라고 권장한다(섹션 7.8 참고). 왜냐하면 결과를 예상하기가 더 쉽기 때문이다. 그렇지만 평탄한 지점이 항상 좋은 것만은 아니다. 만약 여러분이 불규칙한 지형을 향하여 피치 샷을 구사해야만 한다면 높은 곳보다는 낮은 곳을 향하여 쳐야 한다. 이유는 다음과 같다.

그림 7.14.1의 중앙에 완벽한 샌드 웨지로 완전히 평탄한 그린을 향해 샷을 구사하는 모습을 도식화해 놓았다. 공은 착지한 후 홀까지 완벽한 거리를 굴러간다. 그렇지만 항상 완벽한 상황만 존재하지는 않기 때문에 완벽한 착지 지점에서 조금 모자라거나 혹은 더 많이 착지한 샷의 움직임에 대해서도 표현했다. 논리적으로 판단하면 3피트가 모자라게 착지한 샷은 정확히 3피트가 모자란 지점에서 멈추게 된다. 그리고 원하는 타깃보다 3피트를 지나서 착지한 샷은 홀을 지나 3피트만 굴러가야 한다.

그림 7.14.1의 맨 윗 그림에는 똑같이 샌드 웨지를 가지고 피칭할 경우 완벽한 지점이어야 할 부분에 언덕이 있다. 그렇지만 역시 누구도 완벽할 수는 없기 때문에 샷이 약간 길게 혹은 약간 짧게 착지하는 모습을 보여 주었다. 그런데 여러분이 보는 것처럼 이것들은 그다지 탁월한 샷이 될 수 없다. 완벽한 지점보다 3피트 모자라게 착지한 샷은 언덕의 업슬로프에 맞은 뒤 수직으로 튀어 오를 것이다(입사각과 반사각의 원리이다). 그리고는 핀에 9피트나 모자라게 멈추게 될 것이다. 또 3피트를 지나쳐서 다운슬로프에 맞은 공은 앞으로 튀어나가 홀을 9피트 지나쳐서 멈추게 될 것이다. 언덕을 향해서 치는 에러가 확대되는 것이다.

언덕을 그림 7.14.1의 아래쪽 그림과 비교했을 때 움푹 패인 지형이나 골짜기는 완벽한 착지 지점이다. 세 가지의 샷이 모두 홀 바로 옆에서 멈추고 있다. 짧은 샷은 다운슬로프를 맞고 앞으로 튀어나가고 긴 샷은 업 슬로프를 맞고 멀리 날아가지 않는다. 중앙에 맞은 공은 '정상적으로' 튈 뿐이다. 이런 이유 때문에 대부분의 골퍼들은 언덕보다 골짜기 지형을 향해 조준하기를 선호한다.

그럼 테스트를 해보자. 그림 7.14.2처럼 여러분은 핀까지 30야드가 남은 샷에 직면해 있다. 8야드까지는 샌드이다. 그러므로 범프 앤드 런은 적절치 않다. 피칭 웨지를 선택한다면 공을 띄워서 핀까지 거리의 절반 정도를 지나 평탄한 지면에 착지시켜, 완벽하게 친 경우 홀까지 굴러가게 할 수 있다. 혹은 샌드 웨지를

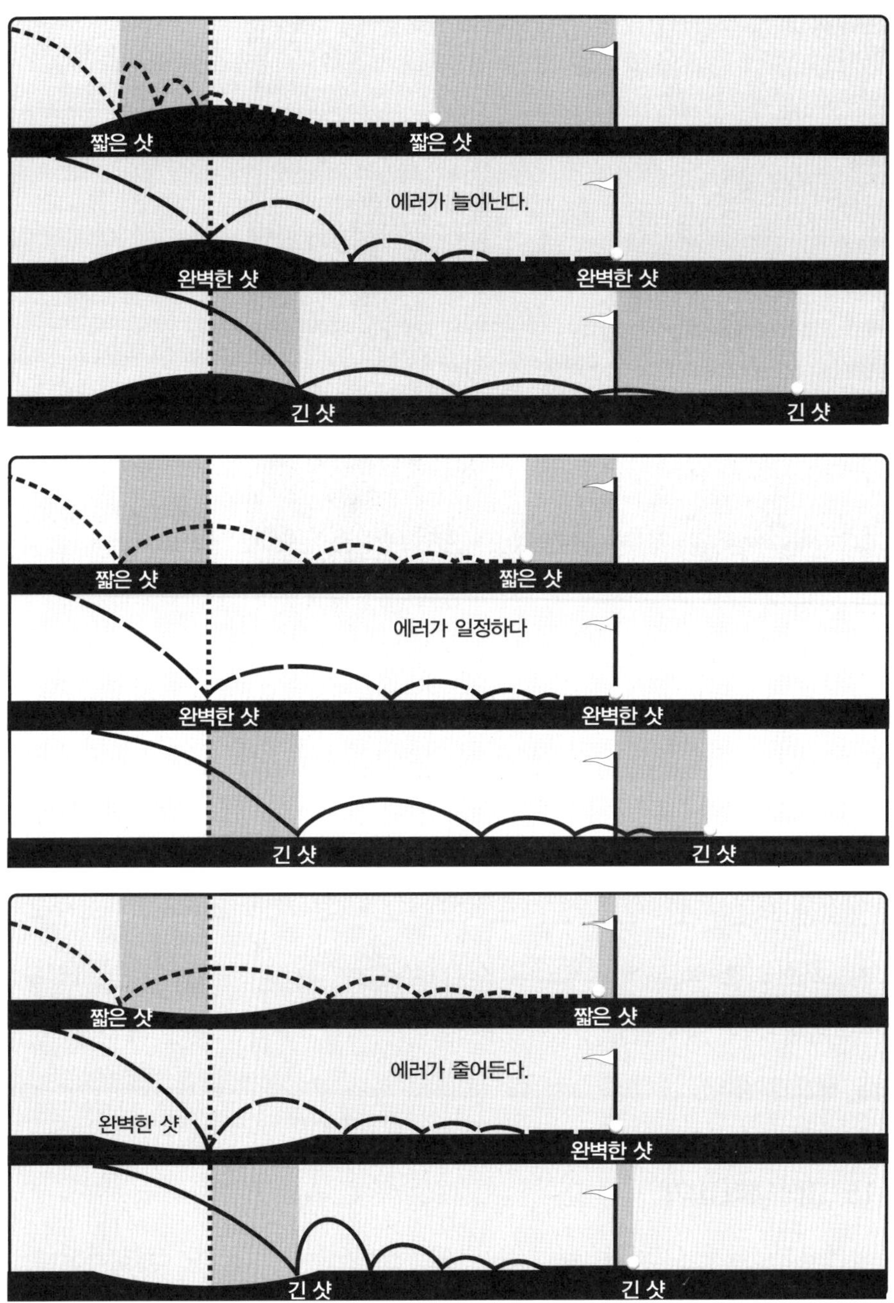

그림 7.14.1 피치 샷의 에러가 착지 지점에 따라서 늘어나거나, 일정하거나, 줄어든다.

그림 7.14.2 이러한 피치 샷에 어떤 웨지를 사용해야 할까?

선택하여 핀까지의 거리 중 60%를 날아가게 한 다음 골짜기 지형의 밑바닥에 착지시킨다. 그러면 얼마나 잘 쳤는가에 관계없이 공은 홀 가까이 가게 되어 있다. 혹은 로프트웨지를 이용하여 3분의 2에 해당하는 비거리를 갖게 한 다음 언덕 맨 윗 부분에 착지시켜서 에러의 확률을 증가시킬 수도 있다. 그것은 여러분의 선택에 달려 있다.

지능적으로 플레이를 하면 할수록 운도 더 따를 수 있다. 그리고 골프를 더 잘 이해할수록 그런 지적인 결정을 내리기가 쉽다(독자 여러분도 알고 계시겠지만 답은 샌드 웨지다).

7.15 그립 내려 잡기

섹션 6.10.1에서는 그립을 내려 잡는 것이 비거리를 감소시키는 원리라고 설명했다. 똑같은 원리가 피치 샷 및 모든 숏 게임 샷에 적용될 수 있다. 부드러운 샷을 칠 수 없을까 봐 걱정한다면—말하자면 착지점이 다운힐 슬로프인 경우—샤프트를 내려 잡기만 하면 된다. 클럽을 효과적으로 줄이면 샷의 파워도 줄일 수 있는 원리다.

연습 그린에서 더 짧은 클럽에 대한 감각을 내면화시킬 필요가 있다. 타깃 핀으로부터 약 30발자국 떨어진 곳에 공 몇 개를 떨어뜨린다. 각 클럽마다 각각 3~4회씩 보통의 스윙을 구사해 본다. 그리고 난 다음 그립의 끝으로부터 그립을 내려 잡는데 이때 오른쪽 검지손가락(오른손잡이 기준)만 샤프트를 잡도록 한다(그림 7.15.1 참고). 똑같은 핀을 향하여 10회 더 피치 샷을 구사한다. 이때 허리는 조금 더 숙여야 하며 공을 컵에 가까이 갖다 붙이기 위해서는 훨씬 더 큰 스윙을 해야 한다. 스윙이 더 길어져도 클럽 자체가 짧아졌기 때문에 샷의 파워는 줄어들 것이다.

만약 그립을 내려 잡고 하는 피치 샷에 익숙해지려면 어렵다고 하는 다운힐 샷을 해볼 필요가 있다. 먼저 평상시 같이 피칭을 한 다음 그립을 내려 잡아 짧아진 클럽을 가지고 샷을 몇 개 해 본다. 이런 연습을 하면 그린 주위에서 요구되는 섬

그림 7.15.1 그립을 내려 잡으면 샷의 파워가 줄어든다.

세한 샷에 대한 본질을 빠르게 배우게 될 것이다. 짧은 클럽으로 긴 스윙을 하여 공을 컨트럴하는 것이 긴 클럽으로 짧은 스윙을 하는 것보다 더 쉽기 때문이다. 이런 특징은 모든 웨지 샷에도 변함없이 적용된다.

7.16 불규칙한 라이

필자는 골프 코스에서보다 연습장에서 숏게임 샷이 더 똑바르게 나간다는 것을 믿는다. 물론 관찰과 측정을 반복해서 얻게 된 결과다. 그리고 그 원인을 알아내는 데에는 몇 년이 걸렸다.

원인은 골퍼들의 발 아래에 있는 지면이다. 많은 골퍼들은 그린 주변에서의 짧은 샷을 구사할 때조차도 지면의 고도가 목표물의 조준에 영향을 준다는 사실을 이해하지 못한다.

조준의 중요성과 정확히 조준하는 방법은 섹션 4.3과 4.4에서 장황하게 설명해 놓았다. 그러나 그 설명에서는 플레이어가 수평면에 서서 샷을 구사한다고 가정했다. 그렇지만 실제로는 많은 숏 게임 샷이 플레이어의 발보다 위 아래로 위치하기 때문에 방향의 문제들이 발생된다.

먼저 웨지를 가지고 플레이할 때에 조준이나 정렬 같은 말을 정의하고자 한다. 그림 7.16.1은 수평면에 위치한 웨지를 골퍼의 시각으로 관찰한 것이다. 굵은 직선은 클럽헤드의 리딩 에지로부터 타깃을 향하여 조준되어 있다. 그리고 그보다는 좁은 둥근 막대도 똑같은 방향으로 조준되어 있다. 그렇지만 공이 클럽페이스의 밑으로부터 다섯 번째 홈을(대부분의 클럽에서 스윗 스팟이라고 생각되는 부분을) 맞고 날아갈 경우를 가정할 때 공의 출발 각도에 따라 위쪽을 향하고 있다. 클럽의 솔이 정상적으로 수평면 위에 위치할 때 굵은 직선과 작은 막대는 같은 방향을 가리키게 된다. 그러므로 웨지 샷을 클럽의 리딩 에지로 쳐내거나 혹은 정확하게 다섯 번째 홈을 맞추는 것과 상관없이 공은 똑같은 방향으로 날아갈 것이다(같은 궤도지만 비거리가 달라질 것이다). 진정한 공의 출발 방향에 대하여 필자는 '페이스 조준선'이라는 말을 쓰는데 이는 웨지의 페이스가 조준하는 곳이 곧 공이 날아갈 곳이기 때문이다(단 웨지로 컷 샷을 치는 경우는 제외한다).

앞서 말한 것처럼 수평면에서는 전혀 문제될 것이 없다. 그렇지만 수많은 오른손잡이 골퍼들은 공이 발보다 위쪽에 위치할 때 그들은 훅 샷을 초래하는 플래트한 스윙을 보완하기 위해서 약간 오른쪽으로 조준해야 한다고 들어 왔다.

그림 7.16.1 리딩 에지의 조준선과(굵은 직선) 페이스 조준선(좁은 막대).

그렇지만 그것은 진실의 일부에 지나지 않는다. 조준을 약간 더 오른쪽으로 하면 아이언 샷을 풀 스윙을 할 때는 효과가 있다. 그렇지만 숏게임 샷에서는 이야기가 다르다.

그림 7.16.2에서 방향 표시 막대가 로프트 60도의 로프트웨지의 표면으로부터 가리키는 방향을 관찰해 보자. 여러분이 공을 발 위에 놓고 평범한 자세를 취하면 클럽헤드가 발의 고도보다 높아진다. 이렇게 하면 스윙 플레인이 수평으로 될 뿐만 아니라 클럽페이스의 엄청난 로프트 때문에 웨지의 페이스는 극도로 좌측을 조준하게 된다. '리딩 에지 조준'의 방향은 변하지 않는다(그러므로 리딩

에지로 공의 윗 부분을 쳐내면 왼쪽으로 날아가는 것이 아니라 똑바로 날아갈 것이다). 나는 골퍼들이 리딩 에지로 조준할 때 그들의 페이스 조준은 의도한 타깃보다 왼쪽을 조준하게 된다는 사실을 깨닫지 못하는 것으로부터 문제가 발생한다는 사실을 발견했다.

반대로 공이 발 아래 쪽에 있을 때는 공은 아마도 오른쪽으로 날아갈 것이다. 이 말이 맞는가? 틀렸다. 공이 골퍼의 발 아래에 있을 때 골퍼는 자세나 스윙 플레인을 많이 변화시킬 필요가 없다. 대신에 평상시보다 좀 더 자세를 굽히고 샤프트가 더 긴 클럽을 사용하면 된다(그림 7.16.3). 만약 플레이어가 올바른 스윙을 하여 클럽의 힐이 지면에 닿지 않고 공을 정확하게 때리면 공은 보통 타깃을 향하여 정확히 똑바로 날아갈 것이다.

그러므로 필자는 대부분의 골퍼들이 공이 그들의 발 아래에 있을 때 페이드를 위해서 약간 왼쪽으로 조준하면 왼쪽 방향으로 샷을 자주 실수한다는 사실을 많이 보았다.

그림 7.16.2 로프트웨지의 리딩 에지 조준이 핀보다 약간 오른쪽을 가리킬 때 페이스 조준은 여전히 왼쪽을 향하고 있음.

그림 7.16.3 공이 발 아래에 위치할 때 로프트웨지의 리딩
에지와 페이스의 조준은 거의 같은 곳을 향하고 있음.

골퍼들이 정렬에 관련된 현상을 이해한다면 불규칙한 라이에서 특히, 현대의
대표적인 골프 코스의 울퉁불퉁한 그린에서 형편없이 플레이하는 이유를 쉽게
알 수 있을 것이다. (그림 7.16.4의 피티 다이가 고안한 악명 높은 스타디움 코스

그림 7.16.4 서부 PGA의 언덕과 융기 지형들은 골퍼들에게 '불규칙한 라이의 천국' 이다.

불규칙한 라이는 자세 정렬의 문제를 유발한다

그림 7.16.5, 7.16.6, 7.16.7은 로프트웨지의 리딩 에지가 타깃을 향하여 조준되어 있을 때 세 가지의 페이스 조준 방향-공이 발 보다 위에, 아래에, 그리고 수평으로 위치한 경우이다. 이 사진들을 동일한 골퍼가 불규칙한 라이에서의 스윙 플레인의 변화를 상쇄하기 위해서 그의 로프트웨지

그림 7.16.5(위 왼쪽) 로프트웨지, 공은 발보다 위쪽에 위치, 리딩 에지는 타깃을 조준, 페이스 조준은 왼쪽.

그림 7.16.6(위 오른쪽) 로프트웨지, 공은 발보다 아래에 위치, 리딩 에지는 타깃을 조준. 페이스 조준도 거의 타깃을 조준.

그림 7.16.7(아래) 수평 지면에서의 로프트웨지, 리딩 에지는 타깃을 조준, 페이스도 타깃을 조준.

의 리딩 에지를 약간 오른쪽으로 혹은 왼쪽으로 조준하고 있는 모습과 비교해 보라.(그림 7.16.8, 7.16.9) 이것은 대부분의 골퍼들이 그들의 웨지를 정렬하는 방법이며 사이드힐 라이에서 방향의 컨트럴에 곤란을 겪게 된다. 그림 7.16.10과 7.16.11은 골퍼들이 올바른 페이스 조준을 수행하기 위해 사용해야 하는 리딩 에지 조준을 하는 모습이다.

그림 7.16.8(위 왼쪽) 로프트웨지, 공은 발보다 위에 위치, 리딩 에지는 약간 오른쪽 조준, 페이스는 여전히 왼쪽 조준

그림 7.16.9(위 오른쪽) 로프트웨지, 공은 발보다 아래에 위치, 리딩 에지는 약간 왼쪽을 조준, 페이스 조준도 왼쪽.

그림 7.16.10(아래 왼쪽) 로프트웨지의 올바른 자세 정렬, 공은 발보다 위에 위치, 리딩 에지는 대체로 오른쪽을 조준, 페이스 조준은 타깃을 향함.

그림 7.16.11(아래 오른쪽) 로프트웨지의 올바른 자세 정렬, 공은 발보다 아래에 위치, 리딩 에지는 아주 조금 왼쪽으로 조준, 페이스 조준은 타깃을 향함.

를 보라(캘리포니아주 라퀸타 소재, 서부 PGA). 피치 샷을 정확하게 조준하는 법을 습득하게 되면 골프 경기는 좀 더 쉽게 풀릴 수 있다.

7.17 타이트 라이와 하드팬 라이

타이트한 라이나 혹은 하드팬 라이에서 피칭을 할 때 올바른 클럽만 선택할 수 있다면 특별한 어려움은 겪지 않을 것이다. 많은 웨지들이 골퍼들의 플레이에 상당한 영향을 주는 각기 다른 솔 설정을(클럽헤드의 바운스를) 가지고 있다는 점을 생각할 때 클럽을 제대로 선택하지 않으면 안 된다. 예를 들어 바운스가 많은 샌드 웨지는 타이트 라이에 특별히 적합하지 않은 클럽이다.

네 가지 웨지들에서 솔의 디자인은 섹션 10.10에서 설명하고 있다. 그렇지만 우리는 하드팬에서의 피치 샷을 논하고 있기 때문에 그림 7.17.1을 참고로 한다. 그림은 전형적인 샌드와 로프트웨지의 솔의 형태이다. 샌드 웨지의 두꺼운 바운스는 리딩 에지가 땅에 가까워지지 못하도록 한다. 이것은 샌드에서는 도움이 되지만 단단한 지표면에서는 클럽이 공의 뒤를 치고 튀어 올라서 결국 리딩 에지가 공의 중심을 치게 되기가 쉽다. 이것은 하드팬에서 공의 윗 부분을 타격하게 되는 주된 이유이다.

그렇지만 로프트웨지는 바운스가 적게 설정되어 헤드의 가장자리 부분이 크지 않다. 따라서 골퍼들이 공을 약간 두껍거나 얇게 치는 경우에도 크게 빗나가지만 않는다면 안정감 있게 샷을 구사할 수 있도록 해 준다. 그리고 공을 스탠스의 뒷부분에 놓은 뒤 클럽을 오픈시키고 왼쪽을 조준하면 샷이 클럽과 정확히 맞을 확률이 더 높아진다. 이 테크닉은 섹션 6.15에서 논의되었다(타이트 라이에서의 장거리 웨지). 그리고 피치 샷에서 엑스 웨지. 로프트웨지, 피칭 웨지를 사용할 때에도 같은 원리가 적용된다.

타이트 라이에서도 역시 근육을 사용해서는 안 된다. 데드 핸드 상태로 피네스 스윙을 구사해야만 한다. 또한 눈을 감고 연습하면 자신감을 얻을 수 있을 것이다. 그렇지만 스탠스에 대한 공의 위치를 정확하게 공부해야만 눈을 뜨고서도 훌륭한 샷을 구사할 수 있게 된다.

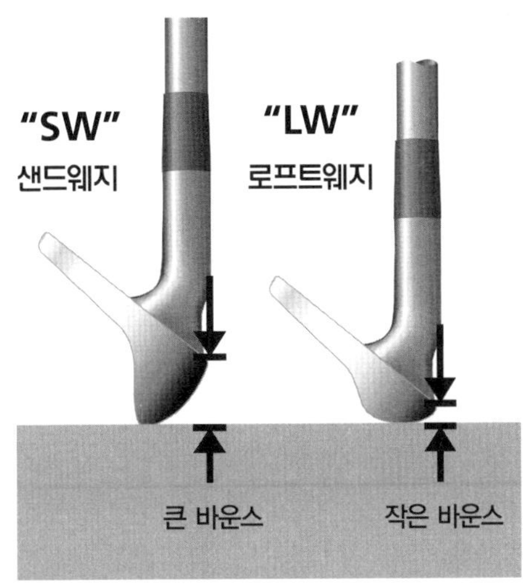

그림 7.17.1 웨지들의 바운스는 각기 다르다.

난이도가 높은 라이에서의 특수한 피치 샷

7.18 그린 주변의 헤비 러프에서

　여러분은 가끔 그린의 주변에서 엄청난–필자는 'U.S. 오픈 스타일' 이라고 부르는–러프를 직면하게 될 것이다. 잔디가 너무 크고 깊으면 그린으로부터 얼마 되지 않는 거리라 해도 공을 찾기조차 힘들 수 있다. 골퍼들이 이런 라이를 직면하면 보통 행운을 바라며 강하게 쳐내곤 한다. 그렇지만 유감스럽게도 아무리 세게 스윙을 해도 이런 곳에서는 보통의 테크닉이 효과가 없다. 공을 빼내어 홀로 보내기 위해서는 클럽페이스와 공의 특별한 컨택트 방법과 약간의 행운이 필요하다.

필자는 독자를 잘못된 방향으로 이끌고 싶지는 않다. 이것들은 난이도가 높은 샷이다. 매번 이 샷을 성공시킨다는 보장도 없다. 그렇지만 시도해 볼 수 있는 네 가지 샷에 대해 얘기해 보도록 하겠다. 그 중 한 방법을 이용하여 공을 꺼내 그린 위로 보내야 한다. 각각의 테크닉은 근본적으로 다르며, 전혀 다른 마음의 자세와 스윙이 필요하다. 내가 소개하고자 하는 네 가지의 샷은 '드롭', '춥', '립', 그리고 '블래스트' 샷이다.

● 드롭 샷

드롭 샷이란 클럽을 볼에 정확하게 떨어뜨리는(drop) 개념이다. 그런데 샷을 성공하기 위해서는 두 가지의 상황이 필요하다. 첫째, 공은 6인치에서 12인치의 길이 사이에 해당하는 잔디 속에 있어야 한다. 샷은 매우 부드럽게 나오기 때문에 공은 그보다 긴 잔디 속에서 빠져 나올 수 없다. 둘째로 잔디가 수직으로 자라서 클럽이 잔디를 통과하여 공과 정확하게 맞을 수 있어야 한다. 잔디가 기울어져 있으면 성공하기가 힘들다.

드롭 스윙은 상당히 간단하다. 공을 오른쪽(뒤쪽) 발목과 떨어져서 놓은 후 스탠스를 좁게 하고 밸런스를 유지할 수 있는 한 최대한 앞으로 몸을 기울인다(그림 7.18.1). 피네스 백스윙을 실시하면서 손목을 완전히 코킹한다(그림 7.18.2). 그리고 클럽을 볼의 뒤쪽으로 떨어뜨린다(그림 7.18.3). 다운 스윙은 가능한 한 수직으로 떨어져야 한다. 여러분은 잔디의 잎들 사이로 클럽헤드를 잘라 내듯 치기보다는 클럽을 잔디 속으로 집어 넣게 될 것이다. 그리고 몸을 앞쪽으로 충분히 기울인 상태에서 공을 충분히 뒤쪽에 위치시키고 샤프트를 정교하게 컨트럴하면 분명 좋은 컨택트를 만들어 낼 수 있을 것이다. 정확한 컨택트를 만들어 낼 수 없는 경우에는 이 샷을 사용해서는 안 된다. 드롭 샷에는 팔로우스루가 없다(그림 7.18.4). 또 공은 낮고 부드럽게 러프를 빠져 나오게 되므로 잔디가 너무 많은 곳에서 친다거나 너무 긴 거리를 향해 치는 것이 불가능하다.

그림 7.18.1(위 왼쪽) 깊은 잔디에서 드롭 샷을 위한 셋업

그림 7.18.2(위 오른쪽) 드롭 샷 백스윙

그림 7.18.3(아래 왼쪽) 부드럽게 빠져나오는 드롭 샷.

그림 7.18.4(아래 오른쪽) 드롭 샷에는 팔로우스루가 없다.

● 촙 샷

촙 샷은 앞에서 설명한 드롭 샷과 유사한 라이지만 길이가 12인치 이상 되는 깊은 잔디에서 효과가 있다. 마찬가지로 여러분은 잔디를 통하여 클럽페이스를 움직여 공과 컨택트를 만들어 내어야 한다. 그렇지만 촙 샷은 더 많은 파워를 동반하며 팔로우스루가 있다. 그리고 아마도 드롭 샷에서 공을 튀겨내는 것과는 달리 공을 잔디로부터 몰고 나오기 때문에 잔디를 약간 잘라 내게 될 것이다.

공을 적절히 뒤쪽에 놓은 후 조금 넓은 스탠스 자세를 취한다(그렇지만 어깨 너비보다는 좁아야 한다). 앞쪽으로 약간 기울인 후(그림 7.18.5) 드롭 샷보다 더 긴 백스윙을 하고 손목을 완전히 코킹한다(그림 7.18.16). 잔디를 향해 촙 샷을 할 때에는 내려치는 타법을 구사하여 디보트를 만들어 내려고 해야 한다. 그리고 임팩트 후에는 적어도 2피트 이상 팔로우스루를 해 준다(그림 7.18.8). 여러

그림 7.18.5 깊은 잔디에서의 촙 샷 포지션 **그림 7.18.6** 촙 샷 백 스윙

그림 7.18.7 디보트를 만들어 내려고 노력해야 한다.　**그림 7.18.8** 촙 샷의 팔로우스루

분은 아마도 디보트를 만들어 내지 못할 것이다. 그렇지만 만들어 내려고 노력하면 파워가 만들어진다. 여러분은 클럽헤드를 떠나 상당한 속도로 날아가는 공을 보게 될 것이다.

잔디가 많을 때에는 백스핀이 없어지는 대신 공이 강하게 튀어나오게 될 것이다. 그러므로 촙 샷을 핀과 너무 가까울 때 사용해서는 안 된다. 착지한 후에 구를 공간이 필요하기 때문이다.

● 립 샷

공이 너무 깊은 잔디 속에 위치하여 드롭 샷이나 촙 샷 모두 사용할 수 없을 때 립 스윙을 실시한다.

립 샷은 피네스 스윙이라기보다는 파워 스윙에 더 가깝기 때문에 필자는 립 샷이 숏 게임의 일부라고 생각하지는 않는다. 그렇지만 그린에서 수 야드 떨어진 곳에서는 이 스윙이 필요하기 때문에 피네스 스윙에 포함시키기로 했다. 립 샷의 원리는 짧은 클럽을 선택하여 공 주위의 잔디는 무시한 채 공을 찍어 쳐내는 것이다. 임팩트 순간에는 공과 잔디 모두를 움직여 그린으로 공을 보내야 한다. 확실히 이것은 정확하고 섬세하게 컨트럴할 수 있는 샷이 아니지만 이 샷의 목적은 컨트럴이 아니라 단지 공을 꺼내는 것이므로 걱정할 필요는 없다.

스탠스를 더 넓게 잡고(어깨 너비) 공을 스탠스의 중앙(양 발목의 중앙)에 놓는다. 정상적인 스윙을 할 수 있도록 셋업을 한 후(그림 7.18.9) 긴 백스윙을 한다. 길이는 적어도 9:00 방향 이상이어야 한다(그림 7.18.10). 그런 다음 임팩트까지 리핑을 한다(그림 7.18.11). 그리고 공이 착지하거나 정지하는 위치에 대해서는 걱정하지 않는다. 러프를 빠져 나오는 키는 임팩트 순간의 가속과 풀 팔로우스

그림 7.18.9(위 왼쪽) 립 샷의 셋업 **그림 7.18.10(위 오른쪽)** 립 샷의 백 스윙

루이다(그림 7.18.12).

이 샷에 대해 나는 손과 팔 그리고 손목의 모든 근육을 사용할 것을 권한다. 다가가서 강력하게 스윙하고 확실히 공을 앞으로 빼내기만 하면 된다.

그림 7.18.11(아래 왼쪽) 임팩트 순간 잔디와 공을 함께 앞쪽으로 쳐낸다.

그림 7.18.12(아래 오른쪽) 짧은 클럽을 가지고 립 샷의 팔로 우스루를 하는 것은 어렵지만 중요하다.

● 블래스트 샷

블래스트 샷(벙커의 모래를 많이 퍼내면서 구사하는 샷)은 공이 잔디 깊숙이 있거나 공 뒤에 잔디가 있을 경우, 혹은 공 주위에 무성한 잔디가 있을 경우에 사용한다. 그리고 핀은 라이로부터 30피트 이내에 있어야 한다.

잔디에서 블래스트 샷을 구사하는 것은 샌드에서 구사하는 것과 유사하며(제 9장 참고) 긴 클럽으로 긴 백스윙을 하여 공의 아래쪽을 향해 클럽헤드를 돌진시키는 기술이다. 클럽페이스는 샌드에서와 마찬가지로 공과 접촉하지는 않는다. 잔디가 공과 접촉하여 그린 위로 부드럽게 쳐내는 것이다. 그러나 샌드의 경우와는 한 가지 차이점이 있다. 블래스트 샷은 잔디를 빠져 나올 때 백스핀을 기대할 수 없다. 따라서 착지한 지점에서 바로 멈추지 않는다. 그리고 부드러운 샷이므로 너무 멀리 굴러가지는 않을 것이다. 그렇지만 절대로 착지한 순간 멈추거나 뒤로 다시 굴러 오는 일은 일어나지 않는다.

어깨로부터 샤프트의 길이가 최대가 되도록 클럽을 잡고 공을 앞쪽 발보다 더 멀리 위치시킨 후(그림 7.18.13) 9:00 방향의 백스윙을 실시한다(그림 7.18.14). 클럽으로 공을 타격한 후(그림 7.18.15) 공은 높고 부드럽게 러프를 빠져 나온다. 조금 연습해 보면 풀 피니시를 하는 한 훌륭한 컨트럴을 구사할 수 있게 될 것이다(그림 7.18.16). 그리고 스윙을 끝내면 공은 절대로 러프에 위치하지 않을 것이다.

그림 7.18.13 블래스트 샷의 셋업
그림 7.18.14 9:00 방향의 백스윙

7.19 네스티(둥지와 같은) 라이에서

네스티(nesty) 라이는 네스티(nasty:고약한) 라이라고 해도 된다. 왜냐하면 골프에서 가장 다루기 어려운 라이 중에 하나이기 때문이다. 그림 7.19.1에서 보는

그림 7.18.15 블래스트 샷은 벙커에서의 샷과 유사하다.
그림 7.18.16 공은 항상 러프를 빠져나온다.

것과 같이 공은 실제로 새의 둥지 위에 위치한 것처럼 보인다. 그리고 공의 윗부분이 보이기 때문에 골퍼들은 꺼낼 수 있을 것이라고 생각한다. 그렇지만 보통의 피치 스윙 동작으로 정확한 컨택트를 만들어 내는 일은 거의 불가능하다.

공을 세게 쳐내면 멀리 날아가고 약하게 치면 정확한 컨택트를 만들어 내지 못해 몇 피트 떨어진 곳에서 똑같은 상황에 처하게 될 것이다. 필자는 이러한 네스티 라이를 빠져 나오는 방법 두 가지를 소개하고자 한다. 만약 핀까지 굴러갈 공간이 충분하다면 촙 샷을 사용한다. 이것은 깊은 잔디에서의 촙 샷과 매우 유사하다(섹션 7.18). 촙 샷으로 '거의 정확한' 컨택트를 만들어 낼 수 있을 것이다.

공을 평상시 스탠스보다 상당히 뒤쪽에 놓는다. 평소 뒤쪽에 놓는 것보다 더 뒤쪽이어야 한다. 나의 경우엔 보통 뒤쪽 발목보다 뒤에 공을 놓는다. 그림

그림 7.19.1 네스티 라이는 둥지 위의 알과 비슷한 모양이다.

그림 7.19.2 네스티 라이에서의 촙 샷, 목표는 정확한 컨택트

7.19.2에서처럼 그립을 많이 내려 잡아 클럽의 길이를 줄인 다음 앞쪽으로 허리를 숙여, 자연스럽게 수직 스윙이 되도록 하며 백스윙 시에는 손목을 완전히 코킹해준다.

그리고 클럽헤드는 공의 아래쪽을 쳐낸 후 팔로우스루는 매우 짧게 해준다. 컨택트가 정확하다면 공은 백스핀 없이 낮게 러프를 빠져 나와 그린 위에서 길게 구를 것이다. 홀이 더 가까운 경우에는 블래스트 샷을 사용한다. 258페이지에서 설명한 블래스트 샷과 똑같은 샷이다. 이 샷은 백스핀이 없다는 점만 제외하면 샌드에서의 블래스트 샷과 유사하다.

공을 스탠스의 앞쪽에 놓는다(그림 7.19.3). 클럽페이스는 오픈시키고 왼쪽을 조준한다. 보통의 샌드 샷과 유사하다. 9:00 방향의 피네스 백스윙을 하고 피니시는 높게, 그리고 풀 팔로우스루가 되게 한다. 공은 높고 부드럽게 러프를 빠져 나올 것이며 그린에 착지하기 전까지는 샌드 샷과 비슷한 모습일 것이다. 그

그림 7.19.3 네스티 라이에서의 촙 샷, 목표는 정확한 컨택트

린에 착지한 후에는 바로 멈추거나 한 번 튀어 오른 후 갑자기 정지하기보다는 낮은 속도로 부드럽게 상당한 거리를 구를 것이다.

그림 7.19.3 : 네스티 라이에서의 블래스트 샷은 백스핀이 적은 부드러운 샷이 된다.

7.20 타이트한 구역에서

나무와 같은 장애물이(그림 7.20.1) 공 뒤에 있으면 여러분은 정상적인 백스윙을 할 수 없다. 그러므로 '코크 잇 퍼스트'(손목 꺾임을 먼저 해주는 동작) 스윙을 해야 하며 이것은 흥미로운 스윙이다. 흥미 있다고 말하는 이유는 내가 이 스윙을 할 때마다 완전한 백스윙으로 프리뷰 스윙을 하기 때문이다. 그리고 나서 동료들이 보는 가운데 공으로 다가가, 나의 '코크 잇 퍼스트' 스윙을 구사한다. 실패를 하지 않으면 사람들은 '어떻게 한 거야? 왜 연습 스윙하고 실제로 한 스윙

그림 7.20.1 공 뒤에 나무가 있는 경우　**그림 7.20.2** 보통의 백스윙은 효과가 없다

그림 7.20.3 '코크 잇 퍼스트' 스윙 시 먼저 손목을 코킹해 준다.

그림 7.20.4 '코크 잇 퍼스트' 백스윙은 최고점에서 평범한 백스윙과 같은 모습이다.

그림 7.20.5 평범한 피네스 다운 스윙을 해도 나무에는 닿지 않는다.

그림 7.20.6 '코크 잇 퍼스트' 스윙은 임팩트 순간 다른 피네스 스윙과 똑같은 모습이다

하고 다르지? 라고 묻는다.

나는 스윙을 실제로 바꾸지 않는다. 코크 잇 퍼스트 스윙은 보통의 피치 샷과 일치하기 때문이다. 유일한 차이점은 손목이 백스윙을 시작하기 전에 코킹되어 있다는 점이다. 손목을 미리 코킹하면 스윙 아크의 크기가 줄어들기 때문에 보통의 백스윙보다 공간이 필요하다(그림 7.20.2). 그리고 클럽은 더 이상 뒤쪽으로 제한을 받지 않게 된다.

나는 평범한 피치 어드레스 자세로 이 스윙을 시작한다. 그리고 신체의 다른 부분은 움직이지 않은 채 손목만 완전히 코킹해준다(그림 7.20.3). 그런 다음 팔과 신체를 움직여서 보통의 백스윙을 한다. 만약 모든 부분이 함께 회전한 경우 백스윙의 최고점은 평범하게 보인다(그림 7.20.4). 그리고 공을 향해 다운 스윙을 실시하는데 그 반경은 작아진다(그림 7.20.5). 임팩트 순간에 신체와 클럽의 위치는 보통의 피치 스윙과 동일하다(그림 7.20.6).

이 스윙은 손목을 코킹하는 타이밍만 제외한다면 피치 스윙과 똑같이 구사해야 효과가 있다. 연습장에서 백이나 의자를 뒤에 놓고 연습을 해보자. 먼저 여러분의 뒤에 아무것도 없는 상태에서 보통의 피칭 동작을 실시한 다음 코크 잇 퍼스트 피치를 장애물 앞에서 연습하는 식으로 변화시킨다. 조금만 연습하면 마스터할 수 있다는 자신감도 생기고 흥미도 느낄 수 있을 것이다.

7.21 정상적인 스탠스가 불가능한 경우

여기에 정상적인 스탠스에서 스윙을 구사할 수 없을 때 사용할 수 있는 흥미로운 피네스 스윙이 또 하나 있다. 여러분은 이것을 가지고 공이 평상시보다 상당히 높이 위치한-가끔은 허리보다도 높은(그림 7.21.1에서처럼 공이 벙커의 바깥에 있고 여러분은 벙커 안에 서 있을 때)-경우나 나무의 반대편에 공이 위치한 경우 혹은 울타리에 너무 가까이 공이 위치한 경우에서도 사용할 수 있다. 이러한 경우에서 대부분의 골퍼들은 왼손으로 스윙하려고 할 것이다. 그런데 만약 핀이 30야드 이내에 있다면 나는 라이가 완벽한 상황에서 쓰는 똑같은 클럽을

그림 7.21.1 공이 발보다 높은 곳에 있으면 샷을 하기가 어렵다.

그림 7.21.2 뒤로 하는 스윙

가지고 뒤쪽으로 스윙을 한다.

뒤쪽으로 스윙하는 것은 간단하다. 손목을 사용하지 않는 동작을 이용하는 것이다(그림 7.21.2). 클럽으로 발을 맞춘다는 걱정은 하지 말고 공과 최대한 가까이 선다. 공은 발 앞보다 약간 앞쪽에 놓여야 한다(그림 7.21.3). 왼손을 오른쪽 어깨에 대면 오른쪽 어깨는 회전축이 되고 왼손을 올려놓는 동작은 회전축이 움직이지 않도록 고정하는 역할을 하게 되며 정확한 컨택트와 훌륭한 샷을 보장해 준다.

백스윙은 같은 비거리를 구사할 때의 보통 길이보다 2배 정도 길어야 한다(손목을 코킹하지 않기 때문에 더 큰 스윙 동작이 필요하다). 오른쪽 어깨를 정지한 상태로 스윙을 하는 동안 의도적으로 공에 초점을 맞춘다. 연습하면 능숙하게 될 것이다.

그림 7.21.3 공의 위치는 발보다 앞쪽이 되어야 한다.

만약 공을 30야드 이상 날려보내야 한다면 3번 아이언이나 퍼터의 뒷면을 사용하여 왼손으로 스윙하면 필요한 비거리를 구사할 수 있을 것이다.

7.22 얕은 물에서

대부분의 골퍼들은 물에서 공을 쳐내는 경우를 고려하지 않는다. 기꺼이 벌타를 받고 점잖지 못한 말을 내뱉은 뒤 계속해서 플레이한다. 그렇지만 모래 속에서도 공을 쳐낼 수 있는 것처럼 물 속에서도 공을 쳐낼 수 있다—단 깊이가 수 인치 이상이라면 공을 멀리 쳐낼 수는 없다(그림 7.22.1).

워터 샷을 구사하기 위해서는 물가에서 정확한 스탠스의 자세를 잡거나 혹은 신발을 벗을 의지가 있어야 한다(혹은 신발을 젖게 할 수도 있다). 프로 선수들은 항상 이런 샷을 구사한다. 한 타를 번다는 것은 신발 가격 이상의 의미가 있기 때문이다(그렇다고 선수들 자신이 신발값을 지불하는 것은 아니다).

그림 7.22.1 물 속에서의 샷은 샌드에서의 샷과 같다.

요점은 물도 모래와 같다는 것이다. 샌드에서와 똑같이 웨지는 물 위를 튀거나 물속으로 들어갈 수 있다. 또 샌드에서처럼 공은 평범한 라이에서 스탠스의 앞쪽에 놓여 있을 수도 있고(수면 위에 위치) 스탠스의 중심보다 뒤쪽에 묻힌(물에 잠긴) 라이일 수도 있다.

그림 7.22.2는 공의 3분의 1이상이 잠겨 있을 경우이다. 엑스 웨지를 전부 오픈시켜−90도를 오픈해야 한다. 그래야 클럽페이스가 공중을 향하게 된다−스윙 아크의 최저점에서 클럽헤드가 물에 닿는 면적을 최대화시키도록 한다. 또한 공은 스탠스의 앞쪽에 오게 함으로써 클럽이 물을 가르거나 튀기거나 수면 위에서 튀어 오르지 않도록 하여 공의 아래쪽을 타격한다.

그림 7.22.3은 공이 수중에 3분의 2가 잠겼을 때이다. 이 때는 클럽페이스를 약 45도로 오픈시킨 다음 스탠스의 뒤쪽으로 이동하여 클럽페이스가 공의 깊이만큼 물을 가르며 들어갈 수 있도록 한다. 클럽이 더 깊이 물속으로 들어갈수록 임팩트 순간 클럽헤드의 스피드를 유지하면서 스윙하는 것이 더 어려워진다.

그림 7.22.2 3분의 1이 잠긴 공을 쳐냄

그림 7.22.3 3분의 2가 잠긴 공을 쳐냄

　공이 전부 잠겼을 때에는(그림 7.22.4) 스탠스의 안쪽에서 뒷부분에 공을 놓고 클럽페이스는 직각을 유지한다. 그리고 물과 공을 함께 쳐낼 수 있도록 충분히 견고한 스윙을 구사해야 한다.

그림 7.22.4 완전히 잠긴 공을 쳐냄

만약 공이 표면보다 2인치 이상 빠져 있을 때 공은 스탠스의 중앙보다 약간 뒤쪽에 오도록 하고 클럽을 회전시켜서 클럽의 토(toe)가 물 속으로 들어가도록 한다. 그렇게 하면 스윙의 파워가 공에 닿을 수 있을 만큼 물 속을 파고 들어갈 수 있을 것이다. 그렇지만 공이 4인치 이상 깊은 곳에 잠겨 있을 때에는 이 샷을 하지 말아야 한다. 이를 해낼 수 있을 만큼 스윙 파워를 가지고 있는 사람은 거의 없다.

그림 7.22.2과 7.22.3 그리고 7.22.4에서 물이 튀는 모습을 살펴보면 클럽헤드와 물의 상관 작용과 물에 힘을 가하는 원리를 더 잘 이해할 수 있을 것이다. 그 원리는 다음과 같다.

1. 공의 3분의 1이 잠긴 경우에는 클럽페이스를 크게 오픈시킨다. 클럽은 수면을 스쳐 지나가므로 물은 거의 튀지 않는다. 공은 벙커 샷과 비슷하지만 더 적은 백스핀을 가지고 정확히 빠져 나온다.

2. 공의 3분의 2가 잠긴 경우 클럽페이스는 45도 오픈시킨다. 의도한 대로 클럽은 공의 최저점에 다다를 정도로 깊게 물 속으로 들어간다. 상당한 양의

물이 클럽에 의하여 앞으로 튄다. 공은 백스핀 없이 낮게 빠져 나온다.

3. 공이 완전히 물에 잠긴 경우 클럽은 공을 파내듯이 움직인다. 매우 많은 양
   의 물이 앞쪽으로 심지어는 위로도 튄다. 이 샷은 상당한 파워가 필요하므
   로 약하게 스윙해서는 안 된다.

워터 샷을 물에 젖지 않게 하려면

워터 샷을 하면서 물에 젖지 않으려면 허리의 오른쪽과 뒷부분에 타월을 두르면
된다. 이렇게 하면 물이 튀길 경우 스윙이 끝날 때까지 물을 막을 수 있다. 옷과 얼굴
은 젖을지도 모르지만 나중에는 마른다는 사실을 명심하라. 워터 샷을 해내지 못하면
잃어버린 스코어도 영원히 되찾지 못할 것이다.

칩핑과 범프 앤 런

칩핑의 메커니즘

8.1 매우 단순하지만 난이도가 높은 샷

칩 샷은 골프에서 두 번째로 쉬운 동작이다. 기계적으로나 물리적으로 더 쉬운 동작은 퍼팅밖에 없다. 그렇지만 아직도 많은 골퍼들이 칩 샷을 잘 하지 못한다. 필자는 아마추어의 칩 샷 정확도가 왜 그리 떨어지는지를 이해할 수 없었다. 그러나 지금은 그 이유를 이해한다.

나의 강좌에서 투어 프로들이나 많은 골퍼들의 칩 샷 스윙을 연구한 후에 나는 다음과 같은 결론을 얻었다. 즉 칩 샷 스윙은 너무 쉽다는 것이다. 너무 쉽기 때문에 오히려 초기 단계에서 올바르지 못한 방법으로 칩 샷을 배우게 된다. 초보자일 때는 칩 샷은 다른 어떤 샷들과 비교해도 괜찮아 보인다. 그러나 기초가 단단하지 못한 칩 샷은 추후의 실력향상에 걸림돌이 된다. 골퍼들이 칩 샷의 중요성을 인식하고 문제를 해결하고자 할 때면 이미 때가 늦은 경우일 수가 있다.

초보 골퍼들은 매 라운드마다 적어도 2내지 5회의 칩 샷을 하게 될 것이라는 것을 모른다. 그리고 형편없는 피칭으로 인해서 게임에서 비싼 대가를 치르게 될 것이라는 것을 모른다. 또 칩 샷이 실제로 얼마나 돌이킬 수 없는 샷인지도 깨닫지 못한다. 만약 여러분이 볼 위를 때리거나 뒤땅을 친다면 1타는 무조건 더해지는 것이고 다시 쳐야 한다. 또 볼이 홀을 훨씬 지나가 다시 칩 샷을 해야 한다면 이것이야말로 샷을 낭비하는 일이다. 칩 샷을 잘했다 하더라도 볼이 홀로부

초보자들이여 칩 샷 레슨을 받으십시오

여러분은 골프 초보자가 처음에 칩 샷 레슨을 통해서 골프를 시작한다는 말을 들어 본 적이 있는가? 나는 들어 본 적이 없다. 대부분의 골퍼들은 드라이빙 레인지에서 골프를 시작하고 드라이버로 볼을 힘들게 맞추려고 노력한다. 골프 스윙은 직관적인 것이 아니기 때문에 많은 초심자들은 수없이 헛치고, 실소하며, 당황하고, 비참함을 맛보게 된다. 그러면 그들이 해야 할 일은 무엇인가? 그들은 볼을 잘못 쳐내는 일을 중단해야 한다. 그들은 컨택트를 확실하게 하기 위해서 손목과 팔을 사용한다. 이 방법으로 골프 클럽을 사용하는 것이 편하기 때문이다. 그들은 첫 번째 칩 샷을 구사할 때 팔과 손목의 근육을 이용하여 스윙하는 방법만 안다. 자격을 갖춘 프로로부터 레슨을 시작하는 골퍼들은 골프를 잘 배운다. 그런 교습가들은 7번 아이언이 숙달되기도 전에 드라이버를 잡게 해서 실수를 연발케 하는 헛수고를 시키지 않기 때문이다. 그들은 초보자들에게 좋은 그립 방법과 스윙의 기초를 가르친다. 그러나 이런 프로들도 다섯 번째 정도의 레슨 진도까지는 칩 샷을 가르치지 않는다. 대개의 경우 골퍼 스스로 코스에서 몇 라운드를 돌고 나서 그린까지 칩 샷을 해봄으로써 팔의 근육을 사용하여 칩 샷을 하는 것이 쉽다는 것을 자연스럽게 알게 되도록 한다. 그렇지만 만약 여러분이 친구에게나 아이들에게 골프를 가르치고 있다거나 혹은 여러분 자신이 처음으로 골프를 배우고 있다면 필자는 이 책에서 자세하게 설명한 것처럼 피네스 스윙의 기초들을 사용하면서 칩 샷과 퍼팅부터 시작하기를 권한다. 여러분은 칩 샷이 매우 배우기 쉽다는 데에 놀랄 것이며 칩 샷의 동작이 그 다음 과정에서 피네스 스윙에 연결되는 데에 더욱 놀랄 것이다.

터 8피트 안의 지점에서 정지하지 않으면 첫 번째 퍼팅을 미스할 수 있다. 이것은 또 다른 샷의 낭비이다. 앞 장에서 나는 숏 게임의 기본 원리 중의 하나를 언급했다. '큰 공(지구)을 맞추기 전에 작은 공(골프볼)을 맞추어라' 이 원리는 칩 샷에서 특히 중요하다.

지면을 먼저 때리면 뒤땅 샷이 되며, 결과적으로 득점에 1타를 더하게 되고, 여러분은 당황하여 게임에 흥미를 잃게 된다. 뒤땅치기는 볼을 치는 동작에 변화를 주어서 볼의 중앙을 치는 샷이 나오게 한다. 필자의 스코어링 게임 스쿨에서는 매 기수마다 이런 증상들과 올바르지 못한 칩 샷을 계속 관찰하고 있다.

칩 샷은 단순한 스윙으로 만들어지는 간단한 샷이다. 배우기 쉽고, 볼을 타격하기도 쉬우며 성공적인 운동수행 또한 가능하다. 따라서 올바른 칩 샷을 하지 못한다면 점수를 너무 쉽게 잃는다. 다음에 설명하는 내용을 주의 깊게 읽고 연습한다면, 칩 샷은 무난히 습득할 수 있을 것으로 본다.

8.2 손은 데드 핸드 상태로, 손목은 사용하지 않는다

칩 샷의 스윙은 리듬과 부드러움이 있는 피네스 스윙이다. 신체를 한쪽 방향으로 회전시킨 뒤 반대 방향으로 다시 회전시킬 때(제 4장을 참고 그림4.12.1) 신체가 꼬이는 현상이 일어나지 않기 때문에 하체에서 강한 파워가 생성되지 않는다. 파워가 가해지지 않는 회전 동작은 여러분의 팔, 어깨, 클럽의 동시화 된 스윙 리듬을 유지하는 데에 도움이 된다. 이러한 동작은 스윙의 길이를 조절해서 볼에 샷에 더해지는 파워의 크기를 조절할 수 있도록 해 준다. 파워를 만들어 내기 위하여 손이나 손목의 근육을 사용할 필요가 없다.

올바른 칩 샷 스윙을 설명하는 것은 쉽다. 두 팔은 삼각형의 양변을 형성하고

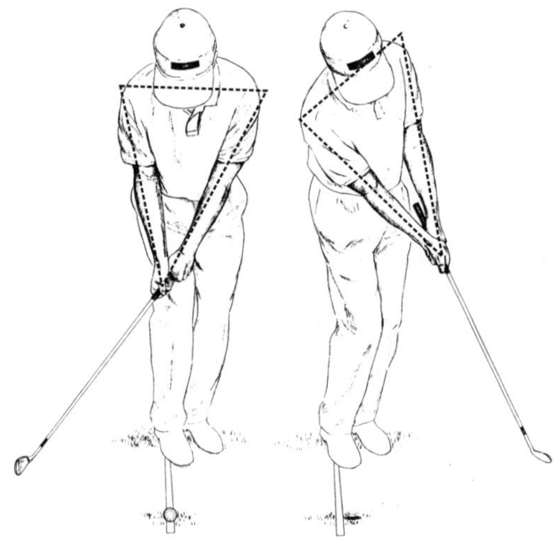

그림 8.2.1 칩 샷 스윙 모션, 백 턴(왼쪽)과 스루 턴(오른쪽)

어깨선은 나머지 한 변을 구성한다고 상상하자. 칩 샷을 실시할 때에는 삼각형의 모양은 그대로 유지하면서 신체의 각 부분들이 동시에 움직이면서 스윙이 되어야 한다(그림 8.2.1). 그것이 전부이다. 손의 힘, 하체의 힘은 필요하지 않으며 아드레날린에 따른 문제도 없다. 그리고 손목은 사용하지 않는다(파워를 원하지 않기 때문에 손목의 코킹이 없다). 손의 근육으로 칩 샷을 구사하려는 유혹을 피해야 한다.

손에 클럽을 쥐지 않은 상태로 거울 앞에 서서 수차례 그 동작을 연습해 보자. 동작이 어떤지를 관찰한 다음 클럽을 가지고 볼 없이 칩 샷 스윙을 해보자(그림 8.2.2). 기억할 점은 신체의 힘과 손의 힘, 그리고 손목의 힘이 필요하지 않다는 점이다. 그리고 삼각형을 그대로 유지한다. 스윙을 구사하는 동안에 클럽의 그립이 삼각형과 원래의 위치에 유지되도록 단단하게 잡아야 한다. 그렇지만 손이 움직이지 않게 하기 위해서 클럽을 너무 단단하게 잡아서는 안 된다. 실제로 클럽을 더욱 단단하게 잡을수록 손은 더 역동적이 된다(그림 8.2.3은 심각한 손목

그림 8.2.2 자신의 칩 샷 동작을 관찰하자.

의 사용을 보여주고 있다). 리듬에 집중한 상태로 거울을 보면서 연습을 하면 손과 손목을 사용하지 않는 스윙을 하게 될 것이다.

그런데 여전히 손을 사용하며 공을 때리려고 하는 의도를 제거할 수 없다면,

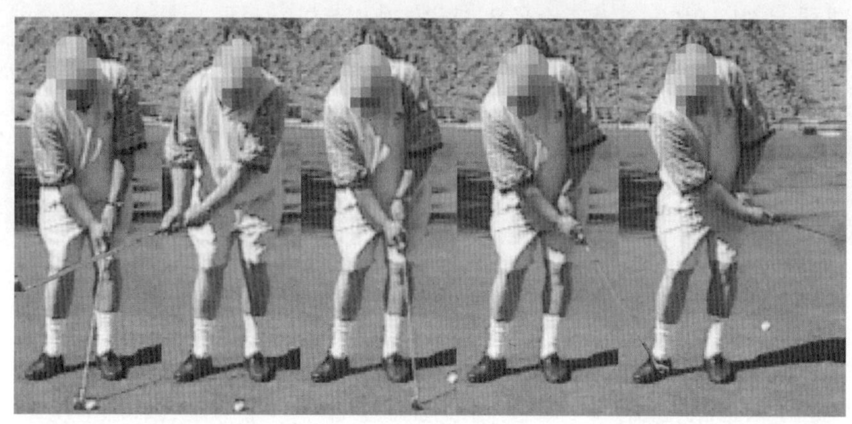

그림 8.2.3 손목이 접히는 올바르지 못한 칩 샷 동작

칩스틱을 사용해서 칩 샷을 시도해보거나(그림 8.2..4 세부사항은 13.8 참고) 왼손을 밑으로 잡는 칩 샷을 시도해보자.

그립에서 손의 위치를 바꾸는 것이다(오른손잡이는 왼손을 오른손 아래에 놓

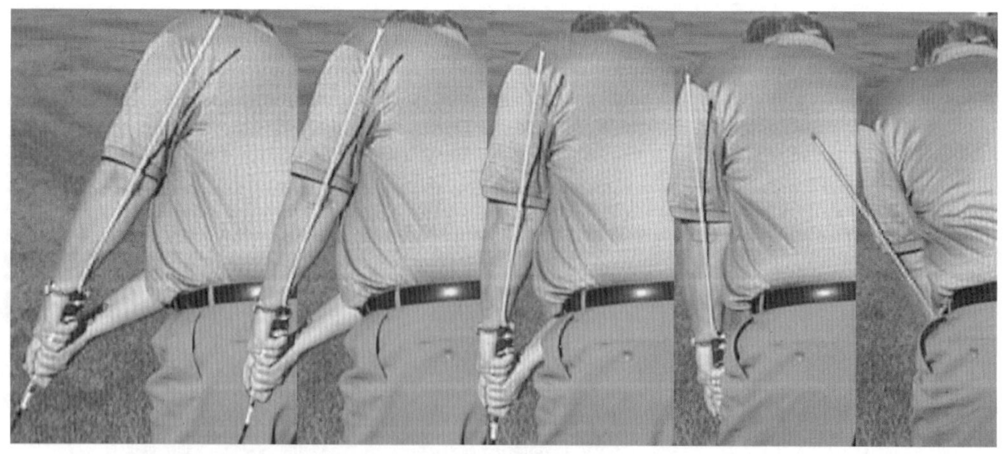

그림 8.2.4 뒤쪽에서 본 모습. 칩스틱이 신체와 접촉해서는 안 된다.

그림 8.2.5 왼손을 내려 잡은 칩 샷, 손목이 접히지 않는 칩 샷을 하기가 용이하다.

는다. 그림 8.2.5). 스윙의 리듬에 유의하면서 이 방법을 연습한다. 그러면 코스에서도 이것이 효과적인 방법이라는 것을 알게 될 것이다. 손목과 손을 사용하지 않게 하는 다른 방법은 훌륭한 선수출신의 지도자 폴 런연이 진수하는 방법이다. 그는 팔꿈치, 전완, 손목 사이에 실제적인 삼각형은 유지하면서 단순한 시계추 동작으로 클럽을 스윙하라고 가르친다(그림 8.2.6에서 셋업한 것처럼). 근육을 사용하여 칩 샷의 파워를 컨트럴하지 않는 한 합격이다.

8.3 정확한 컨택트

정확한 컨택트는 올바른 칩 샷의 첫 번째 요구 조건이다. 그린 주위에서 정확하게 볼을 맞추기 위해서는 어느 정도의 다운블로우의 필요성을 느끼게 된다. 클럽페이스와 공 사이에 잔디가 하나도 끼어들지 않도록 하는 것이 좋다.

그림 8.2.6 팔꿈치가 옆으로 나오면서 손목의 각도가 큰 칩 샷

힘을 될 수 있으면 적게 사용하는 원칙을 유념하면서 장거리 웨지, 피치 샷, 칩 샷으로 이동할수록 스탠스는 신발의 안쪽 사이가 4~6인치가 되도록 좁아져야 한다. 앞쪽 발에는 체중의 50~60%가 실리도록 해야 정확한 컨택트 및 임팩트, 그리고 다운 스윙이 가능해진다. 공은 스탠스의 중심보다 뒤쪽으로 2~3인치 가량 되는 위치에 놓는다. 이처럼 스탠스를 좁게 할 때에는 공을 뒤쪽 발목을 기준으로 앞쪽에 두어서는 안 된다(그림 8.3.1). 공의 위치를 완벽하게 하기 위해서 타깃 라인과 수직이 되도록 발을 위치시키고, 공은 뒤쪽 발의 맞은편에 놓는다(그림 8.3.2). 그 다음 뒤꿈치를 움직이지 않은 채 양 발의 앞을 타깃을 향하여 20도 가량 오픈시킨다. 볼과 매우 가깝게 똑바로 서는 자세이다. 손을 들고 양 손목을 약간 구부려서 스윙을 하는 동안 견고하게 유지시킨다(그림 8.3.3).

곧게 서서 손을 들어주면 또 다른 현상이 뒤따르게 된다. 즉 클럽의 토는 아래쪽에 머무르는 반면 클럽의 힐이 지면으로부터 떨어지게 된다. 셋업할 때 이점은 꼭 확인해야 한다(뒤땅을 자주 치는 칩 샷을 구사하는 골퍼들은 힐은 올라가고 토는 내려가 있는 동작에 주의를 기울일 필요가 있다). 토가 지면을 파고들어 가지나 않을까 하는 생각은 접어둬도 된다. 왜냐하면 볼이 스탠스 뒤쪽에 위치한 상태에서는 스윙 아크의 최저점에 이르기 전에 볼이 맞게 되기 때문이다. 이런 동작이 나오면 클럽이 잔디와 접촉하기 이전에 볼은 이미 날아가고 없게 될 것이다.

셋업을 할 때는 클럽페이스를 정확하게 놓는 데 주의를 기울여야 한다. 왜냐하면 공이 스탠스보다 2인치 뒤에 위치하므로 그림 8.3.4에서 보는 것처럼 어드레스 자세에서 클럽페이스가 오픈되는 경향이 있기 때문이다. 클럽헤드가 왼쪽으로 수정되지 않는다면 볼은 오른쪽으로 날아가게 될 것이다. 따라서 클럽페이스가 조준 클럽 및 타깃 라인과 정확한 수직을 이루고 있어야 한다(그림 8.3.5). 처음에는 약간 닫혀 있는 것

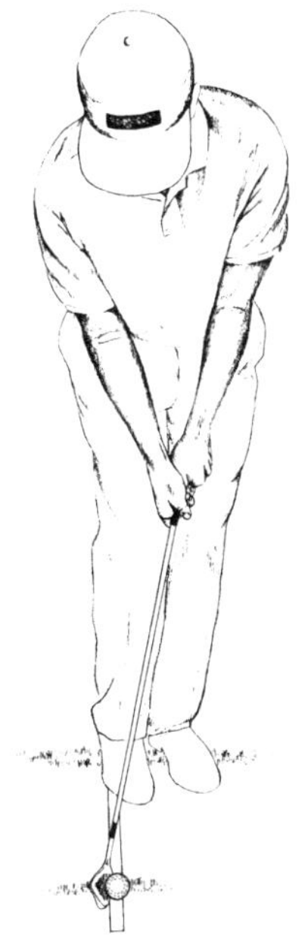

그림 8.3.1 칩 샷의 볼 포지션

왼쪽 손목을 둥글게 구부려라

이 책을 읽는 동안 간단한 테스트를 해보자. 신체의 앞쪽으로 왼팔을 뻗어서 손바닥을 지면과 수직이 되도록, 손가락은 지면과 수평이 되도록 한다. 눈을 감고 손을 부채질하는 동작으로 움직인다. 이 동작은 어렵지 않다. 그렇지만 손바닥을 지면과 수직으로 한 상태에서 손가락을 아래쪽으로 향하게 한 다음 눈을 감고 부채질하는 동작을 해 보면 훨씬 어렵다는 사실을 발견하게 될 것이다. 이제 엄지손가락을 아래쪽으로 내리고 손목을 가능한 한 많이 구부린다. 그 상태에서 압력을 유지한 채 손을 좌우로 움직이면 상당히 제한되는 느낌을 받게 될 것이다. 이것이 바로 여러분이 칩 샷을 할 때 손목이 접히는 가능성을 예방하고 손목의 움직임을 제한하기 위해서 손목을 구부리게 되는 이유이다.

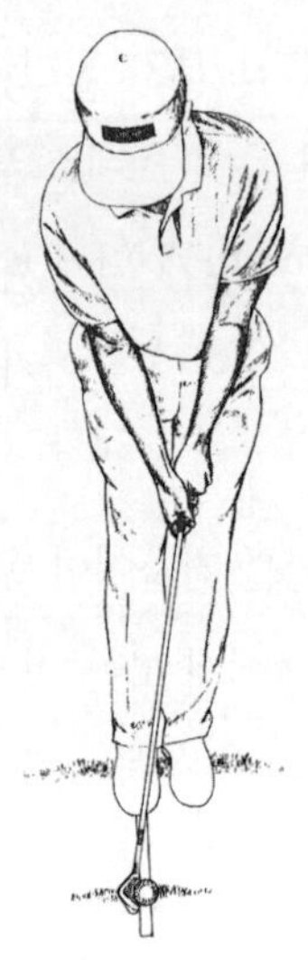

그림 8.3.2 타깃 라인과 수직으로 셋업을 시작한다.

그림 8.3.3 발 앞이 전방을 향하게 하고 손목을 약간 굽혀준다.

그림 8.3.4 아래로 내려다 본 모습. 뒤쪽 발목 맞은 편에 공을 놓으면 클럽페이스는 오픈되며 이것은 바람직하지 않다.

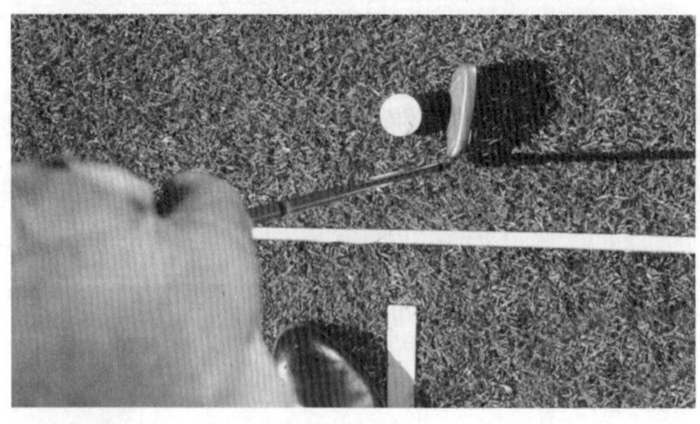

그림 8.3.5 클럽페이스는 항상 스윙 라인 및 조준 라인과 수직을 유지해야 한다.

처럼 보일 수 있지만 칩 샷을 해 보면 볼은 컵을 향해 굴러가서 홀 가까이 정지하게 될 것이다.

8.4 안정적인 스윙을 구사해야 한다

안정성의 개념은(자세한 내용은 제 4장을 참고) 게임의 어떤 측면보다도 칩 샷에서 더 요구되는 개념이다. 안정성을 갖기 위해서는 의식적으로 만드는 것이 아닌 가속동작이 되어야 한다(그림 8.4.1). 팔로스로우를 백스윙보다 20% 더 길게 하는 피네스 스윙을 구사하면 임팩트 순간 클럽의 안정성이 확보될 수 있다.

그러나 지나치게 긴 팔로스로우를 해서는 안 된다. 그림 8.4.2에서 볼 수 있는

그림 8.4.1 피치 샷의 스윙 : 백스윙보다 20% 더 긴 피네스 스윙

것처럼 백스윙이 허리 높이까지 가게 되면 여러분이 원하지 않는 전완과 손의 근육을 사용하게 된다. 연습 스윙 시 리듬을 타도록 하고 그 리듬을 살려 자연스럽게 피네스 스윙을 구사해서 백스윙 보다 긴 피니시 자세를 만들도록 한다.

또 손을 사용하여 백스윙 테이크어웨이를 하면 안 된다. 필자가 교습할 때 칩

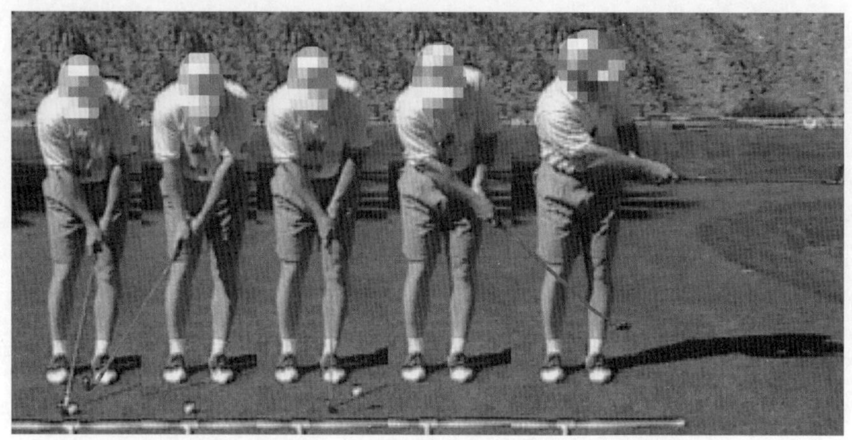

그림 8.4.2 손과 손목을 움직여서 형성되는 파워는 원하지 않는 팔로스로우를 만들어 낸다.

그림 8.4.3 손을 이용한 칩 샷은 중압감 아래서 플레이 능력을 경감시킨다.

샷 동작에서 리듬을 타도록 강조하면 많은 교습생들이 칩 샷을 손을 써서 하는 모습을 자주 보았다. 그러나 손을 사용하여 칩 샷 스윙을 시작하면(그림 8.4.3) 백스윙을 하는 동안 손목이 코킹되는 결과를 초래한다. 그리고 임팩트 순간에는 볼과 클럽페이스가 부정확하게 컨택트되는 오류를 범할 수 있다.

어드레스 시에는 양손이 왼쪽 허벅지 앞부분에(볼보다 앞쪽) 오도록 하며 그때 체중의 60%～65%는 앞쪽 발에 실리도록 한다.

이 자세는 신체의 왼쪽 부분이 '당기는 위치'에 있도록 해주고, 왼팔이 앞쪽에서 클럽을 끌어내면서 신체가 동시에 움직이며 임팩트가 일어날 수 있게 해준다.

8.5 칩 샷의 요약

항상 공 주변과 똑같은 조건의 잔디 위에서 몇 번의 프리뷰 스윙을 실시한다. 일단 완벽한 스윙이 되면 공에 다가가서 프리샷 루틴을 행한 후 실제로 공을 치면 된다. 곰곰이 생각하거나 시간을 지체해서는 안 된다. 스윙을 반복할 때에는 결과에 대한 확신을 가져야 한다.

공에 가깝게 그리고 스탠스를 좁게 해서 서고 공은 스탠스의 중앙으로부터 약 3인치 뒤쪽에 놓는다. 약간 앞으로 신체를 기울여 체중의 65%를 앞쪽 발에 싣고, 손은 공의 앞쪽, 왼쪽 허벅지 안쪽과 정렬한 상태에서 손목을 활 모양으로 약간 굽혀준다. 공과 충분하게 가까이 서서 클럽의 토는 밑을 향하게 숙이고 클럽의 힐 부분은 지면으로부터 떨어진 상태를 유지하며 좌측 평행 정렬을 사용하면서 클럽페이스가 타깃 라인과 수직을 이루도록 조준한다.

턴 어웨이와 팔로스로우를 할 때 상체와 히체는 동시화 된 피네스 스윙이 되도록 하며 손목은 단단하게 유지하되 너무 지나쳐서는 안 된다. 스윙을 할 때에는 손목이 코킹되거나 접히는 일이 있어서는 절대로 안 된다. 가벼운 그립과 데드핸드를 사용하고 팔로스로우는 백스윙보다 20%가량 더 길어야 한다. 피니시 자세를 유지할 때에는 샷이 핀까지 구르는 모습을 관찰해야 한다. 리 젠슨(그림 8.5.1)의 칩 샷을 관찰하고 이를 습득하면 칩 샷으로 홀에 공을 넣는 흥분을 경험하게 될 것이다.

그림 8.5.1 리 젠슨이 30피트의 칩 샷을 구사하고 있다.

샷의 움직임

8.6 그린 위에서 공의 움직임

이제 올바른 칩 샷 동작의 방법을 알게 됐다면 다음과 같은 물음에 대답할 차례다. (1) 스윙의 크기는 얼마나 되어야 하는가? (2) 어떠한 클럽을 사용해야 하는가? 그리고 (3) 볼은 어느 지점에 착지해야 하는가? 하는 질문들이 그것이다. 나는 마지막 물음부터 역순으로 이를 논의하려고 한다.

모든 골퍼들은 '가능한 한 빨리 볼을 그린에 올려라' 라는 충고를 듣는다. 따라서 볼을 퍼팅과 같이 홀을 향하여 굴린다. 그런데 이것은 이치에 맞는 말이다. 그렇지만 그린의 가장자리로 너무 가까이 볼을 접근시킨다면 많은 곤란을 겪게 될 것이다.

골퍼들은 인간이기 때문에 항상 완전한 샷을 구사할 수는 없다. 우리들은 의도했던 것보다 길게 혹은 짧게 볼을 쳐 보낸다. 그런 이유 때문에 그린의 가장자리로부터 약 3피트 정도의 거리에 공을 떨어뜨려서 성공률을 높여야 한다. 만약 샷이 조금 짧았다 해도 공은 그린에 떨어질 것이고 거의 기대했던 만큼 구를 것이고 조금 길면 홀을 지나쳐 갈 것이다(이 자체도 그다지 나쁘지 않다. 공이 구르는 것을 보면 다시 되돌아오는 퍼팅을 할 때의 퍼팅라인을 '읽는' 데에 도움이 된다). 그린 주변에서는 공은 일단 안전하게 그린에 올려놓아야 한다. 왜냐하면 프린지에서의 공의 반응을 '읽는' 것은, 습기가 균일하게 분포되어 있고 잘 다듬어진 그린 위의 반응을 읽는 것보다도 정확하지 않기 때문이다. 그리고 이어지는 샷은 치핑보다는 퍼팅이 훨씬 낫다.

어떠한 클럽을 사용해야 하는가? 골퍼들은 보통 7번이나 8번 아이언 중 하나를 가지고 칩 샷을 한다. 그렇지만 연습을 통해서 4번 아이언에서 피칭 웨지까지 여러 가지 클럽을 사용할 수 있게 만들어야 한다. 그런 다음 필요한 샷이나 조건에 근거하여 클럽을 결정하면 된다. 그린에 가까이 접근되고 라이가 좋지 않을수록 공의 탄도는 낮아야 한다. 각 클럽마다 날아가는 거리와 구르는 거리에 대한 상관관계를 테스트해보아야 한다.

공을 스탠스의 뒤쪽에 놓고 손은 앞쪽으로(왼쪽 허벅지 안쪽 위) 놓을 때 효과적인 클럽의 로프트 각도를 얻을 수 있다. 따라서 이제 8번 아이언을 가지고 6번 아이인과 같이 플레이하는 것이 기능해질 것이다. 만약 어떤 상황에서 더 높은 로프트 각도가 필요하다면 9번 아이언이나 웨지를 가지고 약간 더 긴 스윙을 하면 된다.

칩 샷을 할 때 고려할 점은 각기 다른 백스핀과 탄도를 가진 공이 그린에 착지할 때의 바운스와 구르는 거리에 따라 동일한 결과를 낳을 수 있다는 점이다(낮게 구르는 7번 아이언 샷과 로프트를 줄여서 친 높은 웨지 샷의 경우). 이것이야말로 로프트 각도가 특별히 낮은 클럽을 사용해서 적은 백스핀이 요구되는 그린 주변에서의 칩 샷을 할 때 클럽 선택이 정말 다양할 수 있다는 것을 설명한다.

얼마나 긴 스윙을 해야 하는가? 이것은 실제적으로 답변하기가 가장 쉬운 질문이다. 그 이유는 여러분이 손을 사용하지 않는 피네스 스윙을 구사했을 경우 즉 거의 1단계의 백스윙과 2단계의 팔로스로우를 했다면(제 5장을 보고 스윙의 위치에 대한 내용을 확인) 스윙의 길이는 , 평균적인 표준적 스윙 허용 오차의 범위 안에 머무르는 한, 샷의 길이와 직접적으로 연관될 것이기 때문이다. 짧은 샷을 위해서는 짧은 스윙을 구사하고 긴 샷은 긴 스윙으로 대응하면 된다. 약간만 연습하면 다소 오차는 있겠지만 연습 스윙을 할 때와 마찬가지의 감각을 얻게 될 것이다.

8.7 낮은 탄도의 샷일수록 곧게 날아간다

그린 위에서 칩 샷의 움직임에 대한 데이터를 수집하기 위해 몇 년 전 나는 로봇 퍼피의 도움을 받았으며(그림 8.7.1) 퍼팅 테스트에도 이 로봇을 활용했다. 로봇의 손에 모든 클럽을 쥐게 하고 다양한 조건 하에서 가장 우수한 칩 샷이 어떤 것인지를 검증하기 위해서 테스트를 실시했다. 그린의 가장자리로부터 30인치 떨어진 곳으로부터 시작하여 4번 아이언에서부터 피칭 웨지까지 모든 클럽을 가지고, 퍼피로 하여금 홀까지 칩 샷을 하게 했다.

필자는 퍼피에게 정상적인 칩 샷을 반복하는 프로그램을 입력시켰다. 약간의 다운블로우식 타법이나. 직각의 클럽페이스, 임팩트 순간 수직으로 올라가는 팔로스로우가 그 내용이었다. 클럽이(로프트가) 변화할 때마다 탄도나 비거리, 그리고 구르는 거리가 일관성 있게 변화했다. 이것은 우리의 예상대로 로프트가 클수록 공이 높이 날아가고 작을수록 공이 낮게 날아간다는 사실을 의미했다.

여기서 우리는 두 가지 결과에 주목해야 한다. 먼저, 정확하게 로프트가 클수록 공을 홀까지 보내는 데에는 더 큰 스윙이 필요하다. 마찬가지로 로프트가 낮으면 같은 거리라고 가정할 때 더 짧은 스윙이 필요하다. 더 중요한 두 번째 결과는 공이 낮게 날아갈수록 지표면에 착지한 후 더 똑바른 방향으로 바운스된다는 점이다(그림 8.7.2). 이것은 공이 정상적인 그린 표면이나, 사이드 힐, 혹은 그레인이

그림 8.7.1 퍼피가 프린지로부터 칩 샷을 하고 있다

있는 곳 어디에 착지하든 간에(단 불규칙한 다운 슬로프는 제외) 낮은 로프트의 클럽을 이용하여 더 똑바로 나아가는 샷을 구사할 수 있다는 점을 시사한다.

여기서 기억해야 할 점은, 오차가 일어날 수 있는 공간을 할애해야 한다는 사실이다. 가장 똑바른 방향의 바운스를 원한다고 해도, 실수로 프린지에 착지하지 않고 그린 인쪽 3피트 지점에 공이 떨어질 수 있도록 충분한 로프트의 클럽을 선택하는 것이 더 중요하다는 것이다.

8.8 백스핀은 없다

퍼피를 이용한 또 다른 실험에서는 피칭 웨지를 쥐게 하고 공이 그린 위에 안전하게 떨어지는 상황을 준비했다. 나는 세 가지 다른 장소(스탠스 중앙, 중앙으로부터 공 한 개만큼의 뒷부분, 공 두 개 만큼의 뒷부분)에 공을 놓고 샷을 구사하게 했다. 그림 8.8.1에서 볼 수 있는 것처럼 스탠스에서 멀리 위치할수록 공은 낮게 날아가며 백스핀이 많이 생긴다.

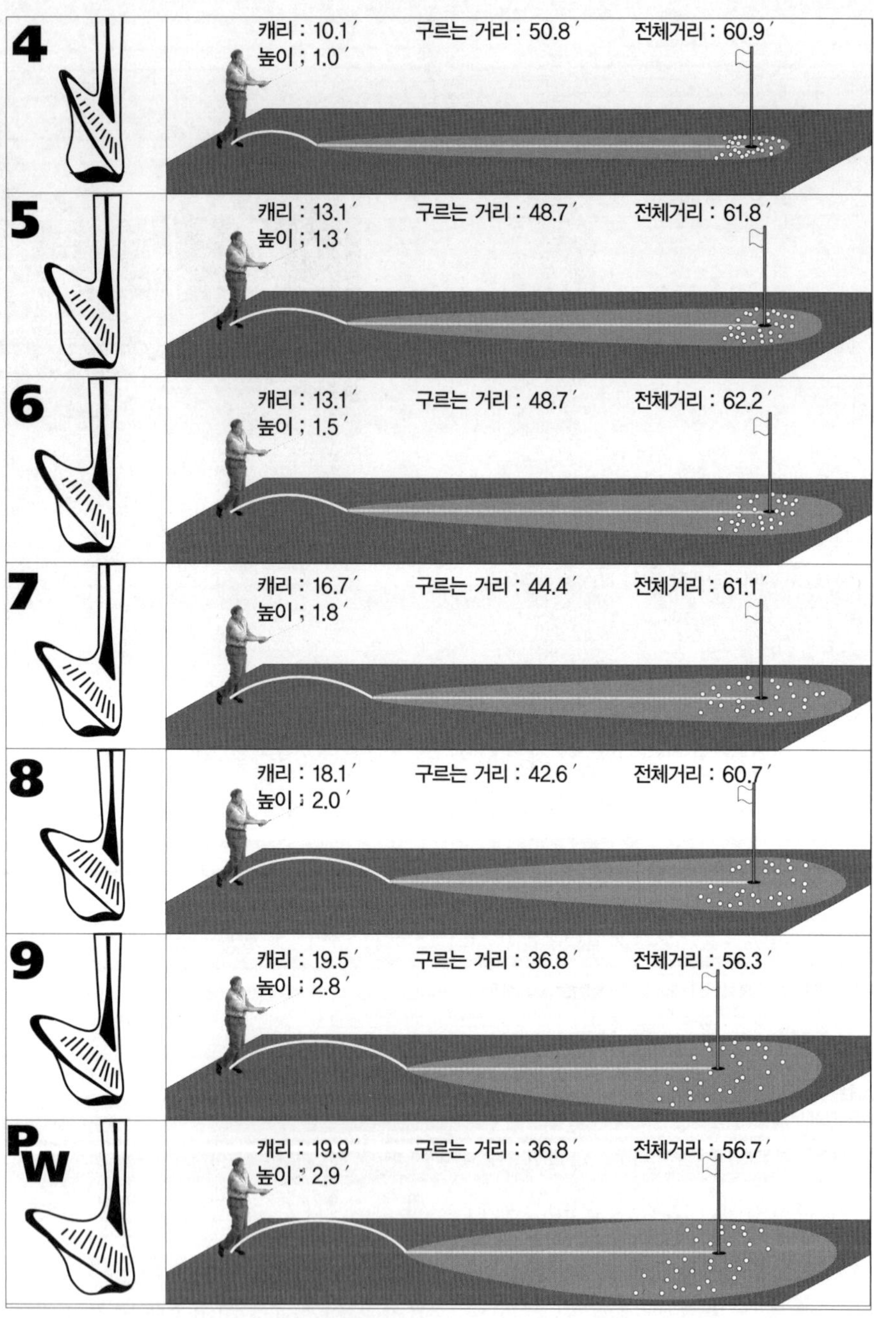

그림 8.7.2 칩 샷에서 공의 비행 고도가 낮을수록 바운스가 똑바른 방향이 되고 샷의 분포 범위가 작아진다.

처음에는 이러한 결과들에 놀랐다. 나는 백스핀이 바람직한 것이며 그린에서 공을 컨트롤하는 중요한 요소라고 생각하고 있었기 때문이다. 그렇지만 퍼피를 관찰하면서 다음과 같은 교훈을 얻었다. '백스핀이 커질수록 그린에서의 공의 산포도(散布度)는 더 커진다.'

이러한 방향과 거리의 불일치는 두 가지 원인에 기인한다. 첫째, 스핀이 많을수록 공의 움직임이 불규칙하다. 따라서 스탠스의 중앙으로부터 구사한 백스핀이 거의 없는 공은 거의 같은 거리에 반복해서 착지하지만, 스탠스의 중앙으로부터 공 지름의 두 배 정도의 거리 뒤에 놓고 친 공은 많은 백스핀을 가지며 도착 지점의 분포 범위도 대단히 넓다.

이것과 유사하지만 더 중요한 발견은 백스핀이 클수록 공이 타깃 라인으로부터 멀리 벗어난다는 것이었다. 다른 말로 하면 백스핀이 더 많다는 것은 더 눈에 띄는 방향 오차를 의미한다. 사실 처음에는 이 결과가 놀라웠으나 이해할 수 있는 현상이었다. 샷이 백스핀을 많이 가지고 있을수록 공의 반응은 착지 지점의 조건에 의해 더 많은 영향을 받는다. 공의 스핀을 줄여 보자. 반응 양상이 균일하고 떨어지는 지역의 조건으로부터 받는 영향이 줄어들게 될 것이다.

위에서 설명한 두 가지의 실험결과는 올바른 칩 샷을 위해서는 백스핀이 그다시 필요하지 않다는 짐을 보여준다. 그렇지민 백스핀이 걸리지 않는 좋은 칩 샷이란 어느 면에서는 혼란스럽기도 하다. 그것은 클럽헤드와 공 사이의 컨택트가, 공을 가장 뒤쪽에 놓아 잔디가 공과 클럽면 사이에 끼일 수 없는 경우에 가장 일관성 있게 만들어지기 때문이다. 그러한 셋업은 가장 많은 백스핀을 만들어 낼 뿐 아니라 가장 일관된 비거리를 만들어 준다 하겠다.

그렇다면 필자의 결론은 무엇인가? 올바른 라이로부터 공에 최소한의 백스핀을 주면서 낮게 칩 샷을 하자는 것이다. 로프트가 작은 클럽을 가지고 샷을 구사하되, 착지한 후 공이 홀을 지나 너무 멀리 굴러가는 일이 없도록 해야 한다. 그렇지만 라이가 좋지 않을 때에는 스탠스를 기준으로 더 뒤쪽에 공을 위치시키고

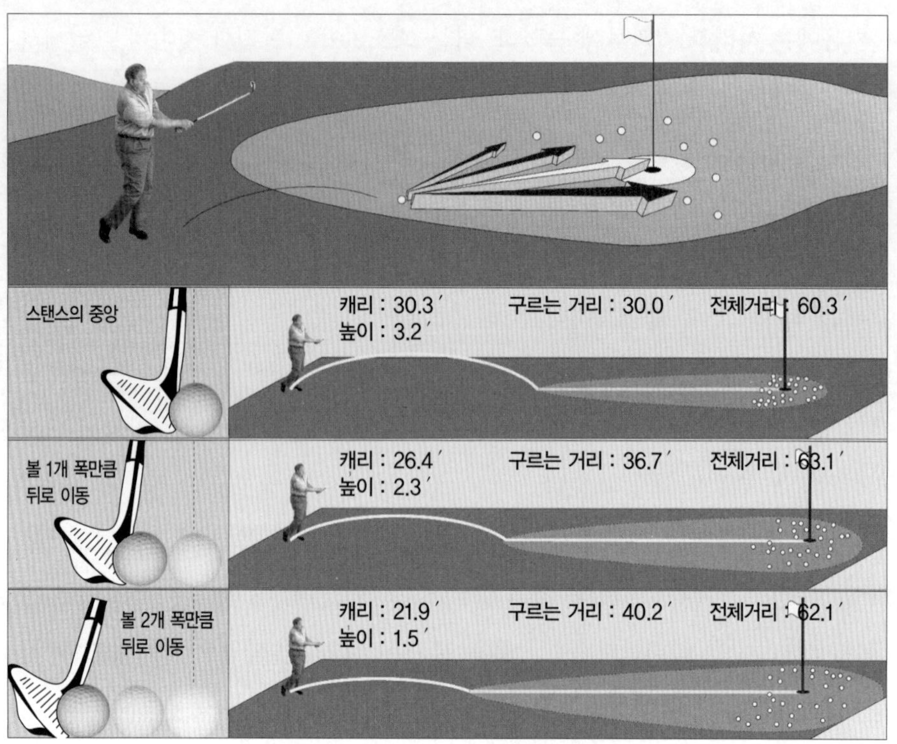

그림 8.8.1 칩 샷에서 백 스핀이 줄어들면 구르는 움직임이 더 일정해 진다.

로프트가 더 큰 클럽으로 확실한 컨택트를 만들어 내야 한다. 올바른 컨택트를 만들어 내지 못하면 의도한 지역으로 보낼 수 없고 올바른 샷을 구사할 수도 없기 때문이다.

물론 모든 것은 샷을 구사하는 여러분의 능력에 달려 있다. 내가 퍼피를 사용해서 어느 특정 공 위치가 통계적으로 더 좋다는 점을 증명했다고 해서 그 위치가 여러분 각자에게 꼭 맞는다고 할 수도 없다. 만약 다른 종류의 샷에 더 편안함을 느낄 수 있다면 그렇게 쳐야 한다. 그렇기 때문에 다양한 클럽 선택 훈련과 실수를 통해서 자신에게 가장 좋은 경우를 찾아내는 것이 더 중요하다.

8.9 클럽페이스를 직각으로 유지한다

로봇 퍼피를 활용한 실험에서 한 가지 더 흥미 있는 결과를 얻었다. 그린 위에 서의 반응은 공이 사이드 스핀 없이 출발했을 경우 더 일정했다. 바꾸어 말해 칩 샷을 훅 샷으로 만들거나 컷 샷으로 만드는 사람은 손해를 자초하는 것이나 마찬가지다.

이 실험에서 필자는 퍼피에게 확연히 구분이 되는 칩 샷 세 종류를 실행하도록 설정해 놓았다. 하나는 직각의 클럽페이스가 임팩트 순간 타깃 라인을 따라 똑바로 움직이도록 하는 것이었고 두 번째는 스윙 라인이 왼쪽으로 조준된 상태로 클

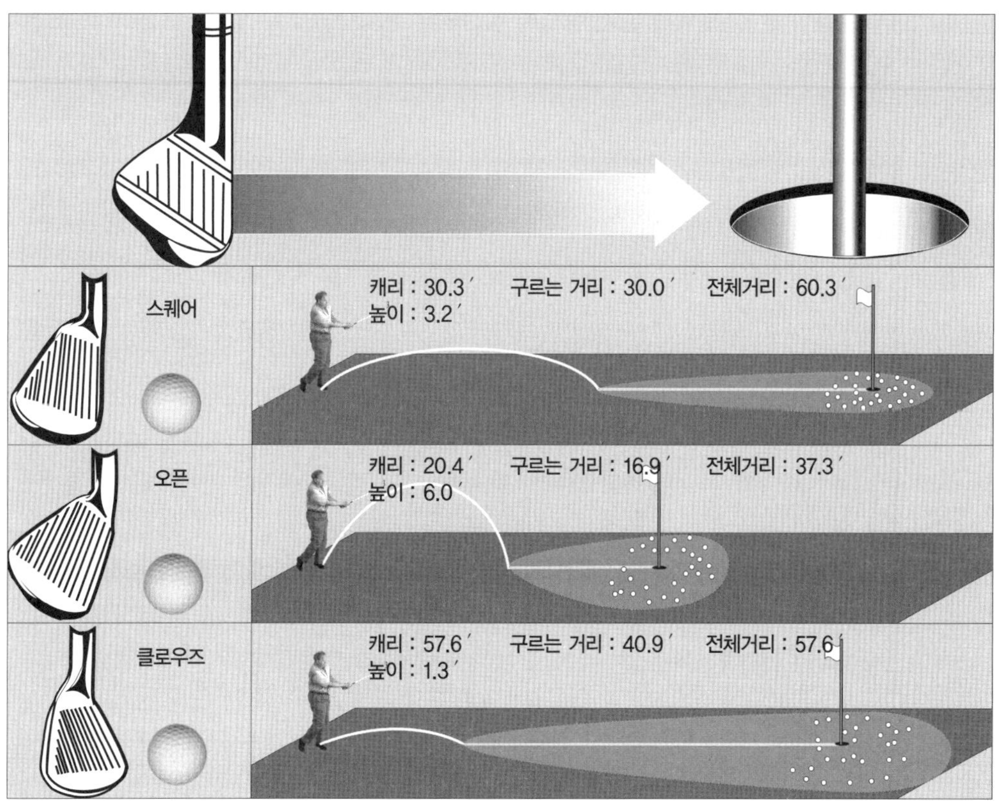

그림 8.9.1 칩 샷에서 사이드 스핀은 분산 범위를 더 넓게 만든다.

럽을 오른쪽으로 20도 가량 오픈시키는 것이었다. 세 번째는 스윙 라인이 오른쪽을 향하게 하고 클럽페이스를 20도 가량 왼쪽으로 닫히게 하는 실험이었다.

매우 일정한 결과가 얻어졌다(그림 8.9.1). 퍼피가 더 많은 사이드 스핀을 만들어낼수록 볼이 튀기고 구르는 양상의 일관성이 없었다. 이것을 앞서 실시한 테스트와 비교해 보자. 사이드 스핀이 있으면 칩 샷의 효과는 없어진다. 가장 낮은 궤도를 가지는 샷이라고 해도 클럽페이스가 닫혀진 상태에서 샷을 구사하면 사이드 스핀이 더 적을 때보다 약간 더 넓은 분포를 보여준다.

컷 샷의 일관성은 확실히 더 떨어졌다. 왜냐하면 로프트 각이 더 커졌을 뿐만 아니라 사이드 스핀도 더 많아졌기 때문이다. 두 가지 방식 모두 그린 위에서의 공의 향방에 있어 일관성을 현저히 감소시키는 것을 알 수 있다. 모든 다른 조건들이 동등할 때 직각의 클럽페이스를 유지해서 사이드 스핀을 예방하면 샷의 결

언덕을 피하고 움푹한 곳을 공략하라

대부분의 프로들은 평탄한 표면 위에다가 짧은 샷을 착지시키려고 한다. 이것은 샷의 움직임을 예상하기 쉽기 때문이다. 그렇지만 평탄한 지형으로 칠 수 없을 경우 다음의 규칙을 따라야 한다. '언덕을 피하고 움푹한 곳을 조준하자.' 이것이 친숙하게 느껴지는 이유는 지난 장에서 피치 샷을 언급했기 때문일 것이다. 진실은 언제나 진실일 뿐이다. 공이 언덕의 제일 윗부분이나 그린의 높은 지역에 떨어지게 되면 그린을 '읽는' 판단력이나 스윙 실수를 배가할 수 있다. 짧은 스윙으로 언덕의 윗부분 슬로프에 공을 떨어트리면 슬로프의 각도보다 두 배의 반사각을 가지고 튀어 오를 것이다. 그렇게 되면 공의 속도가 줄어들고 결국 타깃보다 훨씬 못 미치는 곳에서 다음 샷을 해야 한다. 그렇지만 낮은 지형의 중심을 향해서 샷을 구사할 수 있다면 그렇게 해야 한다. 다소 짧게 친 경우라도 낮은 슬로프에 맞아서 앞쪽으로 공이 튀게 되어 부족한 캐리를 보충해주고 조금 길게 칠 경우에는 반대편에 맞고서 뒤로 굴러 떨어질 것이다. 그러므로 공은 그 지점을 벗어나는 것이 힘들다. 세 가지 샷의 총 비거리는 같다. 그러므로 미스 샷을 수용할 수 있는 범위를 크게 하기 위해서는 낮은 지형을 향해 샷을 날리는 것이 현명하다.

과는 더 일정해질 것이라는 것을 이 실험을 통해 알 수 있었다.

따라서 언제나 가능하다면 칩 샷을 할 때는 클럽페이스는 조준 라인(볼이 출발하는 라인)과 직각을 유지해야 한다. 오픈 스탠스를 하고 보면 클럽이 목표선과 수직이 되는 것은 약간 좌측을 향하고 있는 것처럼 보일는지 모르나 공을 우측 발 쪽에 놓기 때문에 문제가 되지 않는다. 그리고 많은 연습으로 이 자세가 익혀지면 자연스럽게 수직 상태를 만들어 낼 수 있을 것으로 본다.

8.10 퍼팅을 할 것인가 칩 샷을 할 것인가?

그린의 프린지에서 플레이하는 방법은 골프에서 가장 어려운 부분이다. 그것은 클럽이나 샷을 선택하는 방법이 다양하기 때문이다. 여러분은 백 속에 있는 14개의 클럽을 드라이버에서 퍼터까지 모두 효과적으로 사용할 수 있다. 필자는 많은 투어 프로들이 모든 클럽을 그린 주변에서 사용하는 것을 보았다.

여러분들도 다양한 방법을 써서 그린 주변의 스윙을 만들 수 있다. 그린 주변에서의 샷은 많은 힘을 필요로 하지 않는다. 손만 이용하는 샷, 왼손을 아래로 내려 잡는 샷 그리고 두 손 사이를 떼어놓고 잡은 그립으로도 샷이 가능하다. 공을 스탠스의 앞쪽, 중앙, 혹은 뒷부분에 놓고 플레이할 수도 있다. 살짝 떠올리는 샷이나 내려치는 샷을 구사할 수도 있으며 그에 따른 결과들은 적어도 그 순간만큼은 상당히 만족스러울 수도 있다. 그러므로 여러분이 프린지에 서 있을 때 던질 수 있는 중요한 질문은 '어떤 샷을 해서 실수를 피할 것인가?' 가 아니고 '어떠한 샷으로 핀 가까이 혹은 홀인을 시킬 수 있을까' 이다.

필자는 프린지에서의 플레이에 대한 몇 가지 규칙을 가지고 있다(혹은 그린의 가장자리로부터 3발자국 내에 떨어트리는 원칙). 그 규칙은 다음과 같다.

1. 같은 조건이라면 단순한 샷을 치는 것이 좋다.

2. 공을 때리기 전에 최선을 다한다.

3. 보고(상상하고) 느끼고(완전한 감이 올 때까지 연습하고) 행한다(연습 스윙

이 있은 직후 8초 안에).

이 밖에 더 추가할 사항도 있는데, 순위를 매겨보면 다음과 같다.

1. 홀로부터 50피트 이내의 지점에서 플레이할 때, 퍼팅을 안 할 이유가 없다면 퍼팅을 한다.

2. 50피트보다 먼 거리에서 플레이할 때 퍼터를 사용하지 않을 이유가 없다면 퍼터를 갖고서 칩 샷 동작을 한다(섹션 8.11에 나온 '칩 퍼트'를 참고).

3. 만약 퍼팅을 하지 않기로 결심하고 착지 지점을 예상할 수 있을 경우에는 가장 로프트가 작은 클럽을 사용하여 공이 그린 안쪽 3피트 내에 들어가 떨어지도록 한다.

4. 만약 착지 지점을 예상할 수 없고 어려운 상태라면, 공을 띄워서 홀에 최대한 가깝게 붙인다.

혼동이 된다고 해서 걱정할 필요는 없다. 일단 그린의 주변에서 이들 샷들을 연습하기 시작하면 모든 것이 분명해질 것이다.

칩 샷을 해야 할 때라면 선택할 수 있는 사항은 몇 가지씩이나 된다. 여기서 꼭 기억해야 할 점은 주어진 상황에 대처하기 위해서는 가장 단순한 샷을 선택해야 한다는 것이다. 퍼팅은 골프에서 가장 단순한 샷이기 때문에 언제나 첫 번째 선택이 되어야 한다. 물론 예외는 있다.

- 홀로부터 너무 먼 곳에 있고 비거리를 예상하기도 어렵고 그 지점까지 퍼팅이 가능하다고 확신할 수 없는 경우, 퍼터를 사용하여 칩 샷을 구사한다(섹션 8.11).

- 라이가 불규칙하며 퍼터를 사용하여 앞으로 굴릴 수 없는 경우라면 약간의 로프트가 있는 클럽으로 칩 샷을 한다.

- 공과 그린 사이에 풀이 너무 길어서 공을 굴리는 것에 대한 확신을 가질 수 없을 때, 공을 띄워서 풀을 넘겨 그린으로부터 3피트 거리에 착지할 수 있

도록 한다.

- 그린 주변의 풀이 여러분의 방향으로 향하고 풀이 너무 길어서 방해가 되는 경우에는 그린 내 3피트 안쪽 지점에 공을 착지시키되 백스핀이 최소로 걸리는 로프트가 가장 작은 클럽을 활용한다.

샷의 방법을 결정하지 않은 상태에서 스윙을 해서는 안 된다. 독자는 항상 샷을 올바르게 선택하는 데에 최선을 다해야 한다. 샷의 움직임을 마음의 눈을 통해서 상상하고 완벽한 프리뷰 스윙을 느낄 수 있을 때 실제 스윙을 해야 한다. 프리뷰 스윙을 한 후 8초 이내에 실제 스윙을 해서 완벽한 동작 감각을 잃지 않도록 해야 한다.

중요한 점은 샷의 난이도 및 효과를 알 수 있을 정도로 충분한 칩 샷을 쳐보는 것이다. 모든 샷은 이 장에서 설명되고 있다. 보통의 라이에서 올바른 칩 샷 스윙을 구사할 수 있게 되면 정확한 컨택트를 쉽게 얻을 수 있다.

이 장의 끝부분에서 설명하고 있는 샷은 난이도가 높은 라이나 상황에 관한 것들이다. 그렇지만 대부분의 칩 샷은 어려운 것이라고 해도 익히기가 수월하다. 어려운 점이 있다면 가장 효과적인 선택 사항을 고르는 일일 것이다. 대부분의 골퍼들은 특수한 지경에서의 샷에 대한 레슨을 받지 않으며 따라서 연습하지도 않는다. 라운드 도중 황당한 상황에 직면하면 무엇을 어떻게 해야 할지를 모른다. 그러므로 독자 여러분은 이제부터 대부분의 골퍼들이 존재하는지조차도 모르고 있는 내용을 읽게 될 것이다. 각각의 변형 칩 샷에 대해서 읽고(필요하다면 반복해서 읽어도 좋다) 연습하자. 그리고 연습그린에서 연습을 할 때나 실제 코스에서 연습을 할 때면 보고 느끼고 8초 이내에 실행에 옮겨야 한다는 사실을 기억하자. 그리고 동일한 조건이라면 단순한 것이 더 좋다.

변형 칩 샷

8.11 칩 퍼트

필자는 일찍이 공이 깃대로부터 50피트 이상의 거리에 있을 때 보통의 라이라면 '칩 퍼트'라고 부르는 샷을 해야 한다고 주장했다. 이것은 단지 칩 샷 그립으로 퍼터를 잡고 보통의 칩 샷 스탠스를 유지한 상태로 볼을 스탠스의 중앙보다 약간 뒤에 위치시킨 다음 데드 핸드 상태로 평범한 칩 샷 동작을(1단계 턴과 2단계 턴) 수행하는 것에 불과하다.

필자는 또한 보통의 라이에서 짧은 거리의 샷을 구사할 때 가장 신뢰할 수 있는 방법은 퍼팅이라고 언급한 바 있고 또 증명했다. 그렇지만 50피트 이상의 거리에서 대부분의 골퍼들은 퍼팅의 길이가 짧아진다. 그 이유는 그들이 본능적으로 볼이 홀에 다다를 만큼 충분히 큰 스트로크를 만들어내지 못하기 때문이다. 칩 퍼트는 더 강력한 스윙을 제공하며 더 긴 거리를 보장해주는 똑바로 선 자세와 함께 시작한다. 그렇지만 여전히 퍼트와 마찬가지로 볼은 구르게 된다.

그림 8.11.1 칩 퍼트 : 퍼터를 가지고 칩 샷을 구사한다.

보통의 칩 샷과 크게 다른 점은 공을 스탠스 뒤쪽에 놓고 칩 퍼트를 하지는 않는다는 점이다. 클럽페이스와 볼 사이에 잔디가 낄 것도 없으며 뒤땅 걱정을 할 필요도 없다. 사실 퍼터 헤드가 지면에 닿은 경우는 매우 드물다. 이상과 같은 점을 제외하고선 클럽의 선택만이 차이점이다. 그림 8.11.1은 칩 퍼트가 칩 샷 스윙의 동작과 일치하는 모습을 보여준다. 샷이 더 길수록, 더 심한 오르막과 역 방향의 그레인으로 샷을 구사할수록 칩 퍼트 스윙을 더 길게 해야 한다.

혼돈해서 퍼팅 스탠스로 칩 퍼팅을 구사하는 일은 없어야 한다. 허리를 더 숙인 퍼팅 자세는 스윙의 길이를 제한하며 샷의 거리를 더 작게 만든다.

매우 긴 거리의 퍼팅뿐 아니라 칩 퍼트는, 그린 밖과 그린 주위의 어려운 슬로프가 완벽하게 관리되는 코스에서 아주 효과가 있다. 예를 들어서 어거스타 내셔날 혹은 파인허스트 2번 코스 같은 곳은 구르는 속도가 빠른 프린지를 가지고 있는데 이곳에서는 칩 퍼트가 가장 신뢰할 수 있는 샷이다(그린에서 벗어난 퍼팅은 가끔 '텍사스 웨지'라고 불린다. 퍼팅과 다른 점은 퍼팅 동작을 사용하지 않는다는 것이다. 퍼터를 가지고 칩 샷을 하는 것이 중요한 차이점이다).

8.12 낮게 굴려라

그린까지의 거리가 꽤나 있거나 혹은 난이도가 높은 라이에 공이 있게 되면 샷을 공중으로 띄워서 그린에 떨어트리기 위해서 더 큰 로프트와 더 급한 다운블로우로 올바른 컨택트를 만들어 내는 일이 필수적이다. 그리고 스윙을 크게 하면 더 많은 파워를 공급할 수도 있다. 그렇지만 우수한 골퍼들에게 이러한 문제는 착지 지점의 불확실성에 비하면 그다지 큰 문제가 아니다.

샷의 움직임을 읽는 데에 여러분이 어려움을 겪는 부분이 라이가 아니라 착지 지점이라면 고저차와 언덕, 더블 브레이크 지형과 같은 문제들과 샷들 간의 상호 작용을 최소화시켜야 한다. 대부분의 골퍼들은 평지에 착지하는 것을 전제로 샷을 선택하려고 한다. 그것은 샷의 움직임을 예측하기가 쉽기 때문이다. 그렇지만 항상 평지를 향해서만 치는 일은 불가능하다. 따라서 이것이 불가능한 경우에는 다음과 같은 간단한 규칙을 따라야 한다. 즉 '무슨 일이 있어도 언덕의 윗 부분으로 착지시키는 일을 피하고 가능한 한 낮은 곳을 조준하자' 는 것이다. 물론 어려운 상황들을 만나기 전에 그린으로 굴러간다면 계곡이나 언덕이나 등성이의 영향을 처리하거나 배제하기 위해 고민할 필요가 없다. 공이 언덕이나 계곡을 넘어서 날아갈 때 비거리에는 손해도 득도 없다. 공이 올라갈 때 잃게 되는 에너지는 공이 내려갈 때 다시 얻어지기 때문이다. 한편으로 모든 칩 샷은 그린 표면의 고저에 영향을 받는다. 이러한 영향을 완전히 피할 수는 없지만 이 지역으로 날아간 공은 최악의 샷 중 하나가 될 것이다. 모든 샷이 슬로프 면의 각기 다른 지역에 다르게 튀기 때문에, 위에서 설명한 언덕 지형에서의 공의 움직임을 예방하여 불확실성을 최소화해야 한다. 고저차의 영향을 최소화하는 방법은, 지면의 차가 생기는 지점 전에 공을 떨어트려 굴리는 일이다. 샷이 지면의 고저 변화에 따라 튀지 않는다면, 샷의 효과는 지면의 차로 발생해서 얻어질 수 있는 에너지와 지면을 굴러가면서 잃게 되는 에너지로만 국한되어 일관성을 지닐 것이며, 약간의 연습만 하면 쉽게 익힐 수 있을 것이다.

8.13 걱정할 필요 없는 박힌 상태의 라이

이번에는 좀 어려운 라이를 다루어 보자. 만일 공이 프린지 주변 풀 사이의 맨 땅이나 전에 누군가가 친 디보트 안에 들어가 있다면, 퍼트를 시도해서는 안 된

그림 8.13.1 골프에서는 다양한 유형의 라이 상태가 있기 마련이다.

다. 헤드면이 평평한 퍼터를 가지고 튀어나오게 친다 해도 공은 깃대로부터 훨씬 못 미치는 곳에 머물고 말 것이다. 라이가 좋지 않고 공이 박혀 있을 때일수록 임팩트 때 공이 솟아오르고 공이 있었던 지점보다 앞으로 파고 들어갈 수 있는 로프트가 큰 클럽이 필요하다.

그림 8.13.1에서 세 가지의 라이 상태를 살펴보자. 그림 8.13.2 ~그림 8.13.4을 통해 공이 임팩트되어 나가는 형태를 비교해보자. 같은 힘의 세 가지 스윙이 모든 세 샷에 적용되었을 경우, 퍼트된 공이(그림 8.13.2) 위쪽 그리고 앞쪽으로의 에너지를 잃어버리기 때문에 확실히 제일 짧게 갈 것이다.

7번 아이언 샷(그림 8.13.3)은 상태가 더 양호하지만, 앞쪽의 지면 때문에 위쪽으로 출발한다. 가장 좋은 샷은 약간 로프트가 작은 샌드 웨지(그림 8.13.4)로 구사한 샷이다. 샌드 웨지는 내려치는 각도를 이용해서(클럽의 로프트로) 공을 빨리 부상시켜 더 빠르게 앞으로 보낸다.

로프트가 큰 클럽은 때때로 다운힐 라이로부터 낮은 궤도를 만들고 공을 많이 구르게 한다. 이러한 라이를 연습하기 위해서는 먼저 연습 그린 주위에 긴 잔디 위에 몇 개의 공을 떨어뜨려, 밟아 놓는다(그림 8.13.5). 그리고 어떤 클럽이 좋은 결과를 내는지 알아보기 위하여 다양한 클럽으로 연습해본다.

스윙 빙향이라기보다는 클럽이 지나가는 역방향으로 자라 있는 버뮤다 잔디 속에 공이 있을 때도 비슷한 결과를 예상할 수 있다. 다시 한 번 퍼터, 쇼트 아이언, 로프트가 큰 페어웨이 우드, 웨지 등을 갖고서 연습하고 나타나는 상이한 결과에 주의를 기울인다. 매 샷이 홀에 못 미칠 만큼 짧다고 해서 손과 손목의 근육을 사용해서 공을 치는 부주의함이 없도록 해야 한다. 인내심을 갖고 어느 클럽이 더 효과적인지를 알아내도록 한다. 그리고 피네스 칩 샷 동작으로(팔로스로우는 백스윙보다 20% 길게, 임팩트 시의 안정성, 손의 힘을 제거) 적절한 거리를 만들어 내도록 연습하자

그림 8.13.2 퍼팅 스트로크로 볼을 다운 라이로부터 튕겨낸다.

그림 8.13.3 7번 아이언의 칩 샷으로 볼을 앞쪽으로 그러나 여전히 위쪽 방향으로 보낸다.

그림 8.13.4 로프트를 죽인 웨지는 다운 라이에서 볼을 밖으로 꺼내어 앞쪽으로 움직이는 데에 가장 좋다.

그림 8.13.5 좋지 않은 라이에서의 칩 샷 연습을 해봐야 실제 경기에서의 어려움을 극복할 수 있다.

8.14 러프의 극복

공이 러프에 기대어 있을 때(그림 8.14.1)에는 특별한 샷이 필요하다. 이 경우 뒤쪽 발목에 지점에 공을 놓고 치는 8번 아이언 칩 샷을 해서는 안 된다. 왜냐하면 너무 많은 잔디가 클럽과 공 사이에서 끼어서 공까지 일관성 있는 에너지의 전달 및 통제를 방해하기 때문이다(그림 8.14.2). 이런 경우에는 클럽과 공 사이에 최소한의 잔디가 끼도록 해서 공까지 일정한 스윙 에너지가 전달되도록 치는 것이 상책이다.

이런 상태에서는 날로 치기 타법(벨리드 웨지 샷)이 사용되는데 이 방법은 퍼팅 스트로크 동작을 사용하며, 리딩 에지는 공의 중앙부를 맞추도록 한다(그림

그림 8.14.1 러프에 기대어 있는 공은 특별한 칩 샷을 요구한다.

8.14.3). 여기서 웨지가 사용된 이유는 다른 클럽보다 무게가 더 나가고 리딩 에지도 균일하게 분포되어 있기 때문이다. 지면에서 웨지를 들어올리고 공의 중심에 리딩에지를 정렬시키기 때문에 클럽은 많은 잔디를 헤치고 나가기가 힘들다. 일자(一字)의 리딩 에지로 된 웨지가 필요하다. 리딩 에지는 곧을수록 의도된 선으로 똑바로 공을 보내기가 쉽다. 만약 리딩 에지가 둥글다면(그림 8.14.4) 공이 왼쪽 혹은 오른쪽으로 튀어나가는 일을 걱정해야 한다.

그림 8.14.2 일반적인 칩 샷을 하면 공과 클럽 사이에 잔디가 끼어들게 된디.

이 샷을 할 때는 클럽이 지나가는 수준을 일정하게 하고 공의 중심을 때리는데 온 정신을 집중해야 한다. 날로 치기 타법을 할 때의 자세는 정상적인 퍼팅 자세이고 공을 스탠스 중심에서 앞쪽으로 2인치 지점에 놓는다. 이 샷은 뜨는 것이 거의 없이 튀어나갈 것이고(그림 8.14.5) 볼은 퍼터로 친 것처럼 그린 위를 잘 구를 것이다.

공이 깊은 러프에 있다면 비전통적인 샷인 우드 칩 샷을 실시할 때이다. 잔디가 긴 경우 5번 우드 혹은 7번 우드로, 러프가 깊지 않을 때에는 3번, 4번 우드를

그림 8.14.3 솔 부분이 볼록 튀어나온 웨지는 잔디의 윗부분을 스쳐가면서 공의 중심을 가격할 수 있다.

사용한다. 그림 8.14.6에서 보는 것과 같이 우드의 작은 헤드는 아이언과는 달리 잔디를 통과하거나 갈라놓는다. 공에 가까이 서서 잔디에 노출되는 클럽 면을 최소화하기 위하여 클럽의 토 부분에 세트한다. 클럽이 갖고 있는 로프트 자체 가 공을 둘러싸고 있는 잔디 위로 공이 뛰어 넘어가게 한다.

그림 8.14.4 우측의 더 곧은(곡선 이 적은) 리딩에지는 날로 치기 샷 (벨리드 웨지 샷)을 더 용이하게 해 준다.

그림 8.14.5 벨리드 웨지 샷은 거의 퍼팅과 비슷하게 구른다.

그림 8.14.6 잔디에서 5번 우드를 사용하면 러프로부터 볼을 굴리기가 용이하다.

그림 8.14.7 손목을 둥글게 굽히고 5번 우드의 토 부분을 이용하여 평범한 칩 샷을 한다.

5~7번 우드를 긴 러프에서 치는 이유는 로프트가 큰 것이기 때문이다. 이 샷은 백스핀이 없어 엄청나게 구를 것이다.

짧은 러프에서는 웨지나 9번 아이언, 혹은 3번 우드로 칩 샷을 할 수 있다. 만약 웨지 중에서 하나를 선택한다면 피네스 칩 샷 스윙을 사용한다. 공은 뒤쪽 발목의 앞 혹은 뒤쪽에 위치시키고 좁은 스탠스를 유지하며 체중은 앞쪽 발에 실리고 손은 왼쪽 허벅지 앞에 놓는다(그림 8.14.8). 이러한 동작은(그림 8.14.9) 내려치는 타격이 되어 깨끗하고 정확한 컨택트를 만들어 낸다. 만약 여러분의 연습 스윙에서 다운 스윙이 날카롭게 내려쳐지지 않는다면 정확한 컨택트를 위해서 샤프트를 더욱 짧게 잡을 필요가 있다.

그림 8.14.8 러프에서 공을 뒤쪽 발목 라인에 위치시킨 후 웨지로 칩 샷을 한다.

그림 8.14.9 뒤쪽 발목 라인보다 뒷부분에 공을 놓고 웨지로 칩 샷을 하면, 공을 들어올려 그린 위로 부드럽게 날아간다.

8.15 코크 앤 팝

그린 주위에서 가장 어려운 칩 샷 라이 중 하나는 네스티 라이이다(그림 8.15.1). 이 샷이 어려운 이유는 실제보다 치기 쉬워 보인다는 데에 있다. 공의 많은 부분이 눈에 보이고 둘러싸고 있는 잔디는 깊지 않기 때문에 마치 스탠스 뒤쪽에서 치면 정확한 컨택트를 할 수 있는 정상적인 칩 스윙이 가능한 것처럼 보인다. 그러나 실제로 타격을 해 보면 클럽은 잔디를 먼저 치게 되고 임팩트는 마치 헤드커버를 끼고서 공을 치는 것 같은 느낌이 들 것이다. 샷도 홀까지 거리의 반 정도까지밖에 가지 못한다. 기술적인 어려움은 공 주위에 너무 많은 잔디가 있다는 점이다. 그래서 예측했던 것보다 많은 에너지 손실과 쿠션 현상이 발생한다.

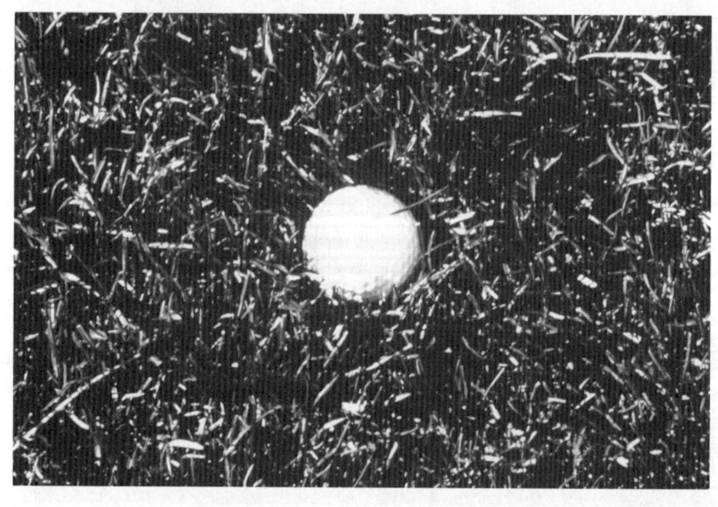

그림 8.15.1 네스티 라이

이런 라이라면 모든 종류의 칩 샷을 잊어야 한다. 필자는 대신 섹션 6.15에서 언급했던 블래스트 샷을 권한다. 만약 볼 밑에 클럽을 넣을 공간이 없거나 블래스트 스윙을 할 수 없다면 코크 앤 팝이 가장 좋은 방법이다. 이 샷은 기존의 피네스 스윙 이론의 모든 규칙을 위반하는 샷이다. 손을 사용하지 않기보다 손을 사용하고 기교적인 턴 어웨이 및 스루에 비해 신체 사용이 전혀 없다. 팔 스윙도 많지 않다. 형태가 특이하기 때문에 자주 연습할 것을 권하지는 않고 코스에서 많이 사용하기를 권하지도 않는다. 이 동작은 그렇게 어려운 것이 아니기 때문에 라운딩에 앞서 퍼팅 연습을 할 때 몇 번 정도만 해보면 된다.

샤프트를 올바르게 잡고 클럽페이스는 오픈시키며 공은 스탠스 중앙에서 뒤쪽에 놓는다. 자세는 공 쪽으로 신체를 숙여서 약간 웅크리는 자세를 만들고 스탠스는 어깨 너비의 반 정도가 되도록 한다. 몸이나 팔의 움직임 없이, 손목의 코킹을 이용하여 샷을 구사하고 임팩트 순간 공을 쳐낸다(그림 8.15.3의 연속 사진). 그 샷은 네스티 라이에서 아주 잘 먹혀 들어간다. 그 이유는 스윙 아크의 작은 반경으로 인해서 클럽이 잔디 쪽으로 빠르고 정확하게 들어갔다 나오기 때문이다. 코크 앤 팝 샷은 많은 힘을 필요로 하는 샷이 아니다. 많은 힘을 위해서 팔의 스윙을 추가하면 공 뒤에 있는 네스트 속으로 정확하게 클럽을 넣을 수 없다. 이 샷은 타이밍이 중요하기 때문에 위험 부담이 있는 샷이다.

그림 8.15.2 코크 앤 팝 샷의 셋업

그림 8.15.3 : 코크 앤 팝은 신체를 사용하는 대신 손목과 손을 모두 사용한다.

8.16 깃대는 있어야 하는가? 없어야 하는가?

수년 전 골프 매거진이 골프계의 오래된 질문 즉, '칩 샷을 할 때 홀에 있는 깃대를 놓아두어야 하느냐 빼내어야 하는가?'를 필자에게 해왔다. 나는 이 질문에 대한 실험을 해보았는데 그 결과에 대해서 놀라지 않을 수 없었다.

일단 아무도 러프나 페어웨이 혹은 그린과 가까운 곳으로부터 깃대를 맞추지 못했다. 심지어는 칩핑과 퍼팅 실험에 쓰인 로봇 퍼피도 의미 있는 수치를 얻을 만큼 깃대를 자주 치지는 못했다. 그러나 홀로부터 가까운 거리로부터 그린 위에서 공을 정확히 굴릴 때 나는 깃대가 그 결과에 어떠한 영향을 미치는지를 측정할 수 있었다.

신뢰할 만한 결과를 얻기 위하여 필자는 속도 조절이 용이하고 정확한 방향으로 공을 굴릴 수 있는 필자 자신의 발명품 트루롤러를 사용했다. 각각의 테스트를 위하여 트루롤러를 컵으로부터 2피트 떨어지게 설치하고(그림 8.16.1) (1) 홀이 막혀 있을 때 공이 얼마나 멀리 홀을 지나가는가를 측정했고 (2) 깃대가 없는 상태에서 홀이 막혀 있지 않을 때 얼마나 많은 퍼트들이 홀 속에 있는가를 측정 했으며, (3) 깃대가 꽂혀 있을 때 얼마나 많은 퍼트들이 홀 속에 남아 있는가를 측정했다. 그리고 각 테스트는 세 가지 속도로 측정되었다. 즉 완전한 평면의 그린 위 공의 속도는 공이 홀을 지나서 3피트, 6피트, 9피트를 지나갈 수 있을 만큼의 속도였다. 그리고 실험에는 깃대의 한가운데, 왼쪽과 오른쪽 그리고 깃대의 오른쪽 및 왼쪽 가장자리로 보내는 퍼트도 포함시켰다.

편평한 그린에서 행해졌고 그 다음은 오르막 경사와 내리막 경사에서 행해졌다(속도는 균일했다. 그러나 슬로프가 변했기 때문에 공들이 홀을 지나 내리막 경사의 퍼트 시에는 거리가 너무 멀리 나고 오르막 퍼트 시에는 너무 적게 굴렀다. 그렇지만 문제는 속도지 최종 이동 거리가 아니었다). 트루롤러를 갖고서 수천 번의 샷을 실험했고 다른 그린 위에서도 홀의 다섯 가지 다른 방향에서, 그리고 깃대가 있고 없을 때 같은 횟수로 샷을 실시했다. 그 다음에는 PGA투어 베테랑 탐 젠킨스가 자신의 퍼팅 타법으로 최선을 다하여 테스트를 받았다. 탐은 트루롤러처럼 정확하게 퍼트를 컨트롤하지는 못했지만 인간과 기계의 결과를 비교하는 것이 중요하다고 생각했다. 탐의 퍼팅 결과는 각각의 테스트 범주에서 트루롤러의 결과와 일치했다(약간의 오차는 있었다). 물론 불완전한 그린 표면이나 컵의 가장자리가 낡고 울퉁불퉁한 상태, 앞보나 뒤가 높아신 홀 등과 같은

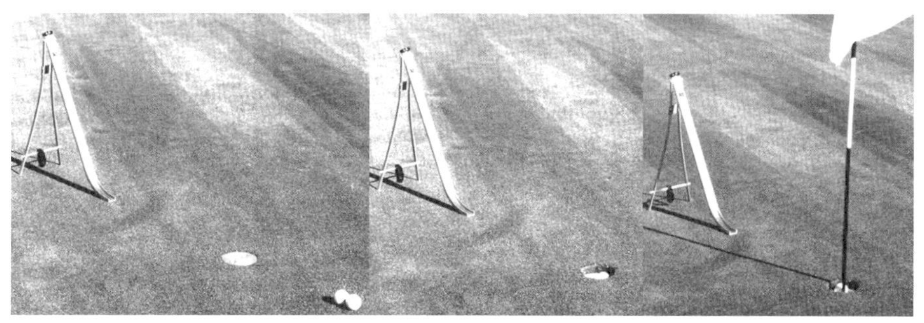

그림 8.16.1 트루롤러를 가지고 홀이 덮여 있을 때와 핀이 있고 없을 때의 접근 속도를 측정한다.

여러 조건에서 변수들이 있을 수 있다. 그렇지만 핀에서 깃대를 넣고 빼고 수천 번의 퍼트를 했으므로 이런 것들은 모두 평균화되었다.

결과는 어떠했는가? 실험 결과는 단순한 원칙 하나를 제공했다. 그것은 깃대가 너무 기울어져 있어 공이 들어갈 것 같지 않는 경우를 제외하곤 '경기 규칙이 허용하는 한 언제나 깃대를 꽂아 놓아라' 라는 원칙이었다.

그렇다면 예외의 경우란 어떤 상황을 말하는 것일까. 그 중에서 아마 가장 놀라운 것은, 깃대가 골퍼를 향하여 약간 기울어져 있거나 골퍼의 반대 방향으로 심하게 기울어져 있을 때 공이 홀에 들어갈 가능성이 많아진다는 사실이다. 공이 골퍼의 반대쪽으로 기울어져 있을 때 홀은 효과적으로 커지며 공이 골퍼쪽으로 기울어져 있을 때에는 공이 깃대의 아래쪽을 맞고 다시 튀어 홀로 들어가게 된다는 점이다.

가장 눈에 띄는 경우인-깃대가 골퍼 쪽으로 너무 기울어져 있기 때문에 공이 들어갈 틈이 작아지는 경우는- 깃대를 홀에 놓아두는 것이 좋은 것은 아니다. 여러분은 칩 샷을 하기 전에 깃대가 홀 속에 정확하게 꽂혀 있는지 아닌지를 점검해야 한다(골프 규칙에서는 여러분에게 유리하게 깃대를 세우지 못하도록 하고 있다. 그렇지만 기울어진 깃대나 중앙에 꽂힌 깃대를 그대로 놓아두는 것은 괜찮다).

깃대가 정 중앙에 있지 않아도 여러분에게 도움이 된다. 이것은 첫 번째 테스트에서 진실로 나타났으며 한가운데가 아니더라도 깃대는 내리막 칩 샷이나 빠른 속도의 샷의 경우 유리했다.

필자는 그린에서 1내지 2인치 떨어진 거리에서 퍼팅할 때도 깃대가 홀에 그대로 있어야 한다고 생각한다. 깃대가 너무 골퍼 쪽으로 기울어져 있거나 바람으로 인해 깃대가 움직여 공을 튀겨내지 하지 않는 한, 깃대가 있는 것이 퍼팅에 큰 도움이 될 것이다.

8.17 칩 입스

입스는 단순한 퍼팅 병이 아니다. 이것은 숏 게임을 망치게 하고 칩 샷을 형편 없는 것으로 만든다. 다음의 물음에 답하면서 자신이 입스의 희생자인지의 여부를 판단해 보자.

칩 샷을 구사할 때 규칙적으로 공 뒤의 지면을 타격하는가? 공의 윗부분을 때리는 경우가 있든지 완전히 헛치는 경우가 있지 않는가? 헤비 러프 라이에서도 퍼터를 사용하는가? 프린지에서는 백스윙 하기가 두려운가? 이러한 질문에 하나라도 '그렇다'라고 답한다면 여러분은 칩 입스를 가지고 있는 것이다.

퍼팅 입스와 마찬가지로 칩 입스는 두려움이나 오랫동안 나쁜 결과를 목격한 후 일어나는 이해할 수 없는 반응이 그 원인이 된다. 그러나 용기를 가지는 것이 좋다. 치료될 수 있다. 칩 입스는 보통 모두 올바르지 못한 셋업이나 혹은 스윙기술로부터 발생하는 세 가지 스윙 실수 중의 하나로 그 원인을 추적할 수 있다. 이러한 실수들에 대한 설명이 다음에 나와 있으며 빠른 해결 방법과 연습을 통해 칩 입스를 제거할 수 있다.

오류 #1: 바르지 못한 공 위치 공이 스탠스에서 먼 앞쪽, 특히 스탠스의 중앙에 있다면 클럽은 지면을 치기가 쉽다(그림 8.17.1). 이 문제의 해결은 쉽다. 먼저 설명한 것처럼 스탠스 뒤쪽으로 공을 옮겨 뒤쪽 발목 앞에 놓으면 된다(오른손잡이는 오른쪽 발목). 클럽은 스윙 아크의 맨 아래쪽에 도착하기 전에 공과 정확한 컨택트를 만들어야 한다(그림 8.17.2).

실수 #2 : 신체 동작이 제로. 신체 동작을 조금도 사용하지 않는다면 가벼운 턴어웨이, 팔로우스루, 오른발에서 왼쪽으로의 체중 이동 같은 신체 동작—실제의 스트로크를 위해 손과 손목의 근육을 사용하게 된다(그림 8.17.3). 계속 강조하지만 올바른 피네스 게임은 동시화되어 움직이는 팔과 어깨 그리고 힙을 사용하는 자유롭고 리드미컬한 스윙으로부터 나온다.

그림 8.17.1 공이 너무 앞쪽에 위치한 경우 : 칩 샷이 두껍게 된다.

그림 8.17.2 올바른 공의 위치(뒤쪽 발목 라인) : 정확한 컨택트를 만들어 낸다.

손은 단순히 안내와 컨트럴의 역할만 해야 한다.

신체의 동작을 하지 않는 칩 샷은 왼쪽 팔만 사용하는(Left Arm Only:LAO) 훈련으로 치료할 수 있다(그림 8.17.4). 칩 샷을 준비하고 오른손은 오른쪽 허벅

그림 8.17.3 신체의 동작 없이 칩 샷을 하면 손과 손목이 움직이게 된다.

그림 8.17.4 왼팔만을 이용한 스윙(LAO)

지 위에 놓는다. 스윙을 하는 동안에 왼쪽 팔꿈치를 위쪽에 접촉시키고 왼쪽 어깨는 뒤로 앞으로 돌려본다. 가슴, 어깨, 왼쪽 팔, 힙과 함께 회전하는 클럽을 느껴보자.

왼손으로부터는 아무것도 느껴지지 않아야 한다. 여러분은 LAO를 이용하여 비교적 우수한 칩 샷을 구사할 수 있을 것이다.

실수 #3 : 왼쪽 손목의 접힘 계속해서 뒤땅을 치면(실수#1) 많은 골퍼들은 임팩트 후 왼쪽 팔을 거의 즉시 중지시키는 스윙을 하게 된다. 그러나 클럽을 잡은 왼손은 풀어지고 오른손은 힘을 주면서 계속 움직인다. 이러한 움직임은 형편없는 샷을 만들어 내므로 적어도 이 경우만큼은 피해야 한다. 이러한 실수를 치료하는 가장 쉬운 방법은 왼쪽 손목을 고정한 채로 스루 스윙을 하는 것이다. 이 방법은 손목을 이용한 스트로크가 습관이 된 골퍼들에게는 어려운 방법이다. 그런 사람들은 다음과 같은 학습 보조 기구가 필요하다.

'칩스틱' 칩스틱을 가지고 연습하자(그림 8.17.5). 칩스틱은 클럽의 길이를 연장시키고 이것은 위에서 말한 세 가지 실수들을 치료하는 데에 도움이 된다.

- **실수 #1** : 어드레스 자세에서 왼손은 왼쪽 허벅지 앞에 두면 연장된 샤프트의 각도를 통해서 공이 스탠스로부터 충분히 멀리 있는지를 알 수 있다. 여러분의 공을 뒤쪽 발목 앞에 위치시켰을 때는 칩스틱이 앞쪽을 향해야 한다(그림 8.17.5 맨 오른쪽).

- **실수 #2** : 칩스틱을 가지고 LAO기술을 연습하자, 연장된 칩스틱이 왼쪽 팔과 평행을 이루면 손을 사용하지 않게 되며 여러분의 신체는 필요한 스윙 동작을 익힐 수 있다.

- **실수 #3** : 칩스틱을 가지고 칩 샷을 연습하자. 백스윙보다 20% 긴 스루

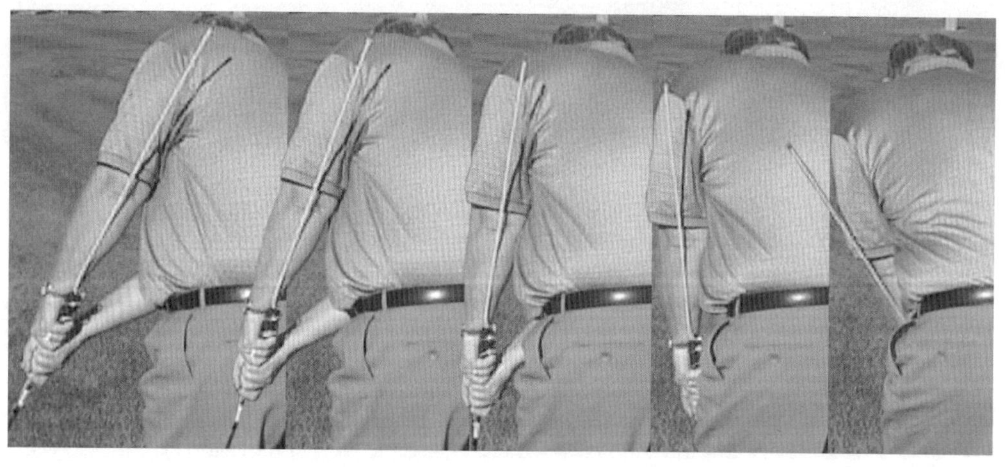

그림 **8.17.5** 뒤쪽에서 바라본 모습: '칩스틱'을 이용한 스윙 연습

스윙을 하자. 만약 칩의 연장선이 신체의 왼쪽 옆부분과 부딪치면 손목이 접힌 것이다. 더 이상 닿지 않게 연습한다. 그러면 손목은 피니시까지 확실하게 유지된다.

칩 입스를 치료하는 훈련

칩 입스를 치료하는 4단계의 프로그램을 소개한다. 이것은 시간이 조금 걸린다. 여러분이 칩 샷의 결과를 두려워한다는 사실을 두뇌가 깨닫게 하기 위해서는 올바르지 못한 샷을 많이 해보아야하므로 자신감을 회복하는 데에는 시간이 걸릴 것이다.

1. 입스의 근본적인 원인인 스윙상의 실수를 제거하기 위하여 칩스틱을 가지고 거울 앞에서 피네스 칩 샷 스윙을 연습하자. 상상의 공을 오른쪽 발목 건너편에 놓아두고 일주일 동안 하루 5분간 칩 샷을 연습하자(그림 8.17.6 볼 위치).

그림 8.17.6 칩스틱은 팔로스로우를 할 때 등과 접촉해서는 안 된다.

2. 거실에서 칩 샷 연습 스윙을 하는 습관을 들인다. 그 다음 1단계에서 습득한 어드레스 자세 단계로 들어가서 라인과 플라스틱 공을 바라보자(그림 8.17.7). 아무것도 조준하지 마라. 연습 스윙을 반복하고 어드레스 자세를 취하면서 2주일 동안 하루 10분간 위플(wiffle, 플라스틱)공을 가지고 칩 샷을 연습하자.

3. 3주가 지나면 진짜 공을 갖고 연습한다. 하루에 10분씩 칩 샷을 계속한다. 처음에는 연습 스윙, 그 다음에는 위플 공으로 칩 샷을 하고 그 다음에 진짜 공을 사용한다. 연습 스윙에서 어드레스까지의 리듬을 개발한 다음 위플 칩 샷으로부터 실제 공을 사용하는 어드레스까지 이동하라. 라인을 한번 바라본 후 스윙하자.

4. 4주 후면 연습 그린으로 가서 홀까지 칩 샷을 시작한다. 습관화된 것 중 어떤

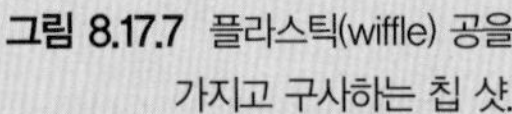

그림 8.17.7 플라스틱(wiffle) 공을 가지고 구사하는 칩 샷.

것도 변화시켜서는 안 된다. 또 습관화된 리듬도 변화시켜서는 안 된다. 올바른 칩 샷 리듬은 습관이 되어야 한다. 코스에서 똑같은 연습 습관을 시행할 수 있을 때까지 거실에서 치핑을 연습한다.—연습 스윙, 공에 접근, 라인을 한번 쳐다 봄, 칩 샷— 이런 식으로 될 때가지 계속 연습해야 한다. 왜냐하면 사람마다 하나의 습관을 가지는 데 걸리는 시간이 각각 다르기 때문이다. 일단 좋은 칩 샷 습관을 가지게 되면 스트로크 를 줄일 수 있다.

범프 앤 런

8.18 범프 앤 런의 원리

범프 앤 런은 모든 골퍼들이 할 줄 알아야 하는 샷이다. 이것은 골프가 시작된 이래 골프의 가장 중요한 부분 중에 하나가 되었다. 비록 많은 미국인들은 이 샷 을 치는 능력을 잃어버렸지만 영원히 없어져서는 안 된다. 독자들이 이 책을 탐 독할 만큼 골프광이라면 필자는 여러분도 범프 앤 런을 사용할 줄 알아야 하고 배울 가치가 있다고 생각한다. 이것은 숏 게임의 주요 자산이다.

먼저 정의를 내리자면 범프 앤 런은 깃대나 그린까지 러프 혹은 페어웨이에 따라 최소의 백스핀과 바운스로 낮게 날아가 그린에 못 미치게 착지한 다음 낮게 구르게 하는 샷이다. 또 이것은 바람에 크게 영향을 받지 않고 때론 어렵고 빠른 그린에 대응할 수 있게 해준다. 그린에 착지시키는(적어도 그린에 아주 가까이) 칩 샷과는 다르게 이것은 구르기 전에 두세 번 튀어 오른다(가끔은 더 많이 혹은 더 적게). 범프 앤 런 샷은 칩 샷보다는 많이 길며 때때로 50야드, 60야드, 100야드까지의 거리를 처리한다. 그렇지만 그 거리의 절반 정도를 날아가서 착지한 다음 그린까지 남은 거리를 구른다. 스코어 카드에는 눈을 씻고 보아도 샷이 어디에 먼저 착지되었는가를 기록하는 공란은 없다. 중요한 것은 점수관리가 될 수 있도록 얼마나 홀 가까이 공이 갔는가의 여부이다.

실제적으로 범프 앤 런은 칩 샷이 아니다. 그러나 칩 샷의 단원 안에 있다. 그 이유는 그 동작이 어떤 다른 피네스 스윙보다 칩 샷과 매우 유사하기 때문이다. 그리고 이것은 칩 샷과 같은 두 가지 특징을 가지고 있다.

1. 낮을수록 더 좋다(단 중간에 걸리거나 그린에 못 미쳐서 멈추는 일 없이 잔디를 따라서 바운스될 수 있는 한).
2. 스핀이 적어서 결과를 예측하는 일이 더 쉽다.

범프 앤 런 스윙의 원리는 다음을 제외하고 피네스 칩 샷 스윙과 유사하다. 동시화 되 시체의 회전은 앞과 뒤가 모두 길다. 부분적인 손목 코킹이 있다(더 큰 힘이 요구될 경우이다). 공은 스탠스 중앙에 위치시킨다(그림 8.17.1).

스윙은 내려치는 타법이 아니고 낮게 쓸어내는 동작으로 한다. 백스핀을 적게 하고 임팩트 시의 타격 각도를 평평하게 만들기 위하여 그립은 길게 쥐어야 한다. 대부분 5번과 6번 아이언이 사용되지만 3번 아이언 이상도 사용할 수 있다.

많은 사람들은 범프 앤 런 샷에는 오버 스핀이 만들어지기 때문에 멀리 구르는 것이라고 믿고 있다. 그렇지만 로프트가 있는 아이언을 가지고 중심 아래로 친 공에는 약간의 백스핀이 걸린다. 범프 앤 런이 요구하는 것은 작은 로프트를 가진 클럽으로부터 확실한 임팩트와 최소한의 백스핀을 만들어 내는 일이다. 이것은 임팩트 시 정상적인 스윙이 되어야 한다(그림 8.18.2). 낮은 궤도 때문에 몇 번의 바운스 후 백스핀은 없어진다.

그림 8.18.1 범프 앤 런 샷을 위해서 스탠스의 중앙에 공을 놓는다.

그림 8.18.2 범프 앤 런 스윙을 할 때에는 임팩트 순간 전완의 자연스러운 릴리즈를 만들어 내야 한다.

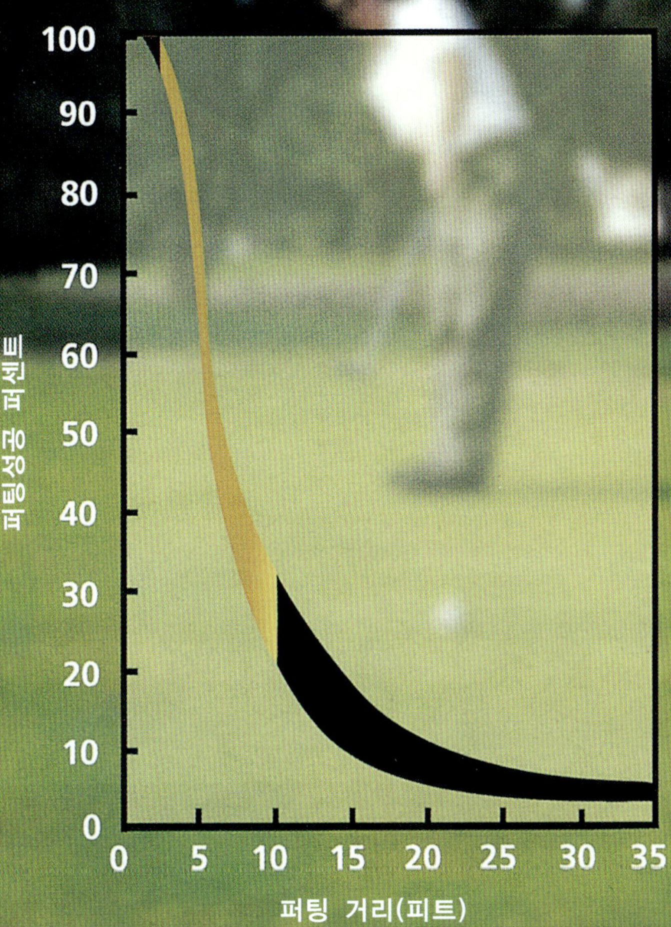

퍼팅 변곡선

어디에서 퍼팅하는가가
퍼팅을 얼마나 잘하는가 보다 중요하다.

손목코킹(4장)

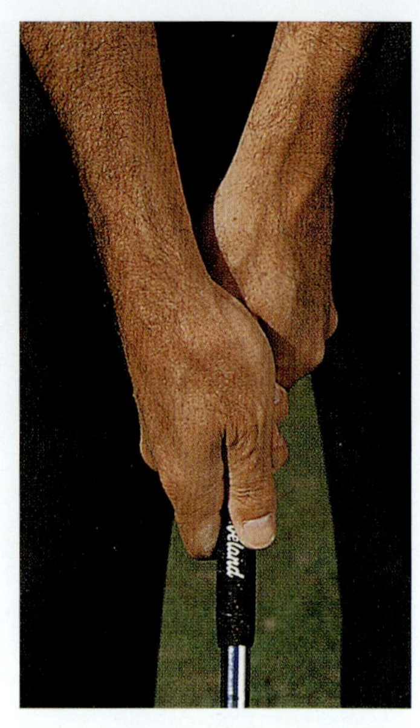

피네스 그립(4장)

완벽한 연습(12장)

12야드 피치(7장)

샌드를 넘겨치는 로브 샷(7장)

칩퍼트(8장)

최고의 속도(4장)

넉 다운 웨지 샷(6장)

스윙플레인
(4장)

울퉁불퉁한 라이(6장, 7장)

콕 앤 팝(9장)

스쿠트 앤 스핀, 블래스트 샷(9장)

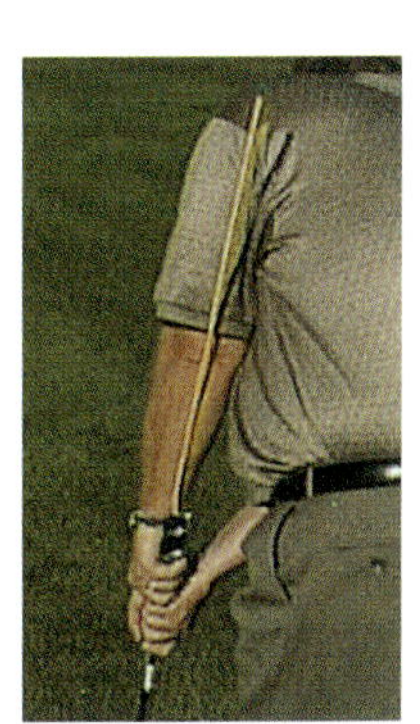

칩 스틱(8장)

클럽페이스는 크게 열고 좌측을 겨냥한다(9장)

완벽한 피치 샷(7장)

벙커 보드(12장)

최대화된 백스핀(9장)

황금의 8피트로의 피칭(1장)

7:30 피네스 스윙(5장)

웨지로 하는 칩샷(7장)

7:30 피네스 스윙(5장)

9:00 피네스 스윙(5장)

10:30 피네스 스윙(5장)

칩 샷(8장)

수퍼 컷 로브 샷(6장)

수평에서 수직으로(7장)

낮게 깔아치기(8장)

러프에서의 블레스트 샷(6장)

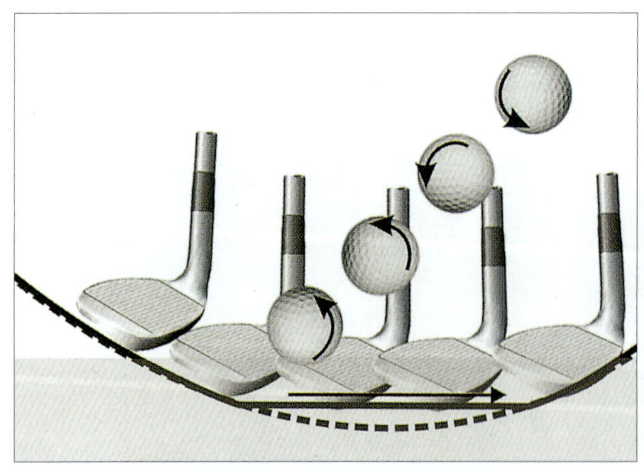

샌드 밑을 통과하는 클럽(9장)

공보다 앞에 있는 클럽헤드(9장)

숏게임을 위한 단거리 코스(8장)

하드 팬 샷(6장)

생커스 딜라이트(12장)

러프에서의 칩샷(6장)

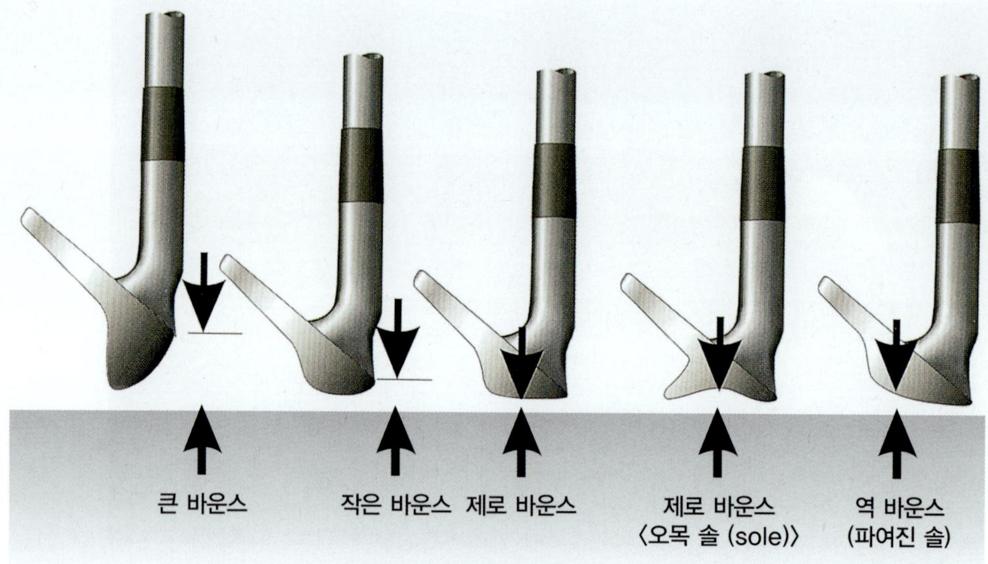

솔 바운스(10장)

웨지 기능(10장)

다운 힐 피치 샷(7장)

업 힐 샌드 샷(9장)

워터 샷(7장)

누가 게임이 쉽다 했는가?

뒤로 치는 샷(7장)

다운 힐 샌드 샷(9장)

그립 내려잡기(7장)

높게 띄워 가뿐히 떨어지는 샷(9장)

발 보다 높은 샷(9장)

신중한 연습(12장)

발보다 낮은 샷(9장)

오르막 경사(9장)

내리막 경사(9장)

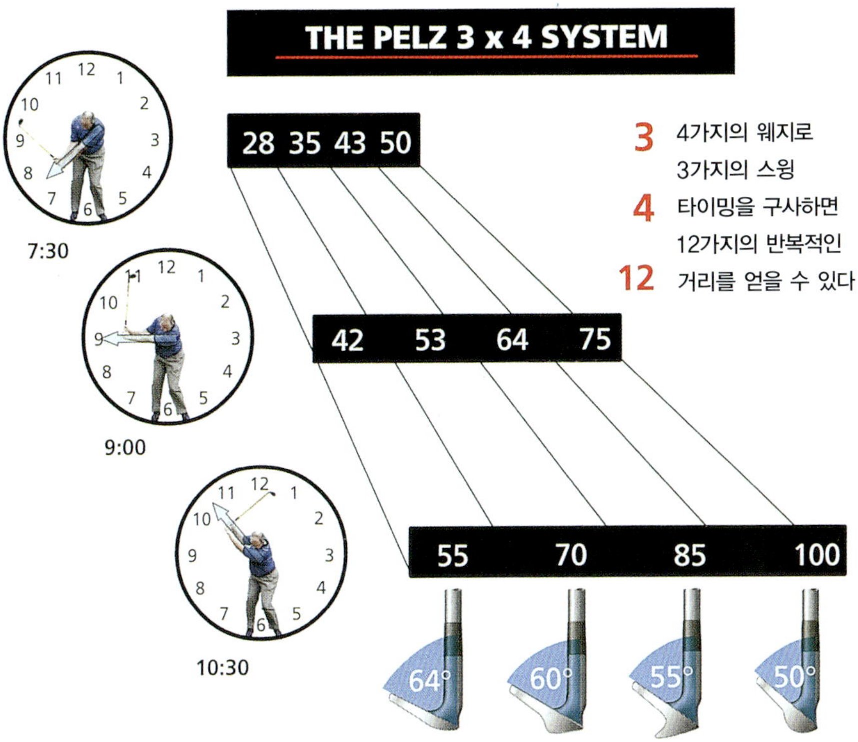

펠츠의 3×4 시스템(5장)

범프 앤 런 샷(8장)

황금의 법칙

숏 게임을 지배하는 자가 우승(또는 준우승)한다.

숏 게임을 다룰 줄 아는 자가 금(또는 은)을 획득한다.

탐 카이트, 1992 U.S. Open 우승자

8.19 왜 범프 앤 런이어야 하는가

바람 부는 날의 플레이에는 범프 앤 런이 필요하다. 또한 단단하고 난이도가 높은 그린을 가진 코스에서 플레이한다면 범프 앤 런 샷이 제격이다. 그러므로 여러분이 영국, 아일랜드, 웨일즈, 스코틀랜드에서 플레이한다면 범프 앤 런이 진정으로 필요하게 될 것이다.

필자의 기억으로 1993년 세계 매치플레이 챔피언십에서 코리 페빈이 36홀의 매치에서 17번 그린을 마친 후 닉 팔도를 이긴 것으로 기억한다. 페빈이 승리를 거머쥐게 한 샷이 바로 범프 앤 런이었다. 팔도는 어느 한 홀에서 회심의 12피트 버디 퍼티를 하려고 그린에 있었고 페빈 또한 그린에서 30야드 떨어진 풀숲 아래에 있었다.

페빈은 그린에 올라가서 주위 상황을 면밀히 검토하고 공이 있는 곳까지 돌아와서 수차례의 연습 스윙을 한 후 여러분도 보았을지 모르는 멋진 범프 앤 런 샷을 구사했다.

공은 홀로부터 1인치 앞쪽 지점에 멈춰 섰다. 닉 팔도는 거의 정신이 나간 것 같이 보였다. 팔도는 페빈이 매 홀 위기 때마다 트러블 샷을 귀신과 같이 해서 점수관리를 한 것을 알았고 이 점이 그가 페빈을 이기지 못하게 한 원인이 되기도 했다.

범프 앤 런을 연습하면서 거리뿐 아니라 공이 페어웨이에서 어떻게 바운스되어 그린에 올라가고 그린 위에서는 어떤 반응을 하는지 알 필요가 있다. 이런 연습은 숏 게임에서 게임을 잘 풀어나갈 수 있게 해준다.

범프 앤 런은 미스 샷을 줄이는 데에도 유리하다. 수년 전 한 클리닉에서 샌드 웨지와 5번 아이언의 두 클럽을 가지고 70야드 거리에서 그린까지 치는 보통 아마추어의 능력을 비교하는 테스트를 실시해 보았다. 그 거리로부터 거의 모든 골퍼들은 샌드 웨지를 가지고 풀 스윙을 하거나 5번 아이언을 가지고 하프 스윙을 했다(그림 8.19.1). 그 실험결과는 5번 아이언보다 샌드 웨지의 샷이 40% 이

그림 8.19.1 산포도 테스트 : 샌드웨지로 풀 스윙(위) 하기와 5번 아이언의 하프 스윙(아래)

상 더 높은 산포도를 갖는 결과를 보여주었다. 핀에 근접한 샷은 두 클럽과 동일한 분포를 보였지만 가장 형편없는 샷들은 웨지로부터 나왔다. 그때 이후 여러 번 이 테스트를 반복했고 항상 똑같은 결과가 나왔다. 이로부터 나는 아마추어들이 풀 스윙보다 하프 스윙을 더 쉽게 친다는 사실을 발견했다. 그 데이터를 통해서 바람이 불 때, 그린의 오른쪽 혹은 왼쪽에 워터 헤저드가 있을 때, 업힐, 사이드힐 라이일 때 하프 스윙-범프 앤 런 샷을 특별히 조금만 연습한다면 정확도가 최고 높은 샷이 된다는 점을 알 수 있다. 연습을 하고 범프 앤 런을 사용하자.

그래서 범프 앤 런이 필요로 할 때면 언제든지 사용할 수 있도록 해야 한다.

8.20 평탄한 지역에 착지시킨다

골프와 범프 앤 런의 고향인 스코틀랜드에서 투어 프로들이 경기하는 것을 보면서 많은 날을 보낸 적이 있다. 이런 역사 깊은 코스에서 전략에 관하여 많은 토론을 한 끝에 프로들은 나에게 범프 앤 런 성공을 결정하는 열쇠가 가장 좋은 착지점을 선택하는 것이라고 가르쳐주었다. 공을 잔디가 짧은 평탄한 지점에 착지시키면 공은 처음에 강하게 튀어 오른 후 똑바로 앞을 향해 굴러간다. 이렇게 낮게 날아가 굴러가는 샷은 슬로프 주변의 언덕을 따라 굴러 벙커와 해저드 사이의 안전지대로 가던지 온 그린 되는 것이 상례다.

하프 스윙을 할 수 없고 범프 앤 런으로 평탄한 지역으로 착지시킬 수 없다면 다른 샷을 해야 한다. 하프 스윙이 열쇠이다. 왜냐하면 임팩트 시 더 빠른 클럽헤드 속도는 원치 않는 백스핀을 만들기 때문이다. 착지 지역이 상대적으로 평평한 것이 중요하다. 그렇지 않다면 바운스와 구르는 정도를 예측하는 데에 착오가 생기기 쉽다. 나와 함께 일하는 선수들 중 여러 명은 그린까지 범프 앤 런 샷으로 연습라운드를 하면서 해외에서 경쟁하는 것을 준비하고 있다. 비록 미국의 많은 코스들은 페어웨이에 물도 많이 주고 그린 앞에 낮은 상애불을 구성해 놓아 이 샷을 하기 어렵게 만들지만 범프 앤 런 샷이 떨어지는 곳을 머릿속으로 그려보고 공을 그곳에 쳐보는 것은 좋은 훈련 방법이 된다. 그린을 향해 걸어갈 때 주머니에서 여분의 공을 꺼내, 그린에서 30야드 내지 50야드 떨어진 곳에 공을 떨어뜨려 5번 혹은 6번 아이언으로 깃대까지 범프 앤 런 샷을 해보자. 이 같은 방식으로 몇 차례의 연습라운드를 해보면 범프 앤 런 샷에 요구되는 파워와 조절력을 쉽게 얻을 수 있을 것이다.

8.21 텍사스 턴 다운

범프 앤 런은 숏 게임에 있어서 유용한 도구가 된다. 그러나 만약 아주 긴 잔디나 버뮤다 잔디에서 공을 범프 앤 런 샷으로 처리하려고 한다면 쉬운 일이 아닐 것이다. 그러면 텍사스 턴 다운을 실시함으로써 새로운 수준의 샷을 개발해야 할 것이다. 이 샷은 탐 젠킨스가 나에게 가르쳐 주었다. 그는 자기가 자란 텍사스 휴스턴의 버뮤다 잔디 코스에서 이 방법으로 공을 쳤다. 텍사스 턴 다운은 다른 샷을 사용할 수 없는 어려운 상황에서 사용되어진다. 즉 나무에 걸려서 높은 샷을 구사할 수 없을 때나 정상적으로 러프를 통과할 수 없을 때(그림 8.21.1)에 사용된다.

이 샷을 할 때, 골퍼들은 첫 번째 바운스 후 공이 계속해서 앞으로 움직이게 하기 위하여 백스핀을 제거하고자 할 것이다. 그렇지만 주의할 점은 임팩트 시 손의 동작이 과장되기 때문에 형편없는 샷이 나오기 쉽고 임팩트 시 손에 힘을 주

그림 8.21.1 텍사스 턴 다운 : 높은 잔디들 사이로 볼을 쳐 낼 수 있는 가장 좋은 방법

그림 8.21.2 텍사스 턴 다운 백스윙

그림 8.21.3 텍사스 턴 다운 팔로스로우

어 더 상황을 악화시킬 수 있다. 클럽의 끝을 나란히 하고 스탠스의 중앙에 공을 놓고 시작한다. 백스윙 시에는(그림 8.21.2) 앞쪽 팔을 오픈시키고 평범한 스윙 평면의 안쪽을 향하게 한다. 다운 스윙 시에는 빠르고 격렬하게 앞쪽 팔을 타깃 방향으로 잡아당긴다. 그리고 클럽은 임팩트 전 거의 직각으로 되돌아가도록 하며 팔로스로우에서는 속도를 늦춘다(그림 8.21.3). 그런데 여기에는 문제가 있다. 만약 클럽헤드의 속도를 너무 일찍 늦추면 샷이 부드러워져서 공이 잔디 속으로 더 깊이 들어갈 수도 있다.

그림 8.21.4에서 보는 바와 같이 공은 자신이 칠 수 있는 최대한도로 클럽의 바깥쪽에 맞아야 한다. 이렇게 끝 쪽에 공이 맞는 것은 백스핀을 최소화하고 공에 전달되는 힘을 줄여 준다. 따라서 필요한 거리를 확보하기 위해서는 보통 스윙보다 길게 해야 한다. 만약 T.J나 치치 로드리게스(내가 본 중 가장 빠름)같이 빠른 손을 가졌다면 이런 샷을 잘해내고 위기를 쉽게 탈출할 것이다. 그러나 텍사스 턴 다운은 맞추기가 쉬운 샷이 아니다. 필자는 긴급 상황이거나 미리 몇 시

그림 8.21.4 텍사스 턴 다운 어드레스 시 공의 위치

간 연습을 하지 않은 경우라면 이 방법을 추천하지 않겠다.

8.22 월드 게임

필자가 경험했던 가장 흥미로웠던 일 중 하나는 스코틀랜드 세인트 앤드류스에 머무는 동안 일어났다. 이 곳은 4년에 한 번씩 세계 골프 과학 회의를 주관하는 세인트 앤드류스의 종합 대학과 로얄 앤 에이션트 골프 클럽이 있는 고장이다. 필자는 일주일 후 개최될 예정인 전영 오픈에 앞서 개최된 학술대회에서 연구 발표를 했다. 매일 아침 동이 틀 무렵 나는 아침 운동을 하기 위해 올드 코스를 걸었다. 걷는 동안에 자연이 설계했다고 하는 골프장의 레이아웃과 해저드를 자세히 관찰할 수 있었다. 필자는 계속 그곳에 체류하면서 내가 지도하는 선수 중의 하나가 이 오픈 대회에서 우승하기를 기원했다. 나는 대부분의 시간을 유명한 로드 홀(Road Hole)에서 보냈다. 왜냐하면 그 홀을 정복한 자가 우승자가 될 수 있었기 때문이었다. 전영 오픈이 열렸던 그 주가 바로 내 자신이 범프 앤 런 샷의 신봉자가 되어버린 주였다.

그 때 필자는 로드 홀에서 나와 함께 연습했던 모든 프로들이 스스로 무너지는 모습을 볼 수 있었다. 매일 파만 얻어내었어도 그들 중 하나는 토너먼트에서 우승을 했을 것이다. 그러나 그들의 스코어는 5~7의 범주였다. 어떤 선수는 그린을 향하여 4~7번 아이언 샷으로 공을 날린 후 그 공들이 뛰어 넘어가 결국 그린 뒤 돌 담벼락에 대고 당구를 하고 있었다. 또 다른 선수들은 그린에 못 미치는 로드 벙커에 볼을 빠트렸고 보기나 더블 보기를 했다.

나는 영국과 스코틀랜드 프로들이 경기하는 것을 보았는데, 그들은 3번 아이언을 가지고 하프 스윙 범프 앤 런 샷을 구사했다. 샷은 오른쪽으로 날아갔고 그린에 못 미치는 50~100야드 지점에 착지했다. 그들은 그대로 따라가서 아무런 문제없이 온 그린 시키곤 했다.

내가 가장 나쁜 결과를 목격했던 일은 파를 얻기 위해서 그린 앞에서 치는 짧은 칩 샷이었다. 대부분 파를 위해 투 퍼트를 했고 한두 명은 버디를 잡아냈다.

미국 선수들은 그린을 향하여 치는 범프 앤 런 샷에 관해서 생각조차도 하지 않았으며 내가 걸으면서 배웠던 것처럼 아무도 페어웨이의 외관이 그린 오른쪽으로 샷을 하도록 되어 있다는 것을 깨닫지 못했다. 그 홀은 그 샷을 위해 만들어졌음에도 불구하고 미국 선수들은 그 샷을 구사할 생각을 하지 않았기 때문에 범프 앤 런 샷의 중요성을 결코 깨닫지 못했다. 그 주의 주말에 필자는 필자의 골프학교 골프장을 어떻게 디자인할 것인가를 결정할 수 있었다.

8.23 우리에게는 더 많은 숏 코스들이 필요하다

코딜레라, 클럽에서 내가 운영하는 숏 코스는 단순히 숏 플레이를 위한 코스가 아니다. 숏 코스는 아름다운 발리 밸리 위 1500피트 고지대인 콜로라도 애드워즈에 있다. 내가 숏 게임 샷의 실시와 경험용으로 그것을 디자인했으며(그림 8.23.1) 아주 아름다운 경관을 가지고 있다.

발리 밸리는 미국에서 여름 골프를 즐기기에 제일 좋은 장소이다. 날씨가 완벽하고 경치가 장관이며 공기가 맑고 코스가 아름다울 뿐 아니라 게임을 개선하는 데에도 도움을 줄 것이다. 이 지역에는 정규 코스들도 몇 개 더 있어 편하게 골프를 즐겨볼 만하다. 그렇지만 필자의 숏 코스는 숏 게임을 학습하는 목적으로 개발되었다 (그림 8.23.2). 이 숏 코스는 드라이버와 페어웨이 우드를 제외한 골프의 모든 샷 중 80%가 가능하며 정규 코스에 소요되는 지면의 25% 정도의 넓이를 지녔다. 골프의 정상적 라운드의 소요시간의 25%보다 적게 든다. 홀의 거리는 100~215야드이며 홀 주위 여러 종류의 나무들이 있고 장애물들이 넓게 분포하고 있으며 러프는 터프하고 그린들은 규모가 크고 기복이 있고 단단하다. 모든 홀이 평탄하지 않고 고저차가 있다. 이것은 아이언과 숏 게임을 연습할 수 있게 하기 위해서다. 또한 모든 홀은 공을 높이 띄워 공략하든지 범프 앤 런 샷을 해서 공략할 수 있게 디자인되었다(그림 8.23.3).

그림 8.23.1 코딜레라 숏 코스 2번 홀

그림 8.23.2 코딜레라 숏 코스 4번 홀

그림 8.23.3 코딜레라 숏 코스 9번 홀

만약 숏 게임을 개선하기 위한 연습 방법을 전적으로 나에게 맡긴다면 나는 일주일에 5일로 짜여진 연습 훈련 스케줄을 권하고 싶다(제12장 참고). 그리고 그 가운데 4일간은 숏 코스에서 9홀 라운드를 할 것을 추천한다.

첫째 날 : 모든 클럽을 사용, 평탄한 티에서 공중으로 쳐내는 연습

둘째 날 : 모든 클럽을 사용, 슬로프 티에서 공중으로 쳐내는 연습

셋째 날 : 5번 아이언 및 퍼터를 가지고 평탄한 지면으로부터 범프 앤 런 연습

넷째 날 : 6번 아이언, 퍼터를 가지고 불규칙한 지형의 티에서 연습

만약 여러분이 필자가 여기서 제안한 것을 실시한다면 골프 게임의 전 영역을 향상시킬 수 있을 것이다. 나는 여러분이 풀 스윙 게임을 적게 연습하기를 원하지 않는다. 그렇지만 숏 게임을 더 많이 연습하기를 바란다. 필자가 확신하는 것은 규칙적으로 범프 앤 런을 사용하고 연습한다면 어느 코스에서나 좋은 성적을 낼 것이라는 점이다.

Chapter 9

샌드 샷

블래스트 샷

9.1 사용해서는 안 되는 방법 : 디그 앤 푸쉬 샷

피네스 게임의 네 번째 샷은 보통의 골퍼들이 가장 두려워하는 샌드 샷이다. 필자가 처음 골프강습을 했을 때, 도대체 왜 아마추어들이 샌드 플레이를 서투르게 하는지 그 이유를 알 수 없었다. 샌드 샷이야말로 공을 직접 때리는 샷이 아니라 단순히 스윙해서 샌드 속으로 클럽을 넣어 주기만 하면 공이 그린을 향해 나오는 것이기 때문이다. 공과 클럽의 직접적인 접촉이 없기 때문에 걱정할 것이 없는 것이다. 그러나 그 당시 필자가 몰랐던 것은 보통의 골퍼들은 클럽과 샌드가 상호 작용하는 원리나 벙커에서 공을 밖으로 쳐내는 블래스트 샷의 원리에 대해 이해를 못하고 있다는 점이었다. 결과적으로 아마추어들은 형편없고, 대단히 잘못된 샷을 하고 있었다. 이들 중 몇몇은 벙커 샷에 대한 공포감으로, 젖 먹던 힘까지 다하여, 두 눈을 감은 채로, 막연하게 좋은 스윙이 나올 거라는 기대로 스윙을 한다.

이 장은 유일하게 이 책에서 필자가 해서는 안 될 방법들을 설명하는 부분이 될 것이다. 아래의 내용은 대부분의 사람들이 샌드 속에서 일어난다고 생각하는 내용들이다(그림 9.1.1). 아래의 내용을 읽으면서 – 고개를 끄덕거리게 된다면 – 그것이 잘못된 방법들임을 명심하기 바란다.

클럽페이스를 타깃에 직각으로 조준하고, 웨지가 들어가는 곳은 공 뒤쪽 1/8

그림 9.1.1 샌드 샷의 통상적인 이해 : 클럽은 샌드를 파고 밀어서 많은 양의 모래를 벙커 바깥으로 내보낸다.

인치 되는 지점이 되게 한다. 리딩 에지가 2인치, 혹은 더 이상의 깊이로 샌드를 파고들면서 공과 샌드를 동시에 앞으로 내보낸다.

여러분은 이러한 방법을 사용하는가? 만약 이 방법이 샌드 샷을 하는 방식이라고 생각한다면, 어떻게든 그렇게 되도록 노력할 것이다. 바로 그것이 수없이 많은, 형편없는 샌드 샷 플레이어들을 만드는 가장 큰 이유이다: 바로 샷 구사에 대한 잘못된 생각 자체가, 하면 할수록 샌드 샷이 안 되는 원인인 것이다.

필자는 방금 앞에서 설명한 샷을 디그 앤 푸쉬 샷이라고 부른다. 그 샷으로, 아주 가끔은, 벙커를 성공적으로 빠져 나오기도 하고, 운이 좋을 때는, 공을 핀과 아주 가까운 지점에 멈추게도 만든다. 디그 앤 푸쉬 샷은 그렇게 큰 실수를 할 것도 없고 일관성도 없다. 그러나 심적 부담이 가는 상황에서는 큰 실수를 할 수도 있다.

디그 앤 푸쉬로 샌드로부터 공을 탈출시키는 데에 얼마나 많은 에너지가 필요한지 상상해 보자. 클럽으로 모래를 약간 두텁게(1/8보다 1/2인치) 쳤다 치자. 그러면 리딩 에지는 공에 도달하기 전에 샌드 속을 깊게 파고 들어간다. 클럽헤드가 샌드를 밀기 때문에 백스핀이 잘 걸리지 않는다. 공이 벙커로부터 나온다면— 안 나올 수도 있지만— 깃대 근처에 일관성 있게 세우거나 컨트럴할 수 없다.

디그 앤 푸쉬 샷을 했음에도 불구하고 공이 샌드에 그냥 남아 있게 되었다면, 골퍼는 의식적이든 무의식적이든 앞으로는 이런 샷을 피할 방법을 찾고자 할 것이다. 이때부터 모래는 건드리지도 않고 볼만 깨끗이 떠내는 샷을 하려고 한다. 이것은 샌드를 접촉하지 않고 공만 때리는 것이다. 이렇게 샷을 하다가 어쩌다 홈런 공이 나오면 스코어는 불어나고 다음 번 샌드에서 플레이할 때에는 큰 걱정거리가 될 수밖에 없다.

디그 앤 푸쉬 샌드 샷은 관대하지 않다. 용서란 없다. 물론 공 뒤 1/8인치 지점의 모래에 클럽헤드를 정확히 맞춘다면 많은 백스핀이 생길 것이고(다운블로우로 치고 공을 모래에서 끌고 나온다고 가정했을 때) 모래를 빠져 나온 공은 그린 위에 바로 정지한다. 그러나 클럽헤드가 모래에 너무 빨리 혹은 너무 늦게 맞게

그림 9.1.2 스컬–샌드에서의 얇은 샷 : 클럽이 공을 먼저 친다.

되면 큰 낭패가 따른다. 더구나 클럽헤드가 모래 속으로 깊이 파고들면 속도를 잃게 되고(웨지를 당기지 않고 미는 것 같은 자세) 안정성을 잃게 한다. 이런 스윙은 컨트럴의 손실, 부정확한 방향, 심지어는 공이 벙커에 그대로 남아 있게 한다.

9.2 올바른 방법 (스쿠트 앤 스핀의 역학)

샌드 플레이를 마스터하기 위해서 고도의 기술이 필요한 것은 아니다. 그러나 만약 스윙을 어떻게 해야 하는지 공은 스탠스 안쪽 어디에 놓아야 하는지, 클럽은 어떻게 샌드에 닿는지를 모른다면 여러분은 샌드 샷을 제대로 해낼 수 없을 것이다. 그렇다고 여기서 포기하지는 말자. 샌드 플레이는 어려울 것이 하나도 없다. 제 6장에서 언급한 장거리 웨지 기술을 마스터할 수 있다면 여러분의 샌드 게임은 쉽게 향상될 것이다.

다음의 세 가지 사항에서의 조절만 잘되면 평범한 종류의 샌드 샷은 여태까지 연습해온 피네스 스윙만으로도 아주 잘해낼 수 있다.

그림 9.2.1 샌드에서의 올바른 셋업, 신체와 스윙 라인은 왼쪽을 조준

1. 몸과 스윙 라인은 깃대의 약간 왼쪽을 조준해야 한다(그림 9.2.1). 그러나 정도가 지나쳐서는 안 된다(타깃으로부터 17도 정도(두세 걸음)가 되어야 한다). 그리고 스윙 라인, 어깨, 스탠스, 신체의 방향, 모두를 17도 왼쪽으로 함께 조준해야 한다.

2. 클럽 면은 굉장히 많이 열어 놓는다. 일반적으로 골퍼들이 생각하는 것보다 훨씬 많이 열어 놓아야 한다. 클럽페이스는 스윙 라인 방향에서 오른쪽으로 45도를 조준해야 한다(클럽페이스, 라인은 왼쪽 발끝 앞을 지난다). 그래서 클럽을 샌드 속으로 파고들어 가게 하는 것이 아니라 샌드 밑을 신속하게

그림 9.2.2 샌드에서의 올바른 셋업, 클럽 페이스를 넓게 열어 놓는다.

지나가도록 해야 한다. 클럽은 표면 밑으로 1/3인치를 통과하여야 한다.

3. 공은 왼쪽 발뒤꿈치의 안쪽에 놓는다(그림 9.2.3). 어떤 다른 보완조치를 취하지 않는 한 자연스럽게 만들어지는 스윙 아크는 클럽헤드가 공 뒤쪽 5인치 지점의 샌드를 접촉하게 할 것이다.

이상과 같이 어드레스에서 세 가지 변화를 주었다면 다음에 해야 할 일은 발과 몸 라인에 평행이 되는 정상적인 피네스 스윙을 하는 것이다(스윙을 하는 동안

그림 9.2.3 샌드에서의 올바른 공의 위치: 왼쪽 발 뒤꿈치 안쪽 라인에 공을 놓는다.

인위적으로 깃대 쪽으로 클럽을 조작할 필요가 없다). 9:00 자세 백스윙을 한다(왼쪽 손은 지면에 평행하게 뻗는다). 스윙은 완전한 하이 피니시를 해준다(클럽을 샌드에 머무르게 해서는 안 된다). 피니시에는 체중의 99%를 앞쪽 발에 두고 뒤쪽 발의 앞은 단지 밸런스 포인트의 역할만 해야 한다(그림 9.2.4).

이 샷이 바로 스쿠트 앤 스핀, 블래스트 샷이다. 클럽은 밑으로 들어가 공을 지

그림 9.2.4 올바른 샌드 스윙 : 클럽은 공의 뒤쪽 아래 부분을 향해 돌진하며 많은 양의 모래가 벙커 밖으로 나오지 않는다.

나서 모래가 높게 퍼져나가게(폭파되듯이) 만들고 모래 위에 있던 공은 높이 올라갔다 살며시 지면에 떨어진다. 그린에 오른 공은 한두 번 튀어서 가볍게 오른쪽으로 굴러가서(오픈 페이스이기 때문) 홀 근처에 머문다. 여기서 우리가 기억해야 할 것은 목표의 왼쪽을 조준하는 것, 클럽페이스를 열어 놓는 것, 공을 왼쪽 발뒤꿈치 안쪽 놓는 것뿐이다.

그렇다면 이제는 잘못된 샌드 플레이 방법을 잊고 정석의 샌드 플레이를 할 수 있는 것일까? 그렇다. 여기에 그 이유가 있다. 필자가 스쿠트 앤 스핀을 할 때 공과 클럽과 샌드 사이에서 발생하는 현상을 여러분에게 정확히 이해시킬 수 있다면, 누구든지 스쿠트 앤 스핀 샷을 자신의 것으로 소화해서 잘해내고 과거의 오류를 알게 될 것이다.

골퍼라면 아주 잘된 샌드 샷 즉 스쿠트 앤 스핀 샷을 관찰할 필요가 있다. 클럽이 아크의 최저점을 지나갈 때 클럽의 페이스는 열리고 공의 4~5인치 뒤쪽 모래를 파고들어 간다. 클럽헤드의 솔은 샌드를 맞히는 것이 전부이다. 이런 동작은 클럽헤드의 스윙 아크를 평탄하게 만들고 모래를 깊게 파지 못하게 하고 모래 밑을 수평으로 통과하게 한다(그림 9.2.5). 잘 만들어진 웨지 들은 채가 열렸을 때 모래면 아래 1/2인치를 통과하게끔 디지인되이 있다. 그러면 두 가지 현상이 발생한다. ⑴ 클럽이 공에 닿지 않고 공 밑으로 지나간다. ⑵ 클럽이 앞으로 빠져나가고 위로 올라가면서 공 앞의 모래를 그대로 놔둔다. 설사 모래가 튀어나왔다 해도 그 양은 그다지 많지 않다. 공을 움직이는 실제의 힘은 클럽이 아니라 샌드에 의해 전달된다.

필자는 샌드 플레이를 아주 잘하는 선수를 보면서, 평범한 라이일 경우 매우 잘된 스쿠트 앤 스핀 또는 블래스트 샷을 구분할 수 있는 해답을 찾아낼 수 있었다. 그것은 임팩트가 일어난 후 공보다 클럽헤드가 두 배나(공보다 두 배 멀리) 빠르게 앞으로 나간다. PGA투어에서 샌드 플레이를 잘 하는 선수로 유명한 짐 퓨릭이 이것을 보여준다(그림 9.2.6).

샌드 스윙의 기본 자세

장거리 웨지에 대해 기술한 6장을 다시 읽지 말고 여기에 나온 스윙의 요점을 참고로 하면 기본적인 샌드 스윙의 기반을 형성할 수 있을 것이다. 발은 14에서 18인치의 폭으로 벌리고(어깨 너비로), 무릎은 약간 굽혀준 채로, 윗몸은 힙으로부터 약간 앞쪽으로 구부리고 몸무게는 엄지발가락 아래쪽에 집중시킨다, 팔은 힘을 빼고 어깨로부터 똑바로 밑으로 늘어지게 하며 다리와 손 사이의 거리는 4~6인치가 되도록 한다. 피네스 그립 및 가벼운 그립을 사용하고 위쪽 손으로 클럽 손잡이의 끝부분을 1/4인치 남긴 아랫부분을 잡아야 한다. 왜글이나 스윙을 하는 동안 클럽 헤드를 느껴야 한다. 자세를 너무 숙여서는 안 된다 그렇게 하면 팔이 몸에서 떨어지고 스윙평면은 플래트해진다. 그리고 이것은 여러분의 몸집과 자세에 의하여 결정된다. 웨지 같은 숏 클럽들을 가지고 치면 공에 가까이 서게 되며 스윙 평면이 지면과 수직이 된다. 샌드에 있을 때에는 셋업할 때 타깃의 왼쪽을 조준하고 클럽 페이스는 오픈시키며 공은 왼쪽 발뒤꿈치 안쪽 사이드 라인에 위치시켜야 한다.

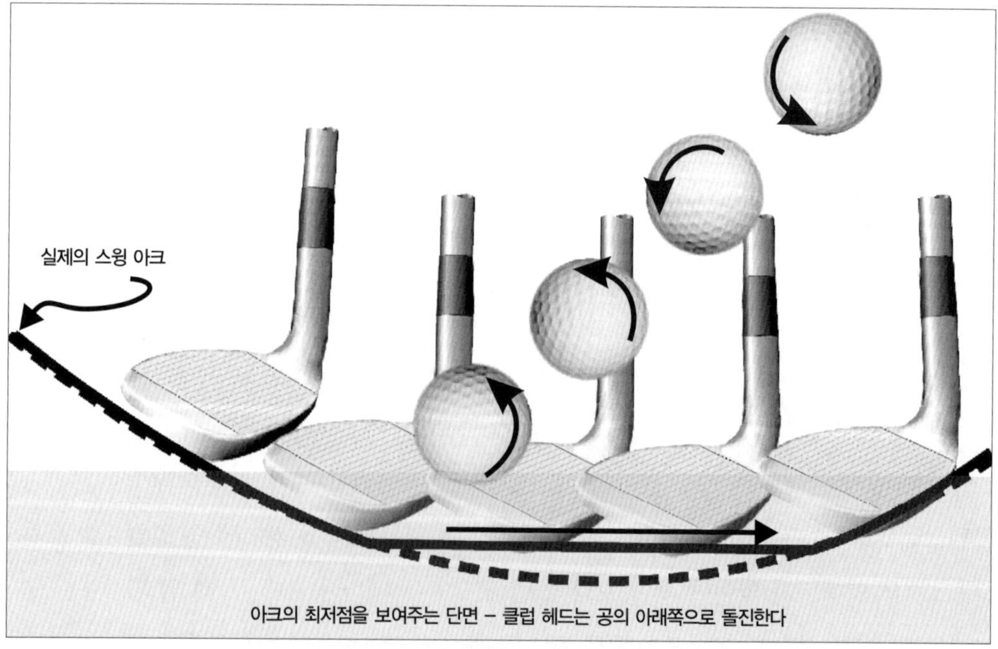

그림 9.2.5 스쿠트 앤 스핀 구사 시 클럽과 샌드 그리고 공의 작용

사진 9.2.6 샌드를 통과하는 올바른 동작, 클럽헤드는 공의 뒷부분 아래쪽으로 파고들며 공보다 먼저 샌드를 떠나고 공은 스핀과 함께 위로 튀어 오른다.

9.3 블래스트 샷의 측정

스쿠트 앤 스핀 샷을 익히고 자신의 것으로 습관을 들이기 위해서는 아래의 8단계의 목표설정 방법을 해보아야 한다. 이것을 해보면 샷을 구사하는 방법을 알게 될 뿐만 아니라 앞서 설명했던 셋업과 정렬에서 결정적인 세 가지의 변화 이유를 알게 될 것이다.

1. 연습 벙커에서 깃대를 조준하여 줄을 긋는다. 이것이 타깃 라인이다(그림 9.3.1).

2. 타깃 라인으로부터 수직으로 줄을 긋는다. 이것이 볼 라인이다. 두 줄이 만나는 지점을 평평하게 고른다(그림 9.3.2). 이곳에 볼을 놓는다.

3. 왼쪽 뒤꿈치 안쪽에 공을 놓는 것을 제외하고는(바지를 올리면 발과 발목을 볼 수 있다) 정상적인 장거리 웨지 샷을 하는 어드레스 자세를 취한다. 힙, 어깨, 발은 볼 라인에 직각으로 하고 타깃 라인 왼쪽으로 평행하게 한다(그

그림 9.3.1 샌드 자세 정렬을 측정하기 위해서 먼저 타겟 즉 깃대를 향해서 선을 긋는다.

그림 9.3.2 그 다음 타겟 라인에 수직으로 볼 라인을 긋는다.

그림 9.3.3 공을 왼쪽 발의 인스텝 라인에 위치시킨 다음 왼쪽 발 앞을 타겟 쪽으로 45° 틀어주고, 클럽 페이스는 크게 오픈시킨다.

림 9.3.3). 왼쪽 발끝은 타깃 라인 쪽으로 30도에서 45도 정도 돌리며(그림 9.33중앙) 그립을 느슨하게 하고 클럽페이스는 오픈하고 그루브는 몸 라인에 45도로 한다.

4. 몸은 타깃 라인에 평행을 유지하며 공으로부터 뒤로 움직인다. 왼쪽 발의 뒤꿈치는 볼 라인에 접촉하고 그리고 지금 상상의 공을 볼 라인 위에 위치시키고 샌드로부터 블래스트 샷을 구사할 준비를 한다.

5. 완벽하게 동시화된 9:00 웨지 스윙을 실시한다 상상의 공 뒤쪽 4~5인치 샌드를 접촉하면서 스윙을 하면 스탠스 중앙, 상상의 공이 있었던 장소 뒤쪽 5인치로부터 8~10인치 정도의 샌드 디보트가 발생할 것이다.

6. 4단계 및 5단계를 3회 이상 반복한다. 스윙하기 전에 먼저의 디보트 뒤쪽으

로 6인치 떨어진 곳에서 자세를 잡는다. 연습이 끝난 다음에는 4개의 디보트를 조사하자. 여러분이 몸에 밴 웨지 스윙을 아주 잘해냈다면 디보트들은 그림 9.3.4같이 보일 것이다. 즉 스탠스의 중앙에서 시작하여 상상의 공 밑으로 지나면서 다른 5인치 혹은 그 이상 앞으로 나간다. 디보트를 보면 또 한가지 중요한 사실을 알 수 있다. 즉 클럽페이스가 충분히 오픈되었다면 디보트는 깊이가 1/2인치여야 한다. 만약 깊다면 클럽이 지면 속으로 들어간 것이며 클럽이 충분히 열리지 않은 것이다.

7. 이런 방식으로 샌드 샷을 연습해 본다. 그러나 이번에는 볼 라인을 그려놓고 공 6개를 각각 6인치의 간격을 유지해 나란히 놓은 다음 공이 어디로 갈 것인지는 걱정하지 않은 채 볼 라인에 왼쪽 발뒤꿈치를 유지시키면서 6번 이상 9:00 방향의 장거리 웨지 스윙을 해 본다. 매번 올바르게 스윙하면 샌드로부터 아주 보기 좋은 블래스트 샷이 될 것이다(그림 9.3.5). 이것은 다행이다. 그러나 나쁜 소식은, 이 보기 좋은 샌드 샷은 클럽페이스가 열려 있

그림 9.3.4 네 개의 완벽한 피네스 스윙 디보트

기 때문에 깃대의 오른쪽으로 일관성 있게 날아간다. 그렇다고 걱정만 하고 있을 필요는 없다. 샌드를 고르고 이 방법으로 또 다른 6개의 올바른 샷을 해보자. 그리고 깃대를 향한 12개 샷에 대한 평균적인 에러 각도를 살펴보자. 이것이 샌드 조준 측정 각도이다. 이 각도가 샌드 샷을 타깃에 가까이 맞추기 위해서 타깃 왼쪽으로 스윙하고, 조준하고 셋업을 해야 하는 각도이다. 이제 그 각도에 따라 깃대 왼쪽으로 셋업을 재조준하면서 코스에서 깃대까지 완벽한 샌드 샷을 할 준비가 되었다.

8. 어떤 타깃에다가 샌드 샷을 하는 것은 단순하다. 여러분은 스윙 라인을 조준하기 위해서 타깃에서 얼마나 떨어져야 하는지를 정확히 알고 있다(샌드 조준 측정 각도). 어느 곳에(왼쪽 발뒤꿈치에) 공을 놓는지를 알고 있으며 스윙 라인에서 얼마나 먼 곳에 클럽페이스를 오픈시켜야 하는지도 정확히 안다(그림 9.3.6). 게다가 아름다운 블래스트 샷을 구사하려면 올바른 장거리 웨지 샷을 해야 한다는 것도 안다. 공 뒤 특정한 거리에서 샌드를 치려고

그림 9.3.5 타깃을 향한 완벽한 스윙은 깃대의 오른쪽으로 날아가는 완벽한 샷을 만들어 낸다.

그림 9.3.6 : 완벽한 샌드 셋업은 타겟 라인의 왼쪽을 향하는 스윙 라인을 조준한다.

그림 9.3.7 : 완벽한 스윙, 완벽한 셋업 자세는 완벽한 샷을 만들어 낸다.

하지 말고 대신 샌드 디보트가 자연스럽게 발생할 장소 중앙에 공을 위치시키고 있다고 자신을 신뢰하면서 올바른 피네스 스윙을 구사하기 위해 노력하자(그림 9.3.7).

여덟 단계의 조준 과정은 스쿠트 앤 스핀 블래스트 샷을 학습하는 가장 훌륭한 방법 중의 하나이다. 숙달이 될 때까지 반복하자. 샌드 샷을 연습할 때마다 핀 왼쪽으로 정확한 각도를 조준하는 스윙 라인을 그리자. 스윙 라인이 직각이 되는 볼 라인을 그리고 셋업할 때 볼 라인 위에 왼쪽 발의 뒤꿈치를 위치시켰는가를 확실히 해야 한다. 어깨, 발, 신체는 스윙 라인의 왼쪽으로 평행하게 유지하고 있는지를 확인한다(그림 9.3.12). 그것에 적응될 때까지 계속 라인을 그리고 스윙을 연습한다. 그 후에는 라인을 그리지 않고 라인 있었던 곳을 알아낸 다음 샌드로부터 빠져나갈 수 있을 때까지 샷을 한다.

이 섹션에 대한 설명을 마치기 전에 펠츠 스코어링 게임 스쿨에서 촬영한 사진

오픈된 샌드 클럽을 잡지 않는 방법

많은 골퍼들이 클럽 페이스를 오픈하려고 하면, 잡고 있는 그립은 그대로 놔두고 시계 방향으로 손과 손목을 돌린다. 그 결과 그들이 실제적으로 하고 있는 것은 일시적으로 정상적인 그립과 오픈 클럽 페이스라기보다 스트롱 그립으로 공에 어드레스 자세를 취하고 있게 된다(그림 9.3.8). 그리고 임팩트 시에는 손이 원래 위치로 되돌아온다. 그래서 샌드에 맞을 때 클럽 페이스는 직각이 된다(그림 9.3.9). 그 클럽은 공 밑을 지나간다기보다 차라리 샌드를 파게 되고 그 결과 디그 앤 푸쉬 샌드 샷이 되며 이것은 바람직하지 못하다.

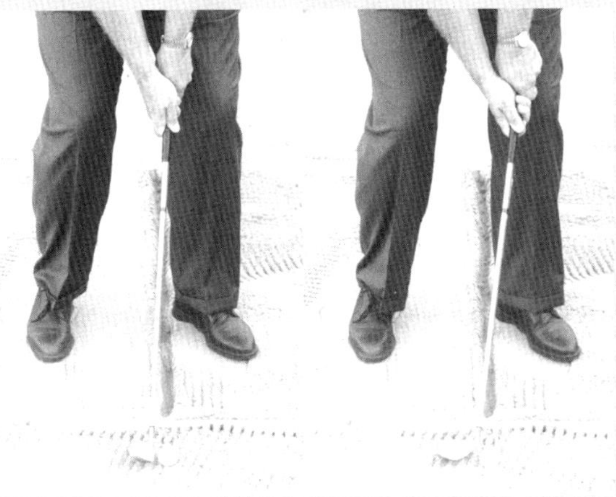

그림 9.3.8 평범한 피네스 그립을 통한 올바르지 않은 클럽 페이스 오픈 방법(왼쪽), 손을 스트롱 그립 방향으로 돌리게 된다.

그림 9.3.9 올바르지 못한 스트롱 그립으로 인해 클럽 페이스는 임팩트 순간 다시 직각으로 되돌아 온다.

오픈된 샌드 클럽을 정확히 잡는 방법

1. 정상적인 피네스 그립을 잡는다(그림 9.3.10). 이때 클럽 페이스는 스윙 라인에 직각.

2. 클럽으로부터 오른손을 제거한다. 왼손은 움직임 없이 그립은 느슨하게 한다.

3. 왼손을 움직이지 않고 오른손 엄지와 검지를 사용하여 클럽 페이스를 원하는 각도만큼(45도) 회전시킨다(그림 9.3.11 왼쪽). 그리고 왼손을 원위치에서 단단히 잡는다.

4. 오른손은 원래 직각의 셋업에 있었던 장소로 정확히 갖다 놓는다. 이 그립 위치를 통해서 클럽의 페이스를 오픈하면 정확한 스쿠트 앤 스핀 블래스트 샷을 만들어 낼 수 있을 것이다.

그림 **9.3.10** 평범한 피네스 그립(위크 그립)으로 시작한다.

그림 **9.3.11** 샌드에서 올바른 클럽 오프닝의 방법 : 위크 그립을 유지한 상태에서 샤프트를 회전시킨다.

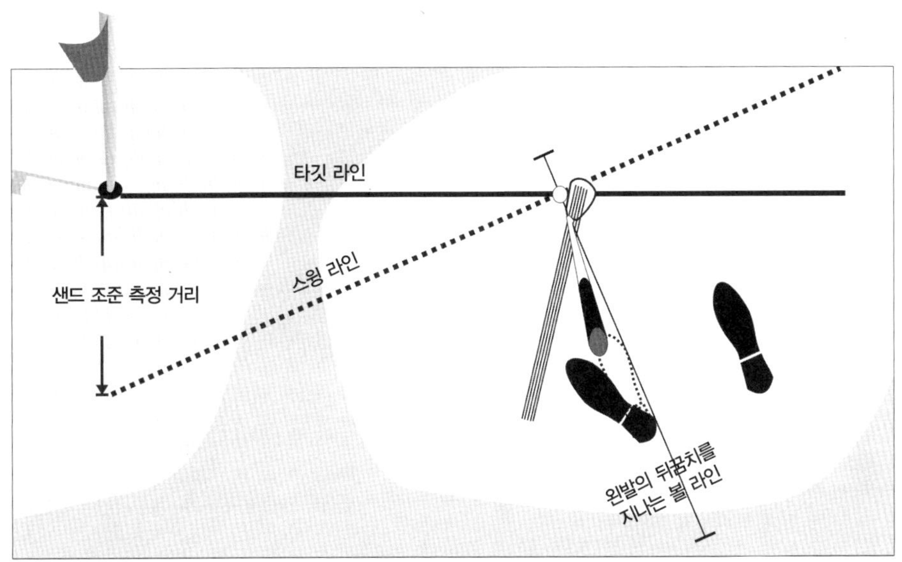

그림 9.3.12 샌드에서의 스쿠트 앤 스핀 블래스트 샷을 위한 올바른 셋업(내려다본 시점)

을 주의 깊게 관찰해보라고 말하고 싶다. 사진 속의 골퍼들은 잘못된 자세를 취했기에 샌드 탈출이 불가능했다. 게다가 샌드에서의 스윙 방법을 모른다고 생각해보자. 그러면 왜 많은 사람들이 샌드 샷에 대한 공포를 갖고 있는지 알 수 있을 것이다(그림 9.3.13). 마지막으로 스윙 라인에 대해서는 왼발 뒤꿈치 안쪽에 공이 정확하게 위치되었을 때 그림 9.3.14에 나타나는 섯처럼 공은 스탠스의 중앙 앞쪽으로 5인치 지점에 위치한다. 걱정할 것 없다. 그렇게 되어야 한다.

9.4 실수의 한계점

수년 전 스쿠트 앤 스핀과 디그 앤 푸쉬 테크닉을 활용해서 필자 자신을 측정하면서 샌드 게임의 몇 가지 특징을 테스트했다. 이 과정은 스쿠트 앤 스핀 샷이 대단한 가치를 지니고 있다는 것을 다시 한 번 깨닫게 해주었다. 이 기술을 숙달하기 위해서 이러한 변수들을 측정할 것까지는 없다. 실제 숫자들은 중요하지 않다. 이러한 숫자에서 얻을 수 있는 것은 정확한 기술만이 샌드 플레이를 쉽게 해준다는 간단한 원리이다. 정확한 기술은 우리들이 만드는 실수를 최소화해준

그림 9.3.13 올바르지 못한 공 위치는 바르지 못한 스윙을 민든다.

그림 9.3.14 스윙 라인에서 왼쪽 발목 라인을 지나는 완벽한 볼 포지션

그림 9.4.1 나는 두 가지의 기술에 대해서 50회의 샷을 테스트 했다.

다. 테스트에서 나는 각각의 기술에 따라 공이 깃대를 지나서 정지할 때까지의 거리와, 혹은 모자라게 정지한 거리가 나와 있는 기록을 토대로 열 개의 연속 샷을 쳤다(그림 9.4.1). 나는 또한 공 뒤 어느 지점에서 웨지가 샌드 속으로 들어갔는지를 알아내기 위하여 샌드 디보트의 위치를 측정하고 기록했다(그림 9.4.2). 그 후 다른 테크닉으로 10번 샷을 했고 같은 데이터를 기록했다. 나는 테크닉을 교대로 사용했고 같은 결과를 5회 반복했으며 그 후 상호 연관시켜 다음과 같이 요약했다.

1. 가장 결과가 좋은 샷은(핀 가까이로 간 샷) 스쿠트 앤 스핀 샷이었다. 홀에서부터 2피트 거리 이내에 정지한 열 개의 볼이 모두 웨지가 공 뒤에서 4인치 반 지점에서 샌드에 들어간 경우였다.

2. 짧게 날아가 보통보다 더 멀리 굴러간 스쿠트 앤 스핀 샷의 그룹은 제일 우수한 샷과 거의 같은 지점에서 정지되었다. 이들 샷에서 내 웨지는 공 뒤의

그림 9.4.2 디보트의 변화와 샷의 구사에 대한 내용을 모두 기록했다.

5인치 반 지점에서 샌드로 들어갔다.

3. 세 번째 세트는 가장 결과가 좋은 샷들보다 멀리 날아갔다. 그러나 백스핀이 많이 걸려 빨리 정지했다. 역시 같은 거리를 날았고 핀에서 가까운 지점에 정지했다. 그리고 웨지는 공 뒤 3인치 내지 3인치 반 지점에서 샌드로 들어갔다.

4. 공 뒤 3인치 이하 혹은 5인치 이상의 지점에서 웨지가 샌드에 들어간 샷들은 모두가 그린 위에 머물렀는데 깃대로부터 5피트보다 더 멀리 떨어져 있었다.

5. 디그 앤 푸쉬 샷에는 이상한 분포 형태도 있었다. 50개 중에서 3개가 홀에서부터 2피트 안의 거리에 정지했고 14개는 완전히 그린을 벗어났다. 가장 훌륭한 디그 앤 푸쉬 샷의 경우 웨지는 공 뒤의 1/4인치에 못 미치는 지점에서 샌드에 들어갔다.

6. 웨지가 공 뒤 1인치에서 1/2인치 사이에서 샌드에 들어간 디그 앤 푸쉬 샷은 핀으로부터 3피트에서 17피트까지 범위의 지점에 정지했다. 샌드에 들어가기 전에 정확하게 공을 친 샷들은 모두 그린으로 날아갔다(약 30야드의 거리).

이상과 같은 실험 결과는 확연한 양상을 보여주었다. 스쿠트 앤 스핀은 2인치 정도의 과오를 봐주는 여지가 있다(완벽한 엔트리로부터 플러스 마이너스 1인치). 디그 앤 푸쉬에서는 샌드 속으로 들어갈 때 1/4인치의 완전한 엔트리 안에 있지 않으면 실패했다. 어느 방법을 여러분이 선택하든지 그것은 자유이다. 만약 여러분의 타이밍과 조정이 디그 앤 푸쉬에 적합하다면 무조건 디그 앤 푸쉬를 하면 된다(단 충분한 힘을 낼 수 있을 때). 혹은 다음 섹션에서 보는 것처럼 여러분은 칩 샷을 할 수도 있고 혹은 샌드로부터 퍼팅을 구사할 수도 있다. 그러나 퍼팅은 벙커의 립이 높은 코스에서는 플레이하지는 않는 것이 좋다. 필자는 돈이 걸린 경우라면 스쿠트 앤 스핀 샷을 할 것인데 그 이유는 과오를 봐주는 여지가 있기 때문이다.

샌드로부터의 칩 샷과 퍼팅

9.5 샌드 칩 샷의 역학

누구든지 벙커에 빠진 샷이 너무 쉽게 보이기 때문에 공을 집어내는 듯한 (pick) 샷을 해서 핀까지 굴려 본 적이 있을 것이다. 이런 경우는 라운드 도중 가끔씩 일어나기 마련이다. 잘해낼 수만 있다면 이렇게 샷을 시도하는 것도 나쁜 것은 아니다. 필자는 이 방법을 픽 샷이 아닌 칩 샷이라고 부른다.

공을 피킹하는 것은 손으로 공을 집어 올리는 것과 같은 원리이다. 손은 이 샷에서 제일 마지막에 사용해야 한다. 일반적인 블래스트 샷을 하지 않고 이 샷을 시도할 때면 샌드 칩 샷은 실수를 용납하지 않는다는 것을 알 필요가 있다. 공을 두껍게 혹은 얇게 맞출 수도 있고 클럽이 공에 맞지 않을 수도 있다. 그러나 구사하기에는 쉬운 샷이다. 다음의 세 가지 기본 원리에 주의 집중하자. 잘해낼 수 있는 기량을 갖추고 있고 벙커의 물리적 환경이 큰 방해가 되지 않는다면 샌드 칩 샷은 해볼 만한 샷이다.

1. 두껍게 혹은 얇게 맞추는 것은 있어서는 안 되는 것이기에 셋업을 할 때부터 일정한 스윙 궤도가 만들어질 수 있는 기준점을 만들어 놓고 셋업을 해야 한다. 필자는 가슴뼈나 머리가 좋다고 생각하는데 스윙을 하는 동안 지면으로부터 기준점까지의 거리는 일정해야 한다.

2. 기준점으로부터 스윙 아크의 반경을—왼쪽 팔을 쭉 폈을 때 길이를— 정하자. 그리고 스윙 동안에 그것을 일정하게 유지해야 한다. 이때의 '일정한' (constant)라는 말은 한치의 오차 없이 정확해야 한다. 모든 골프 샷과 달리

완벽이란 거의 없으며 샌드 칩 샷 또한 실수가 있을 수 있다. 클럽헤드는 샌드 속으로 파고들지 않으면서 공의 밑바닥 1/4지점을 정확히 때려야 한다.

3. 스탠스 중앙 1/2인치 뒤쪽에 공을 놓은 후 데드 핸드 스윙을 실시한다. 스탠스 뒤 아무 곳에나 공을 놓고 칩 샷을 해서는 안 된다. 아마도 얇게 치게 될 것이다. 왜냐하면 스윙 반경이 샌드로부터 1/4인치나 아예 처음부터 떨어져 있기 때문이다. 게다가 공이 너무 앞에 있다면 실수를 자초하는 것이나 마찬가지다. 클럽이 샌드와 먼저 접촉되면서 모래 속으로 들어갈 것이다. 임팩트 시 클럽헤드 높이와 관련된 실수는 매우 심각한 결과를 초래한다.

이상과 같은 조건과 경고에도 불구하고 칩 샷은 일단 하기가 쉬운 동작이기 때문에 경우에 따라서는 아주 좋은 결과를 낳는다. 가장 좋은 칩 샷은 핀이 멀리 떨어져 있고 벙커 턱이 낮을 때 구사하는 6~8번 아이언 칩 샷이다. 샷을 정확하게만 한다면 같은 거리의 잔디 위에서 하는 칩 샷과 거의 같은 느낌이 들 것이다. 단 백스핀이 많아서 정상적인 샷보다 10~15% 가량 짧게 정지하는 것은 예외라

그림 9.5.1 샌드에서의 칩 샷을 위한 어드레스 자세

그림 9.5.2 머리의 높이와 스윙 반경을 일정하게 유지한다.

고 할 수 있다. 만약 벙커 턱이 그다지 높지 않고 샷의 탈출 고도가 눈에 잘 그려진다면 피칭, 샌드웨지로도 좋은 결과를 얻을 수 있다. 어떤 클럽을 사용하더라도 탄도가 높은 경우는 드물 것이다. 이 샷은 대개의 경우 평소보다 항상 조금 낮게 날아간다.

표준적인 칩 샷 어드레스 자세(상세한 내용은 8장에)로부터 공을 정확하게 스탠스 중앙 뒤쪽 1/2인치 지점에 위치시킨다(그림 9.5.1). 클럽과 샌드와의 거리를 1/4인치로 유지하면서 평범한 피네스 칩 샷을 한다. 단 깃대까지의 거리보다 약 15% 정도 멀리 구르는 샷을 구사하는 경우는 예외이다.

9.6 샌드에서의 퍼팅

아직 8.11 섹션의 칩 퍼팅에 대해서 읽지 않았다면 그 부분을 다시 읽어보자. 공을 샌드에서 빠져 나오게 하는 데 칩 퍼트–칩 샷 모션으로 퍼터를 스윙–도 사용될 수 있기 때문이다. 칩 퍼트는 칩 샷 스윙으로 나온 강한 힘 때문에 샌드로부터 공을 잘 빼낸다. 단 샌드가 단단하여 공이 잘 구를 수 있는 경우에만 가능하다. 샌드가 너무 부드러우면 공이 빨리 정지하고 가라앉는다. 그러나 대개의 경우 벙커가 특별히 새롭게 골라지지 않았고 공을 정지시킬 벙커 턱도 없다면 공은 잘 굴러갈 것이다.

먼저 좁은 스탠스를 유지하면서 부드러운 피네스 칩 샷을 준비한다. 만약 스윙 아크의 최저점, 스탠스 중앙에 2인치 앞(그림 9.6.1)에 공을 위치시킨다면 공은 퍼터 페이스의 로프트에 의해서 위쪽으로 출발할 것이다.

멀리 보내려고 로프트를 크게 하면 공은 튀어 올라 착지하여 결국 샌드에 정지하게 된다. 그리고 공의 뒤쪽 아랫부분을 때리면 공은 제자리에 머무를 것이다. 따라서 처음 출발 조건이 아주 중요하다. 임팩트에 의하여 공이 벙커를 나간 후에는 공이 거의 수평으로 움직이도록 해야 한다(그림 9.6.2).

그림 9.6.1 칩 퍼팅은 샌드에서 효과가 좋다(단, 움직임을 방해하는 벙커 립이 없는 경우).

그림 9.6.2 임팩트 후 공이 지면과 수평을 이루며 이동하도록 한다.

여러분은 칩 퍼트를 확실하게 할 수 있기 때문에, 9.5 섹션에서 설명한 샌드 칩 샷의 정확성은 필요하지 않다. 그러나 여기에도 단점이 있다. 공이 샌드에서 구르기 시작하여 벙커와 그린 사이의 잔디로 구르는 동안 어떻게 변화할지를 정확히 예측할 수 없다. 벙커 립이 없으면 공은 잔디에서 튀어 날아가거나 혹은 잔디에 걸려 더 이상 못 갈 수도 있다. 샌드가 단단하고 평탄하며 벙커 립이 없고 핀이 50피트 이상 남아 있을 경우에는 샌드로부터 퍼팅을 할 것을 권한다(거리가 멀수록 더 좋다. 샌드와 잔디를 통하여 구르는 공의 불확실성을 최소화시키기 위해서이다).

9.7 정확성으로부터 얻는 이익

대개의 골퍼들은 샌브 블래스트 샷이 불안하기 때문에 샌드로부터 칩 샷이나 퍼팅을 하려고 한다. 사실 아마추어들은 벙커 샷을 해서 깃대 가까이 공을 보내는데 어느 클럽을 사용해야 하고, 얼마나 세게 쳐야 하는지를 알지 못한다. 스쿠트 앤 스핀 블래스트가 칩이나 퍼트보다 높은 성공률을 갖고 있다. 왜냐하면 과오를 봐줄 수 있는 여지가 있기 때문이다. 골퍼들이 정상적인 샌드 샷에 대해서 걱정하고 있다면 거리가 긴 샌드 샷은 더욱 두렵기 마련이다. 수준급의 플레이어라 하더라도 거리가 긴 벙커 샷에 대한 예리한 감각을 갖고 있지는 않다. 샌드 샷을 해서 깃대에 잘도 갖다 붙이는 프로들이라도 거리가 있는 샷에 대해서는 두려움을 갖고 있다. 공을 멀리 보내기 위해 세게 스윙해야 하는데 조금이라도 실수를 해서 공부터 맞을 경우, 공은 멀리 날아갈 것이다.

그렇지만 벙커 턱이 낮다면(정말 낮아야 한다) 잔디에서의 칩 샷과 마찬가지로 공을 굴릴 수 있다. 그리고 퍼트로도 아마 프린지에서 퍼트를 하는 거리만큼이나 굴릴 수 있을 것이다. 이 샷을 정확히 구사할 수만 있다면, 이 방법은 골퍼에게 대단한 위안이 아닐 수 없다.

9.8 재난은 가까운 곳에 있다

샌드 플레이의 본질은 샷을 선택하는 순간에 있다고 볼 수 있다. 즉 여러 샷의 경우 중 어느 것이 다음에 할 퍼팅을 성공시킬 확률이 제일 높은지를 결정하는 것이다. 즉 궁극적인 요소는 어느 샷의 느낌이 제일 좋은가이다. 물론 이러한 모든 것은 상황에 따라 평가되어야 한다. 예를 들어 샌드 샷을 홀 인시킬 것인지, 한번에 탈출해서 2퍼트를 해도 괜찮은 것인지, 또는 깃대 바로 뒤에 해저드가 있으니까 무조건 탈출해서 3퍼트로 홀을 마감해도 되는지 등의 여부를 판단하는 것이다.

이렇게 여러 경우를 검토할 때 스쿠트 앤 스핀 블래스트 샷은 모든 상황에서 최고의 선택의 될 수 있다. 과오를 봐주는 여지가 있고 모든 거리(섹션 9.12 참조)에서 핀 가까이 공을 보낼 수 있다. 그러나 이것은 골퍼들이 샷을 구사하는 방법을 알고 있을 때의 얘기다. 많은 골퍼들은 이것을 모른다.

벙커의 턱이 낮은 경우에는 스쿠트 앤 스핀 샷 대신 칩과 퍼트를 선택하자. 샷은 거리에 대한 감각을 요구하지 않는다. 칩 샷을 할 때에는 수평의 스윙과 함께 정확성만 가지고 있어도 되며 퍼팅을 할 때라면 벙커 턱만 없으면 된다. 그러나 칩 샷을 할 때 클럽을 천천히 움식이면, 클럽이 샌드에 맞고는 곧 멈추어 버리기 때문에 공이 밖으로 나가지 못한다. 혹은 공을 토핑한다면 공은 벙커 턱에 맞아 샌드에 남아 있게 될 것이다. 두 가지의 샷 모두 잘못할 경우 스쿠트 앤 스핀을 1~2인치 실수하는 것보다 훨씬 나쁜 결과를 가져온다.

모든 샷에서의 최악의 결과를 맺는 것은, 디그 앤 푸쉬 샷이다 이 샷은 과오를 봐주는 여지가 없으며 잘못된 결과는 꽤나 치명적이다.

여기서 필자의 충고는 단순하다. 연습 벙커에 가서 스쿠트 앤 스핀 블래스트 샷을 연습하라는 것이다. 연습 샷을 하는 동안에 칩 샷도 조금 실시하고 벙커의 립이 없다면 퍼트도 연습하자. 이 세 가지의 선택은 여러분에게 어떤 상황도 처리할 능력을 제공할 것이다.

샌드 샷의 동작

9.9 스핀은 그린에서의 공 움직임을 컨트롤한다

장거리 웨지 샷과 달리 샌드 샷은 그린에 가볍게 착지하고 깊게 파이는 디보트도 만들지도 않는다. 그린으로 공을 쳐낸 클럽은 실제적으로 공과 접촉하지 않는다. 공에 닿는 것은 클럽에 의해서 운반되는 샌드이다. 그 샌드가 스핀을 주고 낮은 궤도를 만들어 낸다. 앞으로 가는 샌드 샷을 정지시킬 만큼 깊은 디보트가 발생하지 않기 때문에 공을 정지시키는 데에는 많은 스핀이 필요하다. 그렇지 않으면 공은 계속 구를 것이다. 그리고 여러분은 그것을 원하지 않는다. 이단(二段) 그린을 상상해 보자. 홀이 윗 그린의 꼭대기 가까운 곳에 위치한다면 7장에서 설명한 것처럼 그 슬로프에다가 샷을 날리는 일은 매우 위험하다(이 경우의 실수는 배가 된다). 샌드 샷은 슬로프를(고도의 변화 지점) 넘어서 날아가게 하는 것보다 슬로프에 못 미치게 착지시켜 슬로프를 굴러서 올라가게 하는 편이 낫다. 그렇지만 대부분의 플레이어들은 착지 후 구르게 하는 샌드 샷을 모른다.

플레이어 쪽을 향하여 가파르게 경사진 그린으로 쳐야 하는 샌드 샷은 어떤가? 이 경우 백스핀이 많이 걸렸다면 공은 한없이 다시 굴러 내려올 것이다. 즉 백스핀으로 인해 거꾸로 구르면서 벙커로 되돌아온다. 그러나 스핀이 걸리지 않은 공이 깃대를 넘어가는 것 또한 바람직하지 못하다. 왜냐하면 엄청난 다운힐 퍼트를 해야 하기 때문이다. 그래서 이런 경우 적당히 걸리는 스핀이 필요하다. 여러분은 이 방법을 알고 있는가?

9.10 스핀의 역학

샌드 벙커야 말로 골프코스에서 정상급 선수들조차도 팔로우스루에서 왼쪽 손목이 접히게끔 놔두는 것을 관찰할 수 있는 장소 중의 하나이다. 난이도가 높고 깃대의 위치가 어려운 코스에서 플레이할 때 이들은 빠른 그린에 공을 세우기 위해 백스핀을 걸어야만 한다. 임팩트 시에 순간적인 힘을 가하면 클럽헤드가 공 아래를 빠르게 지나가면서 추가적인 스핀과 스피드를 만들어 낸다. 60야드 벙커 샷에서 스핀을 최대로 낼 수 있는 방법은 샌드 웨지를 갖고서 공부터 내려치는 다운블로우 샷을 하면서 클럽헤드가 공을 끌어안듯이 스윙이 되어서 강한 스핀이 걸리게 만드는 것이다. 이렇게 하면 생각보다 훨씬 스핀이 많이 걸리게 된다.

이렇게 스핀이 걸리는 샷이 유용한 경우는 8~10야드 정도 공을 날려 깃대 근처에 공을 세워야 하는 그린 사이드 벙커에서의 플레이를 할 때이다. 이때는 웨지의 날이 공 가까이 그리고 빠르게 샌드를 통과하게 해야 한다. 그렇게 하면 스핀을 만들어 내는 샌드가 강한 스핀을 만들어 공에 전달시킨다. 클럽이 공에 닿지도 않지만 모래 때문에 스핀이 생긴다.

이 샷을 구사하는 데에는 다음의 두 가지 방법이 있다. 첫째, 평상시보다 긴 백스윙을 한 다음 임팩트 시 가능한 한 빠르게 손과 손목을 써서 젖히는 동작을 만든 다음 재빨리 멈추는 동작을 취한다. 폴 에이징어가 단연 이 기술의 최고 실력자이다. 다른 방법은 정상적인 스쿠트 앤 스핀 스윙 방법이다. 그러나 임팩트 시에는 손에 순간적인 힘을 주어야 한다. 스티브 엘킹턴과 필 미켈슨 둘 다 이 샷의 달인이라 할 수 있다. 클럽페이스는 이상의 샷 모두 스핀이 최대로 걸릴 수 있게 임팩트 시에 넓게 오픈되어야 한다. 여기서는 앞쪽으로 향하는 힘이 공 쪽으로 많이 전달되지 않는다.

뭘 잘 모르고 있는 골퍼들이 스핀을 최대화하고자 할 때, 블록드-핸드 샷(blocked-hands shot)을 구사하려는 경향이 있다. 끌어주는 손목이 임팩트 후에도 따라오는 손목 위에 그대로 머무는 격이다. 그러면 클럽은 릴리스되지 못한다. 결과적으로 클럽헤드 스피드는 감소되고 헤드가 모래 속 밑으로 너무 깊이 파고 들어가서 안정성이나 컨트럴 또한 결여된다.

다른 한편으로 스핀을 최소화하고 그린에 굴리기 위해서 모래로부터 공을 밀어내야 한다. 이때 클럽헤드는 공보다 먼저 모래를 빠져나갈 수 없다. 평상시의 셋업 위치로부터 왼쪽 발뒤꿈치 안쪽 2인치 지점에 공을 놓고 피칭 샷을 해본다. 그곳은 곧 발생될 샌드 디보트의 중간에 약간 못 미친 지점이다. 클럽페이스는 타깃 라인과 수직을 이루도록 하고(이 경우에는 스윙 라인이다) 그립을 돌려 잡는다(그림 9.10.1 왼쪽, 약간은 스트롱 그립이다). 기초적인 평범한 샌드 스윙을 하지만 의식적으로 임팩트 시 직각의 방향으로 손을 돌리도록 한다. 이것은 여러분의 클럽헤드를(보통 PW 혹은 9번 아이언과 같이) 샌드 속으로 파고 들어가게 만들지만 손목이 돌아가기 때문에 클럽헤드가 그곳에 머무르지 않는다(그림 9.10.1 오른쪽). 팔로우스루를 확실히 해서 스핀이 적게 걸려 공이 밖으로 밀려나가게끔 한다.

그림 9.10.1 스핀이 최소화된 벙커 샷

이것은 페이스를 여는 오픈 타법보다 더 위험 부담이 있는 샷이다. 왜냐하면 이 스윙의 최저점은 상당히 평탄해서 클럽이 샌드를 깊이 파지 못하기 때문이다. 그렇지만 이따금 공을 굴릴 필요가 있다면 이 샷을 준비할 수 있도록 충분한

그림 9.10.2 스핀이 최소화된 샷은 그린에서 잘 구른다.

연습을 해두어야 한다(그림 9.10.2). 이제 이상의 두 가지 샷을 하는 방법을 알게 되었지만 샌드로부터 공을 꺼내어 그린 위의 원하는 지점에 공을 정지시키기 위해서는 목표점까지 한번에 날아간 다음 한 번 튀긴 후 정지하는 공을 치는 것이다. 이것은 평범한 스쿠트 앤 스핀 블래스트 샷이다. 이 샷은 충분한 스핀을 가지고 공을 착지점으로부터 6~8피트 안에 세우고 거리 컨트럴에 일관성이 있으며 과오를 봐주는 여유를 많이 가지고 있다(샌드로 들어가는 지점은 1인치 이내의 오차 허용). 연습 시간이 부족하면 스쿠트 앤 스핀을 자기 것으로 만들 때까지 연습한다. 상당한 도움이 된다.

9.11 일반적 예상

모든 벙커와 그린의 배치는 각각 다르다. 벙커의 턱도 높거나 낮고 샌드의 종류도 다르다. 고도가 높은 그린, 난이도가 높은 라이 등 그 양상은 천차만별이다. 수년 동안 수집한 필자의 자료로 보아도 샌드 샷의 80%는 비교적 상태가 좋은 라이에서 발생한다(독자는 난이도가 높은 라이를 걱정하기에 앞서 평범한 경우에서나마 정확한 샷을 할 수 있어야 한다). 비정상적인 라이에서는 대부분의 골퍼들이 실수를 한다. 타수를 줄이려면 이런 종류의 샷들에 대한 이해와 연습이 필요하다. 다음은 다양한 샌드의 조건으로부터 구사할 수 있는 샷에 대한 요령을 담고 있다. 다음의 샷들을 라운드에 앞서 연습 벙커에서 연습을 해보자. 이미 예상되는 것이지만, 어떤 것은 종전의 일상적 샌드 샷 절차와 비교해서 상당한 변화를 주어야 한다. 샌드 샷의 탄도는 다음에 요건에 의해서 결정된다.

1. 샌드를 통과하는 클럽페이스의 로프트. 로프트가 클수록 높이 짧게 날아간다.
2. 공을 지나가는 클럽헤드의 속도. 속도가 빠를수록 높이 멀리 날아간다.
3. 클럽헤드가 공을 지나가는 순간 공과의 거리. 공에 가까이 갈수록 높이 날고 스핀이 많이 걸린다.
4. 왼쪽으로 조준하는 정도. 왼쪽으로 멀리 보고 조준할수록 더 높고 짧게 날아간다.
5. 팔로우스루 시 손의 높이. 장거리 웨지처럼 높게 손을 피니시할수록 공이 높게 날아간다. 피니시가 낮을수록 공은 낮게 날아간다. 모든 샷에서 목표하는 거리 전체를 날아가게 하고 높이 날아가서 부드럽게 정지되는 공을 구사하려면 높고 완전한 팔로우스루의 피니시를 해야 한다.

펀치 샷과 같이 공을 잽싸게 친다면, 이 경우 공을 공중으로 올리는 작용을 하는 것은 클럽의 로프트 자체다. 이것이 팔로우스루가 없는 스윙의 샷 탄도가 낮은 이유다. 스핀을 만들기 위해서는 클럽은 샌드로부터 나올 때 공보다 앞서 나가 있어야 하고, 이를 위해서는 페이스가 반드시 열려 있어야 한다.

샌드가 단단하거나 알갱이가 굵거나 혹은 젖어서 정상적인 상태가 아닐 때, 공은 빨리 나온다. 그 이유는 디보트가 얕게 만들어지면서 클럽이 지나가기 때문이다. 이러한 상황을 잘 처리할 수 있는 방법은 역시 경험이다. 다양한 종류의 샌드로부터 공이 어떻게 나오는지를 경험해보아야 한다. 핫샌드에서는 짧고 솔의 바운스가 적으며 로프트가 큰 클럽을 사용하면서 일반적인 샌드 샷 기술을 사용한다. 그리고 어떤 것을 시도하든지 간에 샌드가 단단해서 클럽이 들어갈 수 없다면(hardpan dint) 블래스트 샷은 피해야 한다. 그때는 칩이나 퍼트가 훨씬 좋다(단 퍼팅은 벙커가 낮고 립이 없을 때). 공이 자신의 무게 때문에 가라앉게 되는 마치 설탕과 같이 아주 부드러운 모래라면 큰 플랜지와 많은 바운스를 가지고 있는 웨지를 활용해야 한다(그림 9.13). 앞서 논의한 스쿠트 앤 스핀 기술을 사용하되 공 밑으로 들어가기 전에 일반적인 1/2인치보다 더 깊이 모래 속을 파고 들어가는 클럽은 사용하지 말아야 한다. 이러한 샷들은 짧은 거리를 날아가지만 단단한 샌드의 벙커 샷보다는 훨씬 길게 구를 것이다.

샌드 스윙의 변형

9.12 블래스트 샷의 비거리 컨트럴

샌드에서 백스윙은 9:00 방향으로 제한되어야 한다. 그렇다면 샷의 비거리를 어떻게 컨트럴할 것인가? 다음은 비거리를 컨트럴하기 위해서 하지 말아야 할 사항들이다.

1. 스윙 리듬을 바꾸지 말 것
2. 타격 시 공의 뒷부분과 떨어지는 정도를 변화시키지 말 것
3. 샌드에서 스윙의 세기를 변화시키지 말 것

샌드 샷에서 거리 조정을 가장 쉽게 할 수 있는 방법은 똑같은 스윙은 계속하되 로프트가 다른 클럽을 사용하는 것이다. 아마추어 골퍼들 대부분은 벙커에서 샌드라고 쓰여진 클럽만 사용해야 한다는 잘못된 생각을 가지고 있다. 클럽의

이름과 그 클럽이 샌드을 사용하는 장소와는 아무런 연관성이 없다.

필자는 전통적인 샌드웨지 보다 로프트가 더 있는 클럽 두 개를 포함, 네 개의 웨지를 사용해야 한다고 설명한 바 있다. 이 네 개의 웨지는 물론 6번 아이언까지도 모래에서 공을 탈출시키는 데 훌륭한 도구가 된다. 이상의 여덟 개의 클럽은 공의 위치가 몸 앞쪽에 있고 클럽을 열어놓아 리딩에지가 모래에 박히지 않고 모래를 떠내면서 클럽이 빠져 나올 수만 있다면 모래에서 공을 멋있게 내 놓을 수 있게 한다.

일반적으로 55 로프트의 샌드웨지(클럽에 SW의 문양이 있는 클럽)로 9:00 백스윙의 샌드 샷을 하면 평균적으로 16야드 정도의 거리를 낸다. 만약 클럽을 바꿔서 피칭웨지로 같은 샷을 하면 22야드, 9번 아이언의 경우는 비거리가 27야드가 된다는 계산이 나온다.

이상과 같이 비거리가 늘어나는 데는 두 가지의 이유가 있다. 첫째, 9번 아이언의 경우라도 클럽을 열어놓으면 모래 밑을 파고 지나가는 샷이 나올 수 있고 결과적으로 공을 떠낼 수 있다는 점이다. 둘째, 같은 리듬과 같은 핸드 스윙 스피드가 만들어지면 클럽의 샤프트가 길어질수록 좀 더 헤드스피드가 붙어 거리를 더 내줄 수 있다. 이런 원리는 아이언 클럽이 길어져도 그대로 적용된다.

필자는 심지어 2번 아이언을 갖고서도 높게 떠서 부드럽게 떨어지는 샌드 샷을 구사하는 세베 바에스테로스를 본적이 있다. 그렇지만, 투어 프로도 마찬가지이고 일반 골퍼 역시 6번 이상의 클럽을 써서 샌드 샷을 할 필요는 없다.

투어 프로들은 상황에 맞는 클럽 선택을 주저하지 않는다. 표 9.12.1은 서로 다른 클럽이 샌드 샷을 해서 낼 수 있는 평균 거리이다(골퍼들의 스윙 차이로 수 야드의 오차는 있다).

리드미컬한 피네스 스윙과 네 개의 웨지를 결합하면 상당히 다양한 거리의 조합이 만들어질 수 있고. 그 거리는 그린 주변의 상황에 적합하다. 대부분의 벙커들이, 전부는 아니지만, 그린 주위에 있다. 연습 벙커로 가서 샌드로부터 9, 8, 7,

6번 아이언의 비거리를 측정해 보자. 이 연습을 하면 자신감을 갖고서 충분한 거리를 내면서 홀을 공략할 수 있게 된다. 특히 그린 가까이 벙커가 없는 긴 파5홀의 공략이 쉬워진다.

아주 짧은 거리의 벙커 샷이 필요한 경우라면 어떻게 해야 하는가? 로프트가 가장 큰 웨지를 가지고 그립 다운을 한다. 더 긴 샤프트를 이용하면 증가된 속도 때문에 공을 더 멀리 보낼 수 있는 것처럼 짧은 샤프트는 헤드 속도를 줄이게 된

클럽	로프트 (도)	샤프트길이 (인치)	평균 비거리 (야드)
엑스트라 로프트웨지	64	34	8
로프트웨지	60	34.5	12
샌드웨지	55	35	16
피칭웨지	50	35.5	22
9번 아이언	46	36	27
8번 아이언	42	36.5	33

표 9.12.1 샌드에서 구사하는 다양한 클럽들의 평균 비거리(9:00 스윙).

다(그림 9.12.1). 의도적으로 감속하려는 노력 없이 짧은 샷을 치는 것은 쉽다. 이 샷을 할 때면 공에 가깝게 서야 한다. 그렇지만 스윙의 기본 원리와 공 위치는 똑같아야 한다.

이 기술을 연습하는 것을 어렵게 생각할 필요가 없다. 필자는 수준급의 플레이어들과 투어 프로들에게 그립 아래의 메탈을 손으로 완전히 감싸주고 이 샷을 연습하고 3~4야드 정도만 공을 날리라고 가르쳤다. 이 샷은 어렵지 않다. 단지 평상시의 부드러우며 리드미컬한 7:30 혹은 8:00 방향의 벙커 샷을 하기만 하면 된다.

그림 9.12.1 샌드에서 짧은 클럽은 짧고 부드러운 샷을 만들어 낸다.

9.13 바운스 VS 여러 조건들

나는 여러 가지 웨지가 사용되어야 한다고 주장하기 때문에 클럽헤드의 무게, 샤프트의 유연도와 길이, 로프트의 차이들이 게임에 민감하게 작용한다고 생각한다. 주어진 여러 상황들이 웨지 샷 및 득점 능력에 영향을 준다. 그러나 플레이어의 능력보다 더 큰 영향을 미치는 것이 클럽의 조건이다. 특히 클럽헤드의 밑바닥—솔(sole)—의 모양이 큰 샷에 영향을 미친다.

사실 클럽으로 샷을 잘해내는 데 있어 웨지의 디자인을 알 필요는 없다. 아마추어가 갖추고 있는 대개의 웨지들은 올바르게 디자인된 솔의 형태를 갖고 있기 때문이다. 만약 여러분의 웨지가 올바르지 못한 솔의 형태를 가지고 있다면 이것은 문제다. 솔 디자인에 관한 지식은 갖고 있는 클럽이 게임에 도움이 되는지 또는 해를 주는지 결정할 수 있게 해준다.

웨지의 로프트, 라이, 샤프트의 길이, 신축성은 제 10장에서 자세하게 설명하고 있다. 따라서 여기서는 이 내용을 다루지 않겠다. 그러나 솔 디자인은 그런 변수들과는 별다른 관계가 없고 전혀 다른 각도에서 웨지 플레이에 영향을 준다.

클럽의 라이 및 로프트의 크기는 웨지 샷이 얼마나 멀리 어느 방향으로 공을 보낼 수 있는지를 결정하는 반면, 솔은 임팩트 시 웨지 헤드가 샌드 및 흙과 어떻게 반응하는지를 결정한다. 예를 들어 솔의 디자인은 클럽이 공을 얇게 맞히는지 혹은 잔디를 통하여 완전한 샷 궤도를 만드는지 여부를 결정할 것이다. 필자는 웨지 게임을 분석할 때마다. 선수들이 갖고 있는 웨지의 솔이 적합한지를 우선 확인한다. 그런데 적합하지 않은 경우가 비일비재했다. 다음의 세 항목이 내가 웨지의 솔을 살필 때의 주된 내용이다.

1. 각각의 웨지에 얼마나 많은 바운스가 있는가? 그 바운스가 클럽이 의도한 일반적 사용을 위한 범위에 들어가는 것인가?
2. 바운스가 얼마나 깊은가? 그 깊이가 골퍼로 하여금 의도한 특정한 샷을 가능하게 해주는가?
3. 플레이어들의 웨지 셋들이 다양한 라이들을 처리할 수 있도록 다양한 솔 디자인을 가지고 있는가?

여기서 용어를 정리할 필요가 있겠다. 먼저 웨지(혹은 어떤 클럽)의 바운스 양이란(클럽이 임팩트 위치에서 직각으로 땅에 닿을 때) 솔의 밑바닥으로부터 클럽페이스의 리딩 에지까지의 거리이다. 그림 9.13.1에 같은 로프트를 가진 다섯 개의 클럽이 각기 다른 바운스를 보여주고 있다.

오늘날 골프용품 제조업계에서는 바운스를 웨지의 로프트, 길이, 무게, 샤프트의 신축성 등과는 관계가 없는 듯 아주 완전히 별개의 항목으로 취급한다. 이것은 웨지의 형태나 로프트에 따라 적용되는 바운스가 없다는 것을 의미한다. 바운스는 클럽디자이너가 결정한다. 제조되는 클럽의 바운스를 결정하는 제조 기준이 있는 것이 좋을는지 모르겠다. 그러나 골퍼들이 스윙하는 방법도 다르고 강사들도 다르게 가르치기 때문에 의견의 일치를 이루기란 여간 힘든 것이 아니다.

각자 자신에게 적합한 최적의 바운스를 갖고 있는 웨지가 있다는 것은 의심할 여지가 없다. 자신의 스윙과 점수를 내는 데 좋은 결과를 주는 바운스는 반드시

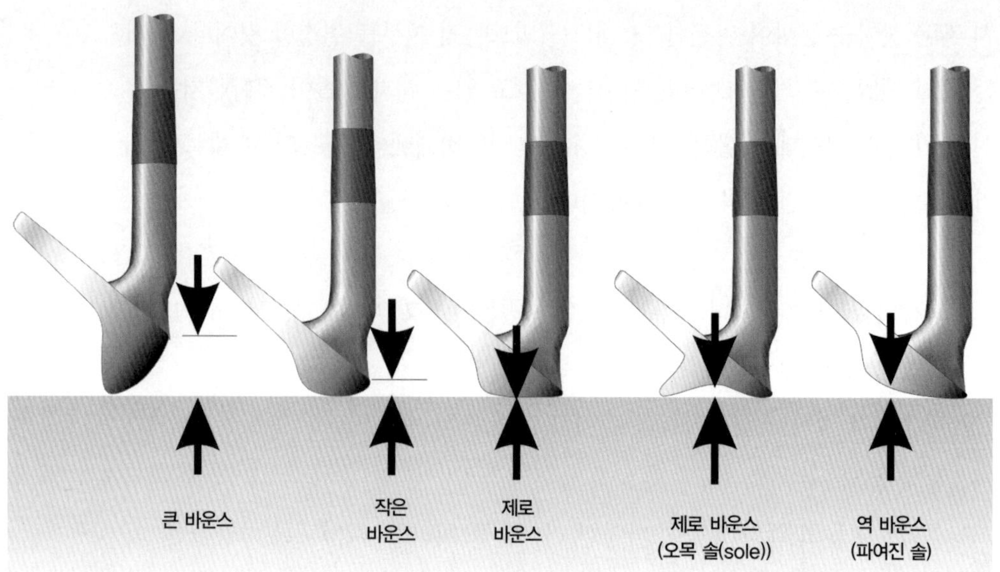

그림 9.13.1 바운스에 따라서 플레이의 특징이 변화한다.

있다. 그러므로, 웨지를 선택하는 방법을 알 필요가 있는 것이다.

그렇다고 그림 9.13.1에 나오는 여러 종류의 바운스를 갖고 있는 웨지 모두를 사용해볼 필요는 없다. 먼저 바운스의 길이가 웨지 샷에 영향을 준다는 점을 이해해야 한다. 그림 9.13.2에서 보는 것처럼 클럽페이스의 오픈에 따른 바운스의 효과(임팩트 시 바운스의 양)는 바운스의 깊이에 따라 결정된다.

바운스의 효과는 디자인된 바운스의 깊이와 클럽페이스가 오픈된 정도에 달려 있다.

그림 9.13.3에 나오는 얇은 바운스 웨지는 바운스의 효과에 큰 영향을 주지 못한다. 그러나 깊은 바운스의 웨지는 바운스의 효과를 극적으로 변화시킬 수 있다. 만약 오픈 페이스의 샷을 사용하지 않는 경우라면 특별한 바운스가 필요하다. 예를 들어 로프트가 작은 웨지 한 개를 가지고 다니는 골퍼는 하이 샷을 위해서 클럽을 오픈하면 된다. 깊은 바운스가 특별히 요구되지 않는 이유가 또 있다.

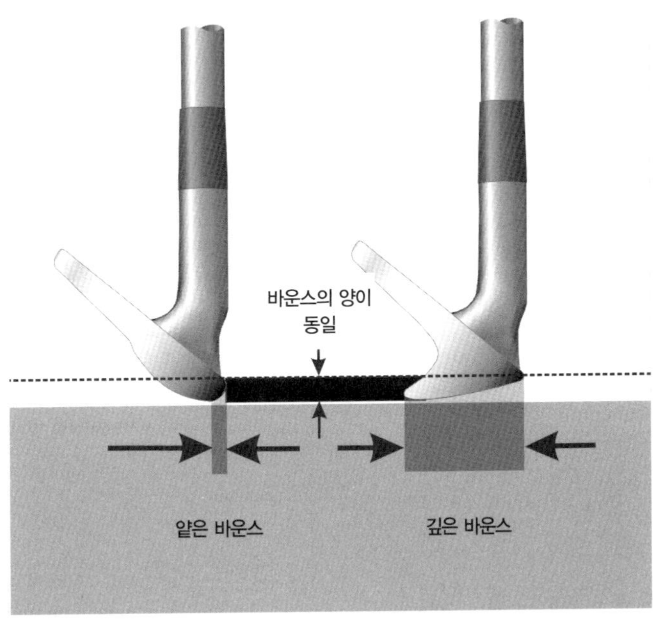

그림 9.13.2 웨지의 바운스는 깊을 수도 있고 얕을 수도 있다.

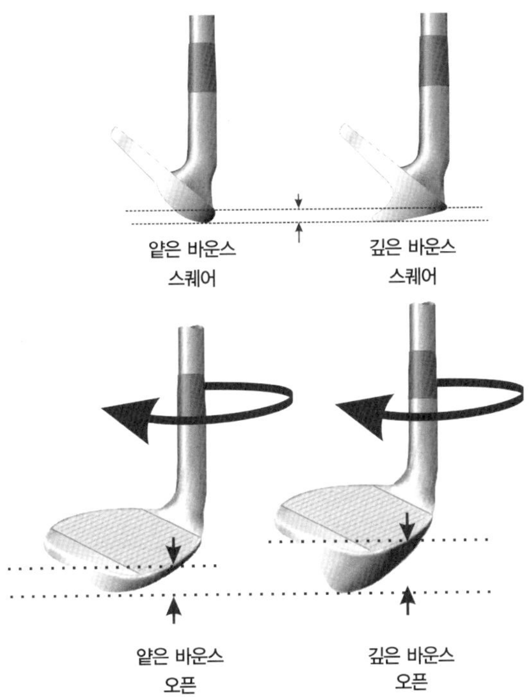

그림 9.13.3 클럽 페이스를 오픈하면 웨지의 바운스 효과를 변화시킬 수 있다.

바운스의 깊이

바운스(인치) vs 적용	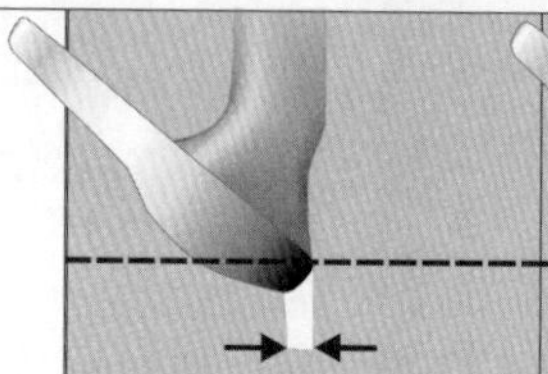 얕음 .10~.40	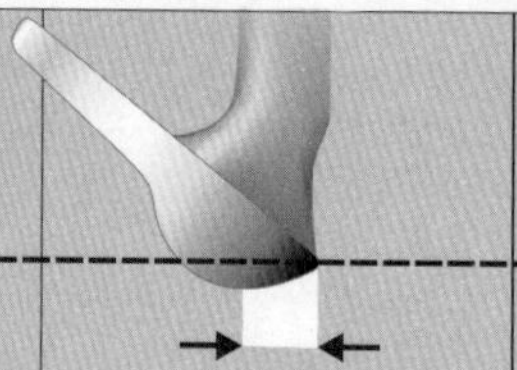 보통 .40~.70	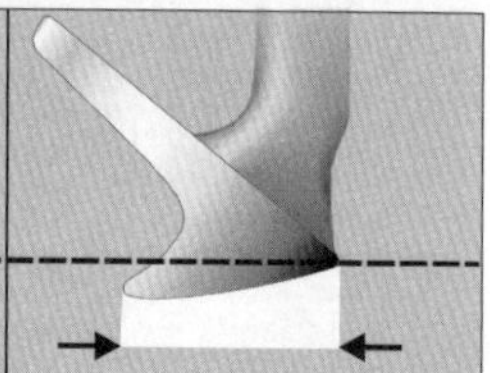 깊음 .70~1.0
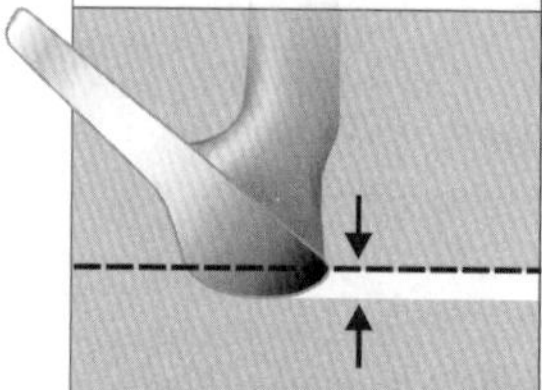 최소 .20~.35	하드팬 타이트 페어웨이 프린지 단단한 샌드	페어웨이 얕은 러프 단단한 샌드	부드러운 페어웨이 얕은 러프 습한 샌드
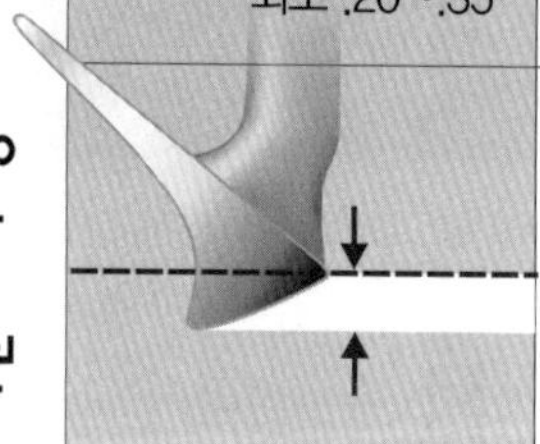 보통 .35~.50	페어웨이 단단한 샌드 습한 샌드	얕은 러프 부드러운 페어웨이 보통 샌드	보통 러프 부드러운 샌드
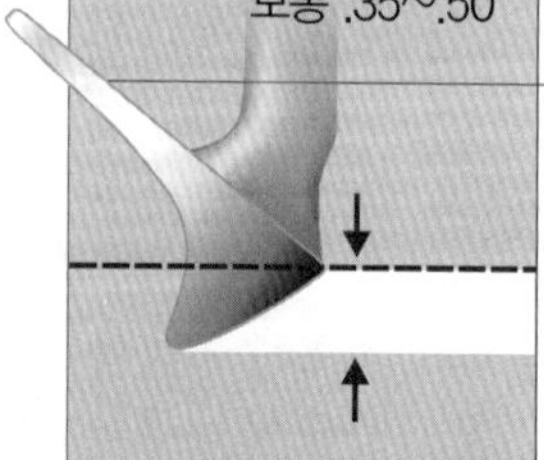 큰 .50~.65	보통 러프 부드러운 샌드	깊은 러프 매우 부드러운 샌드	매우 깊은 러프 곱고 부드러운 샌드
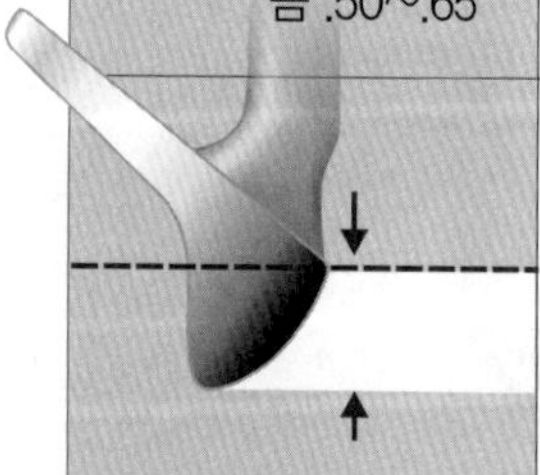 최대 .65~.80	깊은 러프 매우 부드러운 샌드	매우 깊은 러프 곱고 부드러운 샌드	지나치게 긴 러프 매우 고운 샌드 소나무 가지

(세로축: 바운스의 양)

표 9.13.1 바운스의 양과 깊이가 각기 다른 라이에서의 웨지 플레이에 영향을 준다.

그것은 클럽이 오픈될 때 바운스가 극적으로 변화하기 때문이다. 그렇지만 바운스가 커지면 그 클럽은 타이트한 라이에서 결코 사용할 수 없다.

필자는 더 이상 바운스 이야기를 해서 혼돈을 주고 싶지 않으므로 여기서는 바운스의 깊이가 웨지 게임에 미치는 영향에 대한 일반적인 설명만 하고자 한다. 다음을 읽은 후에 표 9.13.1을 검토하면서 여러분의 웨지 게임을 뒷받침해주는 요소들을 살펴보기 바란다. 또 특별한 숏 게임 상황이 설정된 다른 코스에서 플레이한다면(벙커의 샌드가 곱거나, 거칠거나, 혹은 페어웨이가 더 단단한 경우) 그곳에 적응하기 위해서 다른 종류의 클럽을 가지고 싶어할지도 모른다는 사실을 주목하자.

● 바운스에 대한 일반적 규칙

1. 바운스가 클수록 다운 스윙을 빨리 하게 되며 단단한 지면에 부딪히는 순간 더 격렬하게 바운스될 것이다. 항상 작고 낮은 바운스 솔을 가진 웨지를 적어도 한 개 정도는 휴대해야 한다. 이것은 오픈되었을 때에도 리딩 에지로부터 세 번째, 네 번째 홈에서 공과 접촉하도록 해준다. 이것은 하드팬 라이에서 필요한 웨지이다.

2. 같은 바운스를 가진 클럽을 가지고 다니지 말아야 한다. 다음 샷을 어떤 라이에서 구사하게 될지는 아무도 알 수 없다. 언젠가는 하드팬 라이에서 플레이해야 되고 그것을 해결하기 위해서는 작고 낮은 바운스의 클럽이 필요할 것이다. 그렇지만 다음 홀에서는 공이 깊은 러프나 부드러운 샌드의 꼭대기에 있을 수도 있다. 이때에는 크고 깊은 바운스의 웨지가 필요하다.

3. 코스에서 필요하지 않더라도 포기하지 말고 최대 혹은 최소 바운스의 클럽을 선택해야 한다. 그리고 웨지 셋은 가장 빈번하게 직면하는 샷을 고려하여 설정해야 한다. 다양한 조건이 있는 또 다른 코스에서 라운드할 때

필요할지도 모르는 다른 사양의 웨지 한두 개 가지고 있는 것도 현명한 것이다.

9.14 공의 위치 VS 라이

모든 샌드 샷의 80%가 평범한 라이에서 일어난다고 앞서 언급한 바 있다. 그런데 왜 다른 20%가 더 자주 일어나는 것처럼 보이는가? (아마도 자신에게 물어보고 있을 것이다) 여러분은 언젠가는 난이도가 높은 라이를 만날 것이다. 그때는 어떻게 처리해야 하는가? 여러분도 어떤 스윙으로 처리해야 할지를 알고 있는가?

난이도가 높은 라이는 세 가지 일반적인 형태를 가지고 있다. 바로 프라이드 에그, 완전히 묻힌 라이, 1/3이 묻힌 라이이다. 프라이드 에그와 1/3 묻힌 라이의 예는 그림 9.14.1에 나와 있다(완벽한 라이와 비교). 표 9.14.1은 샌드 플레이의 규칙, '모든 다른 조건이 동일하다면' 이라는 단서를 달아놓고 있다. 표 9.14.2는 이상과 같은 라이에서 구사할 수 있는 샷의 셋업 자세 유형을 담아놓았다.

표에서 볼 수 있듯이 공이 샌드에 있을 때 클럽페이스를 많이 오픈시킬 수는 없다. 그것은 공이 그린에서 많이 구르는 것을 허용한다는 것을 의미한다(그 클럽은 공의 밑으로 들어가 스핀을 만들어 낼 수 없기 때문이다). 상태가 좋지 않은 라이

그림 9.14.1 프라이드 에그 라이, 1/3이 묻힌 라이, 완벽한 라이

에는 깊게 파고 들어가서 공에 닿게 하는 작은 바운스를 가진 웨지가 요구된다.

정확히 공의 절반이 샌드에 묻혔을 경우에는 클럽페이스가 샌드 표면의 1/2인치 밑으로 들어갈 수가 없다. 공은 아래쪽을 맞고 그린을 가로질러 날아가서 더 곤경에 빠질 것이다. 묻힌 라이는 짧은 스윙 아크로부터 내려치는 타법을 구사하기 위해서 클럽을 많이 내려 잡아야(그립 다운) 한다. 샤프트의 길이가 짧을수록 클럽은 샌드 표면과 수직을 이루게 된다. 공의 1/3이 샌드에 묻혀 있을 때, 여러분의 웨지는 정상적인 라이에서 오픈하는 정도의 반만 오픈되어야 한다. 그리고 스윙 라인을 타깃의 제일 왼쪽의 절반이 되도록 설정하고 공은 왼쪽 발뒤꿈치 라인보다 뒤쪽 2인치에 위치시킨 후 바운스가 크지 않은 클럽을 사용한다. 스윙은 완전한 팔로우스루를 해야 하며 공은 그림 9.14.2에서처럼 빠져 나와서 일반적으로 가는 거리를 재빠르게 구를 것이다.

공이 더 많이 묻혀 있을수록 스탠스의 중앙보다 뒤쪽으로 공을 위치시켜야 한다. 그리고 클럽은 샌드를 팔 수 있도록 지면과 수직이 되도록 한다. 상태가 좋은 라이의 샌드 샷처럼 공을 앞으로 보내려고 한다면 직각의 페이스로 깊게 파서 클럽이 볼에 도달하도록 한다. 많은 힘이 들지는 않는다.

묻혀진 라이에 대해서는 즉 공은 보이지만 대부분이 샌드 밑에 있을 때에는 공을 스탠스 중앙보다 뒤쪽으로 위치시킨 다음, 클럽을 닫아 놓아야 한다. 그래서 클럽헤드는 직각이 되게 하고 발끝을 모은 상태에서 그립 다운을 한다. 샌드를 통과하기 위해서는 충분한 힘이 공급되어야 한다. 공을 탈출시키는 것이 목표라면 더 완전한 피니시를 해야 한다. 풀 피니시를 하면 공이 벙커를 탈출시키는 일이 확실해진다. 완전히 묻힌 라이로부터(그림 9.14.3) 공은 항상 낮게 나오고 날아가는 거리보다 2~3배 길게 구를 것이다.

프라이드 에그 라이는 지면 속 작은 분화구 안에 공이 있는 경우이다(그림 9.14.4). 이 라이에서는 공이 1/3 묻힌 경우와 같이 플레이를 하면 된다. 스탠스 중앙으로부터 뒤쪽으로 약 2인치 정도 뒤에 공을 놓고 보통의 샌드 샷보다 반 이

    라이가 더 좋을수록(공이 샌드의 표면에 더 높이 위치할 때), 공은 스탠스에서 훨씬 앞쪽에 위치되어야 한다. **라이가 더 좋지 않을수록**(공이 샌드에 더 깊게 묻혀 있을 때), 공을 스탠스서 훨씬 뒤쪽에 위치시켜야 한다. **스탠스에서 공이 더 앞쪽으로 위치할 때**, 클럽 페이스를 더 오픈시켜야 한다. **스탠스에서 더 뒤쪽으로 공이 위치할 때**, 클럽 페이스를 더 클로우즈시켜야 한다.

● **클럽을 더 많이 오픈시킬수록**
- 더 왼쪽을 조준해야 한다
- 클럽이 샌드를 더 얕게 통과한다
- 궤도가 더 높아진다
- 백 스핀이 더 많아진다
- 더 부드럽게 착지할 것이다

● **클럽을 더 많이 클로우즈할수록**
- 직각이나 더 오른쪽을 조준해야 한다.
- 클럽이 샌드를 더 깊게 통과한다.
- 궤도가 더 낮아진다.
- 착지 후에 공이 더 멀리 구를 것이다

● **더 완벽하게 팔로우스루를 끝낼수록**
- 공을 샌드에 남겨 둘 확률이 적어진다.
- 거리가 더 일정해진다.
- 임팩트 순간 근육의 힘이 배제되는 정도가 높아진다

● **팔로우스루를 더 짧게 멈출수록**
- 공이 앞쪽으로 움직이는 힘이 줄어든다
- 더 부드럽게 착지할 것이다.
- 공을 샌드에 남겨둘 확률이 높아진다.

표 9.14.1 샌드 플레이의 규칙(모든 다른 조건은 동일)

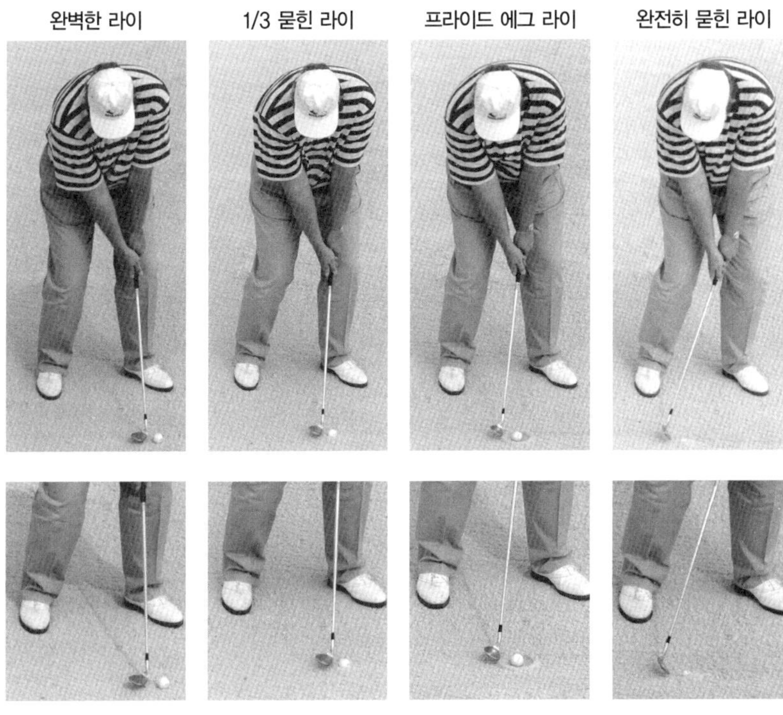

클럽 페이스	크게 오픈	절반 오픈	약간 오픈	직각 혹은 약간 클로우즈
스탠스 및 어깨의 위치	스윙 라인과 직각, 타깃 라인의 17° 왼쪽 타깃	라인의 왼쪽 12° 타깃	라인의 7° 왼쪽 타깃	타깃 라인과 수직 혹은 약간 오른쪽
볼 포지션	왼쪽 발 뒤꿈치 지점	왼쪽 발뒤꿈치 뒤 2인치 지점	스탠스의 약간 앞부분	스탠스 중앙
샌드를 통과하는 클럽	샌드 아래 1/2인치 깊이로 파고 들어가며 바운스가 있음	샌드 아래 1인치 깊이로 파고 들어가고 약간의 바운스가 있음	샌드 아래 1인치 반 파고 들어가고 아주 약간의 바운스가 있음	바운스가 없는 샷이며 2인치 깊이로 깊게 파고 들어감

표 9.14.2 샌드의 라이 조건에 따른 셋업과 볼 포지션

그림 9.14.2 1/3묻힌 라이로부터 풀 피니시를 하면 구르는 샷을 만들어 낸다.

그림 9.14.3 파묻힌 라이로부터 풀 피니시를 하면 낮게 구르는 샷이 만들어진다.

상 클럽을 오픈한다(약20도). 공은 그린에서 길게 구를 것이다. 플레이를 하다 보면 가끔 프라이드 에그를 직면한다. 특히 벙커에 새로운 샌드가 보충될 때마다 충분을 연습해야 한다. 비슷한 조건의 라이를 만들기 위해서 공의 주위에 작은 원을 그린다. 샌드를 중앙에서 밖으로 밀어내면서 그림 9.14.5의 형태가 되도록 하자. 샌드에서 클럽의 바람직한 동작과 그에 따른 공의 움직임은 클럽을 선택하기에 앞서서 결정을 내려야 한다. 올바른 클럽을 사용하여 공의 위치나 셋

그림 9.14.4 에그 프라이 라이에서 풀 피니시를 하면 부드럽지만 백 스핀이 적은 샷이 만들어진다.

업 정렬에 약간의 변화만 준다면 모든 샷들을 상대적으로 쉽게 구사할 수 있다. 왜냐하면 같은 스윙 동작을 하면 되기 때문이다. 상태가 나쁜 라이로부터 구사하는 모든 스윙이 얼마나 똑같은지는 자신에게 질문해보기 바란다.

다음의 연속 사진을 통해서(그림 9.14.6) 짐 퓨릭이 완벽한 라이로부터의 샌드 샷 스윙을 하는 모습을 관찰해보자. 비교해보면 필자의 스윙과 크게 다르지 않다는 점을 알 수 있다. 공의 움직임에 영향을 주는 것은 클럽의 선택, 공의 위치,

그림 9.14.5 프라이드 애그 라이 만들기

그림 9.14.6 짐 퓨릭 : 스쿠트 앤 스핀 블래스트 샷

그리고 자세이다(어쨌든 짐 퓨릭은 대단한 샌드 플레이어이어이다). 그는 모든 규칙을 따르지는 않지만 샌드에서 클럽헤드의 움직임을 보면 그가 벙커에서 세계 최고의 실력을 가지고 있다는 사실을 알 수 있다. 지금 어려운 샌드 샷을 해결하기를 원한다면 사이드 힐 라이 치는 연습부터 하자. 그리고 공이 발보다 위에 있을 때 스쿠트 앤 스핀 블래스트 샷은 잊어버려야 한다. 그것은 공이 샌드의 표면에 있다고 해도 잘 되지 않을 것이다. 주의를 기울여서 올바른 스윙을 해야 한다. 실수가 용납되지 않기 때문이다.

디그 앤 푸시 블래스트를 해 보자. 타깃의 오른쪽을 조준하고 클럽은 거의 직각을 유지한다(그림 9.14.7). 만약 공의 1/3이 샌드 속에 있다면 더 오른쪽으로 조준하고 클럽을 완전히 직각으로 만든다. 공은 왼쪽 뒤꿈치 라인보다 뒤쪽으로 3인치 지점에 위치시킨다. 공은 많은 파워나 스핀이 없이 튀어 올라서 정상보다 더 멀리 구를 것이다. 정상보다 그립을 더 단단히 쥔 상태에서 임팩트를 하고 클럽의 끝부분으로 샌드를 찌르거나 파지 말아야 한다. 공이 완전히 샌드의 아래쪽에 묻혀 있을 때에는 더 오른쪽으로 조준을 하고 타깃을 향하여 클럽의 끝이 들어가는 블래스트 샷을 구사한다. 공은 스탠스의 중간에 놓고 그립은 될 수 있

그림 9.14.7 발보다 위 아래에 위치한 공을 칠 때 디그 앤 푸쉬 블래스트 샷을 해야 한다.

는 한 많이 그립 다운해야 한다.

　스윙은 균형 있게 해야 하며 공은 평상시보다 더 굴려야 한다. 이 샷에서 클럽의 끝은 지면 속으로 완전히 들어가고 클럽이 샌드 속에 들어가 공을 밖으로 탈출시키기 위해서는 많은 힘이 필요하다. 샷의 움직임은 걱정할 필요가 없다. 공이 그린 위 어느 곳에 떨어진다고 헤도 그것만으로도 다행이라고 생각한다. 라운드에 앞서 이 샷을 연습하는 것도 실전에 도움이 된다.

　공이 발보다 아래에 위치할 때는 몸의 균형을 유지하는 것이 중요하고 가능한 한 부드러운 스윙을 하도록 해야 한다. 페이스를 계속 오픈하지는 말아야 하며 스탠스의 중앙 맞은편에 공을 위치시키고, 임팩트 시에는 밑에 머무는 듯한 동작이 필요하다(일어서지 말아야 하며 스윙을 하면서 공 쪽으로 흔들려서도 안 된다). 앞으로 구부린 자세에서 스윙을 구사하는 동안 스윙의 높이를 변경하면 생크 볼을 낼 수 있다. 공에 가깝게 서서 정상보다 더 왼쪽을 조준해야 한다(그림 9.14.8). 무릎이 보통 때보다 더 굽혀져 있지만 올바른 피니시를 만들기 위해 노력해야 한다. 이 스윙을 숙달시키기란 상당히 어렵다.

그림 9.14.8 공이 발보다 밑에 있을 때의 샷은 어렵다.

9.15 코크 앤 팝

샌드 샷에서 앞서 설명한 경우보다 더 어려운 상황은 홀과 공 사이에 그린이 많지 않을 때 앞서 설명한 세 가지의 라이에서 공을 쳐내야 할 때이다. 이때는 라이 상태 불문하고 코크 앤 팝을 사용하자.

이 방법은 아주 좋지 않은 잔디의 라이에서 플레이하는 것처럼 피네스 스윙의 모든 방식을 무시해도 된다. 공을 탈출시키기 위해서는 충분한 힘이 공급되어야 하며 그 힘의 일부는 손, 손목의 근육으로부터 나와야 한다. 그리고 팔로우스루도 하지 않는다. 세 가지 라이에서 공은 정상적인 위치에 놓는다. 차이라면 백스윙 시 일찍 손목을 코킹한다는 점이다. 이것은 스윙의 반경을 축소시키며 모래 속으로 내려치는 타격을 하는 것을 의미한다. 팔로우스루가 생략되기 때문에 공은 앞쪽으로 나아가려는 힘이 없이 짧게 공중으로 튀어 나갈 것이다. 1/3 묻힌 라이에서 코크 앤 팝을 실시하는 그림 9.15.1을 관찰한 다음 같은 라이에서 풀 스윙을 실시할 때 스윙 피니시와 비교해 보자(그림 9.14.2).

완전하게 묻힌 라이에서도 같은 기술이 적용된다. 그러나 더 많은 팝(튀겨내기) 때문에 더 많은 샌드가 밖으로 나온다(그림 9.15.2). 이 샷은 팔로우스루를 많이 할수록 더 확실하게 그린으로 공을 내보내게 된다. 그렇지만 공은 더 많은 거리를 구를 것이다. 연습을 많이 하지 않았다고 해도 이 샷에 너무 예민하거나 어려워할 필요가 없다. 내가 본 수많은 사람들은 코크 앤 팝을 이용해서 벙커를

그림 9.15.1 1/3 묻힌 라이로부터의 코크 앤 팝 샷

그림 9.15.2 완전히 묻힌 라이로부터의 코크 앤 팝 샷

탈출했다(여러분이 이 샷의 최고수를 보고 싶다면 토너먼트 전에 폴 에이징어가 연습하는 것을 보면 된다. 이유는 모르지만 묻혀 있는 라이에서 그는 코크 앤 팝을 좋아한다. 그리고 놀라울 정도로 그 기술에 정통해 있으며 그것을 잘도 보여준다).

9.16 다운 힐 라이

골퍼들은 샌드 플레이 중 다운힐 샌드 샷이 가장 어려운 과제라고 생각한다. 그러나 다음과 같은 조건이라면 다운힐 샷은 다른 어떤 샷을 하는 것보다 쉽다.

● 벙커에 립(lip)이 없어 단순한 칩 퍼팅이 가능할 때

슬로프가 너무 가파르지 않을 때. 공을 왼쪽 뒤꿈치 위치에 놓고 어깨를 경사지게 하며 샌드에 평행이 되게 하고 보통의 피네스 블래스트로 스쿠트 앤 스핀하여 공을 탈출시킨다. 이 기술은 슬로프가 10도 이하로 스윙 시 몸 균형을 유지할 수 있을 때 성공할 확률이 높다(그림 9.16.1). 많은 연습이 필요하다.

부드러운 슬로프는 칩 샷이 가능하다. 이 칩 샷은 두껍게 쳐야 한다. 두껍게 치지 않으면 낮게 샌드를 빠져 나와 길게 많이 구른다.

무엇보다도 어려운 샷은 가파른 다운힐에서의 샷이다. 가파르기 때문에 어깨는 지면과 평행이 되도록 기울이기가 어렵고 스윙을 하는 동안 몸의 균형을 유지하기가 불가능하다. 이런 경우라면 벙커에 립이 없을 때 하는 퍼팅을 생각해야 한다(사실 이런 벙커는 찾기 힘들다). 그리고 넘어야 할 립이 있다고 가정하면서 구사하는 샷에 다음과 같은 조정을 실시하면 좋은 결과를 낼 수 있다.

1. 왼발은 모래 깊숙이 박는다. 이 자세는 스윙 동안에 체중을 지탱한다. 무릎은 많이 구부린다. 이렇게 함으로써 스윙을 하는 동안에 몸의 회전을 제한한다.
2. 신체를 경사에 맞춘다. 어깨는 샌드 슬로프에 거의 평행이 되게 한다. 그리

그림 9.16.1 다운힐 벙커 샷에서 반드시 스루 스윙을 유지해야 한다.

고 몸의 균형을 유지한다(어깨가 수평을 이루는지 웨지를 사용하는 것도 좋은 방법이고 필자는 이 방법을 자주 쓴다. 그림 9.16.2 참고).

3. 그립을 적어도 3~4인치 밑으로 잡아야 한다. 그리고 오른쪽 어깨는 낮추어야 한다. 그래야 스탠스 중앙에 있는 공을 조준할 수 있다.

4. 주저함이 없이 상체, 전완의 스윙을 이용하여 샷을 구사한다. 스윙의 관성 때문에 샷을 한 후에는 슬로프의 방향을 따라 아래쪽으로 움직일 수도 있다. 이 동작이 이상하게 보일지 몰라도 이 샷을 하면서 앞으로 걸어나가는 동작은 상당히 도움이 될 수 있다. 클럽헤드가 다운힐을 따라서 길게 움직일 수 있기 때문이다.

가파른 다운힐에서는 공을 스탠스보다 훨씬 뒤쪽에 위치시키고 정상보다 왼쪽을 조준하여 클럽페이스는 최대한 오픈시킨다. 그리고 공에 더 가깝게 접근한 상태에서 스윙을 실시하자. 그러면 샌드도 적게 일어나고 공이 낮게 오래 구르는 것을 방지할 수 있다(그림 9.16.4). 다행히도 다운힐 벙커 샷을 할 경우는 드

그림 9.16.2 다운힐 샌드 샷에서 어깨는 슬로프와 평행하게 유지한다.

그림 9.16.3 샷을 따라서 걸어 나가면 임팩트 순간의 자세를 유지할 수 있다.

그림 9.16.4 낮은 탄도와 디운 힐 벙커 샷에서는 공이 더 구르는 것을 예상해야 한다.

물다. 그러므로 그다지 많은 시간을 연습에 할애할 필요가 없다. 그렇지만 일단 어려운 상황에 처하게 되면 주어진 상황에서 최선을 다하면 된다.

필자는 투어 프로들에게 라이가 아주 좋지 않은 상황에서는 기적을 바라지 말라고 말한다. 다운힐 라이에서 나올 수 있는 최악의 결과는 아마도 공을 얇게 치거나 공을 벙커에 그대로 남겨 두어서 더블 보기나 트리플 보기를 하는 경우일 것이다. 여기서 취할 수 있는 최선의 방책은 실수를 1타 이내로 유지해서 이 실수에 대한 보완을 라운드 도중에 갖는 것이다. 1타는 만회할 수 있지만 두세 개의 스트로크는 회복하기가 대단히 어렵다.

9.17 업힐 라이에서의 문제 해결

업힐 벙커 라이에서의 샷은 의외로 쉽게 풀릴 수 있다. 업힐 샷의 열쇠는 스윙의 관성을 앞쪽 방향으로 그대로 유지하는 것이다. 이 원칙을 지키면 스윙을 하는 동안 몸이 앞쪽으로 움직이도록 함으로써 균형이 유지되면서 역 체중 이동이 일어나지 않는다.

오르막 라이가 심하지 않은 경우에 스윙을 하려면, 타깃 보다 조금 왼쪽을 조준하고 어깨는 지면과 거의 평행이 되도록 한다. 공 위치는 정상적인 벙커 샷을 하는 것처럼 왼쪽 뒤꿈치 라인에 맞춰놓고 클럽페이스는 스윙 라인에 대하여 오픈시켜준다. 그런 다음 평범한 스쿠트 앤 스핀 스윙을 실시한다. 업힐 라이가 5도 높아질 때마다 한 클럽 위(적은 로프트)로 잡는 것이 좋다. 이것은 높은 탄도를 보완시켜 주어서 샷이 그린 위에서 빠르게 정지하는 데에 도움이 된다.

이 방법은 깃대까지 30피트 이내의 거리가 되는 지점이나 15도보다 작은 각도의 슬로프에 적절하다(그림 9.17.1). 평범한 라이에서는 클럽 선택만 제대로 했다면 깃대 가까이 공을 보낼 수 있어야 한다.

업힐 샷의 길이가 길어질 때에는 스쿠트 앤 스핀 샷의 탄도가 높아진다. 이로 인해 그린 위에는 깊은 디보트가 만들어지고 평상시보다 백스핀이 뒤로 많이 먹

그림 9.17.1 업힐 샌드 샷은 훨씬 쉽다.

한다. 거리가 긴 업 힐 블래스트 샷을 위해서는 로프트가 작은(6번 아이언과 같은) 클럽을 사용하는 것이 좋다. 이런 경우에는 보통의 샌드 웨지를 가지고 강한 스윙을 해서 공을 빼내려고 해서는 안 된다. 이와 같은 샷들은 연습이 필요하며 무엇보다도 홀에 볼을 가깝게 보내기 위해서는 어떤 클럽이 필요한가를 알 필요가 있다.

9.18 깊이에 따른 문제

업힐 벙커 샷을 해야 하는데 공이 박혀 있다면 어떤 일이 일어나겠는가? 의외로 이 경우의 샷은 스핀이 적게 걸리고 벙커를 낮게 빠져 나와서 착지 후에도 공이 멀리 굴러 홀에 떨어질 확률이 높기 때문이다. 그리고 업힐 슬로프가 너무 심하지 않을 경우에는(그림에서 보는 바와 같이 거의 20도 정도) 어느 정도 균형 잡힌 스윙을 구사할 수 있고 위기 관리 확률도 높아질 수 있다.

그림 9.18.1 공이 박힌 업힐 라이에서는 디그 앤 푸쉬를 사용한다.

스쿠트 앤 스핀 샷으로 효과를 볼 수 없다면 디그 앤 푸쉬 샷을 사용해야 한다. 스탠스 중앙으로부터 2인치 뒤에 공을 놓고 임팩트 시에는 샌드를 파내기 위해서 클럽페이스를 직각으로 유지한다. 만약 어깨가 샌드와 평행을 유지할 수 있다면 이 샷은 그렇게 어렵지 않다. 공이 완전히 업힐 샌드 속에 묻혔다고 해도 포기해서는 안 된다. 이 샷은 다운 힐보다 어렵지 않다. TV에서 해설가들은 플레이어들이 상당한 곤란을 겪을 것처럼 말하지만, 그 말을 믿어서는 안 된다. 단지 기술을 조금만 바꾸면 된다.

만약 샌드의 표면과 어깨를 평행으로 유지할 수 없거나 균형을 유지할 수 없을 때에는 바로 서야 한다. 거의 똑바로 서서 허리를 굽히고 팔로우스루를 하지 않는다. 좀 이상하게 들릴지는 모르지만 분명히 효과가 있다. 이 샷은 스핀이 거의 없이 샌드를 탈출하여 그린 위에서 멀리 굴러 홀에 가까이 접근한다. 이 샷의 셋업은 공을 스탠스 중앙으로부터 앞쪽으로 2인치 지점에 놓아두고 클럽페이스는

그림 9.18.2 공이 턱에 박혀 있을 때에는 스윙을 강하게 한다.

직각, 그리고 스윙 라인은 타깃을 똑바로 조준하는 것이다. 샌드나 피칭 웨지의 샤프트를 끝까지 잡고 큰 어깨 회전의 긴 스윙을 한다. 다운 스윙을 할 때에는 최대로 가속할 필요가 있다(파워 스윙이나 피네스 스윙과 다르다). 직각 상태의 클럽페이스를 샌드에 꽂으면서 스윙을 마친다. 팔로우스루는 걱정할 필요가 없다. 산더미로 쌓인 모래를 모두 움직이는 것은 불가능하기 때문이다. 클럽이 정확하게 공 바로 뒤를 파고 들어가면 성공이다.

공을 얇게 치거나 토핑하는 걱정은 하지 않아도 된다. 연습을 제대로 한다면 토핑은 있을 수 없다. 공을 너무 두껍게 때리면 공은 꿈적도 하지 않는다는 점을 명심할 필요가 있다.

9.19 상상이 도움이 된다

샌드 플레이에 관한 이 단원의 내용을 검토해 보면, 골프에서 발생되는 모든 상황에 대해서 항상 준비를 해 놓을 수는 없다는 것을 알 수 있다. 다시 말해서 모든 경우의 샷을 위해서 한 만 번씩 연습을 할 수 있는 것은 아니기에 샌드 샷의 원칙들을 이해하고 결과를 이해할 경우 훌륭한 샌드 플레이가 가능하다는 점을 이해하는 것이 중요하다. 이러한 결론은 세계 정상급의 선수들과 함께 연구한 필자의 경험에 근거한다.

스티브 엘킹톤, 탐 카이트, 필 미켈슨 그리고 세베 바에스테로스 같은 선수들은 샌드 게임이 무엇인지를 잘 안다. 물론 이들은 나름대로의 기술을 개발하고 다듬는 연습을 많이 했다. 여기서 필자는 한 가지 일화를 소개하고 싶다. 투어 프로 탐 시크맨이 필자에게 해준 이야기이다. 그에 따르면 샷의 성공은 경험과 연습 외의 어떤 것으로부터도 올 수 있다는 것이었다.

수년 전 유럽 PGA 투어를 하면서 시크맨은 세베 바에스테로스와 함께 조를 이루어 롱 아이언 샷을 쳐야 했는데, 그린 왼쪽에 위치한 깊은 주발과 같이 생긴 벙커에 공이 빠졌다. 세베의 공은 립 아래, 벙커의 뒤쪽에 심하게 박혔다. 세베는 어떻게 대응했을까? 그는 언플레이어블(unplayable)을 선언하고 벌타를 받고 드롭할 수도 없었다. 왜냐하면 공이 홀 근처에 가깝게 갈 수밖에 없는 경우였기 때문이었다. 그는 뒤쪽으로 쳐낼 수도 없었다. 뒤에는 또 다른 해저드가 있었기 때문이다. 그렇다고 다시 롱 아이언 샷을 할 이유도 없었다. 물론 홀 쪽으로 쳐낼 방법도 없었다. 시크맨이 생각해낸 샷은 벙커의 밑바닥에 서서 스윙을 해 클럽의 토 부분으로 공을 파내 다시 벙커의 밑바닥으로 떨어트리는 것이었다고 나에게 말해 주었다. 그리고 그 지점으로부터 다시 만회할 기회를 잡는 것이었다.

세베는 30초 동안 라이를 살피더니 백으로 가서 퍼터를 꺼냈다. 그 다음 공의 뒤쪽 샌드에 서서 퍼터의 끝을 밑으로 돌려서 벙커 틱에 자라난 잔디를 통과하면서 공을 쳐냈다. 그는 서두르지도 않았고 놀라지도 않는 것처럼 보였다. 공은 벙커 바닥을 통해 굴러서 다른 쪽 사이드로 올라가 그린 위로 튀어 핀 쪽으로 굴러갔다. 그 공이 들어가지는 않았지만 원 퍼팅으로 파를 세이브 했고 시크맨은 놀라서 거의 심장마비에 걸릴 뻔했다.

이 이야기에서 재미있는 부분은 시크맨이 다시 말을 시작할 수 있게 되었을 때 세베에게 그 샷을 어떻게 하면 배울 수 있는지 묻는 데서 시작된다. '어디서 그것을 배웠지요?, 어떻게 그 샷의 난이도를 알았지요?, 퍼터의 토를 이용해서 치는 다른 샷도 알고 있습니까?' 세베는 그를 바라보면서 '아니오, 한 번도 해본 적이 없어요. 효과가 있을 거라고 상상을 했을 뿐이죠.' 라고 말했다고 한다. 그러므로 필자는 연습할 때 머리를 쓸 것을 권한다. 연습할 때 상상력을 동원해서 하면 실전에 큰 도움이 된다. 여기에 세베의 상상력에 대한 예를 들어 봤는데, 그의 상상력은 확실히 도움이 된 것이 분명하다.

Chapter 10

숏 게임의 장비

일반적인 장비

10.1 일반적인 세트 디자인

요즘 시중에 유통되고 있는 일반 골프클럽 세트는 문제가 있다고 본다. 이 클럽들의 디자인과 해내는 일에는 큰 차이가 있다.

여기서 말하는 일반적인 세트란 코스 내의 매장 또는 전문매장이나, 스포츠용품 매장, 통신 판매 등을 통해 판매되는 클럽을 말한다. 이런 것들은 모두가 같고 일반고객도 이런 종류의 세트에 눈이 익어있다. 대개가 드라이버로 시작하여 롱 아이언, 숏 아이언 순으로 내려가서 피치 웨지, 샌드 웨지, 퍼터의 순서로 이어진다.

이것이 표준이며 모든 소비자들이 구입하는 형태이다. 이렇게 골프 세트는 천편일률적으로 구성되어서 오랫동안 시중에 유통되고 있었지만, 나 자신도 사실 왜 이렇게 구성되는지의 이유는 전혀 알 수 없다. 필자의 물리학 교육배경, NASA에서의 15년간의 연구활동, 24년의 골프관련 연구사업(12년간의 클럽 디자인 개발을 포함) 또는 평생을 거쳐 필자가 경험한 골프게임의 원리를 동원해도 일반적 골프 세트의 편성은 이해가 되지 않는다. 골프클럽 세트는 최적의 플레이가 가능할 수 있도록 디자인되어야 하는 것이 원칙이다. 클럽 세트는 플레이어가 가장 좋은 스코어를 내고 게임을 가장 잘 즐길 수 있게 구성되어야 한다고 생각한다.

이렇게 구성된 클럽들이 사용될 수 있는 거리의 범위는 대략 300야드(타이거 우즈가 친다면)로부터 0야드(퍼터로 살짝 치는 경우)에 이른다. 이 범위의 거리를 위한 일반적 골프클럽 세트의 개수는 12개다. 즉 300에서 100야드의 비거리까지는 드라이버, 한두 개의 페어웨이 우드, 아이언들이다(3번 아이언에서 피칭 웨지까지). 다시 말해서 200야드의 범위를 12개의 클럽이 맡고 있다. 그러나 100야드에서 약 15야드의 거리를 위해서는 보통 샌드 웨지 하나만 통용된다. 골

〈표준 골프 샵 세트〉

(단위 : 야드)

거리	클럽/ 정확한 거리	비거리
240		
230	← 1W 235	15
220	← 3W 220	
210		20
200	← 5W 200	10
190	← 2i 190	10
180	← 3i 180	10
170	← 4i 170	10
160	← 5i 160	10
150	← 6i 150	10
140	← 7i 140	10
130	← 8i 130	10
120	← 9i 120	15
110	← PW 105	
100		30
90		
80	← SW 75	
70		
60		
50		
40		80
30		
20		
10		
0	← PUTTER 0	

그림 10.1.1 클럽들 간의 비거리 차이

프게임의 거의 절반을 차지하는 마지막 15야드 이내의 거리에서는 퍼터 하나가 사용된다.

거리별 클럽 편성표를 살펴보자(그림 10.11). 200야드를 위한 열두 개의 클럽, 85야드를 위한 한 개의 클럽 15야드를 위한 한 개의 클럽이다. 균형이 잘 맞는다고 생각하는가? 다르게 생각을 해보자. 파워 게임을 위한 열두 개의 클럽, 숏 게임을 위한 클럽 하나, 퍼팅 게임을 위한 클럽 한 개. 이것은 이치에 닿지 않는다. 골프에서 스코어에 영향을 주는 샷은 100야드 이내의 거리에서 일어난다는 것을

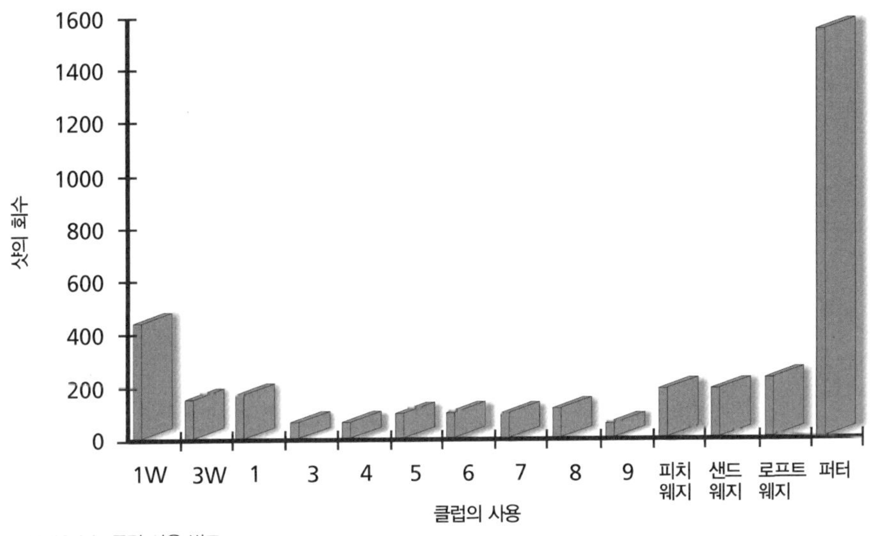

도표 10.1.1 클럽 사용 빈도

우리 모두는 이미 알기 때문에 무엇인가 잘못되어도 상당히 잘못된 것을 알 수 있다.

일반적인 세트 디자인은 거리가 아닌 샷의 빈도에 따라서 살펴보는 것이 더 큰 의미가 있다고 생각한다(도표 10.11). 우드 클럽은 샷의 20~25%의 비율로 사용되며, 9~10개의 파워 스윙 아이언은 15~20%, 한 개로 구성된 웨지는 15%, 퍼터는 샷의 43% 사용되고 있음을 알 수 있다.

이 도표를 살펴보자. 일반적 클럽의 세트 구성은 공을 멀리 때리기 좋아하는 사람들 때문에 만들어진 것이 분명하다. 득점 능력을 결정하는 역할의 2/3는 클럽 두 개로 하는데, 파워를 위한 1/3의 게임을 위하여 왜 열두 개 클럽이 모두 포함되어야 하는가? 여자와 아마추어 때문인가? 그럴 수는 없다. 골프에서 모든 샷의 55~65%는 샌드 웨지와 퍼터가 한다. 그리고 실질적인 득점과 관련하여 이 두 클럽의 사용 비율은 알고 나면 이 현상을 더욱 이해할 수 없게 된다. 왜냐하면 이 두 클럽만으로도 파를 지키지 못하는 샷의 80%가 설명될 수 있기 때문이다.

필자는 이렇게 구성되는 클럽 세트의 디자인은 잘못되었다고 생각한다. 편견이 개입되었다고 말하는 것이 아마도 더 좋은 설명이 될는지 모르겠다. 나는 골프란 규칙을 지키며 플레이를 하되 최소의 스코어를 내는 것이라고 배웠다. 골프의 진정한 즐거움은 더 나은 스코어를 내기 위해서 상상을 뛰어넘는 도전을 추구하는 데에서 온다고 믿고 있다. 스코어가 없는 게임은 흥분과 재미가 없다. 최근 양산되고 있는 골프 클럽들이 공만 멀리 보내는 데 역점을 두고 제조되어서, 득점 능력을 감소시키도록 디자인되는 현실을 볼 때 필자는 암담한 느낌이 든다.

이 단원에서 필자는 일반적으로 유통되고 있는 클럽 세트가 왜 게임에 도움이 되지 않는지, 그리고 이러한 상황에 어떻게 대처해야 하는지에 대해서 설명하겠다.

10.2 표준 방식

누구든지 7번 아이언을 백으로부터 꺼낼 때는 얼마나 멀리 칠까 하는 생각을 한다. 140야드라고 가정할 때 이 거리는 성인 남성이 올바른 스윙과 정확한 컨택트를 했을 때 나오는 평균적인 거리이다. 대개의 경우 골퍼들은 클럽에 따른 비거리 기준에 따라서, 거리에 맞는 클럽을 선택해서 샷을 구사한다.

즉 만약 7번 아이언으로 140야드를 쳐냈다면 6번 아이언은 150야드가 되는 격이다. 그렇다면 둘 사이의 거리는 무엇을 의미하는가? 풀 스윙을 하면서

140~150야드를 관리할 것인가? 그러면 공이 깃대로부터 145야드에 있을 때에는 어떻게 해야 하는가? 이 거리는 6번, 7번 풀스윙 거리의 중간이다. 이 거리를 해결하기 위해서 골퍼라면 각 클럽을 미세 조정하는 법을 배운다. 즉 이러한 차이들을 해결하기 위해서 약간 긴 클럽의 경우 속도를 늦추고 짧은 클럽을 사용할 때에는 더 센 스윙을 한다.

만약 두 클럽의 거리 차이가 10야드라면 길고 짧은 클럽을 가지고 힘을 가감하여 5야드 만큼의 미세한 조정을 해내야 한다. 필자의 측정에 따르면 아마추어는 보통 7번 아이언으로 140야드를 친다. 그렇다면 135~145 야드는 7번 아이언으로 조정이 가능하다. 반면 6번 아이언으로 150야드를 친다면 145~155야드 사이의 거리 조절이 가능하다.

따라서 만약 147야드의 샷을 쳐야 한다면 6번 아이언의 속도를 약간 줄이면 된다. 만약 정확히 중간, 145야드라면 어느 샷이 더 편안한지를 선택해야 한다. 짧은 클럽의 속도를 증가시킬지 긴 클럽의 속도를 늦출지를 결정해야 한다(어떤 선택이 가장 적절한가는 다년간의 연습과 경험을 통해 얻어진다). 바람이 불면 낮은 궤도의 샷을 구사해야 한다. 이렇게 대부분의 사람들이 골프를 하고 있다. 그런데 이러한 방식으로 거리 문제를 해결할 수 있는가? 모든 골퍼들, 심지어는 투어 프로들까지도 이 방법이 합리적이라고 믿고 있다. 그렇지만 나는 그렇게 생각하지 않는다.

10.3 필드에서의 세트

그림 10.3.1을 보자. 이것은 유명한 시카고의 메디나 컨트리 클럽에서 멤버들이 사용한 실제 클럽별 비거리와 편차를 필자가 측정한 자료다. 대부분의 클럽들 사이의 비거리 편차가 10야드도 되지 않고 차이가 크게 나타난 100야드 안쪽을 제외하고는 이 클럽들을 써서 거리가 해결되는 것처럼 보인다.

그런데 100야드 안쪽의 모든 샷을 한 개의 클럽으로 해야 한다는 사실은 내 생각으로 불합리하다고 본다. 그러나 실제로는 그렇게 하고 있다.

일반적인 골퍼들을 대상으로 마케팅을 해보면, 그들 중 대부분이 공을 더 좋게, 멀리 치기 원하는 한편 프로들과 마찬가지로 낮은 스코어를 내기를 원한다는 것을 알게 될 것이다. 공을 올바르게 치는 클럽을 만드는 일은 어렵지만 거리가 나는 클럽을 만드는 것은 어려운 일이 아니다. 따라서 제조업자들은 세트를 새롭게 디자인해서 7번, 8번, 9번 아이언 그리고 웨지의 거리가 더 나가게끔 만

일반 골프 세트 (아마추어 측정결과)

(단위 : 야드)

거리	클럽/ 정확한 거리	비거리
240 230	1W 235	16
220 210	3W 219	19
200 190	5W 200	18
180	2i 182	6
	3i 176	7
170	4i 169	9
160	5i 160	10
150	6i 150	11
140	7i 139	8
130	8i 131	7
120	9i 124	16
110 100 90 80	PW 108	36
70 60 50 40 30 20 10	SW 72	77
0	PUTTER 0	

그림 10.3.1 클럽별 비거리 편차

들었고 백 속에 있는 모든 클럽이 장타를 낼 수 있다는 것을 소비자에게 알렸다. 이 장타 마케팅은 성공했고 골퍼들은 이러한 세트를 구입했다.

그렇다고 내가 마케팅하는 사람들에게 어떤 나쁜 감정을 갖고 있는 것은 아니다. 그들은 나름대로 자신의 일을 하고 있을 뿐이다. 그러나 필자는 제조업자들이 골프 클럽 디자인을 좌우해서는 안 된다고 생각한다.

필자가 골프를 시작한 이래 소비자 시장에서의 피칭 웨지의 평균 로프트는 51도에서 46도로 낮아진 반면 샤프트의 평균 길이는 1인치 더 길어졌다. 이것은 무엇을 의미하는가? 이 두 가지의 변화는 모두 골퍼들이 피칭 웨지 샷을 멀리 치고 있다는 사실을 의미한다. 이것은 웨지뿐만이 아니다. 8번 아이언이 7번 아이언이 되었다. 오늘날 클럽은 옛날 클럽의 7번의 길이, 무게, 라이, 로프트를 가지고 있으며 밑바닥에만 8이라고 문양이 새겨져 있다. 사람들은 자기가 갖고 있는 공이 멀리 날아가기만 하면 좋은 클럽이라고 말한다.

이러한 세트는 거리가 많이 나는 성능 좋은 웨지를 가지고 있다. 그러나 롱 아이언을 갖고서는 과거와 같이 멀리 칠 수가 없다(만약 롱 아이언의 로프트를 감소시켰다면 공은 공중에 오래 머물지 못할 것이다. 그래서 실제적으로 짧은 거리를 날게 될 것이다). 우리는 이 새로운 세트를 사용하면서, 이전과 같이 성적을 내지도 못하고 플레이를 올바르게 하지 못한 자신을 책망한다.

여기에 진실이 있다. 숏 아이언으로 장타를 날리면 스코어는 더 나빠진다. 웨지로 장타를 치면 스코어링 게임의 핵심을 차지하는 정확한 거리 컨트럴 자체가 어려워진다. 웨지가 거리가 나면 숏 게임에서 비거리 편차만 크게 만들고 결과적으로 점수를 불려놓는다. 거리가 더 나고(숏 아이언의 경우만) 스코어를 줄여준다는(사실은 그렇지 못하면서) 새 클럽 세트를 갖고서 플레이한 결과에 따른 숫자들은 거짓을 말하지 않는다. 그렇지만, 혹자는 이것을 진보라는 용어를 써서 표현한다.

10.4 클럽 세트의 바람직한 구성

마케팅을 잊자. 전에 들어보지도 못했던 재료로 만든 긴 샤프트, 강한 로프트, 비거리를 잊어야 한다. 관심을 두어야 할 것은 스코어다. 어떤 골프 코스에 있더라도 골퍼는 가능한 한 공을 깃대 가까이 붙이기를 원한다. 그것도 가능하면 최소의 타수로 매우 일관되게 하길 원하다. 그러면 이것은 어떻게 가능할 것인가?

그림 10.4.1에 필자는 여성, 남성, 프로에 더 적합하다고 생각하는 클럽 세트

펠츠가 추천하는 세트 디자인 (단위 : 야드)

여성

거리	클럽/정확한 거리	비거리
210		
200	← 1W 205	15
190	← 3W 190	15
180		
170	← 5W 175	15
160	← 3i 160	15
150		
140	← 4i 145	15
130	← 6i 130	15
120		
110	← 7i 115	15
100	← 8i 100	15
90		
80	← 9i 85	15
70	← PW 70	15
60	← SW 60	10
50	← LW 50	10
40	← XW 40	
30		
20		45
10		
0	← PUTTER 0	

남성

거리	클럽/정확한 거리	비거리
240		
230	← 1W 235	15
220	← 3W 220	15
210		
200	← 5W 205	15
190	← 3i 190	15
180		
170	← 4i 175	15
160	← 5i 160	15
150		
140	← 7i 145	15
130	← 8i 130	15
120		
110	← 9i 115	15
100	← PW 100	15
90		
80	← SW 85	15
70	← LW 70	15
60	← XW 55	
50		
40		
30		60
20		
10		
0	← PUTTER 0	

투어 프로

거리	클럽/정확한 거리	비거리
270	← 1W 275	
260		35
250		
240	← 3W 240	
230		24
220		
210	← 2i 216	22
200		
190	← 4i 194	12
180	← 5i 182	12
170	← 6i 170	14
160		
150	← 7i 156	18
140	← 8i 138	18
130		
120	← 9i 120	15
110	← PW 105	15
100		
90	← SW 90	15
80	← LW 75	15
70		
60	← XW 60	
50		
40		
30		65
20		
10		
0	← PUTTER 0	

그림 10.4.1 클럽별 거리 차이

구성을 소개해 보았다. 두 클럽(남성을 위한 2번, 6번 아이언)은 없었다. 나머지 아이언의 거리 격차는 15야드로 조정했다. 두 개의 아이언을 없앰으로써 열네 개의 클럽이 허용되는 규칙에 맞으려면 웨지를 더 넣을 수 있는 여유가 생긴 셈이다. 골프 가방에 이미 두 개의 웨지가 있는데 왜 웨지가 더 필요한 것인가? 그 이유는 클럽이 현재 세트 구성으로 봐서는, 100야드 안에서 사용할 수 있는 샌드 웨지 하나뿐인데 더 많은 웨지를 이용하면 스코어링 게임에서 클럽별 거리 격차를 더욱 줄일 수 있기 때문이다.

필자가 제안하는 클럽 세트 구성을 따를 때 롱 아이언의 비거리 차이는 일반적 세트의 경우보다 크고 롱 아이언이 두 개나 빠지게 된다. 그렇지만 이것 때문에 게임이 안 되는 것이 아니다. 2번 아이언을 빼내면 처음에는 불편함을 느낄지 모르지만 점수 관리가 무너지는 것은 아니다. 필자는 상당수의 실전 라운드 측정을 통해서 골퍼들(PGA, LPGA 프로 포함)이 롱 아이언을 치고 바로 퍼팅에 연결시킬 수 있을 만큼 공을 똑바로 치는 경우는 본 적이 거의 없다. 백 속에 롱 아이언을 몇 개씩 갖고 있다 하더라도 골퍼라면 100야드 밖에서의 평균적인 위기관리 능력 확률은 10%를 넘지 못한다. 그리고 아마추어인 경우에는 100야드 바깥에서 공을 쳐서 바로 퍼팅에 성공하는(업 앤 다운) 확률은 5% 이상이 되지 않는다. 롱 아이언을 쓰지 않고 클럽별 거리 격차의 미세한 변화 때문에 정확성이 떨어진다는 것은 사실 말이 안 된다. 결코 스코어에는 영향을 주지 않는다.

어느 누구라도 150야드 밖에서 항상 업 앤 다운이 가능한 것이 아니다. 아무도 5, 6, 7번 아이언을 그렇게 정확하게 칠 수는 없다. 그러나 롱 아이언을 칠 때 발생하는 약간의 정확도 손실은 게임 자체에 큰 영향을 주지는 않는다.

하지만 100야드 이내의 거리에서는 거리의 정확성을 극대화시켜서 퍼트 하나로 홀을 마칠 수 있어야 한다. 웨지 몇 개를 추가하면 100야드 이내의 거리에서 타수를 줄일 수 있는 가능성은 더 커진다고 볼 수 있다. 긴 거리의 경우 거리 조정이 다소 안 될지 모르지만, 이것이 점수에 영향을 주는 것은 아니다.

스스로 증명해보자

필자의 클럽별 거리차이(gap) 이론이 믿어지지 않는다면 다음의 실험을 해보길 바란다. 백에서 2, 4, 6, 8번 아이언을 빼내서 열 개의 클럽만 갖고서 라운드를 해본다. 3, 5, 7, 9 번 아이언을 가지고 파워 스윙을 한다. 만약 6번 아이언 샷이 필요하면 7번을 가지고 강하게 치든지 5번을 가지고 약하게 친다. 플레이할 때 별다른 변화를 시도하지 않으면서 열 개 홀의 점수를 기록해 보자. 열네 개의 클럽을 갖고 했을 때의 점수와 별 차이가 없을 것이다. 점수에 큰 변화가 없는 것은 6번 아이언을 쳐도 5번 아이언을 약하게 치거나 7번 아이언을 강하게 쳐서 원 퍼트로 퍼팅을 성공할 만큼 정확하게 공을 치지 못하기 때문이다. 필자도 직접 해보았고 학생들에게도 같은 테스트를 해보았지만 항상 같은 결과가 나왔다. 클럽을 네 개씩 빼고 플레이해도 점수에는 큰 영향을 주지 않았다. 롱 아이언을 그리워할 이유가 없다. 롱 아이언으로 다음 퍼팅을 성공시킬 만큼 정확하게 칠 수 없기 때문이다.

4개의 웨지가 필요하다

10.5 왜 네 개인가

답은 아주 간단하다. 점수가 좋아지기 때문이다.

그 이유는? 네 개의 웨지가 구비된다는 것은(각기 다른 사양) 골프에서 가장 중요한 숏 게임에서 일정한 거리 지점에 반복적인 샷을 구사하는 것이 가능해지기 때문이다. 만약 제 5장에서 언급한 피네스 스윙을 배운다면 네 개의 웨지를 갖고서 열두 가지 경우의 거리를(네 개의 웨지×세 번의 스윙) 제어할 수 있을 것이고, 업 앤드 다운의 확률 또한 높아지고 결과적으로 점수도 좋아질 것이 분명하다.

'펠츠씨, 그렇다고 항상 웨지를 네 개씩이나 가지고 다니라는 말은 아니겠지요?' 이것은 필자가 자주 듣는 질문이다. 이에 대해 나는 '점수관리를 하려면, 가지고 다녀야겠지요' 라고 대답한다.

필자가 제안한 골프 세트(그림 10.4.1)의 도표로 돌아가서 마지막 네 개의 클럽을 관찰해보자. 필자는 이것들을 PW, SW, LW, XW라고 부른다. 이름은 중요하지 않다. 중요한 것은 그 클럽들 모두가 숏 게임 샷을 위해 디자인된 골프 클럽이라는 점이다. 풀 스윙을 하면 세트의 나머지 클럽들과 마찬가지로 각각 15야드의 차이가 생긴다. 그래서 골프백에 하나의 웨지를 가지고 있었을 때보다 4배의 다양한 비거리가 만들어질 수 있다. 두 개의 웨지가 더해지면 보다 나은 플레이어가 될 수 있다.

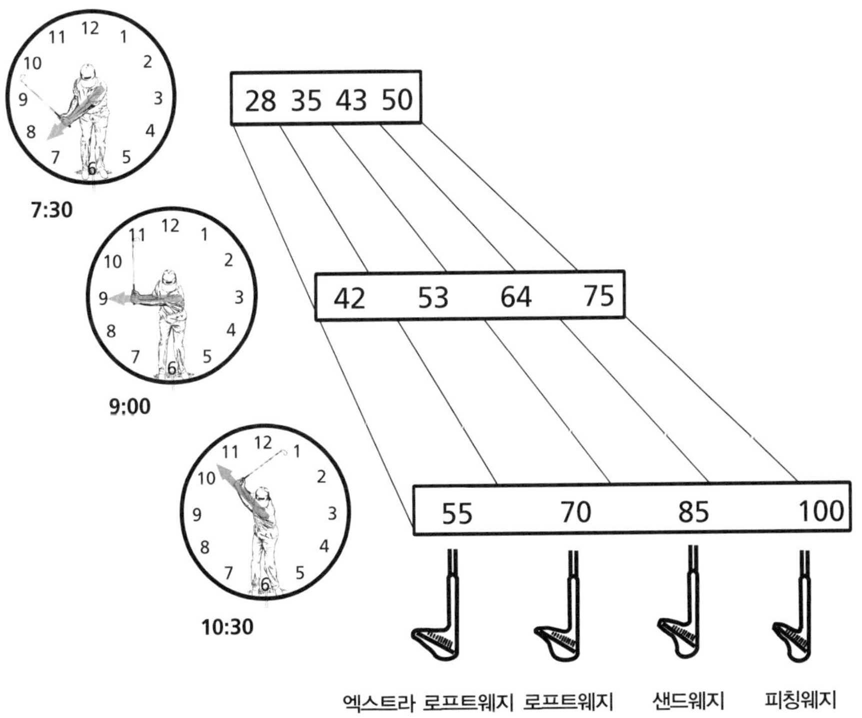

그림 10.5.1 거리 컨트럴을 위해서 웨지 스윙의 포지션을 잘 알고 있어야 한다(백스윙이 길수록 거리가 길어진다).

그리고 이것을 기억하자. 샌드 웨지로 풀 피네스 스윙(10:30 백스윙)을 하면 85야드의 비거리가 나온다. 7:30 스윙으로는 43야드(50%)를 갈 수 있고, 9:00

스윙으로는 64야드의 비거리가 나온다. 아주 대단한 시스템이 아닐 수 없다. 이 시스템의 전체 윤곽은 그림 10.5.1에서 찾아볼 수 있다.

이 거리들은 각자의 클럽으로 쳤을 때 나오는 비거리가 아닐 수도 있다. 그러나 필자의 의도가 전해졌으리라 본다. 물론 모든 골퍼는 자기 자신의 거리가 있다. 더 많은 종류의 웨지가 백 속에 들어 있고, 세 가지 피네스 스윙을 이용할 줄 안다면 더 다양한 비거리를 커버할 수 있을 것이다.

10.6 남성의 자아의식

앞서 언급한 장점들과 통계적 자료 제시에도 불구하고 이 사실을 일반인에게 이해시키기란 여간 어려운 것이 아니었다. 필자가 주관하는 클리닉, 세미나, 골프학교 등에서 이 점을 역설하고 아마추어는 물론 프로들에게도 강조했지만 고집스러운 남성의 자아의식을 극복하기가 어려웠다.

그것은 남자라면 네 개의 웨지를 가지고 다닐 이유가 없다라는 고정관념이었다. 남성들의 자아의식은 플루토늄 드라이버로 멀리 높게 날아가는 샷을 구사하는 방향에 맞추어져 있다. 만약 남성의 자아의식에 맞추어진 클럽 세트가 디자인된다면(가끔 이런 일이 일어난다고 생각한다) 모든 사람의 백 속에는 드라이버, 2번, 3번 우드, 드라이빙 아이언 1, 2, 3번 아이언으로 채워질 것이다. 남자들이 갖고 있는 자아의식은 엄청나게 강한 바람 속에서도 완벽한 225야드의 롱 아이언 샷을 구사할 수 있는 투어 프로들의 스윙을 자기도 할 수 있다고 믿는 것이라고 생각한다. 결과적으로 이런 남성의 자아의식을 자극하는 형태의 클럽이 더 많이 생산되고 더 잘 팔려 나간다.

장비에 대한 내용을 좀더 자세히 설명하기에 앞서, 웨지를 더 많이 갖고 있는 것의 효용적 가치를 알고 있었지만 롱 아이언에 대한 강한 집착을 버리지 못했던, 필자가 지도한 어느 한 선수에게 필자가 해봤던 두 가지 테스트 결과를 말하고자 한다.

짐 시몬스는 펠츠의 웨지 시스템으로 PGA투어에서 세 번이나 우승한 경험이 있는 매우 명석한 선수이다. 내가 그에게 백에서 2번 아이언을 빼내라고 처음 충고를 했을 때 그는 매우 황당해 했다. 그는 2번 아이언이 필요할 때는 어떻게 하느냐라고 되물었다. 결국 그는 자신이 신봉하던 2번 아이언을 없애고 웨지를 추가할 수는 없었다. 이렇게 그가 주저하면서 보낸 6개월이 지났을 때 나는 내 주장이 옳을 수도 있고 결과적으로 짐의 게임도 향상될 지도 모르니 테스트라도 해보자고 그를 설득시킬 수 있었다.

나는 그에게 6번 아이언으로 2번 아이언을 대체하자고 했다. 이것은 2번 아이언이 얼마나 비생산적인가를 보여주었다. 그는 '어떻게 해야 하지요? 6번 아이언으로는 210야드 떨어진 그린까지 공을 보낼 수가 없잖아요. 6번으로는 167야드 밖에 치지 못해요' 했다. '맞아요. 정확한 말이지요. 온 그린 하는 경우가 한번도 없기를 바랍니다. 그런 다음 업 앤 다운을 얼마나 잘하는가 조사해보고, 점수에 미치는 영향을 관찰하자는 것입니다' 라고 설명했다.

그는 약간 당황했지만 앞으로 6주간은 2번 아이언 없이 모든 프로 암 대회를 치를 것을 약속했다. 라운드에서 2번 아이언 샷이 필요할 때는 6번 아이언을 쳤다. 그리고 6주 후 여섯 번의 프로 암 라운드를 한 후 6번으로 2번 아이인을 대체한 홀에서 얻은 모든 득점을 나에게 보여주었다. 그의 평균 득점은 4.25타였다. 이것은 전체 홀의 표준 타수보다 0.25타가 많았다(그는 4네 번 그린을 놓쳤는데, 여기서 세 번이나 파를 세이브했다).

그 후 나는 내가 수집한 자료를 기초로 해서 지난 2년간 투어에서 그가 2번 아이언을 사용한 모든 홀들의 평균 스코어를 보여주었다. 짐의 평균 스코어는 표준 타수보다 0.46타가 많았다. 210야드를 2번 아이언으로 친 것보다 6번 아이언으로 쳤을 때 점수가 더 나았다.

2번 아이언 샷 중 몇 개는 벙커에 빠지기도 하고 그린을 넘어 날아가기도 했고 물 속으로 떨어지기도 했다. 가끔 깃대 가까이 붙인 적이 있었을 뿐이었다. 그가

핸디캡이 높은 사람도 숏 게임이 필요하다

이것은 사실이다. 핸디캡이 높은 골퍼는 핸디캡이 낮은 사람보다 숏 게임이 더 필요하다. 핸디캡이 높은 사람에게 숏 게임이 필요하지 않다는 것은 잘못된 인식이다. 사실은 그 반대다. 나는 게임을 풀어가는 실력이 낮을수록 웨지가 더 많이 필요하다고 강조한다. PGA투어에서 선수들은 매 라운드당 평균 12.5~13회 정도 온 그린에 성공하고 5~6회 정도 온 그린에 실패한다. 온 그린에 실패하는 이유는 피치, 칩, 샌드 샷 등 비거리가 모자라서 생겨난 경우이다. 선수들은 한 라운드에 보통 네 개의 파 5홀을 플레이한다. 따라서 투어 프로들은 매 라운드당 7회 내지 10회 정도 그린을 향한 피네스 스윙을 구사한다. 만약 여러분이 투어 수준의 강타자가 아니라면 한 라운드 당 구사해야 하는 숏 게임 샷은 더 많아진다(도표 10.6.1). 핸디캡이 평균 10 정도인 골퍼는 일반적으로 라운드당 4~5회 그린 안착에 성공한다. 따라서 10회 정도는 숏 게임 샷을 해야 하고 여기에다 파 5의 홀에서 숏 게임 샷을 더하면, 매 라운드당 13~14회, 어떤 경우에는 15회의 웨지, 칩, 피치, 그리고 벙커 샷을 한다는 것을 의미한다. 따라서 그린적중률이 떨어질수록 숏 게임이 가지는 중요성은 더욱 커진다. 바로 스코어링 게임이 숏게임이다!

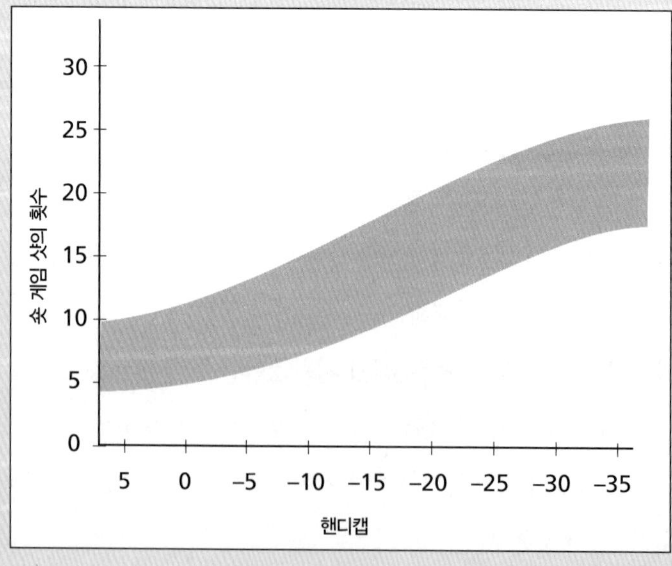

도표 10.6.1 핸디캡이 높을수록 매 라운드당 더 많은 숏 게임 샷을 구사한다

6번 아이언 대 2번 아이언의 비교 테스트를 하는 동안, 2번 아이언을 웨지로 대체한 결과는 16회의 업 앤 다운 성공률이었다.

이러한 결과를 통해서 2번 아이언보다 로프트가 큰 웨지가 점수를 내는 데는 훨씬 유용하다는 것을 짐 시몬즈는 확신할 수 있었다. 이러한 사실을 실제로 경험하고 난 후 짐은 2번 아이언을 백에서 빼내고 웨지 하나를 추가한 후 경기에 임했다.

탐 젠킨스(Tom Jenkins) 역시 처음에는 롱 아이언에 대한 애착을 버리지 못했다. 그는 '어떻게 3번 아이언을 포기할 수 있죠? 저는 3번 아이언을 자주 쓰고 굉장히 좋아합니다. 그리고 잘 맞아요' 했다.

젠킨스에 대한 나의 응답은 다음과 같았다. (1) 자신이 생각하는 것 보다 3번 아이언을 자주 치지는 않는다. (2) 3번 아이언은 점수 관리 측면에서 도움이 되는 클럽이라고 할 수 없다. 탐의 자의식을 위해서는 좋은 클럽이 될 수 있지만 점수가 성공의 잣대인 투어에서는 걸맞지 않는다.

탐 젠킨스(T.J)는 그가 출전하는 여덟 개 경기 동안, 그가 사용하는 클럽의 사용횟수를 기록했다. 그 결과 여덟 개의 라운드 동안 웨지를 55회 사용한 반면 3번 아이언은 7회만 사용했다는 사실이 밝혀졌다. T.J는 주저하지 않았다. 그는 점수관리에 있어 웨지의 가치를 인정했고 그 후 3번 아이언을 사용하지 않았다. 그는 지금 3번 아이언 없이도 시니어 투어에서 맹활약하고 있다.

젠킨스가 취한 방법은 시몬스의 경우와는 달랐다. T.J.는 단순히 3번 아이언을 제외시키고 나머지 클럽에 대한 변화는 주지 않았다. 그는 테스트 결과 3번 아이언을 다른 클럽보다 적게 사용하고 있음을 알고 제거했다. 그는 2번 아이언(파 5 홀에서 자주 사용했다)과 4번 아이언은 그대로 나뒀다. 그런데 이 두 클럽의 거리 차는 상당히 있다. 그렇지만 3번 아이언을 드물게 사용하기 때문에 쉽게 해결될 수 있는 문제였다. 그의 정상적인 3번 아이언 거리인 200야드를 치기 위해서는 4번 아이언을 좀 강하게 치든지 2번 아이언을 약하게 때리면 되었다. 어차피 항상 버디를 할 수 있는 것은 아니기 때문에 그린 위에 공을 올려놓는다고 생각하면 되는 것이었다.

이상과 같은 예는 백에서 아이언 한두 개를 내놓는다고 해서 무슨 큰 일을 당하는 것은 아니라는 사실을 보여준다. 사실, 페어웨이 우드를 한 개 이상 가지고 다닌다면, 그리고 특히 5~6번 우드의 샤프트를 3인치 정도 내려 잡아(그립 다운) 거리 조절하는 방법을 안다면(10~15 야드 감소) 롱 아이언을 갖고서 처리할 거리 대부분은 이미 해결된 것이나 마찬가지이다. 독자들도 스스로 테스트를 해보자. 백에서 2번과 3번 아이언을 빼놓았을 때 어떤 문제가 생기는지 살펴보자. 그리고 앞으로 할 열 번의 라운드 동안 친 샷들과 클럽들의 기록을 해서 어떤 클럽을 제일 덜 사용하고 있는지 알아보자. 만일 골프를 매번 같은 코스에서 한다면 사용하지 않는 클럽을 알기 위해서 샷을 기록할 필요도 없을 것이다.

여기서 기억해야 할 점은 다양한 웨지를 사용하면 그린 주변에서의 거리 컨트롤이 용이해지고 이것은 짧은 거리의 퍼팅을 하게 하고 결국 좋은 스코어가 나오게 한다는 사실이다. 그린 밖에서 3타만에 홀 아웃하는 것을 2타로 줄이는 방법을 안다면, 골프게임, 핸디캡, 우승 횟수 등에서 큰 변화가 있으리라고 믿는다.

10.7 골퍼들의 과제

여러분들도 이제는 클럽세트의 구성에 어느 정도 변화가 있어도 큰 문제가 생기지 않는다는 것을 이해했으리라 본다. 필자는 결론적으로, 가장 중요한 변화라고 생각하는 것이지만, 웨지를 추가할 것을 제안하고자 한다.

2번, 6번 아이언이 차지했던 공간을 채우고 클럽별 거리차를 일정하게 만들기 위해서라면 갖고 있던 나머지 클럽들의 거리 조정이 필요하다. 예를 들어 3번 아이언은 176야드보다 190야드의 공을 치도록 하고 9번 아이언은 124야드에서 115야드로 거리를 감소시켜야 하는 것이다. 어떻게 해야 가능한가? 강습을 받고 있는 프로나 클럽 피팅 전문가에게 로프트 조정 또는 샤프트 길이 변화를 요청

하면 된다. 이러한 조정은 그리 어려운 일이 아니다. 주변의 프로골프에게 문의하면 전문점을 소개받을 수도 있을 것이다.

하지만 아직도 많은 골퍼들이 이러한 변화를 감내하기 어려워한다. 이들 골퍼들의 의중에 있는 것은 단지 클럽 두 개 즉 2번과 6번 아이언이 이제는 없다는 것뿐이다. 혹자는 이렇게 말할지도 모른다. 난 항상 그 클럽들을 사용했기 때문에 절대 포기할 수 없습니다. 물론 이 생각은 자신의 클럽세트로 하던 방식대로 게임을 즐겼으면 통용될 수 있는 말이다. 그러나, 클럽별 거리차를 조정하고 표준화시켜 놓으면, 2번, 6번 아이언은 과거 기능을 해내지도 못 할 것이고 결국 필요하지도 않게 될 것이다. 여기서 꼭 기억해야 할 것은 필자가 소개한 세트 구성은 세트 구성 개념을 예시한 것이라는 점이다. 경우에 따라서는 3번 또는 7번 아이언, 그리고 2번 우드를 포기할 수도 있다. 필자는 웨지를 추가하려면 열네 개로 한정된 클럽 개수의 범위 안에서 퍼터를 제외하고는 어떤 클럽을 버려도 상관없다고 생각한다.

필자가 알고 지내는 대부분의 PGA 투어 선수들은 자신 스스로 좋다고 느끼기 전까지는 한 개의 클럽도 포기할 수 없다고 생각했다. 필자는 노트북과 자료로 가득 찬 디스크를 갖고서 좋아하는 선수 6명과 모임을 가졌던 적이 있다. 나는 그들에게 자료를 제공하고 상금과 향상된 점수, 피네스 게임간의 상관관계를 설명해 주었다. 나는 이들에게 3x4 웨지 시스템의 기초를 보여주었고 그들에게 긴 클럽은 버리고 웨지를 더 선택하라고 권했다.

이들은 꽤 깊은 인상을 받은 것 같았고 이들 모두가 '펠츠씨 당신 말이 맞아요. 놀랍군요. 나는 숏 게임과 웨지 게임, 그리고 거리의 부정확성이 어떻게 득점 능력과 관련이 있는지 전혀 몰랐습니다' 라고 말했다.

그리고 6명 중 5명은 자리를 떠났다. 아무것도 달라진 것이 없었다. 단지 한 명의 선수가 내가 추천한 방법을 받아들이기로 했다. 탐 카이트—이미 6명 중에서 최고의 웨지 플레이어였다—는 모임을 떠나자마자 세 번째 L웨지를 추가했다. 그리고 2번 아이언을 버렸다. 비거리의 손실을 상쇄하기 위해 3번 아이언의 샤프트 길이를 늘이고 헤드 무게는 조금 줄였으며 로프트를 작게 만들었다. 결국 클럽 밑바닥에 3이라고 표시되어 있는 클럽을 2번 아이언 구실을 하는 클럽으로 변화시켰다. 그는 또 4번 아이언은 2°, 5번 아이언은 1°, 6번 아이언은 1/2° 정도 강화시켰다. 그는 7, 8, 9번 아이언에는 손을 대지 않았다. 그는 클럽 피팅을 클럽별 거리 간격을 좀 늘리는 방법으로 해서 긴 범주의 거리를 보다 적은 개수의 클럽으로 할당할 수 있게 만들었다. 그 후 탐 카이트는 웨지를 정말 잘 다루는 선수가 되었음은 두말할 나위 없다.

여러분들도 이 새로운 클럽 세트 구성에 대해서 생각해보길 바란다. 여러분은 얼마나 자주 2번 아이언으로 그린을 공략해서 버디 퍼팅을 하고 있는가? 아마 이런 경우는 거의 없을 것이다. 혹은 2번 아이언으로 그린 위에 공을 올려놓고 2퍼트 해서 파를 기록한 경우가 얼마나 자주 있는가? 이런 적은 아마 가끔 있었을 것이다. 반면에 2번 아이언의 아픈 기억도 있을 것이다. 2번 아이언으로 친 공이 지면 위로 굴러간 경우, 벙커에 빠진 경우, 숲에 들어간 경우가 생각날지 모르겠다. 잘 맞은 공이 그린 앞에 떨어진 후 튀어서 그린을 굴러 넘어간 뒤 냇물 속으로 들어가는 일도 있고, 여러분이 아니라고 해도 필자는 2번 아이언으로 O.B.를 낸 골퍼들을 많이도 알고 있다.

프로 선수들은 어떠한가? 프로들도 마찬가지이다. 자료에 따르면 클럽 프로들이나 투어 프로들이 2번 아이언(대략 225야드의 샷)을 사용했을 때 나오는 좋은 결과란 일단 공이 그린 위에 정지할 때를 말한다. 2번 아이언으로 홀로부터 10피트의 지점에 공을 갖다 놓았다고 해도 퍼팅이 꼭 성공한다는 보장은 없다. 그러므로 깃대 주위의 안전 지역으로 가게끔 2번 아이언을 조준하고(그린 주위의 주변 지역을 포함) 파를 하는 것이 급선무다. 파를 하고 다음 홀로 가면 다행이다. 괜한 모험을 할 이유가 없다.

여기 충격적인 사실이 하나가 있는데, 2번 아이언을 포기하는 것은 천만다행이라는 점이다. 2번 아이언을 웨지로 대체하지 않아도 평균스코어가 내려간다는 것이다. 그렇지만 L웨지의 사용법을 알고 이것을 백에 추가한다면 게임과 득점력은 더욱 향상될 것임은 분명하다. 그리고 언젠가는 X웨지도 추가하고자 할 것이다.

10.8 부정적인 측면이 있다면

두 개의 웨지를 추가하는 것은 다음의 두 가지 상황을 초래한다.(1) 백으로부터 다른 두 클럽을 빼내는 것과 (2) 로프트가 더 큰 웨지의 사용법을 배워야 하는 것이다.

롱 아이언을 쓰지 않는 것은 변화를 싫어하고 자신 나름대로의 경기방법을 갖고 있는 중견 골프 선수들에게는 감정적으로 꽤나 어려움을 줄 수 있겠지만 스코어링 게임을 위해서는 해야 할 일이다. PGA 프로 50명과 LPGA 프로 40명이나 넘는 선수들이 필자의 스쿨을 방문했고 오랜 기간을 거쳐 이 웨지 시스템을 사용해 오고 있지만, 아직도 필자의 주장에 코웃음을 치는 사람들도 있다. 이들은 이 책을 읽지도 않았고 나의 스코어링 게임스쿨에 참가하지도 않았던 사람들인데 롱아이언을 로프트가 큰 클럽으로 교체해야 된다는 말만 들었지 실세 내용은 모르고 있다. 이들은 점수를 내기 위해서 무엇을 어떻게 왜 해야 하는 지 모른다.

어떤 사람은 나에게 그렇게 많은 정상급 선수들이 이것을 하고 있다면 왜 내가 당신의 3x4시스템에 대해서 들어본 적이 없는 것이지요? 라고 묻는다. 혹은 왜 제조업자들은 말한 방법대로 클럽을 만들어 내지 않는 것입니까? 이 시스템의 약점은 무엇이지요? 라고 묻는다.

여기서 필자는 세 가지를 설명하려고 한다. 첫째로 탐 카이트 혹은 다른 투어 선수들이 여러분이나 기자 또는 투어 관계자에게 말을 할 이유가 있는 것일까? 투어 프로들이 하는 일은 플레이에 전념해서 돈을 버는 일이다. 탐 카이트는 필자와 20년 이상이나 함께 일해왔지만, 나의 존재에 대해 한마디도 하지 않았다.

그가 열아홉 번씩이나 토너먼트 우승을 거머쥐고, 세계에서 가장 많은 수입을 올린 선수가 되었을 때에도, 그리고 투어에서 제일 낮은 평균타수를 기록한 선수에게 주는 바든 트로피를 수여한 후에도 필자에 대한 말은 한마디도 하지 않았다. 그가 왜 그랬을까? 그는 내가 그에게 투자한 시간에 대해 돈을 지불했고, 나 역시 그를 대신해서 샷을 날리지는 않았다. 그는 존경 받을 만한 선수이다. 도움을 청하거나 어느 누구에게 도움을 주지도 않았다. 그는 그의 일을 했을 뿐이고 나는 나의 일을 했을 뿐이다. 그는 내 친구이고 그것이면 족하다.

둘째로 여러분은 클럽 제조업자들이 장타 샷을 강조하지 않으면서 판매 수익을 떨어트릴 것을 기대하는가? 필자는 제조업자들이 자신의 수입을 떨어뜨려 가면서까지 숏 게임을 강조하리라고는 결코 기대하지 않는다. 그나마 그들이 숏 게임의 가치에 대해서 있는 그대로 말해주는 것에 대해 감사할 뿐이다. 사실 이들은 숏 게임에 큰 관심을 두지 않고 있으며, 이러한 생각이 빠른 시간 안에 바뀔 것이라고 생각하지도 않는다(그러나 최근 들어서 많은 제조업자들이 여러분의 골프백에 추가될 수 있는 다양한 웨지들을 생산하고 있다. 이 웨지들은 클럽의 풀 세트에는 포함되지 않는다. 왜냐하면 제조업자들은 세트를 팔아 이윤을 남겨야 하기 때문이다).

셋째로 이 시스템에 약점이 있는가? 내가 대답할 수 있는 것은 단지 1번 아이언에 대한 집착이 타수를 줄일 수 있다면 '그렇다' 이다. 솔직히 필자는 3×4 웨지 시스템이나 스코어링 게임을 위한 피네스 스윙 이론에 약점은 없다고 생각한다. 만약 여러분이 발견해한다면 알려주시면 좋겠다.

다음의 실례가 이 시스템에 대한 의구심을 없앨 수 있을는지 모르겠다. 1990에서 1991년 사이 탐 시크만은 네 종류의 웨지(3, 5번 아이언을 제외시킴)를 가지고 PGA 투어 활동을 했다. 그리고 그 기간 동안 자신의 골프 경력에서 그 어떤 다른 시기보다도 많은 수입을 올렸고 파 3홀 버디 순위 3위로 시즌을 마쳤다. 투어에서 파 3홀을 웨지로 치게끔 세팅하지는 않는다는 점을 주목하자. 시크만은 다른 프로들이 두 배나 많은 종류의 클럽(1~6번 아이언)으로 만드는 버디보다 2번, 4번, 6번 아이언만 사용해서 더 많은 버디를 만들어 냈다.

시크만은 이때 이 시스템이 약점을 갖고 있다고는 생각할 수 없다고 말했다. 같이 시합을 하는 선수들이 파 3홀에서 시크만이 무슨 클럽을 잡고 있는 가를 보기 위해 그의 백을 엿볼 때(백에 의도적으로 가서 클럽을 살피거나 만져서는 안 된다), 이들 모두는 이상한 표정을 지었다고 한다. 그가 4번을 들고 있을 때, 그의 백에 있던 2, 6번 아이언이 전부이고 그 사이의 클럽은 없는 것을 알았을 때 동료들이 놀란 것은 당연한 일이다.

10.9 이 세트는 실용적인가

거리야말로 어떤 샷을 구사하고 어떤 클럽을 선택할지를 결정짓게 하는 기본적인 근거가 된다. 거리를 생각하고 나서 탄도나 스핀 비거리 등을 생각하는 것이다. 클럽들은 특정 거리를 담당할 수 있도록 디자인되었고 그 구실을 해낸다. 캐디가 거리가 148야드니까 155야드의 클럽을 사용하고, 바람이 없으니까 샷을 약간 띄우라고 말하면 우리는 모두 무슨 말인지 알아듣는다. '깃대까지는 68야드고, 약간의 앞바람이 있으니까 공은 그린에 그냥 서버릴 겁니다. 70야드 정도 생각하고 때리면 완벽합니다' 라는 말은 어떤가? 자신 있는 클럽을 손에 쥐고 있다는 확신은 부드러운 70야드 스윙을 만들게 한다.

각자의 스윙 스피드에 기초해서 거리에 딱 맞아떨어지고 정확한 클럽간의 거리 격차를 갖는 클럽을 구비하는 것은 꿈의 세트를 장만하는 것과 같은 것이다. 그러나 모든 골퍼들은 제각기 다른 스윙 스피드와 스윙 방식을 갖고 있기 때문에 이것은 가능하지 않다. 모든 골퍼에게 맞아떨어지는 클럽이란 있을 수 없다. 그럼에도 불구하고 많은 골퍼들이 서로 비슷한 거리를 내고 있다는 것은 매우 놀라운 사실이고, 이것은 현재의 세트를 자신에게 맞도록 개조하는 것이 그리 어려운 일은 아니라는 것을 보여준다.

현재의 세트를 어떻게 변형시켜서 타수를 더 줄일 수 있는가 생각해보자. 처음 이자 가장 중요한 시도는 지금 갖고 있는 웨지로 9:00, 7:30 피네스 스윙을 일관성 있게 할 줄 아는 것이다. 일단 피칭과 샌드 웨지를 갖고서 낼 수 있는 정확한 거리를 알면, 나머지 클럽을 조율하기란 쉽다. 다음의 절차를 참고하자.

1. 다른 클럽들의 사양은 변동 없이 웨지 한 개를 더하고 한 개의 롱 아이언을 버린다(이 방법은 탐 제킨스가 한 것이다). 만약 로프트와 길이가 적정한 웨지 하나를 더한다면 3×3시스템(10:30, 9:00, 7:30)이 갖춰지는 격이다. 세 개의 웨지로 항상 일정하고 분명하게 낼 수 있는 거리 아홉 개가 생긴다. 비록 롱 아이언 한 개로 감당할 거리 격차가 커진 것은 사실이지만, 쉽게 거리를 해결할 수 있는 방안이 마련된다.

2. 두 개의 롱 아이언을 버리고 두 개의 웨지를 집어넣고 3×4시스템을 택한다. 대개 사람들은 아이언에서 가장 긴 2, 3번 아이언을 빼고 5번 우드를 내려 잡는 방법을 익힌다. 물론 아이언이 감당할 수 있는 거리의 격차는 커지지만, 타수를 많이 잃지 않고도 경기를 풀어갈 수 있다.

3. 두 클럽을 빼냈기 때문에 클럽별 거리 조정을 위해서 다른 클럽의 사양을 변경한다. 이 방법을 프로들이 택한다(탐 카이트의 예를 보자). 이렇게 하면 클럽별 격차는 15야드 정도가 된다.

4. 두 종류의 웨지를 더해서 열여섯 개 클럽으로 구성된 세트를 준비해 놓는다. 코스의 상황에 따라 클럽을 가감해서 열네 개의 클럽으로 맞추어 플레이하면 된다.

어느 클럽을 빼낼 것인가를 너무 지나치게 고민할 필요는 없다. 언제든지 넣고 있던 것을 다시 제외시킬 수 있다. 필자는 아마추어의 경우 짝수 아이언을 모두 빼놓고 해도 같은 스코어를 낸다는 것을 증명한 바 있다(이렇게 되면 백이 가볍게 되니까, 백을 메고 걸을 용기가 생길지도 모르겠다).

그리고 클럽이 없어졌다고 두 클럽의 중간거리에 해당되는 거리를 어떻게 처리할 것인가를 걱정할 필요가 없다. 샷의 본질은 다음과 같기 때문이다.

- 스윙이 완벽할 필요는 없다. 클럽을 빼놓지 않은 일반적인 세트를 갖고서도 한번에 퍼팅을 성공시킬 샷은 할 수 없었을 것이다. 스윙을 잘 해서 공을 안전하게 그린 위에 올려놓으면 된다.

- 과거에는 클럽간의 거리 격차가 10야드였고 5야드를 조정하기 위해 피네스 스윙을 익혔다. 이제는 클럽 간 거리 격차가 15야드이다. 방법은 같다. 이제는 7.5야드의 미세 조정을 하면 된다.

- 벙커가 있다면, 이것을 피하기 위해 과거보다는 더 긴 샷이 나올 것이다. 확신이 서지 않는다면, 정확하지 않을지라도 벙커를 향한 샷을 친다. 물론 그린을 넘기는 긴 샷은 또 다른 위기 상황을 만들어 낼 수도 있으므로 주위의 장애요인 등을 검토해서 지능적인 샷을 하는 것이 중요하다.

여기서 어떤 아이언을, 얼마나 많이 없애느냐는 중요하지 않다. 중요한 것은 웨지를 추가하는 것이다. 백 속에 100야드와 215야드 사이의 모든 비거리를 1야드 간격으로 감당할 수 있는 115개의 클럽을 넣어둘 수도 있겠지만, 그렇다고 해도 1타를 줄이기가 어려울 것이다. 그러나 웨지 하나를 더하고 사용 방법을 안다면 한 라운드당 3타 5타 10타까지 점수를 낮출 수 있다. 웨지 두 개를 추가하고 9:00 및 7:30 스윙을 할 줄 알면 골프게임을 완벽하게 즐기는 방법을 알게 될 것이다.

100야드 이내의 폭 넓은 거리 격차를 보자(그림 10.3.1). 이것 때문에 우리 모두가 웨지를 잘 다루는 플레이어가 되지 못했다. 그림 10.9.1에서 같은 웨지별 거리를 살펴보자. 이 세트를 사용하면 합리적이고 올바른 스윙을 통해 1~2야드 이내의 오차를 가지고 웨지 샷을 구사할 수 있게 되며 다음 퍼트를 파 혹은 버디로 만들 확률이 높아진다. 일단 7:30, 9:00 스윙 거리를 알기 위해서는 연습에

7:30, 9:00 스윙에 기초하여 구성된 클럽세트

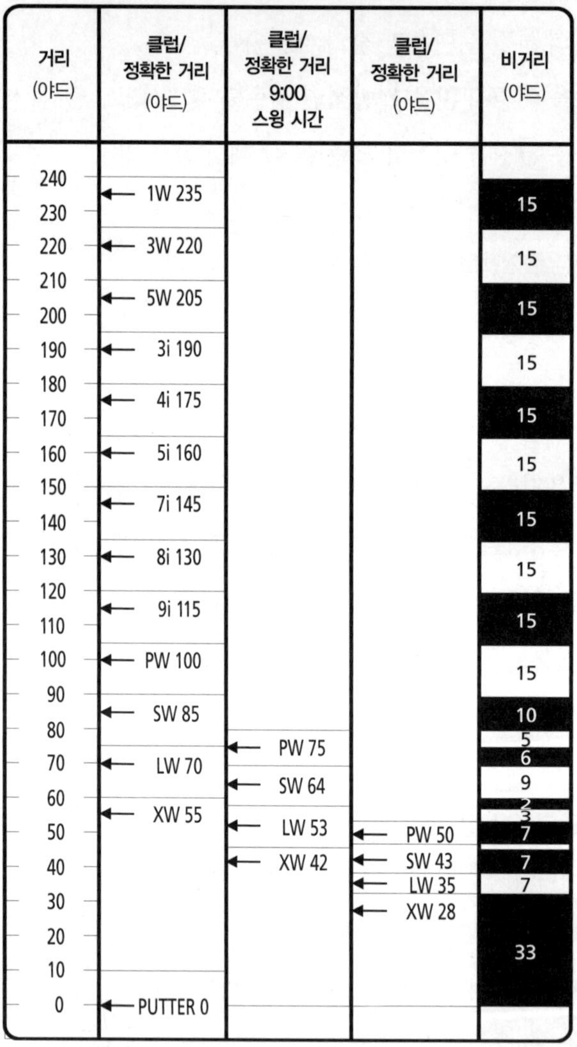

그림 10.9.1 3×4시스템으로 비거리의 차이를 극도로 줄일 수 있다.

충분한 시간을 투자해야 하고 샤프트에 자신의 거리를 표시해두면 마음도 편안해지고 꿈에도 상상하지 못했던 자신감이 생긴다. 숏 게임 실력이 좋아졌다는 것을 느끼면, 점수를 내는 방법을 알게 되기 때문이다.

미래의 세트 디자인

10.10 클럽의 사양

다음은 필자가 추천한 로프트 범위를 가진 4개의 웨지이다(그림 10.10.1).

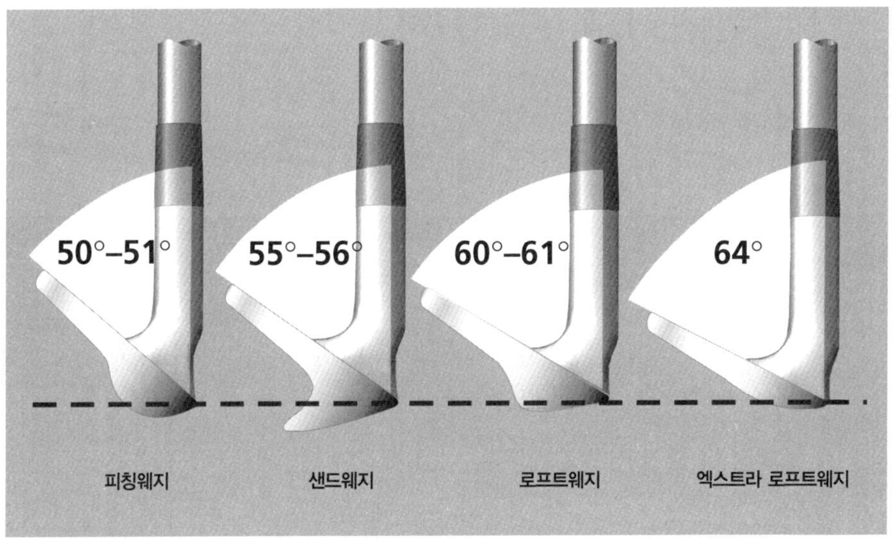

그림 10.10.1 골퍼에게 도움이 되는 네 종류의 웨지

보통의 피칭 웨지 로프트는 50~51°이상이다. 이것은 거리가 나게끔 제조된 최근의 피칭 웨지들보다 거리가 덜 나갈 것이다. 장타의 유혹을 뿌리쳐야 한다. 많은 클럽메이커들이 피칭 웨지 로프트를 줄임으로써 샌드 웨지와 피칭 웨지 사이를 채운다는 '갭(gap)' 웨지를 양산하고 있다(결국 9번 아이언을 PW로 만드는 것과 마찬가지다).

샌드 웨지의 로프트는 55~56°가 되어야 한다. 이 웨지와, 52~54°의 로프트를 갖고 있고 별 소용도 없는 스트롱 샌드 웨지와 혼동하면 안 된다.

L 웨지는 60~61°가 적당하다. 이 세 번째 로프트웨지는 탐 카이트의 좋은 성적 덕분에 최근 몇 년 동안은 빠르고 단단한 그린에서 선풍적 인기를 끌었다. 그

리고 골프잡지에 실린 필자의 기사도 한몫을 했을지도 모른다(이런 생각이 든 것은 타수가 줄어들고 결과적으로 핸디캡도 떨어졌다는 편지와 이-메일을 필자가 종종 받기 때문이다).

엑스트라 로프트웨지는 64°의 로프트를 갖고 있다. 이 클럽은 그린 주위에서의 플레이가 쉽게 풀릴 수 있게 한다. 클럽페이스를 오픈하지 않아도 높고 부드러운 샷을 할 수 있기 때문이다. 그 밖에 웨지의 로프트에 따라 클럽의 사양에 다소간의 변화가 있어야 한다. 웨지의 로프트가 커질수록 다음과 같은 조정이 필요하다.

- 다른 클럽간의 길이 차이가 어떤지 몰라도 웨지의 샤프트는 적어도 1/2에서 3/4인치 정도 줄여야 한다. 샤프트의 길이가 짧게 되면 작은 스윙 아크를 만들어 내고 간결한 샷을 할 수 있게 된다.

- 웨지들의 라이 각도를 더 세워준다(약 0.5° 정도). 이렇게 하면(클럽의 길이가 짧아져서) 몸에 더 가깝게 서야 하기 때문에 클럽의 솔과 지면이 보다 잘 밀착될 수 있다. 시판되고 있는 다용도 웨지를 구입했다면 웨지의 길이나 라이가 다 똑같다는 것을 염두에 두고 적절하게 조정해주는 것이 좋다(보통 샤프트 길이를 자르거나 헤드의 무게를 더한다).

- 로프트가 클수록 클럽헤드는 무거워진다. 웨지의 클럽헤드에다가 무게를 더하면 샷의 비거리가 줄어들고 이것이야말로 골퍼가 원하는 바일 수 있다.

- 로프트가 커질수록 샤프트는 신축성이 있어야 한다. 그 이유는 더 부드럽고 스무스한 피네스 스윙은 리듬과 올바른 타이밍 때문에 클럽헤드의 감각이 느껴져야 하기 때문이다.

- 각각의 웨지는 각각 다른 라이에서, 여러 종류의 샷을 하기 위해서 서로 다른 바운스를 가지고 있는 것이 좋다(제 9장 참고).

로프트가 가장 큰 X 웨지는 중간 정도 깊이의 적은 바운스 플랜지가 좋다. 이런 모양을 한 클럽이어야지만 그린 주변의 타이트한 라이라든지 평범한 라이에서 높이 떴다가 부드럽게 안착되는 공이 필요할 때 별 무리 없이 해낼 수 있기 때문이다. L 웨지에는 약간의 바운스가 있으면 되고(너무 과도할 이유가 없다) 샌드 웨지는 바운스가 깊을 필요가 없다. 헤비 러프나 아주 부드러운 샌드에서는 깊은 바운스가 필요 없기 때문이다.

피칭 웨지는 타이트한 페어웨이에서 긴 풀스윙을 하는 경우가 많고 큰 플랜지가 정확한 타격에 방해가 될지도 모르기 때문에 바운스가 많을 필요가 없다.

골퍼의 웨지 욕구를 충족시켜줄 수 있는 클럽은 수도 없이 많다. 그러나 앞서 언급한 바와 같이 웨지를 새로 구입하면 수정을 위해서 프로나 전문 프로 샵에 가져가서 수정을 거쳐야 한다. 이렇게 함으로써 일정하고 반복적인 비거리를 구사해내는 클럽 세트를 만들 수 있다. 이 경우 로프트, 라이, 헤드 무게, 샤프트의 신축성, 길이, 바운스 등을 점검할 것이다.

끝으로, 가능한 한 게임을 할 때 자신에게 가장 적합한 세트를 만드는 것이 중요하다. 사람들이 로프트를 보고 웨지를 고르는 것은 당연하다. 그렇지만, 바운스가 적정한가도 점검해봐야 하고 다른 클럽과 중복이 되지 않는가 살펴볼 필요가 있다. 가능하다면, 구매에 앞서 연습장에 가서 사려는 클럽이 어느 정도의 기리가 나오는지 점검해야 한다. 이미 가지고 있는 것과 같은 거리를 내는 웨지가 무슨 소용이 있겠는가? 만약 로프트, 바운스, 이 밖의 사양에 대하여 확신이 안 선다면, 골프 프로나 전문 클럽 제조업자에게 체크를 받는 것이 현명하다. 만약 바운스나 로프트 사양이 맞는데도 거리가 제대로 나오지 않는다면 구입을 서두르지 말고 시간적 여유를 갖고 제품을 찾아야 한다. 매장에서 $60°$ 짜리 L 웨지를 구입해 로프트를 측정해보면 실제 로프트는 $58°\sim62°$ 에 이른다. 그렇다면 길이는 정확한가? 분명한 것은 표시된 사양들이 절대 옳을 것이라는 기대를 가지고 매장에 들어가서는 안 된다는 사실이다.

표 10.10.1은 지난 수년 동안 필자가 PGA 투어 선수들을 위해서 수정했거나

직접 제작한 웨지들의 평균 사양들을 보여준다. 여기에 나온 거리를 치지 못한다면, 굳이 이 표에 클럽을 맞출 필요는 없다. 숏 게임에서는 거리가 가장 중요하므로 자신이 직접 클럽별 거리 테스트를 해보는 것이 좋다. 자신이 갖고 있는 웨지 네 개의 실제 비거리를 알고 있다면, 기록을 해두어서 100야드 안에서 클럽 간의 비거리와 이 클럽에 따른 비거리의 차이를 비교해 보아야 한다. 거리들이 중복된다고 해도 걱정할 필요는 없다. 다음의 설명을 참조하자.

유형	로프트 각 (도)	라이 각 (도)	샤프트 길이 (인치)	바운스 양 (인치)	바운스 깊이 (인치)	샤프트 플렉스
피치웨지	50−51	61−63	35−36	.20−.40	.30−.50	R(6.0)
샌드웨지	55−56	61$^1/_2$−63$^1/_2$	34$^1/_2$−35$^1/_2$	.45−.75	.45−.90	R(5.5)
로프트웨지	60−61	62−64	34−35	.20−.55	.20−.40	R(5.0)
엑스트라 로프트웨지	62$^1/_2$−64	62$^1/_2$−65	33$^1/_2$−34$^1/_2$	.20−.40	.35−.60	L(4.5)

표 10.10.1 웨지의 특성(일반사양)

10.11 세트의 최적화

세트를 최적화시킬 때 최우선 순위를 갖는 것은 퍼터이다. 퍼팅은 골프 샷에서 가장 빈도가 높은 샷이다(데이터에 의하면 43%). 퍼터의 사양은 그린에서의 성공률에 큰 영향을 미칠 수 있다.

숏 게임이 득점 능력을 결정하는 데에 상당한 영향을 미치기 때문에 적합한 웨지를 선택하는 일도 최우선 순위의 가치를 지닌다. 웨지는 퍼터만큼 사양이 잘못되는 경우는 드물고 대개의 경우 숏 게임 결과는 클럽 피팅 상태보다는 피네스 스윙의 기술 부족 때문에 더 많은 영향을 받는다. 어찌 되었든 세 번째 우선순위는 드라이버이다. 웨지 샷과, 퍼팅, 그리고 드라이브를 할 수 있어야 골프를 잘할 수 있기 때문이다.

웨지를 십분 활용할 수 있는 것이 골프게임의 정수다. 앞서 언급한 것처럼 골퍼는 10:30, 9:00, 7:30 스윙으로 각 웨지가 구사할 수 있는 샷의 비거리를 샤프트 아래쪽에 붙이는 것도 좋다. 여러분이 이 책의 내용을 받아들였다면 이것을 반드시 해야 한다. 이 충고를 받아들이지 않으면, 여러분은 비거리를 기억하느라 정신을 집중하지 못할 것이고 리드미컬한 스윙도 하지 못할 것이다.

세 가지 서로 다른 거리를 접착 종이에 써서 샤프트의 아래쪽에 붙여야 한다 (그림 10.11.1). 샷을 구사하기 전 거리를 확인하느라 혼돈을 느껴서는 안 된다. 웨지에 붙어 있는 거리와 마음속에 있는 스윙 길이가 옳다는 자신감을 가지면 올바른 스윙을 구사해내는 일이 쉬워진다. 비거리를 알게 된 후에도 매일 반복하여 실력을 확고하게 하기 위해서 비거리를 적은 종이를 항상 보아야 한다. 그리고 자신의 비거리를 알게 되면 그 거리가 계속 불변할 것이라는 생각을 버려야 힌다. 스윙과 장비의 변화의 결과처럼 비거리가 변하지 않았다는 것을 확인하기 위해서 계절이 바뀔 때마다 한 번씩은 거리 체크를 해야 한다. 성기적으로

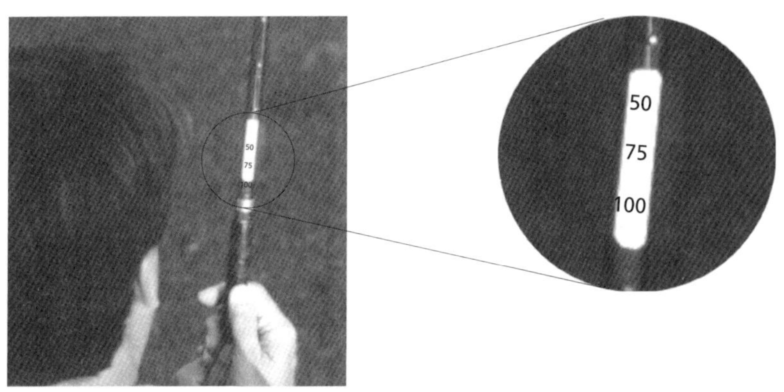

그림 10.11.1 실수를 피하기 위해서 샤프트에 비거리를 붙여 놓아야 한다.

적어도 두 타스의 공을 가지고 각각의 웨지로 정확한 샷을 구사해본 후 발걸음으로 비거리를 측정해볼 필요가 있다.

골퍼들 중에는 웨지 스윙에서 다른 조건들의 조합으로 인해 야디지가 중복되는 것을 보고 혼란을 느끼는 사람들이 있다. 당연한 말이다. 만약 하이 로프트 웨지로 풀스윙을 한다면 이것은 로프트가 작은 웨지로 짧은 스윙을 하는 거리와 같아진다(예. 그림 5.13.1. 10:30 방향의 X 웨지 스윙 :55야드, 9:30 방향의 L 웨지 스윙:53야드). 이와 같은 중복 현상은 문제가 되지 않는다. 각각의 플레이어들은 자신이 선호하는 웨지와 백스윙 길이를 갖게 되기 때문이다. 대부분의 경우 9:00 스윙이 가장 쉽다고 말한다. 그리고 7:30 스윙은 가장 어렵고, 10:30 스윙은 중간이라고 말한다. 어느 한 거리를 중복되는 샷으로 공략할 수 있다면, 이때는 가장 자신감이 있는 샷을 하면 된다.

또한 거리는 같은 반면에 궤도가 다를 수도 있다. 짧은 백스윙은 긴 백스윙을 구사할 때보다 공이 낮게 날아간다. 9:00 피칭 웨지는 같은 거리를 날지만 10:30 L 웨지보다는 궤도가 낮아진다. 이것은 일기나 그린 조건에 달려 있는 문제이다. 바람이 부는 날에는 바람의 효과를 최소화하기 위해서 로프트가 낮은 웨지들과 짧은 백스윙을 해야 한다. 그러나 그렇게 하면 샷이 튀게 되고 임팩트 후 공이 멀리 구른다는 점을 기억하자.

웨지 결과와 비거리에 대해서 학습하고 습관화할 때 레이저 거리 측정기를 사용할 수 있다 (Bushnell Yardage Pro 상표). 연습을 할 때나 코스에서 비거리를 정확하게 확인해야 한다. 귀하는 비거리가 77 야드라고 생각한다. 따라서 74야드 클럽을 꺼낸다. 9:00 방향의 피칭 웨지 스윙을 구사한다. 느낌이 좋다. 74야드를 날아서 한 번 튀고 핀 옆에 섰다. 그렇지만 여러분이 쳐다봤을 때 그 샷은 그린에 짧게 떨어져서 깃대에 못 미친다(거리 측정기를 쓰면 1야드의 오차도 측정할 수 있다. 자신의 잘못을 알아내기도 쉽다. 거리 측정기를 사용하면 걷는 것보다 더 빠르고 정확하다). 이런 경우가 거리측정이 잘못된 것을 알아내는 순간이다. 실제로는 84야드의 비거리가 필요했었다. 골퍼가 구사한 77야드의 거리는 정확했지만 실제 샷은 84야드를 날아가지 못한 것이다. 거리와 샷의 결과를 체크하여 현실에 근거한 판단 내리기를 연습할 수 있어야 한다. 이 시스템을 완성함으로써 자신감을 얻게 되면 스코어링 게임 또한 쉬워질 것이다.

10.12 스코어에 대한 생각

타수를 줄이는 클럽 세트는 자의식이나 솔에 적힌 숫자에 의한 것이 아니라 거리에 따라 디자인되어야 한다. 골퍼가 웨지라고 부르는 것 자체나 백에 얼마나 많은 웨지를 가지고 있는지도 중요하지 않다.

만약 여러분이 자의식 때문에 두 개의 웨지보다 더 많은 웨지를 백에 넣기가 꺼려진다면 51° 웨지를 8번 아이언으로 56° 클럽을 9번 아이언으로 이름을 바꾸면 된다. 그렇게 하면 60°와 64° 웨지가 쉽게 만들어질 수 있다. 이런 방법을 쓰면 8번과 9번 아이언으로 상당히 짧은 거리를 치게 되지만 여러분은 손목에 통증이 있다는 핑계를 댈 수 있고, 게임이 끝난 후 상대에게 손이 아프니까 악수할 때 너무 꼭 잡지 말라고 이야기하면 그만이다.

다른 방법은 60도 웨지의 이름을 Tom이라고 짓는 것이다 두 개의 웨지 외에 Tom이 있다고 생각하면 된다. 이것은 많은 골퍼들에게 도움을 준다. 'Tom 우리는 56야드의 샷이 필요해. 내가 완벽한 9시 방향 피네스 스윙을 할 테니 볼을 핀 가까이 보내 줘' 라고 말하면 얼마나 편한가!

아마 탐 카이트와 탐 왓슨 같이 최고의 실력을 갖춘 선수들을 연상하는 것도 좋은 방법이 될 수 있을 것이다. 이렇게 웨지에 이름을 붙여주면 무의식적으로 훌륭한 숏 게임 플레이어가 되기도 한다.

또한 롱 아이언의 거리를 생각해보자. 4번 아이언의 비거리를 테스트 해보면 약간의 거리 조정으로 162야드에서 170야드의 거리가 조정될 수 있다는 사실을 알게 된다. 롱 아이언의 경우는 거리가 고려된 다음에는 방향이 실제로 큰 문제가 된다는 것을 기억하자(좌우에 있는 해저드를 피해 플레이해야 한다).

필자는 15, 16, 17개의 클럽 세트를 준비하는 것을 권장한다. USGA와 영국골프협회가 열네 개의 클럽 개수 제한을 확대해야 한다고 주장하는 것이 아니다. 그렇지만 자신감을 갖고서 칠 수 있는 다른 클럽들이 준비되어 있다면 경기 당일 날의 코스에 적합한 최적의 세트를 갖고서 플레이할 수 있는 것이다. 1, 2, 3번 아이언보다 5, 6, 7번 우드가 더 사용가치가 있는 코스들이 많다. 혹은 만약 바람이 심하다면 1번 아이언을 가지고 있어야 한다. 러프. 잔디의 두께와 종류, 페어웨이의 폭, 그린의 경도, 샌드 등에 따라 클럽을 맞추어 놓는 것이다.

골퍼가 변경해서는 안 되는 것은 의사결정 방식이다. 이 책에서 제안하는 내용은 적은 타수를 만들어 낼 확률을 향상시키는 데에 있다. 그래서 성공을 예상할 수 없으면 모험을 피해야 한다. 200야드 밖에서 목표에 근접시키는 것은 의미가 없다. 왜냐하면 그 거리로부터의 가깝다라는 말은 24피트(4% PEI)이기 때문이다. 성공에 대한 보상이 없다면 트러블 샷이나 벌타를 받지 않아야 한다. 대신 트러블로부터 탈출하는 선택을 하자. 효율적인 플레이를 하고 다양한 선택들을 고려하면서 올바른 클럽을 선택하여 산뜻하게 플레이하자. 그리고 항상 기억할 것이 있다. 골프는 타수가 말해준다.

Chapter 11

골퍼라면 누구나
숏 게임 핸디캡을 가지고 있다

숏 게임 핸디캡은 무엇인가?

11.1 전반적인 핸디캡

어떤 골퍼의 기량을 이해하고 타수를 줄이는 방법을 알려고 한다면 단순히 USGA 핸디캡 인덱스를 참고하는 것만으로는 충분하지 않다. 핸디캡 인덱스의 숫자들은 '전반적인 핸디캡' 이다. 이것은 골퍼가 갖고 있는 강점과 약점을 보여 주지 못한다.

필자의 평가 시스템에는 한 가지가 아니라 다섯 가지의 핸디캡이 있다. 이 책의 처음에 언급한 다섯 가지 게임에 관한 것이다. 파워 게임, 숏 게임, 퍼팅 게임, 매니지먼트 게임, 멘탈 게임이 그것이고 이들을 주의 깊게 연구해 보면 골퍼의 점수는 강점에 의해서가 아니라 약점에 의해서 근본적으로 결정된다는 사실을 알 수 있다.

제 3장에서 다루었던 내용과 마찬가지로 전성기의 잭 니클러스는 파워, 숏, 퍼팅 게임에서 베스트가 아니었다. 그는 모든 부분에서 비교적 우수했지만 특히 매니지먼트의 절대적 강자였다. 같은 기간 동안에 리 트레비노는 매니지먼트 게임에서 최고의 실력자였고 또한 최고의 볼 스트라이커였다. 벤 크렌쇼는 훌륭한 숏 게임을 이용해서 파워 게임에서 가지고 있었던 핸디캡을 보완했으며 이 세상에서 공을 깃대에 가장 가깝게 갖다 붙이는 훌륭한 퍼팅 게임도 활용했다. 그리고 탐 카이트의 게임에 대해서는 이미 언급한 바 있다.

필자는 숏 게임을 연구하고 가르치는 데 모든 시간과 에너지를 투자했다. 그 이유는 그것이 점수와 가장 관계가 깊은 영역이라는 것이 증명되었기 때문이다 (프로의 경우는 상금과 관계가 있다). 필자의 연구결과는 숏 게임의 경우 골퍼의 수준에 관계없이 모두 실력향상이 될 수 있음을 보여주었다. 왜냐하면 적정한 클럽을 사용함으로써 비거리를 컨트럴하거나 마음을 컨트럴하고 연습 시간을 관리하는 능력을 익히기가 어렵지 않기 때문이다. 골프는 재능, 힘, 체력을 많이 요구하는 게임이 아니다.

숏 게임 능력을 향상시키려면 자신의 향상 정도를 측정할 수 있는 방법이 필요하다. 그것이 숏 게임 핸디캡이다. 숏 게임 핸디캡은 현재 자신이 얼마나 숏 게임을 잘하고 있는지 알 수 있게 해주고 이 책에서 논의된 기술을 익힘으로써 얻어질 수 있는 실력 향상을 가늠할 수 있게 한다. 지금부터라도 여러분은 자신의 숏 게임 핸디캡을 측정해야 한다.

11.2 숏 게임 핸디캡

모든 골퍼는 숏 게임 핸디캡을 가지고 있다. 이 책에서 기술된 피네스 스윙과 3x4 시스템을 공부하고 마스터한다면 숏 게임은 향상되고 전반적인 핸디캡은 떨어질 것이다. 그 폭이 얼마나 될까? 필자의 스코어링 스쿨에서 연수한 학생들의 그린 주변 플레이를 측정해보니까 골퍼의 핸디캡 중 거의 80%가 스코어링 게임에 의해서 결정된다는 것을 알 수 있었다. 여기에는 숏 게임과 퍼팅이 포함되었기 때문에, 샷의 효과를 100야드에서 그린 에지까지의 게임으로 분리해서 생각해볼 수도 있을 것이다.

80%는 무엇을 의미하는가? 평균 10~12핸디캡 골퍼가 '스크래치' 스코어링 게임을 한다면 그의 핸디캡은 2~4로 떨어질 것이다. 달리 설명하자면, 탐 카이트가 10 핸디캐퍼의 수준으로 스코어링 게임을 했다면 그의 스코어는 거의 파에 가까울 것이다. 탐은 업 앤 다운을 거의 성공할 것이고 파 5홀에서는 버디 몇 개

를 추가할 것이기 때문이다. 핸디캡이 20인 골퍼가 스크래치 스코어링 게임을 한다고 가정하자. 핸디캡이 4~6으로 떨어질 것이다. 퍼팅 게임은 포함하지 않더라도, 숏 게임을 스크래치 수준으로 플레이할 수 있다면, 핸디캡이 절반 이상 줄어들 수 있다.

일반적으로 '스크래치'란 항상 파 골프를 치는 것을 말한다. 거의 매 홀에서 업 앤 다운을 전부 성공하는 스크래치 숏 게임이 가능하다면, 전체 스코어의 40~50%가 여기서 결정된다고 봐도 된다. 그러면 파를 하지 못한 원인은 파워, 퍼팅, 매니지먼트, 멘탈 게임에서 찾아보아야 할 것이다.

퍼팅은 어떠한가? 필자는 퍼팅은 확실히 중요하고 골퍼라면 누구라도 퍼팅 능력을 개선해야 한다고 생각하지만, 숏 게임만큼 점수에 큰 영향을 주는 영역은 없다고 생각한다.

퍼팅 성공 차트에서 살펴본 바와 같이 '황금의 8피트' 안에 항상 접근시키는 골퍼의 칩, 피치, 블래스트 샷 능력보다 평균 퍼팅 수에 영향을 주는 요인은 없다.

이 사실은 필자가 처음 발견한 것도 아니다. 브리티시 오픈에서 다섯 번 우승했고 1894~1914년 사이에 여섯 번이나 준우승을 했던 존 핸리 테일러는 다음과 같이 말했다. '피치를 할 수 있다면 퍼트할 필요가 없다.' 이 말은 좀 과상되있지만 그 사람이 위대한 골퍼라는 것뿐만 아니라 옳은 생각을 가졌다고 하는 것에는 의심의 여지가 없다.

핸디캡에 숏 게임이 차지하는 비중이 막중하다는 사실을 알 수 있는 또 다른 방법은 칩 샷이나 피칭 샷을 잘못하고 나면 이것을 만회하기란 너무 어렵다는 것에서 찾아볼 수 있다. 잘못된 롱 샷은 만회할 기회가 있지만, 잘못한 퍼트, 피치, 칩, 샌드 샷은 거의 회복할 수가 없다. 다음에 소개될 숏 게임 테스트를 해보면 숏 게임의 중요성을 이해하게 될 것이다.

여기서의 테스트란 한번에 끝나고 마는 테스트를 말하는 것이 아니다. 꾸준히 테스트해서 취약점을 발견하고 자신의 진척사항을 기록하고 연습에 귀중한 시간을 투자해야 하는 것이다. 최적의 게임 수준을 유지하려면 필자는 최소한 한 달에 한 번 정도는 전체 테스트를 해볼 것을 권한다. 숏 게임이 어떻게 진전되고 있는가를 살피기 위하여 스코어를 기록하는 것도 좋은 방법이다.

필자의 간곡한 권고와 설명을 듣고서도 정규적인 테스트를 하기가 싫다면, 최소한 업 앤 다운의 비율만이라도 기록할 것을 제안한다. 숏 게임과 장거리 웨지 기술들을 계속 연습한다면 위기 관리 능력은 눈부시게 좋아진다.

11.3 측정방법

다음의 여덟 가지 숏 게임 측정을 하려면 코스에서 조금 떨어진 조용하고 적당한 장소가 필요할 것이다. 그린이 딸려 있고 현실적인 숏 게임을 실제로 할 수 있는 연습 장소를 찾기가 어렵다면 숏 게임 자체가 갖고 있는 문제를 벌써 이해했다 할 것이다. 주변의 골프장을 살펴보자. 연습장의 90%가 숏 게임 샷을 연습하기에는 적합하지 않음을 알 수 있을 것이다.

대부분의 퍼팅 그린 주위에는 '칩 샷 금지' 혹은 '피칭 엄금' 이라고 써 있다. 100야드 내에서의 장거리 웨지 샷을 편하게 훈련하고 테스트할 수 있는 그린을 가지고 있는 연습장은 찾아보기 힘들다. 이러한 여건이 골퍼들로 하여금 파워 게임에 시간을 투자하게 하는 또 하나의 이유이다. 그러나 실력 향상을 위해서는 자신의 문제에 관심을 갖고 여기에 적합한 연습 장소를 찾아야 한다. 집에서 연습할 수 있는 학습 보조 기구가 있기는 하지만 집 근처의 코스나 레인지에서 숏 게임을 할 수 있다면 이보다 좋은 경우는 없다고 본다.

테스트(그림 11.3.1) 방법은 간단하다. 10회씩 샷을 하고 지시된 대로 채점하면 된다. 점수를 꾸준히 반복 기록하면 기술이 향상되는 것을 볼 수 있을 것이다. 각 영역별 스코어를 핸디캡으로 환산할 수 있다. 자신의 숏 게임 장단점을 정확히 알고 익히면 코스에서 게임을 쉽게 풀어나갈 수 있다.

방법 : 매 테스트에 대하여 10회의 샷을 실시한다.
스코어링 시스템에 따라 점수를 기록한다.
핸디캡을 산정하려면 하단의 도식을 참고한다.

점수 : 6피트를 벗어나는 샷=0
3~6피트 이내=1
3피트 이내=2, 홀 인=4

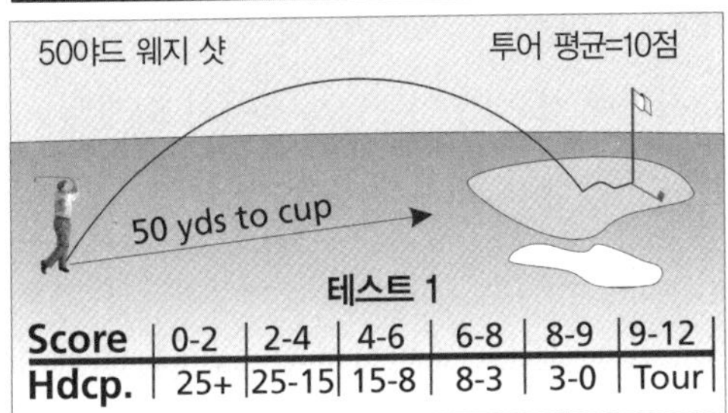

Score	0-2	2-4	4-6	6-8	8-9	9-12
Hdcp.	25+	25-15	15-8	8-3	3-0	Tour

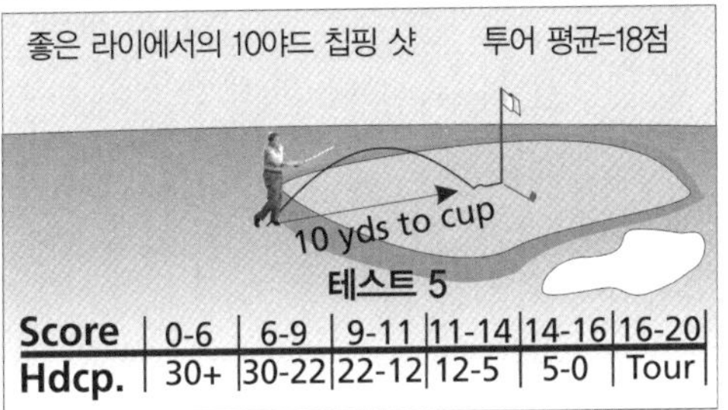

Score	0-6	6-9	9-11	11-14	14-16	16-20
Hdcp.	30+	30-22	22-12	12-5	5-0	Tour

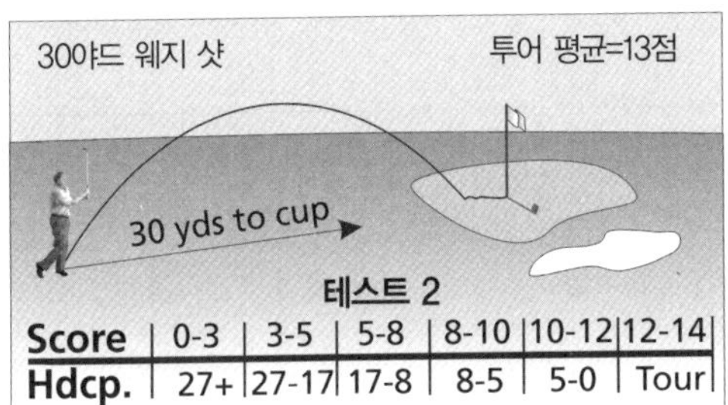

Score	0-3	3-5	5-8	8-10	10-12	12-14
Hdcp.	27+	27-17	17-8	8-5	5-0	Tour

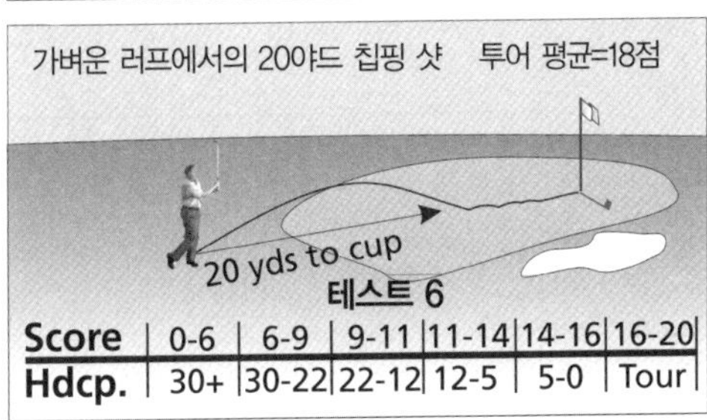

Score	0-6	6-9	9-11	11-14	14-16	16-20
Hdcp.	30+	30-22	22-12	12-5	5-0	Tour

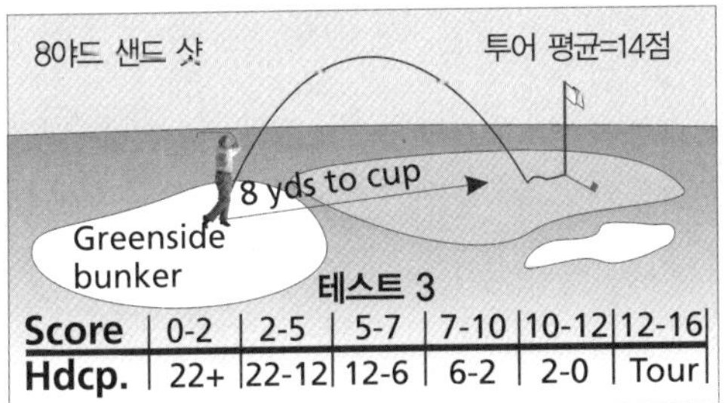

Score	0-2	2-5	5-7	7-10	10-12	12-16
Hdcp.	22+	22-12	12-6	6-2	2-0	Tour

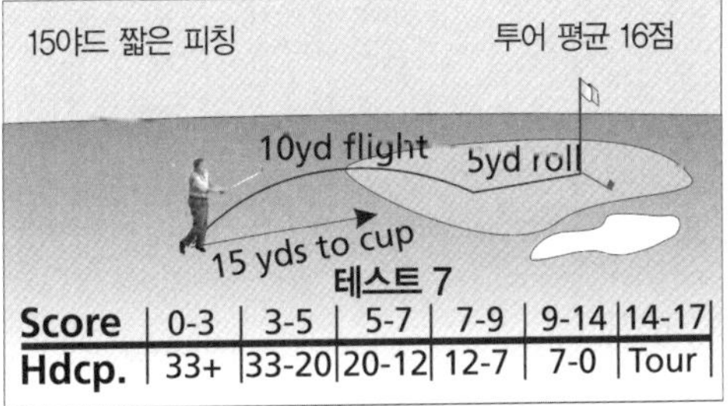

Score	0-3	3-5	5-7	7-9	9-14	14-17
Hdcp.	33+	33-20	20-12	12-7	7-0	Tour

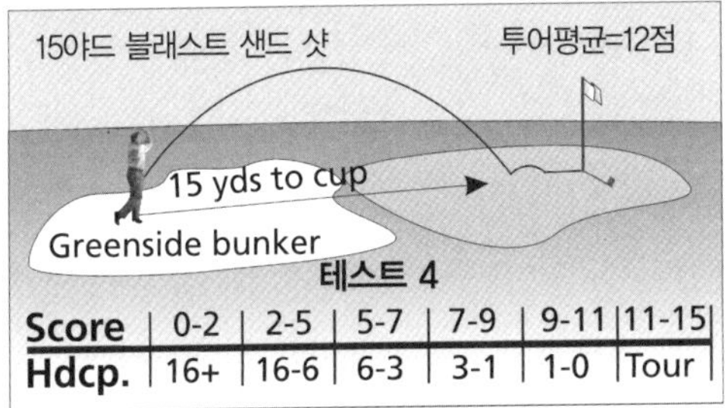

Score	0-2	2-5	5-7	7-9	9-11	11-15
Hdcp.	16+	16-6	6-3	3-1	1-0	Tour

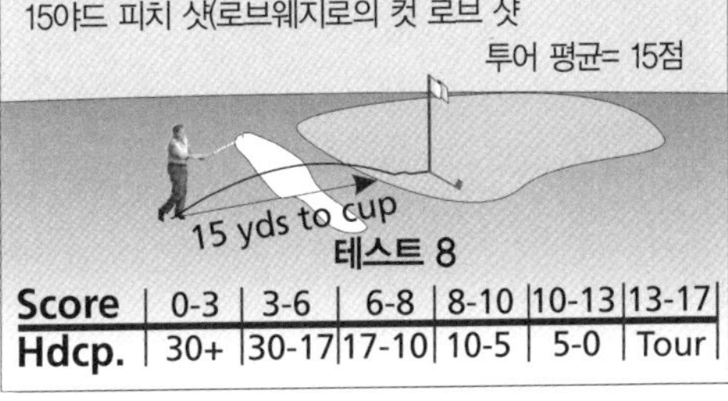

Score	0-3	3-6	6-8	8-10	10-13	13-17
Hdcp.	30+	30-17	17-10	10-5	5-0	Tour

그림 11.3.1 숏 게임 핸디캡 테스트

여덟 가지 테스트 결과 점수들의 합계를 만들어서 숏 게임 핸디캡 도표를 참고해서 해당하는 핸디캡을 찾는다. 점수가 처음에 어떻게 나왔던 간에 숏 게임 능력이 좋아지면 점수는 좋아진다.

이 테스트는 정기적으로 해야 하고(골프 시즌에는 한 달에 한 번, 약 45분 소요) 숏 게임 핸디캡을 측정하고 점수를 기록해 놓아야 한다. 이 책에서 소개된 피네스 스윙 연습을 아직 시작하지 않았더라도, 테스트부터 받도록 한다. 자신의 고집 때문에 테스트의 본질이 왜곡되지 않도록 해야 한다. 스스로를 기만하는 일은 쉽다. 그렇지만 스코어를 정직하고 현실적으로 기록한다면, 테스트 자체가 매우 도움이 될 것이다. 만약 다른 사람이 보고 있고 누군가와 경쟁한다면 좀 나

8개 테스트 점수를 합산해서 차트에 나와 있는 숏 게임 핸디캡을 알아보자

스코어	핸디캡		스코어	핸디캡	스코어	핸디캡
150	+8		83	8	42	24
145	+7		80	9	40	25
140	+6	PGA	77	10	38	26
135	+5	Tour	73	11	36	27
130	+4	Level	70	12	34	28
125	+3		67	13	32	29
120	+2	LPGA	63	14	30	30
115	+1	Tour	60	15	28	31
110	0	Level	58	16	26	32
107	1		56	17	24	33
103	2		54	18	22	34
100	3		52	19	20	35
97	4		50	20	18	36
93	5		48	21	16	37
90	6		46	22	14	38
87	7		44	23	12	39

도표 11.3.1 숏 게임 핸디캡 차트

은 점수를 얻으려고 애쓰겠지만, 테스트 결과와 핸디캡을 다른 사람과 상의할 이유는 없다.

필자의 경험으로 봐도 이 책에서 추천한 대로 연습한다면 여러분의 숏 게임은 향상될 것이 분명하고 점수 또한 떨어질 것이다. 숏 게임 테스트 스코어와 핸디캡에서뿐만 아니라 코스에서의 실력 향상 또한 꾸준히 나타날 것이다. 이 방법이야말로 그 어떤 것보다도 골프를 오랫동안 즐기고 연습하게 해줄 것이다.

11.4 비교법

자신의 숏 게임 수준을 LPGA 또는 PGA 프로나 일반 다른 사람과 비교해 보고 싶다면, 숏 게임 상대 점수도표를 보면 된다. 여덟 가지 테스트에 따른 점수가 산출되면 개선해야 할 부분이라든지 자신 있는 영역 파악이 쉬워진다(단, 지속적이고 적합한 프로그램을 통해서 실력 향상을 꾀해야 가능하다). 특히 자신의 숏 게임 능력과 투어 프로의 그것을 비교해보는 것도 흥미롭고 교육적인 방법이라고 생각한다. 왜냐하면 프로들의 기량은 기준이 되기 때문이다. 숏 게임 핸디캡을 3주에 걸쳐 매주 측정한다. 그리고 평균 득점과 투어 프로 선수들의 득점을 (도표1.3.10) 비교해 본다. 이렇게 단 기간에 걸쳐 얻어진 점수에 일희일비할 필요는 없다. 이 숏 게임 핸디캡의 비교는 잣대를 주는 것을 의미한다. 진보와 실력 향상을 평가하고 측정하는 방법이다. 그것은 다이어트를 유지해 주는 목욕탕 속의 저울과 같다. 필자가 이렇게 말하는 이유는 많은 골퍼들이 연습할 때 잘못된 목적을 가지고 있기 때문이다. 대부분의 골퍼들은 그들이 탁월하게 구사하는 샷을 향상시키려고 연습한다. 그렇지만 먼저 자신이 형편없이 구사하는 샷을 더 잘 치기 위해서 노력해야 한다고 생각한다.

내가 강조하고 싶은 것은 골퍼들은 숏 게임 핸디캡이 떨어지는 것을 볼 때 연습 효과를 많이 느낀다는 점이다. 그리고 떨어진 핸디캡을 유지해야 한다. 만약 숏 게임 기술 테스트 점수가 내려가지 않고 있다면 연습을 충분히 하지 않은 것이고 미진한 부분은 결국 보완이 되어야 한다. 코스에서의 실력 향상은 실로 중요한 것이다. 그렇지만 이것을 측정할 수 있게 되는 것은 퍼팅 한 개로 홀을 끝낼 수 있을 만큼의 실력을 갖춘 다음에나 가능한 것이다. 자신의 숏 게임 핸디캡이 내려가고 있다면 여러분은 좀더 나은 플레이어가 돼 가는 것이고 눈앞에서 이러한 변화가 일어나고 있다는 것을 보고 느끼고 측정해볼 수 있을 것이다.

11.5 미스몰 (missemall:miss them all)

앞서 언급했듯이 전략적 플레이의 중요한 요소는 자신의 강점과 약점을 아는 일이다. 주기적으로 숏 게임 핸디캡을 측정하면 자신이 할 수 있는 샷과 해서는 안 되는 샷에 대한 최신 정보를 얻을 수 있다. 또 다른 방법은 코스와 여러분의 숏 게임 간의 관계를 알 수 있게 해주는 게임이다. 나와 함께 일하는 프로들이 투어에 나갈 때 나는 가끔 '미스몰' 이라고 부르는 게임을 제안한다.

그것은 정규 파온을 한번도 하지 못하는 것('miss every green in the regulation member of strokes' 혹은 'miss them all')의 준말이다. 그저 숏 게임을 하듯이 이 게임을 하는 것이다. 이 연습은 훈련이 가장 필요한 부분을 알려주기 때문이다. 필자와 같이 훈련하고 있는 프로 선수들은 시합 전 월, 화요일에 이 게임을 한다, 여기에는 두 가지 단순한 규칙이 있다.

1. 파 3홀에서의 첫 번째 샷과, 파 4,파 5홀에서의 두 번째 샷이 그린에 올라가면 안 된다. 만약 첫 번째와 두 번째 샷이 규정된 그린에 우연히 올라갔다면 여러분은 그 공들을 샌드나 러프나 페어웨이에 던져야 한다. 이것은 그린 주변에서 업 앤드 다운을 할 수 있는 18번의 기회를 가지는 것을 의미한다(단 파 5홀에서는 두 번의 샷만에 숏 게임 샷을 남겨 놓을 정도로 가까운 거리에 공을 치는 것을 가정한다).

2. 여러분은 여섯 개의 숏 게임 샷을 샌드로부터, 또 다른 여섯 개를 러프로부터, 그리고 페어웨이로부터 치는 것처럼 지역을 특정하게 구분해서 그린을

미스해야 한다(숏 게임 샷을 샌드나 러프에서 하든지 혹은 페어웨이에서 하든지 그것은 여러분의 선택이다).

이 게임을 해보면 타수를 줄이는 데 피네스 게임이 얼마나 큰 역할을 하는지 알 수 있다. 러프나 페어웨이에서 이미 필요한 회수를 채우고 마지막 파 4홀에 왔을 때 여섯 번째 샌드 벙커 플레이는 하지 않았다고 가정하자. 그러면 규칙에 따라 샌드 샷을 해야 한다. 만약 세컨드 샷이 러프에 떨어졌다면 벙커 속으로 칩 샷을 하고서 그 다음 벙커로부터 그린을 향한 플레이를 하는 식이다. 이 규칙대로 경기를 하기란 쉬운 일은 아니다. 왜냐하면 믿거나 말거나 벙커에 공을 갖다 넣는 것도 어렵기 때문이다. 평균적으로 벙커는 그린보다 작다.

미스몰을 플레이하고 있는 PGA프로들의 최저 점수는 69타이다. 보통 선수들이라면 71~73타의 기록을 내고 프로라면 75타 안으로 점수를 낸다. 그린 주위가 어려운 러프로 둘러싸인 아주 어려운 코스에서는 75타 이하의 스코어가 나오기가 쉽지 않다.

대부분의 아마추어는 80타를 깰 수 없을 것이다. 만약 여러분이 숏 게임에 능숙하다고 생각한다면 미스몰을 시도해보고 자신의 실력을 가늠해봐도 된다. 만약 여러분이 파온에 실패하고 쉽게 보기를 한다면 아직 투어 수준의 자질을 갖춘 플레이어라고 할 수 없다. 그렇지만 그린을 놓친 후라도 항상 파 세이브를 일관성 있게 해내고 더 좋은 점수를 낼 때도 있다면 자신의 숏 게임에 자부심을 가져도 좋다.

숏 게임과 스코어는 어떤 관계가 있는가?

11.6 단점과 장점

이 책의 서두에서 필자는 골퍼들이란 자신이 잘하는 것을 연습하기를 좋아하는 것을 관찰했다고 말했다. 파워 게임이나 숏 게임에서도 같은 경우다. 그러나 이것은 피해야 한다. 숏 게임의 약점은 파워 게임의 강점보다 스코어에 더 큰 영향을 준다. 약한 만큼 강한 것이 골프 게임이기도 하다. 골프의 내용을 결정하는 것은 좋은 샷이 아니다. 그것은 나쁜 샷이다. 그러므로 테스트 스코어에 따라 나타난 숏 게임의 약점에 대해 보다 많은 관심을 두고 더 많은 연습을 해야 한다.

다음의 예가 독자의 이해를 도울 수 있을 것이다. 수년 전 훌륭한 볼 스트라이커로 잘 알려진 탐 와이즈코프의 게임을 분석한 적이 있다. 나는 그가 대다수의 다른 골퍼들보다 정말 탁월한 샷을 많이 친다는 점을 발견했다('탁월한 샷'이란 PEI수치 2 이하의 샷을 말한다). 탐 카이트와 비교해본 결과 와이즈코프가 카이트가 1년에(27개 대회) 걸쳐 기록했던 것보다 한달 동안에(4회의 토너먼트) 더 많은 빈도의 탁월한 샷을 구사했다는 사실을 발견했다. 그러나 와이즈코프가 탐 카이트보다 같은 기간 동안 더 많은 나쁜 샷(PEI 14 이상의 샷)을 했다는 것도 발견했다. 그들의 퍼팅 횟수는 대충 비슷했지만 평균수치는 카이트가 나았다. 그 이유는 무엇인가? 그 이유는 와이즈코프의 경우 탁월한 샷보다도 형편없었던 샷 때문에 낙심을 하는 경우가 더 많았기 때문이다. 그는 웨지를 형편없이 다루기 때문에 다음 퍼트를 버디나 파로 연결하지 못했다. 그리고 그가 롱아이언이나 페어웨이 우드로 탁월한 샷을 했을 때 그는 보통 다음 샷을 홀로 연결하지 못했다(그는 보통 225야드의 샷으로 12~15피트의 퍼트를 남겼다. 불공평하다고 생각이 들지 모르지만 사실이었다).

카이트의 게임은 어떠했는가? 내 분석은 반대의 결과를 보여주었다. 물론 그가 잘 친 샷은 나쁜 샷보다는 점수에 더 큰 도움이 됐다. 그의 탁월한 샷은 보통 100야드 안쪽에서 쳐서 짧은 거리의 퍼트를 남겨 놓는 경우였다. 그가 형편없는 롱아이언 샷을 구사했을 때에도 그는 0.15타만 손해를 보았다. 왜냐하면 업 앤 다운 퍼센티지가 85%나 되었기 때문이었다. 이것과, 와이즈코프가 탁월한 롱아이언 샷을 친 후 10%의 퍼팅 성공률을 보이고, 형편없는 웨지 샷을 할 때는 반타 이상 손해 보는 것을 비교해보자.

어떤 생각이 드는가? 와이즈코프의 경우에서 봤듯이 스코어는 파워 게임 샷보다는 숏 게임에 더 의존한다. 게다가 형편없는 파워 게임 샷보다는 잘못된 숏 게임 샷 때문에 입는 손해가 훨씬 클 것이다(홀로부터 더 먼 지점에서 실수를 할 경우 회복할 가능성이 크다는 것을 기억하자). 모든 조건이 같을 경우, 파워 게임보다는 숏 게임을 잘해내는 것이 훨씬 낫다.

아직도 이 사실을 믿지 않는다면 상금을 살펴보자. 카이트는 1,040만 달러를 벌었고 와이즈코프는 390만 달러를 벌었다. 와이즈코프는 공을 똑바로 더 멀리 정확히 쳤다. 그러나 카이트는 더 좋은 숏 게임 능력을 가졌다(와이즈코프를 위해 동정의 눈물을 흘릴 필요는 없다, 만약 그가 숏 게임을 조금만 더 잘했더라면 우리는 잭 니클러스 같은 불세출의 골퍼 이름은 알지도 못했을 것이고 탐 와이즈코프 같은 훌륭한 골프 코스 설계자 이름을 들어보지도 못했을 것이다. 아직 그가 설계한 코스에서 플레이해보지 않았다면 꼭 한번 라운드해볼 것을 권한다).

카이트의 게임은 어떠한가? 분석에 따르면 그는 정반대였다. 그의 형편없는 드라이브 샷은 러프의 첫 번째 턱이나 페어웨이 에지로 날아갔다. 나는 그가 최근 몇 년에 걸쳐 O.B.를 내는 것을 본적이 없다. 샷이 좀 나쁜 경우라도 그런 대로 플레이를 해냈다.

통계적으로 봐도 스윙에 문제가 있어 항상 문제를 일으키는 경우가 아니라면 숏 게임 내용이 티에서 그린까지의 플레이만큼 중요한 것을 알 수 있다. 이것은 티 샷이 항상 페어웨이 중간에 떨어져야 함을 의미하는 것은 아니지만, 다음 플레이를 할 만큼은 되어야 한다는 점을 의미한다. 러프라고 플레이가 안 되는 것이 아니다. 퍼스트 컷트도 마찬가지다(어떤 면에서는 페어웨이보다 좋다. 왜냐하면 공은 자주 올라앉아 있기 때문이다). 물론 보통의 페어웨이는 상태가 좋다. 타수가 불어나게 하는 것은 나무나 벙커, 물 혹은 O.B. 등이다

그렇지만 페어웨이 중앙에서 러프까지는 그래도 파워 게임을 펼쳐볼 수 있는

여지가 있기 때문에 상당히 관용적이라고 할 수 있다. 실수를 용납하지 않는 것은 퍼팅과 숏 게임이다.

칩 샷이 잘되지 않았다면 퍼팅이 성공될 기회는 적어지고 타수가 불어날 것이다. 30야드 밖에서 14피트 거리에 피치 샷을 갖다 놓았다면 여기서의 퍼팅 성공 확률은 10%에 지나지 않을 것이다. 6피트에 갖다 놓으면 퍼팅 성공율은 절반 정도로 높아지고 평균 0.4타의 소득이 있을 수 있다. 여기서 단순히 숫자만 논의할 것이 아니다. 필자는 스코어를 말하고 있다. 칩 샷을 한 공이 6피트가 아니고 14피트 지점이고 여기서 10회의 칩 샷을 한다면 스코어는 정확히 4타가 불어난다. 실제로 해보면 알게 될 것이다.

이상과 같은 이유 때문에 필자는 숏 게임을 배우고 연습하고 마스터하는 일을 게을리 할 수 없다고 생각한다. 그리고 이 장에서 소개한 핸디캡 테스트를 통해 자신의 강점과 약점의 기록에 지니고 있으면 기량 향상에 상당한 도움이 될 것이다.

11.7 전략

대부분의 골퍼들에게 전략에 대해서 언급하라고 하면 '파 5홀을 2온 시도를 할 것인가?' 혹은 '이 도그 레그 홀을 얼마나 가깝게 가로질러 칠 수 있는가' 같은 것을 이야기한다. 파 5홀에서의 모험을 걸어보는 것은 게임 전략의 한 부분을 차지하고 있는 것이 사실이다. 그러나 이것이 차지하는 비중은 미미하다. 코스 공략 측면에서의 전략만 필요한 것이 아니라 자기 자신은 물론 게임 자체의 관리가 필요하다. 그리고 이 관리가 숏 게임과 관련이 있다.

숏 게임에도 전략이 있는가? 물론이다. 골프에서 공을 항상 깃대를 향해서 똑바로 치는 것이 현명한 것이 아니듯이, 게임을 풀어나갈 때 코스의 조건을 고려하고 자신의 능력을 염두에 두고 코스 공략을 해야 한다. 이러한 것이 고려되어야 200야드 또는 20야드 레이 업 샷의 구사가 결정되는 것이다.

전략은 짧은 샷일 경우 더욱 중요하다. 앞서 수차례에 걸쳐 언급한 것처럼 100

야드 이내의 샷, 스코어링 게임 등이 타수 줄이기에 활용된다. 이 영역을 더 정확하게 관리할수록 스코어 카드에는 적은 숫자가 적힌다.

숏 게임 전략의 첫 번째 요소는 롱 게임을 위한 전략과 거의 같다. 즉 자신의 약점과 강점을 파악하는 것이다. 그러나 이것으로 충분하지 않다. 자신의 강점을 십분 활용하고 약한 부분은 보완할 방법을 강구해야 한다. 이러한 방책은 경험과 생각으로부터 얻어진다.

필자가 많은 투어 프로들과 친분을 맺고 난 후에는 대부분이 선수들이 시합 기간 중 내가 자신들의 주변에 있는 것을 달갑게 생각했다. 나 자신도 많은 시간을 들여 이 선수들이 어떻게 연습을 하는가를 관찰했다. 난 내가 본 것을 과장해서 전하는 유형의 사람은 아니다. 필자의 관찰에 따르면 플레이어 각각이 그린 주위에서의 하는 샷과 플레이에는 상당한 방법상의 차이가 있었다. 필자의 24년간의 교습과 연구 경험을 토대로 말하자면, 이 중 상당수의 선수들이 자기관리를 못하고 있는 것을 알 수 있었다.

11.8 코스 설계자의 방법

필자가 깨우친 것은 훌륭한 기량을 갖고 있는 이 선수들 대부분이 자신이 아닌 다른 선수나 코스 설계자의 지시대로 플레이한다는 것이다. 예를 들어 잭 니클러스가 '이 홀은 이렇게 공략해야 하고 나는 이런 의도로 이 홀을 디자인했다' 고 한다면 많은 선수들은 여기에 따른다. 프로들은 경험도 있고 기술도 있지만 홀 공략을 결정함에 있어 자신의 기술을 고려하지 않는 경우가 많다. 플레이어는 다른 사람의 전략에 맞춰 플레이한다. 그리고 설계자가 누구이든지(특히 그 설계자가 투어 플레이어라면) 설계자 자신의 강점, 예를 들면 하이 페이드 공을 잘 구사했던 잭 니클러스가 설계한 코스라면 그의 방식대로 홀을 공략하려고 한다.

골프를 전략적인 관점에서 보면 골프의 점수 체계는 에누리가 없음을 알 수 있다. 점수는 3, 4, 5, 6과 같은 정수다. 1.5타라든지 소수점이 있는 스코어란 없다.

퍼트를 성공시키기 위해서 공을 깃대 가까이 보내야 한다. 퍼트는 성공 또는 실패만 있을 뿐이다. 중간의 스코어는 없다. 파를 세이브하거나 그렇지 않거나 이다. 성공확률을 높일 수 있는 샷을 자신의 기량을 고려하면서(굳이 그렉 노먼이 하는 기술을 따라 할 이유가 없다) 하면 된다.

설계자의 의중을 따를 필요가 없다.

숏 게임에 의존하면서 안전 위주의 플레이를 한다 해도 홀 근처에서 홀을 잘 마감하지 못하다면 스코어는 올라가기 마련이다. 한 타라도 적은 스코어를 만드는 데에는 '거의' 또는 '대부분'이라는 말이 필요 없다는 것을 명심하자. 만약 세 개의 스트로크를 두 개의 스트로크로 바꾸는 능력을 갖고있고 높은 확률의 업 앤 다운을 갖추고 있다면 게임의 다른 부분(게임은 아님)에서 여러 종류의 전략을 써볼 수 있다. 피할 장애물을 피하고 멀리할 해저드는 멀리하고 큰 보상이 따를 경우에는 모험도 해보면서 보다 지능적으로 경기를 풀어나갈 수 있는 것이다. 왜냐하면 실패했을 경우 숏 게임으로 만회할 수 있다는 것을 알고 있기 때문이다.

숏 게임 기술은 골프 게임의 다른 영역에 큰 영향을 준다.

예를 들어 페어웨이에서 150야드 샷을 해야 할 때 선택은 간단명료하다. 바람이 없고 중간에 장애물이 있지 않는 한 여러분은 150야드 클럽, 아마도 6번 아이언으로 편한 스윙을 할 것이다. 150야드 거리가 두 클럽의 중간에 걸리는 경우라면 7번 아이언을 강하게 치든지 6번을 줄여 치든지 결정을 해야 한다. 이것은 게임 전략이 아니다. 이것은 샷 전략이다. 이것이 중요하다.

그러나 여러분이 핀까지 30야드의 샷을 해야 할 때처럼 공이 그린 가까이 있을 때에는 여러 종류의 샷 전략이 나올 수 있다. 피치나 칩 샷을 할 수도 있고 높이 보내 볼을 정지시킬 수도 있으며 핀까지의 거리 중간 정도를 날아가 구르게 할 수도 있고 범프 앤 런 샷을 구사할 수도 있다. 게다가 4~5개의 클럽에서 골라야 하는 경우도 있다.

공을 띄우거나 굴리거나 상관없이 자신이 갖고 있는 스윙 구사 능력 또한 고려해야 한다. 잔디의 종류만 아니라 잔디의 반응 특성, 샷을 하는 곳의 잔디의 결 등을 알아야 한다. 착지 지역의 지형, 수분 함량, 단단한 정도 또한 고려되어야 할 사항이다. 이러한 요소들이 샷의 높이, 공의 스핀, 착지 후 공이 정지할 시간, 첫 번째 바운스, 어떤 방향으로 튀어 퍼팅같이 구를 것인지 정도도 알아야 하는 것이다.

11.9 확률 플레이

대부분 골퍼들은 숏 게임 샷의 경우 정석이 있다고 생각한다. 그린 앞 15야드 못 미친 곳에 물이 있는 550야드 파 5홀을 플레이하는 경우 정석이 없는 것처럼 35야드 어프로치를 할 때 꼭 한가지 방법만으로 플레이할 것도 아니다. 그렇지만 두 경우 모두 최고의 전략은 있을 수 있다. 그것은 그 홀에서 플레이하는 골퍼에 따라 다르다. 페어웨이에 310야드의 드라이브 샷을 때리고 난 후에 아주 좋은 라이에 공이 놓여 있는 경우 그렉 노먼이 선택할 수 있는 최상의 방법은 1번 아이언을 가지고 240야드의 물을 넘기는 샷을 해서 깃대 가까이 공을 보내는 것이다. 280야드의 드라이버 샷을 한 후에 270야드 다운 힐 라이에 있는 공을 3번 우드 샷으로 공략하는 탐 카이트는 어리석은 사람으로 평가될 것이다. 탐 카이트가 난이도가 높은 라이로부터 3번 우드를 가지고 270야드를 날려보내는 일은 불가능하기 때문이다(그것도 250야드 이상의 캐리). 따라서 골프에서 전략을 결정하기란 쉽다. 왜냐하면 이것은 플레이어가 할 수 있는 능력 또는 의도하는 플레이에 근거하기 때문이다.

그러나 숏 게임은 다르다. 왜냐하면 플레이어가 할 수 있는 능력에만 의존하는 것이 아니고 평가 자체가 복잡하기 때문이다. 모든 골퍼들은 그린 주위에서 짧은 거리의 샷(숏 샷)을 칠 수 있다. 숏 샷은 힘이나 물리적 능력을 요구하지 않는다. 골퍼들은 어렵지 않게 힘들이지도 않고 샷을 할 수 있고 사실 많은 사람들이 그렇게 숏 게임 샷을 하고 있다.

숏 게임 전략은 롱 게임 전략의 경우보다 내용이 복잡하고 자주 설정해야 할 영역이다. 그 이유는 숏 게임은 어떠한 날씨 조건이든 간에 플레이 도중 그린을 놓친 경우에는 플레이를 해야만 하기 때문이다.

매우 단순하게 말해서 숏 게임의 전략은 골퍼가 성공적으로 샷을 구사할 확률에 의존하는 것이지 그것을 하는 가능성 자체에 두고 있는 것이 아니다.

여러분이 어떤 샷을 가장 잘 구사할지 필자는 알 수가 없다. 그러나 여러분이 피네스 게임이 향상될수록 경험을 통해 구사하는 샷이 완숙해짐을 느낄 수 있기 때문에 최고로 자신 있는 샷을 갖게 될 것이다. 그러나 필자의 숏 게임 스쿨에 등록한 수강생들은 샷을 시도해보기 전이라면 샷의 확률조차 고려하려고 하지 않는다. 대신 이들은 그 상황에서 잘 쳐야만 하는 샷을(TV에 방영되는 프로들의 샷을 통해 결정된다) 시도해보고 이때의 불안감을 경험해본다. 왜냐하면 결코 익숙한 샷이 아니기 때문이다.

성공할 확률이나 실패의 결과들이 숏 게임 전략을 세울 때 고려되는 요소들이다. 필자는 숏 게임이 골프의 다른 기술 영역보다 더 많은 가능성, 선택 요인, 판단할 점 등이 있다는 것을 여러분들도 이해하기를 바란다. 많은 골퍼들이 기술 수준이 낮아서가 아니라 개발시켜야 할 영역이 너무 많고 결국 연습에 시간을 투자하기 않기 때문에 숏 게임 기술이 익숙하지 않다. 숏 게임이 잘되지 않는 것은 정작 숏 게임을 할 때 '해야 할 것' 보다 '할 수 있는 것' 만 생각하기 때문이다.

골퍼가 완벽한 숏 게임 기술을 갖고 있으면서 주어진 상황에 가장 적합한 클럽을 선택해서 최적의 샷을 해낼 수 있다면 얼마나 다행한 일인지 모른다. 그러나 현실은 그렇지 못하다. 세계 정상급 선수들도 선호하는 탄도와 스핀 강도로 과거에도 좋은 결과를 맺었던, 자신들이 좋아하는 클럽과 샷을 갖고 있고, 이 클럽과 스윙으로 자신 있는 플레이를 하기를 원한다.

필자도 어떤 샷을 하라고 말할 수 없다. 하지만 여러 가지 조건이 빚어낼 수 있는 샷의 결과는 말해줄 수 있고 숏 게임 전략 구상에 도움은 줄 수 있다. 그 내용은 상당한 분량을 차지하는데, 만약 여러분이 그것을 연습하고 연구한다면 이 정보들은 상당한 도움이 될 것이다.

첫 번째 주의 사항: 훌륭한 숏 게임 기술을 갖추는 데는 오랜 시간이 걸린다. 너무 빨리, 너무 많은 것을 기대해서는 안 된다. 숏 게임을 할 때 잔디의 그레인, 라이 상태, 백스핀의 효과 및 다른 변수들에 대해 지나치게 신경을 쓸 수가 있는데, 이러한 요인들은 좋은 라이에서도 공을 홀에 가깝게 보낼 수 있는 궤도, 스핀 및 속도 등으로 좋은 샷을 해낼 수 없다면 너무 염두에 둘 사항이 아니다.

또 전략을 생각하는 데에 너무 많은 시간과 에너지를 소비해서 게임 자체를 망칠 필요는 없다. 일단 좋은 라이에서 기초가 단단한 숏 게임을 만들어 내는 데 시간을 투자하는 것이 현명하다. 일단 좋은 라이로 할 수 있는 기술과 방법을 마스터하고 나면 난이도가 높은 라이인 경우에도 과제는 쉽게 해결될 수 있을 것이다. 게임을 좀 더 즐길 수 있게 될 것이고 게임을 풀어나가는 것도 그리 어렵지 않게 느낄 것이다. 여러분은 스코어가 제대로 나오지 않는 친구나 동료들에게 숏 게임의 중요성을 역설하게 될 것이다(왜냐하면 친구들은 공을 때리는 것에만 관심을 가지고 있기 때문이다).

샷을 읽는 법

11.10 라이 읽기

공이 잔디 위에 있는지 아니면 다른 곳에 놓여 있는지의 여부는 골프의 어떤 다른 영역에서보다 숏 게임에서 훨씬 더 큰 비중을 차지한다. 그 이유는 파워 게임에서는 잔디의 효과를 상쇄시킬 수 있는 파워가 발생하는 반면 숏 게임에서는 이런 경우가 생기지 않기 때문이다. 물론 퍼팅에서는 문제가 되지 않는다.

숏 게임에서 라이가 큰 비중을 차지하는 이유는 공이 착지된 후의 움직임에 영향을 주기 때문이다. 풀 샷은 대개의 경우 처음부터 끝까지 날아가다 떨어져 빨리 정지한다. 숏 게임 샷은 공이 튀긴 다음 전체거리의 반 이상을 굴러간다. 경험을 통해서 잔디가 숏 게임에 어떤 영향을 미치는지를 아는 것은 홀 가까이 공을 보내는 데에 있어서 아주 큰 역할을 한다.

잔디의 효과는 두 가지 측면에서 고려되어야 한다. 첫째 임팩트 존을 지나가는 클럽헤드에 잔디가 어떤 영향을 주는지 알아야 한다. 따라서 클럽을 느리게 할지 호젤이 잔디를 휘감아 클럽페이스를 왼쪽으로 돌릴 것인지, 클럽페이스와 공 사이의 에너지를 흡수할 완충 간격을 만들 것인지, 혹은 잔디가 벌려 있어 아무 영향도 받지 않을 것인지를 알아야 한다. 둘째로 클럽헤드가 임팩트 시 어떻게 반응할 것인지를 추측한 후, 이 동작이 샷의 궤도와 스핀 특성에 어떤 영향을 주어 그린 위에서 공이 어떻게 움직일 것인지를 생각해 보아야 한다.

이러한 이유 때문에 숏 게임 샷을 하기 전에는 연습 스윙을 평상시보다 더 많이 하는 것이 절대적으로 필요할지도 모른다. 공이 놓여 있는 잔디와 유사한 지역을 찾은 후 구사하려고 하는 샷에 적절한 연습 스윙을 한다. 업힐, 다운힐, 사이드힐 등의 모의 상황을 만들어 보고, 연습 스윙을 하는 동안 클럽이 어떻게 잔디를 지나가는지를 주의 깊게 관찰한다.

이런 방식으로 연습 스윙을 하면 완벽한 예비 스윙을 한 셈이고 공을 홀 가까이 보내는 데 상당한 도움이 된다.

잔디 결이 스윙 방향의 역이고 잔디가 강하다고 느껴지면 연습 스윙을 크게 할 필요가 있다. 평소보다 강한 힘이 필요하기 때문이다. 잔디를 통과하는 클럽을 느끼고 관찰해야 한다. 저항이 클수록 클럽은 지체되기 때문에 완벽한 샷을 만들려면 클럽헤드가 잔디를 조금은 빠르고 힘있게 통과해야 한다.

잔디가 두껍고 강하며 길다면 다음과 같은 방법을 권한다.

1. 샤프트를 더 내려 잡는다. 짧은 스윙 아크는 클럽헤드가 지면과 거의 수직

각도로 잔디 속을 들어가고 나오게 해준다. 이렇게 되면 클럽이 최소의 잔디 저항을 받으면서 빨리 통과할 수 있게 해준다.

2. 크고 힘있는 스윙을 한다. 스윙이 힘이 강할수록(반면 클럽은 내려 잡음으로써 클럽헤드 스피드는 줄어들지만) 클럽은 잔디의 굵기나 강도에 영향을 덜 받는다.

3. 공을 스탠스의 뒤쪽으로 옮긴다. 원하는 로프트 각도가 있다면 여기에 해당하는 클럽을 선택하면 된다. 물론 섬세한 샷을 해야 할 때 길고 힘이 실리는 스윙을 한다는 것은 어려운 과제이고 공을 멀리 가지 않게 잡아두는 것도 어렵다. 이때 효과가 있는 것이 그립을 내려 잡는 것이다.

잔디가 너무 억세고 그 결 또한 플레이어 쪽을 향하고 있을 때 공을 탈출시키고 멀리 가지 않게 하는 유일한 방법은 클럽을 열어 놓고 샌드 블래스트 샷과 같은 샷을 하는 것이다. 클럽을 열어 놓고 호젤이 잔디 속으로 먼저 들어가게 해주면 잔디의 결이 반대인 상태에서도 샷을 잘해낼 수 있다(비제이 싱의 러프 탈출 샷을 보자 그림 11.10.1).

이제 다시 한 번 여데까지의 내용을 정리해보면 다음과 같다. 이 내용들을 기억하면 어떤 스윙을 해야 할지 결정하기가 어려울 때 큰 도움이 될 것이다. 낮게 구르는 범프 앤드 런 샷에서부터 로프트가 큰 클럽을 갖고서 공중으로 띄우는 샷에 이르기까지 공에 전달되는 구르는 에너지의 정도 차는 천차만별이다. 낮게 구르는 샷에서는 공에 전달되는 스윙에너지가 모두 앞쪽 방향을 향하고 있고 로프트가 큰 클럽으로 하는 샷에서는 스윙에너지 대부분이 공을 띄우는 방향으로 작용해서 공이 전진하지 못한다.

결국 범프 앤드 런 샷의 구르기는 스윙의 길이에 민감하게 반응하는 반면 컷 로브 샷은 거의 반응하지 않는다는 특징이 있다. 그래서 라이 상태가 괜찮다면 낮게 굴리는 샷을 우선 순위로 놓아야 한다. 그러나 라이가 워낙 나빠서 샷의 결과를 예측하기가 어렵다면 블레이드를 열어 놓고 크고 높은 컷 로브 샷을 하는 것이 바람직하다. 예상했던 것보다 타구(볼 컨택트)가 좋을 경우 공은 공중에 높이 올라가겠지만 그리 멀리 가지는 않는다. 만약 타구가 좋지 않았다면(너무 많은 풀 때문에) 공은 높이 날아오르지는 않겠지만, 앞으로 구르는 거리의 차는 그리 많지 않다(그림 11.10.2). 그러나 무엇보다도 중요한 것은 어려운 상황을 벗어나서 공은 그린 위 어딘가에 있게 될 것이라는 것이다.

11.11 그린 읽기

버뮤다 잔디로 된 그린 위로 숏 샷을 해서 백스핀도 많이 걸리고 피치 마크는 얇게 만들어진 공이 잔디의 결과 반대되는 면에 떨어졌다면 같은 방향으로 착지된 공보다도 훨씬 빨리 멈출 것이다(그림 11.11.1). 이것은 플레이어가 그린 위에 있지 않을 때에도 잔디 결이 어떤 방향으로 향하고 있는가를 알아야 한다는 것을 알려준다. 벤트 그래스는 결의 영향을 덜 받지만, 버뮤다나 키쿠유와 같이 억센 잔디로 된 그린에서 플레이할 때는 이러한 점이 고려되어야 한다. 특히 잔디의 날이 더 강할수록 이것들의 효과는 더 커진다. 필자는 프로들이 퍼팅을 할 때보다 피네스 샷을 할 때 결의 영향을 더 많이 받는 것을 많이 보아왔다.

그림 11.10.1 비제이 싱의 러프 탈출 샷

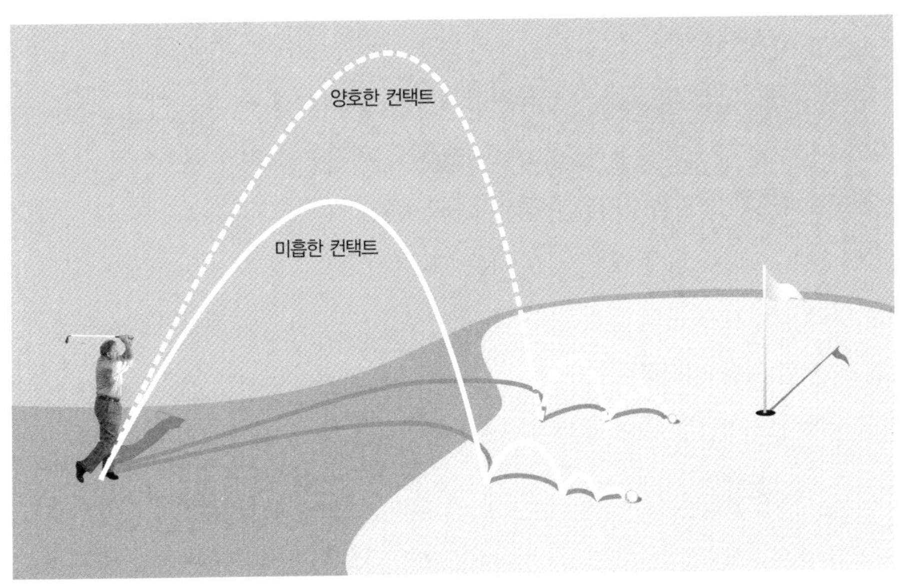

그림 11.10.2 컷 로브 샷은 비거리보다 고도변화에 유의해야 한다.

필자는 투어 프로 선수들에게 버뮤다 그린으로 된 코스에서 플레이할 경우에는 그린의 결에 대한 메모를 야디지 북에 꼭 적을 것을 권장했다. 심지어 퍼터를 가지고 그린 표면을 문질러 보라고도 했다(시합 중에는 안 된다. 이깃은 규칙위반이다). 그렇게 하면 온 그린에 실패한 후 그린을 향해서 피치하고자 할 때 그레인과 같은 방향 혹은 반대 방향으로 피칭을 해야 할지를 확실히 알 수 있다.

결의 반대 방향으로 피치 샷이나 칩 샷을 하는 것은 맞바람을 안고서 드라이브 샷을 치는 것과도 같다. 방향 오차는 과장될 경우가 많다. 특히 잔디결 자체가 구르는 공의 방향의 반대로 더 밀어주기 때문에 브레이크를 좀 더 봐야 하는 경우가 생긴다. 아주 강한 결을 갖고 있는 그린을 향해 샷을 해야 한다면, 필자는 범프 앤드 런 샷을 하는 것보다는 홀 가까이 공을 띄워 보내는 것을 권하고 싶다. 잔디 결이 역 방향인 경우 거리나 방향을 가늠하기가 너무 어렵기 때문이다. 높이 띄워 떨어트리는 샷을 권하는 또 다른 이유는 샷 자체가 반대의 결 방향 때문에 바로 서기 때문이다. 이것은 손으로 공을 던져봐도 금방 알 수 있다.

그레인과 같은 방향으로 어프로치하는 것은 앞서의 반대이다. 바람의 방향에 맞춰서 드라이브 샷을 하면 샷이 더 똑바로 날아가는 것처럼 그레인과 같은 방향으로 피칭과 칩핑을 하면 더 똑바로 구른다. 브레이크도 덜 먹고 오차 범위도 작아진다. 그러나 높은 샷을 해서 다운 그레인 상에서 공을 세우기란 여간 어려운 것이 아니기 때문에 필자는 더 굴러갈 것을 머릿 속으로 계산하면서 범프 앤 런 샷을 할 것을 권장한다.

7장에서도 언급한 바와 같이 칩 샷이나 피치 샷을 할 때면, 그린의 굴곡 상태

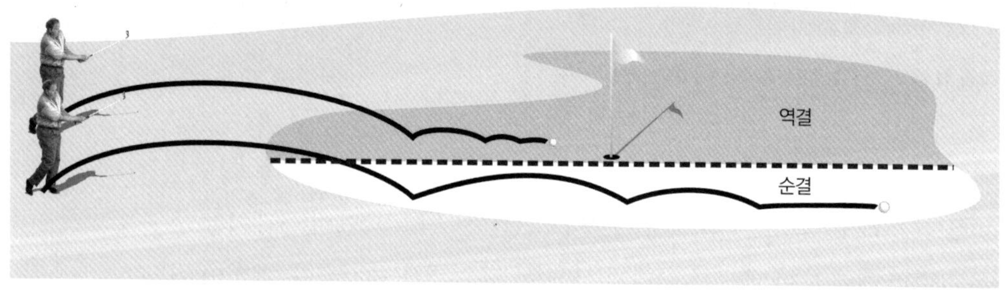

그림 11.11.1 잔디의 결은 칩 샷의 결과에 상당한 영향을 줄 수 있다.

또한 고려해야 한다. 올려치는 샷의 경우 될 수 있는 한 돌출 부분에 공을 떨어트려서는 안 되고, 가능하면 가라앉아 있는 지역을 노려야 한다.

그린을 읽을 때 고려해야 할 또 다른 사항은 그린 위 깃대의 위치이다(이것은 축적된 데이터가 말해준다). 숏 게임이 나아질수록 깃대가 그린의 앞쪽, 중앙, 그리고 뒤쪽에 있을 때 샷의 성공률이 서로 다른 것을 알게 될 것이다. 골퍼들은 각기 다른 자기만의 스윙과 약점을 가지고 있지만(훌륭한 플레이어들까지도 미미한 약점을 가지고 있다), 피네스 샷은 타고난 운동 능력에 영향을 받기보다는 후천적 연습에 영향을 많이 받기 때문에 시간이 지날수록 일관성을 지닌 샷을 할

수 있게 된다. 그리고 이러한 향상은 반드시 기록되어야 한다. 예를 들어 만약 홀 컵이 앞쪽에 있을 때 성공률이 높고(로프트가 큰 샷이므로 빠르게 정지한다) 뒤쪽에 있을 때 성공률이 낮다면(여러분이 범프 앤 런 샷을 사용하는 경향이 있는 곳이다) 이 지식을 두 가지 방법으로 활용해야 한다. 즉 핀이 앞에 있을 때에는 자신감을 가져야 하며 어려움을 주는 뒤쪽의 핀을 향해서는 더 열심히 연습해야 한다.

필자의 연구 결과에 의하면 그린 밖에서 치핑이나 퍼팅을 할 때는 깃대를 홀에 그대로 남겨 두는 것이 나았지만(8장 참고), 숏 게임 어프로치를 할 때는 자신이 읽은 그린보다 브레이크를 더 보는 것이 낫다. 대개의 경우 10회의 어프로치 샷 중에서 단 하나만 홀보다 위쪽에 멈추며 9개는 홀의 아래쪽에서 멈춘다. 혹자는 오르막 퍼팅을 하는 것이 더 낫다고 말할지 모르지만, 1피트의 내리막 퍼팅 보다 12 피트의 오르막 퍼팅이 더 좋다고 할 사람은 없을 것이다. 그린 키퍼가 홀 컵을 사이드힐에 설정하는 경우는 많지 않기 때문에, 사실 오르막 또는 내리막 경사에 대해 너무 신경 쓸 필요가 없다. 짧은 거리의 퍼팅을 할 수 있게끔 만드는 것이 상책이다. 브레이크에 그게 영향을 받지 않는 퍼트는 역시 쉽고 짧은 거리의 퍼트들이다.

11.12 장비의 선택

웨지의 그루브가 중요하다. 그루브들은 숏 게임 샷을 컨트럴하는 중요한 요소 중의 하나인 백스핀에 영향을 미치기 때문이다. 소비자가 새로운 클럽을 구입했을 때 어떤 형태의 그루브인지 알아야 하고 서로 같은 유형의 것인지도 확인해야 한다. 그루브에 잔디나 진흙이 끼지 않도록 해야 하고 너무 닳아 없어지지 않았는지도 확인할 필요가 있다.

비록 많은 단체들이(미국골프협회를 포함) V형 그루브 대 스퀘어 그루브가 그렇게 중요하지 않고 백스핀 생성에 영향력을 발휘하지 못한다고 주장하고 있지만, 필자는 이것은 잘못된 것이라고 생각한다. 이들의 주장은 분명히 모순되고 있다. 이들은 박스(스퀘어)형 그루브가 백스핀이 걸리게 할지라도 플레이어 자체가 이것을 활용할 줄 모르기 때문에 큰 문제가 되지 않는다고 주장한다. 여기에 덧붙여 그린이 딱딱하지 않다면 프로들은 그린에다 공을 내리꽂아서 더 좋은 점수를 낼 것이라고 주장하고 있다(이것은 사실이다). 귀하가 수년에 걸쳐 기록하고 보관해온 스코어를 살펴보면, 스코어가 낮은 라운드는 그린이 소프트할 때였고, 프로들이 공이 바로 정지될 것을 알면서 깃대를 향해 마음대로 때릴 때 가능했다는 것을 알 수 있을 것이다. 이런 현상은 잔디가 젖어 있고 딱딱하지 않을 때처럼 프로들이 웨지로 백스핀을 주어 공을 그린 위에 바로 바로 세울 때 가능하다. 프로들이 공의 움직임을 정확히 예측할 수 있고 기량이 워낙 탁월하기 때문에 좋은 결과가 나온다.

이런 관점에서 보면 USGA가 이들이 주관하는 대회의 난이도를 높이기 위해 그린을 아주 단단하게 조성하는 것은 그리 놀라운 일이 아니다. 이렇게 그린을 조성해놓으면, 프로들이 깃대를 향해 바로 공을 때리기가 힘들고 공이 그린에 착지하고서도 어떤 일이 일어날지 예측하기가 어렵다. 공이 그린에 착지 된 후 얼마나 많이 굴러갈 것인가에 대한 정확한 제구력을 갖고 있지 않다면, 점수 관리가 어려워질 것이다. 이것은 그루브가 다 닳아 없어진 웨지로 공을 칠 때와 같은 결과를 낼 것이다.

필자는 몇 년 전 PGA투어의 의뢰로 '박스형 vs V형 그루브'의 종합적인 실험을 시행한 바 있고 다음과 같은 결과를 얻어냈다.

1. 스퀘어형(혹은 박스형) 그루브가 V형 그루브보다 더 많은 스핀을 만들어 냈다(페어웨이 샷에서 조금 많고 러프에서는 상당히 많으며 젖은 러프에서는 대단히 많다).

2. 스퀘어 그루브 웨지에 의한 샷이 그린 위에서 더 빨리 정지한다(그림 11.12.1).

3. 정지 거리와 샷 분포에서 최악의 경우는 다 닳은 그루브를 사용하는 경우
였다.

샷이 더 빨리 정지하기를 원한다면 박스형 그루브의 숏 아이언과 웨지를 갖고
있는 것이 좋다. 그러나 유념할 사항은 근래에 유통되고 있는 공들의 경우 스핀
이 많이 걸리면 거리가 준다는 것이다(그림 11.12.3).

여러분의 아이언 세트가 모두 박스형 그루부로 되어 있다면, 이것은 큰 문제
다. 러프에서 5번 또는 6번 아이언을 갖고서 그린 앞에 떨어져 굴릴 플라이어 샷
을 치고자 할 때면 더욱 그렇다. 그루브의 형태는 클럽 로프트가 줄어들수록 그
중요도 또한 떨어진다. 이러한 효과는 로프트 사양에 대한 엄격한 기준에 적용
되면서 생산된 같은 클럽 세트 사이 안에서도 이상한 차이를 유발할 수 있다.

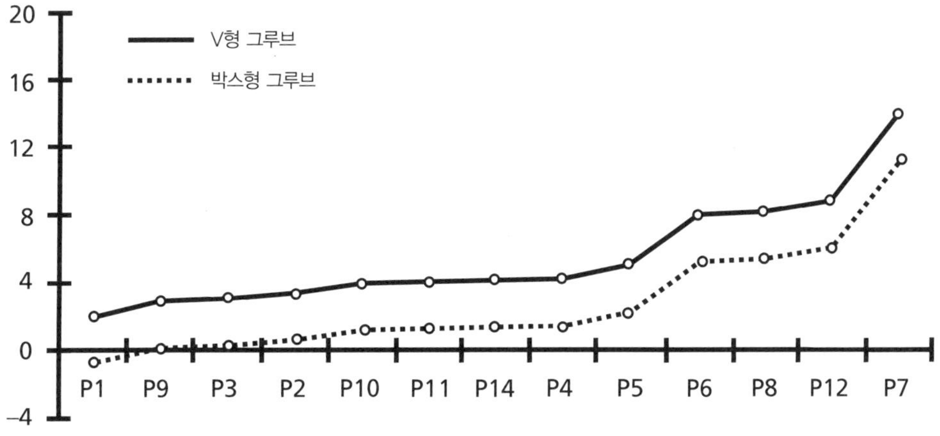

그림 11.12.1 13명의 PGA 투어 선수들이 친 2인치 정도 젖은 러프로부터의 90야드 웨지 샷

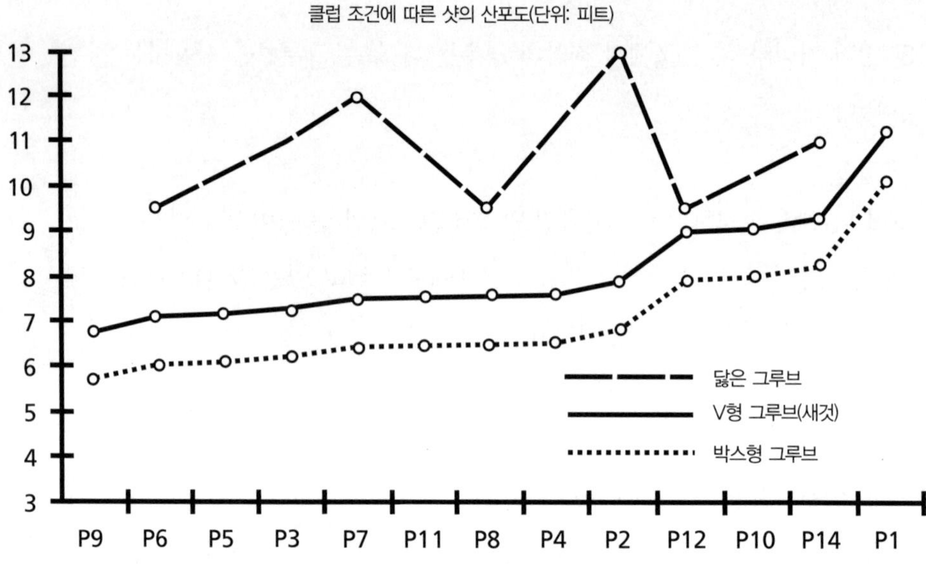

그림 11.12.2 건조한 페어웨이 라이로부터의 90야드 웨지 샷의 평균 분포

11.13 공의 선택

공의 유형 또한 한몫을 한다. 발라타로 싸여진 3피스 공(내부가 고무로 감겨 있기 때문에 '와운드(wound:감긴)' 공이라고 부른다)이 설린 (surlyn)으로 싸여진 공이나 2피스 공보다 백스핀이 많이 걸려 빨리 정지하는 것은 의심할 여지가 없었다. 하지만 항상 그런 것만은 아니다. 최근 선을 보이고 있는 2피스, 3피스 합성 공들 중 어떤 종류는 상당히 높은 회전율을 가졌다. 스핀이 적게 걸린 공이 확실히 멀리 간다. 거리가 좀 덜 나가지만, 그린 주위에서는 플레이를 잘하거나, 느린 그린에서 플레이하기 때문에 공을 정지시키는 데 문제가 없다면, 굳이 스핀이 많이 걸리는 공을 선택할 필요가 없다.

그러나 정말 빠른 오크몬트, 파인허스트 2번 코스 또는 어거스타 같은 형의 그린에서 골프를 할 기회를 갖는다면 거리는 좀 덜 나도 빨리 정지하는 공을 선택하는 것이 좋다.

각각의 공들이 갖고 있는 타구감에 대한 오해 또한 불식되어야 한다. 2피스 공

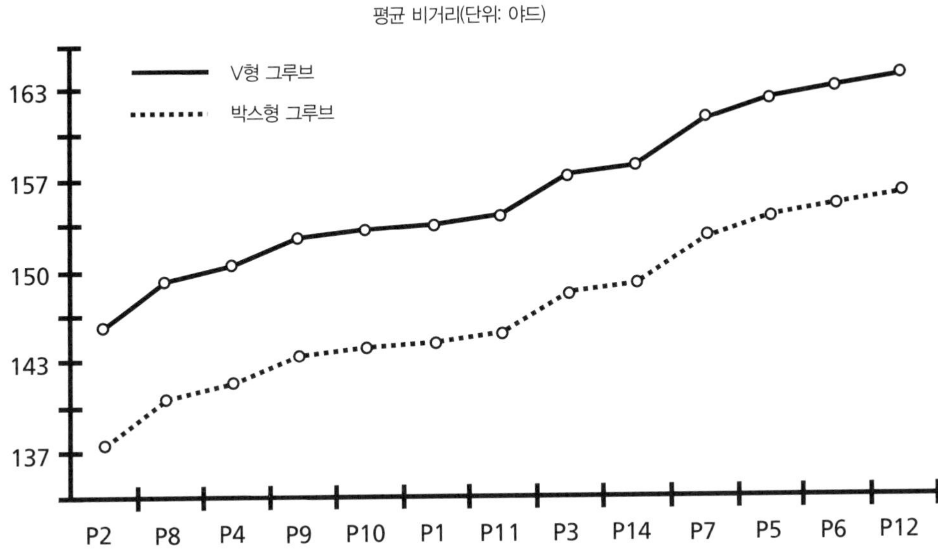

그림 11.12.3 박스형 대 V형 그루브의 비거리 비교(2인치 러프에서의 7번 아이언 샷)

은 좀 딱딱한 감이 들고 제구력, 돌아가거나 공을 치거나, 공을 만들어 치는 데는 적합하지 않다고 알려져 있다. 필자는 이른바 감(感)과 이상의 요인들과는 아무 관계가 없다고 생각한다. 수년 전 필자는 공의 감에 대한 테스트를 실시한 적이 있었는데, 골퍼들이 감지할 수 있는 차이란 임팩트 시의 타구 소리, 비거리, 스핀 정도 등이었다. 스핀이 적게 걸리면 공은 멀리 날고 많이 구른다.

스핀이 많이 걸린 공은 비거리는 적지만 그린에서 빨리 정지한다. 그러나 감(感)과 이상의 현상들과는 상관관계가 있는 것은 아니기 때문에 괜한 걱정을 할 필요가 없다.

기후는 확실한 요인으로 작용을 한다. 젖은 그린은 표면이 더 소프트하고 공도 더 빨리 정지시키지만, 젖은 잔디에서 친 공은 스핀이 덜 걸린다. 또 공이 차가울 경우는 거리가 덜 나고, 더울 때는 멀리 날아간다.

이 장의 주된 내용은 스핀이지만, 그린 주위에서 공을 정말 잘 다루는 골퍼들은 공의 탄도로 제구력을 발휘한다는 사실을 기억하기 바란다. 와운드 공으로 피치 샷을 하면 공은 낮게 날아가지만, 공 가운데 큰 핵과 합성 피치 샷에서 클럽 페이스를 떠나 낮게 날아가는 반면 공 중심에 큰 고무합성수지가 들어 있는 2피스 또는 3피스 공들은 높이 나는 경향이 있다. 낮고 빠르게 구르는 공은 백스핀이 많이 걸려 있다 할지라도 그린 표면의 경도(硬度) 또는 젖어있는 상태에 따라 공이 정지하는 속도가 결정된다. 그러나 높게 떠서 부드럽게 착지되는 공은 그린 표면이 젖어 있거나 건조하거나 부드럽고 단단한 것에 상관없이 매번 빨리 정지한다. 로프트가 굉장히 큰 샷으로 공을 쳤을 때처럼 공이 공중에서 거의 수직으로 떨어진다면 그 샷은 바로 튀어 올라 표면이 단단할지라도 착지 지점 근처에 정지할 것이다.

이 책과 관련하여 여러분에게 하고 싶은 말이 있다. 샷을 준비하는 동안 필자가 설명한 모든 것을 생각할 수는 없다. 양이 너무 많아 머리에 쥐가 날지도 모른다. 따라서 이 책에서 설명한 모든 내용을 암기하려고 애쓸 필요 없이 그저 게임을 즐기기 위한 참고 자료로 활용하였으면 한다. 그래야 실제 플레이에 더 잘 활용될 수 있다. 시간이 지나면서 점차 읽은 내용을 자신의 것으로 소화시킬 수 있을 것이다. 자신의 스윙이 만들어질 때까지 연습하는 내용을 여러 각도에서 시험해보고 점차 그 기술들은 자신의 것으로 소화해내야 한다. 게임에는 최선을 다하고 라운드 도중의 플레이 사이에 연습을 해본다. 숏 게임의 내용을 이해하고 연습할수록 스코어는 줄어들 것이다

자신만의 게임

11.14 실수를 피해야 한다

좋은 골퍼가 되는 요건은? 공을 잘 치는 골퍼는 멋있는 샷만 하거나, 마술과도 같은 리커버리 샷을 하는 것이 아니다. 더욱이 다른 사람들보다 더 좋은 신체 조건을 갖고 있는 것도 아니다. 이들이 공을 잘 치는 골퍼로 인정받는 것은 숏 게임

으로 처리할 수 없는 실수 자체를 피할 수 있기 때문이다.

기량이 좋은 플레이어들은 미스 샷을 해도 두꺼운 샷이 아닌 얇게 치는 샷을 한다. 얇게 치면 파를 하거나 가끔은 버디도 할 수 있지만, 두껍게 맞은 샷에서 운을 기대하기란 어렵고 거의 1타를 손해 봐야 한다. 공을 잘 치는 사람들은 회복하기가 어려운 곳으로 공을 치는 법이 없고 잘못된 시점에 미스 샷 실수를 하지 않다. 골퍼라면 누구든지 실수를 하기 마련이다. 그러나 이러한 실수를 만회하는 것이 스코어를 결정한다. 공을 잘 치는 골퍼들은 안전한 샷을 하고 희생이 따르는 실수는 피하고 자신의 숏 게임 기술과 풀 스윙을 잘 알고 있다. 실수가 있었으면, 곧 회복하고 파를 만들어 낸다.

숏 게임을 전수하는 동안 필자는 나올 수 있는 모든 종류의 실수들을 목격할 수 있었는데, 가장 흔한 실수와 이것을 치유할 수 있는 방법을 소개하자면 다음과 같다.

1. **너무 긴 백스윙** 숏 게임에서 가장 흔한 실수이다. 백스윙이 너무 길 때 이것을 상쇄하는 동작은 다운 스윙 시 감속하는 것이다. 이러한 동작은 좋지 않은 결과를 낳고 임팩트 시 불안정한 클럽의 움직임 상태를 만늘어 낸다. 백스윙이 너무 짧다면 팔로우스루 후에도 추가적인 동작을 해야 한다. 결코 좋은 동작이 아니다. 적어도 임팩트 시 클럽은 안정적인 상태에 있어야 한다. 공을 타격할 때 때리는 기분으로 주춤한다든지 피네스 스윙을 하는 동안 실수에 대한 두려움으로 흠칫하는 증상이 있다면 공을 스탠스보다 뒤쪽에 놓는 것을 잊지 말고 다른 공 한 개를 치려는 공보다(그림 11.14.1) 1피트 앞쪽의 티 위에 있는 것처럼 머릿속에 그려본다. 백스윙을 팔로우스루보다 훨씬 짧게 하는 스윙을 하고 스윙 아크의 최저점이(클럽헤드 속도가 가장 붙는 지점) 앞에 있는 공이라고 생각하면서 스윙을 한다.

2. 공을 너무 앞쪽에 놓는 경우 잔디에서 데드 핸드 스윙으로 공을 칠 때 견실한 타구가 나오게 하려면 스윙 아크의 최저점 바로 앞쪽에 공이 놓여 있어야 한다. 공을 앞쪽으로 놓고 플레이하면 뒤땅을 치기 쉽다. 공이 너무 뒤쪽에 놓이면 공은 잘 맞출 수 있지만, 상당히 낮은 탄도의 공이 나온다. 공을 놓는 위치에 대한 확신이 서지 않는다면, 공을 앞쪽보다는 뒤쪽으로 놓는 것이 좋다. 실수를 해도 안전한 실수를 하는 것이 낫다. 그리고 안전한 쪽이 바로 뒤쪽이다.

3. 피니시를 유지하지 않는 것 칩, 피치, 샌드, 웨지 샷에서 팔로우스루나 피니시 자세를 유지하지 않으면 피드백이 생기지 않는다. 결과적으로 배우는 것이 없다. 필자는 훈련 효과를 수강생들 스스로 배웠다고 생각하는 내용으로 평가한다. 연습을 통해 무언가를 얻어내는 플레이어들의 실력은 향상된다. 그렇지만 무의미하게 공만 치면서 연습시간을 때운 사람들은 시간만 낭비하는 것이다. 샷을 한 후 멋진 사진 포즈를 취하는 것처럼 피니시 자세를 유지하는 것이 좋다. 이렇게 하면 샷의 결과를 보면서 스윙 감각과 자세 두 가지를 머릿속에 생생하게 기억할 수 있을 것이다. 스윙의 감각과 결과의 상관관계를 익히는 것이 학습의 요체이다.

4. 잘못된 체중 전환 피네스 스윙 동작의 임팩트 시에는 오른발에 실려있는 체중이 왼발로 옮겨져 있어야 한다. 골퍼들은 체중 전환을 잘 하지 않는 경향이 있고 하체는 미동도 하지 않는 경우가 많다. 또 어떤 골퍼는 백스윙에서는 앞으로, 다운 스윙에서는 뒤로 하는 역 체중 이동을 하기도 한다. 이것은 아주 잘못된 실수다.

리드미컬한 스윙을 하려면 상체와 하체의 동시화 된 회전에 신경을 집중할 필요가 있다(여기서 필자가 체중 이동이란(shift) 표현을 쓰지 않는 것에 주의를 기울였으면 한다. 왜냐하면 체중의 전환(transfer)은 허리 축을 중심으로

그림 11.14.1 클럽 헤드의 최고 속도는 임팩트 후에 발생한다.

한 신체의 회전으로부터 나오는 동작이기 때문이다).

5. **불충분한 하체의 회전** 우리 골프 학교에서 수업을 받는 골퍼들의 경우 백스윙의 탑에서도 어드레스 때와 마찬가지로 약 30° 정도만 힙을 돌린다. 15~20야드 이상의 샷에 대한 힙의 회전은 100° 이상이어야 한다. 그리고 50야드 이상의 샷에서는 140° 정도는 되어야 한다. 파워를 내는 샷은 피네스 샷이 아니다. 일정한 리듬을 유지하도록 하자. 100야드 이내의 샷을 구사할 때 하체를 충분히 회전하는 골퍼를 보기란 정말 힘들다. 반드시 하체와 상체가 동시화 된 상태로 회전하는 동작을 만들어야 한다.

6. **너무 강한(strong) 그립** 왼손 그립이 너무 강해서는 안 된다. 그립을 강하게 잡으면 바람직한 스윙 플레인보다 클럽이 너무 낮고 안쪽으로 들어오고 몸 뒤쪽으로 너무 멀리 가져가게 된다. 다운 스윙에서 궤도를 재수정하지 않는 다

면 이상적인 궤도가 나올 수가 없다. 강한 그립은 또한 손의 근육과 같은 작은 근육을 사용하게 만들어서 임팩트 시에 공을 들어올리는 듯한 동작을 만들어 내고 만다. 이렇게 해서 공을 맞춰 낸다 해도 일관성 있는 샷은 될 수가 없다. 의심이 가면 안전한 실수를 하는 편을 택하자.

즉 숏 게임의 피네스 스윙을 하려면 약하게 잡아도 손해 볼 것이 하나도 없다(그러나 이 그립은 파워 게임에서는 통용되기 힘들다).

7. **생크** 피네스 스윙을 새롭게 배우기 시작할 때 생크가 나온다면 제대로 배우고 있다고 생각하면 된다. 생크는 자주 발생할 것이다. 왜냐하면 하체와 상체가 처음으로 함께 이동하면서 다운 스윙에서 임팩트에 이르기까지 적은 힘으로도 매우 강한 원심력이 만들어지면서 클럽이 몸으로부터 멀리 나아가게 만든다. 이것을 고치려면 공으로부터 조금 멀리 서서, '하체의 피네스 턴'을 숙달시켜야 한다. 그렇지만 올바르게 피네스 턴을 함에도 불구하고 계속해서 생크를 낸다면, '생커스 딜라이트'란 보조 기구(그림 11.14.2)를 활용해보자. 생커스 딜라이트을 사용해서 연습을 해보면 생크의 원인이 되는 손이나 신체의 인위적인 조작을 막을 수 있다.

8. **'스타일러' 피니시** 스타일러 피니시는(그림 11.14.3) 젊은이들이 좋아하고 멋있고 색다르게 보일는지 모르지만 숏 게임을 망치는 확실한 방법이다. 낮은 팔로우스루는 근육과 손의 컨트럴을 요구한다. 따라서 중압감을 느끼는 상황에서는 일관성 있는 샷이 나오지 못하게 한다. 이것은 풀 피니시보다 낮은 궤도의 샷이 나오게 하고 착지 후의 공의 움직임 또한 예측하기가 어렵다. 데드핸드 피네스 턴을 만들고 피니시는 높고 길게 하자(그림 11.14.4).

9. **임팩트 때의 블로킹** 어떤 플레이어들은 임팩트 후에도 클럽을 '잡아두어야

그림 11.14.2 생커즈 딜라이트

(blocking)' 한다고 주장한다. 그것은 클럽이나 팔 앞부분을 회전하거나 릴리
스하지 않는다는 것은 의미한다. 그러면 샷은 잡아지게 되고 아주 높게 우측
으로 가는 공이 나온다(그림 11.14.5). 릴리스를 통제하는 것은 손과 손목, 손
가락 근육을 사용하는 부자연스러운 동작이고 중압감 하에서 이러한 샷을 구
사하기란 더욱 어려워진다. 자연스러운 데드 핸드 피네스 스윙을 해야 한다.
피네스 스윙은 클럽을 임팩트 후 완전히 풀어놓으며, 높은 하이 피니시를 하
는 스윙임을 잊지 말자.

10. 거리가 안 난다 피네스 게임을 하다 보면 의외로 샷이 멀리 날아가지 않는 것
을 보고 놀라는 경우가 있다. 샷이 너무 높이 올라가서 목표물에 도달하지
못하는 경우다. 여기에는 여러 가지 가능성이 있다.

a. 감속되는 스윙. 임팩트 후에도 손동작이 느려지면서 클럽이 손보다 앞서

그림 11.14.3 스타일러 피니시는 불필요한 손의 컨트럴을 만들어 낸다.

그림 11.14.4 피니시가 높을수록 높게 뜨는 샷이 나온다.

그림 11.14.5 임팩트 때 블로킹을 하려면 손의 컨트럴이 필요하다.

나가게끔 만든다. 이렇게 하면 클럽의 로프트를 5°, 10°, 15°까지 높여주어 임팩트 때 클럽이 공 밑으로 들어가게끔 한다.

b. 감속하면 안정적이지 못한 임팩트의 원인이 되고, 에너지의 손실 때문에 샷 또한 멀리 날아가지 못한다.

c. 임팩트 후 블로킹 동작을 한다. 위에서 설명한 것과 마찬가지로 같이 팔이 릴리스 되지 않으면 클럽페이스는 임팩트 시 오픈되어 공은 높고 짧게 날아간다.

d. 공의 위치가 스탠스 너무 앞쪽에 있을 때. 이 경우에는 샷이 두껍게 되지 않더라도 클럽페이스에 원치 않는 로프트가 더해진다.

이 문제들을 해결하기 위해서는 먼저 공의 위치를 정확히 확인한 후, 짧은 백스윙을 하고 임팩트와 클럽의 릴리스를 하는 동안 부드러운 가속이 되도록 한다. 손, 팔, 어깨 그리고 하체는 임팩트 시 클럽을 당기면서 함께 회전하여 백스윙보다 길게 되는 팔로우스루 동작과 곧 이어지는 피니시가 만들어져야 한다. 클럽이 공과 만날 때에는 릴리스하는 과정에 있어야 하며 신체의 동시화된 회전 동작으로 만들어진 원심력을 통해서 가속이 일어나야 한다.

11.15 정성을 다하는 샷

숏 게임의 모든 샷을 학습하는 것은 가능하지 않고 해서도 안 된다. 탐 카이트, 데이비드 듀발, 탐 왓슨, 세베 바에스테로스 같은 정상급의 선수들이 오랜 세월 동안 연습해온 양을 우리들은 결코 따라잡지 못할 것이다. 숏 게임에는 즐거운 구석과 창조성이 들어 있지만, 연습에 대한 부담이 너무 지나치면 이를 제대로 누릴 수 없다. 만약 평범한 피네스 스윙이 잘되지 않는 경우에 연습을 한다면 두 종류의 '특별한' 연습만을 하는 것이 좋다. 하나는 최소의 백스핀, 다른 하나는 최대의 백스핀이 걸리게 하는 연습이다. 코스에서 우리는 라이와 그린의 조건, 핀의 위치 등에 근거하여 샷을 결정한다. 그 다음에는 자신의 생각을 믿고 올바른 프리뷰 스윙을 하고 다가가서 공을 때린다.

혼돈을 최소화하려고 필자는 최대와 최소의 스핀 스윙 동작을 위해서 서로 다른 두 가지 방식의 프리샷 양식을 활용한다. 차이점이란 잠재의식이 앞으로 할 샷에 대한 정보를 따로 알게 만드는 것이다. 백스핀이 많은 샷을 만들어 내기 위해서는 평범한 왜글로 평범한 프리샷 양식을 사용한다. 백스핀이 많이 걸리지 않는 샷을 구사하고자 할 때는 왜글의 동작을 바꾸지만 리듬은 일정하게 유지한다. 앞으로 할 샷에 대한 신뢰감이 생기지 못한다면 왜글 자체가 될 수 없다. 왜글을 실시할 준비가 되지 않았다면 스윙을 할 준비가 되지 않은 것이므로, 왜글과 같은 샷 직전의 확인 동작을 갖고 있는 것이 좋다.

11.16 보수적 전략과 공격적 실행

일반적인 골프 전략에 대한 필자의 생각은 보수적인 전략, 공격적 실행 및 시점을 정확히 아는 것으로 요약될 수 있다. 만약 보수적으로 전략을 세웠다면 코스에서 보내서는 안될 곳에 공을 보내는 일도 없을 것이고 벌타의 확률도 최소화할 것이다. 만약 공격적인 골프를 한다면(적극적이고 낙관적인 의미이지 힘을 쓴다는 것이 아니다), 자신의 기계적 스윙을 최적화해야 할 것이다. 타이밍을 안다는 것은 승부를 걸 시점을 정확히 아는 것이다.

대부분의 아마추어들은 버디를 가장 많이 한 선수가 우승할 것이라 생각한다. 그런데 사실은 보기를 가장 적게 한 사람이 이긴다. 만약 PGA투어 선수들이 보기를 스코어 카드에서 없앨 수만 있다면 그는 상상할 수 없을 만큼 많은 상금을 벌어들일 것이다. 상금 순위 상위에 오르지 못한 선수들도 버디를 많이도 잡아낸다. 그러나 그들은 보기로 그 버디들을 잃어버린다. 보기를 하지 않는 방법은 보수적으로 게임을 풀어나가 평균적인 샷은 그냥 괜찮은 결과를 낳게 할 뿐만 아니라 잘못된 샷도 경기를 크게 망치지 않게 해서 파를 할 수 있게 만드는 것이다.

골프를 치다 보면 가끔은 황당한 기분이 들게 하는 생크나 와일드 슬라이스, 혹은 훅 같은 샷이 나오기 마련이다. 그렇지만 완벽하게 치지 못해서 나오는 형편없는 샷은 충분히 피할 수 있다. 샷을 선택할 때 의도한, 목표 옆으로 10~15야드 정도의 범위 등과 같이 안전 영역을 설정하는 것이 그 방법이다. 이 10~15야드의 완벽한 영역 안에 공이 들어오지 않더라도 아직은 괜찮을 수 있어야 한다. 만일 이러한 확신이 서지 않는다면 더 안전한 샷을 시도해야 할 것이다.

보수적 전략을 선택했다면 리드미컬하고 멋들어진 동작으로 샷을 구사하기만 하면 된다. 아주 확고하고 긍정적인 생각으로 완벽한 샷의 이미지를 그린다. 동작에 대한 이미지 그리기와 내면화 과정을 거친 다음 그 이미지가 아직 선명하게 남아 있을 때 샷을 구사하고 볼이 목표를 향해 날아가는 모습을 관찰한다. 샷을 하기에 앞서 명확한 스윙 이미지와 느낌을 찾지 못하는 것 또한 훌륭한 선수들도 범할 수 있는 실수이다.

이미지를 그리는 것과 준비 단계가 중요한 것만큼, 필자는 스윙의 역학에 대한 이해 또한 중요하다고 믿고 있다. 앞서 몇 개의 장을 통해 설명한 바와 같이 스윙의 목적은 공을 높게 낮게 혹은 스핀을 많게 하거나 더 적게, 혹은 샷의 길이를 더 길게 하거나 더 짧게 만드는 데에 있음을 설명한 바 있다. 자신이 구사하고자 하는 샷의 목적을 숙지한다면 숏 게임을 연습하고 향상시켜서 무의식적으로 컨트럴되고 자동으로 해내는 감각의 게임으로 변화시킬 수 있다. 그렇지만 기초가 단단하지 않고 이론적으로 이러한 동작들을 이해하지 못한다면 그 단계에 이르기가 어려울 것이다. 이 단계에 이르고 나서야 승부를 걸 때를 알 수 있을 것이다.

나는 내 능력을 잘 알기 때문에 3번 아이언을 가지고 워터 해저드 주변에 설정되어 있는 깃대를 바로 공략하는 무모한 도박은 하지 않는다. 그렇지만 웨지를 들고 있다면 그 깃대를 향해 공략을 한다. 이런 결정을 하는 것은 벌타보다는 보상이 따를 가능성이 더 높고 그런 확률을 좋아하기 때문이다.

11.17 90%의 규칙

앞서 언급한 것은 전략의 신체적 측면과 관계되어 있다. 정신적 측면은 무엇인가? 한마디로 설명하자면, 결과에 대한 걱정이 앞선다면 그 샷을 하지 말라는 것이다. 요구되는 스윙을 충분히 연습하지 않았거나 성공할 자신감이 90% 이상 되지 않는다면 그 샷을 시도해서는 안 된다.

90%의 성공률이란, 가령 10개의 공을 쳐서 9개 이상 목표 가까이 보내야 하는 것이다. 그러지 못하면 월급 모두를 내놓을 수 있을 정도로 성공률에 대한 확신이 서야 한다. 확신이 안서면 그 샷을 시도해서는 안 된다. 그린의 넓은 지역으로 떨어진 10개의 샷 또는 그린 앞쪽 벙커 못 미치는 곳에 떨어진 10개의 샷이 난이도가 높은 핀의 위치를 향해 직접 공략해서 6개만 성공하고(어차피 이 6개가 한 번의 퍼팅으로 이어지지는 않을 것이다) 나머지 4개는 심각한 트러블 샷이 되는 경우보다 훨씬 낫다. 이러한 샷은 더블 보기나 트리플 보기로 될 확률이 높다.

다음의 내용은 90% 이상의 자신감을 못 가지고 샷을 시도할 때 일어날 수 있는 경우인데, 필자는 이것을 불안감의 공격이라고 부른다.

플레이어가 샷에 대해서 근심을 가지면 무엇을 하든지 생각하는 데에 시간이 많이 걸린다. 그리고 그때 백스윙의 최고점에 도달하면 플레이어는 '오 하느님 절대로 이런 일이 일어나지 않게 해주소서'라고 생각한다. 이것은 최악의 생각이다.

이 상황에서 내가 선수들에게 주문하는 말이 있다. '자신을 믿는다. 단념하면 실패한다.' 만약 잠재 의식이 자신을 믿지 않으면, 다운 스윙 도중에 포기하고 마는 스윙이 될 것이고 이것은 결국 형편없는 샷을 만들어 낼 것이다. 다운 스윙 중간에는 시간도 충분하지 않고 원심력을 이길 수 있는 손의 힘도 없기 때문에 동작 자체를 바꿀 수는 없다. 스윙을 하는 중간에 포기하면 그 샷은 실패하기 마련이다.

11.18 너무 조심스러울 필요는 없다

정확한 숏 게임, 다시 말해서 신뢰할 수 있는 숏 게임을 갖고 있다면 다행이다. 이것을 최대로 활용하면 스코어 관리가 어렵지 않을 것이다. 숏 게임 실력이 좋으면 롱 게임에서도 더 유리한 승부수를 걸 수 있다. 그리고 파 5홀에서 타수를 줄일 수 있다(단 샌드에 빠지지 않아야 한다). 숏 게임이 좋으면 파를 하기가 쉬워지고 피네스 샷의 정교함의 더해질수록 버디 퍼팅을 만들어 내는 일이 더 쉬워진다.

짧지만 좁은 파 4홀에서 드라이버 샷을 어느 정도 때려낼 수 있다면, 자신감 있게 그 홀을 공략할 수 있을 것이다. 가끔 숲 속으로 드라이버 샷을 날린다고 해도 칩 샷을 이용하여 그린 앞 페어웨이에 올려놓을 수 있다는 사실을 알고 있기 때문이다. 그 지점에서 피치 샷을 구사하면 파는 할 것이다. 그리고 티 샷을 레이 업 성으로 하고 8번 아이언으로 그린을 공략하는 것보다 웨지를 갖고서 그린 공략을 하는 것이 버디를 더 많이 만들어 낼 확률이 높다.

숏 게임의 강점을 활용한 플레이를 할 수 있다면 전쟁에서 큰 원군을 얻은 것이나 다름없다. 자신 있게 플레이할 수 있는데도 소극적으로 경기를 풀어 가는 것은 자신의 능력이 못 미치는 상황에서 승부를 거는 무모함만큼이나 잘못된 것이다. 예를 들어, 짧고 좁은 파 4 홀에서 드라이버 샷으로 시작하면 4 라운드 동안 두 개의 버디와 두 개의 파를 얻을지도 모른다. 이런 공략을 했다면 2번이나 3번 아이언으로 티 샷을 해서 7번이나 8번 아이언으로 그린을 공략해 3개의 파와 1개의 보기를 하는 것보다 훨씬 낮은 결과를 얻는다.

숏 게임에서 자신의 강점을 활용하려면 적극적으로 하는 것이 당연하지만, 약간의 주의도 필요하다. 자신이 친 샷이 트러블 샷이 되면 일단 안전하게 빠져 나와야 한다. 반드시 똑같은 샷을 두 번 쳐서는 안 된다. 그렇게 하면 더블 보기나 트리플 보기를 얻게 된다.

트러블 샷을 칠 때 전략만 올바르다면 파의 가능성은 꽤 되지만(약60%의 업 앤 다운) 보기의 가능성은 100%이다. 더블 보기는 피해야 한다. 빽빽한 숲을 빠져 나와 높이 솟은 다음 왼쪽으로 돌면서 벙커를 지나 그린에 안착하는 기적 같은 샷을 치려고 해서는 안 되고 기대해서도 안 된다. 이러한 샷은 스코어만 높일 뿐이다. 지능적으로 플레이하고 공을 그린으로 쳐내면서 파를 하겠다는 강한 신념을 가져야 한다. 그렇게 해야 최악의 경우 보기가 될 수 있다.

지능적으로 자신을 관리하는 또 다른 요령은 O.B.나 워터 해저드 같은 곳에 근접해 있을 때 승부를 걸지 않는 것이다. 벌타는 스코어 카드에서 지울 수 없다. 그러므로 무슨 일이 있어도 피해야 한다.

코스에서의 '위험 지역' 또한 플레이에 앞서 확인해야 한다(굳이 O.B.를 말하는 것이 아니다. 아주 촘촘하고 두텁게 쌓인 러프 지역도 마찬가지다). 이런 과정을 거친 다음 이 위험지역은 바로 벌타로 이어진다는 것을 명심해야 한다.

숏 게임을 정말 열심히 성실하게 연습했다면 파 5홀에서 2온 공략을 시도하되 이글을 하려는 생각은 잊어야 한다. 이글을 하려고 추가적인 비거리나 더 난이도가 높은 샷을 구사한다면 얻는 것보다 잃는 것이 더 많을 것이다. 이글을 성공시키지 못해도 좋다. 파 5홀에서는 버디를 많이 잡아내면 된다.

파 5홀에서는 샌드나 헤비 러프 혹은 해저드를 피해서 두 개의 샷으로 그린 가깝게 공을 보내야 한다. 이런 공략이 되어야 세 번째 샷에서 '황금의 8피트' 지역에 공을 떨구어 놓을 수 있을 것이다. 그린으로부터 떨어진 곳에서 풀 샷을 구사하는 것보다는 짧은 범위에서 더 많은 버디를 성공시킬 수 있다. 110야드에서는 아무리 풀 스윙을 잘하는 사람이라도 40야드에서의 숏 게임 연습을 열심히 한 사람을 이길 수 없다. 이글에 대한 환상을 버리고 더 많은 버디를 생각하는 것이 더 지능적이고 더 안전한 방도이고 이럴 경우에 행운의 이글도 따른다.

끝으로 웨지를 잡고 있다면 깃대를 직접 공략해야 한다. 그리고 잠재적인 벌타의 가능성—워터 해저드나 이 밖의 유사한 것들—이 깃대 가까이 있어서 90% 확률에 어긋나는 경우가 아니라면 조심스럽게 플레이할 필요가 없다.

그리고 깃대를 향해서 공략할 때는 그것을 즐겨야 한다. 적극적인 동작과 생각이 따라야 더 많은 버디를 얻을 수 있다. '보수적인 전략, 공격적 실행 및 시점을 정확히 아는 것'이 충분한 대가를 지불할 것이다.

보수적인 전략은 벌타를 없애고 보기를 최소화하는데 사용하는 것이다. 파 5홀에서 이글에 대한 환상을 버리고 긴 파 4홀에서는 버디를 꼭 해내겠다는 생각을 버려야 한다. 공격적인 태도는 스윙을 완벽하게 구사할 수 있을 때에만 취해야 한다. 난이도가 낮거나 짧은 홀에서 그리고 파 5홀에서는 주저하지 말고 웨지를 가지고 버디를 노려야 한다. 어떠한 변화가 있는지 살펴보자. 경기는 이렇게 풀어 가는 것이다. 그리고 이 방법이야말로 여러분의 득점능력을 최적화 시켜줄 것이다.

Chapter 12

숏 게임의 숨겨진 비밀

필자가 지금까지 보아온 골퍼들 중에 플레이를 잘하게 만들어 줄 수 있는, 즉 정체는 알 수 없지만 실력을 향상시키고 최고의 선수까지도 될 수 있는 비밀을 찾지 않는 사람은 한 명도 없었다. 사람들은 모두 그 비밀이 어딘가에 숨겨져 있다고 생각해왔으며, 골프가 생겨난 이후로 그 비밀에 대한 탐색은 계속되어 왔다. 앞으로도 그 탐색은 계속될 것이다. 공을 아무리 잘 치는 플레이어라도 마음 한구석에서는 플레이를 더 향상시켜 줄 추가적인 비밀을 찾고 있을 것이다. 그렇다면 내가 생각하는 골프의 비밀은 무엇일까?

골퍼들은 아무도 비밀의 존재에 대해서는 의문을 제기하지 않는다. 비밀이 있다는 것을 확신한다. 맞는 말이다. 비밀은 존재하고 그 사실은 좋은 일이다. 그런데 나쁜 소식은 그 비밀이 하나 이상이라는 것이다. 실제로 비밀은 매우 많다. 그리고 더 나쁜 소식은 이러한 비밀이 모든 골퍼들에게 적용된다는 사실이다.

한 가지 더 알려주자면, 비밀은 실제로 비밀스럽지 않다. 많은 사람들이 알고 있으며 따라서 아마도 비밀이라고 불러서는 안 될 것이다. 비밀이란 게임의 본질이라고 할 수 있다. 비밀의 존재를 믿고 올바른 방법으로 그것을 학습한다면 득점능력은 향상될 것이다.

12.1 비밀 1 : 피드백의 비밀

지도자, 과학자, 물리학자, 그리고 선수로서 필자는 피드백(샷의 결과)의 비밀이 가장 우선 언급되어야 할 골프의 비밀이라고 믿는다. 왜냐하면 골퍼가 피드백을 받고 내면화하고 효과를 보지 못한다면-의식적이든 무의식적이든 샷의 결과를 동작과 관련해서 생각하고 경험을 통한 학습이 이루어지지 못한다면- 실력의 향상은 절대 기대할 수 없기 때문이다.

그렇다고 연습만 해서 될 일도 아니다. 연습은 지능적이어야 한다. 피드백을 통한 지능적인 숏 게임 연습의 다섯 가지 규칙은 다음과 같다.

1. 공을 성의 없이 치지 말 것
2. 신체를 바르게 정렬하지 못한 상태에서 연습하지 말 것
3. 자신의 정확한 비거리를 알 것
4. 모든 샷의 궤도를 관찰할 것
5. 피니시 동작을 유지할 것

● 규칙 1 : 공을 성의 없이 치지 말 것

피드백을 통한 연습은 신중해야 하며 인내를 가지고 조금은 느린 속도로 연습해야 한다. 단지 계속해서 공만 때리는 것은 진정한 연습이 아니다. 그리고 첫 번째 공을 쳐서 착지하는 것을 보기도 전에 다음 공을 쳐서는 안 된다. 샷을 하고 난 다음의 여유가 필요하다. 매번 새롭게 공을 치는 방식으로 셋업을 해야 한다. 그것은 마치 코스에서의 실제 샷을 할 때같이 하는 것을 말한다. 어드레스 자세로 들어가는 과정은 스윙 자체만큼 중요하거나 더 중요할 수도 있다. 왜냐하면 각각의 샷에 대하여 셋업을 올바르지 않게 하거나 다르게 한다면 바르고 반복적인 스윙의 숙달이 불가능하기 때문이다. 그러므로 연습은 신중해야 하며 올바른 셋업을 습관화시키기 위해서 충분한 시간을 갖고 시도해야 한다.

● 규칙 2 : 바르게 정렬하지 못한 상태에서 연습하지 말 것

올바르지 못한 자세 즉 어깨와 발과 힙이 틀린 방향으로 정렬된 상태에서 어드레스 자세를 취한 후 올바른 샷을 쳐내려고 하는 것처럼 우스꽝스러운 일은 없

다. 왜냐하면 아무리 스윙이 훌륭해도 조준이 옳지 않으면 공은 잘못된 방향으로 날아가기 때문이다. 골퍼라면 바르지 못한 자세를 만들어 내고 올바른 스윙을 하기 어렵게 만드는 이러한 무의식적 행동을 항상 경계해야 한다.

목표를 향해 공을 쳐내려고 하는 골퍼의 자연스러운 잠재의식은 여기에 맞는 스윙을 만들어내서 목표하는 대로 공을 때리게 할 것이다. 많은 골퍼들이 스윙을 할 때 어려움을 겪는 부분이 바로 이 무의식적인 보완적 동작이다. 그러나 완벽하게 잘 정렬된 자세에서는 올바른 스윙으로 정확한 샷을 구사해낼 수 있을 것이다.

올바른 정렬 자세로 연습하는 것은 어렵지 않다.

먼저 하나의 샷을 치더라도 치려고 하는 클럽을 가지고 지면 위에 올려놓으면서 이 클럽이 정확히 목표를 향하도록 한다. 클럽의 그립 부분은 첫 번째 공과 붙여 놓은 다음(그림 12.1.1) 클럽 뒤쪽에서 정확히 목표가 조준되었는가를 확인한다. 다음 2번 아이언(다른 클럽들보다는 쓰임새가 적은)을 조준한 클럽 좌측에 평행이 되게 놓는다.

다음에는 타격할 클럽을 집어들고 발과 몸을 좌측과 평행하게 정렬한 다음 왼발의 뒤꿈치를 고정시킨 상태에서 앞을 30~45° 가량 목표 방향으로 틀어 준다. 그러면 준비가 다 된 것이다(그림 12.1.2). 연습은 항상 이러한 방법으로 해야 한다. 만약 목표가 바뀌면 지면 위에 조준 클럽과 타격 클럽을 다시 세팅한다.

조준 클럽을 이용하는 것은 간단하고 시간이 걸리는 것도 아니지만 대부분의 아마추어들은 이 절차를 무시한다. 그렇지만 PGA와 LPGA 투어 선수들은 항상 이 방법을 써서 목표를 조준한다. 이들은 이 방법을 통해 완벽한 조준 습관이 만들어진다는 것을 잘 알고 있다. 완벽한 정렬 자세로 정확한 샷을 치는 것을 연습할수록 코스에 나가더라도 셋업과 자세 정렬이 완벽하다는 느낌을 갖게 될 것이다.

그림 **12.1.1** 타격 클럽을 정확하게 조준한다.

그림 **12.1.2** 언제나 조준 클럽을 가지고 연습한다.

● 규칙 3 : 자신의 정확한 비거리를 알 것

웨지 샷에서 중요한 것은 거리이다. 그렇지만 대부분의 골퍼들이 연습장에서 웨지를 갖고 연습할 때에는 샷의 방향에만 신경을 쓴다. 대개의 경우 클럽이 낼 수 있는 거리에 못 미치는 거리밖에 내지 못한다. 그러므로 대부분의 골퍼들은 웨지 샷의 비거리에 대한 감각을 거의 가지고 있지 않다. 이것은 플레이어들이 비거리 컨트럴 능력에 관한 학습을 제대로 하고 있지 않다는 것을 의미한다.

원거리의 타깃을 향하여 웨지 샷을 한다면 공이 얼마나 날아갈지를 아는 사람은 그리 많지 않을 것이고 단지 근육을 풀기 위해 준비운동을 하는 격이 될 것이다. 이렇게 하면 피네스 스윙이나 웨지 게임을 하는 것이라곤 볼 수 없다.

웨지의 거리 학습을 위해서는 레이저 거리 측정기로 측정을 하거나 정확한 보폭으로 계산해서 비거리를 알 필요가 있다(그림 12.1.3). 또 공이 목표에 못 미치는지, 더 길게 가는지 혹은 딱 맞는 비거리를 내는지를 정확하게 판단하려면 착지 지점을 정확하게 볼 수 있어야 한다. 필자는 앞에 놓여진 그물을 향해 치는 연습의 경우라면, 학생들로 하여금 공이 목표에 얼마나 정확히 날아가는지를 알 수 있도록 하기 위해서 센티미터 단위의 오차를 확인하게 하고 있다. 그물이 없다면 경사가 심하지 않은 곳에 수건으로 목표를 설정한 다음 샷을 연습하면 된다. 이런 방법을 쓰면 비거리에 대한 정확하고 신뢰도가 높은 피드백이 생겨나며 웨지의 거리 연습 준비가 된 것이나 다름없다.

웨지 연습을 할 때마다 공이 날아갈 방향이 걱정되어서 고민할 필요는 없다. 이것은 본능적으로 해결된다. 오히려 공이 날아가는 '거리'에 초점을 맞추어야 한다. 정확한 거리가 웨지 샷의 질을 판단하는 척도가 되어야 한다. 연습할 때 이런 생각을 많이 해두어야 실전에도 도움이 된다.

그림 12.1.3 연습에서 비거리의 오차는 1야드 이내가 되도록 한다.

● 규칙 4 : 모든 샷의 궤도를 관찰할 것

연습을 하고 있는 골퍼들을 유심히 관찰해보면 이들은 단지 공만 때리는데 온 정신을 쏟고 있는 것을 알 수 있다. 웨지 게임을 연습한다고 생각하지만 그들이 실제로 하고 있는 것은 스윙을 해서 공을 쳐낸 다음 공이 공중에 떠 있는지 여부를 확인하기 위해 잠시 쳐다본 후 준비된 공들을 다시 바라보고 다음 샷을 준비하는 격이다. 아마추어들은 공이 얼마나 멀리 날아가는지도 궁금하지 않고 공이 얼마나 높이 날아가는지도 관심 없다. 어쩌면 마음속에 정해 놓은 목표조차 없는지도 모르겠다. 이것은 샷에 대한 생각을 전혀 하고 있지 않은 것이나 마찬가지이다.

필자는 공을 때리는 것에만 몰두하는 학생들을 볼 때마다 그가 또 다시 공을 치기 전에 이렇게 묻는다. '조금 전에 친 샷이 어떤 구질로 날아갔는지 알아요? 공이 어디 있습니까?' 대부분의 경우에는 대답을 하지 못한다. 아무것도 얻은 것이 없는 연습이다. 공을 놓고 자세를 정렬하는 데 시간만 낭비한 것이다. 이것은 연습이 아니다. 왜냐하면 아무것도 배운 것이 없기 때문이다. 단지 운동을 했을 뿐이다.

운동하는 것이 나쁘다는 것은 아니다. 단지 신체건강에 도움이 될 뿐 아니라 재미도 얻을 수 있고 더 나은 골퍼가 되게끔 피드백을 주는 운동이 좋다는 뜻이다. 그러므로 모든 샷의 탄도와 특징을 관찰하면서 연습하는 것이 좋고 특히 날아가는 공을 관찰하는 습관을 가져야 한다(그림 12.1.4). 진정한 피네스 스윙이

그림 12.1.4 샷을 관찰하며 감각을 내면화시켜야 한다.

되고 있다면, 즉 손 근육을 사용하지 않고 공을 쳐내고 있는 경우라면 일관성을 갖는 공의 탄도와 백스핀 정도를 유지할 수 있을 것이다(백스핀의 정도를 측정하기 위해서는, 특히 30야드 이내의 샷에 대하여 샷이 튀기고 구르는 움직임을 관찰하려면, 관리가 잘되고 있는 그린의 표면 위에서 가끔씩 연습을 해볼 필요가 있다).

다음의 질문들은 모든 샷을 한 후 자문하고 대답해볼 내용들이다. 원하는 거리를 만들어 냈는가? 모자랐는가 길었는가? (본능적으로 방향에 대한 사항은 이미 알고 있다), 원하는 탄도를 만들어 냈는가? 방금 전에 친 샷과 똑같은 탄도를 그리며 날아갔는가? 아니라면 그 이유는 무엇인가?, 마지막으로 골프 코스에서 실제 그린과 핀을 향해 친 샷도 원하는 대로 움직였는가?

● 규칙 5 : 피니시 동작을 유지할 것

최고의 숏 게임 플레이어가 되려면 원하는 샷을 만들어 내기 위해서는 어떤 스윙을 해야 하는지 요구되는 상황을 사전에 느낌으로 알 수 있어야 한다. 이러한 심안구상(心眼具象)을 스윙을 하기 전에 할 수 있다면 완벽한 동작을 만들어 내는 데 큰 도움이 된다.

이러한 능력을 키우기 위한 유일한 방법은 경험을 통하여 각기 다른 스윙이 만들어 내는 서로 다른 구질의 움직임을 관찰하고 체험하는 것이다. 비디오 테입을 통한다거나 다른 사람이 공을 치는 모습을 보거나 혹은 책을 통해서 이것을 습득할 수는 없다. 그런 매체는 스윙의 원리나 방법에 대해서 가르쳐 줄 수는 있지만 감각을 길러 줄 수는 없다. 여러분이 직접 스윙을 해서 관찰한 스윙 감각을 소화해서 심안구상이 될 때 동작과 결과의 완전한 상관관계가 이루어질 수 있다. 일단 감각과 이미지가 심안구상을 통해 내면화되고 이것이 정확해지면 원하는 결과를 낳는 스윙이 될 때까지 충분한 연습을 해야 한다.

피니시를 유지한다는 것은 무엇을 의미하는 것일까? 그것은 스윙에서 팔로우스루가 끝나면 움직이지 않고 공이 착지할 때까지 스윙의 감각을(근육의 감각을) 느껴보는 것을 의미한다(그림 12.1.5). 샷의 결과와 스윙에 대한 이런 구체적인 경험은 골퍼로 하여금 스윙의 역학 및 숏 게임에서 앞으로 사용할 수 있는 몸과 마음의 상관관계를 배우고 내면화할 수 있게 해준다. 만약 공이 착지할 때까지 피니시 자세로 감각을 유지하면 이러한 상관관계를 습득할 수 있다. 꾸준히 연습하면 엄청난 감각이 개발될 것이다. 그렇지만 피니시를 유지하지 않으면 즉 곧바로 일어서거나 물러선다거나 다른 곳을 돌아보거나 혹은 등을 돌리면 스윙의 감각을 잃어버리며 동시에 스윙과 결과의 상관관계를 배울 기회도 잃어버리는 샘이다. 그리고 불행하게도 이것은 대부분의 골퍼들이 행하는 실수이며 코스에서 연습의 효과가 나타나지 않는 주된 이유이기도 하다.

피드백의 비밀은 다음과 같이 요약될 수 있다. 만일 여러분이 단순히 공을 쳐내는 것에만 흥미를 느끼고, 조준을 올바르게 하지 않으며, 비거리에 대한 정확한 피드백을 받지 못하고, 자신의 샷 탄도를 알지 못하며, 피니시를 유지하는 습관을 가지지 못한다면, 차라리 숏 게임에 대한 백일몽 한편을 꾸는 것이 나을 것

그림 12.1.5 피니시를 유지하는 습관을 만들어야 한다.

이라고 생각한다. 바꾸어 말하면 올바르지 못한 연습은 연습을 하지 않는 것만 못하다는 것이다.

12.2 비밀 2 : 시간의 효율적 활용

이 세상에서 가장 중요하며 절대로 대체할 수 없는 자산이 바로 시간이다. 우리는 매일 똑같은 양의 시간을 가지고 생활한다. 그리고 그날이 끝나면 시간을 모두 소비하게 된다. 소비한 시간은 다시 가질 수 없다. 따라서 여러분 자신에게 물어봐야 할 것은 플레이를 향상하기 위해 사용한 시간이 얼마나 생산적이었는가이다. 어제 연습하는 데에 사용한 시간은 실력을 향상시킬 수도 또는 악화시킬 수도 있으며 혹은 실력에 전혀 변화를 주지 않을 수도 있다. 다른 선택의 여지가 있는 것이 아니다. 게임에서 우승하는 사람은 가장 많이 혹은 가장 오랜 시간 동안 연습한 사람이 아니다. 우승자는 실력을 많이 향상시킨 사람이다.

인생과 마찬가지로 골프에서도 자신이 사용한 시간을 이해하고 통찰력을 얻었다면 그 자체가 성공이다. 그렇지만, 시간과 노력 그리고 정열을 투자했는데도 학습 효과나 내면화 그리고 실력이 향상되는 결과를 계속해서 얻지 못한다면 여러분의 연습에는 심각한 문제가 있는 것이다.

여기서 생산적 시간활용이란 개념은 단지 연습에 들어간 시간만을 의미하는 것이 아니고 깨닫는 데 얼마나 오래 걸렸는지에 대한 것도 아니다. 생산적 시간활용이란 득점하는 능력을 향상시키는 데에 활용한 시간을 생산적으로 사용한 것을 말한다.

필자와 함께 훈련한 선수들은 두 가지로 구분된다. 한 가지는 탐 카이트, 리 젠슨, 탐 시크만, 페인 스튜어트 같은 연습 벌레들이다. 이 선수들과 뭘 하려면 처음 10분 동안은 아무것도 하지 못한다. 왜냐하면 15분이 지나도록 계속 워밍업을 하기가 태반이고 그리고 난 다음에야 이들의 연습이 시작되기 때문이다. 조건이 변화되면 이들은 아직 집중할 수 있는 준비상태가 된 것이 아니므로 연습 효과를 얻기가 어렵다. 그리고 연습 단위가 짧으면 얻는 것이 거의 없다.

연습 벌레들에게는 길고 집약적이고 반복적인 연습을 통하여 계속 반복 연습하고 부족한 점을 알아내고 감각을 체득하는 방법이 가장 효과적이다. 이들의 경우는 샷의 결과를 아주 많이 관찰해야 하고 이러한 결과를 아주 신중하게 내면화시킨다. 그렇지만 이렇게 하는 방법의 장점은 일단 무언가를 배우고 습득하면 절대로 잊어버리지 않는다는 것이다. 이 방식은 반복적 동작을 수도 없이 많이 함으로써 자신의 골프체계 속에 가르침과 깨우침을 깊이 심어 놓도록 하기 때문에 일단 형성된 습관은 매우 지속적으로 유지되며 필요할 때면 언제든지 다시 사용할 수 있다.

두 번째 부류는 날쌘돌이(퀵 히터)라고 불러야 하는 선수들이다. 피터 제이콥슨, 스티브 엘킹턴, 폴 에이징어, 디 에이 위브링, 하워드 트위티 같은 선수들이 이 부류에 속하는 선수들로, 이들은 지루함 때문에 집중력이 떨어지는 것을 방지하기 위해서라도 더 짧고 더 다양한 형태의 연습 시간을 갖는다. 아마도 제이콥슨 선수의 연습 시간이 가장 짧을 것이다.

필자가 제이콥슨에게 무엇인가를 주문하면 그는 언제나 그 과제를 매우 빠르게 잘도 해낸다. 그렇지만 조금 있으면 지루함을 느끼고 '네, 네, 일겠어요. 시간 낭비 그만하고 이제 뭐 다른 걸 하지요'라고 말한다. 그리고 완벽한 샷 몇 개를 보여주고는 자신이 한 말을 증명해 보인다. 이런 선수들은 타고난 재능을 가지고 있어서 매우 빠르게 배운다. 이들은 필자가 무엇을 요구하든지 간에 매우 빠르게 완벽한 결과들을 보여준다. 그렇지만 다음 번에 이들과 연습을 하면 새로운 무언가를 하려 하면서도 과거에 배운 것은 잊고 있다. 습관화를 시키지 못하는 것이다. 이들은 무언가 다른 것을 배우고 연습할 때면 흥분한다. 하지만 이들은 같은 시스템이나 테크닉을 실제로 훌륭하게 발전시킬 만큼 길게는 집착하지 못한다.

이들에게 맞는 전략은 같은 연습 세션을 짧게 구성하지만 똑같은 기본적인 원칙을(절대로 변하지 않는 원칙을) 강조하기에 충분할 정도로 반복해서 행하는 것과 스코어링이나 능력 테스트에 대해 생각하게 함으로써 이들의 주위를 환기시키는 것이다. 이들로 하여금 무언가 지루하고 반복적인 일을, 그리고 이들이 그 전날에 이미 했던 무언가를 한다는 사실을 깨닫지 못하게 할 필요가 있다.

여러분은 자신이 연습벌레인지 아니면 날쌘돌이(퀵 히터)인지 혹은 그 중간인지를 확실하게 결정해야 한다. 만약 스스로 연습과정을 만들려고 한다면 이런 성격적인 특성을 고려해야 한다. 연습을 통해서 느리게 배우길 좋아한다면 충분한 시간을 가지고 계속 반복해서 한 가지의 연습을 통해 실력을 향상해야 한다. 그리고 쉽게 지루해진다면 숏 게임에 대한 각각의 연습에 15분 이상의 시간을 설정하는 과오를 범해서는 안 된다. 그보다는 모든 것을 짧고 유쾌하게 유지하고 다른 샷으로 이동하여 흥미를 유지시켜야 한다.

이것은 연습 시간을 할당하는 방법이다. 이제 그 시간을 어떤 것에 할당해야 하는지 알아보자.

먼저 골프게임의 19%만 차지하지만 연습 시간의 80%를 차지했던 우드와 아이언 위주의 파워 게임 치중의 연습 습관을 버려야 한다. 그리고 골프에서 활용되는 샷의 비율, 예를 들어 43%의 퍼팅, 25%의 우드, 13%의 피네스 웨지 등과 같은 비율로 연습하는 것 또한 올바르지 않다. 골프의 다양한 측면에 대하여 연습해야 하는 시간의 양은 세 가지의 요소를 고려하여 결정해야 한다. 그 요소들은 (1) 게임에의 기여도 (2) 각각의 영역에서의 비중 (3) 연습을 통해서 실력을 향상시키는 속도이다.

스코어링에 있어서 가장 중요한 것은(앞에서도 많이 들어본) 숏 게임이다. 그러므로 연습할

일 주일간 연습 시간의 우선순위

1. 30%–숏 게임(그린의 가장자리로부터 1000야드 이내)
2. 30%–퍼팅 게임(그린에서)
3. 30%–파워 게임, 우드(드라이빙)와 아이언(1000야드 이상)의 비율이 같아야 한다.
4. 5%–매니지먼트 게임(코스에서의 약점과 강점을 관리)
5. 5%–멘탈 게임(두려움, 자신감, 적극성, 결단력, 조직화, 좌절)

때마다 이것은 첫 번째 단계가 되어야 한다. 그러므로 게임에 기여하는 정도를 전제로 한다면 숏 게임은 최고의 우선순위가 된다. 그리고 다른 네 가지 게임을 중요성에 따라 다음과 같은 순서로 구분한다. 퍼팅 게임, 파워 게임, 매니지먼트 게임, 멘탈 게임. 이것은 연습을 하는 순서에 대한 것이며 시간의 양에 따라 구분한 것은 아니다.

각각의 연습 단위에서 숏 게임은 항상 먼저 연습해야 한다. 그 다음에 퍼팅을 그 다음에는 연습장에서 파워 스윙을 연습해야 한다. 만약 숏 게임과 퍼팅 연습을 하면서 시간을 모두 소비하게 되면 그대로 끝을 내며 다음 번 연습 때에는 공의 타격을 위해서 더 많은 시간을 할당해야 한다. 만약 일반적인 골퍼들을 위한 연습 스케줄을 만든다면 필자는 다음 페이지에 나오는 그림 12.2.1과 같이 시간을 할당할 것이다. 모든 숏 게임의 연습 시간에서(숏 게임은 총 연습 시간의 30%) 첫 번째 우선순위는 그린 주변에서 치는 15야드의 피치 샷이다. 그 다음에는 장거리 웨지(30야드에서 75야드), 그리고 그린과 가까운 거리에서의 칩 샷, 그 다음이 벙커 플레이 마지막으로 실내 거울 연습이다. 만약 한 주일 동안 총 연습 시간의 30%가 한 시간, 즉 60분이라면 이 시간을 다음과 같이 구분할 수 있을 것이다.

1. 즉각적이고 각별한 주의가 요구되는 특별한 약점이 없다고 가정한다면,(여러분의 약점은 득점 능력을 결정짓는다는 사실을 기억하자.) 피치 샷으로 15분을 먼저 연습하며 15분을 장거리 웨지, 15분을 그린의 가장자리 주변에서 치핑 샷을 연습한 후 마지막으로 샌드에서 10분을 연습한다. 여러분이 주의 깊게 자세를 취하고 모든 샷을 타깃을 향하여 치며 공이 정지할 때까지 관찰한다면 각각의 순서에서 20내지 50회의 샷을 칠 것이다. 혹은 더 적은 샷을 친다고 해도 괜찮다. 피드백을 통한 주의 깊고 의미 있는 연습이 중요하다. 이 밖의 것을 하는 것은 시간 낭비이다. 그러므로 일부러 올바르지 못한 연

습을 하느라 고생할 필요는 없다.

2. 한 가지 약점이 있다고 가정할 때 예를 들어 샌드 샷이 약점이라고 하면 다른 영역은 5분 내외로 연습하며 샌드에서의 연습에 집중해야 한다. 다시 한 번 강조하지만 약점 보완에 주의를 기울여야 한다.

3. 마지막으로 가정에 있는 거울 앞에서 5분을 투자할 것을 제안한다. 반바지

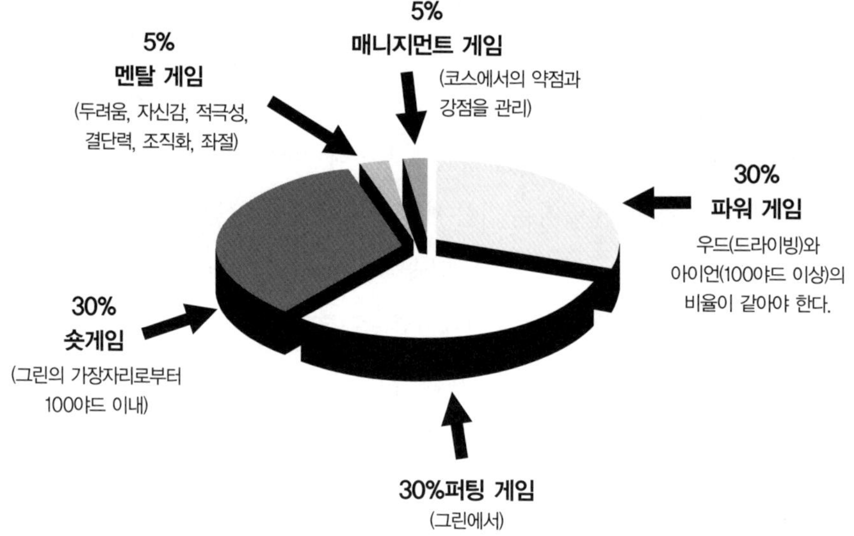

그림 12.2.1 필자가 제안하는 연습 시간

와 밝은 색 상의를 입어서 신체의 동작을 관찰하고 느낄 수 있도록 한다. 7:30 방향과 9:00 방향 그리고 10:30 방향의 백스윙 자 세로부터 동시화 된 피네스 스윙으로 균형 있는 풀 피니시까지 이어지는 연습을 한다. 더 많이 관찰하고 감각을 느껴 완벽한 스윙 리듬을 잡아낸다면 필드에서도 무의식적으로 이를 재현하기가 쉬워질 것이다.

물론 일주일 동안의 숏 게임 연습 시간이 반드시 한 시간이어야 한다고 주장하는 것이 아니다. 그렇지만 한 시간 이상을 숏 게임에 할애하겠다면 연습 시간은

일주에 3시간 30분 이상 되어야 한다는 것을 의미한다. 이것을 감당할 수 있다면 괜찮다. 올바른 방법으로 연습을 더 많이 하면 할수록 숏 게임과 점수관리 능력은 더 빠르게 향상될 것이다.

두 번째 우선순위는 퍼팅 게임이다. 퍼팅을 연습하는 데에 30%의 시간을 할애해야 하며 그 시간은 실내에서 타격의 역학을 연습하는 시간과 실외에서의 감각과 그린 읽기를 연습하는 시간으로 균등하게 구분되어 있어야 한다. 올바른 피드백을 받으면서 연습하면 대단한 실력 향상을 볼 수 있다.

연습 시간의 30%는 파워 스윙에 할애해야 한다는 사실을 잊지 말자. 파워 게임 연습은 반드시 필요하다. 필자는 파워 게임을 숏 게임과 퍼팅 게임 다음으로 중요하다고 생각하지만 골퍼라면 이 연습을 게을리 해서는 안 된다. 첫 번째 친 샷이 형편없다거나 그린을 향한 두 번째 샷(파 4홀인 경우)이 제대로 되지 않는다면 숏 게임이나 퍼팅 게임이 아무리 훌륭하다고 해도 꾸준하게 파를 해낼 수는 없다.

연습 시간 할당에 대한 필자의 마지막 충고는 멘탈(정신적) 게임과 매니지먼트 게임을 소홀히 하지 말라는 것이다. 밥 로텔라, 리차드 쿠프, 데이비드 쿡, 데보라 그레함, 척 호간 등과 같이 스포츠 심리학과 정신적 측면을 사르치는 교습가들을 살펴보자. 이들 모두가 멘탈 게임과 매니지먼트 게임의 향상을 강조하고 있고 필자 또한 이 연습의 효과가 있다고 믿는다. 일관되게 최고의 점수를 내는 데에 필요한 재능을 개발하기 위해서라도 게임의 모든 분야를 계속해서 연습해야 한다.

지금까지는 연습 시간의 할당에 대해 설명했다. 그런데 연습과 워밍업을 혼동해서는 안 된다. 워밍업은 연습이 아니라 플레이에 앞서 근육을 이완시키고 긴장을 풀어 주어 게임을 준비하는 일련의 운동 동작이다. 워밍업은 단순히 스트레칭을 하는 것보다는 훨씬 더 의미가 있다.

득점에 가장 큰 영향을 줄 샷을 구사하기 위해서라도 워밍업 동작을 적절하게 할 필요가 있다. 언제나 먼저 피네스 스윙을 해본다. 라운드에 앞서 워밍업을 하고 있고, 시간이 그리 많지 않다면 그린을 향하여 칩 샷과 피치 샷 몇 개씩을 해본다. 왜냐하면 퍼팅을 제외하면 다른 어떤 샷보다 칩 샷이나 피치 샷을 할 가능성이 높기 때문이다. 피네스 스윙의 동시적 동작이 몸에 배도록 한다.

그 다음에는 거리를 내는 웨지 샷으로 바꾸어서 몸 전체를 이용한 피네스 스윙을 하면서 워밍업한다. 만약 타깃까지의 거리가 30에서 50야드로 예상되면 거리에 대해서 더 주의를 기울여야 한다(이 목표를 맞추지 못하거나 거리가 못 미치거나 하면, 정확한 거리내기 연습에 좀 더 시간을 투자해야 할 것이다).

만약 시간이 더 남는다면 풀 스윙 연습을 한다. 특히 드라이브 샷까지 풀 스윙의 클럽을 늘려 본다. 시간이 없다면 등과 다리의 근육을 이완시켜주기 위해 충분히 스트레칭하는 것만으로도 충분하다. 첫 번째 치는 드라이브 샷의 거리에 대해서는 걱정하지 말자. 그저 페어웨이 안으로 들어가기만 하면 된다. 만약 충분히 워밍업이 안 된 상태라고 판단되면 3번이나 4번 우드를 가지고 ¾스윙을 하면 된다. 두 번째 샷을 트러블 샷이 되지 않게끔 만들기만 하면 되기 때문이다.

물론 퍼팅에 대해서도 약간의 워밍업이 필요하다. 시간이 제한되어 있다면 풀 스윙 대신 퍼팅을 연습한다. 먼저 그린에서의 일반적인 스피드를 알아내기 위해서 긴 거리에서 갖다 붙이는 퍼팅을 해보고 다음에는 그린 스피드에 초점을 맞추어서 20피트 짜리 퍼팅을 한다. 첫 번째 티샷을 하러 가기 전에 짧은 거리의 퍼팅 연습을 하는데 그 이유는 첫 번째 홀에서 파를 해내는 데는 3피트에서 6피트 거리의 퍼팅을 꼭 하게 되기 때문이다. 골퍼들은 후반 3개의 홀보다 전반 3개의 홀이 중압감을 덜 느낄 상황임에도 불구하고 칩 샷과 피치 샷 그리고 퍼팅을 더 못하는 경향이 있다. 그 이유는 대개의 경우 허둥지둥한 마음으로 첫 번째 티샷을 하게 되고 한 주 동안(혹은 적어도 며칠간) 마주치지 못했던 숏 게임과 퍼팅 게임 샷을 초반에 하게 되기 때문이라고 생각된다. 달리 말하자면 신체적으로나 정신적으로나 매우 단순한 샷을 할 준비가 되어 있지 않은 것이다.

12.3 비밀 3 : 손 근육의 비밀

손의 근육을 사용하는 일은 퍼팅 게임에서와 마찬가지로 피네스 게임에서도 전혀 바람직하지 않다. 결국 두 가지 게임 모두를 망칠 뿐이다.

인간은 망치질을 하거나 놀이를 하거나 고기를 자르고 도구를 다루는 등 다른 일을 할 때에도 손가락과 손, 손목 그리고 전완의 근육을 사용하는 데에 익숙하다. 따라서 사람들은 본능적으로 골프 클럽도 똑같은 방법으로 조작해야 한다고 믿는다. 대부분의 골퍼들 특히 남성 골퍼라면 이렇게 믿고 있다.

필자는 오랫동안의 연구와 관찰을 통해서 숏 게임에서 작은 근육을 사용해 동작을 만들 경우에는 샷의 일관성이 떨어지고 결국 점수를 망치게 된다는 것을 알 수 있었다.

그렇기 때문에 숏 게임에서는 데드 핸드가 필수적이다. 데드 핸드 스윙의 동작을 습득하여 사용하면 긴장 시 발생하는 심장 박동의 증가와 아드레날린의 효과를 없앨 수 있다. 중요한 골프 샷을 해야 할 흥분되고 긴장되는 것은 당연한 현상이다.

연습장에서는 매 샷마다 10~15회 정도씩 큰 근육으로 컨트럴하는 스윙을 연습하고 이것을 몸에 익히기 쉽다. 또 느낌이 좋아질 때까지 반복해시 연습할 수도 있다. 타이밍을 늦출 수도 있고 공을 때리려고 하는 충동 또한 완전히 제어할 수 있다. 연습장에서는 만사형통이다.

문제가 되는 것은 흥분하게 되었을 때, 즉 중압감을 느끼게 되고 심장 박동이 증가하고 아드레날린이 분비되기 시작할 때 정확한 근육의 작용과 에너지를 다시 구사해내는 것이다. 여러분은 이런 조건에서 연습한 적이 없기 때문이 절대로 해낼 수 없다. 연습 시간 내내 심장 박동을 분당 150에서 200회까지 증가시키는 일은 불가능하다. 그리고 연습 중에 의도적으로 아드레날린을 분비해내서 근육을 강하고 탄력 있게 만드는 일도 불가능하다. 오랫동안 연습해도 이러한 영향들을 극복하는 방법에 대해서는 알아내지 못할 것이다.

이러한 조건들을 극복하는 유일한 방법은 상황에 따라 변화하는 근력의 작용을 제거하는 것이다. 긴장된 상황이 일어나기 전 코스에서 연습 스윙을 하는 동안 골퍼 자신이 관찰하고 평가할 수 있으며 정교하게 만들 수 있는 피네스 스윙의 리듬을 긴장된 상태에서도 사용할 수 있다면 원하는 결과를 오차 하나 없이 만들어 낼 수 있을 것이다. 실제 눈으로 클럽 또는 손과 팔을 보는 것이 아니라, 스윙이 어떻게 이루어지고 있는가를 마음(잠재의식)이 보고 느끼게 해야 한다. 그러면 자신이 구사하고자 하는 샷을 만들어 내는 데 필요한 피네스 스윙의 크기와 스피드를 갖춘 정확하고 리드미컬한 피네스 스윙감의 느낌을 감지 판단할 수 있게 될 것이다.

심장 박동이 증가한다고 해도 심안(心眼)이 스윙의 리듬을 관찰하고 제어한다면 스윙 속도의 변화는 없을 것이다. 아드레날린으로 인해 근육은 더 강직해질지 모르지만 마음속의 스윙 느낌과 모습은 변화하지 않는 것이다. 올바른 스윙을 구사할 수 있다는 느낌이 들면 중압감이 드는 조건 하에서도 필요한 스윙 길이와 스피드로 원하는 샷을 구사 해 낼 수 있을 것이다.

중압감 하에서 심장 박동과 아드레날린을 컨트럴한 훌륭한 예는 1992년 페블 비치에서 개최된 U.S 오픈에서 탐 카이트가 보여준 플레이를 들 수 있다. 바다를 접하고 있는 18번 파 5홀에서 카이트는 의도적인 레이 업 세컨드 샷을 했다. 드라이브 샷이 워낙 좋았기 때문에 3번 아이언으로도 그린에 공을 올릴 수 있었지만, 6번 아이언으로 두 번째 샷을 쳐서 75야드의 피네스 웨지 샷을 남겨 두었다. 이같이 한 이유는 75야드의 웨지 샷이 그가 가장 선호하는 샷이었으며 다른 클럽을 사용하는 것보다 더 탁월하게 구사할 수 있다는 점을 알았기 때문이었다. 카이트는 실제로 해야 하는 피네스 스윙과 똑같이 손의 근육을 사용하지 않는 연습 스윙을 몇 번 실시한 후 샷을 했고 공은 황금의 8피트 안으로 들어갔고 결과적으로 우승트로피를 집으로 가져갈 수 있었다(그림 12.3.1).

중압감이 없을 경우라면 연습장에서 다른 방법-손과 팔의 근육을 사용하는 것-이 효과적일 수 있다. 느낌도 좋고 쉽게 보일지도 모른다. 그렇지만 여기에 속아서는 안 된다. 연습장에서 효과가 있었기 때문에 중압감을 느끼는 실전에서도 효과가 있을 것이라고 오해해서는 안 된다.

연습장에서는 잘하지만 코스에서는 그렇지 못하다고 말하는 수많은 골퍼들이 있다. 이들은 자신을 책망하고 자신감을 잃고 중압감 하에서 우승하기 위해 필요한 무엇인가를 갖고 있지 못하다고 생각하고 어떤 경우에는 자존심을 잃어버리기도 한다. 이것은 모두 잘못된 숏 게임 컨트럴 시스템을 배웠기 때문이다. 이들은 손의 근육을 사용한 스윙을 할 경우 중압감 하에서는 효과를 얻지 못한다는 사실을 배운 적이 없다. 여러분은 이와 같은 오류에 빠져서는 안 될 것이다.

그림 12.3.1 1992년 U.S. 오픈 챔피언 탐 카이트

숏 게임에서는 손 근육을 사용해서는 안 된다. 대신, 제 3장에서 세부적으로 설명한 손을 사용하지 않는 정확하고 리드미컬하며 일관성을 지닌 피네스 스윙을 사용해야 한다.

12.4 비밀 4 : 반복과 연습의 비밀

게임을 향상시키는 또 다른 방식 중의 하나는 연습하는 방법을 아는 것이다. 올바른 피드백을 통해서 오랜 시간 동안 반복해서 연습하면 숏 게임의 기술을 크게 향상시킬 수 있다. 이제부터 설명할 연습 방법을 통해서 이러한 기술들을 개발하여 자기 것으로 만들고 습관화할 수 있을 것이다. 어떤 연습은 집이나 사무실같이 골프 코스가 아닌 곳에서도 할 수 있다. 그러나 어떤 연습들은 보조 연습 기구들과 함께 코스에서 해야만 하고 그래야만 득점 능력을 크게 향상시킬 수 있다. 완벽한 연습으로 실력 향상을 꾀할 수 있는 것과 마찬가지로 중압감 하에서도 꾸준한 결과를 만들어 내는 습관을 형성하는 것은 완벽한 반복이라는 점을 기억하자.

12.5 가정에서의 연습

1. **동시화 회전 연습** 이 연습을 통해서 상체와 하체를 동시에 회전하는 법을 익힐 수 있다. 전신 거울 앞에서 올바른 피네스 스윙의 스탠스 자세를 취한다. 손을 힙 위에 얹고 엄지손가락은 앞쪽으로 그리고 팔꿈치를 등 뒤쪽으로 굽히도록 한다. 이 자세로 힙과 어깨가 동시에 회전할 수 있도록 함께 고정할 수 있다. 상체와 하체를 동시에 타깃의 반대방향으로 어드레스 자세로부터 40도 가량 회전시킨다. 그런 다음 그 자세를 수초간 유지한다. 이 때 자세는 7:30 방향 백스윙의 위치에 근접하게 된다(그림 12.5.1).

힙은 앞쪽 무릎(오른손잡이에게 왼쪽 무릎)이 뒤쪽 무릎 쪽으로 약간 당겨지도록 충분히 회전되어야 한다. 앞쪽 무릎이 타깃 라인 쪽으로 이동하지 않

그림 12.5.1 동시적으로 이루어지는 피네스 턴

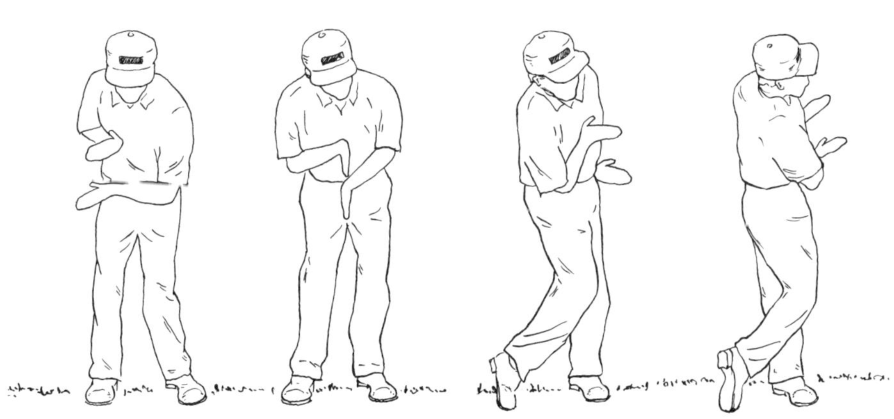

그림 12.5.2 몸 전체의 회전이 동시에 이루어지면 두 개의 포인터(손)는 항상 같은 방향을 가리킨다.

고 뒤쪽 무릎 쪽으로 움직이는 동작이 중요하다.

다운스윙을 시작할 때는 모든 것을 동시에 움직인다. 가슴과 벨트의 버클에 포인터가 붙어 있다고 상상을 하면 백스윙에서 피니시에 이르기까지 가리키는 방향이 같아야 한다(그림 12.5.2).

그림 12.5.3 완전한 피네스 턴

팔로우스루의 끝 부분에서 포인터는 뒤쪽으로 돌아가서 오른손잡이의 경우 타깃의 왼쪽을 가리켜야 한다(왼손잡이는 타깃의 오른쪽을 향해야 한다). 피니시에서 여러분은 처음 어드레스 자세로부터 90도 이상(약 100~105°) 움직인 것이 된다. 모든 체중은 왼쪽(앞쪽) 발에 실려 있어야 하며 오른쪽(뒤쪽) 무릎은 왼쪽(앞쪽) 무릎을 감싸야 한다. 이렇게 척추와 머리 부분이 고정된 상태로 완벽한 회전을 25회 반복하면 완벽한 피네스 스윙의 완전하게 동시화된 회전 동작을 보고 느끼기 시작할 것이다(그림 12.5.3, 풀 피네스 턴).

2. **파워 스윙의 연습** 스코어링 게임 스쿨에서는 40파운드의 메디슨 볼(모래가 채워져 있음)을 사용하여 손과 팔로 만들어 내는 파워와 대조되는 동시화된 신체파워를 가르친다(직접 메디슨 볼을 만들기 위해서는 낡은 농구공에 구멍을 뚫고 모래를 부은 다음 자전거 바퀴용 접착제로 입구를 봉하면 된다). 40파운드의 공은 매우 무겁다. 따라서 척추에 이상이 있는 사람들은 의사와의 상담 없이는 이 연습 방법을 사용해서는 안 된다.

무릎이 살짝 굽혀진 상태로 평범한 어드레스 자세를 취하는 동안 공의 아래쪽 면을 손과 팔을 이용하여 잡는다. 팔꿈치는 굽혀서 양 팔꿈치의 간격이 4

에서 6인치 이하가 되도록 하며 거의 위(胃)가 있는 부분에 닿도록 한다. 팔꿈치는 이 연습을 하는 동안 항상 붙어 있어야 한다. 허리는 스윙 자세에 근접할 때까지 확실히 굽혀야 한다(허리에 무리가 가지 않도록 천천히 그리고 주의 깊게 굽혀야 한다. 만약 조금이라도 통증을 느끼거나 무리가 느껴지면 즉시 멈추어야 한다).

올바른 리듬으로 평범한 30야드의 피네스 스윙을 구사한다(앞서 설명한 동시화 된 회전연습을 참고). 단 회전은 30° 가량만 한다. 백스윙의 최고점에 도달하면 손과 팔, 그리고 공이 어드레스 때와 마찬가지로 여전히 가슴과 위의 앞부분에 정확히 머무르도록 해야 한다. 스루 스윙에서는 하체의 근육만을 사용하여 상체가 하체를 타고 메디슨 볼을 파트너 방향으로 던질 수 있도록 한다(역시 허리에는 무리가 가지 않아야 한다). 이 연습을 25회 반복하면 다음 번에는 눈을 감고 동시화 된 상체와 하체의 회전에 대한 느낌이 내면화 되도록 한다(그림 12.5.4).

그림 12.5.4 메디슨 볼 던지기를 통해서 동시화된 피네스 턴을 배울 수 있다(단 허리의 상태가 좋아야 한다).

이 연습은 신체의 회전이 파워를 만들어 내는 동안 신체의 앞쪽에서 팔과 손, 그리고 공이 동시화 되어 회전하는 것을 느낄 수 있게 한다는 점에서 동시화 된 회전 연습과 다르다.

공을 던질 때 팔과 손의 파워를 이용하는 것이 아니다. 단지 상체와 하체를 동시에 회전시켜서 공을 타깃 라인을 따라 앞쪽으로 던진다. 그런 다음 팔을 접고 팔꿈치를 왼쪽 어깨 위로 올려서 올바른 피니시에 대한 감각을 느껴야 한다.

3. 스탠스 연습 많은 골퍼들은 골프 코스에서 올바른 공의 위치를 찾는 데 애를 먹는다. 그렇지만 이 문제 해결은 쉽다. 만약 여러분이 공의 위치 때문에 어려움을 느낀다면 '포지션 매트'라는 보조기구를 사용하라. 이 매트에는 피치 샷, 샌드 샷, 그리고 칩 샷을 구사할 때의 올바른 공 포지션이 정확히 표시되어 있다.

포지션 매트를 사용할 때에는 매트를 거울 앞의 바닥에 놓은 다음 클럽을 손에 쥐고(그렇지만 공은 없다) 표시된 발 모양에 따라 어드레스 자세를 취하면 된다. 먼저 점선으로 표시된 윤곽에 발을 올려놓고 최종 셋업을 위해 정확한 신발의 위치로 발의 위치를 바꾼다(그림 12.5.5). 프리샷 의식을 하고 실제로 올바른 피네스 스윙을(피치, 샌드 칩) 실시한다. 포지션 매트에 표시된 공을 친다고 생각하며 이 연속동작을 각각의 위치에 대하여 5회에서 10회 실시

그림 12.5.5 실제로 스윙을 하는 것만큼 준비 자세도 중요하다.

하라. 가정에서 이 연습을 더 많이 반복할수록(많은 종류의 스윙을 짧은 기간 반복하는 것보다 적은 종류의 스윙을 오랫동안 반복하는 것이 더 바람직하다), 코스에서도 공 포지션에 대해서 더 편안한 감각을 가질 수 있게 될 것이다. 가끔 이 연습을 하다 보면 자신의 신체가 부드럽게 그리고 완벽히 동시화된 상태로 회전하는 모습을 보는 일이 분명히 일어날 것이다.

4. **릴리스 연습** 이 연습은 15야드 피치 샷의 임팩트 존에서 올바른 회전과 전완과 클럽의 릴리스를 관찰하고 느끼는 데에 도움이 된다. 거울과 직각이 되게 서서 양손으로 어드레스 자세를 잡고 앞서 말한 연습과 마찬가지로 회전을 시작한다. 그리고 백스윙은 지면과 수평이 될 때 멈춘다. 이 순간 상체와 하체는 어드레스 자세와 양 발 앞으로부터 20° 가량 회전된 상태이며 클럽의 리딩 에지는 하늘을 수직으로 가리키고 있어야 한다. 만약 리딩 에지가 90°를 벗어나 신체의 뒤쪽을 향하고 있다면 전완을 너무 많이 회전시킨 것이다. 그리고 수직에 이르지 못했다면 팔을 충분히 회전시키지 못한 것이다(그림 12.5.6).

그림 12.5.6 샤프트는 지면과 수직, 리딩 에지는 지면과 수평이 된 자세

그림 12.5.7 150야드 피치 샷의 피니시

스루 스윙 시에는 샤프트가 반대쪽으로 수평이 될 때 멈춘다. 역시 클럽의 토는 수직 위를 향하며 이것은 완전한 릴리스를 의미한다. 전완은 백스윙의 같은 지점으로부터 180° 회전되어야 한다. 마지막으로 그림 12.5.7과 같은 완전한 15야드 피치 스윙의 위치로 5° 더 회전시키면서 샤프트가 수직이 되게 하여 이 스윙을 끝마친다.

이 연습을 할 때 공은 필요 없다. 대신에 느린 동작으로 스윙의 앞부분과 뒷부분에서 보여진 올바른 릴리스 동작을 마음의 눈이 보고 느낄 수 있도록 한다.

5. **백스윙 연습** 일단 동시화 된 회전과 데드 핸드 피네스 스윙, 그리고 백스윙의 길이를 통한 3x4 시스템을 이해했다면 이제 완벽한 9:00 방향의 백스윙 위치에 대한 감각을 내면화하는 일이 절대적으로 필요하다. 앞서 언급했던 바와 같이 9:00 방향의 백스윙은 대부분의 골퍼들이 가장 선호하고 가장 신뢰하는 스윙이다. 그것은 9:00 방향이 가장 시각화하기가 쉽고 지면과 수평인 팔의 위치가 여러분의 시야를 통해 더 잘 보일 수 있기 때문이다.

　먼저 거울 앞에서 클럽을 잡고 공은 없는 상태에서 연습을 해본다. 거울을 사용하여 정확한 9:00 방향에 대한 피드백을 얻고 백스윙의 길이에 대한 감각을 얻는다(그림 12.5.8). 약간만 연습하면 여러분은 9:00 방향이 가장 쉽고 가장 신뢰할 수 있는 백스윙의 길이라고 생각하게 될 것이다.

　9:00 방향은 구사하기 쉽지만 7:30 방향은 훨씬 어렵다. 처음에는 같은 방법으로 길이를 연습한다. 거울을 이용하여 7:30 방향을 정확히 파악하고 이에 대한 감각을 얻는다. 눈을 감고 프리샷 과정을 거치면서 7:30 백스윙의 최고점을 향하여 백스윙을 실시한다. 그 다음 눈을 뜨고 이것을 확인한다(그림 12.5.9).

　여기서 기억해두어야 할 것은 공이 없는 상태에서 즉 샷을 구사하지 않고 결과에 대한 걱정을 하지 않는 상태에서 백스윙에 대한 감각을 익히는 것이 더 쉽다는 점이다. 모든 백스윙에 대하여 피니시는 완전하고 동시화 된 피니

그림 12.5.8　9:00 방향의 백 스윙

그림 12.5.9　7:30 방향의 백 스윙

시를 해준다. 무의식적인 기술의 습득을 가속화하기 위해서는 완전한 피네스 동작을 구사하는 것이 좋다.

일단 9:00 방향과 7:30 방향의 백스윙에 익숙해지면 샷 메이커 타석을 이용해서 연습한다. 스윙 스탑(백스윙을 멈추게 하는 장치)을 부착시키고(그림 12.5.10), 타깃을 향해 각 종류마다 10회에서 20회의 샷을 한다.

그림 12.5.10 스윙 스탑을 이용하여 백 스윙의 길이를 측정

올바른 공 컨텍트와 완전한 풀 피니시를 통해 양질의 피네스 스윙을 구사하면서 백스윙 길이에 초점을 맞춘다. 원하는 길이의 백스윙을 구사하는 능력을 마스터하기 전까지는 샷이 이동하는 방향이나 거리에 대해서는 관심을 두지 않는다.

6. 플레인 연습 피네스 스윙의 평면은 공으로부터 어깨를 통하여 신체의 뒤 위쪽 방향에 이르는 부분을 포함한다. 이것은 제 4장에서 설명한 것처럼 벤 호건 덕에 유명해진 한 장의 통유리 이론이다. 이것은 클럽헤드가 피네스 스윙을

하는 동안 움직이기를 바라는 평면이다. 동시화된 신체의 회전을 이용하여 백스윙에 이르러서는 팔이 위쪽으로 향하게 하며 원심력으로 하여금 임팩트 존까지 클럽을 컨트럴하도록 해야 이러한 스윙 평면이 유지될 수 있다.

풀 파워 스윙을 위한 수많은 스윙 플레인 연습 도구들이 있지만 우리는 올바른 스윙 플레인을 훈련하기 위해 주로 샷 메이커에 스윙 슬롯을 부착한다(그림 12.5.11). 스윙 슬롯은 여러분의 키와 어드레스 자세에 따라 올바르게 조절할 경우 실제 스윙 평면보다 조금 아래에 위치한 판을 이용하여 임팩트 존에서의 올바른 스윙 플레인이 만들어질 수 있게 해준다(우리는 사람들의 스윙

그림 12.5.11 스윙 슬롯은 피네스 스윙 플레인의 범위를 한정한다.

플레인을 더 확실히 만들기 위해서 생커스 딜라이트란 보조장치를 쓸 때도 있다). 아래쪽에 위치한 판을 치지 않고서 이 슬롯을 통해 반복적으로 스윙을 하면 피네스 스윙의 감각을 얻을 수 있고 웨지 스윙의 역학을 무의식적으로 컨트럴하는 경지에 다다를 수 있을 것이다.

그림 12.5.12 스윙 슬롯을 이용하면 정확한 피네스 스윙 플레인을 잡을 수 있다.

클럽헤드가 판에 닿지 않으면서 반복적으로 슬롯을 지나가게 되면 다음에는 공을 그물 안으로 쳐 넣기 시작한다(샷이 날아가는 방향은 실제적으로 고려하지 않는다). 마지막으로 며칠 동안 스윙 슬롯을 이용하여 매일 25개의 샷을 연습하면(그림 12.5.12) 새로운 수준으로 발전 될 것이다.

7. 스윗 스팟 연습 (1) 동시화 된 피네스 턴 (2) 부드럽고 손을 사용하지 않은 체 리듬을 이용한 파워 (3) 완벽한 공 포지션과 좌측 평행 정렬 (4) 올바른 전완의 릴리스 (5) 백스윙의 타이밍 (6) 올바른 피네스 스윙 플레인, 이런 여섯 가지 개념을 모두 소화한 후라면 웨지의 클럽페이스 위 스윗 스팟에 공을 맞추는 연습을 해야 할 때이다. 필자가 이러한 훈련 순서를 강조하는 이유는 올바르지 못한 셋업이나 스윙 포지션에서 스윗 스팟의 컨택트를 연습하는 것은 숏 게임을 향상시키는 데에 이익보다는 손해가 되기 때문이다.

그렇지만 일단 데드 핸드 피네스 턴을 통하여 보기에 좋은 웨지 스윙을 구사할 수 있게 되면 샷의 비거리에 대하여 학습하기 이전에 계속적으로 정확한 컨택트를 만들어 내는 일이 중요해진다. 클럽에 정확하게 어느 부분에서 컨택트가 만들어지는가가 모든 샷에서 공으로 옮겨지는 스윙의 에너지 비율을 결정하기 때문이다. 그러므로 일정한 컨택트를 만들어 내지 못하면 스윙의 길이와 샷의 비거리를 연관짓는 능력이 파괴된다.

그렇기 때문에 그림 12.5.13과 같이 스윗 스팟을 통하여 정확한 컨택트를 연습할 필요가 있다. 스윗 스팟은 연습하는 동안 웨지의 클럽페이스에 접착시키는 에너지 흡수 소재의 패드이며 스윗 스팟으로부터 에너지 손실을 크게 증가

그림 12.5.13 스윗 스팟은 미스 히트의 효과를 배가한다.

시킨다. 에너지를 흡수하는 스윗 스팟을 부착하여 타격을 하면 에너지의 흡수를 느낄 수 있으며 비거리가 감소하는 것을 관찰할 수 있다. 그러면 여러분은 올바른 비거리를 구사하지 못한 것에 대하여(대부분의 골퍼들과 같이 스윙의 스피드를 탓하지는 않는다) 스윙의 질을 탓할지도 모른다.

8. 바구니 활용 연습 여태까지 설명한 일곱 가지의 연습을 통하여 스윙의 역학을 구사하는 데에 익숙해졌다면 웨지 게임을 가다듬어 보자. 골퍼가 그린을 놓치게 되면 보통의 경우 핀을 향하여 피치 샷이나 장거리 웨지 샷을 해야 한다.

바구니에 공을 넣는 훈련으로 앞서의 샷들을 연습할 수 있다.

먼저 10야드에서 75야드까지 이르는 거리 안쪽 각기 다른 지점에 바구니들을 놓아둔다(거리는 보폭으로 재거나 정확한 거리를 위해서는 레이저 측정기를 이용한다). 바구니들은 언제나 조준 클럽이나 샷 메이커의 스윙 라인의 직선 상에 놓여져야 한다. 순서에 상관없이 바구니에 공을 쳐 넣는다. 시간 간격을 두고 25회의 샷을 실시하면(그림 12.5.14) 샷의 착지 지점에 대한 감각을 얻을 수 있을 것이다. 일단 꾸준한 궤도와 스핀을 가지고 바구니를 향하여 쳐

그림 12.5.14 장거리 웨지는 아무리 능숙해져도 지나침이 없다.

넣을 수 있게 되면 실제 플레이에서도 파를(파 5홀에서는 버디) 더 효과적으로 따낼 수 있을 것이다.

페어웨이같이 만든 인조 잔디에서만 연습하는 것보다는 더 긴 잔디에서(코스의 러프와 같은 잔디) 웨지 샷을 연습해야 한다(플러시 잔디같이 너무 치기 좋은 상태에서 공을 치는 것에만 익숙해져서도 안 된다).

9. 불규칙한 라이의 연습 필자는 숏 게임 기술의 향상을 위하여 앞서 말한 연습 방법들을 초심자에서 투어 선수들에 이르기까지 모든 골퍼들에게 추천한다. 그렇지만 좀 더 연습을 심화하고 싶다거나 특정한 영역에 문제점을 가지고 있는 경우라면 약간의 부가적인 연습 방법이 도움이 될 것이다.

예를 들어 모든 골퍼들이 그린 주변의 불규칙한 라이에서 직면하게 되는 피치 샷의 경우를 보자.

필자는 샷 메이커를 이용해 공이 발보다 위 혹은 아래에 위치하거나 혹은 업힐 라이에서나 다운힐 라이로(그림 12.5.15) 상황을 설정한 뒤 바구니를 향하여 공을 쳐내는 것보다 더 좋은 학습 방법이 있는지 모르겠다. 뒷마당에서 피칭으로 공을 바구니로 쳐 넣을 수 있다면 코스에서도 원하는 샷을 쳐 낼 수 있을 것이다.

그렇지만 수평의 라이에서 스윙 기술을 개발하기 전까지는 급하게 난이도가 높은 라이에서 연습해서는 안 된다. 사이드 힐 라이에서 샷을 구사하고 샷

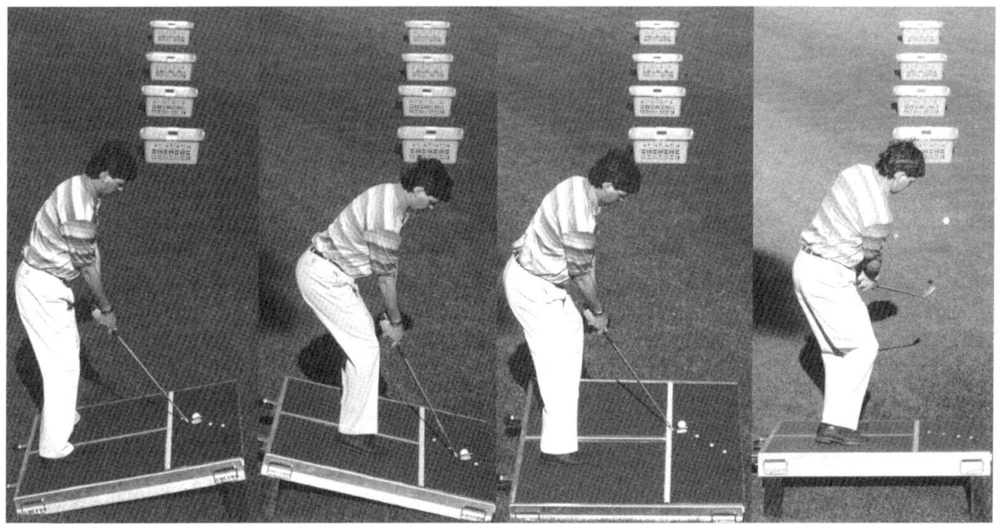

그림 12.5.15 불규칙한 라이에서의 기술 연습을 위해 샷 메이커를 사용

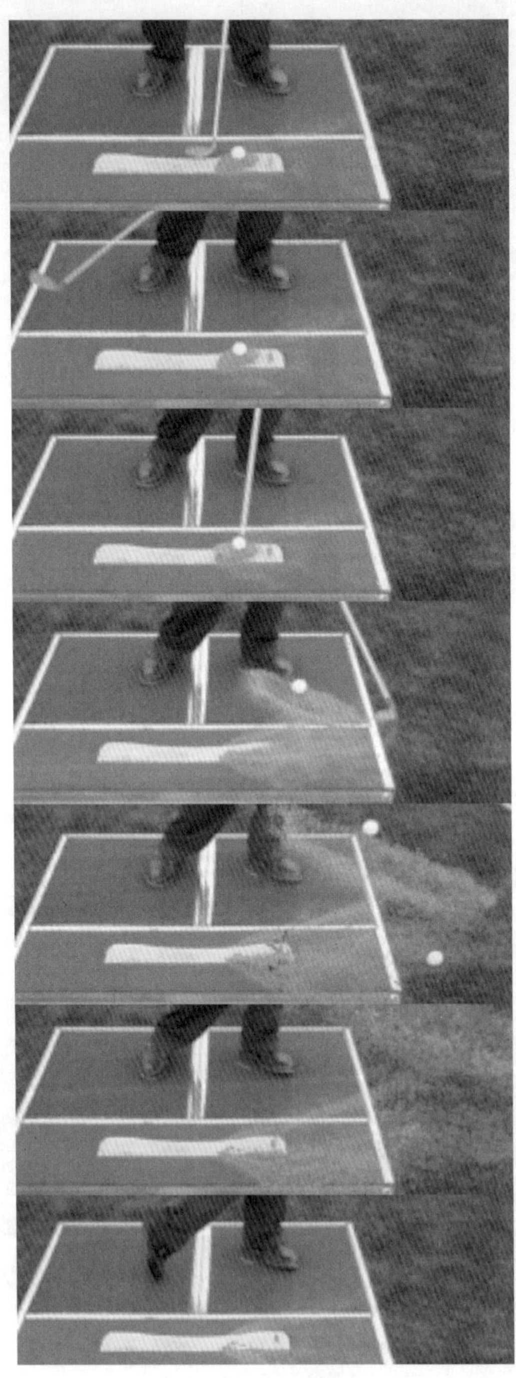

그림 12.5.16 벙커 보드에서 올바른 스쿠트 앤드 스핀 블래스트 샷의 감각을 익혀보자

메이커에서 점수를 유지하는 것이 재미있을지도 모르지만 코스에서는 약 80% 정도의 피치 샷은 상대적으로 수평인 라이에서 치게 된다. 이러한 샷을 효율적으로 연습하려면 앞서의 6장을 다시 한 번 읽어 보도록 하자.

10. **벙커 보드 연습** 모든 골퍼들은 결국 벙커에서 플레이를 해야 한다. 이러한 샷을 두려워하는 사람들에게 벙커 보드 연습은 매우 안정적인 효과를 줄 수 있다. 벙커 보드를 사용하면 웨지가 모래를 너무 깊이 파고 들어가거나 샷 이후에도 공이 샌드에 그대로 남아 있을 가능성이 사라진다.

   일단 실수로 공이 모래에 남아 있는 일이 확실히 일어나지 않게 되면 실제의 벙커에서 평범한 피네스 웨지 스윙이 더 쉽게 여겨질 것이다. 벙커 보드의 플라스틱 표면은 페이스가 열린 상태로 공의 아래쪽을 올바르게 맞출 수 있도록 해준다(그림 12.5.16은 올바른 스쿠트 앤 스핀 샷을 이용할 때 모래가 거의 튀어나오지 않는 모습을 보여준다).

   벙커 보드를 파고 들어갈 수는 없기 때문에 조금만 연습하면 실제의 모래를 파는 일이 없어질 것이다. 이때 먼저 스윙 라인의 방향보다 약간 오른쪽의 그물 안으로 공을 쳐 넣는다. 기억할 점은 제 9상에서 세부적으로 설명한

그림 12.5.17 클럽페이스를 오픈시키고 스윙 라인이 수건을 향하도록 하면 공은 타깃 바구니로 날아간다.

것처럼 클럽페이스를 샌드에서 오픈시키면 샷은 스윙 라인보다 약간 오른쪽으로 날아간다는 사실이다.

자신감을 가지고 벙커 보드 샷을 정복하여 올바르고 부드러우며 공격적인 9:00 방향의 피네스 백스윙에서부터 풀 피니시까지 구사하고 높고 부드러우며 스핀을 가진 샷을 구사하게 되면 훌륭한 샌드 플레이어가 되기 시작했다고 생각하면 된다(그림 12.5.17). 내가 '시작한다'라고 말하는 이유는 실제의 벙커에서 샌드 샷을 치는 것이 벙커 보드에서보다 더 난이도가 높기 때문이며 여러분은 코스에서의 샌드 샷을 마스터하기 위하여 다음 단계로 이동하여 연습해야 한다.

11. 벙커 트레이 연습 샷 메이커에 벙커 트레이를 부착하면(그림 12.5.18) 정확한 연습을 할 수 있다. 왜냐하면 실제의 벙커에서 치는 것과 매우 유사하기 때문이다.

벙커 트레이의 모래는 약 2인치의 깊이이며 이것은 클럽이 파고 들어가거나 샷을 실패하는 일이 일어날 만큼 충분한 깊이이다(만약 클럽페이스가 충

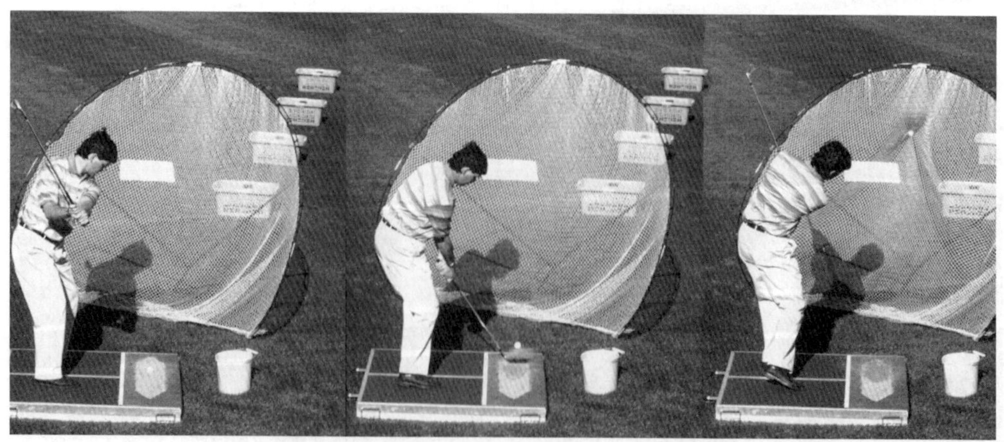

그림 12.5.18 벙커 트레이를 이용, 실제의 모래로부터 스쿠트 앤드 스핀 샷 연습하기

그림 12.5.19 코스에서의 타를 줄이기 위해 가정에서 벙커 게임을 연습하라

분히 열려 있지 않으면 약한 디그 앤드 푸쉬 샷을 치게 될 것이며 모래를 다시 담는 데 온 시간을 소모할 것이다).

실력이 향상되고 바구니를 향하여 쳐 넣는 것에 충분히 자신감을 갖게 되면 공의 비행을 방해하는 그물을 제거하고(그림 12.5.19) 샌드로부터 모든 길이의 샷을 연습한다.

코스의 벙커에서 발견되는 같은 종류의 모래(코스의 관리자가 판매하거나 약간 얻을 수도 있을 것이다) 몇 주머니를 구입해서 홈 코스의 샌드와 동일한 느낌이 들게 만든다(그렇지만 다른 코스에서는 매우 부드러운 모래이거나 고운 모래, 혹은 매우 굵은 모래에서 플레이할 수도 있다).

샷 메이커에 벙커 트레이를 부착시키면 불규칙한 라이들에 대한 연습도 할 수 있다(그림 12.5.20). 나는 이러한 샷에 너무 많은 시간을 투자하지 말 것을 제안한다. 왜냐하면 이러한 샷은 빈번하게 나타나는 샷이 아니기 때문이다. 그렇지만 경우에 따라서 해보는 것은 흥미롭고 교육적일 수 있다. 그리고 항상 처음에는 확실하게 그물을 사용해야 한다.

그림 12.5.20 샷 메이커에 벙커트레이를 부착하여 불규칙한 라이에서 처음 연습할 때는 반드시 그물을 이용해야 한다.

12. 무릎 슬라이드 방지 연습 스루 스윙을 하는 동안 무릎이 앞쪽으로 밀려나가는 습관은 좋은 것이 아니지만 많은 다른 사람들도 똑같은 오류를 범하고 있다 (그림 12.5.21). 특히 키가 큰 골퍼들은 이 습관을 없애느라 많은 고생을 한다. 무릎이 앞쪽 발보다 바깥쪽으로 슬라이드 되는(밀려지는) 것이 아니라 앞쪽 발을 중심으로 회전되어야 한다. 그렇지만 실제로 그렇게 하기란 쉬운 일이 아니라는 것은 누구든지 잘 알고 있다.

이 문제를 해결하는 데 이용할 수 있는 가장 좋은 기구는 샷 메이커 위에 놓고 쓸 수 있는 니–슬라이더이다(그림 12.5.22). 단순하게 무릎이 슬라이드 되는 것을 방지해준다. 필자가 처음 이 기구를 사용했을 때 거의 왼쪽 무릎이 부러지는 줄 알았다. 그리고 공 없이 스윙을 연습하면서 이 기구가 아주 훌륭하다고 생각했다. 스루 스윙을 하는 동안 올바른 회전을 느꼈고 효과가 있다고 생각했다. 그렇지만 공을 치려고 했을 때에는 고질적인 무릎의 슬라

그림 12.5.21 무릎이 앞쪽으로 많이 밀려나면 밀려날수록 임팩트 순간 컨택트가 더 불규칙해진다.

그림 12.5.22 니-슬라이더를 사용하면 앞쪽 무릎이 슬라이드되는 습관을 없앨 수 있다.

이드가 다시 나타났다. 그러므로 무릎의 슬라이드 현상을 없애고 올바른 회전 동작의 감각을 배웠다면 니-슬라이더를 갖고 하는 연습을 많이 해야 한다. 니-슬라이더를 건드리지 않고 샷을 칠 수 있게 되면 상당한 경지의 피네스 턴과 스윙을 하고 있다고 보면 된다.

13. **생크 예방 연습** 생크가 나오는 데에는 몇 가지 이유가 있고 그 이유 중 대부분이 아주 미세한 오류에서 기인한다. 언뜻 보아서는 생크가 나는 스윙과 보통의 좋은 스윙을 구분하기는 어렵다. 이유가 무엇이건 간에 생크는 생커스 딜라이트란 보조기구를 활용해서 없앨 수 있다.

생커스 딜라이트는 주로 뒷마당에 설치해놓고도 쓸 수 있는 보조물이다. 그림 12.5.23에서 보는 것처럼 생커스 딜라이트는 공으로부터 수 인치 떨어진 곳에 벽을 부착한 것이며 임팩트 순간 클럽헤드가 올바른 스윙 플레인을 벗어나지 않도록 도와준다. 바구니 몇 개를 목표물로 놓고 생커스 딜라이트를 이용, 많은 샷을 해보자. 생크가 나는 일이 전혀 없을 것이다(그림 12.5.24). 그리고 이 기구를 그대로 놓고 샷을 하는 경우와 6인치 정도 간격을 두고 공을 치는 샷을 번갈아 하면서 생크가 나는 스윙과 그렇지 않은 스윙의 느낌의 차이를 알아보자.

차이가 감지되었다면, 생크가 나지 않는 샷의 느낌에 집중하면서 샷을 구사해본다. 생크가 나는 공이 나오면, 생커스 딜라이트를 갖고 샷을 해보면 단순히 공을 생커스 딜라이트 옆에 놓기만 해도 생크가 나지 않는 샷의 감각이 살아날 것이다. 몇 개의 샷을 해본 후 공을 다시 뒤로 움직여서 일반적인 샷을 때려보자. 스윙 플레인이 유지되는 올바른 스윙은 일주일에 몇 차례씩 수주간 연습하면 만들어질 수 있다(연습 방법을 설명하는 이번 장의 내용이 마치 샷 메이커나 다른 보조기구들을 광고하는 것 같다는 생각이 든다면, 사과의 말씀을 드려야겠다. 필자의 의도는 결코 세일즈맨처럼 선전하려는 것이 아니었다. 단지 필자가 믿고 있는 가장 탁월한 방법에 대해서 말하려고 했

그림 12.5.23 생커스 딜라이트를 이용하면 생크를 치료할 수 있다.

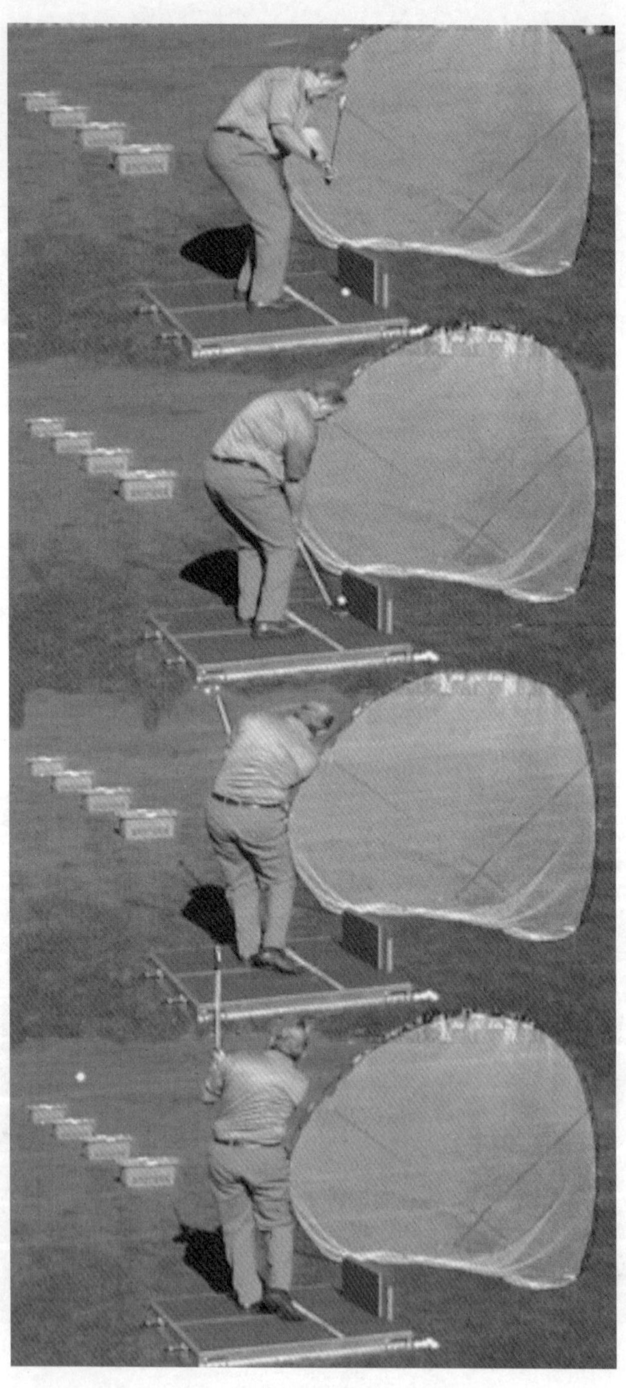

그림 12.5.24 생커스 딜라이 트로부터 6인치 떨어뜨려 다시 샷을 연습한다. 안전 그물은 그다지 오래 필요하지 않을 것이다.

을 뿐이다. 이 기구들은 필자가 아는 한 가장 우수한 기구들이다. 이 모든 기구들은 필자의 스코어링 게임 스쿨에서 사용하고 있으며 올바르게 사용할 경우 여러분에게도 도움이 될 것이라고 확신한다).

12.6 코스에서의 연습

코스에서의 연습 또한 물론 필요하다. 집 근처에서 찾아볼 수 있는 골프 코스에 숏 게임을 위한 여건이 마련되어 있지 않다면 칩 샷과 피치 샷, 벙커 샷, 그리고 장거리 웨지를 실제 그린 표면을 향해 공략하는 연습을 할 수 있는 장소를 물색해야 한다. 지난 수년간 많은 연습 기관들이 생겨났지만 아직도 구색을 갖춘 연습시설을 찾기가 어렵다.

가정에서 완벽한 피네스 스윙 역학과 자세를 마스터했다 해도 코스에서 실시하는 연습의 중요성을 과소평가해서는 안 된다. 숏 게임에서의 많은 샷이 두 가지의 영역에서의 능력 모두를 요구하기 때문에 우수한 플레이어가 되기 위해서는 이 둘을 병행해야 한다. 첫 번째 영역은 스윙의 역학이다. 그것은 백스윙에서 임팩트를 지니 피니시에 이르는 순간을 말한다. 스윙 역학은 공이 착지하기 전까지 샷의 궤도와 스핀을 결정짓는다. 스윙 역학의 퍼포먼스는 스윙의 신체적 동작을 의미하며 클럽헤드의 스피드와 임팩트 시 클럽페이스의 각도, 비행 패턴, 비거리, 궤도, 그리고 샷의 백스핀을 의미한다.

두 번째 영역은 샷 구사 영역이며 이것은 최종 타깃 지점까지 갈 때 그린 위에서 공이 움직이는 과정을 말한다. 이 영역은 샷을 치는 과정뿐만 아니라 그린의 단단함, 착지 지점의 슬로프 정도, 잔디의 그레인, 바람, 그리고 샷의 선택을 결정짓는 다른 몇 가지 요소들의 영향을 받는다. 샷을 읽는 능력은 과거의 경험과 코스에서의 연습 시간을 통해 익힌 기술이 만들어 준다. 샷을 잘 읽을 줄 알려면 일단 일관성 있는 탄도의 공을 때릴 줄 알아야 하고 그 후는 그린과 공이 반응하는 원리를 배워야 한다. 그린을 읽는 방법을 모르거나 피네스 샷의 두 번째 영역에 해당하는 내용을 숙지하지 못하다면, 의도한 대로 완벽한 퍼팅 동작은 구사할 수 있지만 그린을 올바르게 읽어내지 못하는 경우와 같다. 이는 결코 바람직한 현상은 아니다.

그래서 필자는 가정에서 피네스 스윙의 역학을 올바르게 연습한 다음 코스에서의 연습을 통해 샷을 완성할 것을 추천한다. 필자가 제안하는 코스에서의 연습에 대한 세부 사항은 다음과 같다.

14. 앞쪽 팔만을 이용하는 연습(Lead Arm Only:LAO) 연습장에서 공을 칠 준비 자세를 잡을 때 일단 피네스 스윙 어드레스 자세를 취하고 그립은 일반적인 방법으로 잡는다. 그런 다음 뒤쪽 손을(오른손잡이에게는 오른손) 그립으로부터 떼어 내어 바지 주머니에 넣는다. 가능한 한 주머니 깊숙이 손을 질러

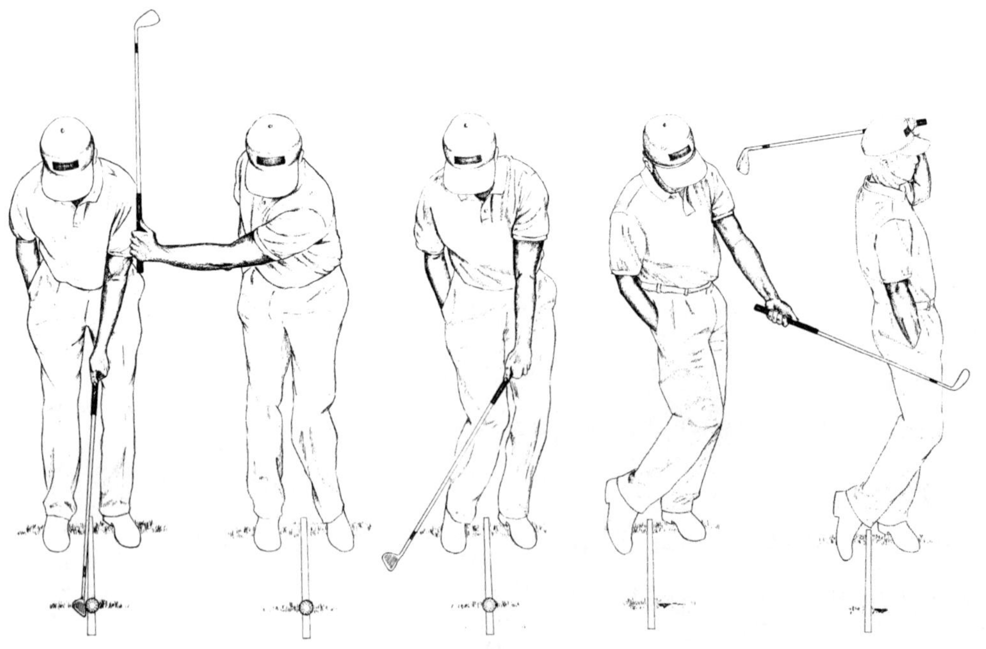

그림 12.6.1 앞쪽 팔만 이용한 연습

넣고 오른쪽 팔에 힘을 준다. 그러면 LAO 샷의 준비가 된 것이다.

동시화된 회전과 똑같은 방법으로 연습을 시작한다. 그렇지만 상체와 하체가 동시에 회전하여 9:00 방향의 스윙을 만들어 내어야 한다. 앞쪽 팔(왼쪽 팔)과 클럽이 백스윙을 하면서 손목을 코킹하는 동안 신체의 앞쪽에 위치하도록 유지하며 다운 스윙을 해서 공을 치고 위로 들어올려 왼쪽으로 하이 피니시를 실시한다. 피니시 동작에서 체중이 100%가 앞쪽 발에 실리도록 하며 오른쪽 발은 발 앞의 끝만 지면에 대어 밸런스 포인트로만 사용한다(그림 12.6.1).

치음에는 공 없이 적어도 10~15회의 샷을 해본다. 몇 번의 연습 세션이 끝나면 여러분은 LAO 스윙을 이용하여 상당히 훌륭한 30야드의 샷을 구사할 수 있어야 한다. 비교적 정확하게 LAO를 이용한 스윙을 하지 못한다면 연습을 위한 워밍업을 할 때 이 샷을 15회 정도를 하고서 본 연습에 들어가는 것이 좋다. 좋은 샷을 하기 위해서는 신체의 왼쪽 부분을 강화할 필요가 있으며 정상적인 피네스 스윙에서 앞쪽 팔의 중요한 역할을 이해할 필요가 있다. 필자는 피네스 스윙에 있어 왼쪽 팔과 어깨 그리고 신체가 하는 동작을 숙련시키는 데는 이 LAO 연습이 가장 좋다고 생각한다.

15. **치핑 연습** 그린 에지로부터 약간 떨어진 곳으로부터 낮게 굴러가는 칩 샷은 7번 혹은 8번 아이언을 사용하되 공 위치는 정확히 오른쪽(뒤쪽) 발목의 건너편에 놓은 상태에서 연습해야 한다. 이러한 공의 위치는 클럽페이스와 공 사이의 정확한 컨택트를 보장하며 선택한 샷을 위한 스윙으로 의도했던 비거리를 구사할 수 있도록 해 준다.

공 세 개만 가지고 30피트의 거리로부터 반복적으로 연습한 다음 45피트 그리고 60피트까지(핀까지의 거리) 연습하면 이들 세 가지 거리에 대한 기술을 상당히 몸에 익힐 수 있을 것이다. 이들이 코스에서 자주 직면하게 되는 칩 샷이며 다른 칩 샷은 약간의 변형만 해 주면 구사할 수 있게 된다.

이들 세 가지 샷에 할당된 연습 시간 동안은 꾸준히 반복해서 연습하고 연습 후에는 기량을 테스트해보는 시간을 갖는 것이 좋다. 항상 좋은 결과가 나온 것은 아니었지만, 필자는 공 세 개를 모두 3피트 범위 안에 붙여야만 연습을 마쳤다(그림 12.6.2). 칩 샷 연습을 할 때마다 그린 주변 한 곳을 설정하는 식으로 위치를 바꾸어가며 이렇게 연습을 마치면 코스에서 만나게 될 업힐과 사이드힐 그리고 다운힐 라이의 샷을 경험하고 준비할 수 있다. 그리고 중요한 칩 샷을 직면하게 될 때마다 핀과 가까이 차례대로 깃대에 근접시켰던 세 개의 샷이 기억날 것이다.

그림 12.6.2 3개의 공을 차례대로 잘 치고 나서 연습을 마친다.

16. 15야드 피치 연습 이 샷은 대부분 상당히 좋은 샷에도 불구하고 온 그린시키는 데에 실패했을 때 가장 빈번히 사용하게 되는 샷이다. 이 샷은 공이 10~12야드 공중 비행한 다음 핀까지 남은 거리를 구르도록 하는 샷이다. 여러분이 이 샷을 마스터한다면 앞으로 많은 타수를 줄이는 데에 도움이 될

것이다.

연습은 공 세 개만 가지고 한다. 매번 위치를 바꾸어 가며 샷을 연습한다. 공 세 개를 가지고 다른 위치에서 샷을 할 때마다 손수건을 그린 위에 두어 착지 지점의 타깃으로 만든다. 그린 주위를 이동하면서 이런 식으로 연습을 하면 모든 잔디의 길이와 종류, 상이한 라이, 슬로프, 그리고 약간씩 다른 비거리 요구 조건 등을 체험하게 될 것이다. 원하는 착지지점과 실제로 착지한 정확한 지점에 주의를 기울여야 한다(샷의 동작에 대한 평가). 그 다음 그린의 표면 위에서 공이 얼마나 멀리 이동하는가를 관찰한다(그린을 읽는 능력에 대한 평가). 그린의 종류가 다를 때 공이 어떻게 반응하는가를 알아내는 일은 어렵다. 여러분이 주의 깊게 관찰하더라도 알 수 없는 조건들(표면의 단단함, 습기 등)에 의해서 정확한 판단이 힘들어지기 때문이다. 그렇지만 주의 깊게 관찰하지 않으면 이러한 반응을 예상하는 방법을 알아낼 수 없다. 그러므로 주의를 기울여야 한다. 그리고 집중적으로 연습해야 한다. 피치 샷이 항

그림 12.6.3 자신을 속일 필요가 없다. 현실을 직시하는 것이 나중에 도움이 된다.

상 타깃 지점과 얼마나 가까이 접근했는지를 인식하고 있어야 한다(스윙의 역학 작용의 결과). 그런 다음 여러분이 예상한 공의 움직임과(그린을 읽은 결과) 실제 공의 움직임을 비교하여 차이점을 알고 있어야 한다. 그것은 피치 샷을 원하는 지점으로 보내는 학습에 있어서의 유일한 방법이다.

이 연습을 마칠 때에는 똑같은 종류의 샷 하나를 선택해서 샷 세 개 모두가 샤프트 길이 범위 안에 차례대로 놓이도록 한다(그림 12.6.3). 이렇게 하면 자신감을 얻을 수 있다.

17. 로브 연습 높고 부드러운 로브 샷은 구사하기가 비교적 어렵다. 그렇지만 피치 샷보다는 그린을 읽기가 수월하다. 로프트가 더 큰 클럽을 갖고 하는 샷이기 때문에 정확한 비거리를 맞추려면 클럽페이스 중앙에 공을 정확히 맞추는 것이 관건이 된다. 하지만 공은 높게 날아가기 때문에 부드럽게 착지하고 빨리 멈춘다. 따라서 공이 굴러가며 생길 수 있는 불확실성은 더 적다고

그림 12.6.4 세 개의 공을 차례대로 쳐 낸다.

볼 수 있다.

로브 샷과 피치 샷의 이러한 차이 때문에 로브 샷은 피치 샷보다 더 정밀하게 착지 지점을 선택해서 깃대와 가까운 지점에 손수건을 놓아두어야 한다. 로브 샷의 성공은 올바른 지점으로 착지하는 가능성에 의하여 성취되기 때문에 공의 탄도와 비거리에 대하여 특별한 주의를 기울여야 한다. 벙커에서나 핀이 타이트한 위치에 있을 경우에도 편안함을 느끼게 되면(그림 12.6.4) 코스에서 샷을 할 때에도 신경이 이완되는 데 도움이 될 것이다. 마찬가지로 이 샷을 연습할 때에도 연습 세션을 끝낼 때 세 개의 공을 차례대로 연습하면 자신감을 얻을 수 있다.

18. **우측 컷 로브(Cut-Lob-Right) 연습** 필자는 항상 각각의 로브 샷을 연습한 후에 컷 로브 샷을 12회 가량 더 연습할 것을 권한다. 이 샷은 자주 하는 샷은 아니다. 그렇지만 이 기술을 개발하고 연습하면 보통의 로브 샷이 쉽다고 생각되어 자신감을 얻게 된다.

로프트웨지 클럽의 페이스를 오픈시켜 가장 높게 날아가 숏 게임 샷 중에서 가장 부드럽게 떨어지는 로브 샷을 만든다. 제 6장에서 세부적으로 설명한 것처럼 이 샷은 자세를 왼쪽으로 정렬하고 클럽페이스를 오픈한다는 점만 제외하면 평범한 로브 샷과 유사하다. 이 샷 또한 앞서 언급했던 샷과 마찬가지로 두 가지의 연습을 통해서 실력을 향상시켜야 한다. 대부분의 골퍼들은 웨지 샷을 손을 사용하여 컨트럴하며 그렇기 때문에 중압감 하에서는 미스 샷을 하고 만다. 컷 로브 라이트 샷을 주기적으로 연습해두면 머릿속에서 손의 근육을 사용하지 말아야 된다는 사실이 상기될 것이다.

6회의 컷 로브 라이트 샷을 구사하기 위해서는 먼저 타깃 핀을 설정하고 평범한 셋업으로(발, 신체 그리고 어깨가 타깃 라인의 왼쪽으로 평행하게 정렬하며 스탠스는 왼쪽 발을 약간 타깃의 방향으로 틀어줌으로써 오픈시킨

다) 타깃을 향해 조준한다. 그런 다음 로프트웨지의 클럽페이스를 오른쪽으로 조준한다. 프리샷 절차를 한 다음 원래의 셋업 타깃을 향하여 평범한 로프트웨지 스윙을 실시한다. 클럽페이스가 임팩트 순간 오픈되어 있으면 샷은 타깃보다 못 미친 오른쪽으로 날아갈 것이다. 만약 여러분이 손의 근육을 조작하지 않으면서 여섯 개의 샷을 훌륭하게 구사할 수 있다면 모든 샷이 이런 패턴으로 착지할 것이다.

클럽페이스를 오픈시켰을 때 샷이 오른쪽으로 날아가는 정도와 못 미쳐서 날아가는 정도를 관찰해야 한다. 공이 떨어진 지점과 타깃의 깃대를 기준으로, 다시 말하면 핀을 지나 왼쪽을 향하여 조준하는 방향을 바꾸어 보자. 이렇게 하면 새로운 셋업 타깃은 핀을 지난 왼쪽이 된다. 이 목표 지점에 맞추어서 좌측 평행 셋업을 실시한 후 클럽페이스를 오픈시키고 프리샷 절차를 실시한 후 6회의 샷을 해본다. 만약 목표 지점을 잘 정했다면 그리고 손의 근육을 사용하지 않았다면 여러분의 컷 로브 샷은 실제의 타깃으로 날아가며 올바른 패턴을 형성할 것이다.

컷 로브 라이트 샷을 수차례에 걸쳐서 연습한 후 왼쪽으로 긴 올바른 셋업 타깃을 향하여 컷 로브 샷을 연습해 보면 코스에서도 필요할 때 매우 높고 부드러운 컷 샷을 이용하여 타깃 가까이 공을 쳐 보낼 수 있을 것이다. 여기서는 세 개의 공을 가지고 치는 연습은 하지 말아야 한다. 그렇게 하면 할당된 시간보다 더 많은 시간이 필요할지도 모른다.

19. **장거리 웨지 연습** 웨지를 이용하여 계속적이고 반복적인 비거리를 만들어 내려면 상당한 양의 시간을 연습에 투자해야 한다. 만약 코스의 연습장에 우리 강좌에서 사용하는 것과 같은 타깃 그물이 설치되어 있지 않다면 업힐 슬로프에 얼마나 목표 가까이 공이 날아갔는가를 확인하기 위해서 몇 가지 다른 종류의 목표물 (깃발, 손수건, 바구니 등) 을 세워 놓아야 한다. 그런데 더 좋

은 방법은 그린 위에서 세 가지의 각기 다른 거리를 걸음으로 측정해서 세 무더기의 공을 놓고 샷을 연습하는 것이다(그림 12.6.5).

만약 여러분이 공이 착지한 지점을 정확하게 볼 수 없다면 비거리에 대한

그림 12.6.5 실제 그린은 엄청난 피드백을 제공한다.

정확한 피드백을 받고 있지 못한 것이며 시간을 낭비하고 있는 것이나.

올바르지 못한 연습은 연습을 하지 않는 것보다 못하다. 공이 날아가는 거리 편차를 1피트 간격까지 파악하고 있어야 수준급의 골퍼라고 할 수 있다. 연습 시 샷이 착지하는 모습을 관찰할 수 있어야 할 뿐 아니라 그 지점의 정확한 거리도 파악해야 한다. 매 연습 세션마다 타깃의 거리를 측정하기 위해 직접 걸어가 보거나 레이저 측정기를 이용해야 한다. 일단 수차례에 걸쳐서 이 연습을 해 보면 코스에서 가장 필요한 순간에 샷 컨트럴을 최적화 할 수 있을 것이다. 그러면 가까운 거리에서의 퍼팅만 남게 된다.

연습은 왜 중요한가? 그것은 학습이 대부분이 마음속에서 일어나기 때문이다. 골퍼라면 이 개념을 이해해야 한다. 학습자는 노력하고 있는 것이 무

엇인지 마음속에 떠올릴 수 있어야 한다. 이와 아울러 정신적 의도가 신체가 느끼는 동작의 감각적인 인식과 연관될 수 있어야 한다. 골프는 이미지와 감각의 조화를 통해서 플레이된다. 따라서 생각과 이미지를 동작의 느낌과 연관지어서 생각하고 그것을 내면화시켜야 한다. 동작의 느낌은 스윙을 하는 동안 습관적이 될 만큼 충분히 자주 일어나야 하고 무의식에 의해서 컨트럴된다. 그리고 연습을 통해서 학습하는 것이 바로 이러한 무의식적인 컨트럴이다.

필자가 이 책을 집필한 주요 목적은 독자 스스로 자신의 스승이 되게 하려는 것이라고 언급한 바 있다. 여러분의 학습을 효과적으로 돕기 위해서 개념과 실제 적용에 대해서 이해할 필요가 있다. 왜냐하면 진실로 중요한 샷을 구사해야 하는 순간에 같이 있어줄 사람은 아무도 없기 때문이다. 여러분은 자신이 행했던 훈련에 항상 의지해야만 한다. 올바른 방법으로 계속적인 프리샷 절차를 사용하면서 결과에 대한 피드백에 따라 매번 충분하게 연습했다면 원하는 결과를 만들어 내기 위해서는 단순히 반복하기만 하면 되는 연습 스윙을 만들어 낼 수 있을 것이다.

필자는 이 연습 방법들이 쉽지 않다는 사실을 안다. 그리고 여러분 스스로 연습하는 것은 더 힘들 것이라는 것도 충분히 알고 있다. 그러나 연습을 하지 않으면 특히 지적으로 연습하지 않으면 실력은 향상되지 않을 것이다.

연습을 최적화할 수 있는 편리한 장소를 제공하기 위해서 독자 여러분은 집 근처의 필드뿐 아니라 연습 레인지와 연습 벙커 그리고 연습 그린을 스스로 찾아내어야 한다. 그리고 그곳에서 이 연습을 행해야 한다.

가끔씩 하이 셔터 스피드를 가진 비디오 카메라를 가지고 스윙 동작을 촬영하여 검토해보는 것도 도움이 된다. 자신의 스윙 동작을 관찰하고 마음속에서 떠올려 본 장면과 비교해보는 것은 언제나 도움이 된다. 자신의 동작을 TV나 이 책에서 볼 수 있는 유사한 신체 사이즈와 성격을 가진 정상급 선수들과 비교해 보라. 다른 골퍼들의 동작을 완벽하게 흉내내는 것을 원하지는 않지만 진정으로 원하는 동작을 구사하기를 원한다면 그들의 동작을 관찰하고 비디오로 찍은 자신의 동작을 분석하는 일도 효과적이다.

12.7 비밀 5 : 프리샷 루틴과 프리샷 절차

다시 한 번 프리샷 루틴과 프리샷 절차의 차이점에 대해서 설명을 하겠다. 루틴이란 플레이어가 어떠한 샷을 치기 전에 공에 다가가서 타격의 준비를 하는 것이며 올바른 루틴은 다음과 같은 내용을 포함한다.

1. 샷의 조건에 대한 평가
   a. 공의 라이
   b. 타깃까지의 거리
   c. 착지 지점의 조건
   d. 바람
   e. 위험/벌타의 가능성
   f. 모험/보상의 가능성
2. 원하는 샷을 마음속에 그리면서 샷의 전체 동작을 영상화
   a. 임팩트 반응/탄도각
   b. 비행 패턴과 탄도
   c. 착지, 튀김, 그리고 구르는 특징
   d. 마지막 도착 지점(예상 범위)
3. 스윙을 머릿속에 그려봄
   a. 스윙을 영상화
   b. 심안으로 스윙 감각 익히기
4. 상상한 대로 원하는 스윙을 연습하되 샷의 실제 임팩트 존의 그린과 유사한 곳에서 실시

5. 원하는 비거리를 구사한다고 생각하면서 연습 스윙을 실시, 피니시 동작에 이르면 상상했던 샷의 느낌을 찾아보기
6. 연습 스윙의 느낌이 완벽하지 않으면 더 길거나 더 짧은 스윙을 완벽한 스윙이라고 느껴질 때까지 반복해서 연습

이렇게 되면 샷을 타격할 준비가 된 것이고 프리샷 절차로 이어지는 루틴을 통한 준비가 된 상태이다. 프리샷 절차는 어떠한 샷에 대해서도 프리샷 루틴 이후 개별적으로 구분해서 행해야 한다. 학생들에게 프리샷 절차의 중요성(그리고 샷을 구사하기 전 준비 동작과 어떻게 다른가)에 대해서 언급할 때마다 많은 학생들은 절차를 그렇게 강조하는 이유가 무엇이냐고 묻는다.

프리샷 절차가 샷 자체와는 상관이 없다는 것은 사실이다. 프리샷 절차는 연습의 속도를 늦출 수 있고 프리샷 절차를 제외하면 더 많은 샷을 단기간에 연습할 수 있다는 것도 사실이다. 그리고 여러분은 아마도 더 많은 연습 샷을 그저 쳐내기만 할 뿐 샷이 날아가는 곳은 쳐다보지 않을 것이다. 그렇지만 필자는 지금까지 이 책을 읽으면서 연습이라는 것이 단지 공을 타격하는 것이 아니라는 사실을 여러분이 숙지했기를 바란다. 연습이란 모든 샷으로부터 피드백을 받는 것을 의미한다. 피드백이 없다면 연습은 아무 소용이 없다.

단지 공을 때리는 데에만 집중하는 골퍼들은 연습으로부터 아무것도 얻어 낼 수 없다. 그리고 프리샷 절차를 행하지 않는 골퍼들은 연습 티에서 배운 것을 절대로 실제 코스에 적용시키지 못한다.

프리샷 절차는 공을 타격하는 것과 관련이 없다. 그것은 여러분이 겁을 먹었거나 신경이 곤두섰을 때, 그리고 심장 박동이 정상의 두 배 혹은 세 배로 뛰어 아드레날린이 분비되는 상황에서 무의식적으로 올바른 리듬을 구사하게 만드는 훈련이다. 매 샷마다 계속적이고 반복적이며 절대로 변하지 않는 프리샷 절차는 여러분으로 하여금 주위에서 무슨 일이 일어나던 간에 의도한 샷과 원하는 결과

를 만들어 낼 수 있도록 해준다.

프리샷 절차는 시간이 제한된 일련의 동작들이며 이들 동작의 순서나 동작들 간의 시간은 항상 같아야 한다. 그리고 연습에서뿐만 아니라 코스에서도 항상 이 절차를 거쳐야 한다. 여러분은 연습장에서 수천 번 연습했던 똑같은 동작을 만들어 내기 위하여 무의식적으로 하나, 둘, 셋, 시작. 혹은 준비, 시작이라는 리듬을 생각하고 있어야 한다. 여러분이 의식을 행하면 스윙 동작이 무의식적으로 완벽하게 컨트럴된다. 스윙 동작을 할 때에는 동작에 대해서 생각할 수 없다. 프리샷 절차가 끝나면 이미 충분한 연습이 되어서 아무 생각 없이 스윙만 할 수 있도록 해야 한다. 그리고 이것은 습관적으로 일어나야 한다.

12.8 비밀 6 : 비밀에 관한 비밀

★ 기억할 점 연습을 통해서 추구하는 것은 완벽함이 아니라 완성이다. 올바르지 못한 연습은 실력 향상에 도움이 되지 않는다. 반대로 완벽한 연습을 통해, 실력의 진보와 향상을 꾀할 수 있다는 것도 중요하다. 그러므로 오직 반복적이고 완벽한 연습을 통해서만 숏 게임의 완성에 접근할 수 있다는 사실을 기억하자.

독자는 일반적 샷의 실력을 향상시키고 동시에 약점이 제거될 때까지 연습을 계속해야 한다. 여러분의 스코어는 잘한 샷에 의해서 결정되는 것이 아니라 잘못한 샷의 빈도에 따라 결정지어진다. 약점에 대해서 더 많이 연습하고 더 많은 실력 향상을 꾀할수록 선수의 실력은 더욱 향상될 것이다.

이 책에 나와 있는 프리샷 절차에 대한 비밀과 다른 비밀들을 주의 깊게 관찰하면서 읽어보면 골퍼들이 지금까지 찾고 있었던 가장 중요한 비밀을 발견하게 될 것이다. 그것은 아주 간단하다. '실전같이 연습하고 연습 같이 실전에 임한다' 이다.

만약 여러분이 피드백을 통해서 연습했다면 무의식적으로 스윙의 난이도를 알게 될 것이다. 만약 여러분이 데드 핸드 스윙을 연습했다면 실전에서도 무의식적으로 똑같은 플레이를 할 수 있다. 만약 여러분이 리드미컬하게 연습했다면 실제로 플레이할 때에도 무의식적으로 올바른 리듬을 인식할 것이다. 여러분이 기술을 올바르게 연습했다면 실제의 상황에서도 필요한 기술들을 이미 무의식적으로 개발한 상태일 것이다. 그리고 이 모든 것을 하기 전에 프리샷 행하는 연습을 했다면 무의식적으로 샷의 시작에 대한 감각을 알게 될 것이다.

실력을 향상시키기 위해서는 엄청난 연습을 하여야 한다. 그리고 이것을 코스에서의 플레이에 적용시킬 수 있어야 한다. 또 연습 과정을 정확하게 기억하여 플레이 도중, 여러분의 잠재의식이 최적화 되도록 해야 한다. 똑같은 템포와 리듬 그리고 똑같은 스윙 습관이 중요하다. 그저 프리뷰를 만들어 낸다고 생각하지 말고 그것을 반복할 수 있어야 한다.

위와 같은 내용의 효과를 위해서는 현명하게 원하는 플레이와 같은 종류의 연습을 해야 한다. 골프 게임 중 가장 중요한 스윙을 만들어야 할 때, 가장 중요한 홀을 마주친 가장 중요한 순간에 어떤 플레이를 해야 할 것인가에 대하여 연상한다. 그런 다음 똑같은 방법으로 연습을 시작한다.

만약 여러분의 하고자 하는 플레이와 똑같은 연습을 할 정도로 자기 통제를 잘 할 수 있고 인내심을 갖추고 있다면 게임이 주는 모든 종류의 중압감 하에서도 잠재 능력 모두를 끌어낼 수 있을 것이다.

Chapter 13

미래에 대한 전망

컴포지트 플레이어

13.1 스코어링 머신

필자는 필자가 보기에 6개의 샷 영역에서 세계 정상급 기량을 갖고 있다고 생각하는 선수들을 선별 합성해 보았다(컴포지트 플레이어). 이들에 대한 데이터도 충분히 수집했고 이들의 게임에 대해서도 상당 부분을 알고 있다고 자부한다. 이들을 샷의 영역으로(혹은 게임의 종류로) 분류하면 다음과 같이 된다.

1. 드라이빙, 페어웨이 우드(파워게임) : 그렉 노먼, 타이거 우즈, 콜린 몽고메리

2. 그린으로부터 100야드 이상으로 부터의 샷(파워 게임): 스티브 엘킹턴, 벤 호건, 모 노먼

3. 100야드 이내에서의 웨지 샷(숏 게임) : 탐 카이트, 탐 왓슨, 데이비드 듀발

4. 트러블 샷(벙커, 난이도가 높은 라이, 나무, 하이 러프): 세베 바에스테로스, 필 미켈슨, 호세 마리아 올라자발

5. 칩 샷(숏 게임) : 폴 에이징어, 레이몬드 플로이드, 페인 스튜어트

6. 퍼트(퍼팅 게임) : 벤 크렌쇼, 리 젠슨, 조오지 아처

이러한 분류를 너무 중요하게 생각할 필요는 없다. 그리고 이 분류가 로렌 로버츠나 데이브 스탁턴, 저스틴 레너드, 브레드 펙슨이 퍼팅을 못한다거나 데이비스 러브 3세가 드라이버를 못 친다거나 혹은 피터 제이콥슨과 어니 엘스가 벙커 탈출을 잘하지 못한다는 것이 아니다. 이 선수들도 잘한다(사실 이들의 샷 영

역별 능력은 상위권이다). 그렇지만 필자가 여기에서 명시한 선수들의 플레이에 관한 데이터와 개인적인 지식을 더 많이 가지고 있기 때문에 이들을 선택했다는 설명을 덧붙인다.

그렇다면 이렇게 선수들을 분류한 것이 여러분에게는 물론 골프 게임에 있어서 왜 중요한 것일까? 그 이유는 그들이 게임의 각 분야를 얼마나 잘할 수 있는가를 그리고 각각의 영역에서 어떤 것을 성취할 수 있는가에 대한 실제적인 예를 보여주기 때문이다. 그리고 앞으로는 어떤 선수들이 나올 것인가에 대한 전망도 가능하게 해주기 때문이다.

예를 들어 여러분이 여섯 가지 영역에 속하는 플레이어를 합성해서 시합에 출

컴포지트 플레이어 3그룹 … 점수 기계 3

샷의 영역	게임	#1	#2	#3
드라이빙, 페어웨이 우드	파워 게임	그렉 노먼	타이거 우즈	콜린 몽고메리
1000야드 떨어진 곳으로부터 그린까지	파워 게임	스티브 엘킹턴	벤 호건	모 노먼
1000야드 이내의 웨지 샷	숏 게임	탐 카이트	탐 왓슨	데이비드 듀발
트러블 샷	숏 게임	세베 바에스테로스	필 미켈슨	호세 마리아 올라사발
칩 샷	숏 게임	폴 에이징어	레이 플로이드	페인 스튜어트
퍼팅	퍼팅 게임	벤 클렌쇼	리 젠슨	조오지 아처

표 13.1.1 필자가 분류해 세 명으로 구성한 컴포지트 플레이어

전 시켜 코스에서 이들의 플레이를 관찰할 수 있다고 상상해보자. 노먼은 파 4나 파 5홀에서 엄청난 드라이버를 구사하고 파 5의 홀에서는 믿기 어려울 만큼 대단한 페어웨이 우드 샷을 구사할 것이다. 엘킹턴은 파 3홀은 물론이고 아이언 그린 공략의 진수를 보여줄 것이다. 탐 카이트는 모든 웨지 샷을 깃대 옆에 떨군다. 에이징어는 엘킹턴의 4번 아이언 공략이 프린지에 떨어진 것을 칩샷을 해서 거의 홀에 넣는다. 바에스테로스는 코스에서 가장 길다고 하는 파 5홀 그린 사이드 벙커 샷을 해서 홀을 돌고 나오는 2인치 버디 퍼팅을 남겨놓는다. 여기에다 벤 크렌쇼는 퍼팅을 너무나 말끔하게 처리해서 모든 퍼팅이 홀로 빨려 들어갈 것 같은 느낌이 들게 한다. 대단한 그룹이 아닐 수 없다. 바로 점수 기계들이다!

필자가 구성해본 컴포지트 플레이어의 요체는 점수에 있다. 사적인 감정에 근거하지 않은 필자의 계산에 따르면 이들 세 개 컴포지트 플레이어 중 어느 한 명은 지금의 PGA 투어에서 계속해서 우승을 한다.

이것이 엉뚱한 말처럼 들리는가? 어떻게 해서 한 컴포지트 플레이어가 모든 토너먼트에서 우승할 수 있는가? 틀림없는 컴퓨터의 계산에 따르면 그렇다. 아마 여러분도 차분히 생각해보면 실제로 있을 수 있는 일이라는 생각이 들것이다. 클럽챔피언십 대회에서 드라이버는 드라이브 샷을 가장 날리는 멤버가 치고 웨지 샷과 퍼팅도 가장 잘하는 사람이 한다고 가정하자. 어떻게 우승을 하지 않을 수 있겠는가? 각각의 영역에서 표에 있는 선수들만큼 샷을 계속해서 잘 칠 수 있는 사람이 없다면 컴포지트 플레이어가 경기를 이기는 것은 당연하다. 이것이 필자가 합성한 세 가지 컴포지트 플레이어가 성취할 수 있는 것이고, 이것은 앞으로 어떤 일이 일어날 수 있겠는가를 상상하게 해준다.

13.2 대단한 재능

컴포지트 플레이어를 구성해볼 때 각각의 아이언이나 우드 샷을 개인별로 선별할 필요가 없었다. 어느 한 선수가 펄펄 나는 상태로 플레이를 잘하면, 골프의 모든 영역에서도 다른 선수들을 앞선다는 것을 자료가 보여주었다. 이것은 선수들이 뭘 잘한다면 이것은 정말 탁월한 기량을 갖춘 것임을 말해주는 것이고, 최상의 컨디션이 나오지 않는 날이라도 그럭저럭 좋은 플레이를 보여줄 수 있다는 것을 의미한다.

필자는 자의적으로 구성해본 컴포지트 플레이어들을 구성하는 선수들이 소위 말하는 '괴물', '괴력의 장타자' 혹은 '엄청난 헐크' 로만 구성된 것이 아니라는 사실을 매우 흥미롭게 생각한다. 파워 게임을 대표하는 선수들은 정말 운동선수다운 타고난 신체능력(풀 스윙은 운동적 재능을 필요로 함)을 갖고 있지만, 나머지 영역에서의 선수들은 특별한 재능을 갖고 있다고 꼬집어 이야기 할 수 없다. 이러한 사실은 숏 게임은 하나님이 주신 재능에 의한 것이라기보다는 연습으로 성취할 수 있는 영역이라는 나의 신념을 증명해준다. 손과 눈의 협응성, 그리고 타고난 재능이 골프를 잘할 수 있는 주된 요소라면, 세베 바에스테로스는 숏 게임 마술사라는 그의 별칭을 능가하는 인물이 될 것이다. 다시 말해서 드라이브도 아주 잘 치고 퍼팅도 매우 잘할 수 있다는 것이다. 물론 한때 그의 전성기가 있었다고는 하나, 바에스테로스는 파워 게임이나 퍼팅 게임을 잘하는 선수라고 보기에는 어렵다.

멕 그로디는 정말 공을 잘 치는 선수다. 하지만 숏 게임과 퍼팅이 안 돼 점수를 내는 측면에서는 컴포지트 플레이어를 따라잡지 못한다. 모 노먼은 아직도 항상 일관된 샷을 칠 수있는 선수일 것이다. 하지만 그는 포대 그린 주변에서의 칩 샷과 퍼팅은 신통치 못하다. 그렇다면 왜 한 명의 골퍼가 이것을 다 이루어 내지 못하는가? 지구상 최고의 선수로 통하는 타이거 우즈는 왜 풀 스윙만큼 퍼팅을 잘 해내지 못하는가? 타이거 우즈는 골프에서 요구되는 신체적 조건 모두를 갖고 있다. 그리고 이 책에 소개된 모든 샷을 훌륭히 해낼 수 있다. 그렇지만 그의 퍼팅은 상당량의 연습에도 불구하고 약하다. 그리고 웨지 게임은 듀발, 왓슨, 혹은 카이트의 수준에 접근하지 못하고 있다.

만약 타이거 우즈가 모든 샷의 올바른 방법을 완전하게 숙지한다면 모든 것을 해낼 수 있다고 생각한다. 그러나 타이거 혹은 어떤 사람이라도 각각의 게임을 다르게 배워야 한다는 점을 이해하지 못하면 골프의 모든 영역에서 탁월한 실력을 갖는 것은 불가능하다.

13.3 미래에 나타날 위대한 선수

좋은 신체적 조건을 지닌 젊은 골퍼들을 데리고 그들이 완전히 집중할 수 있는 환경을 만들어 놓고 다섯 가지 게임의 기본 원리들을 가르친다면 이들 골퍼들의 실력은 컴포지트 플레이어만큼 개발될 수 있을 것이다. 필자는 숏 게임만 중요시하는 것이 아니라 골프 게임의 본질 모두를 중요하게 여긴다. 이런 나의 입장과 주장을 알리기 위해서 다섯 가지 게임 영역 모두를 강조하고자 한다. 숏 게임, 퍼팅 게임, 혹은 매니지먼트 게임 중 어느 하나 소중하지 않은 것이 없다. 파워 게임과 멘탈 게임도 생략해서는 안 된다. 그러나 골프 교습에서는 이 영역들이 종종 제외되면서 좋은 선수가 만들어지기를 바라는 경우가 많았다. 위대한 골퍼라면 모든 게임에 탁월해야 한다.

이것이 실제로 가능할까? 가능하다. 타이거 우즈가 퍼팅 기량을 향상시킬 수 없다고 말하지 말기 바란다. 혹은 크렌쇼가 페어웨이로 드라이브 샷을 구사하는 방법을 배울 수 없다거나 그렉 노먼이 그의 게임을 매니지먼트할 수 없다고 말하지 마라. 이들은 당연히 잘할 수 있다. 그들은 이미 그런 플레이를 구사했으며 매우 잘 소화해내었다. 필자는 이들이 올바른 훈련을 받는다면 모든 것을 이룰 수 있다고 생각한다. 크렌쇼가 퍼팅하듯이 노먼이 드라이브를 치듯이 잭 니클러스가 그의 게임을 매니지먼트하듯이 플레이하는 것이 가능하다. 그리고 배우는 것은 항상 가능하다.

여러분도 컴포지트 플레이어나 혹은 더 위대한 선수처럼 되는 데 필요한 기술들을 학습할 수 있을 것이다. 그렇지만 여러분의 생각과는 달리 잭 니클러스도

이 과업을 해내지 못했다. 평생 컴포지트 플레이어와의 경쟁에서 이길 수 없었다. 그렇지만 니클러스를 낮게 평가해서는 안 된다. 그는 지금까지 어느 누구보다도 더 컴포지트 플레이어에 가깝게 접근했다. 그는 항상 극복할 대상이 바로 자신이라는 믿음을 가지고 있었다(필자가 대학시절 그와 경쟁했을 때도 그렇게 믿고 있었던 것으로 기억된다).

앞으로 언젠가는 진정한 컴포지트 플레이어가 나타날 것이다. 필자는 선수들의 대단한 기량 향상을 지켜봐 왔으며 너무나 많은 골퍼들이 어떤 부분에서의 취약점을 가지고 있었지만 나중에는 그 부분의 전문가가 되었다는 사실을 기억하고 있다. 필자는 골프의 모든 영역에서 종합적인 기술 습득이 가능한 사람이 나올 수 있다는 것을 믿고 있으며, 누군가가 언젠가는 이것을 보여줄 것으로 기대하고 있다. 필자는 선수들이 다섯 가지 모든 게임을 배울 때 각 영역을 최적화하면서 종합할 수 있다면 과거의 기록을 능가하게 될 것이라고 굳게 믿는다.

기본 원리에 대한 재검토

13.4 피네스 스윙 역학

여러분이 컴포지트 플레이어가 될 수 있는지의 여부는 중요하지 않다. 우리가 관심을 가져야 할 사항은 현재의 기술 수준을 향상시키기 위해 촌음을 아껴가며 연습하는 일이다. 이것이 바로 여러분이 해야 할 일이기도 하다. 여러분이 숏 게임의 스윙 역학을 향상시킬 수 있다면 다른 기술의 향상이 가능할 뿐만 아니라 실제로 성취하기도 쉬워진다는 점을 기억하자. 그렇지만 숏 게임 역학을 올바르게 수행하지 못한다면 절대로 실력을 향상시킬 수 없으며 실력을 향상시키는 데에는 많은 시간과 많은 고통이 뒤따를 것이다.

피네스 스윙 역학은 숏 게임의 기본이 되며 이것을 기반으로 점수가 만들어지는 샷을 구사할 수 있는 능력이 개발될 수 있다. 올바른 역학을 개발하고 내면화하기에 충분할 정도로 연습한 다음 무의식적인 컨트럴이 되도록 한다. 피네스 스윙 역학의 최종 목표는 스윙 역학에 대해서 생각하지 않고서도 올바르게 스윙 하는 것이다. 훌륭한 플레이어는 습관적으로 올바른 스윙을 구사해낸다.

득점 능력을 연습하기 전에 아래에 요약되어 있는 숏 게임 시스템을 다시 살펴 보자. 피네스 스윙의 역학과 숏 게임에 대한 기본 원리와 원칙들을 확실히 이해 해야 한다. 마음속으로 학습의 과정을 그려보고 이해한다면 효과적으로 그것을 내면화할 수 있을 것이다. 다음의 요약내용을 주의 깊게 읽어보고 이해가 가지 않는다면 이해가 갈 때까지 반복해서 이 책의 앞부분에 설명되어 있는 세부 사 항을 다시 읽어보아야 한다.

● **자세의 정렬**(alignment) : 신체와 클럽을 정확하게 조준할 수 없다면 올바 른 피네스 스윙을 학습할 수 없다. 만약 신체가 타깃 라인과 좌측으로 평행하게 정렬된 상태에서 공을 셋업할 수 없다면 계속적으로 일정한 샷을 구사할 수 있 는 가능성이 적어진다. 피네스 스윙은 자연스러운 아크를 따라서 손의 컨트럴이 배제된 스윙을 해야 하므로 클럽헤드는 임팩트 순간 어깨선과 평행하게 타깃 쪽 으로 움직여야 한다. 만약 완벽하게 셋업을 실시하면 신체는 본능적으로 올바른 피네스 스윙을 하게 되어 있다. 그렇지만 너무 오른쪽 혹은 너무 왼쪽으로 셋업 한 경우라면 본능적으로 올바른 스윙을 구사하는 일이 어려워진다. 본능적으로 올바르지 못한 자세로는 공을 엉뚱한 방향으로 보낼 것이라는 것을 알고 이것을 보완하는 동작을 하게 될 것이다.

● **공의 위치** 스탠스에 대한 공의 위치는 아주 중요하다. 만약 공이 너무 앞쪽 에 위치하면 클럽의 스윙 아크를 자연스럽게 조작하지 않는 한 정확한 컨택트를 만드는 일이 불가능해진다. 클럽을 조작하기 위해서 여러분은 근육을 사용해야 하며 이로 인해서 중압감을 받는 상황에서는 큰 곤란을 겪게 된다 (아드레날린

다시 한 번 공의 위치에 대해서

이전에도 언급한 바 있지만 반복 설명을 해야겠다. 공의 위치는 좋은 피네스 게임의 핵심이다. 완벽한 피네스 스윙은 공이 올바른 곳에 위치할 때에만 완벽한 샷을 만들어 낼 수 있다. 따라서 올바른 스윙을 연습해야 하며 피네스 스윙 연습 세션 동안에 공의 위치에 항상 주의를 기울여야 한다.

공 위치의 착시 현상 때문에 속는 일도 없어야 한다. 골퍼들이 아래쪽을 내려다보면 신발이 시야를 지배한다. 때문에 일반적으로 공의 위치가 중앙인 것처럼 보이지만 실제로는 스탠스의 중앙보다 상당히 앞쪽에 위치한 경우가 많다. 따라서 항상 스탠스의 중심이 발목의 중심이며 발의 앞쪽과는 상관없다는 사실을 인식하고 있어야 한다.

올바른 공 위치에 있어서 또 다른 혼동은 TV 때문이기 하다. 그 이유는 카메라의 위치 때문에 수 인치 씩 이나 공의 위치가 왜곡되기 때문이다. TV 화면에 비친 플레이어의 스탠스 안쪽에 공이 '어떻게 보이는가'에는 절대로 주의를 기울일 필요가 없다.

그림 13.4.1 칩, 피치, 샌드 샷을 위한 완벽한 공 위치 (보통의 라이)

효과). 신경이 곤두서거나 혹은 공 위치에 대해서 확신할 수 없다면 공을 스탠스 안쪽에서 약간 뒤쪽에 놓는다. 왜냐하면 앞쪽보다는 뒤쪽의 성공률이 더 높기 때문이다.

이 점도 기억해 두자. 어떠한 사진이나 TV의 장면에서도 공의 위치는 카메라의 각도에 따라 변화될 수 있다. 만약 여러분이 정확한 카메라의 위치를 알 수 없다면 공의 위치를 정확하게 말할 수 없다.

공 위치에 대한 다음의 규칙들은 정상적인 보통의 라이에 적용된다.

샌드	잔디	프린지
스쿠트 앤드 스핀	원거리 웨지 샷 및 피치 샷	낮게 구르는 칩핑
공을 좌측 발목 안쪽에 놓는다	공을 발목 사이 중앙에 놓는다	공을 우측 발목에 맞춰 놓는다

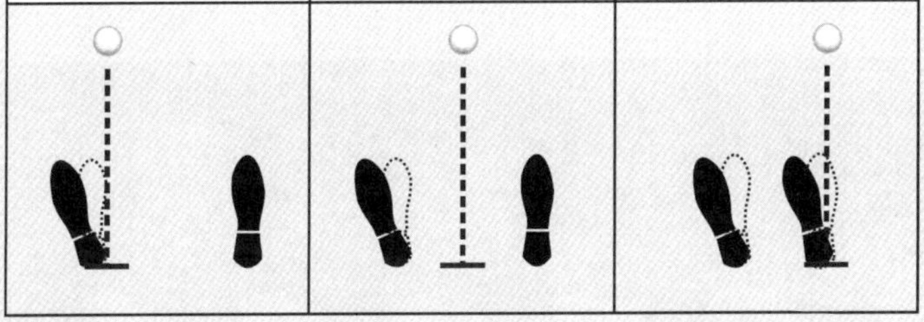

그림 13.4.2 올바른 공의 위치는 올바른 숏 게임의 기본

● **더 짧은 백스윙** 백스윙은 안정성을 만들어 내기 위해서 팔로우스루보다 짧아야 한다(그림 13.4.3의 연속 사진). 그렇지만 백스윙이 짧아야 된다고 말하는 것이 아니라 단지 스루 스윙보다 짧아야 한다는 것이다.

● **왼팔의 반경** 피네스 백스윙을 하는 동안 왼팔은 펴져 있어야 하며 피니시에 이를 때 굽혀야 한다. 일정한 스윙 반경(그림 13.4.4의 연속 사진)은 정확하고 반복적인 컨택트를 만들어 낸다. 필 미켈슨의 스윙은 스윙 반경을 관찰하는 데 매우 도움이 된다(아마도 그가 웨지를 능숙하게 다루는 이유가 거기에 있을 것

그림 13.4.3 숏-롱 스윙이 안정적이다

그림 13.4.4 필 미켈슨의 7:30 방향 피네스 스윙 시범

이다). 스윙 도중에 이 반경을 변화시키면 임팩트 순간 클럽헤드의 위치가 불규칙해진다.

● **동시화된 신체의 회전** 피네스 스윙을 구사하는 동안 팔과 어깨, 가슴, 힙, 그

리고 하체는 항상 동시화되어 같이 움직여야 한다(그림 13.4.5). 신체의 어떤 부분도 파워 스윙에서처럼 움직임을 주도하거나 끌거나 혹은 분리되어서는 안 된다. 그렇게 하면 너무 많은 파워를 만들어 내게 된다. 여러분이 파워 스윙을 사용하여 좋은 결과를 만들어 낼 수 없을 때에는 동시화된 피네스 스윙을 사용해야 한다. 조금만 연습해도 신체가 동시화되는 것을 느낄 수 있을 것이다. 그 다음에

피네스 백스윙과 스루 스윙의 위치

피네스 스윙의 위치		
스윙 방향	백스윙 회전	스루 스윙 회전
칩	#1	#2
7 : 30	#2	#5
9 : 00	#3	#5
10 : 30	#4	#5

표 13.4.1 피네스 백스윙과 스루 스윙의 위치

그림 13.4.5 동시화된 피네스 턴

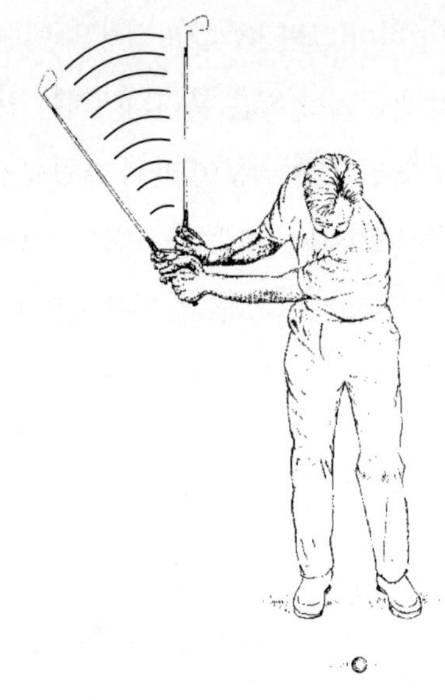

그림 13.4.6 올바른 손목의 코킹

는 코스에 나가 동시화되는 느낌이 들도록 연습 스윙 몇 번만 해본다면 제대로 된 숏 게임을 할 수 있게 될 것이다.

● **손목 코킹** 손목의 코킹은 손목을 위로 코킹하는 것이다(그림 13.4.6). 이와 같은 동작은 모든 숏 게임 샷을 할 때마다 나타나기 마련이다(치핑으로 매우 부드러운 샷을 쳐 낼 때는 제외한다). 이것은 손목을 접거나 꺾는 것과 다르다.

올바르게 코킹된 손목은 다운 스윙과 스루 스윙을 하는 동안 자연스럽게 풀리며 정확하게 타깃을 맞추는 피네스 샷이 되게 한다(추가적인 스핀이나 고도를 만들어 내기 위해서 공과 모래를 동시에 튀겨내는 샷이나 컷로브 샷은 예외다).

● **피네스 그립** 피네스 그립은 약하게 잡는 그립이다. 엄지와 검지가 형성하는 V자 홈은 거의 코를 향한다(그림 13.4.7). 이러한 그립 자세로 손을 클럽페이스와 평행하게 위치시키며 임팩트 순간 전완과 클럽페이스가 회전하는 일을 최소

화한다. 이 그립은 또 손과 전완에 의해서 만들어지는 힘을 최소화시키는 반면, 샷의 일관성과 정확도를 최대화한다. 여러분은 지나치게 강한 그립(V자 홈이 오른쪽 어깨의 뒤쪽이나 오른쪽을 가리키는 그립)으로 성공적인 피네스 게임을 할 수 없다. 클럽의 더 아래쪽이나 뒷부분을 잡는 스트롱 그립은 너무 많은 파워를 생산해내어 피네스 스윙의 감각과 일관성 그리고 컨트럴에 지장을 초래한다(장타를 치는 골퍼들이 피네스 게임에서 문제가 생기는 이유이다).

● **피네스 스윙 플레인** 완벽한 스윙 플레인은 어드레스 시 공으로부터 어깨를 통과하는 한 장의 유리와 같다가 백스윙의 최고점을 넘어가는 쪽까지 확장된다(그림 13.4.8). 짧은 웨지를 가지고 공에 더 가깝게 접근해서 수직에 가까운 스윙을 하면 스윙 플레인도 매우 가파르게 된다. 클럽헤드가 피네스 스윙을 하는 동안 이 플레인이 유지된다면 결과적으로 풀 피니시로 높고 부드러운 샷을 구사할 수 있게 된다. 장거리 웨지 스윙으로 피니시한다면 오른손이 거의 왼쪽 귀에 닿아야 한다.

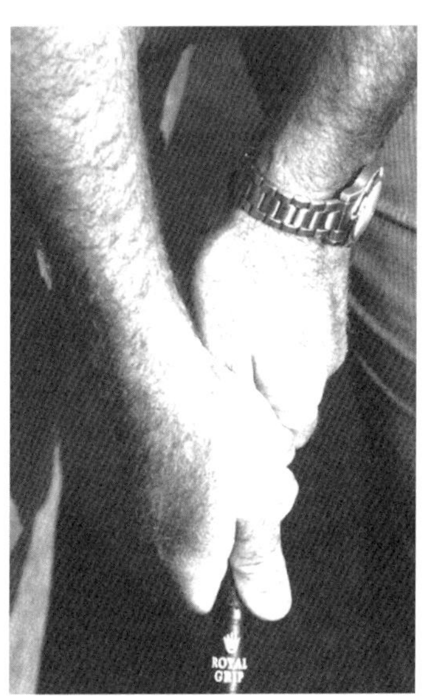

그림 13.4.7 피네스 그립

그림 13.4.8 피네스 스윙 평면

13.5 숏 게임의 필수 원칙

피네스 스윙 동작을 어떻게 해야 한다는 것을 이해했다면 그것을 내면화하고 자신의 일부로 만들 준비가 된 것이다. 이것을 올바르게 수행하여 득점 능력을 개발하기 위해서는 아래에 열거된 기본적인 원칙들을 받아들여 연습을 통해 구체화해야 한다. 이 원칙들은 숏 게임에 있어서 엄청나게 중요하지만 일선에서 여러분이 이것을 관찰하고 느낄 수 없기 때문에 자주 배우지 못한다. 이 원칙들은 연습장이나 집에서 연습할 때 스윙 역학이 올바르게 형성되게 하여 코스에서도 그것을 유지할 수 있도록 도와주는 개념들이다. 이 개념들은 여러분으로 하여금 바르지 못한 습관을 피하여 미래에 있을 문제점들을 제거하는 데 도움을 줄 것이다.

1. **숏 게임은 고유한 영역을 가지고 있다.** 피네스 스윙은 스윙을 할 때 하체에 대하여 상체가 꼬이는 일이 없고 하체가 임팩트 순간 동작을 주도하지 않는다는 점에서 파워 스윙과 다르다. 그리고 파워 스윙의 의도가 적당한 정확도의 범위 내에서 각각의 클럽을 가지고 가능한 한 멀리 쳐내는 것이라면, 숏 게임의 의도는 피네스 스윙을 구사하여 어떤 크기의 백스윙을 사용하든지 가능한 한 짧은 샷을 만들어 내는 것이다(예를 들어 만약 여러분이 그림 13.5.1에서처럼 수평의 백스윙을 사용하여 수직의 팔로우스루를 하는 샷은 18, 20, 25야드 혹은 30야드가 아닌 단지 15야드만 날아가게 된다).

2. **퍼팅에서 정확한 조준이 절대적이듯이 웨지 게임에서는 안정성이 요구된다.** 안정성이 없다면 숏 게임을 향상시킬 수 없다. 만약 웨지의 클럽헤드가 임팩트 순간 불안정하다면 실수할 확률이 커지게 될 것이다.

3. **중압감 하에서 플레이하기 위해서는 근육을 사용하지 않는 거리의 컨트럴이 필수적이다.** 증가된 심장 박동과 아드레날린의 효과를 피하기 위해서 여러분은 반드시 타이밍이 정해진 데드 핸드(근육을 사용하지 않는) 스윙을 개발해야 한다.

4. **피네스 스윙의 리듬은 항상 일정해야 한다.** 이것은 매 샷, 매 홀, 매일, 그리고 매

그림 13.5.1 수평에서 수직 동작으로 되는 150야드 피치 샷

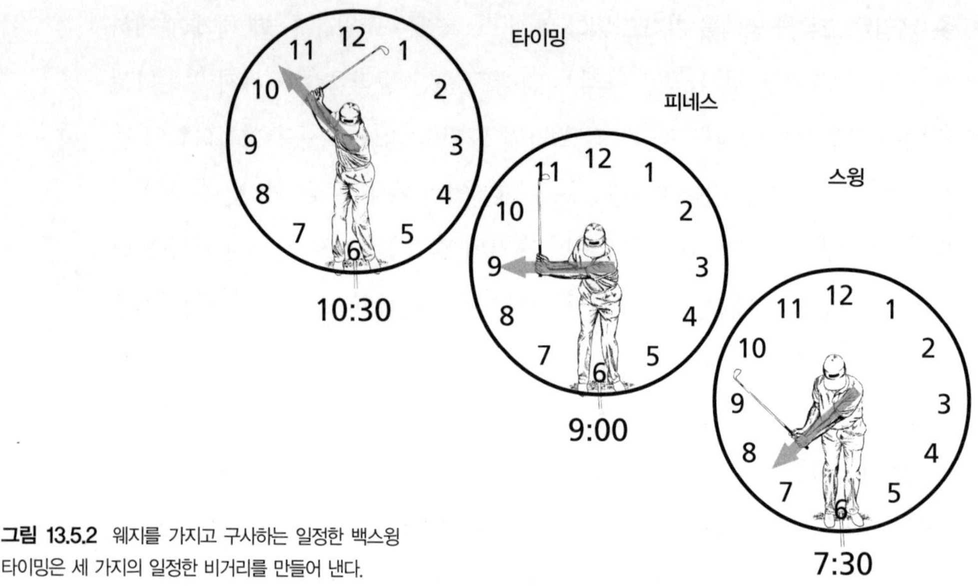

그림 13.5.2 웨지를 가지고 구사하는 일정한 백스윙 타이밍은 세 가지의 일정한 비거리를 만들어 낸다.

년 일정해야 한다. 꾸준한 리듬을 유지하면 백스윙의 길이로써 샷의 비거리를 컨트럴할 수 있다. 어떠한 상황에서도 연습 스윙을 하는 동안 자신의 리듬을 관찰하고 느낄 수 있어야 한다.

5. 웨지 스윙의 길이를 맞춘다. 7:30 이나 9:00 그리고 10:30 방향의 백스윙을 하면 1야드 이내의 오차로 비거리를 컨트럴할 수 있게 된다. 이 세 가지 웨지 스윙을 똑같은 리듬으로 규격화하면(그림 13.5.2) 자신 있고 신뢰감을 갖고서 다양한 비거리를 웨지로 감당해낼 수 있다.

6. 웨지 두 개를 더한다. 세 가지 피네스 웨지 스윙을 몸에 익힌 후에는 아이언 두 개를 제거하고 웨지 두 개를 추가한다. 스코어링 게임에 대하여 더 높은 정확도를 가지게 될 것이며 100야드 이내의 거리에서는 열두 가지의 스윙을 통하여 매우 정확한 공략이 가능하게 될 것이다(그림 13.5.3).

7. 프리샷 절차를 사용해야 한다. 생애에서 가장 중요한 샷을 치기 전에 어떤 식으로 웨글을 할 것인지 생각해보자. 앞으로 코스에서 플레이할 때나 연습 할 때

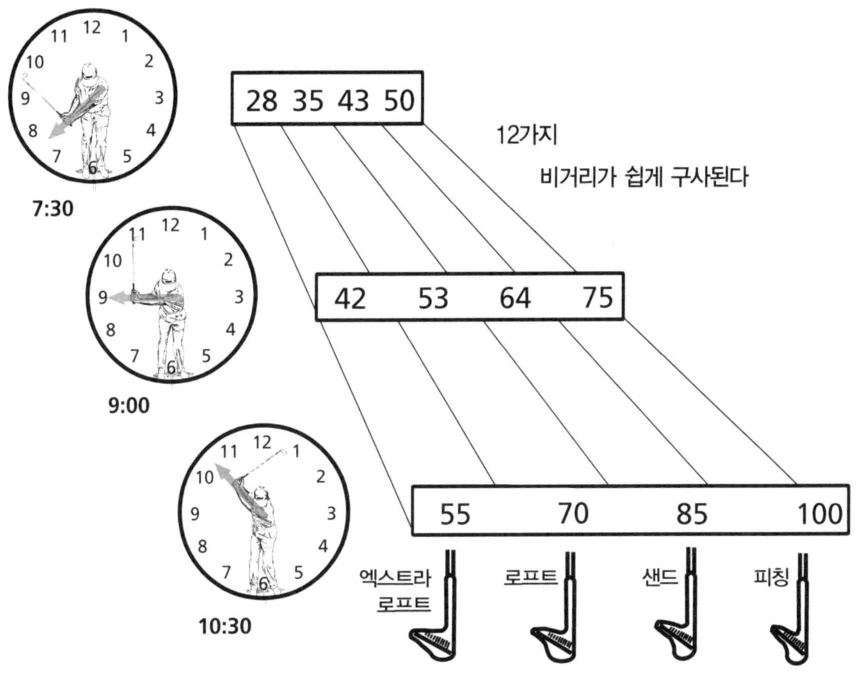

그림 13.5.3 펠츠의 3X4시스템

를 대비한 프리샷 절차를 그려보자. 이 절차는 항상 반복적이며 8초 내에 이루어져야 하며 긴장을 풀 수 있는 충분한 동작이 되어야 할 것이다. 충실한 연습을 통해 중압감 하에서도 무의식적으로 그것을 극복할 수 있도록 해야 한다.

8. **피니시 동작을 유지한다.** 그것은 공이 멈출 때까지이다. 피니시를 통해서 직접 관찰한 신체의 동작과 샷과의 상관 관계를 알아내도록 하자(그림 13.5.4). 이러한 관계를 배우는 것이 연습의 목적이므로 이것을 잘 활용해야 한다. 시간을 낭비해서는 안 된다. 그리고 그냥 하는 리허설이라고 생각해서도 안 된다.

9. **정확한 피드백.** 연습을 할 때 반드시 2야드 이내의 오차로 정확한 피드백을 받아야 한다. 2야드 이내의 오차로 공이 날아가는 곳을 알지 못하면 시간을 낭비하는 것이다. 1야드의 오차도 좋고 수 인치의 오차라면 완벽하다. 연습할

때 2야드 이내의 오차로 공이 떨어지지 않고 8초 안에 이 결과를 관찰하고 느낄 수 없다면 휴식이나 취하는 것이 낫다.

10. **'황금률'을 기억하자.** 숏 게임을 지배하는 자가 돈을 번다. 따라서 숏 게임 샷이 항상 '황금의 8피트', 즉 깃대 주변 2에서 10피트 사이에 오도록 해야 한다. 코스에서나 연습장에서나 득점은 다음 번에 퍼팅을 만들어 낼 수 있는지 여부에 달려 있다는 사실을 상기하자.

11. **연습과 같이 플레이하라.** 이것은 게임에 숨겨진 가장 큰 비밀이다. 그리고 이것을 실시하는 유일한 방법은 플레이할 것을 염두에 두고 연습하는 것이다. 이것은 속도가 더 느리고 더 많은 노력을 필요로 하며 더 많은 주의를 기울여야 하지만 분명히 효과가 있다. 좌절하거나 낙심하게 되면(분명히 그런 일은 일어난다) 자신에게 다음과 같은 질문을 해본다. '나는 실력을 향상시키기 위해 충분히 연습을 할 만한 인내심을 가지고 있는가?' 이 물음에 대한 정직

그림 13.5.4 피니쉬 자세에서 쉬면서 심안구상을 해본다.

한 답이 바로 성공을 위해서 연습을 해야 할 가치가 있는지 여부를 말해주는 열쇠가 된다.

13.6 비밀을 잊어서는 안 된다

만약 실력 향상을 위한 동기가 강하고 이 책이 전달하려는 바를 이해한다면 이제 실력 향상이 얼마나 가능한지를 알 것이다. 그렇지만 필자는 스코어링 게임 스쿨에서 가끔 목격하는 실수를 피하라고 경고하고 싶다.

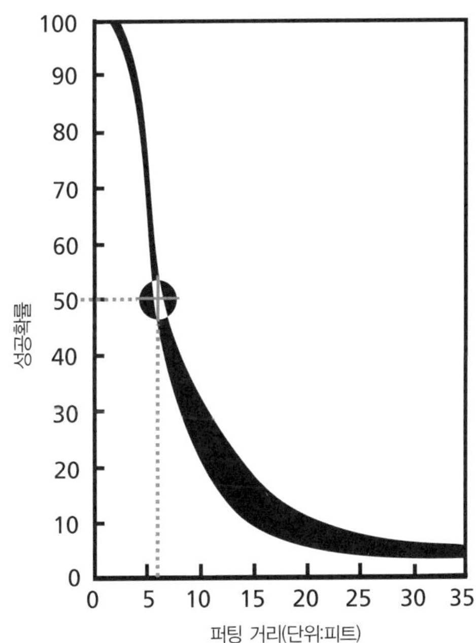

도표 13.5.1 변곡선을 이용하면 '황금의 법칙'이 만들어지는 '황금의 8피트'가 설명될 수 있다.

학생들은 실력이 엄청나게 향상된 것을 관찰하고 나면 연습장으로 달려가서 더 많은 실력 향상을 위해 연습한다. 그들은 처음에는 상당히 잘한다. 왜냐하면 마음속에서 그들의 동작은 색다르게 느껴지며 그들에게 필요한 부분에 초점을 잘 맞추기 때문이다. 그렇지만 시간이 지나면 두 가지가 바뀐다. 먼저 (1) 실력이 향상될수록 그들에게는 다른 것을 연습할 필요가 생기며, (2) 연습 습관에 더 적은 주의를 기울이게 된다. 두 가지의 변화는 그들의 향상 속도를 늦추며 열정을 식게 만든다.

이런 일이 일어나서는 안될 것이다. 올바르지 못한 방법으로 연습을 해서는 안된다. 올바르지 못한 연습은 게임 능력을 더 떨어뜨릴 뿐이라는 사실을 기억하자. 다음의 내용은 성공적인 연습을 위한 중요한 행동 지침이다.

● '이지적인 연습'을 습관화하지 못하면 시간 낭비만 하는 것이다. 지적인 연습은 피드백을 필요로 한다. 따라서 여러분은 스윙 감각을 잃어버리기 전에 즉각적이고 신뢰가 가능한 결과에 대한 지식을 얻어야 한다.

● 눈에 잘 띄는 비거리 표시를 설정하여 자신의 샷의 정확한 비거리를 알 수 있도록 하고 조준 클럽을 사용해야 한다. 잘못 조준된 상태에서는 샷을 해서는 안 되며 타깃까지의 정확한 거리를 모르는 상태에서 샷을 해서는 안 된다.

● 단순히 타격 연습에만 초점을 맞추어서는 안 된다. 만약 샷이 멈추기 전에 다른 곳을 돌아보면 피드백과 스윙의 상관관계를 날려버리는 것이다. 샷을 관찰하는 시간을 갖지 않으면 어둠 속에서 연습을 하는 것이 더 나을 것이다.

● 샷의 방향만 관찰해서는 안 된다. 샷의 탄도도 관찰해야 한다. 샷이 날아가는 고도를 알지 못하면 착지한 후의 공의 움직임을 예상할 수 없다.

● 여러분의 성격과 게임의 종류에 적합한 연습 시간을 가져야 한다. 참을성이 없는 경우라면 연습 세션을 길게 잡으면 안 된다. 여러분이 아무리 훌륭한 플레이어라도 정기적으로 각각의 게임에 대해서 할애하는 시간의 양을 측정할 필요가 있다. 연습의 3분의 1씩을 각각 숏 게임과 퍼팅 게임, 그리고 파워 게임의 순서로 할당한다. 항상 숏 게임을 먼저 연습하여 시간이 불충분한 경우에는 부득이하게 파워 게임을 연습에서 누락시켜도 좋다.

● 숏 게임을 연습할 때 자신의 약점을 먼저 연습해야 한다. 점수를 결정하는

것은 약점이다(자신의 약점을 알지 못한다면 제 11장에 나오는 테스트를 해본다). 매 라운드에서 플레이하기 전에 12야드에서 15야드의 피치 샷, 칩 샷, 그리고 장거리 웨지 샷을(피드백을 통하여) 연습한다. 그리고 적어도 한 달에 한 번 벙커 샷이나 혹은 뒤로 스윙하는 샷, 왼손만 이용하는 샷, 하드팬 라이에서의 샷 혹은 다른 곤혹스러운 샷과 같은 흥미로운 샷을 연습하는 스케줄을 잡아야 한다.

● 일반적 피네스 스윙에서는 손의 근육을 사용하지 않는다. 중압감 하에서는 정확한 샷이 만들어질 수 없다.

● 올바른 반복 연습에 대해서는 아무리 강조해도 지나치지 않는다. 샷을 구사할 수 있다고 해서 중압감을 느끼는 상황에서도 그것이 그대로 이루어지는 것은 아니기 때문이다. 필요한 순간에 원하는 샷을 구사하기 위해서는 연습에 연습을 거듭해야 한다.

● 프리샷 절차를 매 연습 샷마다 적용하여 피네스 스윙이 무의식적으로 의식에 반응하게끔 해야 한다.

● 연습을 하는 중에는 완벽하게 되려는 생각을 버리자. 물론 모두가 완벽한 샷을 구사하고 싶어하겠지만 일관된 피네스 스윙을 구사하는 방법을 익히는 것이 훨씬 중요하다.

● 마지막으로, 올바르지 못한 연습은 전혀 연습을 하지 않는 것보다 더 좋지 않다. 연습을 시원치 않게 하는 것보다는 휴식을 취하고 휴식 장소에서 스트레칭을 하는 편이 낫다. 적어도 휴식 장소에서는 게임을 망치지는 않기 때문이다.

도움이 되는 학습 보조 기구

13.7 혼자서 노력하지 마라

필자의 일상적 연구를 통해 보아도 피드백 없이 무엇인가를 배운다는 것은 불가능하다. 골프에 대한 학습을 할 때 피드백을 얻는 최선의 방법 중 하나는 학습 보조 기구를 이용하는 것이다.

최선의 보조 기구들은 연습할 때 원하는 올바른 동작을 느끼게끔 만드는 데 도움을 준다. 이 도구들은 강제적으로 학습을 하게끔 하는 것도 아니고 여러분을 대신해서 샷을 쳐주지도 않는다. 보조 기구들은 올바르지 못한 스윙뿐만 아니라 올바른 스윙을 확인시켜주며 그 차이점에 대한 피드백을 제공한다. USGA가 실제 경기에서 그와 같은 보조 기구의 활용을 광범위하게 규제한 이후로는 자신의 육신에 의한 플레이만 해야 한다. 사람들은 느낌으로 플레이를 한다. 그러므로 여러분은 코스에서도 활용할 수 있는 올바른 느낌을 익혀 놓아야 한다.

가장 좋은 학습 보조 기구는 숏 게임의 전문 강사이다. 강사는 여러분의 곁에서서 관찰하며 스윙의 전과 후에 지적을 해주고 자세와 반응을 느낄 수 있도록 도움을 준다. 게다가 숏 게임을 잘 아는 강사라면 시간이 지나도 모든 스윙의 느낌을 인식할 수 있도록 도와주는 보조 기구들을 사용한다.

13.8 코스 혹은 연습장에서

사실 학습 보조 기구는 연습을 더 성가시고 느리게 만들 뿐 아니라 더 많은 정신 집중과 에너지, 그리고 인내를 요구한다. 그렇지만 연습의 요점이 실력 향상이라면 자신들에게 도움이 되지 않는 다량의 공을 쳐내는 연습을 해야 할 이유가 있을까? 올바른 연습을 통해서 실력향상을 최대화하는 것이 바람직하다.

아마도 무엇보다도 가장 좋은 학습 보조 기구는 조준 클럽일 것이다. 이것은 아무런 추가 비용이 들지 않으며 다만 셋업할 때 수초가 더 걸릴 뿐이다. 그렇지만 올바른 자세 정렬에 대한 관찰과 감각을 내면화할 수 있도록 도움을 준다. 이 것은 올바른 데드 핸드 스윙에도 도움이 된다. 왜냐하면 올바르지 못한 자세의 정렬은 상쇄 작용을 유발하기 때문이다. 그렇지만 대부분의 골퍼들은 연습할 때 조준 클럽을 사용하지 않는다. 게으르거나 부주의하거나 혹은 조준 클럽을 사용하지 않는 다른 이유가 있다면 지금 이 책을 던져 버리고 지금까지 읽었던 것에 대해서 잊어버리라고 하고 싶다. 조준 클럽의 가치를 이해할 수 없다면 필자가 여러분에게 말하려고 하는 것을 절대 이해할 수 없다.

또 다른 훌륭한 학습 보조 기구는 적어도 보통의 그린과 유사한 연습 그린이다. 그린이 보조 기구? 당연하다. 연습 그린은 여러분에게 스윙을 구사하는 동작과 읽은 샷의 질에 대한 믿을 만한 피드백을 제공한다. 단지 초록색으로 칠해진 콘크리트라고 해도 걱정할 필요는 없다. 도움이 될 것이다. 그렇지만 피치와 웨지 샷을 연습할 수 있는 실제 혹은 인조 잔디로 된 연습 그린의 가치는 이루 말할 수 없다.

반드시 항상 타깃 착지 지점까지의 정확한 거리를 알고 있어야 한다. 필자는 '부시넬 야드에이지 프로(Bushnell Yardage Pro)'와 같은 거리 측정기를 추천한다. 레이저 거리 측정기를 쏘거나 걸어서 거리를 측정한다. 절대로 정확하게 거리를 알지 못하는 타깃을 향해 웨지 연습을 하여 시간을 낭비하는 일이 없도록 해야 한다(또 평상시의 라운드나 연습 라운드에서도 거리 측정기를 사용할 것을 권한다).

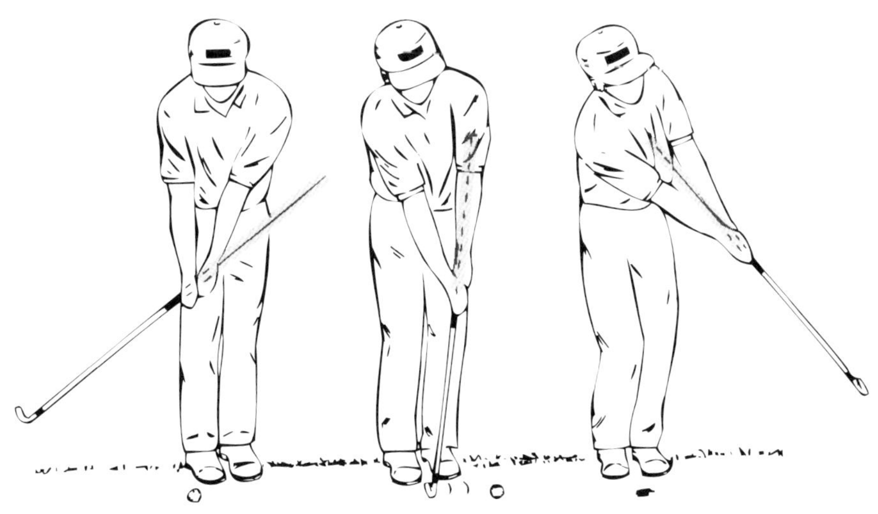

그림 13.8.1 칩스틱을 사용한 칩 샷에 능숙해지면 칩스틱 없이도 잘 칠 수 있다.

연습 치핑을 할 때에도 조준 클럽을 사용해야 한다. 그런 다음 사용하는 클럽에 칩스틱을 부착하여 그대로 연습한다(그림 13.8.1). 그리고 샷이 멈출 때까지 피니시 동작을 유지하며 결과를 관찰한다. 일단 올바르게 조준되었다면 그 다음에는 공이 스탠스 뒤쪽에 있는지를 확인한다. 그리고 팔로우스루 동작에서 손목이 접히지 않도록 한다(팔로우스루 동작에서 칩스틱이 절대로 여러분의 신체와 부딪쳐서는 안 된다).

연습장에서 숏 게임 연습 세션-15에서 15분을 각각 장거리 웨지, 피칭, 치핑 할당-이 끝나면 집으로 돌아가 마당에서 몇 번의 연습 세션을 더 갖는 것이 좋다.

13.9 코스로부터 벗어나서

수많은 학습 보조 기구들은 마당, 차고, 레크리에이션 룸, 혹은 사무실에서 완벽하게 사용될 수 있다. 연습은 가능한 한 자주 해야 한다. 가정에서의 숏 게임은 아주 효과가 있다. 그것은 코스에서의 연습보다 샷의 결과들에 대하여(공의 날

그림 13.9.1 리스트 트위스트는 손과 손목, 그리고 전완을 강화시킨다.

아가는 방향에 대하여) 초점을 덜 맞추게 되기 때문이다. 여러분은 스윙 동작에 더 많은 주의를 집중하게 되어 지속적인 감각을 더 효과적으로 내면화시키게 된다. 리스트 트위스트(그림 13.9.1)는 웨지와 벙커 플레이에 도움을 주는 훌륭한 운동 기구이며 어디에서나 운동할 수 있게 해준다. 매주 5회씩 하루에 3분 정도 이 운동기구를 이용하면 스윙을 하는 동안 손목과 전완이 굽어지는 현상을 막을 수 있다. 이것은 올바른 웨지 플레이를 위해서 충분한 힘이 필요한 연장자나 여성들에게 특히 중요하다. 손목과 마지막 세 손가락은 웨지를 잡고 스윙을 할 때 힘의 한계를 느끼고 접히는 일을 예방하기 위해서 충분한 힘을 가질 필요가 있다. 그렇지만 여러분은 항상 '데드 핸드'를 생각해야 한다.

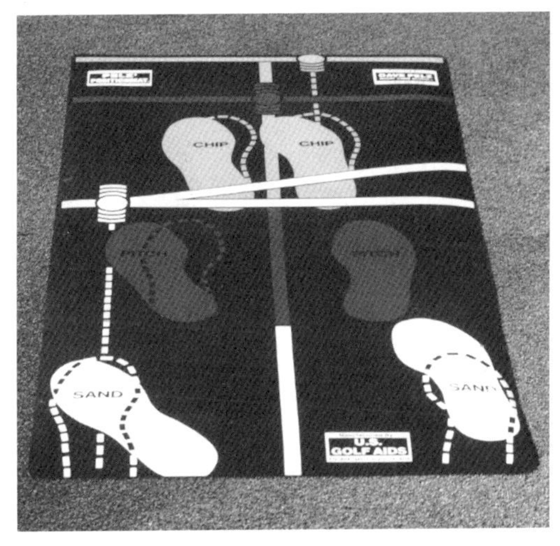

그림 13.9.2 포지션 매트

가정에서 사용될 수 있는 두 가지의 다른 학습 보조기구들은 포지션 매트(그림 13.9.2)와 메디슨 볼(그림 13.9.3) 이다. 포지션 매트는 칩 샷과 피치 샷 그리고 샌드 샷을 평범한 라이에서 칠 때 스탠스 안에 공을 위치시키는 데에 도움을 준다. 방에 포지션 매트를 깔아 두고 매일 밤 워플 공을 갖고 샷을 연습해 보면 놀랍게도 올바른 공 위치가 편안하게 느껴지게 될 것이다.

그림 13.9.3 메디슨 볼 던지기 (허리 조심)

그림 13.9.4 불규칙한 라이의 연습을 위해서는 샷 메이커를 설정할 수 있다.

상체와 하체의 동시화를 유지시키는 데에 도움을 주는 훈련으로 메디슨 볼 던지기가 있다. 이 연습은 여러분으로 하여금 동시화 된 피네스 스윙의 느낌을 얻게 해 줄 것이다(허리가 약하거나 상태가 좋지 않은 경우에는 이것을 사용하지 말 것).

샷 메이커는 인도어와 아웃도어 연습에서 매우 좋은 효과를 가지고 있는 보조 기구이다. 인조 잔디로 된 타격 표면은 각기 다른 위치로 조준되거나 기울어질 수 있으며 따라서 업힐, 다운힐, 그리고 사이드힐의 라이들에 대처하는 방법을 알 수 있도록 해준다(그림 13.9.4). 사용할 수 있는 부착물 중에는 생크를 방지해 주는 생커스 딜라이트, 스윙 플레인 문제를 교정해줄 스윙 슬롯, 왼쪽 무릎이 왼쪽 발보다 바깥쪽으로 이동하는 것을 막아 주는 니-슬라이더, 그리고 7:30과 9:00 백스윙의 타이밍을 내면화시켜 줄 스윙스톱이 있다. 그리고 벙커 보드와 벙커 트레이와 같이 샌드 플레이를 모방한 부착물 컬렉션도 있다.

어떠한 학습 보조기구를 사용하거나 어떠한 부분을 연습하든지 간에 가정에서 연습할 때는 올바른 연습 습관을 유지하는 것이 중요하다. 연습 레인지와 코스에서 하는 것과 똑같이 언제나 프리샷 절차를 행하며 데드 핸드 피네스 스윙, 동시화 된 신체의 회전, 그리고 결과를 관찰하는 동안 피니시 상태를 유지하는 것이 중요하다.

실현 가능한 목표를 설정하라

13.10 골퍼들의 아킬레스건

필자는 숏 게임과 퍼팅 게임에서 골퍼들이 가지고 있는 가장 큰 문제에 대한 질문을 받는다. 수년 전에는 퍼팅을 할 때 전완의 복잡한 회전이나 피치 샷에서의 공 위치 혹은 우리의 강좌에서 정기적으로 관찰하게 되는 일반적인 실수들에 대한 설명으로 답변을 일관하곤했다. 그렇지만 필자가 골프에 대한 시각이 넓어지고 더 많은 경험을 할수록 실력 향상에 있어서 가장 큰 걸림돌로 파악하게 된 것은 다름 아닌 조급증이다.

학습의 천적, 조급증은 어디서 비롯되는 것인가? 너무나 많은 골퍼들이 즉각적인 만족(즉각적으로 완벽한 샷을 보게 되는 일)을 원하며 만족을 얻지 못하면 실력이 향상되지 않는 것이라고 믿는다. 만약 먼저 실시한 세 번의 스윙이 효과가 없으면 그들은 포기하고 다른 것을 시도하면서 또 다른 비밀을 찾아내려고 한다. 우리는 매일 '인스턴트 만족증후군(instant gratification syndrome)'에 시달리고 있다.

어떤 골퍼들은 일단 무언가를 학습하면 그 순간부터 올바르게 반복할 수 있어야 한다고 믿는다. 하지만 연습이 왜 연습인가? 그들은 이미 방법을 알고 있다고 생각하지만 실은 마지막 샷을 관찰하지 않았음을 증명할 뿐이다.

사람들은 근육이 오랜 기간 동안 기억하도록 습관을 심기 위해서 수만 번의 올바른 반복이 필요하다는 사실을 이해하지 못하고 있다. 가장 재능이 뛰어난 선수들조차도 실력을 향상시키기 위해서는 수천 번의 연습이 필요하다. 그렇지만 주말마다 골프를 즐기는 골퍼들, 즉 대부분 자신의 일에서 지적인 만족감과 성공을 거둔 주말 골퍼들은 아주 빨리 훌륭한 스윙을 갖기를 기대한다.

따라서 이들은 샷을 구사하는 방법에 대해서 학습하고 훌륭한 샷을 구사해 내고는 그 스윙이 자신의 것이 되었다고 단정짓는다. 3주 후에 그가 형편없는 샷을 구사하면 기술이나 이론에 무언가 잘못된 점이 있다고 생각한다. 이런 일이 반복되면서 어렵게 얻은 근육의 기억을 버리고, 학습한 내용은 잊어버리는 악순환을 계속한다.

즉각적인 만족은 골프에서 전혀 효과가 없다. 만약 여러분이 스윙에 문제를 가지고 있다면 필자가 그것을 고치는 방법을 일러주겠다. 그 방법은 뒤이어질 몇 번 혹은 수십 번의 샷이 이전보다 더 악화될 것이라고 예상하는 것이다. 여러분의 마음은 이미 무의식적인 보완작용으로 모든 스윙상의 실수를 고치려고 하며 그러한 보완작용은 처음에 구사하려고 했던 새로운 스윙과는 다른 방향이다. 그러한 보완작용은 형성하는 데에도 시간이 걸리지만 없애는 데에도 많은 시간이 걸린다.

골프를 잘 치려면 먼저 자신에게 그리고 함께 연습하는 사람에게 '실력이 향상되기에 앞서 실력이 저하될 각오를 하고 있다' 고 말해야 한다. 골프는 이렇게 해야 효과를 얻을 수 있다. 여러분이 진정으로 실력을 향상시키고 싶다면 보기에 좋지 않은 샷을 구사하고 있을지라도 좋지 않은 습관을 버리고 올바른 방법으로 스윙을 유지하려는 의지가 필요하다. 아무도 골프가 쉽다고 말하지 않았다.

13.11 열심히 그리고 지능적으로 연습하라

그저 열심히 하는 연습은 훌륭한 골퍼가 되기 위한 충분 조건이 되기에는 부족하다. 샷을 연습하는 횟수나 손에서 흘린 땀방울의 양, 혹은 참아 낸 좌절감의 정도는 중요하지 않다. 올바른 방법으로 잘못된 것을 연습하고 있거나 올바른 것을 바르지 못한 방법으로 연습하고 있다면 성공을 기대할 수 없다. 잘못된 연습을 하는 횟수가 늘어날수록 더 지속적으로 그리고 더 꾸준하게 실력은 저하된다. 이것은 노력 없이 실력을 향상할 수 있다는 것을 의미하는 것이 아니다. 단지 노력이 실력 향상의 필요 조건일 뿐 충분조건이 아니라는 것을 이야기할 뿐이다.

형편없는 칩 샷을 가지고 있는 골퍼가 있다. 만약 그에게 실력이 떨어지는 것을 의도적으로 원했는가를 물어 보면 그 사람은 물론 '아니오'라고 대답할 것이다. 그렇지만 의도한 것이나 마찬가지이다. 칩 샷을 개발하기 위해서 많은 노력을 들였지만 결함을 가지고(예를 들어 올바르지 않은 자세로 아무렇게나) 연습함으로써 그는 무의식적으로 자신이 칩 샷에 취약하다는 점을 확인시킨 격이다. 그는 자신의 잘못된 점을 알면서도 고치지 않았다. 올바르지 못한 연습은 올바르지 못한 습관을 형성한다(이것이 내가 올바르지 못한 연습이 연습을 하지 않는 것보다 나쁘다고 말하는 이유이다). 지능적으로 그리고 주의 깊게 연습한다면 실력이 향상될 것이다.

13.12 나무와 숲을 바라보는 여유를 가져라

필자는 강좌에서 학생 개개인을 가르칠 때 숏 게임과 스윙의 문제점에 완전히 빠져들곤 한다. 학생이 투어 프로 선수이든 초보자이든 나는 그들이 세계에서 가장 훌륭한 선수가 되기를 원한다고 가정한다. 따라서 그들이 원하는 목표를 이룰 수 있도록 도움을 준다. 그렇지만 가끔 학생들에게 실력 향상을 위해 필요한 것이 무엇인지를 가르치고 있을 때, 순간적으로 뒤로 물러서서 깊게 숨을 들이마시고 아스펜 나무들 사이에서 불어오는 산들바람의 소리를 들을 필요가 있다는 점을 깨닫는다. 혹은 비디오 모니터 앞 의자에 기대어 음악을 듣고 싶어진다.

필자는 진정한 실력 향상에는 항상 시간이 걸린다는 사실을 기억하려고 애쓴다. 아무도 기는 단계에서 뛰는 단계로 바로 이동하지는 않는다. 따라서 아무도 골프에서 갑자기 위대해질 수는 없다. 표 13.12.1은 내가 측정한 사람들의 기술 수준을 종합한 골퍼들의 기술 수준 분포를 보여준다. 이 분포를 통하여 여러분이 위치한 지점을 파악하면 다음으로 이동할 단계에 대한 정보를 얻을 수 있을 것이다. 그리고 확실히 더 나아질 수 있다. 필자는 세계적으로 우수한 많은 선수들과 같이 일해왔고 그들 모두에게서 항상 실력 향상의 여지를 발견할 수 있었다.

이 책에서 살펴본 모든 세부 내용과는 대조적으로 숏 게임의 본질을 신체적으로 구사하는 일은 매우 간단하다. 피네스 스윙의 역학은 과도한 신체적 역량을 요구하지 않는다. 그리고 모든 것을 이해할 수 있는 천재가 될 필요도 없다. 열쇠가 되는 요소는 충분한 피드백을 통한 연습이며 이것은 우리 모두에게 적용된다. 그러므로 여러분은 이 도표의 윗 부분으로 이동할 수 있으며 여러분보다 더 적은 재능을 가진 골퍼들도 이것을 해냈다. 그리고 지금까지는 좋은 소식에 관한 이야기였다.

나쁜 소식은 실력을 향상시키는 매 단계마다 최고의 실력에 도달하기 전에 성취해야 할 몇 가지의 단계가 있다는 사실이다. 그리고 거기에는 여러분을 방해하는 걱정스러운 것들이 많이 존재한다. 이를테면 다른 출처에서 얻은 옳지 못한 조언이나 즉각적인 만족을 갈망하는 인간의 본능, 직관이 무시되는 게임의 본질, 생활 방식, 그리고 충분한 연습 시설의 부족, 그리고 한 가지 스윙을 마스터하기 전에 새로운 스윙으로 더 형편없는 샷을 구사하려는 경향들이 그것이다. 이들 중 어떤 것에라도 해당된다면 올바르지 않은 습관을 형성하게 될 뿐만 아

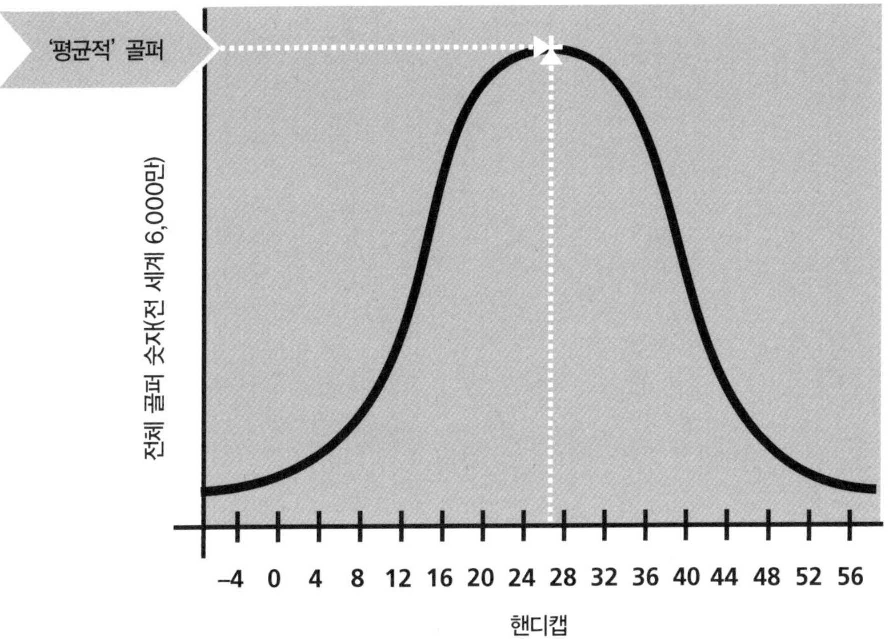

도표 13.12.1 골퍼들의 기술 수준 분포

니라 여러분의 발전을 저해하게 된다.

여러분은 미래에 대한 전망을 유지해야 한다. 충분한 시간을 투자하고 피드백을 얻고, 결과를 관찰하면서 연습 프로그램을 통해 원하는 바를 얻어야 한다. 가능한 한 점진적인 실력 향상이 바람직하다. 스스로 발전한 모습을 발견하게 되면, 좋은 태도를 유지하면서 프로그램을 계속하기가 수월해진다. 그렇지만 빠른 시간에 완벽하게 되기를 예상한다면 실망하기 마련이다.

도전

13.13 우선순위를 똑바로 지켜라

숏 게임을 향상시키는 데에 필요한 정보는 얼마든지 얻을 수 있다. 여러분은 이 책의 단원을 반복해서 읽거나 강습에 참여해야 할지도 모르지만 분명히 정보를 얻는 일은 가능하다. 피네스 스윙을 이해하면서 가장 큰 이점은 본질을 이해하면서 얻게 알게 되는 단순함이다. 배워야 할 내용을 정확하게 깨닫게 되면 학습은 이전보다 더 쉬워진다.

샷 결정을 내릴 때면 언제든지 게임의 본질을 마음속 어딘가에 두고 있어야 한다. 올바른 샷으로 인한 보상보다는 올바르지 못한 샷으로 인한 벌타가 훨씬 아깝다. 공이 O.B.가 될 때 여러분은 항상 2타를 더하게 된다. 워터 해저드에서는 적어도 1타를, 그리고 벙커에서는 적어도 2분의 1타를 잃게 된다. 칩 샷으로 핀까지 25피트를 남겨 두게 되면 거의 1타를 잃게 된다.

잘 친 샷에는 분명히 보상이 따르지만 그 결과가 명확하지 않을 경우가 종종 생긴다. 2피트 이내의 거리로 공을 보내면 여러분은 1타를 확실히 벌게 될 것이지만 그보다 멀 때는 타를 잃게 될 수도 있다. 6피트 지점에서 기껏해야 여러분은 2분의 1타를 벌 수 있으며 10피트 지점에서는 1타에 훨씬 못 미치는 타수를 벌 수 있다. 그보다 먼 지점에서의 타수 줄이기란 생각하기 힘들 것이다.

연습을 하는 동안이라도 형편없는 샷은 바로 점수와 연결되어 있다는 것을 기억해야 한다. 약점을 보완하는 연습을 하면서 일반적인 게임 내용은 평범하게 유지해야 한다. 형편없는 샷을 하는 경우가 없이 10회 15회, 그리고 20회의 샷을 차례대로 연습해 보자. 일단 약점을 제거한 후에야 장점을 개발할 수 있다.

만약 자신의 약점을 알아낼 수 없을 정도로 자신의 플레이를 잘 모르는 상태라면 제 11장에서 설명한 숏 게임 핸디캡 테스트를 시행해본다. 그 다음 정기적인 연습 시스템을 받아들이고, 피드백을 가미하여 약점을 알아낸 다음 집중 공략을 한다. 과거의 잔재를 없애고 이전의 약점을 강점으로 만든다. 코스에서 연습하든지 혹은 뒤뜰에서 연습하든지 피드백을 통해서 항상 연습해야 한다. 그리고 연습에는 무언가를 개선하거나 배우겠다는 목표를 가지고 있어야 한다. 공을 단순히 쳐내는 것이 아니라 훌륭한 샷과 형편없는 샷으로부터 무언가를 알아내기

위해 노력하자. 피니시 자세를 유지하고 아름다움을(높고 부드럽게 날아가는

샷이 원하는 지점에 착지하여 한 번 튀어 오른 후 핀을 향해 구르는 모습을 보면 골프에서만 느낄 수 있는 아름다움을 발견할 수 있다). 관찰을 하자. 그리고 절대로, 절대로 조준 클럽 없이 연습하는 일이 없도록 한다.

또 오직 한 가지 게임에만 시간을 할애해서는 안 된다. 골프의 다섯 가지 게임에 모두 정성을 기울여야 한다. 드라이브 샷을 제대로 구사할 수 없다면 숏 게임이 아무리 훌륭하다고 해도 절대로 득점할 수 없다. 그리고 그린과 근접한 어떤 지점에서 아이언 샷을 구사할 수 없다면 득점할 수 없다. 또 멘탈 게임이 충분한 힘을 가지고 있지 못하면 게임은 결과적으로 바람직하지 못한 방향으로 이어질 수 있다. 골프에서 여러분은 모든 기본 원리를 이해하려는 노력을 해야 한다. 그것은 인생과 마찬가지이다. 골프는 내가 아는 한 가장 훌륭한 인생의 축도이다. 이것이야말로 우리가 골프를 사랑하는 이유가 아닐까.

13.14 이해가 선행되어야 한다

필자는 이 숏 게임바이블이 여러분으로 하여금 숏 게임을 더 많이 이해하는 데에 도움이 되었고 더 나은 득점능력을 향상시키는 데에 필요한 정보와 용기를 제공했으면 한다. 필자는 정보를 수집하고 위대한 게임을 더 잘 이해하려고 노력하면서 많은 시간, 많은 날, 그리고 많은 해를 보내왔다. 진심으로 여러분에게 도움이 되는 방향으로 정보가 전달되었기 바란다. 필자는 이 책이 여러분에게 필요한 모든 정보를 담고 있다거나 필자가 모든 것을 안다고 생각할 만큼 자만하지는 않는다. 그렇지만 여러분이 이 책으로부터 무언가를 얻을 수 있기를 희망하며 점수관리 능력을 향상시키고 게임을 좀 더 즐기는 데에 필요한 무엇인가를 발견하기를 희망한다. 필자는 게임을 더 잘 이해할수록 골프를 하는 능력을 향상시키는 일이 더 단순해질 것이라고 진심으로 믿고 있다.

그런데 이 책은 방대한 양의 정보를 담고 있다. 따라서 처음에 양이 너무 많아

보인다면 나머지 부분에 대한 걱정을 버리고 원하는 부분만을 선택해도 좋다. 여러분이 숏 게임의 레퍼터리 중 단 한 가지의 샷만을 개선했다고 해도, 스코어에 결과가 나타나고 이 결과가 여러분을 행복하게 만들기에 충분할 것이다. 필자 역시 그것으로 만족한다. 그러고 나서 더 많은 것을 원하게 될 때에도 이 책은 여러분 곁에 있게 될 것이다. 그렇게 하는 동안에 필자는 더 많은 데이터의 수집과 측정, 골프 교습 방법에 대한 지속적 연구를 통해 보다 나은 골프에 도움이 되고자 계속 연구하고 노력할 것이다.

단순히 이 책을 읽는다고 해서 더 나은 숏 게임 플레이어가 될 수는 없지만 이 책을 이해하고 그 이해에 관한 무언가를(올바른 연습과 같은 것들) 실제로 해본다면 그것이 가능하다! 그리고 학습의 내용과 원리 및 과정을 모두 이해하게 되면 실제적인 학습에 흥미를 느낄 것이다.

원하면 보다 나은 점수를 얻을 수 있다. 그렇지만 그 점수를 갖고 얻어내야 한다. 마지막으로 '시험하지 말라. 제대로 하라. 그럴 수 없으면 하지 말아야 한다. 시험으로 해보는 일이란 없다' 라는 요다(Yoda)의 말을 끝으로 이 책을 마치고자 한다. 보다 나은 점수를 위하여!